出土文獻與古文字研究

第九輯

復旦大學出土文獻與古文字研究中心 編

上海古籍出版社

復旦大學出土文獻與古文字研究中心集刊編輯委員會

主　任：裘錫圭
成　員：（以姓氏筆畫爲序）

　　　　石繼承　　任　攀　　汪少華　　周　波　　施謝捷
　　　　郭永秉　　陳　劍　　張小豔　　張富海　　張傳官
　　　　鄔可晶　　裘錫圭　　廣瀨薰雄　蔣　文　　蔣玉斌
　　　　劉　釗　　劉　嬌　　謝明文

主　編：劉　釗

目　　錄

漢字起源和漢字體系形成問題的探索與思考——兼談漢字起源"漸變説"與
"突變説"的融通 …………………………………………………… 黄亞平　（ 1 ）

釋"瓜" ……………………………………………………………………… 陳　劍　（ 66 ）
釋"鑠" ……………………………………………………………………… 鄔可晶　（104）
説"禾"釋"私" …………………………………………………………… 劉　雲　（119）
從甲骨文的"矚""燭"説到古代"燭"的得名原因及其源流 ………… 郭理遠　（131）
讀《中國出土青銅器全集》瑣記 ……………………………………… 謝明文　（153）

上博楚簡《弟子問》再探 ……………………………………………… 顧史考　（167）
清華大學藏戰國竹書《心是謂中》疏證 ……………………………… 林志鵬　（195）

由漆器銘文看秦蒼梧郡的設置 ………………………………………… 羅小華　（210）
嶽麓秦簡《爲吏治官及黔首》札記三則 ……………………………… 范常喜　（214）
嶽麓書院秦簡《爲獄等狀四種》第一類卷册釋文、注釋及編聯商榷 …… 陶　安　（221）
嶽麓書院秦簡《爲獄等狀四種》第二類卷册案例八至案例十一釋文、注釋及
　　編聯商榷 …………………………………………………………… 陶　安　（266）
天回老官山漢簡《别脈》初探 ………………………………………… 廣瀨薰雄　（316）
北大漢簡《蒼頡篇》拼合一則 ………………………………………… 張傳官　（329）

談談新見木牘《蒼頡篇》的學術價值 ………………………… 張傳官 （333）

新見漢牘蒙書三種校讀筆記 ……………………………………… 張傳官 （353）

河西漢簡所見皮革 ………………………………………………… 陸錫興 （359）

秦漢璽印人名考析（續七） ……………………………………… 魏宜輝 （370）

古文經説略 ………………………………………………………… 張富海 （382）

用數術説閱讀數術書：《周易・頤》"舍爾靈龜，觀我朵頤，凶"含義新考
　　附：《頤》卦爻辭研究雜記 ………………………………… 史亞當 （397）

臺灣圖書館藏俞樾致徐琪手札 …………………………………… 汪少華 （410）

《事林廣記》指南魚龜新考與復原方案 ………………………… 聞人軍 （455）

漢字起源和漢字體系形成問題的探索與思考

——兼談漢字起源"漸變説"與"突變説"的融通①

黄亞平

漢字起源研究是世界範圍内的文字起源研究的有機組成部分。

在現代意義上的普通文字學建立之後，文字起源研究開始走上科學化、系統化之路。普通文字學的奠基人、美國學者格爾伯在《文字研究》中倡導"世界文字單一起源"説。此説主要包含兩方面的内容：其一，在人類歷史上，文字只發明過一次，最早的文字出現在西亞的美索不達米亞，其後傳播到世界各地。② 其二，文字起源於圖畫。③ 格爾

---

① 本文是2018國家社科基金後期資助項目"藝術、考古與文字起源：前文字研究"(18FYY016)的階段性研究成果之一。論文草就之後，承蒙劉釗先生提出了寶貴意見，特致衷心的謝忱！本文所涉古文字字形，又承李聰、石從斌二位博士幫我核定，一併致謝！

② "The oldest of the seven ancient Oriental systems of writing is Sumerian, attested in southern Mesopotamia around 3100 B.C. From there the main principles of the Sumerian writing may have spread eastward first to the neighbouring Proto-Elamites and then, perhaps via the Proto-Elamites, to the Proto-Indians in the valley of the Indus; one of the Near Eestern writings may, in turn, have been the stimulus leading to the creation of the Chinese writing. Around 3000 B.C. Sumerian influence presumably worked its way westward to Egypt; Egyptian influence, in turn, spread toward the Aegean where, about 2000 B.C., originated the Cretan writing, and a few centuries later, in Anatolia, the Hittite hieroglyphic writing."(I. J. Gelb, A *Study of Writing*, Chicago: University of Chicago Press. 1952: 195.)

③ "At the basis of all writing stands the picture. This is clear not only from the fact that all modern primitive writings are pictorial in character, but also because all the great Oriental systems, such as Sumerian, Egyptian, Hittite, Chinese, etc., were originally real picture writings."(I. J. Gelb, A *Study of Writing*, Chicago: University of Chicago Press. 1952: 27.)筆者注：文字起源於圖畫的説 （轉下頁）

伯的世界文字起源於一個地區和文字起源於圖畫的觀點得到許多文字學家的支持，①同時也受到許多學者的批評和進一步修正。② 目前爲止，許多文字學家都認爲：文字獨立起源於世界幾個古文明地區，且與特定地區的諸多史前藝術（比如圖畫、記號以及造型藝術等等）存在密切的聯繫。在世界範圍内，被文字史家們一致認可的文字發源地有西亞的美索不達米亞、北非的埃及、黄河流域的殷商、中美洲地區等等。相對格爾伯的文字起源於單一地區説和文字源於圖畫説，目前被多數文字學家認可的文字起源觀可簡要概括爲文字起源的多地説和文字源於圖畫、記號、實物記事等史前視覺表達方式的多元説。③

格爾伯的理論是爲建立普通文字學服務的，它引導研究者努力尋找世界文字發展的普遍規律，立足於文字研究的共性，雖然也關注各種文字之間的差異，但終歸以尋找世界文字發展的共同規律爲其研究宗旨。相對而言，目前爲許多學者所倡導的有關文字起源的多元説，則比較關注世界文字的差異性和文明的多樣性，讓研究者充分關注世界範圍内的不同文字形態及其與各自文明的關聯，聚焦於文字研究的個性，雖然並未忽視對世界文字共同發展規律的探尋，但終歸以文字多樣性爲其研究宗旨。顯而易見，兩種文字研究傾向之間的區別是巨大的，而持有不同立場的文字學者們對文字的起源、文字的性質、文字定義的認識以及所使用的研究方法都有較大的分歧，

（接上頁） 法並非完全肇始於格爾伯。格爾伯之前，威廉·瓦爾博頓（Williams Warburton，1738）、加里克·馬勒里（Garrick Mallery，1893）等人就提出了"圖畫文字"的概念，並對"圖畫文字"展開了初步的考察和研究。泰勒（Isaac Taylor，1899）的文字分類已經初步劃分了圖畫—表意文字—表音文字的文字發展階段。可見格爾伯之前西方學者的文字研究就已經初步揭示出圖畫文字上承圖畫、下啓表意文字，以字母文字爲終結的文字發展演變的普遍規律，並且傾向於把圖畫看成是文字演變的唯一源頭。

① 格爾伯（I. J. Gelb，1952/1963）之後，在很長一段時間内，包括中國文字學家在内的許多普通文字學家都對格爾伯提出的文字起源觀表示贊同。如莫豪斯（A. C. Moorhouse，1953）、梁東漢（1959）、蔣善國（1960）、費利葉（Févirier，1953）、李孝定（1969）、德范克（De Francis John，1989）、蒲芳莎（Françoise Bottéro，2004）等。由此可見，格爾伯的文字起源觀在一定程度上影響了中國文字學研究中對漢字起源問題的認識。

② 迪林格（David Diringer，1948）、伊斯特林（V. A. Istrin，1960/1965）、希爾（Archibald A. Hill，1967）、桑普森（Samposon，1985）、沃爾特（Ong Walter J.，1982）、汪寧生（1981）、裘錫圭（1988）、王鳳陽（1989）、庫爾馬斯（Coulmas Florian，1989）等人都對格爾伯的文字起源觀進行了不同程度的修正。

③ 參見米哈羅夫斯基·皮特里（Michalowski, Piotr，1996）、彼得·戴培德（Peter-Damerow，1999）、斯蒂芬·休斯頓（Houston, Stephen D，2004）、崔格爾·布魯斯（Bruce Trigger，2003）、來國龍（2004）、王霄兵（2006）、施曼特·貝瑟拉（Schmandt-Besserat Denise，2007）、黄亞平（2007）、白瑞斯（Berthold Riese，2009）、徐通鏘（2009）、克里斯多夫·伍兹（Woods Christopher，2010）、鄭也夫（2015）、李零（2016）等人的觀點。

往往各執一詞，莫衷一是。

在本文中，我們嘗試把通常所說的漢字起源問題區分爲"漢字字符來源"和"漢字系統形成"兩個問題分別加以討論。本文所說的漢字字符來源，主要指漢字的結構技巧、構意方式等內容。從總體上看，漢字字符的起源應來自中國境內不同的史前文化，與"滿天星斗"似的中國史前文化的分佈狀況基本一致，其研究總體上可歸屬於廣義文字學研究框架之內，采用較爲廣義的漢字定義。本文所說的漢字系統形成指的是能夠完善地記錄漢語的符號系統，漢字系統的形成是華夏文明發展到一定高度的產物，具體體現爲言、文高度結合的狀態，其研究總體上似可歸入普通語言學和普通文字學的範疇，從漢字的記語性入手，討論漢字與漢語的關係、漢語的形成和性質、語源和詞彙、語音系統、語法框架等要素。這裏需要特別強調：語言學研究和文字學研究並非天然相容的研究範疇，而是兩個性質不完全相同，却又高度相關的研究領域，既要區別對待，又要充分關注兩者的結合途徑，從文明史的高度彌合漢字起源研究中"漸變說"與"突變說"的縫隙，做到更高程度的融通匯合。①

簡言之，我們對漢字起源的研究秉持三個基本立場：其一，從形、義關係入手，綜合運用考古學、人類學、符號學的研究成果，以探究漢字字符來源，即漢字結構技巧、漢字構意方式等內容；其二，從言、文關係入手定義漢字系統的形成，盡可能運用歷史比較語言學方法，結合外部語言學對文字與社會語境互動作用的探討，討論漢字系統的形成與激發擴散過程，即漢字系統形成研究；其三，從文明史的高度考察漢字和華夏文明的關係，找到兩者的契合點，盡可能突破以上兩種立場各自的局限，實現"漸變說"與"突變說"的融通，即本文所說的漢字起源和漢字系統形成問題的探索和思考。

一、從形、義關係入手考察漢字字符的來源

從形、義關係入手考察漢字字符的來源，應首先落實到對相關史前藝術材料的考

---

① 據筆者所知，就漢字起源問題而言，多數學者認同漢字起源的"漸變"說，此不一一贅述；但也有部分學者認爲漢字起源是"突變"的結果，如李萬福(2000)、拱玉書(2009)等。鄭也夫(2015：133)曾經提出："文字的孕育很可能是'一個漫長期和一個短暫期之結合，前者是多種視覺符號形式(包括陶符)的呈現期，後者是文字系統的初創時'。"李零(2016：5)將其歸納爲："鄭也夫說，陶符不是文字，但文字起源是漸變加突變。"李零並且提出了一連串的問題：漢字起源的源有多早？漸變的漸有多長？突變和漸變界限在哪裏？陶符如果都不算文字，那什麼算原始文字？成熟文字還有沒有前身？等等。

察之上。這是因爲：史前藝術表現出來的構圖方式、構意方式以及篇章布局和藝術風格等方面，都與漢字字符的來源和構成異質而同構。

藝術史研究和漢字起源研究之間的聯繫主要表現在以下幾個方面。

（一）史前藝術和古漢字的寫實性構圖手法一致

1. 正視和側視以及填實輪廓或用綫條描摹輪廓的構圖方式

史前藝術和古漢字都具有圖畫性，兩者都離不開對構圖視角的探索和應用。無論史前藝術還是古漢字，都會從正視、側視、俯視、仰視等視角來觀察物體進行構圖，或者綜合使用兩種以上的方法構圖。其中，側視和正視尤其普遍使用於史前圖畫和早期象形文字的構圖之中。

史前時代的石、陶、骨、木等不同材質之上，原始藝術家都會用赭石、炭黑、朱砂等礦物質顏料塗繪動物輪廓側視圖形。在史前岩畫中，動物常常是岩畫要表現的主角。側視視角常與填實輪廓、塗繪輪廓的繪圖手法結合在一起表現動物的形象。比如内蒙古陰山岩畫主要使用塗繪法和綫描法描摹動物的側視輪廓（圖一）（蓋山林，1986）。這是由於側面圖形更能突出動物的區別性特徵，因此，岩畫側面輪廓的動物圖形明顯多於正面描摹輪廓的圖形。除了極少數的爬行動物，如蛇、烏龜、蜥蜴之外，絕大部分的飛禽走獸，其側視視角都比正視視角更加適合構圖，更能表現動物間的差異。

圖一

1. 大角鹿：陰山；2. 麋鹿：陰山；3. 狼：陰山；4. 駱駝：陰山；5. 熊：陰山；
6. 長尾猴：陰山；7. 馬：陰山；8. 牛：陰山；9. 羊：陰山

在史前彩陶紋飾中，正視視角與塗繪、填實的繪圖手法結合起來表現紋飾或圖案更加常見（圖二），但在史前彩陶紋飾中，動物只是彩陶紋飾和圖案的重要組成部分，並非主角，這是其與史前岩畫的區別所在。

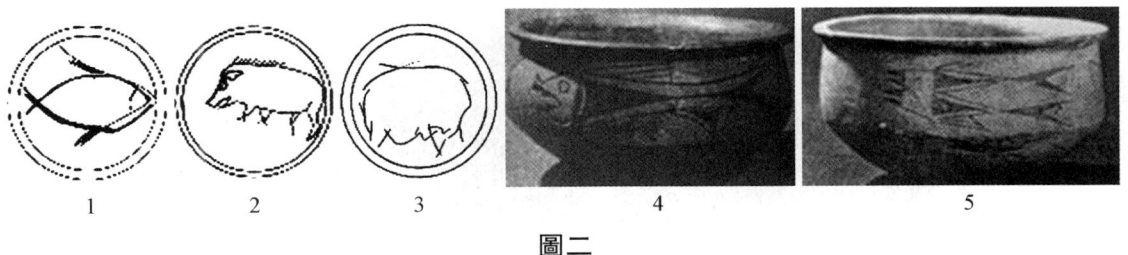

圖二

1. 魚：雙墩刻符；2. 豬：雙墩刻符；3. 豬：雙墩刻符；4. 魚紋：西安半坡；5. 雙魚紋：西安半坡

　　動物字是古漢字系統的重要組成部分。古漢字動物字的構圖基本繼承了史前藝術側視構圖的傳統而略有變革，這種變更主要體現在古漢字較多使用先側視構圖然後再豎排的方式，如馬、虎、豹、兕、象、豕、犬等字。當然，古漢字中也有少量側視橫排的例子，如鹿、麋一類的字，但數量明顯要比側視豎排的情況少。古漢字的這一表現方式或許受到史前藝術動物圖形的側視構圖和文字書寫行款的雙重影響。此外，古漢字中也有少數動物字既能豎排，又能橫排，如龜、鳥、兔等字。① 此種情況在史前藝術中同樣出現，兩者存在一致性。

馬：𩡧（《合》11446）　　虎：𧇽（《合》10216）　　豹：𧳟（《合》3295）

兕：𠒇（《合》10421）　　象：𤉢（《合》8983）　　豕：𤣻（《合》10237）

犬：𤝕（《合》15092）　　鹿：𢉖（《合》10268）　　麋：𪋿（《合》10990）

　　從人或物體的正面觀察，雕塑或畫出輪廓形狀的表現手法在史前藝術和古漢字中同樣普遍應用。相對而言，在史前藝術和古漢字中，正視構圖更常用於人物、神像和物體，而少見於動物。這是由於人是直立行走的，其正面構圖顯然比側面構圖更能凸顯人的主體形象，使構圖更具有區別性特徵。神靈的圖形雖然更爲誇張，但畢竟是以人爲原型，其構圖也離不開人的形狀。所以，在史前藝術中，無論人、神，都普遍采用正視構圖。而對史前岩畫和陶器紋飾來說，古漢字多用綫條描摹輪廓而很少采用填實輪廓的方法構形，這應該是文字結體要求簡略，以及使用軟筆書寫起來更加方便的原因所致。

　　岩畫中的人物像大都采用正視構圖，只有狩獵岩畫，尤其是北方狩獵岩畫中的人物圖形，由於要表現出力量感和動態的需要，其構圖則充分結合了正視和側視兩種方法（圖四），這是岩畫構圖的一個特點。

---

① 本文所用的甲骨文字形均出自劉釗主編：《新甲骨文編》（增訂本），福建人民出版社，2014 年；金文字形來自容庚著，張振林、馬國權摹釋：《金文編》，中華書局，1985 年。

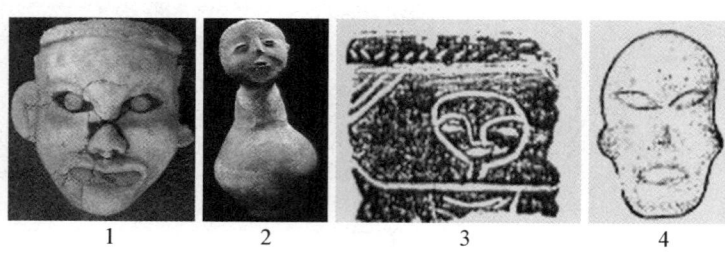

圖三

1. 陶塑女神頭像：紅山文化；2. 人頭壺雕塑：仰韶文化；3. 人面紋：雙墩文化；4. 人頭塑像：河姆渡文化二期

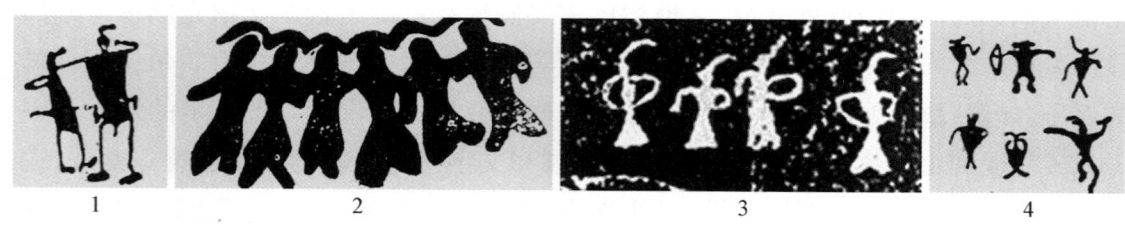

圖四

1. 人物：陰山；2. 人物：賀蘭山；3. 人物（局部）：甘肅黑山；4. 人物：雲南滄源

在古漢字中，跟人和物體相關的許多字同樣都從正視角度觀察並勾勒其輪廓，如大、夫、自、口、目、耳等與人體有關的字；其、戈、矢等與器物有關的字。僅有極少的動物字，如蟬、燕等字也會采用正視構圖的方式。同時，在古漢字中也還遺留有少數的輪廓填實的古文字，如丁、丙、才等字，這類字顯然繼承了來自史前藝術的正視與填實輪廓的構圖方式。

大：𡗡（《合》11018）　　夫：𡗕（《合》19613）

自：𦣹（《合》6664 正）　　口：𠙵（《合》11460 正甲）

目：𠂉（《合》13625 正）　　耳：𦔮（《合》14755 正）

其：𠀠（《合》17055 反）　　戈：𢦏（《合》775 正）

矢：𢎤（《合》4787）　　丁：▢（我方鼎《集成》2763）

丙：▢（大兄日乙戈《集成》11392）　　才：▢（大盂鼎《集成》2837）

2. 對對稱分布原理的運用基本一致

史前藝術家們非常重視構圖的對稱分布，通過對稱分布原理的運用，構成了符合人類審美觀念的對稱圖式，營造出一種視覺平衡的效果（圖五）。

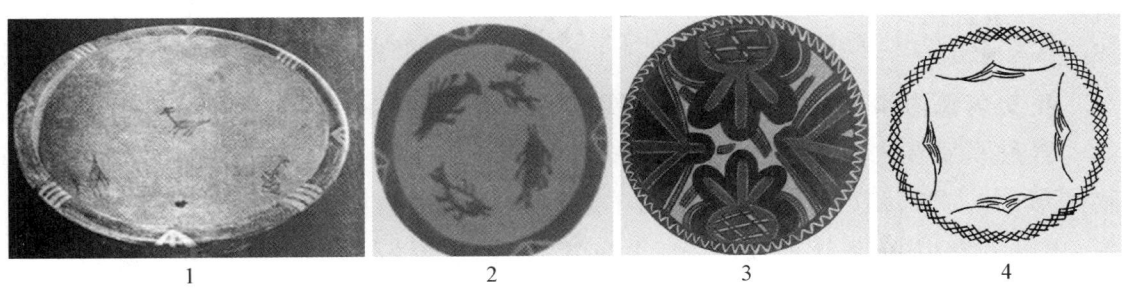

圖五

1. 鹿紋：西安半坡；2. 對稱魚紋：西安半坡；3. 對稱出現抽象紋飾：蘭州土穀台；4. 對稱出現抽象鳥紋：戴墓墩

對稱分布原理同樣應用於古漢字構形之中。

門：𨳇（《合》34126）　　丘：𠀒（《合》5602）　　北：𠨍（《合》6625）

収：𠬝（《合》24）　　玨：𤣩（《合》14588）　　朋：𠬝（《合》11438）

木：𣎵（《合》33915）　　車：𠦒（《合》11449）

3. 兩者都有凸顯主體形象和部分替代主體的構圖

史前藝術家能夠熟練使用突出主體形象的藝術表現手法。他們把想要突出的動物圖像置於畫面的中心或焦點位置，如陶盆的內側、腹部，岩畫的顯眼部位，並用濃墨重彩勾勒其藝術形象，以達到凸顯主體形象的目的。古漢字同樣采用此法造字。

史前藝術家們在長期的藝術實踐中，還嘗試使用了部分替代整體的表現手法來表現動物形象，如烏蘭察布岩畫中用鹿頭代表全鹿。而甲骨文中的牛、羊二字同樣也使用部分代替整體的方法造字。當然，以部分代替整體的情況無論在史前岩畫，還是在甲骨文中都比較少見（圖六）。

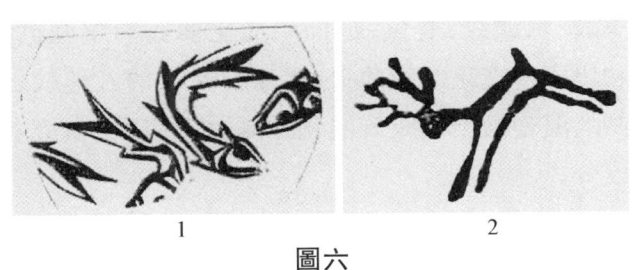

圖六

1. 五魚紋：臨潼姜寨；2. 用鹿頭代替全鹿：烏蘭察布

虹：𩑢（《合》10405 反）　　虫：𠂉（《合》3262）　　須：𩑢（《合》6167）

見：𥃩（《合》1027 正）　　美：𦍌（《合》22044）　　文：𠀋（《合》4889）

牛：𘗄（《合》20530）　　　　羊：𘗅（《合》20680）

4. 史前藝術和古漢字中都有從寫實向抽象演變的現象

岩畫學家在内蒙古陰山、烏蘭察布等地的遊牧人岩畫中，發現了部分人物、動物圖形，如人形、蹄印形、鳥圖形、山羊圖形、馬圖形、牛圖形、雙峰駝圖形、騎者圖形、車輛圖形以及部分動物圖案，從寫實或具象的圖形向抽象圖形演變的痕迹（圖七）。①

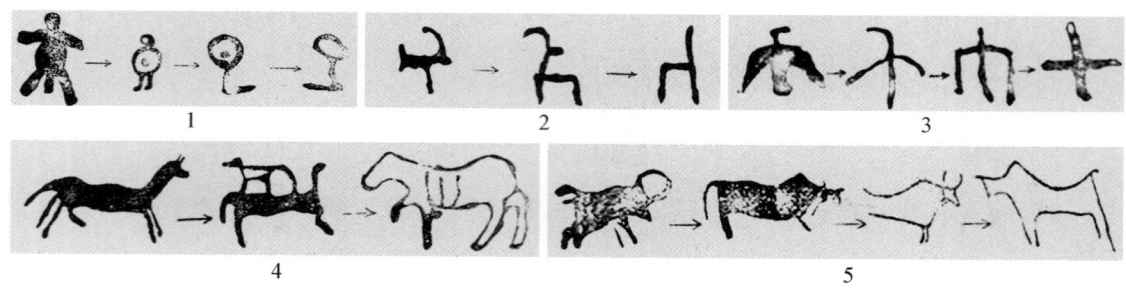

圖七

1. 人圖形的演變：内蒙古岩畫；2. 山羊圖形的演變：内蒙岩畫；3. 鳥圖形的演變：内蒙古岩畫；
4. 馬圖形的演變：内蒙古陰山；5. 牛圖形的演變：内蒙古陰山

在史前彩陶紋飾中，也能找到從寫實或具象的圖形向抽象圖形演變的痕迹。《西安半坡》（1963）考古報告不但梳理了半坡人面魚紋、魚身紋、魚頭紋和部分圖案花紋的演變，而且明確勾勒出該遺址出土的魚形紋樣的演化圖式（圖八）。②

李水城（1998）對馬家窑文化的器型和花紋進行了詳細的考古類型學分析，詳細地勾勒出以人蛙紋、四大圓圈紋、鋸齒紋、十字紋等紋飾爲代表的馬家窑文化彩陶紋飾的考古學類型歸屬，並討論了各類彩陶紋飾的發展演變規律。③ 張朋川（2005）爲仰韶文化半坡類型魚身紋、魚頭紋、雙魚紋，仰韶文化廟底溝類型正面鳥紋、側面鳥紋，甘肅東部仰韶文化和馬家窑文化的鯢魚紋，馬家窑文化的人蛙紋、辛店文化的蜥蜴紋等衆多史前彩陶紋飾的演變做出了紋飾演化推測圖。④ 以上研究各有其依據，但也包含一定的主觀推測成分。

---

① 蓋山林：《中國岩畫學》，書目文獻出版社，1995年，第203—206頁。
② 中國科學院考古研究所、陝西省西安半坡博物館編：《西安半坡》，文物出版社，1963年，第183—185頁。
③ 李水城：《半山與馬廠彩陶研究》，北京大學出版社，1998年，第144頁。
④ 張朋川：《中國彩陶圖譜》，文物出版社，2005年，第182頁。

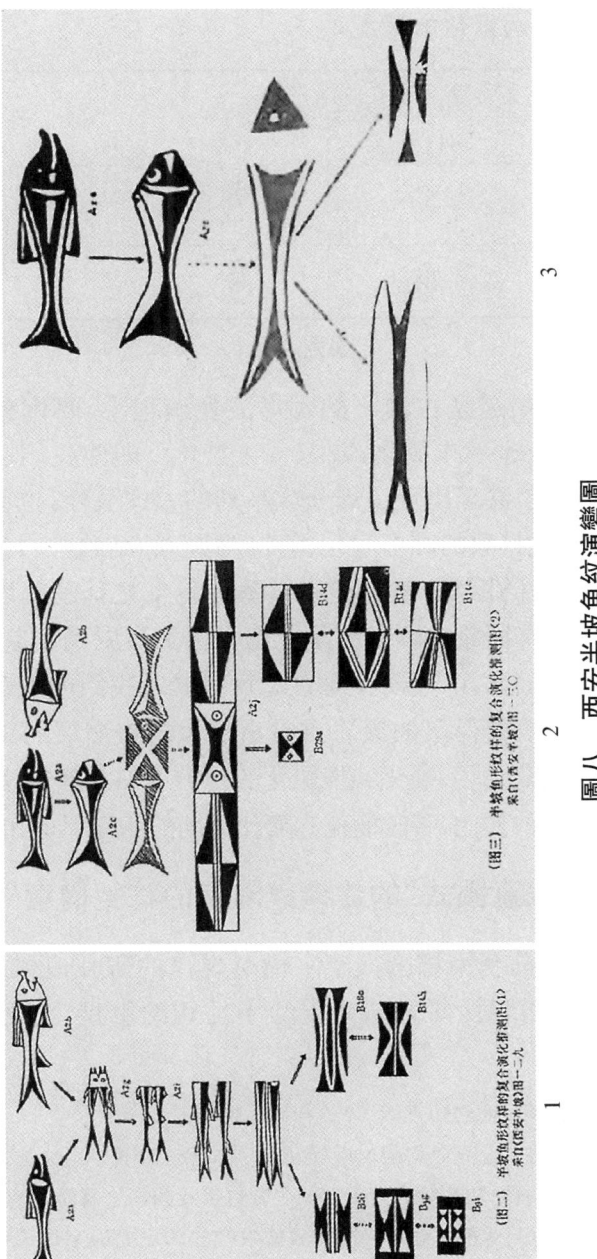

圖八 西安半坡魚紋演變圖

古漢字字形演變中由繁到簡的演變痕迹比較明顯,規律性更強,如"馬"字和"魚"字的字形演變(圖九)。雖然字形的簡化和記號化是漢字字形演化的主要趨勢,但是,古漢字演變過程中也相應出現了一些由簡到繁的現象。如上、下、玉、肉、角、侯、天、正等字,就都在歷史上出現過繁化的情況。①

古 文 字				隸　書	楷　書
記名金文	甲骨文	周代金文	小篆		
				馬	馬
				魚	魚

圖九

實際上,無論在史前藝術還是古漢字的圖形演變過程中,簡化和繁化都是相互調適、相互促進的一對關係,並非一味簡化,或者一味繁化。即使我們在史前藝術中發現了部分圖形紋樣的演化痕迹,甚至出現了部分成系列的紋樣演變,也不能簡單得出史前藝術圖形紋樣都是從寫實或具象的圖形演化爲抽象圖形的結論。岩畫學家蓋山林明確指出:"寫實主義和抽象主義的圖像,似乎從岩畫藝術誕生之日起就以孿生的形式一起出現了,這裏似乎不存在所有抽象的圖案都是從寫實逐漸發展爲抽象的,也不存在相反的過程,即一開始是抽象的圖案,以後逐步向着寫實發展。我們可以舉出許多由寫實發展爲抽象的實例,然而沒有根據得出抽象岩畫是由寫實岩畫發展而來的結論。"②同理,古漢字的字形演變雖然以簡化爲主,簡化和規範化的趨勢更加明顯,但顯然也不能完全忽略漢字字形的繁化和美術化的傾向,否認簡化和繁化之間的相互促進和相互補足作用。

(二)史前藝術對"表意圖式"的建構與漢字的符號構意一脈相承③

目前爲止,學術界對史前藝術構圖與漢字構形規律的研究成果還算豐富,但對史前藝術與漢字構意方式的關聯性研究却尚未給予足夠的重視,本文認爲應該特別强

---

① 裘錫圭:《文字學概要》(修訂本),商務印書館,2013年,第36頁。
② 蓋山林:《世界岩畫的文化闡釋》,北京圖書館出版社,2001年,第429頁。
③ 王寧《漢字構型學》(2002:24)將原初造字時造字者的主觀造字意圖稱之爲漢字的構意或造意,並認爲構意或造意是文字的造字理據。王寧先生指出:"造字理據因社會約定而與字形穩定的結合在一起,它是漢字表意性質的體現。"王說更强調文字的社會約定及其擴散過程,本文所說的"漢字的構意",則更强調漢字構意過程中對來自史前的衆多史前意象的吸收和借鑒,即史前圖畫和符號與古漢字之間的"二次約定"。二次約定並不限於符號能指的層面,還包括上一級符號的能指與所指之和與下一級符號能指之間的約定。有關"二次約定"的討論,請參拙作《論"二次約定"》(《語言研究》2007年第3期)

調對"漢字構意方式"的研究。既然古漢字是公認的表意文字,"圖畫表意性"是古漢字和史前圖畫的根本特徵,它是存在於史前符號與古漢字兩者之間的最大公約數,那就應充分研究。"圖畫表意性"顯然不能僅局限於圖畫和符號的構圖,而應包含圖畫和符號的構意,由構圖與構意共同組成。所以,我們在這裏引入一個能夠更好地概括史前藝術構意方式及其聯繫的術語——"表意圖式",①以便揭示史前視覺表達方式與古漢字在符號構意方面的聯繫。

我們這裏所說的"表意圖式",簡言之就是指突破了圖符形、義關聯表層以及圖形直接表意局限,轉而指向圖符的象徵功能及其深層意義建構的符號表現形式。按照構圖方式和象徵功能的不同,史前藝術材料的表意圖式可以再劃分爲表意圖式Ⅰ、表意圖式Ⅱ和表意圖式Ⅲ三大類。

表意圖式Ⅰ與原始巫術—宗教觀念密切關聯,構圖本身即表現構意;表意圖式Ⅱ雖然也與原始巫術—宗教觀念有關,但其符號的組合關係在構圖中明顯表現了出來,爲我們結合出土語境,揭示符號構意提供了便利條件。表意圖式Ⅰ和表意圖式Ⅱ都與原生神話處於共時狀態,故表意圖式與原生神話相互補足,組構成符號形式的原始意象,成爲後世文字創製過程中的符號構意之源泉。表意圖式Ⅲ與原始記事有關,其實質是一種社會約定性的"意指關係",其間存在因果性關聯,需要歷史叙事的補充。

1. 表意圖式Ⅰ

表意圖式Ⅰ的圖形面貌介於具象與抽象之間。與寫實的圖形相比,表意圖式Ⅰ更多使用圖形置換、變形、錯位、扭曲、倒置、夸張、擬人化等非常手法來表現原始的構意(意象)。此類表意圖式如中國境內南北岩畫中的神靈、人面像、巫師形象等等,它們大都表現的是先民們在宗教儀式、夢幻場景中與原始的宗教觀念緊密相連的心理體驗和情感體認。其構圖風格詭異,表意方式神秘隱晦,經常以一種視覺意象和神話母題的形式呈現出來(圖十、十一)。

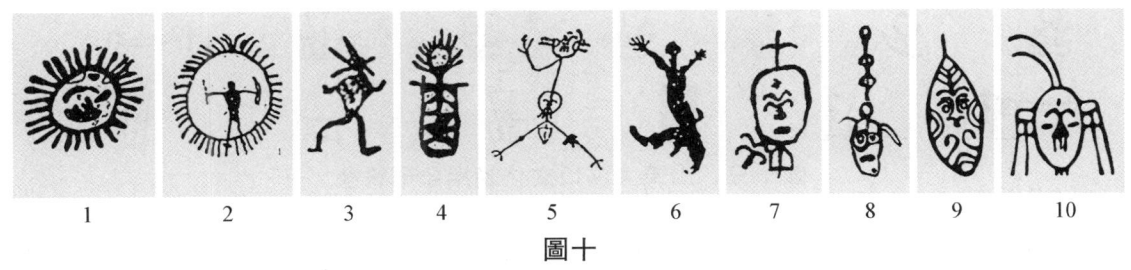

圖十

1. 太陽神:陰山;2. 太陽神:雲南滄源;3. 太陽神:陰山;4. 太陽神:廣西左江;5. 巫師:賀蘭山;6. 巫師:陰山;7. 人面像:陰山;8. 人面像:賀蘭山;9. 人面像:賀蘭山;10. 人面像:賀蘭山

---

① 米爾恰·伊利亞德著,楊儒賓譯:《宇宙與歷史:永恒回歸的神話》,聯經出版公司,2000年。

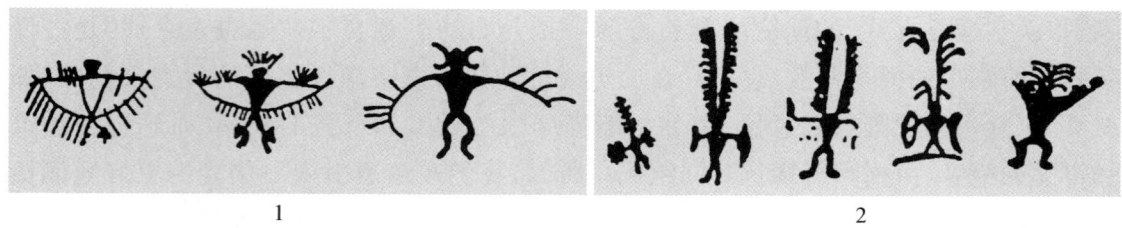

圖十一

1. 鳥人：雲南滄源；2. 羽人：雲南滄源

中國境内史前彩陶器、石器、玉器（包括雕塑）之上也不乏神秘意象符號或富有神秘意境的造像，如馬家窑文化的陰陽人像，人蛙紋，安徽淩家灘文化的玉人，良渚文化的神人紋，等等（圖十二）。

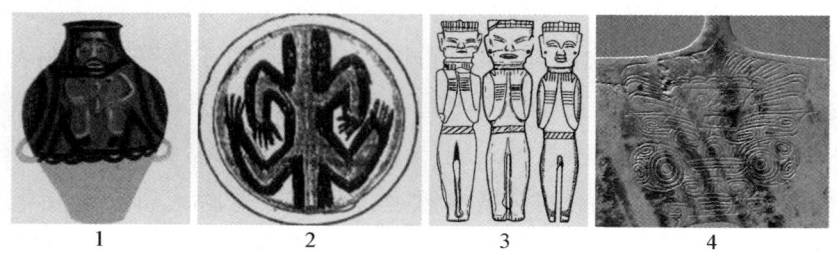

圖十二

1. 陰陽人像：馬家窑；2. 人蛙紋：馬廠；3. 玉人：淩家灘；4. 玉神人獸面紋：餘杭瑶山

大汶口文化晚期（約 BC2800—BC2600）大型陶缸和陶甕腹部刻劃的比較形象的符號，①同樣是對史前意象的符號表達（圖十三）。裘錫圭先生認爲："大汶口文化象形符號跟古漢字的相似程度是非常高的。它們之間似乎存在着一脈相承的關係。""大汶口文化象形符號應該已經不是非文字的圖形，而是原始文字了。"②

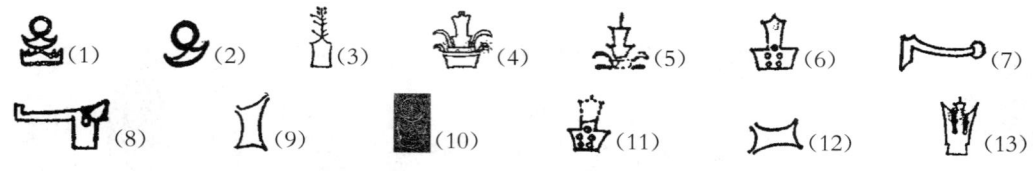

圖十三　山東大汶口文化晚期象形符號

史前表意圖式Ⅰ的建構與部分古漢字的構意方式一脈相承。古漢字中許多表現

---

① 高廣仁、欒豐實：《大汶口》，文物出版社，2004 年。
② 裘錫圭：《漢字形成問題的初步探索》，《中國語文》1978 年第 3 期，第 32 頁。

宗族觀念和意識，類似部族徽標的"族氏銘文"，①其構圖與構意大多繼承了來自史前藝術的表現手法，形體夸張變幻，充滿魔幻色彩。此類的族氏銘文如虎、犬、牛、止、戍，②以及戈、史、息、夆、𠄎、𠁥等字。③ 因爲族氏銘文具有保守性，反而較好保留了原初的圖形樣貌。④

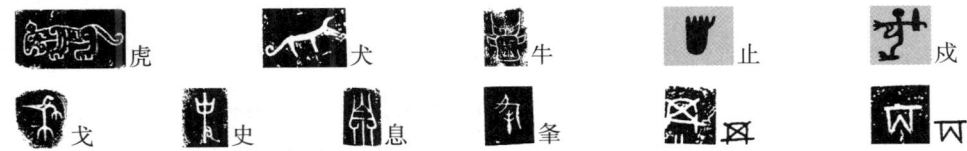

甲骨文中的龍、馬、鬼、周、興、琮等方國字，一部分先公、先王名稱的夒、亥、河、岳等字，帝、鳳（風）及東、南、西、北方位神一類的神祇字雖然在圖形樣貌上較之族氏銘文更加抽象化，但這些專有名詞都充滿神秘的史前意象，而不僅僅是簡單的形體表意。

龍：（《合》9552）   鬼：（《合》14272）   周：（《合》6825）

興：（《合》6531）   琮：（《合》3313）   夒：（《合》14372）

河：（《合》30436）   嶽：（《合》4927）   帝：（《合》14208 正）

鳳：（《合》13360）   東：（《合》8734）   南：（《合》378 正）

西：（《合》8774）   北：（《合》10406 反）

2. 表意圖式 Ⅱ

表意圖式 Ⅱ 的畫面除了主圖形之外，往往還有附加符號或示意符號，主圖形與附加圖形構成一種"組合關係"，並以組合關係的形式來整體表意，依據符號"組合關係"的有無，我們把表意圖式 Ⅱ 與前面所說的表意圖式 Ⅰ 區別開來。

---

① 筆者注：族氏銘文又分爲"單一氏名"和"複合氏名"，此處僅涉單一氏名。有關族氏銘文的界定，請參苗利娟：《關於商代金文中族名的界定與思考》，《考古與文物》2012 年第 6 期，第 58—66 頁。
② 此處所列舉的"虎、犬、牛、止、戍"等例字轉引自裘錫圭先生，裘先生稱其爲"族名金文"（見裘錫圭著《文字學概要》，商務印書館，1988 年，第 43 頁）。
③ 此處所選戈、史、息、夆、𠄎、𠁥等例字，以及"族氏銘文"的稱名和分類，均來自何景成：《商周青銅器族氏銘文研究》，齊魯書社，2009 年。
④ "族名金文不管是見於早期銅器的，還是見於晚期銅器的，都比早期甲骨文還要象形。"（見裘錫圭：《文字學概要》，第 43 頁）

中國境内的部分史前雕塑以及史前陶器、玉器上的一部分紋飾,如雙墩文化人面像、仰韶文化半坡類型中的人面魚紋、仰韶文化廟底溝類型中的鳥銜太陽紋、著名的鸛魚石斧圖、辛店文化的雙鈎紋與日月紋、河姆渡一期的豬紋等等,都具有明顯的象徵含意,且大都存在一定的組合符號關係,可作爲表意圖式Ⅱ的典型例子。

仰韶文化的人面魚紋自身的圖形構成就已經很奇特,中間的主圖形是一個人面,耳朵和嘴部的兩側各有兩條魚,主圖形的兩邊也是對稱的兩條魚,整個圖形的構意明顯組合了多種構圖元素;仰韶文化廟底溝類型中的鳥銜太陽圖形中的鳥是背負太陽運行的"金鳥",鳥上、下的曲綫代表太陽的運行軌迹,而黑色的圓圈代表太陽,也是圖形構意的組合;馬家窰文化陰陽人像的主圖形不但融合了雕塑和彩繪兩種藝術表現手法,而且被四大圈紋圍繞,同樣構成明確的組合符號關係;辛店文化雙溝曲紋與日月圖形的組合符合同樣具有明顯的象徵意義(圖十四)。

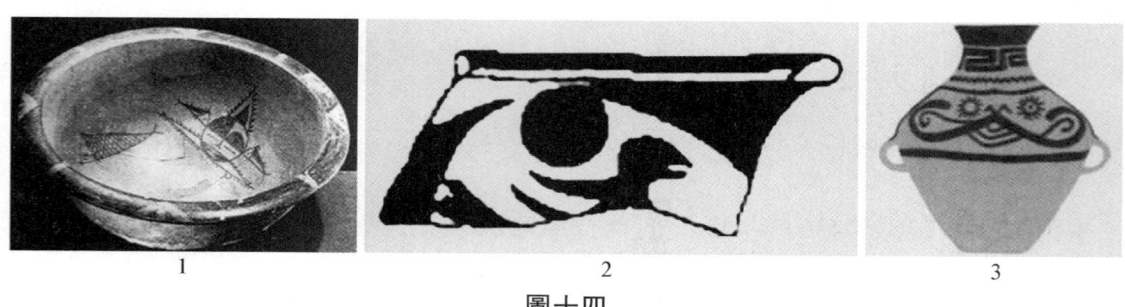

圖十四

1. 人面魚紋:西安半坡;2. 鳥銜太陽紋:華縣泉護村;3. 日月紋+幾何紋圖案:永靖三原

雙墩文化神人紋主圖形與頭頂代表太陽的圓圈,鼻子兩側延伸出的黑點共同構成"組合關係"符號,表現神秘的意象;河姆渡一期豬紋身上刻滿紋飾,豬圖形與身上紋飾同樣構成組合關係符號;安徽凌家灘的玉鷹更是非常典型的組合關係符號的例子,其主圖形由鷹+雙豬構成,本身就已經是一層組合符號關係了,再加上中間部位的八角星紋,則構成更加複雜的組合關係符號,表現更加神秘的史前意象(圖十五)。

圖十五

1. 神人紋:蚌埠雙墩;2. 豬紋:河姆渡遺址一期;3. 玉鷹:安徽含山凌家灘

古漢字中有一部分圖形文字同樣是具有明顯的"組合關係"的符號,如以"亞"字框爲圖形主體＋其他字符或圖形組成的"亞"字系圖形文字(圖十六),①以"册"字爲圖形主體＋其他字符圖形組成的"册"字系圖形文字,等等。姜亮夫先生結合文字考釋與古禮研究方法考釋"亞"字系圖形文字,認爲圖十六諸例中,圖1(原書圖六十二)表現的是"生子廟見之禮",圖2(原書圖六十三)表現的是"冠於廟堂禮";圖3(原書圖六十四)表現的是"狩獵有獲祭於廟堂之禮",圖4(原書圖六十五)表現的是"女子廟見禮";圖5(原書圖六十六。今按:姜氏原圖恐倒,今正之。)表現的是"廟堂大儺禮",圖6(原書圖七十一)表現的是在宗廟獻羊"以行養老之禮",圖7(原書圖七十三)表現的是"獻俘於廟堂禮"。姜説還概括了此類圖形文字的構型特徵:"這裏面有的'形'已經是文字體系,有的形則尚未凝定爲文字,只是繪畫與文字的過渡體。"②姜亮夫先生的考釋方法爲此類圖形文字的釋讀開闢了一條新路,具有重要的方法論價值。

圖十六

古漢字中所謂"標誌指事字"和"會意字",其符號構意方式與史前藝術中表意圖式Ⅱ的構意方式或許一脈相承。指事字如元、身、眉、須、枼、③亦、左、叉等字。會意字如宿、即、隻、杲、莫(暮)、監等字,它們都使用了主圖形＋符號或圖形會合構意的構意手法。

元:🧍(《合》4855)　　身:🧍(《合》13666正)　　眉:👁(《合》3420)

枼:🌿(《屯》2691)　　亦:🧍(《合》17375)　　左:✋(《合》21565)

叉:✋(《合》36902)　　宿:🛏(《屯》2152)　　即:🍽(《合》4318)

隻:🐦(《合》21586)　　杲:☀(《合》20592)　　莫(暮):🌿(《合》32485)

監:👁(《合》27742)

對表意圖式Ⅰ和表意圖式Ⅱ的意義解讀通常離不開與之相關的神話敘事的闡

---

① 此處所舉幾例圖形文字圖形均來自姜亮夫:《古文字學》,雲南人民出版社,1999年,第28—32頁。姜書尚有若干此類例子並一一做出解釋,請讀者自行參看。
② 姜亮夫:《古文字學》,第29頁。
③ 元、身、眉、須、枼等字,裘錫圭先生將其歸入表意字當中的象物字(裘錫圭:《文字學概要》,第119頁)。若從符號構意的角度觀察,似乎把它們看成是指事字更爲合理。

釋。只有充分發掘與史前圖像相對應的原生神話,才能找到隱藏在神秘的史前圖像背後的史前意象,真正解開漢字構意之謎。中國境内史前時代的材料,如仰韶文化廟底溝類型、大汶口文化乃至河姆渡文化中廣泛存在的鳥紋和變形鳥紋,就與中國上古神話傳説中的"日入出神話""射日"神話,"三足烏"或"金烏"太陽鳥神話密切相關,兩者存在互文關係(下文我們還會討論這個話題)。人類學調查中在大洋洲、美洲等原住民社會發現的象徵圖式與原生神話的關聯互補似亦可作爲很好的佐證。①

3. 表意圖式Ⅲ

此處所説的表意圖式Ⅲ,即通常所謂的原始記事符號或記號,如符號岩畫和陶符,等等。

無論是在史前符號岩畫,還是在史前陶符中,它們在圖形上均表現爲抽象符號或記號。具體又分兩種情况,其一,單個出現的記號,本身就是單一的幾何圖形;其二,組合出現的記號或記號組合,記號的排列組合已經初步折射出綫性邏輯和歷史叙事的痕迹。表意圖式Ⅲ(原始記號)並不是從圖畫演變來的,它們從一開始就是抽象的記號,並與具象的圖畫同時出現,共同存在,有自己的源頭和獨立的發展道路。換句話説,無法從時間早晚上判定史前"圖畫"與"記號"出現的先後次序,不能得出記號來源於圖畫的結論。我們甚至也找不到單個記號與組合記號誰出現早,誰出現晚的痕迹,無法簡單推導出組合記號一定是由單個記號組合而成的結論。

(1) 單個出現的記號

中國境内南北岩畫地點幾乎都發現有數量不等的記號岩畫,如北方地區的陰山岩畫、烏蘭察布岩畫、巴丹吉林沙漠岩畫、賀蘭山岩畫、大麥地岩畫等等;南方地區的福建華安仙字潭岩畫、四川珙縣岩畫、廣西左江岩畫、廣西寧明花山岩畫、雲南滄源岩畫,等等。

上世紀初,嶺南大學教授黄仲琴先生(1915)首先對福建華安仙字潭岩畫進行了考察,論定其爲"汰溪古文"。② 80—90年代,圍繞仙字潭岩畫的性質,學術界展開了熱烈討論,先後發表論文40余篇,集中探討了岩畫的性質及其與文字的關係。③ 經過

---

① 詳參拙作《藝術·考古與文字起源:前文字研究》第二章第二節"前文字與早期文學叙事的關聯"(待刊稿)。
② 黄仲琴:《汰溪古文》,《嶺南大學學報》第4卷第2期,1915年。
③ 參見福建省文物管理委員會:《華安汰内仙字潭摩崖的調查》(《文物參考資料》1958年第11期);林蔚文:《福建華安仙字潭摩崖石刻試考》(《福建文博》1984年第1期);朱維干:《古代七閩的摩崖文字》(《福建文博》1984年第1期);蓋山林:《福建華安仙字譚石刻性質考辨》(《美術史論》1988年第3期);等等。

這場學術大辯論,多數岩畫學家主張把符號(記號)岩畫視爲"原始記事符號",認爲記號岩畫"大都是各地區没有發明文字之前的符號,有些符號成爲後世文字的先聲"。①但也有部分岩畫學家對岩畫與文字的關係持有比較樂觀的態度:"我們有理由認爲,中國最古老的文字與岩畫同出一源。其創造的方法是相同的,有的字形與岩畫相似,有的字形與岩畫完全相同。中國的漢字起源於岩畫,或基本起源於目前在中國廣大地區發現的岩畫。可以説,岩畫就是中國象形文字之父母。"②

21世紀初,中國境内新發現了兩處記號岩畫分布非常密集的岩畫地點,即寧夏大麥地岩畫③和中原具茨山岩畫。大麥地單個記號岩畫達到180餘種,其中有些記號岩畫的外形類似漢字筆畫或整字(圖十七),如下面列舉圖十七圖形之 0224、0464、0718、0889、1446、1670、1761,等等。這種情況究竟是某種巧合還是摻入了後人的作品呢?究竟是漢字向西傳播所致呢,抑或是中文字元源於北方岩畫呢?目前尚難以定論,值得深入研究。

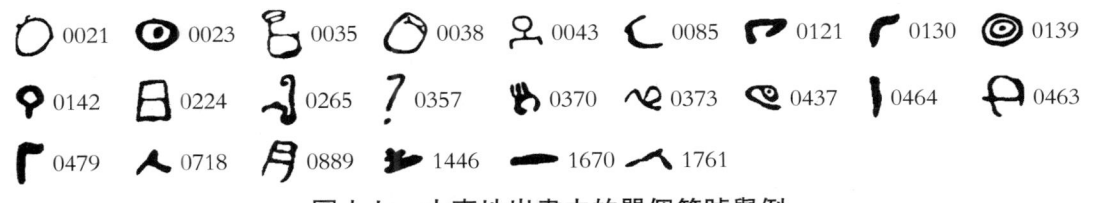

圖十七　大麥地岩畫中的單個符號舉例

束錫紅、李祥石(2007)認爲"大麥地岩畫中,有許多象形與抽象符號可能是古老文字產生前的圖畫形式"。④ 其後,楊敏、劉景雲、束錫紅(2007)撰文討論了大麥地岩畫的圖畫文字性質及其與漢字的關係,並將大麥地岩畫與漢字起源直接掛起鈎來。⑤

2004年新發現的河南新鄭具茨山岩畫的主要形態是各種幾何形記號,其中尤以圓形凹穴爲代表,該地記號岩畫的數量和規模即使在世界範圍内也是少見的。⑥

---

① 蓋山林:《中國岩畫學》,書目文獻出版社,1995年,第193頁。
② 陳兆復:《古代岩畫》,文物出版社,2002年,第239頁。
③ 據西北第二民族學院:《大麥地岩畫》(上海古籍出版社,2007年)的介紹,大麥地岩畫中單個出現的記號岩畫的數量約有180餘種,組合符號岩畫約有100餘例,與其他圖像混雜在一起的岩畫也多達110餘例,無論是單記號岩畫,還是組合符號岩畫,兩者的數量都達到前所未有的程度,值得高度重視。
④ 束錫紅、李祥石:《岩畫與遊牧文化》,上海古籍出版社,2007年,第35頁。
⑤ 楊敏、劉景雲、束錫紅:《大麥地岩畫與漢文字的關係》,《西北第二民族學院學報》(哲學社會科學版)2007年第5期,第101頁。
⑥ 劉五一主編,劉宏民著:《具茨山岩畫探秘》,中州古籍出版社,2010年,第57—82頁。

圖十八　河南新鄭具茨山岩畫中的記號岩畫舉例

1. 單圓穴；2. 雙圓穴；3. 六圓穴；4. 雙十二圓形；5. 方單穴；6. 雙方穴；7. 方格；
8 米字格；9. 棋盤格；10. 平行綫；11. 方格、圓、網格岩畫學家陳兆複認爲中原地區的具茨山記號岩畫爲文字誕生提供了一種可能性。"在具茨山岩畫中，符號和圖形不僅數量特別巨大，而且有些排列和組合有着一定的規則，有其類型性和恆定性。這就爲我們辨識它們提供了可能性，也爲文字的誕生提供了可能性。"①

　除以上兩地之外，中國境内各地岩畫中大都發現了記號岩畫，但對這些記號岩畫的性質，岩畫發現者和研究家們往往語焉不詳。其中僅有少數幾位岩畫學家提出了自己的看法，比如在探討内蒙古草原烏蘭察布岩畫單個記號的性質時，蓋山林先生就提出烏蘭察布單個記號岩畫是古突厥文源頭的觀點，並且列出兩者對應情况如下（圖十九）：

| 岩畫符號 | ○ | □ | ▷ | ＞ | ＜ | ᚺ | ⊣ | ⟨ | 8 | Υ | ǁ | ʅ | ⟨ | ⊖ | ⊙ | የ | የ | ⊕ | † |
| 古突厥字母 | ○ | □ | ▷ | ＞ | ＜ | ᚺ | ⊣ | ⟩ | 8 | Υ | ǁ | ʅ | ⟨ | ⊖ | ⊙ | የ | የ | ⊕ | † |

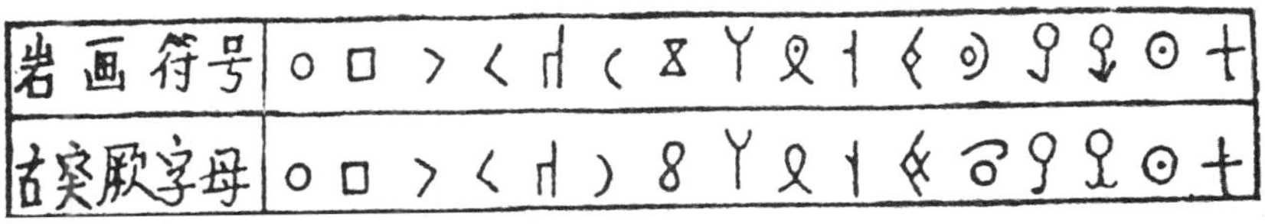

圖十九

　他説："以上可以清楚地看到突厥岩畫與古突厥字母間存在着極大的一致性，這不僅證實了具有此類符號的岩畫應是突厥人的作品，而且從中可推知大多數古突厥文字母起源於圖畫文字。""見於岩畫中的各類符號，遠遠超出古突厥字母的數字，同時有些突厥字母並不見於岩畫，這種現象或在暗示，突厥人刻劃這些岩畫時，尚未創造出古突厥文，但已具有圖畫向文字過渡的形態。"②

　上個世紀以來，中國境内各考古文化，如裴李崗文化賈湖遺址、大地灣一期文化、蚌埠雙墩文化、仰韶文化、馬家窑文化、屈家嶺文化、良渚文化等均發現了數量衆多、來源各不相同的史前陶符。由於符號形態近似古漢字，陶符與古漢字的關係備受學界重視，成爲漢字起源研究重點關注的熱門話題。學者們對史前陶符的認識仍然存在較大的分歧：李孝定（1969）、③郭沫若（1972）、④于省吾

---

① 陳兆複：《具茨山岩畫序》（見劉五一編著：《具茨山岩畫》，中州古籍出版社，2010年，第12頁）。
② 蓋山林：《中國岩畫學》，書目文獻出版社，1995年，第173頁。
③ 李孝定認爲"半坡陶文是已知的最早的中國文字，與甲骨文同一系統"。（李孝定：《從幾種史前及有史早期陶文的觀察蠡測中國文字的起源》，《南陽大學學報》，1969年第3期，第1—28頁）
④ "彩陶上的那些刻劃符號，可以肯定的説就是中國文字的起源，或者説中國原始文字的孑遺"。（郭沫若：《古代文字之辯證的發展》，《考古學報》1972年第1期，第1頁）。

(1973)、①王志俊(1980)②等人認爲史前陶符就是中國文字的起源或者就是文字。李孝定、王志俊還進一步推定仰韶文化刻符與商周甲骨文、金文同屬象形文字系統。鞏啟明(1981)、③嚴汝嫻(1982)、④汪寧生(1981)⑤等人雖然也肯定各地出土的史前陶符對研究中國古文字有重要意義,但並不認爲陶符已經是文字,只是記事符號或者製造者和使用者所做的標記。裘錫圭(1978)主張從具體材料出發區別對待,他認爲仰韶、馬家窑、龍山和良渚等文化發現的史前陶符還只是記號,而大汶口文化的象形符號則已經是原始文字了。⑥ 姚

---

① "西安半坡所發現的仰韶文化的陶器口緣外,往往刻畫着簡單的文字。……這種陶器上簡單的文字,考古工作者以爲是符號,我認爲這是文字起源階段所產生的一些簡單文字。仰韶文化距今約有六千多年之久,那麼,我國開始有文字的時期也就有了六千多年之久,這是可以推斷的。"(于省吾:《關於古代文字研究的若干問題》,《文物》1973 年第 2 期,第 32 頁。)

② "通過對上述這些刻符的辨識,我們認爲仰韶文化的這批刻符已屬文字,它就是古漢字的起源,已有了基本固定的形、音、義,和商周甲骨文、金文屬一個系統即象形文字系統。從仰韶文化到商周文化約四千年之久,中間雖有許多缺環,但是甲骨文和金文直接從刻符中吸收了大量精華,既有表示數字的符號,還有許多象形文字的符號。可以這樣說:仰韶刻符和商周甲骨文、金文是一脈相承的,甲骨文、金文是仰韶刻符的發展,其中有仰韶文字深深的烙印。"(王志俊:《關中地區仰韶文化刻畫符號綜述》,《考古與文物》1980 年第 3 期,第 19—20 頁)

③ "在姜寨發現的刻劃在陶器上的記事符號,也是屬於意識形態方面的重要內容。過去在西安半坡,寶雞北首嶺,長安五樓,合陽莘野,銅川李家溝,臨潼零口,垣頭等遺址都曾或多或少地發現過一些標本,但都沒有姜寨遺址發現的數量和種類多。姜寨的標本大大的充實了這方面的研究資料,它對研究我國古文字的淵源和形成,對研究我國古代的精神文化都具有相當重要的意義。"(鞏啟明:《姜寨遺址考古發掘的主要收穫及其意義》,《人文雜誌》1981 年第 4 期,第 124 頁)

④ "我們認爲,半坡、姜寨的刻劃符號,可能與普米族的刻劃符號相似,基本都是一種特定的記事符號,尚不是文字。"(嚴汝嫻:《普米族的刻劃符號——兼談仰韶文化刻劃符號的看法》,《考古》1982 年第 3 期,第 315 頁)

⑤ "半坡等地出土陶器上的符號,常被人們作爲漢文字起源的證據,認爲某一符號就是後來的某字。還有把半坡陶器符號與彝族文字比附起來的。我們認爲,這些幾何形符號像其他原始記事方法一樣,對後世文字發明有一定的影響,但本身決不是文字。它不過是像西雙版納傣族制陶時那樣,爲標明個人所有權或製作時的某些需要而隨意刻劃的。當時人們並未賦於一定的含意,今天自無從解釋。"(汪寧生:《從原始記事到文字發明》,《考古學報》1981 年第 1 期,第 23 頁。)

⑥ "考古工作者發現的跟漢字形成有關的較古資料主要有兩種:一種是原始社會晚期的仰韶、馬家窑、龍山和良渚等文化的記號,一種是原始社會晚期的大汶口文化的象形符號。""從總體上看,上面所舉的這類記號,跟以象形符號爲主要基礎的古漢字顯然不是一個系統的東西。但是它們對於漢字的形成還是有影響的。""上一節討論的那種記號,雖然對漢字的形成有影響,却顯然不是漢字形成的主要基礎,大汶口文化象形符號跟古漢字的關係就不一樣了。""把大汶口文化象形符號跟古漢字比較一下,就可以看出兩者的關係是很密切的。""由此看來,大汶口文化象形符號跟古漢字的相似程度是非常高的。它們之間似乎存在着一脈相承的關係。""大汶口文化象形符號應該已經不是非文字的圖形,而是原始文字了。"(裘錫圭:《漢字形成問題的初步探索》,《中國語文》1978 年第 3 期,第 32 頁)

孝遂(1983)主張應從符號的記語性和是否進入句子作爲判斷和區分史前符號和文字的標準。① 高明(1984)主張應區分陶符和陶文概念,指出兩者走的是不同道路,並不相干。② 陳昭容(1986)對 20 世紀 80 年代以來陶符與漢字起源關係研究做了系統的概述,認爲仰韶文化陶符中的記數符號和氏族標誌符號與商周文字中的數字和族名金文形體相近,兩者之間應該存在一定的傳承關係。他強調"將某一遺址出土的陶文全部視爲文字,或全部視爲偶然的刻劃,都是片面的。"③

進入 21 世紀之後,學界對陶符與漢字關係的研究,無論在方法論,研究視野,還是對考古發掘材料的實際應用方面,都有了長足的進展。饒宗頤先生(2000)首先使用對比研究的方法,通過對半坡系陶符和腓尼基字母的比較,得出腓尼基字母來源於半坡陶文的結論(圖二十)。並指出:"今觀附錄表 2,陶符與腓尼基字母比較表,百分之七十以上實同於漢土仰韶期彩陶上的符號,這說明很可能遠古時期,西北地方閃族人與羌人雜處,通過商品貿易,閃族人遂采取陶符作爲字母依據的材料。"④

王蘊智(2004,2012)薈萃並摹釋了各地出土的史前陶符,認爲漢字的起源與演進過程並不是一條單純的主綫,漢字體系的早期形成應該是在黃河流域中原地區。⑤ 黃

---

① "圖畫只有當它發展到與語言密切地結合起來,有比較固定的形體,並且有比較固定的讀音,能移具備記錄語言的功能之後,才算是嚴格意義的文字。""二里崗、藁城、大汶口等地出土的陶器上的一些圖像或刻劃只能屬於文字的早期階段,不屬於嚴格意義文字的範疇,其原因就在於:這些圖像雖然已是利用來表達某些概念,或爲了幫助記憶,但尚不完全具備記錄語言的功能,我們尚未發現利用這些圖像組成的哪怕是一個最簡單的句子。""就目前所知,小屯文化的殷墟甲骨文字,始具備這些條件,是最早的屬於嚴格意義文字的範疇。"(姚孝遂:《古文字的符號化問題》,國際中國古文字研討會論文集編輯委員會編:《古文字學論集初編》,香港中文大學出版社,1983 年,第 77—115 頁)

② "陶符產生在公元前 4 千年的新石器時代仰韶文化期間,一直延續到春秋戰國時期。從現有資料看,不同地區和不同時代的陶符,各有特點,彼此重複的數量很少,只限於筆畫簡單的幾種,這種重複並非由於繼承或傳播所至,純屬偶然。陶器上刻寫的文字,據現有資料看,初見於大汶口晚期,成熟於商代中晚期,經過兩周和秦漢等各個時期的發展變化,一直使用到今天,仍然是廣大群衆用來表達語言的工具。陶符與陶文各自產生的時代不同,社會條件也不同,不是同範疇的事物,彼此走的也不是同一道路。"(高明:《論陶符兼談漢字的起源》,《北京大學學報》(哲學社會科學版)1984 年第 6 期,第 53 頁)

③ 陳昭容:《從陶文探索漢字起源問題的總檢討》,《史語所集刊》第 57 本,1986 年,第 696 頁。

④ 饒宗頤:《符號·初文與字母——漢字樹》,上海書店出版社,2000 年,第 132 頁。

⑤ 王蘊智:《中原地區與漢字體系的早期形成》(收入《黃河文明與可持續發展》第 3 輯,2012 年,第 1 頁)。

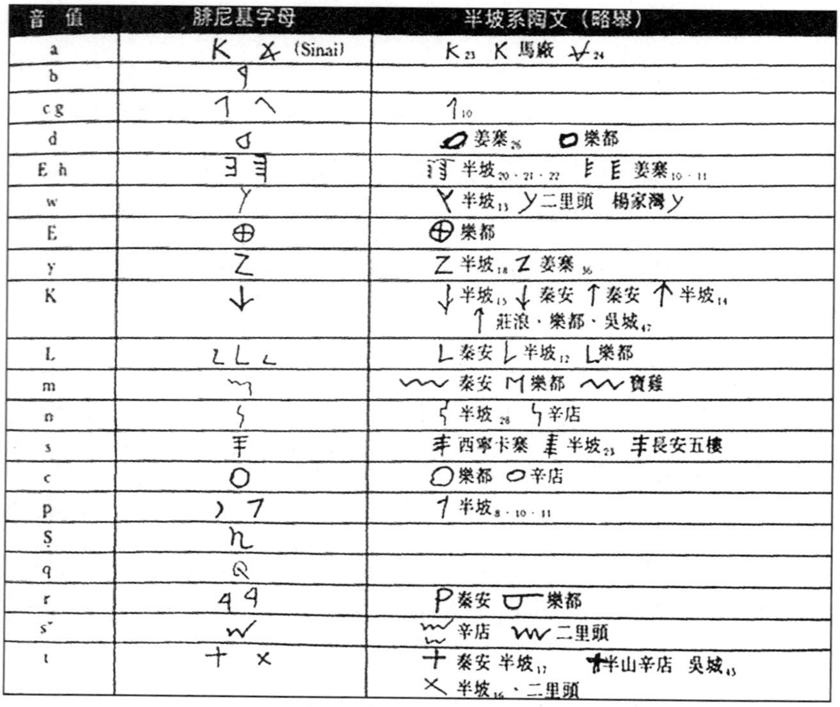

圖二十　饒宗頤：腓尼基字母與半坡系陶文比較表

亞平(2004,2015)主張將漢字史研究分爲史前文字和成熟文字兩個時期,並采用不同的研究方法加以考察。史前文字時期的研究對象是包括陶符在內的"前文字",對前文字的研究可綜合使用藝術學、考古學、人類學、符號學研究方法,考察史前圖形與符號的構圖、構意和神話叙事方式對漢字構圖和構意的影響,即漢字字符的來源問題;對成熟文字時期的漢字研究則應充分關注漢字形體演變和發展的規律。[①]來國龍(2006)從方法論的高度討論了文字起源研究中的"語言學眼光"和漢字起源的考古學研究,明確區分了兩種研究的性質。他指出:"文字和語言有密切的關聯,但是,文字並不完全等同於語言。文字的起源和發展有它自身的規律和特點。……而要跳出'文字'來研究漢字起源,具體理解文字從無到有、從原始文字到成熟文字的整個發展序列,及其相關社會機制和政治環境。借鑒楔形文字起源理論的最新發展,本文建議在漢字起源的研究中更多運用考古學的方法,從考古發現

[①] 黄亞平:《廣義文字研究芻議》,《青島大學師範學院學報》2004年第3期;黄亞平:《史前文字符號研究的基本觀點》,《中國海洋大學學報》(社會科學版)2005年第1期;黄亞平:《社會讀寫機制的建立和激發擴散是文字系統形成的真正動力——以甲骨文爲例》,《廣義文字學研究自選集》,中國社會科學出版社,2016年,第117—139頁。

的實物及其環境出發,重新審視舊材料,努力發掘新材料,開闊思路,多從具體的器物功能、社會機制等層面去討論,以推進漢字起源的探索。"①何崝(2011)出版了漢字起源研究的專著,提出"文字生成機制"理論,將文字生成分成三個階段:圖畫和符號階段,巫師文字階段和文字系統(通行文字)階段。他還特別强調通行文字的形成與社會經濟文化的發展,尤其是與貿易的關係,認爲"較大規模的貿易,是通行文字形成的原動力",贊同"文字起源,不僅僅是一個單純的文字學問題,實際上還是歷史學、考古學、人類學、文獻學、傳播學及其他相關學科的問題。"②王暉對中國境内史前地域性文字,如中原文字之間與南方文字可能存在的相互影響予以充分關注。③

近年來,漢字起源研究問題還引起了許多漢語言文字學、考古學專業博士、碩士的關注,並以此爲題撰寫了多篇學位論文。牛清波(2013)在其博士論文中整理了截至2013年中國境内考古發現的刻畫符號,提出了區别刻畫符號與紋飾的方法,具體分析了不同考古學文化中的刻畫符號以及刻畫符號的文化傳播情況,重點研究了雙墩刻畫符號特點與性質及其對漢字形成的影響。此後,牛清波將他的漢字起源觀歸納爲:"漢字的起源是多元的,漢字的形成有着廣闊的背景。中華民族的文字體系是在漫長的時間内'漸變'形成的。各區域的刻畫符號,或獨立發展,或通過交流,相互促進,相互影響,或多或少均對漢字的形成和發展作出了貢獻。"④孫瑩瑩(2010)的碩士論文從整體上把史前刻畫符號歸入"前文字"範疇,強調史前刻畫符號的前文字屬性及其對漢字起源研究的價值和意義。⑤

另有一些碩士論文對中國境内各考古文化出土的史前刻畫符號進行了專題研究。陳玭(2008)的碩士論文運用考古類型學方法研究青海柳灣彩繪符號,分類並綜合考察符號與相關器物、葬俗、墓葬分布位置等相關信息,盡可能還原彩繪符號

---

① 來國龍:《文字起源研究中的"語言學眼光"和漢字起源的考古學研究》,北京大學考古文博學院編:《考古學研究(六)——慶祝高明先生八十壽辰暨從事考古研究五十年論文集》,科學出版社,2006年,第53—54頁。
② 何崝:《中國文字起源研究》,巴蜀書社,2011年,第12—14頁。
③ 王暉:《形義之橋與原始思維——史前圖畫及"文字畫"研究》,《學術研究》,2014年第10期,第138—147頁。
④ 牛清波:《中國早期刻畫符號整理與研究》,安徽大學博士論文(指導教師:黃德寬教授),2013年;《從刻畫符號看漢字形成的相關問題》,《中州學刊》2017年第3期,第141—143頁。
⑤ 孫瑩瑩:《試論新石器時代刻畫符號的前文字屬性》,中國海洋大學碩士論文(指導教師:黃亞平教授),2010年。

的出土環境,解析彩繪符號所代表的意義,並初步確定這些符號的性質是"由陶工、畫工和窰工繪製的用於標記繪製工序的記事符號"。① 黄亞平、孫瑩瑩(2011)將雙墩符號定性爲"前文字",提出"前文字對成熟文字的影響主要在構造原理上"的觀點,②並具體討論了雙墩符號的構成方式對成熟文字構形的影響。王藴智(2011)認爲雙墩符號"應該是一種地域性的具有表意功能的符號系統,我們可以把它看成是一種地域性的原始文字"。③ 張春鳳(2015)從符號數量、符號重現率、功能、構形規則、記語性等五個方面爲良渚符號定性,認爲"良渚符號是一個龐雜的系統,有部分符號已經是文字"。並指出良渚符號的發生與發展並不是孤立的事件,而是與其他文化的符號,如大汶口文化符號、河姆渡文化符號、崧澤文化符號存在一定的關聯,或存在一定的傳播和繼承關係。④ 伍淳(2019)使用考古學文化類型學方法細緻梳理良渚文化刻畫符號,嘗試還原良渚刻符的出土語境,並從廣義文字觀的視野探討和分析良渚刻畫符號的性質,認爲"良渚刻符是裝飾紋樣、標記符號和記事符號等不同功能的符號相混雜的集合體",提出"突破記語性和符號形態兩個尺度來探討文字形成問題"。⑤ 寧如雪(2019)采用考古學文化類型學方法嘗試還原陶符出土語境,討論了仰韶陶符的前文字性質及其對漢字體系形成的作用。認爲"漢字的形成也必將是綜合的是多源的,陶器上的符號也是不可否認的源頭之一"。⑥ 以上討論的思路和方法,都爲我們今後進一步探索陶符與漢字體系形成的關係奠定了堅實的基礎。

陶器上單個出現的記號,可能與族氏銘文存在一定的符號構意方式上的聯繫。裘錫圭指出:原始社會晚期出現在仰韶、馬家窰、良渚等文化裏用來記數、用作族名和個人標記的一些記號,很可能與商周金文中的數字、族名和天干字有一定的關係。如"一"到"八"幾個數字,部分記號式族名金文和記號式族徽,部分天干用字等等(圖二十一)。⑦

---

① 陳玭:《青海柳灣彩繪符號研究》,西北大學碩士論文(指導教師:陳洪海教授),2008年。
② 黄亞平、孫瑩瑩:《雙墩符號的構成方式以及對文字形成的影響》,《中國海洋大學學報》(社會科學版)2011年第1期,第56頁。
③ 王藴智:《雙墩符號的文化特徵及其性質》,《中國海洋大學學報》(社會科學版)2011年第5期,第67頁。
④ 張春鳳:《關於良渚符號的定性》,《中國文字研究》2015年第2期,第139—144頁;張春鳳:《良渚符號關係論》,《西北民族大學學報》(哲學社會科學版)2015年第2期,第136—142頁。
⑤ 伍淳:《良渚刻畫符號研究》,中國海洋大學碩士論文(指導教師:□□□),2019年。
⑥ 寧如雪:《仰韶文化陶器符號研究》,中國海洋大學碩士論文(指導教師:□□□),2019年。
⑦ 裘錫圭:《漢字形成問題的初步探索》,《中國語文》1978年第3期,第27頁。

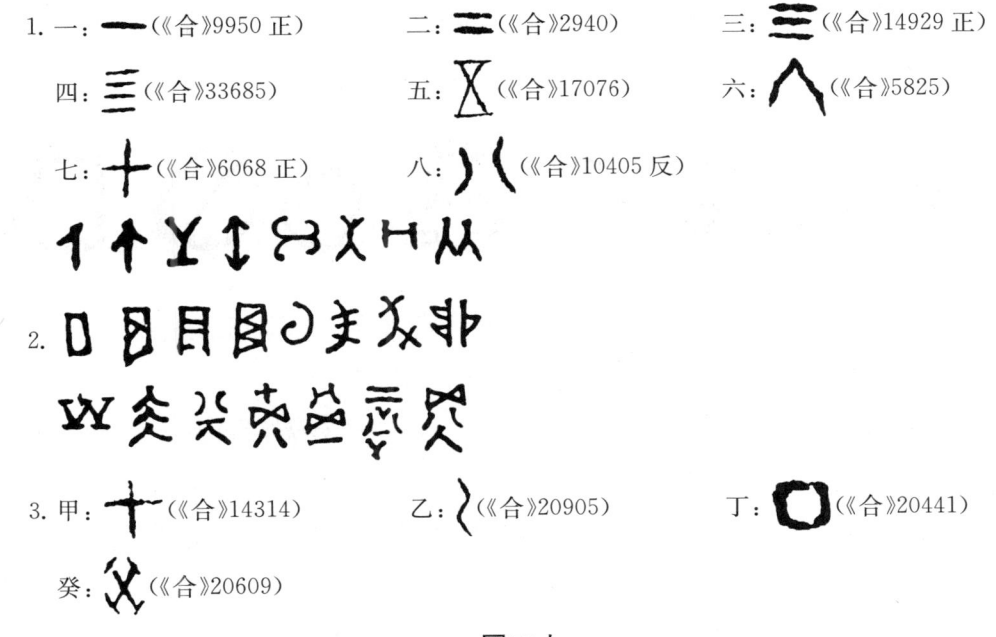

圖二十一

1.甲骨文中從"一"到"八"的數字；2.部分記號式族名金文；① 3.甲骨文部分天干字：甲、乙、丁、癸

我們認爲，對記號字的研究，應該把重點放在探究記號字的不同史前符號來源及其對符號構意的解讀方面，而不再滿足於表層次的符號形體比附，通過對史前記號不同來源的揭示，對史前意象嬗變過程的考察，進行"符號考古"，②探索華夏文明"多元一體"格局形成過程中漢字系統形成所起到的關鍵性作用，以及其史前不同地域文化融合發展之路。

（2）組合出現的記號或記號組合

無論史前岩畫，還是陶符，都有一些被稱爲"組合記號"或"記號組合"的情況出現。按照岩畫學家的解釋，每一組組合記號構成一個獨立的表意單位，表達一定的意義。所謂的組合記號又分爲兩類：一類是符號＋符號形式的組合記號，另一類是圖畫＋符號形式的組合記號。後一類形式爲各地史前岩畫所常見，此處我們單說前一類。

内蒙古陰山、烏蘭察布、巴丹吉林等地組合記號岩畫多爲表示天體的符號，如日、

---

① 郭沫若：《古代文字之辯證的發展》，《考古學報》1972年第1期，第13頁。
② 所謂"符號考古"，乃是我們所倡導的史前符號研究方法。即賦予史前符號以考古發現實物對等的地位，通過考察史前符號的激發擴散途徑及其史前符號意象對文字構意的影響，爲文明固化和文字體系的形成研究開一新路。

月、星、雲等的叠加與組合,大體上同一種符號的叠加僅表示數量的重複和程度的提高,但不同符號的組合則有可能構成新的含意(圖二十二)。

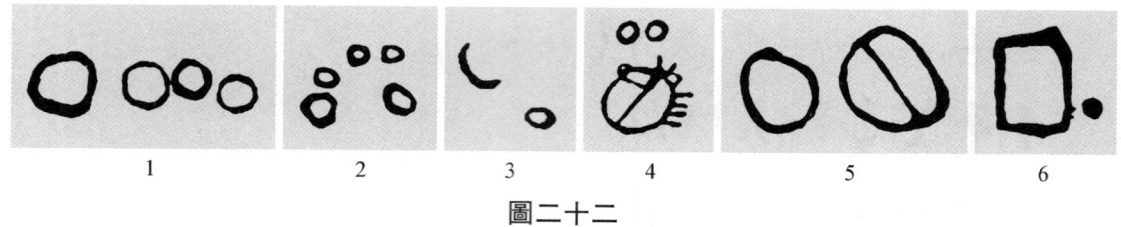

圖二十二

1—4. 組合記號岩畫:內蒙古陰山;① 5—6. 組合記號岩畫:內蒙古巴丹吉林②

　　寧夏賀蘭山岩畫、大麥地岩畫的組合記號數量較多,且有所謂的"漢字筆畫形"風格。相對而言,賀蘭山岩畫中有較多的羊+符號的組合形式,大麥地岩畫則多爲符號+符號的形式,數量多達100餘種,構成了豐富多樣的組合記號樣本(圖二十三)。

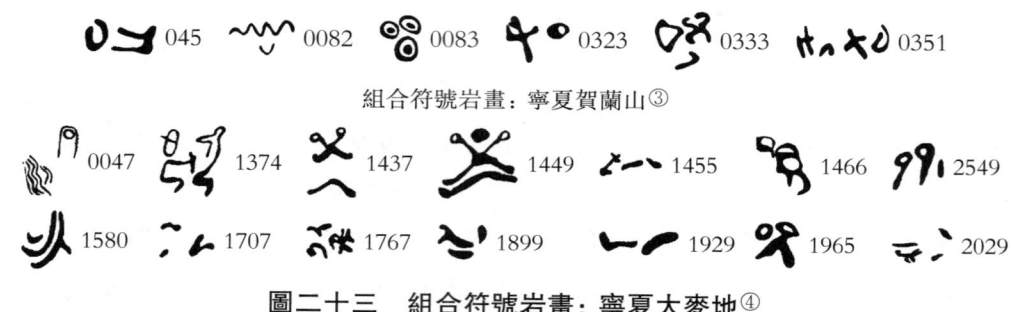

組合符號岩畫:寧夏賀蘭山③

圖二十三　組合符號岩畫:寧夏大麥地④

　　楊敏、劉景雲、束錫紅(2007)使用釋讀甲骨文的辦法解釋大麥地組合記號岩畫的意義,並對其中的一些組合記號進行解讀,如圖二十三之0047被釋讀爲"暴雨成灾",圖二十三之1374被釋讀爲"臣服",圖二十三之2549被釋讀爲"警示",等等。⑤

---

① 蓋山林:《陰山岩畫》,文物出版社,1980年,岩畫圖録988、1151、664、671。
② 蓋山林:《巴丹吉林沙漠岩畫》,北京圖書館出版社,1998年,岩畫圖録946、1282。
③ 西北第二民族學院編:《賀蘭山岩畫》(全三册),上海古籍出版社,2007年,岩畫圖録045、0082、0083、0323、0333、0351。
④ 西北第二民族學院編:《大麥地岩畫》(全四册),上海古籍出版社,2007年,岩畫圖録0047、1374、1437、1449、1455、1466、2549、1580、1707、1767、1899、1929、1965、2029。
⑤ 楊敏、劉景雲、束錫紅:《大麥地岩畫與漢文字的關係》,《西北第二民族學院學報》(哲學社會科學版)2007年第5期,第101頁。

不但岩畫有組合形式，史前陶器之上也有一些按次序排列的圖案或記號，此類圖案或記號可能已初步具備語言系統中的句子一樣的邏輯次序，因此被很多人看成早期文字或文字萌芽。如江蘇餘杭南湖發現的一件黑陶罐，其肩部至腹上部按順時針方向刻劃了一組共 8 個圖案或符號（圖二十四），報告者認爲："這件器物上的圖案如此集中且緊密相連，應具有一定的意義。"①李學勤（1992）將其釋讀爲"朱厃戔石，網虎石封"八個字，意思是"朱厃去到石地，在石的境界網捕老虎。"②

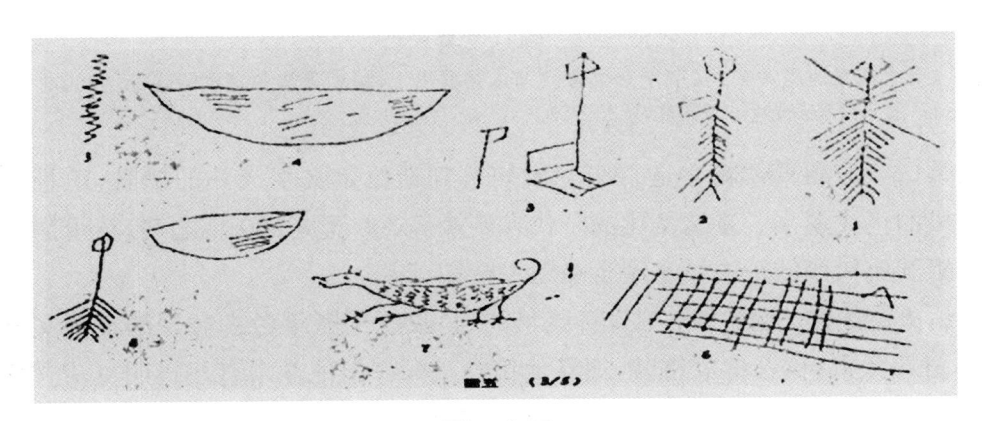

圖二十四

良渚文化黑陶組合記號：浙江省餘杭縣南湖遺址，距今 5 300—4 200 年。黑陶罐肩至上腹部連續刻出 8 個圖案（餘杭縣文管會，1991：184）。

江蘇吳縣澄湖古井群遺址發現了一件良渚文化黑陶魚簍形罐，其腹部連續排列着五個符號（圖二十五），其中的第 2—4 字，李學勤（1992）將其釋爲巫、鉞、五、俞；③饒宗頤（2000）釋爲：冓、戉、五、個；④董楚平（2001）釋爲方、戉、會、矢；⑤王暉（2013）釋爲𰀁、戉、五、簇。⑥

---

① 餘杭縣文管會：《餘杭縣出土的良渚文化馬橋文化的陶器刻劃符號》，《東南文化》1991 年第 5 期，第 182 頁。
② 李學勤：《試論餘杭南湖良諸文化黑陶罐的刻劃符號》，《浙江學刊》1992 年第 4 期，第 108 頁。
③ 饒宗頤：《符號·初文與字母——漢字樹》，上海書店出版社，2000 年，第 45 頁。
④ 李學勤：《良渚文化的多字陶文——吳文化歷史背景的一項探索》，收入潘力行、鄒志一主編：《吳地文化一萬年》，中華書局，1994 年，第 3—15 頁。
⑤ 董楚平：《方鉞會矢——良渚文字釋讀之一》，《東南文化》2001 年第 3 期。
⑥ 王暉：《從甲骨金文與考古資料的比較看漢字起源時代——並論良渚文化組詞類陶文與漢字的起源》，《考古學報》2013 年第 3 期，第 293 頁。

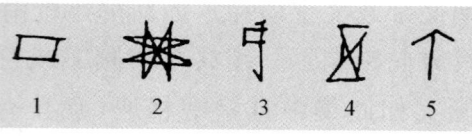

圖二十五

良渚文化黑陶罐成組陶文：江蘇南京吳縣澄湖古井群出土，輪製黑陶魚簍形罐腹部，公元前3800—前3200年左右（南京博物院、吳縣文管會，1985：8）。

王暉（2013）認爲："陶文是否組詞成句是判斷原始文字成熟的標誌，這種陶文也就是最早的正式漢字。良渚文化的時代在距今5 300至4 300年之間，這可證明良渚文化中組詞成句類的正式漢字產生在這一時期。"[1]

張炳火主編的《良渚文化刻畫符號》（2014）收錄了歷年考古發現的良渚文化陶符632個，分爲象形符號，抽象符號，與其他符號三類。但他並未直接指明良渚文化發現的刻畫符號已經是文字，而是持有比較審慎的觀點。

與殷墟甲骨文同時出現的殷墟陶器符號不但有單個的，也有2個以上成組的情況。雖然這些成組的符號當做句子理解比較困難，但無疑已經是文字了（圖二十六）。

如果説單個出現的陶符距離真正的文字比較遠，那麽，成組出現的陶符因爲可能具備成熟文字的形、音、義要素而被認爲已經是文字。但是，我們不要忘記，迄今爲止，對成組記號的語言學探討都遇到了難以克服的障礙，即其所記語言或者因爲時代久遠而消失，或者因爲語言實證材料匱乏而造成很大的缺憾。因此，學術界將成組記號解釋爲成熟文字雖然相對合理，但也只能停留在推測的階段而難有本質的突破。

世界各地史前藝術中出現的大型畫面，往往與早期的神話敘事結合在一起，構成史前時代獨具魅力的圖像敘事方式（圖二十七）。在此類圖像敘事中，早期口頭文學——神話與傳說等深度參與其中，賦予大型畫面以敘事邏輯，並且對大型畫面的創作提供了一定的規範和秩序，圖像敘事則形象生動的再現了口頭敘事的生活場景和生

---

[1] 王暉：《從甲骨金文與考古資料的比較看漢字起源時代——並論良渚文化組詞類陶文與漢字的起源》，《考古學報》2013年第3期，第295頁。

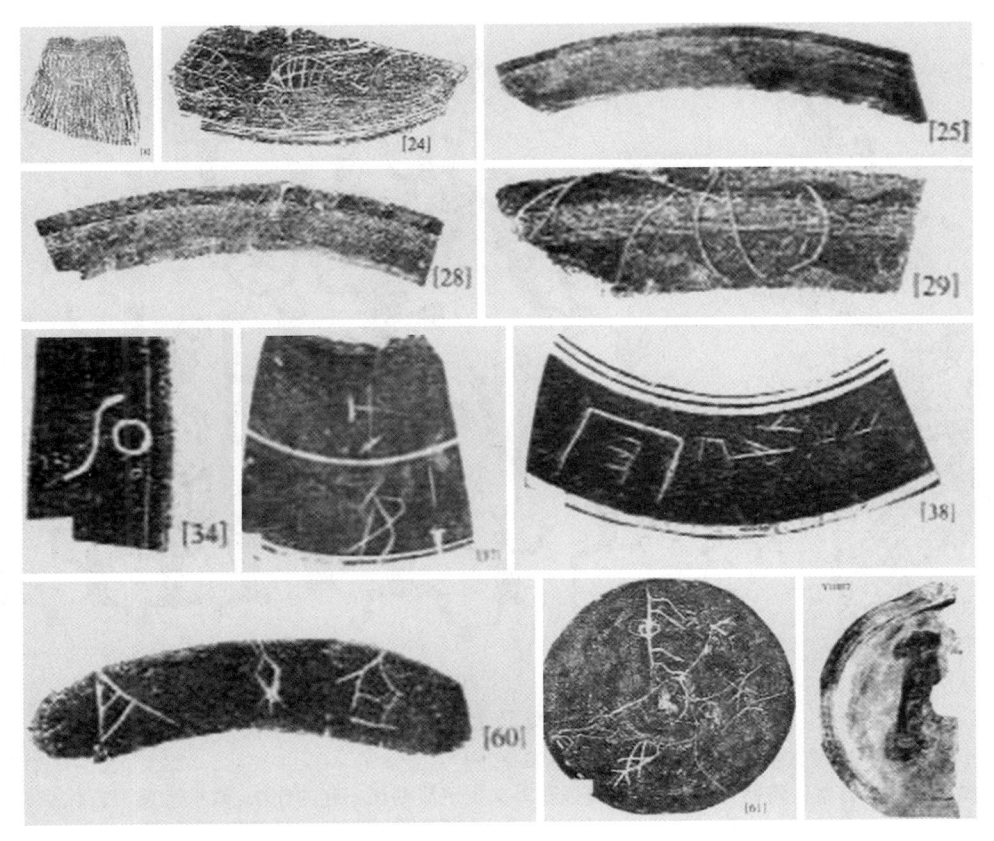

圖二十六

殷墟陶器多個符號或文字：李孝定：8 五五；24 魚魚黽；25 犬蟲犬（虎？）；28 犬益（？）；29 犬益（？）；34 乙丁（石）；37 戊母十□；38 婦糾□；60 今□且；61 中更曰更多六百友；82 庚見石旨；李濟指出：兩個以上符號的情況都是陶器燒製好了以後人們又在器表刻劃或默寫了符號，可見，多個符號或文字與陶工無關。①

活邏輯。圖像叙事和口頭叙述方式融爲一爐，共同呈現出無文字社會的文化記憶，起到了文字社會裏書面文獻所起的作用。印第安文明中有豐富的圖像叙事與神話傳說相得益彰，共同表意的案例，可作爲此種情況的旁證。②

總之，史前藝術家們在創作岩畫和製作彩陶紋飾的過程中普遍使用的側視、正視角度觀察取象，綫條描摹實物或填滿實物的輪廓、運用對稱分布原理、突出主體形象、部分替代整體等構圖手法，以及上面介紹過的三種類型的原始表意圖式，爲漢字的結體和符號構意奠定了扎實的基礎，並被歷史時代一代又一代的漢字創制者們提供了

---

① 李濟：《殷墟陶器研究》，上海人民出版社，2007 年，第 178 頁。
② 參見黃亞平、伍淳：《北美印第安原住民使用的象形文字（下）：薩滿用象形文字的象徵功能》，《中國文字》2018 年第 4 期。

圖二十七

1. 原始本教祭祀場景：畫面分爲上、中、下三部分。上方雕鑿了一馬、一犛牛、一站立人、一騎羊人和日、月以及極度誇張的男女生殖器，這種把太陽月亮和男女生殖器刻在一起的作法，似乎表現了古代藏族遊牧部落的把天體崇拜和生殖崇拜聯繫起來的模糊陰陽觀念；中部雕鑿了四個頭戴鳥形面具、正在圍繞著中間的象徵符號跳舞的巫師，周圍陳列了四條大魚，其中最大的一條魚頭尾相接呈圓盤狀，魚腹內孕育著十餘條小魚，旁邊還有一個圜底罐；很可能表現了原始本教的巫師舞蹈祭祀本教龍神的場景；下方一排橫列著十個圜底罐，左旁有兩個騎羊巫師，大概是專門負責祭祀犧牲的神職人員，最下方整齊排列著九排125隻羊頭，應該是祭祀用的犧牲。① 2. 岩畫祭祀場景：廣西左江。②

取之不盡的營養，成爲成熟漢字結體和構意的基本方式。没有史前藝術家在圖畫繪製、造型藝術對構圖、結構、比例、風格、篇章、布局和符號構意等等方面的經驗積累，成熟漢字的形體創制便成了無源之水、無本之木。

對漢字字符來源的探索，應堅持廣義文字的言文觀，堅持在漢字和華夏文明的關係中討論漢字性質、漢字字符來源等問題，把表意漢字看成華夏文明的重要表徵，而不再把漢字矮化爲僅僅記錄漢語的輔助工具。换句話説，漢字字符來源研究必須在堅持形義關聯研究路徑的基礎之上，充分結合史前藝術、神話敘事研究，將漢字字符來源研究自覺置於考古學文化類型學範疇之中，盡量還原出土語境，厘清前文字與早期漢字之間的符號關聯，並通過對漢字符號傳承與演變痕迹的追踪，尋找華夏文明延

---

① 文物出版社編：《中國岩畫》，文物出版社，1993年，第70頁。
② 王克榮、邱仲倫、陳遠璋：《廣西左江岩畫》，文物出版社，1988年，第31頁。

續性的符號證據,讓以漢字爲代表的表意文字的研究成果,儘快融入普通語言學、普通文字學之中,並爲其做出應有的貢獻。

二、從言、文關係入手定義漢字

衆所周知,甲骨文已經是成熟的文字系統了,因爲它能夠完善地記錄殷商語言。若從狹義文字的立場出發研究甲骨文體系的形成問題,那就要首先研究甲骨文所記語言的性質,弄清楚甲骨文所記語言的性質,甲骨文的性質也就容易明了。

若研究甲骨文所記語言的性質,當然要使用歷史比較語言學首倡的歷史比較法,這是因爲:"19世紀歐洲比較語言學成功地論證了印歐語系諸語言的親屬關係。由此推動了印歐語系以外的其他語系的假設和論證。"(王均,1996:1)而印歐系諸語言關係的確立和歷史比較法的使用不但爲漢藏語系諸親屬語言關係的確立提供了理論借鑒,而且對漢語屬性的最終確立具有明確的理論指導意義。

歷史比較語言學通過在世界範圍內尋找親屬語言,並對同一系屬內部的親屬語言進行比對,從而揭示語源,歸納語言演變規律,在世界範圍內建立起語言的譜系,爲語言研究做出了巨大的貢獻,同時也爲普通語言學的出現廓清了道路(鮑勃,1816;格里姆,1819;施萊赫爾,1861—1862;等等)。

在國內,從上個世紀初就已經開始將歷史比較法引入漢藏語系內部親屬關係的確立,以及漢藏語系與相鄰的苗瑤語系、壯侗語系、南島語系的比較研究之中。諸多學者先後使用歷史比較法研究漢藏語系諸語言(高本漢 1915—1926,梅耶 1925,趙元任 1928,傅懋勣 1940—1943,李方桂 1937—1980,邢公畹 1949,喻世長 1961,張琨 1972,嚴學宭 1979;等等)。

20世紀80—90年代以來,國內漢藏語系歷史比較法研究空前活躍,先後發表和出版了許多研究性論文和著作(胡坦 1980,戴慶廈 1980,陳其光、李永燧、翟靄堂 1981,孫宏開 1982,羅美珍 1983,俞敏 1984—1989,馮蒸 1984,王輔世 1986,鄭張尚芳 1990,包擬古 1995,黃行 1996,黃布凡 1997,黃樹先 2003,等等)。馬學良先生主編的《漢藏語概論》(1991)是繼本尼迪克特(1972)之後國內第一部原始漢藏語系比較研究的通論性著作。徐通鏘先生(1991:1)研究語言發展規律和理論原則,他結合對漢語方言的深入調查,"用豐富的漢語方言材料來分析、檢驗、補證傳統的理論,並克服以往的語言研究理論重介紹、輕研究、脫離漢語實際的傾向"。陳保亞(1996)通過對漢越(侗台)語源關係的歷史比較,總結語言接觸機制,提煉出"語言聯盟"的理論,使用漢藏語系的歷史比較材料,豐富了歷史比較語言學的理論方法。

　　國內歷史比較法研究的引入和興盛在一定程度上促進了甲骨文的語音和語法研究,出現了專門研究甲骨文語言和殷商歷史文化的著作。其中包含以下幾個方面的研究:

　　(1) 對殷商語語音框架的討論,如趙誠《商代音系探索》(1984)和《上古諧聲和音系》(1996),管燮初《從甲骨文字的諧聲關係看殷商語言聲類》(1988)和《據甲骨文諧聲字探討殷商韻部》(1990),郭錫良《殷商時代音系初探》(1988)和《西周金文音系初探》(1994),陳興代《殷墟甲骨刻辭音系研究》(1993),等等。

　　(2) 對殷商語"複輔音"問題的討論,何九盈《商代複輔音聲母》(1994),鄒曉麗《甲骨文字學述要》第二章(1999),梅祖麟《甲骨文裏的幾個複輔音聲母》(2008),等等。

　　(3) 對甲骨文詞彙和詞源的研究,如王紹新《甲骨刻辭時代的詞彙》(1991),向熹《從甲骨文看商代詞彙》(1993),黄健中《試論甲骨刻辭的詞彙研究》(1993),等等。此外還有許多針對甲骨詞彙的分類研究,如陳年福《甲骨文動詞詞彙研究》(1996),巫稱喜《甲骨文名詞詞彙研究》(1997),等等。

　　(4) 對甲骨文記載的殷商語語法框架的研究,如管燮初《殷墟甲骨刻辭的語法研究》(1953),李曦《殷墟卜辭語法》(1988),姜寶昌《殷墟甲骨刻辭句法研究》(1990),沈培《殷墟甲骨卜辭語序研究》(1992),張玉金《甲骨文語法學》(2001),等等。

　　(5) 將卜辭應用於殷商歷史文化研究之中者,如胡厚宣、宋鎮豪主編的《甲骨文與殷商史》(1—7,1983—2017),胡厚宣主編《甲骨學商史論叢初集》(2002),等等。

　　雖然上述甲骨文語言研究中已經自覺使用歷史比較法,但從總體上看,目前的甲骨文語言研究仍然表現爲重視對甲骨文所記語言的描寫和分析,而相對缺少漢藏語底層語言的深入挖掘和殷商語系構擬重建的研究;而對甲骨文系統形成動因的探索,國內外的研究都基本闕如。此外,由於甲骨文研究的兩大主力——古文字研究和歷史語言學比較研究尚未有機結合起來,形成强大的合力,因此,目前爲止,對甲骨文所記殷商語的細緻描寫和音系還原尚處在初級階段,這也限制了甲骨文和殷商語關係研究的深入進行。

　　當然,我們也應看到:歷史比較法由於執迷於語言研究自身,迷信語言自身發展的内在動力,着力强調語言對文字/書面語所起的決定性作用,相對忽視文字對語言的反製作用,忽視文字系統的社會屬性,以及文字系統與其他社會語境的雙向互動作用,所以在言、文關係研究方面存在先天的不足。鑒於此,我們在這裏嘗試從"文字制度"與甲骨文文字系統形成的雙向互動關係入手,嘗試討論甲骨文系統形成的動因問題（黄亞平，2016：117—139）。①

這裏所説的"文字制度"，具體是指圍繞着文字的創造和應用推廣建立起來的社會讀寫教育機制，包括針對讀寫能力培養的社會觀念、制度建設、技術條件和語言成熟度，等等。没有相應的文字制度的建立和完善，就不可能出現相應的對群體識字能力的培養；而没有對群體識字能力的培養並由此造就出一批識文斷字的文人集團，就不可能誕生和運作成熟文字系統。從這個意義上講，識字能力表現或反映了文字制度的功能和作用，文字制度則表現爲對社會群體識字能力培養的程度，兩者之間存在明顯的互文關係。

（一）甲骨文的文字制度

對甲骨文系統的形成而言，最具代表性的文字制度可概括爲觀念語境、制度語境、技術語境和口語成熟度語境四個方面。

1. 觀念語境

在甲骨卜辭中，有關觀念語境的材料主要體現在巫風、巫術的盛行方面。

殷商去古未遠，巫風盛行。"巫"作爲一種專門同鬼神打交道的職業、巫事活動作爲社會生活的有機組成部分都習見於當時，在降神、驅逐旱魃、驅鬼、占夢、問病、治療等方面對殷商社會的正常運作起着潤滑作用（晁福林，1996）。殷商時期巫風的熾盛、巫術的盛行，這些在口語社會的語境中普遍流行的社會慣例和儀式性的表演，在進入文字社會之後，被文字記載下來，逐漸定型和規範，形成各式各樣的祭祀的議程。

2. 制度語境

殷商社會的制度語境總體上是混合的"巫史系統"而不是成熟的"禮樂制度"。殷商社會只有極少一部分人（巫史、貞人集團、部分王公貴族）具有讀寫能力，殷商教育的主要內容是少部分巫史人物對祀典議程的熟悉和掌握，雖有書面文獻的典册，但其教育機制中尚未專注於對書面文獻的學習和記誦（陳戍國，1991）。

對祀典儀式規程的熟悉和掌握從體制層面確保了殷商的祭祀，而祖先神祭祀在殷商文化中尤其具有不可替代的重要作用。卜辭中出現的祖先神祭祀大體上可分爲"選祭"和"周祭"，尤其在後期。從"周祭"先王的制度中，逐漸建構出相對完整的歷代

---

① 筆者注：此處所説的"文字制度"脱胎於德國學者格爾格·愛華德"社會讀寫機制"（格爾格·愛華德著，劉曉寧譯《讀寫教育的社會機制關聯》，《華西語文學刊》第2輯，第197—211頁），有關"文字制度"與甲骨文體系形成的關聯，請參見黄亞平《社會讀寫機制的建立和激發擴散是文字系統形成的真正動力——以甲骨文爲例》討論（該文收入《廣義文字學研究自選集》，第117—139頁）。

商王的祀譜(圖二十八);歷代商王的祀譜反映了致祭者在王的序列中的政治地位,以及與現任商王的血親關係和遠近親疏。通過不斷進行的祭祀活動中對商王祀譜的反復確認,商王的世系得以確立,王室的正統得以延續,統治的秩序和威權建立起來,構成了權力話語的正統。①

圖二十八

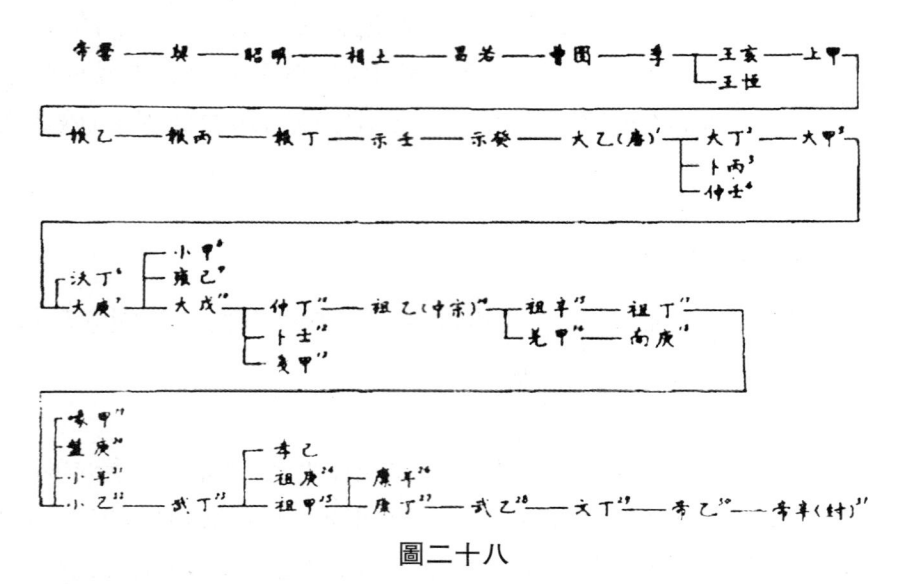

采自劉翔、陳抗、陳初生、董琨編著,李學勤審定《商周古文字讀本》(語文出版社,1989年,第9頁)

3. 技術語境

技術語境是指圍繞着占卜活動進行的一系列專門負責收納、整治、記錄和儲存甲骨的技術發明及其對這些技術發明的普遍應用。早在新石器時代晚期,骨卜技術就已經出現在中國境内的部分考古文化中了,但通常認爲大量應用龜甲來占卜的技術,僅出現於殷商時期。② 殷商時期出現了專門使用和推廣此一技術的機構。如商王和貴族分别建立的貞卜機構,貞人集團、貞人子弟對占卜技術的學習等(陳夢家,1988)。占卜技術的高度發達滿足了文字系統對書寫技術的要求和依賴,從技術創新層面確保了漢字系統的規範和有序運行。

4. 口語成熟度語境

成熟的口語必然要經過書面語的規範,通過書面化的過程將口語的遣詞造句、語

---

① 陳夢家(1988:631)認爲:"殷人不是漫無標準的遍祀其先,周祭制度證明只有一定的先王先妣可以參加正式的周祭。親疏尊卑的差等,是存在的。旁系先王及其配偶不能享受直系的待遇。這種祭祀上的差等,正是宗法的具體表現。"

② 謝端琚:《論中國史前骨卜》,《史前研究》,1998年第1期,第115頁。

氣風格、語法規則、篇章結構等等固化在其書寫形態中。甲骨文書面語對口語成熟度的促進和完善主要體現爲：書面語爲口語建立了顯性的語法和句法形式及其規則，同時拒斥不符合書面語結構規則的語言形式，如複輔音、多音節、合文等等現象。通過書面語的參與，口語傳統中的即時性特徵被轉化成跨越時空的顯性語法和句法規則，不符合書面語的因素被逐漸排除出去，極大地促進了語言形式的精確和完善。主要體現在以下幾個方面。

(1) 漢字與漢語相互適應

從文字的角度看，甲骨文的書寫從根本上奠定了方塊漢字的格局，因方塊漢字的固化，在甲骨文中基本形成了"1字/1音節/1詞"的漢語基本結構單位，促使語言成熟度極大增強(徐通鏘，2005)。甲骨文的獨體字是其典型代表，而合體的形聲字與會意字也在更高層面上實現了新的統一，依然維護了1字/1音節/1詞的漢語基本結構單位。僅有"合文"是對史前書寫方式的沿用，算是一個例外。

(2) 漢字對漢語的制約和規範

許多學者認爲商代的語言可能存在"複輔音"，因爲在漢藏語系的諸多親屬語言，如藏緬語族、侗台語族、苗瑤語族大部分都有複輔音，其中時代較早的藏文、緬文、傣文的書面語都經歷過複輔音聲母簡化爲單輔音聲母的過程，如果上古漢語沒有複輔音，是難以讓人理解的。如果承認甲骨文中存在複輔音，那就等於承認商代語言在1字/1個音節/1詞的基本結構單位之外，有可能存在1字/1詞/多音節的現象。或者說漢字書寫對漢語表述可能有一定的制約。① 此外，甲骨文中約有370個左右的合文，約占總字數的1/12左右(孫海波，1959)。而"合文"現象顯然不符合我們所說的漢語基本結構單位——1字/1音節/1詞，所以最終的結果是被淘汰出局，極有可能反映了書寫格式對形體變異的規範。

複輔音與合文現象反映了漢字系統對口語的符號化過程中，言、文關係相互制約、協調的情況，最終這種不符合漢語書面語基本結構的現象逐漸被淘汰出局，這是符合漢語發展規律的。

(3) 甲骨文的書面語法

張玉金(2001：1)將甲骨文區分爲11個詞類：它們是名詞、動詞、形容詞、代詞、數詞、量詞、副詞、嘆詞、介詞、連詞、感歎詞等。其中既有實詞，又有虛詞。可見在甲

---

① 筆者注：從高本漢開始，就有許多音韻學家主張上古漢語中有複輔音現象。許多學者還進一步認定甲骨文也有複輔音。如趙誠1984，何九盈1998，鄒曉麗1999，梅組麟2008，等等。鄭張尚芳、潘悟雲均認可上古漢語有複輔音，但都主張上古音的基礎是單音節。

骨文中實詞和虛詞的分別以及兩大詞類的語法功能與其後的先秦語法基本一致。

甲骨文有完善的句式。現代漢語中的判斷句,祈使句、疑問句、感歎句等句式在甲骨文中一應俱全。除了完善的句式,甲骨文同樣有完善的句型,包括簡單句、複雜句和特殊句三大類。

總之,觀念語境、制度語境、技術語境和口語成熟度語境是殷商時期文字制度最爲重要的部分。它們既是漢字系統形成的重要推手,同時也是判斷漢字系統是否形成的重要標誌。我們認爲,對文字社會裏的文字制度與文字激發擴散過程中雙向互動作用的深入討論,應該是今後我們研究漢字體系形成問題時所最應關注和着力之處。

三、從文明史的高度看待漢字與華夏文明的良性互動

從上述討論可知,"漢字起源"問題的研究顯然不是一個可以僅僅局限在形、義關聯框架内,或者僅僅局限在言、文關係框架内就能説明白的學術命題,而必須從華夏文明史的高度加以深入挖掘,以漢字與華夏文明的良性互動關係爲研究的基礎和突破口,實現更高程度的融通會合,爲普通文字學理論的完善貢獻更多的東方智慧。

(一) 對漢字字符來源和漢字系統形成問題的探索都應自覺納入考古學文化類型學範疇

若要站在華夏文明史的高度同時兼顧漢字字符來源和漢字系統形成問題,則必須將這一問題的討論置於考古學文化類型學範疇之中,以確保漢字起源研究的科學性和系統性,儘量杜絶"看圖識字"似的主觀臆測。

若能充分利用考古學文化類型學提供的語境,結合該地流行的神話叙事,加以綜合考量,得出的結論則會更加完善。

比如對大汶口文化晚期出現的"✦""✦"兩個象形符號的解讀:前一個象形符號"✦",唐蘭、李學勤先生釋讀爲"炅"字;另一個象形符號"✦",于省吾先生釋讀爲"旦"字,[①]唐蘭先生釋讀爲"炅"字的繁體,[②]李學勤先生釋讀爲"炅山"二字的合文。[③]

---

① 于省吾:《關於古文字研究的若干問題》,《文物》1973年第2期,第32頁。
② 唐蘭:《關於江西吴城文化遺址與文字的初步探索》,《文物》1975年7期,第72—73頁。
③ 李學勤:《論新出大汶口文化陶器符號》,《考古》1987年第12期,第75—80頁。

三位前輩學者對這兩個象形符號的釋讀可謂"一錘定音",但如果能進一步結合考古學文化類型學的研究成果和神話叙事的合理闡釋,對這兩個象形文字的解讀似可再補充一二:大汶口文化晚期,山東地區史前社會步入國家階段的前夜,從考古學文化類型學提供的大背景來看,在這個時代出現漢字的萌芽是合乎情理的;此外,在大汶口文化流行區域及其周邊地區,甚至在中國境内的東南地區自古以來就存在太陽鳥崇拜現象,廣泛流傳"日入出""三足烏""金烏"神話,而與這些神話存在密切關聯的史前圖像在考古學廟底溝類型二期、山東大汶口文化、河姆渡—良渚文化,甚至屈家嶺—石家河文化中都有發現,且數量衆多,這應該不是一種巧合現象。綜合考慮各方面的因素,拙以爲大汶口象形符號"⊛"當爲"太陽鳥負日運行"之象,此形可隸定爲"日+鳥"之形,表示這一寓意的同類圖像又見於良渚文化、石家河文化之中,可爲其旁證。若此説不誤,則大汶口文化象形符號"⊛"當爲"太陽鳥負日運行飛臨山頂"之象,此形從上自下可隸定爲"日+鳥+山"之形。這兩種象形符號已經存在簡、繁關係,前者可視爲簡寫形式,後者則爲繁寫形式。但無論簡寫、繁寫,其表達的意象都是代表太陽的神鳥飛臨山頂之意象。

再如"鳳"字,"鳳"字在甲骨文中有🐦(《合》21019)🐦(《屯》2772)🐦(《合》30241)等形,字從鳥從丫或從丫,合體象形或會意字。《甲骨文字詁林》又有"🐦""🐦"兩形,前一形從鳥從丫,凡聲,形聲。① 後一形從鳥從丫,兄聲,形聲。"鳳"字本義當爲神鳥,卜辭借爲風。"甲骨文的🐦即古鳳字。甲骨文以🐦爲風,係造字假借。因爲風無形可象,故借用音近相通之字。"(于省吾主編,1999:1706—1714)《説文》"鳳"字小篆字頭🐦聲符凡在上,鳥字在下,形聲。古文字形🐦,象形。《説文》收字當有依據,其構形原則與甲骨文基本吻合。鳳字之本義既爲神鳥,其構意當有豐富的象徵含意,故可以聯繫神話叙事加以解釋,《説文》云:"鳳,神鳥也。天老曰:鳳之象也,麐前鹿後,蛇頸魚尾,龍紋龜背,燕頷雞喙,五色備舉。出於東方君子之國,翱翔四海之外,過昆侖,飲砥柱,濯羽弱水,暮宿風穴。見則天下大安寧。從鳥凡聲。"(許慎,2013:73)許慎以鳳爲神鳥,出於東方君子之國的説法有一定依據,但對鳳鳥這種神鳥的崇拜應不限於東方地區,還應包含中國境内的東、南方廣大區域,其史前圖像的遺跡比比皆是。

考古發現的中國東部地區考古文化包括仰韶文化廟底溝二期、大汶口—龍山文化區域以及東南地區的河姆渡—崧澤—良渚文化區域都發現了多種多樣的神鳥形象

---

① 陳邦懷、李孝定以爲是《説文》丫字,詳參《甲骨文字詁林》第1711頁。

和藝術雕塑。①

　　仰韶文化廟底溝類型的鳥紋形象主要是玄鳥（燕子或烏鴉）一類的鳥，在廟底溝類型的彩陶紋飾中，鳥紋表現的是背負太陽運行的"金烏"，黑色的圓圈則代表太陽，鳥紋＋太陽紋的結合，表現了"金烏（三足烏）"和"日出入"神話母題，具有豐富的象徵含意和意義建構功能（圖二十九）。

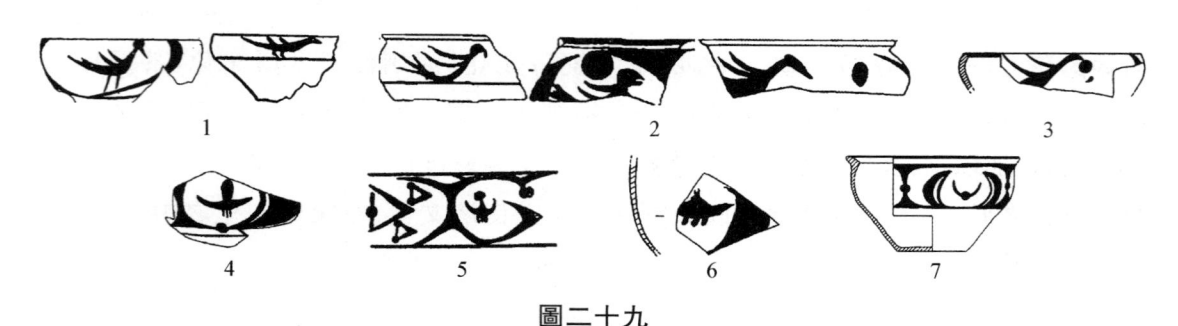

圖二十九

1. 側視鳥紋：華縣柳子鎮，仰韶文化廟底溝類型；2. 側視鳥紋＋太陽紋：華縣泉護村，廟底溝類型；3. 側視鳥紋＋太陽紋：扶風案板，廟底溝類型；4. 正視鳥紋：陝縣廟底溝，仰韶文化廟底溝類型；5. 正視鳥紋：大禹渡 HB25：40，仰韶文化廟底溝類型；6. 正視鳥紋：南交口二期六段 H21：32，仰韶文化廟底溝類型；7. 正視鳥紋：廟底溝新 H9：47，仰韶文化廟底溝類型②

　　不但史前圖像與遠古的神話相互成就，即便在進入歷史時代之後，源於遙遠的史前時代的太陽鳥崇拜神話母題依然變換形式不斷再現，並以此確保古老的民族文化記憶及其傳承（圖三十）。

圖三十

1. 三足烏，漢畫像磚；2. 日出入：戰國曾侯乙墓漆器箱蓋紋飾

---

① 石興邦：《我國東方沿海和東南地區古代文化中鳥類圖像與鳥祖崇拜的有關問題》，田昌五、石興邦著：《中國原始文化論集》，文物出版社，1989 年，第 234—266 頁。

② 筆者注：仰韶文化廟底溝類型鳥紋大體可區分爲正視鳥紋和側視鳥紋，其圖形構成基本上是表示太陽的黑點與象徵太陽神鳥的組合，並非現實中鳥的形象的圖示。

在中國東部和東南部的太陽鳥崇拜神話傳説中，太陽中有一金烏，金烏背負太陽運行，而這一傳説與前述廟底溝類型陽文側面鳥紋恰好相應，同時與上古神話典籍中的文字記載不謀而合。《山海經·大荒東經》云："湯谷上有扶木，一日方至，一日方出，皆載於烏。"在原始的神話觀念看來，烏/金烏/黑烏等鳥即是太陽的化身之一，金烏即爲陽鳥，亦即太陽神，金烏和太陽在初民社會的宗教—巫術語境内可以順勢轉换。不僅如此，在中國上古的神話傳説中，太陽的運行是由"三足烏"背負着，每日從湯谷扶桑木之上升起，傍晚入於西方禺谷（虞淵）之中。金烏一共有 10 隻，即 10 個太陽。平日裏，十日依次接力上崗，清晨上班，黄昏下班，從不間斷。《山海經·海外東經》："湯谷上有扶桑，十日所浴，在黑齒北，居水中。有大木，九日居下枝，一日居上枝。"《山海經·大荒北經》："夸父不量力，欲追日影，逮至於禺谷。"郭璞注："禺淵，日所入也；今作虞。"神話傳説中又有"十日並出"和后羿射日的神話，據説 10 日一時不甘寂寞，競相出現，强光普照大地，結果曬裂土地，草木乾枯，民不堪其苦，天帝乃派巨人羿射日，羿搭弓張箭，連射 9 日，救民於烈焰之中。《淮南子·本經》："逮至堯之時，十日並出，焦禾稼，殺草木，而民無所食。堯乃使后羿……上射十日……"

　　山東地區史前考古發現的鳥類題材藝術從大汶口文化持續到龍山文化。劉敦愿先生指出："山東是古代東夷族聚居所在，東夷族以鳥爲圖騰是其突出的特徵，小形的陶鳥及鳥頭紐的器蓋屢有發現。陶器全形擬立鳥之狀，或部分結構形如鳥喙的情況更是多見。"① 大汶口—龍山文化的鳥形象大體上是長頸水鳥，如鶴、鷺一類的水鳥，大汶口文化的標準化石——鳥形陶鬶的形象就類似於長頸水鳥。山東龍山文化的鳥形象可能是源於本土的大汶口文化，同時接受了外來的河姆渡—崧則—良渚文化的影響，而與仰韶文化廟底溝類型的鳥紋有所不同，這種情況説明山東龍山文化與東南地區河姆渡—崧澤—良渚文化的相互影響（圖三十一）。

　　山東龍山文化的鳥紋不如大汶口文化時期興盛和發達，但崇拜鳥的風俗並未減弱，而且出現了所謂"鬼臉式"鳥足，被認爲是少昊族的圖騰標識（圖三十二）。②

　　中國上古文獻中就有有關鳥圖騰部落集團的傳説，如傳説中的少昊部落集團就以鳥來命名所有的官職。《左傳·昭公十七年》郯子言："我高祖少鷙之立也，鳳鳥適至，故紀於鳥，爲鳥師而鳥名：鳳鳥氏，曆正也；玄鳥氏，司分者也；伯趙氏，司至者也；青鳥氏，

---

① 劉敦愿：《古史傳説與典型龍山文化》，《山東大學學報》1963 年第 2 期，第 1—16 頁。
② 石興邦：《我國東方沿海和東南地區古代文化中鳥類圖像與鳥祖崇拜的有關問題》，田昌五、石興邦著：《中國原始文化論集》，第 236 頁。

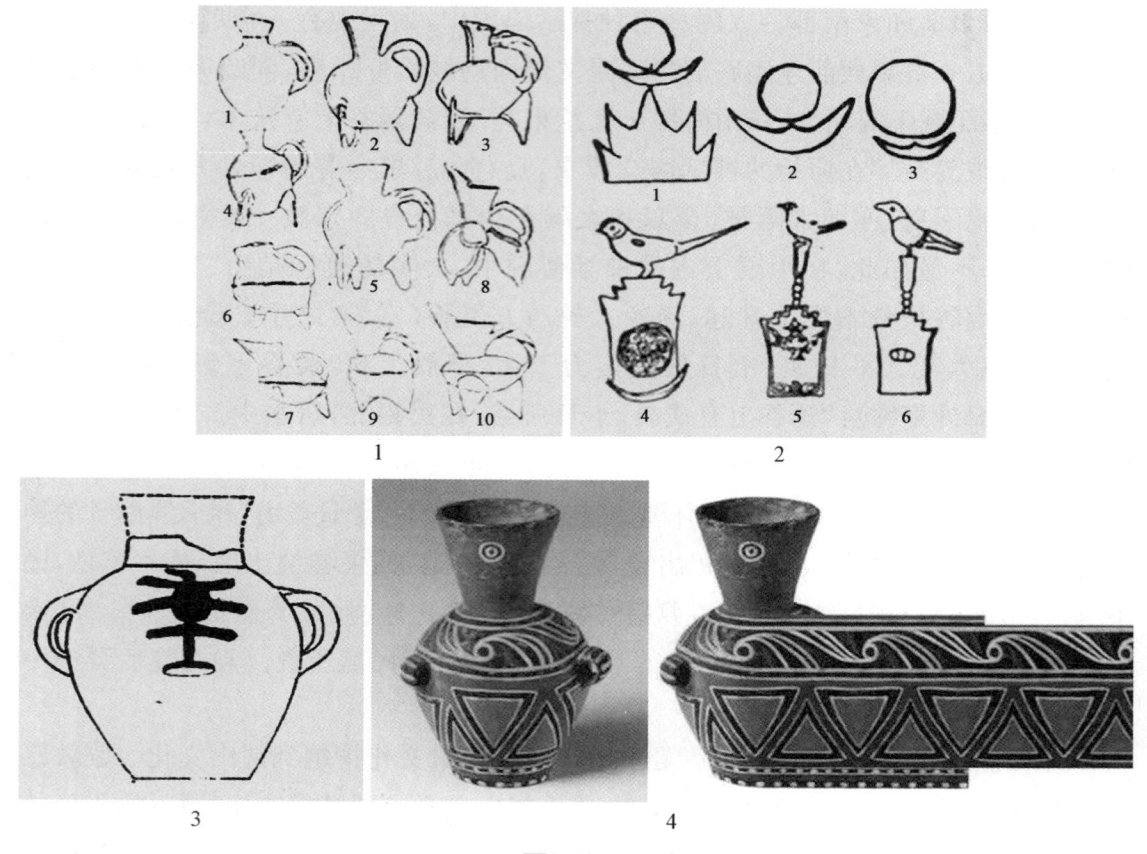

圖三十一

1. 鳥形鬶,大汶口文化早、中、晚期,公元前 4300—公元前 2500 年左右。其中①爲無足鬶,早期;②③④⑤⑥⑦爲實足鬶,中期;⑧⑨⑩爲空足鬶,晚期;2. 陶尊和玉石壁上的鳥紋,①—②陶尊上的鳥紋;③石壁上的鳥紋;①—③被部分文字學家釋讀爲象形文字;④—⑥玉壁上的鳥紋。大汶口文化晚期,約公元前 2500 年。3. 金烏紋,大汶口文化早期,約公元前 4300 年;4. 彩陶雙鳥紋,彩陶罐頸部有兩個重圈圓點紋,象徵太陽。肩部一圈雙鳥紋,雙鳥頭部省略,共用一圓圈作爲雙鳥的眼睛,同時隱喻太陽,鳥身變形誇張,呈展翅飛翔狀,大汶口文化晚期,約公元前 2500 年。

司啟者也;丹鳥氏,司閉者也;祝鳩氏,司徒也;雎鳩氏,司馬也;鳲鳩氏,司空也;爽鳩氏,司寇也;鶻鳩氏,司事也。五鳩,鳩民者也。五雉爲五工正,利器用、正度量,夷民者也。九扈爲九農正,扈民無淫者也。"石興邦指出:"這些記載,不是向壁虛造,而是以真實的鳥圖騰歷史爲基礎的。二十四官職,無一非鳥,這是保持鳥圖騰制最完備的記述。從這個敘述中探知少昊部落中,大圖騰中包括小圖騰集團,形成一個鳥圖騰氏族部落社會的三部組織,即部落(少昊),胞組(五雉、五鳥)和氏族(二十四官職)。"(圖三十三)①

---

① 石興邦:《我國東方沿海和東南地區古代文化中鳥類圖像與鳥祖崇拜的有關問題》,田昌五、石興邦著:《中國原始文化論集》,第 244 頁。

圖三十二

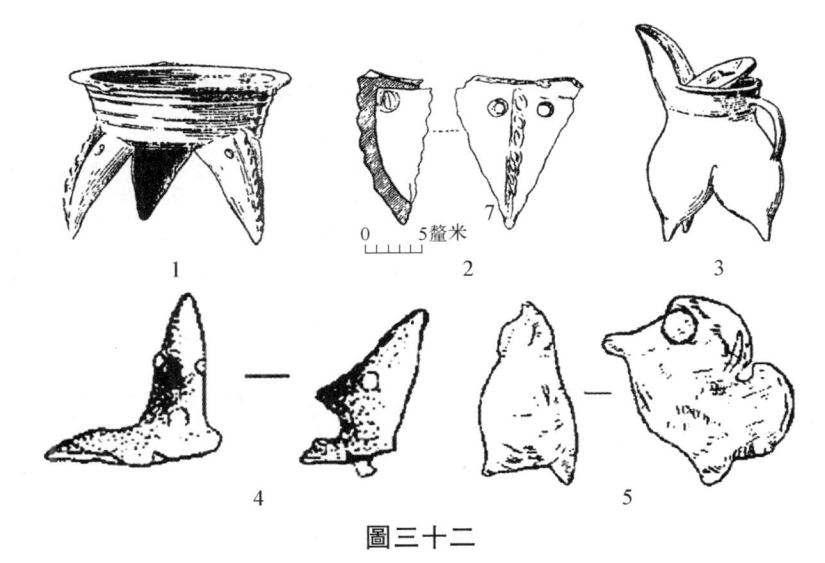

1. 鳥喙式足盆形鼎，日照兩城鎮，山東龍山文化；①2. 鳥喙式鼎足：日照兩城鎮，山東龍山文化；②3. 鳥形陶鬻，日照兩城鎮，山東龍山文化；4. 鷹形器蓋，青州鳳凰台，山東龍山文化；5. 陶鷹，日照兩城鎮，山東龍山文化

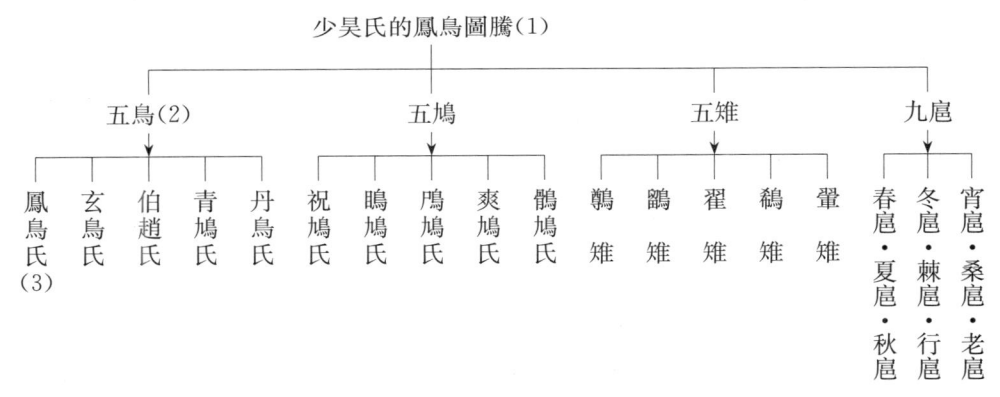

少昊氏的鳳鳥圖騰(1)

五鳥(2)	五鳩	五雉	九扈
鳳鳥氏(3)、玄鳥氏、伯趙氏、青鳥氏、丹鳥氏	祝鳩氏、鴡鳩氏、鳲鳩氏、爽鳩氏、鶻鳩氏	鷷雉、鶅雉、翟雉、鵗雉、翬雉	春扈·夏扈·秋扈、冬扈·棘扈·行扈、宵扈·桑扈·老扈

圖三十三　少昊鳳鳥氏部落集團職官表

需要特別强調的是：上述中原仰韶文化廟底溝類型、東夷大汶口—龍山文化均與殷商族和周族起源有關，殷商祖先源於東方的鳥圖騰部落，《詩經·商頌·玄鳥》《史記·殷本紀》都有明確記載。石興邦先生指出："商人祖先吞卵而生，而卵是玄鳥給的，因之以玄鳥爲祖，並以玄鳥爲圖騰。"③周人的祖先同樣來自東方鳥圖騰部落，《史記·秦本紀》的記載説明秦人祖先也是吞玄鳥卵而生。

---

① 南京博物院：《日照兩城鎮陶器》，文物出版社，1985年。
② 劉敦愿：《日照兩城鎮龍山文化遺址調查》，《考古學報》1958年第1期，第39頁。
③ 同上注，第246頁。

商周古文字中從鳥/隹構意之字多與廟底溝類型文化中的玄鳥崇拜、大汶口—龍山文化的鷙鳥崇拜似存在某種形體和符號構意上的聯繫（圖三十四）。

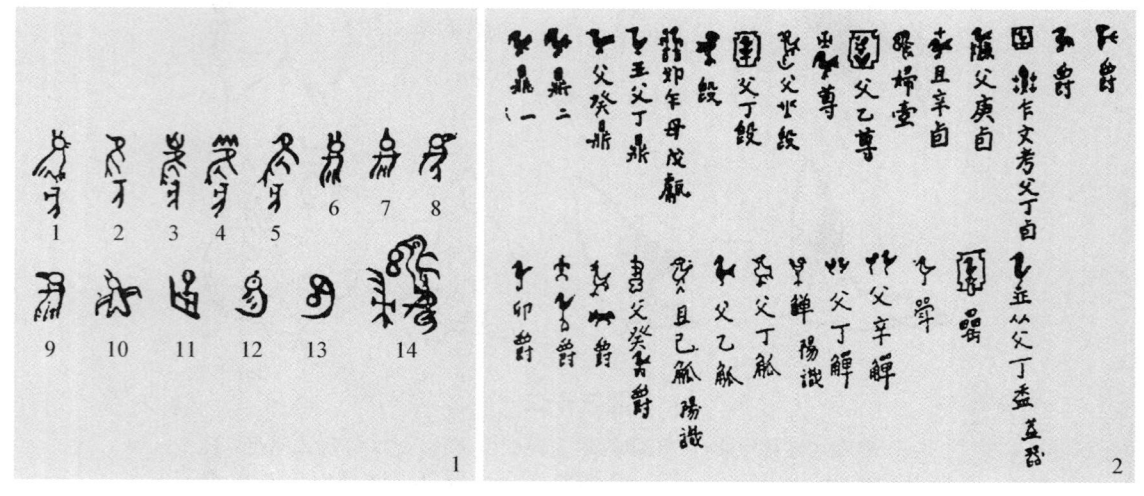

圖三十四

1. 商周古文字中的鳥圖形：①—⑨殷商高祖王亥的"亥"字之上均有鳥圖形，以示高祖王亥之功；⑩—⑬爲甲骨文中的玄鳥類鳥圖形字；⑭金文"玄鳥婦"之合文，以示作玄鳥壺者之貴婦隸屬於玄鳥圖騰的後裔。① 2. 商周青銅器上帶鳥形的銘文和器名，被認爲是商周鳥圖騰制度的孑遺。② 其形象可能更多與大汶口—龍山文化的鷙鳥崇拜有所關聯。

中國東部地區的陽鳥崇拜習俗不但發生在此地範圍之内，而且其源頭可追溯到河姆渡—崧澤—良渚文化地域範圍内，中國境内太陽鳥神話的源頭或許應在中國東南地區的河姆渡文化之中去尋找（圖三十五）。

河姆渡文化，馬家浜—崧澤—良渚文化是中國境内東南地區自成系統的地域性史前文化，早在公元前 5000 年左右的河姆渡文化遺址一期中就發現了鳥崇拜的遺迹，遺留下衆多的木、石、骨、象牙等質料的鳥形器，以及刻劃其上的鳥紋，尤其是成雙成對的鷹嘴大眼鳥紋飾與太陽紋的組合，如著名的"雙鳳朝陽紋"等，更是其中的翹楚。黄厚明認爲：雙鳥連體形象表現了生殖意象，河姆渡人的太陽神和鳥神的觀念已經初步形成，太陽·鳥·生殖崇拜的圖像賦予了生殖鳥神不死鳥的語義建構功能。③

---

① 于省吾：《略論圖騰與宗教起源和夏商圖騰》，《歷史研究》1959 年第 1 期，第 66 頁。
② 石興邦：《我國東方沿海和東南地區古代文化中鳥類圖像與鳥祖崇拜的有關問題》，見田昌五、石興邦著：《中國原始文化論集》，第 248 頁。
③ 黄厚明：《中國東南沿海地區史前文化中的鳥形象研究》，南京藝術學院博士論文（指導教師：阮榮春教授），2004 年，第 111—113 頁。

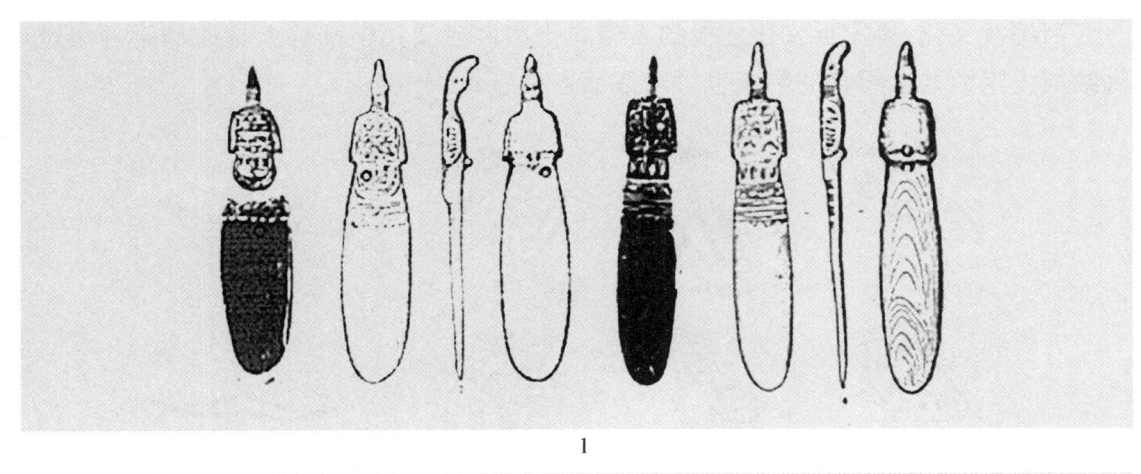

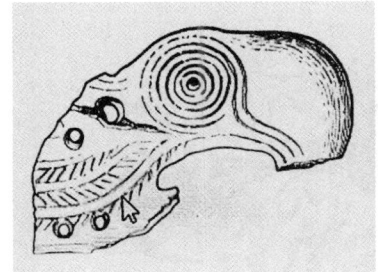

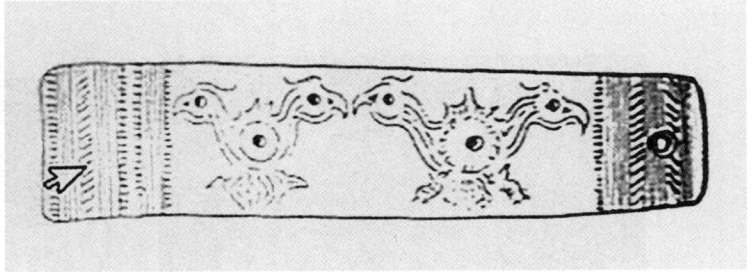

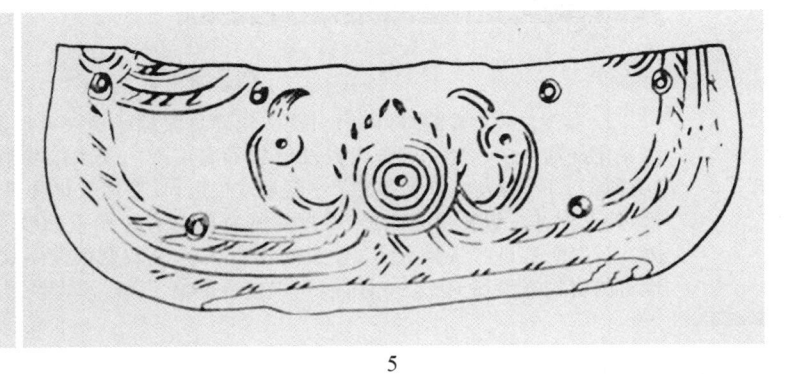

圖三十五

1. 河姆渡文化象牙鳥頭匕形器，鳥頭頂端爲鷹嘴大眼，寬扁長方形鳥身；鳥身正面刻劃弦紋和斜綫紋組成的紋飾，全形側視爲一鷹嘴大眼短腹部長尾的大鳥，造型誇張奇特。河姆渡一期，公元前5000年左右；2. 河姆渡文化象牙蝶(鳥)形器上的鳥紋，蝶形器上除鳥紋外，還陰刻同心圓、弧綫與短斜綫組成的圖案，河姆渡一期，公元前5000年左右；3. 河姆渡文化象牙蝶形器上的連體鳥紋，在正面刻劃了兩組連體鳥紋，鳥頭相背，鷹嘴大眼，原報告認爲鳥背呈山峰形，鳥眼和鳥身中皆有未鑽透的圓窩，疑非。我們認爲該紋飾中鳥背爲太陽的光焰或火紋，鳥身中的圓窩即爲太陽紋。河姆渡一期，公元前5000年左右。4. 河姆渡文化陶盆腹部兩側的鳳鳥紋飾：原報告認爲第1組(圖上)爲抽象圖案，第2組(圖下)爲鳥和植物(禾)紋。石興邦指出：第1組圖形也是鳥紋，當從。河姆渡一期，公元前5000年左右；5. 河姆渡文化象牙蝶(鳥)形器上的連體雙鳥太陽紋，圖案正中一圓心外有五重同心圓，同心圓上半部刻火焰紋，似象徵烈日火焰；兩側各刻一鷹嘴圓眼回首相顧的鳥形紋；鳥身各有一圓孔，以弦紋間以斜綫紋組成的連弧紋圖案組成。河姆渡文化二期，公元前4500年左右。

河姆渡文化、馬家浜文化之後的崧澤文化和良渚文化中都有大量的鳥崇拜痕迹，鳥紋與太陽紋共生組合的傳統也得以繼承下來（圖三十六）。

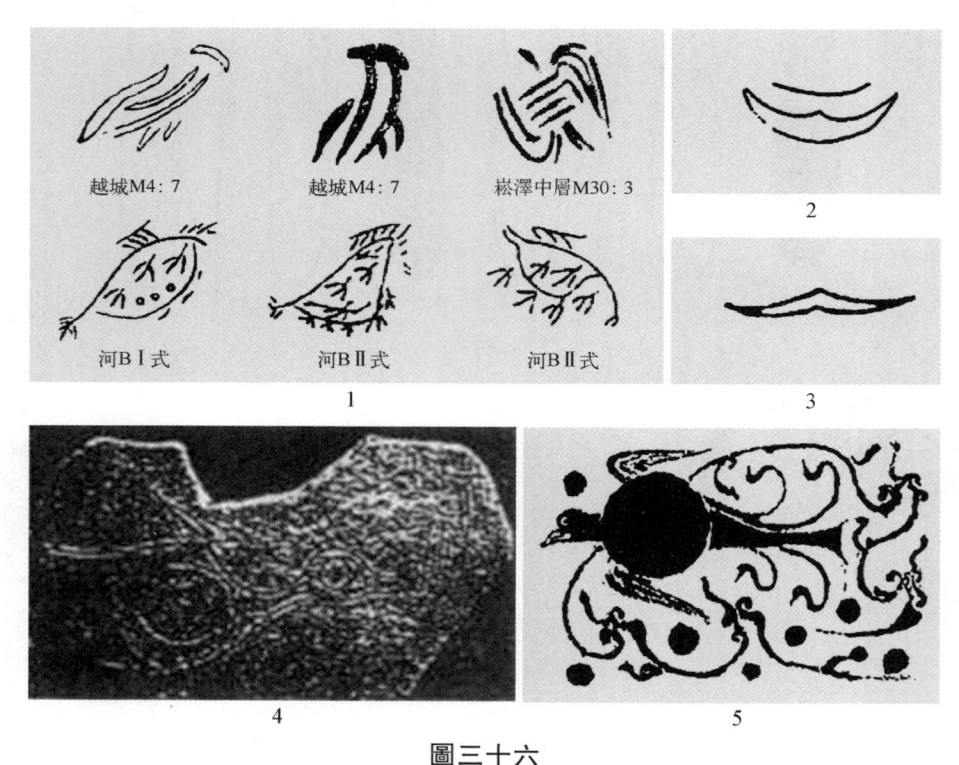

圖三十六

1. 崧澤文化抽象鳥紋，與河姆渡文化陶盆腹部鳳鳥紋近似而圖形更加抽象；①2. 良渚文化飛翔鳥紋，傳世玉鐲，與大汶口象形文字中的飛鳥紋類似；3. 良渚文化飛翔鳥紋（青西J1∶1），與大汶口象形文字中飛鳥紋接近；4. 良渚文化鳥與太陽複合紋，浙江嘉興雙橋，其上刻有一隻展翅的飛鳥，飛鳥的胸背部刻有一個重圈紋圖案，象徵太陽的紅色彩繪。黄厚明認爲：“這個不被人注意的意外發現，爲我們揭開圈紋符號的能指提供了彌足珍貴的實物資料。至此，（太陽説）可以視爲定論。”②5. 漢畫像石太陽神鳥。

（二）充分重視對共時層面的"符號關係"的深入挖掘

普通語言學把共時層面的符號關係區分爲"組合關係"與"聚合關係"。③ 組合關係是一種結構方式，構成組合關係的符號可以替換，但結構方式保持不變。如果我們把商周圖形文字看成圖畫性較强的符號，把甲骨文、金文看成是符號性較强的符號，這兩種符號由於出現在同一個共時平面之中，可以組裝成一種結構關係，其組裝成份也可以替

---

① 黄厚明：《河姆渡文化鳥紋及相關圖像辨證》，《南方文物》2015年第4期，第32頁。
② 黄厚明：《中國東南沿海地區史前文化中的鳥形象研究》，第106頁。
③ 葉蜚聲、徐通鏘：《語言學綱要》，北京大學出版社，1991年，第36—38頁。

换,這種結構關係因此具有共時平面的組合關係屬性。通過對組合符號關係的揭示,結合符號自身來源的歷史追踪,對尋找甲骨文、金文的形體理據就會有一定的幫助。

比如"犬圖形"和"犬字"的關係。我們可以嘗試首先追尋"犬圖形"的源頭。經考古發掘證實,"家犬"是新石器時期中國南、北各地區最早被馴化的動物之一。中國境內各考古遺址都發現了大量家犬的遺骸。如在北方地區的河南舞陽賈湖遺址、河北磁山遺址,仰韶文化、龍山文化、大汶口文化遺址普遍都有家犬的遺骸;在南方地區的河姆渡文化,馬家浜、崧澤、良渚文化也普遍出土了家犬的遺骨(周本雄,1984;袁靖,2001)。在中原地二里頭遺址,也出土了家養特徵明顯的犬的遺骨(楊傑,2006)。

儘管家犬的遺骨從新石器時代早期直至二里頭夏代文化之間在中國境內南北各地史前文化中均有大量出土,從理論上講,如果古人要創造"犬"字,并且假定古人采用"描摹實物"的辦法造字,那麼,早期的"犬"字必然是對上述考古遺址出土家犬之一的圖形再現。如果我們能夠運用現代科技,還原以上各考古遺址出土的家犬,并與最初的"犬"字加以對照,那麼,"犬"字的初文就應該能夠說得明白。但是,現實的情況并非如此簡單,古人是否真的采用描摹實物的辦法造出"犬"字?考古發現的家犬遺骨能否百分百復原?這些都是問題,并非幾句話就能說得清楚。

除了考古發現的家犬遺骨,考古發現的史前家犬圖像和家犬雕塑品也是可以利用的考釋文字的可靠材料之一。考古發現的家犬的圖像較多出現在中國境內的北方地區,如陰山、賀蘭山、巴丹吉林、烏蘭察布等地岩畫中(圖三十七)。

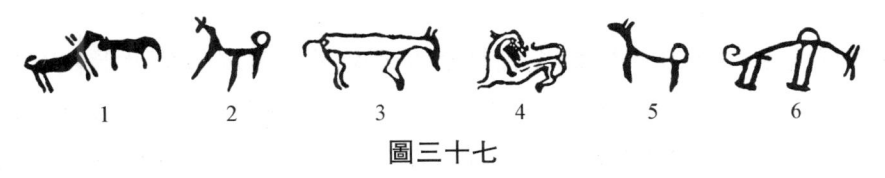

圖三十七

1. 雙犬:陰山;2—4. 狗:陰山;5. 狗:巴丹吉林;6. 狗:烏蘭察布

距今 3 500—3 000 年左右,在北方地區的四壩文化、辛店文化就有彩陶家犬圖形和雕塑品(圖三十八)。

圖三十八

1. 犬紋:永靖馬路原;2. 犬紋:永靖張家咀;3. 犬紋:臨洮辛店;
4. 犬紋:東鄉祁揚鹽場;5. 三狗雕塑:玉門火燒溝

在南方地區,距今 4 600—4 000 年左右的湖北天門石家河文化遺址群鄧家灣遺址出土了大量的陶制動物雕塑,其中就有數量較多的家犬雕塑,其家犬雕塑品的藝術風格多種多樣,有静止的、奔走的、吠叫的、側卧的、還有馱幼崽的形象,但未見有家犬的圖形(劉安國,1980)。

在弄清家犬圖形(含雕塑)的來源之後,我們嘗試將其與商周圖形文字和甲骨文、金文的"犬"字做一形體對照。經過仔細觀察,我們發現商周文字中的家犬圖形表現出來的形象具有身材細長的特徵,在形體上比較接近四壩文化、辛店文化甚至北方岩畫中的犬,而與湖北天門鄧家灣出土的陶狗形狀有較大差別。因此,在目前中國境内各考古遺址出土的家犬遺骨尚未全部復原,其與古漢字"犬"的關係尚無法確認之前,我們可以做出初步的推測:即商周圖形文字中的"犬"字或許來源於中國北方地區的岩畫形象;當然,也有可能源於對中原地區家養犬形象的描述。

商代圖形文字:

　　(丁犬卣《集成》4826.1)　　　　(史犬觶《集成》6168)

　　(子父乙甗《集成》838)　　　　(尹獸爵《集成》8188)

西周早期圖形文字:

　　(犬父己卣《集成》4957.1)

從以上比較可知,甲骨文、金文"犬"字與商周圖形文字中的家犬形狀比較接近,但與考古發現的家犬雕塑和圖像,尤其是南方地區考古發現的家犬形象有較大區別,據此我們做出推測:甲骨文、金文中的"犬"字是在商周圖形文字的基礎上,簡化用筆造成的。相對而言,金文"犬"字較多保留了圖形文字的圖畫性特徵,比甲骨文"犬"字更加圖像化。①

　　(《集成》2708)　　　　(《集成》2695)

　　(《合》1045)　　　　(《合》17599)

金文、甲骨文"犬"字的造形理據可簡單圖示如下:

　　考古發現北方地區的家犬(含造像)圖形……商周銅器圖形文字犬＝金文犬字(象形)
　　　　　　　　　　　　　　　　　　　　　　　　　　　　　　　↓
　　　　　　　　　　　　　　　　　　　　　　　　　　　　　甲骨文犬字(象意)

---

① 筆者認爲也有可能與二里頭文化遺址中發現的家養犬有關,今備考。

再看"豕(豬)圖形"和"豕"字的例子。據專家考證,中國境內北方地區考古發現最早的"家豬"出現在距今 8 000 年左右的河北磁山武安遺址,南方地區最早出現家豬的是距今 8 000—7 000 年的跨湖橋遺址。雖然南方地區家豬遺骨的出土並不早於北方,但有許多證據表明,豬的馴化在南方地區應該更早(袁靖,2001)。自仰韶時代開始,中國境內各地飼養家豬十分普遍,飼養技術也逐步成熟。二里頭遺址出土了大量的家豬遺骨,其家養特徵十分明顯,但同樣未見家豬圖像或雕塑。

中國境內史前時代的豕(豬)的圖形和雕塑品出現在中部和東南部的安徽蚌埠雙墩文化、河姆渡文化、湖北鄧家灣石家河文化的遺址中。其基本圖形分爲兩類:一是比較寫實的豬圖形,如刻劃在雙墩陶碗碗底上的豬形,河姆渡遺址四層出土的陶塑豬和湖北天門鄧家灣出土的陶動物豬,等等(圖三十九)。

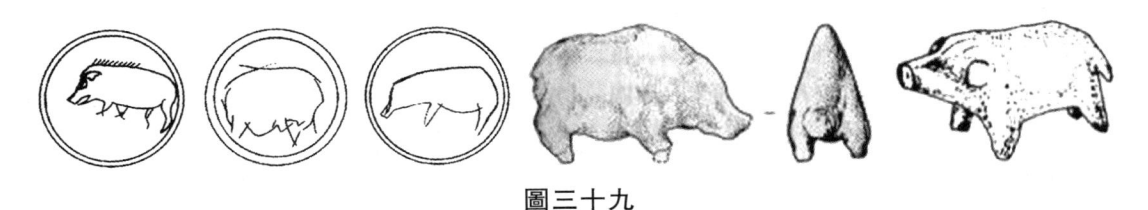

圖三十九

豬紋:雙墩文化,安徽蚌埠雙墩出土,距今 7 300 年左右;陶塑豬:河姆渡遺址第四層出土,距今 6 970 年左右;陶豬:湖北天門鄧家灣出土,石家河文化,距今 4 600—4 000 年

另一類是同期出現的具有象徵含意的豬圖形,如雙墩遺址出土的雙頭連體豬刻符,河姆渡一期陶器上的豬紋和抽象的陶塑豬,安徽含山淩家灘出土的玉豬,等等(圖四十)。這一類圖形無論采用繪畫方式還是雕塑方式,都比較抽象,或較抽象的幾何圖形分布在整個紋飾之内,明顯具有象徵意味。

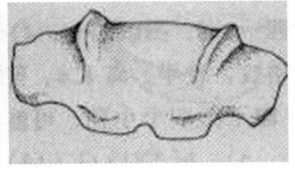

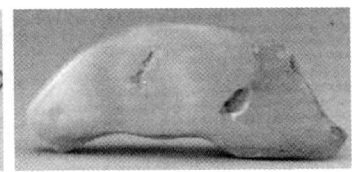

圖四十

連體雙頭豬紋:雙墩文化;豬紋:河姆渡一期;陶塑雙頭連體豬:河姆渡一期;玉豬:安徽含山淩家灘

從外形上看,商周甲骨文、金文和銅器上的圖形文字忠實地反映出寫實的豬和抽象的豬圖形,在部分銅器上的圖形文字中,豬圖形肚腹部位繪有十字形符號,此類豬形圖顯然不再是單純描摹自然界存在的動物豬,而很可能是具有神聖意味或神秘功能的族徽或氏族標識;圖形文字中還有另一類較寫實的豬圖形,這一類的豬圖形或者

與親屬稱謂組合在一起，或者與神聖符號如十字形，亞形框等在一起，基本上沒有單個出現的情况，而此種情况的豬圖形與符號顯然構成一組"組合關係"，雖然其形體逼真，但依然具有象徵含意，而不僅僅是爲了表現寫實的動物豬。

圖形文字 A 類：

　　　（商代：豕爵《集成》7517）　　　　（商代：豕戈《集成》10679）

　　　（商晚至周初：豕癸卣《集成》4841.1）

圖形文字 B 類：

　　　（商晚：亞獸爵《集成》7802）　　　　（商代：豕爵《集成》7520）

　　　（商代：康豕父乙觶《集成》6381）

甲骨文和金文中的"豕"字應是對圖形文字中寫實的豬圖形的進一步簡化，甲骨文、金文的豕字在構型上已經不是完全的象形字，而是象意字。

　　　（《集成》2745）　　　（《集成》4141）　　　（《合》20223）　　　（《合》1761）

甲骨文、金文中豕（豬）字的構形理據可簡單圖示如下：

史前時期家豬圖形……史前寫實圖形豕　　　商周銅器上的象徵形式（圖畫/象形模式）
　　　　　　　　　　　　　　　　　　　　　↓
　　　　　　　　　　　　　　　　　　　殷商銅器上的寫實圖形豕（象形模式）
　　　　　　　　　　　　　　　　　　　　　↓
　　　　　　　　　　　　　　　　　　簡化輪廓爲甲骨文、金文的豕字（象意模式）

　　以上兩例説明，結構主義語言學對符號關係的揭示，在文字符號來源研究方面同樣具有重要的方法論價值，其研究方法可簡要概述爲：使用綫條描摹事物輪廓造成的圖形（包括使用雕塑手法創作的雕塑等），即在實物和符號之間建立聯繫的造字方法屬於語言學理論所説的"約定俗成"，或可稱之爲"一次約定"，而在人造圖形（包括雕塑）基礎上進一步簡化和抽象形成新圖形或符號，即由符號關係而生成新意義的方式屬於"二次約定"。所謂"二次約定"，即在本質上屬於符號和符號之間的重新約定（黄亞平，2007）。"約定俗成"和"二次約定"都是與文字字符來源密切相關的基本造字方式，實際上，"二次約定"的造字方式在古漢字體系中留有清晰的痕迹。比如我們前面提到的從一到八的數目字，甲骨文十天干中的甲、乙、丁、癸四個字，就有可能是從史前時代的記號來的（裘錫圭，1978）；金文和甲骨文中十、廿、卅、賣、朕等字可能是從上古的結繩記事而來的（徐中舒，1998）；殷周銅器上少數幾何形族徽與遠古陶器上幾何形標記之間可能有某種聯繫(汪寧生,1981)。

(三) 漢字字符的傳承與中國文明的延續存在高度的一致性

在表意體系的漢字中,漢字字符的傳承與中國文明的延續存在高度的一致性(coherence),這一一致性是表意漢字最爲重要的特性,其重要性可與拼音文字系統中反復強調的記語性比肩而立。在本文第一部分我們已經討論過,史前藝術家在創作岩畫和製作彩陶紋飾的過程中普遍使用各種藝術構圖和原始構意圖式,爲早期漢字的創制提供了取之不盡的營養,成爲漢字結體和構意的基本方式。没有史前階段圖畫繪製、造型藝術對構圖、結構、比例、風格、篇章、布局和符號構意等等方面的經驗積累,成熟漢字的形體創制便是無源之水、無本之木。

在這裏,我們嘗試進一步列舉部分商代陶文與商代甲骨文、金文相互對應的例子,進一步揭示漢字字符來源的傳承性特點。爲了節約篇幅,下面的陶文舉例中將以單字爲主(含成組陶文中的單字),對某地已經出現過的陶文,我們采用首見録入,後見者不再重複收録的原則。

在考古發現的龍山文化晚期直至商代後期通常所説的"陶符"中,都有不少與古漢字近似的"陶文"。如河南登封王城崗三期發現的標本 WT195H473:3 出現的陶文"𠆢"(共)字;①中原龍山文化陶寺遺址陶扁壺標本 H3404 上出現的朱書陶文"文堯"二字;②河南偃師二里頭遺址三期(約當夏代或早商時期)發現的ф、个、口、囗、凷、凵、凵、屮、⧈、𠆢、⊃⊂、丨、⼧等夏代陶文,等等。③

商代陶文的數量明顯增加。據我們初步統計,到目前爲止,考古發現的商前期陶文(包括數字在内)約有 50 餘例,列表如下(圖四十一)。這些陶文主要發現在鄭州商城二里崗期、鄭州小雙橋遺址、藁城台西遺址等地的發現的陶器殘片之上。從總體上看,商前期各地陶文的書寫形態既有抽象,又有象形,其書寫風格基本上與甲骨文、金文一脉相承,兩者之間存在明顯的符號傳承關係。不僅如此,同一個陶文單字,在各地重複出現的情況也比較普遍;陶文中較多出現的是記數文字和記名文字或專有名詞,另有少量的普通名詞;部分陶文和陶符之間較難區分;另有部分陶文具有一定的地域性風格。

---

① 河南省文物研究所、中國歷史博物館考古部:《登封王城崗與陽城》,文物出版社,1992年,第56—59頁。
② 何駑:《陶寺遺址扁壺朱書"文字"新探》,《中國文物報》2003年11月28日。
③ 曹定雲:《夏代文字求證——二里頭文化陶文考》,《考古》2004年第12期,第77—82頁。

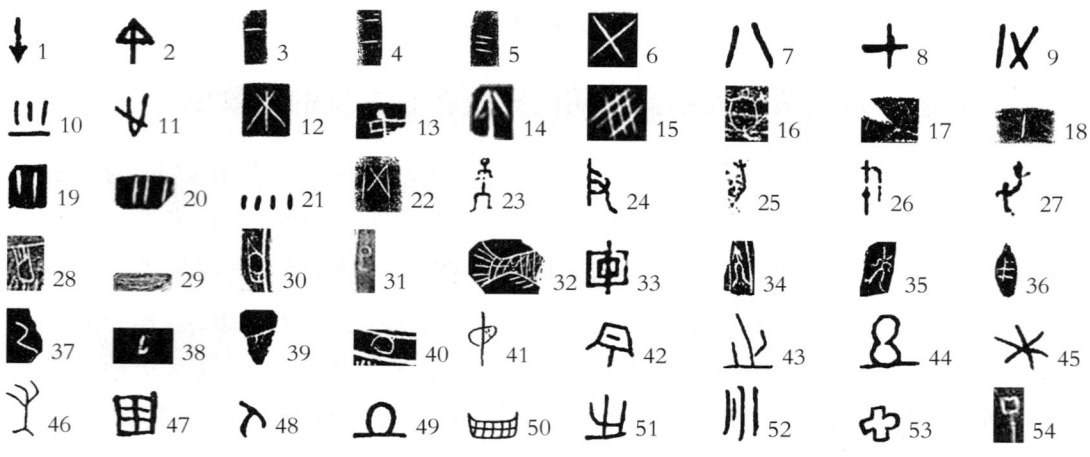

圖四十一　商前期陶文

1—2. "矢"或"鏃"字,偃師商城;3. "一"字,南關外;4. "二"字,鄭州商城;5. "三"字,南關外;6、22. "五"字,鄭州商城;7. "六"字,鄭州商城;8. "七"字,鄭州商城;9. "十五"合文,南關外;10. "三十"合文,鄭州商城;11. "五十"合文,鄭州商城;12. "木"字,南關外;13. "戈"字,南關外;14. "俞"字,鄭州商城;15. "網"字,南關外;16. "黽"字,鄭州商城宫殿區;17. "鳥"字,鄭州商城;18. 記名文字或數字"■",鄭州商城;19. 記名文字或數字"■",鄭州商城;20. 記名文字或數字"■",鄭州商城;21. 記名文字"∥∥",鄭州商城;23. "天"字,鄭州小雙橋;24. "尹"字,鄭州小雙橋;25. "東"字,鄭州小雙橋;26. "⿳"字,鄭州小雙橋;27. "吴"字,鄭州小雙橋;28. "止"字,藁城台西;29. "刀"字,藁城台西;30. "臣"字,藁城台西;31. "巳"字,藁城台西;32. "魚"字,藁城台西;33. "申"字,藁城台西;34. "大"字,藁城台西;35. "⊗"字,藁城台西;36. "豐"字,藁城台西;37. "乙"字,藁城台西;38. "卜"字,藁城台西;39. "肉"字,藁城台西;40. "丁"字,藁城台西;41. "中"字,吴城一期;42. "宗"字,吴城一期;43. "之"字,吴城一期;44. "豆"字,吴城一期;45. "燎"字,吴城一期;46. "帚"字,吴城一期;47. "田"字,吴城一期;48. "人"字,吴城一期;49. "土"字,吴城一期;50. "曲"字,吴城二期;51. "又"或"有"字,吴城二期;52. "州"字,吴城二期;53. "亞"字,吴城二期;54. "革"字,新幹大洋洲

商後期陶文的數量大致與前期接近,若去除重複,商後期新增陶文的數量約 40 例,今列表如下(圖四十二)。商後期陶文中最有代表性的是殷墟遺址發現的殷墟陶文,它們與甲骨文、金文同處一時、同出一地。另在江西清江(今樟樹)吴城三期陶文、上海馬橋遺址四層、福建漳州虎林山商代遺址等地也發現了數量不等的商後期陶文。此外,吴城陶文中還有明顯的地域元素和南方風格,比如其横寫的"戈"字,箭鏃的"鏃"字,就帶有明顯的裝飾風格;部分"多字陶文"同樣具有南方越人文化的地域風格。

無論從社會發展條件和社會需求的角度,還是從文字制度和書寫習慣的形成與積累程度來看,商代都已然存在通行範圍甚廣的漢字系統,其中當然包括陶文在内。因此,我們認爲,"商代陶文"應被看成是一種體系性的存在,它是商代通行漢字的重要組成部分,而且是較早出現的那部分。① 雖然在"商代陶文"中還存在較多的"符號",

---

① 筆者注:有關"商代前期陶文"性質的討論,詳參黄德寬《殷墟甲骨文之前的商代文字》(收入黄德寬《漢字理論叢稿》,商務印書館,2006 年);有關"商代陶文"應自成一系,作爲整個商代通行文字系統重要組成部分的觀點,作者另有專文討論。

圖四十二　商後期陶文

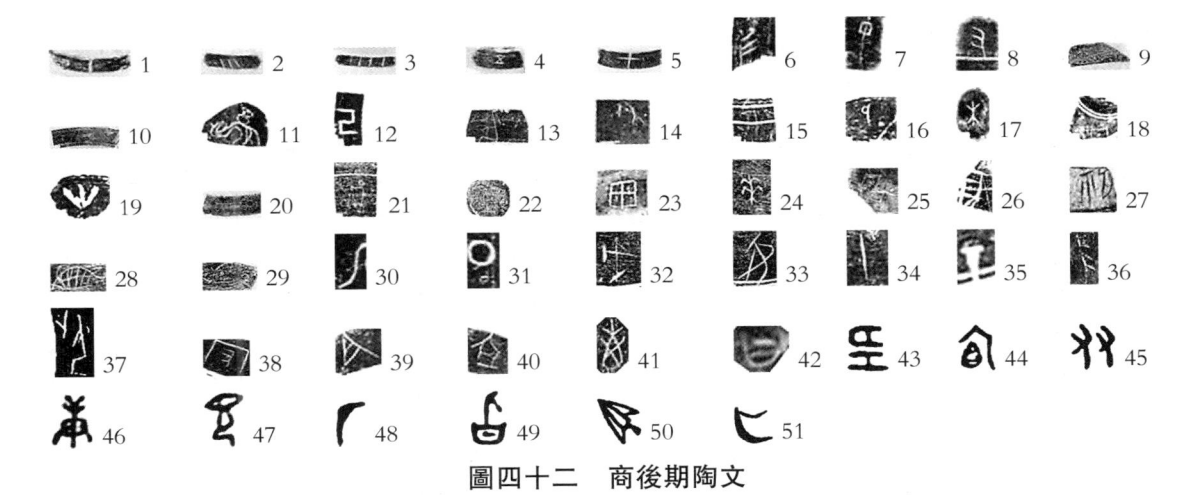

1. "一"字,殷墟;2. "三"字,殷墟;3. "四"字,殷墟;4. "五"字,殷墟;5. "七"字,殷墟;6. "左"字;7. "中"字,殷墟;8. "右"字,殷墟;9. "蟲"字,殷墟;10. "犬"字,殷墟;11. "龍"字,殷墟;12. "己"字,殷墟;13. "夒"字,殷墟;14. "父"字,殷墟;15. "戈"字,殷墟;16. "戌"字,殷墟;17. "木"字,殷墟;18. "井"字,殷墟;19. "中"字,殷墟;20. "車"字,殷墟;21. "䊮"字,殷墟;22. "饗"字,殷墟;23. "田"字,殷墟;24. "來"字,殷墟;25. "亞"字,殷墟;26. "羽"字,殷墟;27. 墨書"祀"字,殷墟;28. "魚"字,殷墟;29. "龜"字,殷墟;30. "乙"字,殷墟;31. "丁"字,殷墟;32. "戊"字,殷墟;33. "母"字,殷墟;34. "十"字,殷墟;35. "■"字,殷墟;36. "帚"字,殷墟;37. "■"字,殷墟;38. "■"字,殷墟;39. "今"字,殷墟;40. "且"字,殷墟;41. "吏"字,殷墟;42. "曰"字,殷墟;43. "多"字,殷墟;44. "六百"合文,殷墟;45. "友"字,殷墟;46. "庚"字,殷墟;47. "見"字,殷墟;48. "石"字,殷墟;49. "旨"字,殷墟;50. "鏃"字,吳城三期;51. "匕"字,吳城三期。

"文字"和"符號"的界限有時難以確定,甚至出現部分陶文未見於甲骨文和金文的現象,但這些現象都是由漢字早期階段文字尚未完全成熟、只能有限記語的原因造成的,並不能因此而否定"商代陶文"的獨立性。至於"商代陶文"仍以單字為主,多字形式相對較少,且書寫潦草的現象,則是由陶文的功能和性質決定的。我們認為,如果把金文看成是商代文字的"正體",甲骨文看成是特殊用途的文字,那麼,商代陶文和今後可能發現的商代竹簡書則應是商代的"行草書"。但無論正體字、特殊用字,還有"行草書",它們總歸都是商代通行漢字的重要組成部分。

(四) 商代陶文中的"記數文字"和"記名文字"

如果承認"商代陶文"已經是一種系統性的存在,那麼,其中的"記數文字"和"記名文字"就應是商代陶文中最為重要的內容。

1. 記數文字

眾所周知,殷商甲骨文的數字系統已經比較完善,甲骨文中既有從"一"至"九"的9個數字,又有十、百、千、萬等正整數,其數字計算以10進制為主,兼有12進制和60

進制。① 甲骨文、金文中的數字記號,大部分在商代陶文中都有出現,兩者存在明顯的符號傳承現象,如表一所示:

表一　商代陶文部分"記數文字"與甲骨文、金文對照表

數字	商代前期陶文	商代後期陶文	甲骨文	商周金文
一	南關外,新幹大洋洲		合9950正	散氏盤
二	鄭州商城 小雙橋朱書陶文		合10408正	孟鼎
三	南關外 小雙橋朱書陶文		合4963	明公簋
五	鄭州商城,台西,吳城1—2期,新幹大洋洲	殷墟,吳城3期,城子崖上層	後上22.1	五胄
	吳城1—2期	殷墟,莊浪徐家碾	花束32	弐簋 頌鼎
六	鄭州商城,吳城1—2期 台西	殷墟 西和欄橋	粹238 合13452	克鐘 毛尹簋
七	鄭州商城,小雙橋,台西,吳城1—2期,新幹大洋洲	殷墟,吳城3期,城子崖上層,莊浪徐家碾	合12509 合23439	矢簋 旬簋 乙簋
十		殷墟,城子崖上層	合32198	孟鼎 虢季子白盤
十五	南關外 吳城1—2期	馬橋4層	甲732 前3.23,6	

---

① 陳良佐:《先秦數學的發展及其影響》,《史語所集刊》第四十九本第二分,1974年,第263—287頁;吳文俊主編:《中國數學史大系》(第一卷),北京師範大學出版社,1998年,第131—139頁。

續 表

數字	商代前期陶文	商代後期陶文	甲骨文	商周金文
三十	丗 鄭州商城 凹 鄭州商城	山 城子崖上層 凵 城子崖上層	山 後上,23 凵 前1,35	凵 舀鼎 凵 格伯敦
五十	ᛣ 鄭州商城 ᛣ 吴城1—2期		ᛣ 合672正	ᛣ 盂鼎

説明：表一商代陶文中的數字記號出自商代遺址各考古報告，其中形近而重複出現者僅收1例；表一中的甲骨文字形以劉釗主編《新甲骨文編》（修訂本）爲主，部分合文符號轉引自傅斯年、李濟等主編《城子崖》考古報告；金文字形大部分出自容庚主編《金文編》（修訂本），部分出自王心怡主編《商周圖形文字編》，謹致衷心謝忱！

從表一所列可以看出：

其一，無論商代陶文，還是在甲骨文、金文中，"一、二、三、五、六、七"等數字都是一脈相承的，其間存在着明顯的符號傳承關係，這一點應明確無誤。但商代陶文中没有真正發現數字"八"和"九"的痕迹，商代前期陶文中似乎也没有發現"十"，這説明商代陶文的數字系統尚不夠完善，有些學者認爲商代陶文中已經有"五進制""十進位"之類的數字系統，其結論與目前中原地區發現的陶文材料並不相符。① 當然，商代陶文中尚未發現"五進制""十進位"等數字系統也很有可能是目前發現的陶文材料還比較少的原因。雖然江西鷹潭角山遺址發現了比較成系統的"五進制"陶文數字，但該遺址文化的主體屬於地域性的"越人"文化，因此還不能作爲中原殷商系陶文數字系統的直接證據。當然，至今尚未發現完善的殷商陶文數字系統的原因，除了發現材料較少的原因之外，也有可能是受陶文自身的功能的局限。

其二，商代文字中的"一、二、三、五"等幾個數字都有豎寫和橫寫的區别，唯獨"四"在陶文中只有豎寫，但在甲骨文、金文中只有橫寫，似乎是一個例外。我們發現：金文和甲骨文中豎寫的"一、二、三、五"僅出現在"記名金文"之中，用來表示名稱，如"❙觚""❙❙又父乙觶""❙❙❙子父丁罍""✕葡爵"或"✕鼎"，並未用於數字；只有橫寫的"一、二、三、五"才表示數字。這一現象或許表明："一、二、三、五"這幾個通常所説的數字記號在商前期陶文中兼具"記名文字"和"記數文字"的雙重身份，在進入甲骨文、金文之後，豎寫的"1、2、3、5"仍保留着"記名文字"的用法，但

---

① 何崝：《中國文字起源研究》，巴蜀書社，2011年，第439頁。

在用爲數字詞時則須使用橫寫形式。這種情況或許反映了商代陶文符號的數字"四"在進入成熟文字——甲骨文系統之後，經過了一定的規範化過程，僅允許以橫寫形式來表現，並從此固定下來，成爲商代文字系統中數字詞固定書寫形式的事實。

其三，商代陶文中的數字詞書寫形式有多樣化的異寫形式，這些異寫現象或許反映了不同的地域文化特點。比如數字陶文"五"不但有橫寫的"✕"，豎寫的"✕"之分，還有簡寫的"✕"和繁寫的"✕"之別。張世超等指出："然則'✕'本象交午之意，假以紀數，後增畫爲'✕'也。"①再如，數字陶文"六"有"∧""∧""∧"三種寫法，這三種符號當有不同的符號來源，其中的符號"∧"見於寺窪文化，其形似與"干支"和"卦爻"符號近似，符號"∧"在陶文、甲骨文和金文的數字記號中出現，當爲假借。張世超等認爲："甲骨文作∩、∩若∩、∧，實古屋廬之兩種形象，爲廬之象形初文，假以紀數。"②再如，數字陶文"七"有"十""十"兩種書寫形式，符號"十"之形當爲甲骨文、金文數字"七"字源頭；符號"十"主要出現在江西吳城、江西鷹潭角山遺址中，顯然具有越人文化的地域色彩。丁山指出：（"七"之本義爲"切"）"七古通十者，刊物爲二，自中切斷之象也。"③殷商陶文中未見數字"八""九"，甲骨文、金文中作數詞使用的"八""九"均爲假借。"八"字的構型爲"象分別相北之形"，借用爲紀數詞"八"；"九"字構型初爲"肘"之象形，其後借用爲紀數詞"九"。④ 數字"十"之構型初以直豎表十位數，金文將直豎變爲肥筆，其後再變爲直豎加點或環，最後簡化爲短橫，以區別於戰國文字之"七"。⑤ 以上所述，甲骨文、金文中的"五""六""九"等數字乃借字爲之，"七""十"或是借意爲之。

其四，商代陶文中的部分合文同樣也有不同的寫法，而與甲骨文、金文合文有一定的形體差別，這種情況或許表明甲骨文、金文等成熟文字系統中的部分數字記號與數字記號合文有一定的地域特色。如"十五"的合文在商代前期陶文中爲"I✕""✕I"，甲骨文"十五"合文也有"I✕""✕I"兩體，但陶文與殷商甲骨文的結構方式相同而書寫形式均有所區別。陶文用簡寫的"✕"構字，甲骨文則使用繁寫的"✕"構字；再如"五

---

① 張世超等撰著：《金文形義通解》上冊，[日]中文出版社，1996年，第3379頁。
② 同上注，第3382頁。
③ 丁山：《數名古誼》（收入《史語所集刊》一本一分第93頁），轉引自張世超等撰著《金文形義通解》（上）中文出版社，1996年，第3384頁。
④ 同上注，第3387頁。
⑤ 參見張世超等撰著：《金文形義通解》上冊，第470頁。

十"的合文,在商前期陶文中作"∀""∀"兩形,但在甲骨文、金文中通常作"ᛉ""ᛉ"兩形。將商前期陶文中的合文"五十"與商周甲骨文、金文合文兩相對照,會發現陶文的形體比較草率,可能受到南方吳越文化的影響,而甲骨文、金文的形體則相對規範,明顯具有中原殷商文化的風格。

2. 記名文字

商代陶文中的部分陶文可暫定名爲"記名文字",它們同樣在甲骨文、金文中有所傳承。爲了簡要了解商代"記名文字"和甲骨文、金文在字符來源方面的聯繫,我們也列表如下(表二),並加以簡單討論。

表二　商代陶文中部分"記名漢字"與甲骨文、金文對照表

	商前期陶文	商後期陶文	甲骨文	金　　文
T	二里崗	城子崖		T觚　交觚
丰	小雙橋朱書陶文 下七垣三層	城子崖 殷墟		父癸爵 作父乙觶
口	二里頭四期(早商)	城子崖		口鼎　己口觚
∩	二里頭三期(夏代) 南關外	虎林山		孟鼎　複尊
ǀ	鄭州商城,小雙橋,吳城1—2期	殷墟		ǀ觚
ǀǀ	鄭州商城,小雙橋,臺西,吳城1—2期	城子崖上層		共鼎 又父乙觶
ǀǀǀ	鄭州商城,小雙橋,臺西,吳城1—2期	殷墟,馬橋4層		ǀǀǀ觚
亞	吳城2期	殷墟	合914正 屯502 西周H11:181	亞止雨鼎 匍簋 南宮乎鐘

續　表

	商前期陶文	商後期陶文	甲骨文	金　文
戈	南關外 藁城臺西？ 吳城 2 期，新幹大洋洲 新幹大洋洲	殷墟 吳城 3 期 吳城 3 期	屯 2194 合 10713 合 33208	戈父丁簋 戈卣 戈觚
木 (燎)	南關外 吳城 1 期	殷墟	合 32806 後上 24.1 後上 24.7 乙 8683	舀鼎 郦伯馭簋
帚	吳城 1 期	殷墟	合 17534 合 709 正	婦好盉 婦好斗 婦好圓鼎
乙	藁城臺西 吳城 2 期	馬橋四層	合 19851 西周 H11：1	父乙觶 且乙卣
中	吳城 1 期	殷墟 殷墟	合 1064 合 29791	何尊
土	吳城 1 期	馬橋四層	合 6057 正 合 9738 後下 38.3 合 33272 合 36975	大保簋 亳鼎
臣	小雙橋 藁城臺西	吳城 3 期	合 217	頌鼎 小臣鼎

續 表

	商前期陶文	商後期陶文	甲骨文	金　文
魚	藁城臺西 藁城臺西	殷墟	屯 1054 合 10480	魚父丁鼎 魚父丁爵
止	藁城臺西 藁城臺西		合 20221 合 35242	五年琱生簋 止爵　宅止癸爵
田	吳城 1 期	吳城 3 期 殷墟	合 32026 合 27915	告田觶　孟鼎 舀鼎　何尊 成周戈

表二所收商代陶文中的"記名文字",實際上可依其與甲骨文、金文字符關聯程度和在甲骨文、金文中記語能力的大小區分爲三種情況加以討論。

其一,陶文與甲骨文、金文字符一致,但陶文僅進入金文中,作爲圖形文字或圖形文字的框廓出現,尚未作爲記名文字使用,更不具備普通名詞和動詞的用法。如表二所列"丅、丯、囗、冂"等商代陶文中的記號字,它們僅出現在金文圖形文字中,或作爲構字部件構成圖形文字,主要作爲標記和宗族徽號來使用,少見有作爲記語的通行文字獨立使用的情況。在早期文字中,此類的記號字應該有較多數量,金文、甲骨文字典附錄中多收錄此類圖形文字。我們推測,此類圖形文字起初只是氏族或部落社會裏專門從事手工業勞動的家族或宗族使用的標記,或被用於標記所有權,或被用來指代生産者和産品擁有者。它們或許已有讀音,可以讀出聲來,但其主要功能還是標記而不是記語,尚未真正融入記語的通行文字系統之中。

表二所列的"丨、丨丨、丨丨丨"等抽象符號在表一已有介紹,由於這幾個抽象記號在文字早期或許兼具表示器物名稱和數字的雙重功能,所以我們在商代"記名文字"部分再次收入並略加討論。

在二里頭遺址考古發現的陶文中就出現了"丨、丨丨、丨丨丨、乂"等抽象記號,曹定雲認爲這些抽象記號是"原始的數字"。① 我們以爲,考古發現的夏商以來的陶文材料

---

① 曹定雲:《夏代文字求證——二里頭文化陶文考》,《考古》2004 年第 12 期,第 77—82 頁。

中出現的、通常被釋讀爲數字的 1—5 等，同時還可能兼有"記名陶文"的功能，並非僅作數字使用。數字詞 1—5 在甲骨文、金文中僅有横寫形式的現象，或許預示着它們有不同的史前來源。豎寫形式的陶文"❙、❙❙、❙❙❙"，僅出現在"❙觚""❙❙又父乙觶""❙❙❙子父丁罍"等圖形文字之中，仍保留這商前期的傳統，尚未有數字詞的用法；只有横寫的"一、二、三"才在甲骨文、金文中用作數字詞，同時排斥圖形文字的用法。

只是到了戰國文字中，豎寫和横寫的形式再度出現混淆，其中的原因或許與不同的地域文化傳統有關，應進一步討論。

其二，具有部分記語能力的商代"記名文字"。這部分記名文字早在商前期陶文中就已經開始使用，在商代後期的甲骨文、金文中保留下來，但主要作爲記名文字使用，同時兼圖形文字或圖形文字構件的功用。

先看"亞"字，吴城二期出現的"✥"，考古報告認爲："此字似與甲骨文早期'亞'字一樣，有可能是族徽。"① 殷墟遺址發現的"▨"殘字，李孝定認爲"當釋亞"，其意義與甲骨文、金文中的"亞"字近似。② 可見商代陶文"亞"字在金文中仍作爲圖形文字或圖形文字的框廓或構件使用，承擔着徽號標記的功能，此種用法的"亞"甚多，僅容庚《金文編》附録上（第 1053—1072 頁）就收録了數十例。在甲骨文、金文中，"亞"字還可用來表示人名、族名、職官名、宫室名等專名，作專有名詞使用，如"庚申卜，□，貞，亞亡不若。"（鐵：37.1）"乎亞獲豕。"（合 105）"卜貞多馬亞其有禍"（前 5.6.5）"其作亞宗"（後下 27.1）"亞中，'鷃'，天。"（亞盂）"誕令臣諫以□□亞旅處于軝。"（臣諫簋）等例。但在甲骨文、金文中未見使用《説文》所列"亞"之本義和引申義的辭例。由此可見，在殷商時期，"亞"字的性質當屬於典型的具有部分記語能力的"記名文字"，並且只有圖形文字和專有名詞的用法，並未作爲普通名詞，更没有後世常見的引申用法。

再如"戈"字，此字應是青銅時代才能出現的文字，而且應有不同的地域風格。"戈"字出現在商前期者，如鄭州二里崗期南關外發現的"▨"字的殘留部分，商後期者如殷墟陶文中的"▨"字，其符號形態與殷墟小屯村發現的陶文"▨"基本相同。除了上述中原地區的陶文"戈"字，在江西清江吴城二期、江西新幹大洋洲和吴城三期陶文

---

① 江西省博物館、清江縣博物館等：《江西清江吴城商代遺址第四次發掘的主要收穫》，《文物資料叢刊》第 2 輯，文物出版社，1978 年，第 3 頁。
② 李孝定：《陶文考釋》，李濟《殷墟陶器研究》，上海人民出版社，2007 年，第 199 頁。

中發現的"戈"字均有明顯的地域性風格。商代陶文中兩種風格的"戈"字在甲骨文和金文中都被繼承下來，並具體表現爲"⚁"與"⚁"的區別。但無論哪種書寫風格，"戈"字在甲骨文、金文中的用法仍然是作爲記名文字來使用，用來表示製造"戈"的族團名、方國名、人名，或者作爲這個族團的徽號來使用。卜辭中用作族團名、方國名和人名者如"辛丑卜，賓貞，叀彗令以戈人伐呂方戈十三月"，(金 522)"庚寅，令戈人步"，(林 25.11)"壬子貞，子戈亡禍"(京 3147)。在金文中，"戈"同時還是常見的圖形文字之一，或者作爲圖形文字中的框廓和構件出現，如父丁盉、父乙壺、父丁爵等，同樣没有後世普通名詞和動詞的用法。

再如"帚"字在商前期和商後期陶文中均有出現。商前期者如吳城一期陶文的"⚁"字，商後期者如殷墟陶文"⚁"。這兩種"帚"字之形與甲骨文、金文一脈相承。相對而言，合 17534"⚁"等例近似吳城一期陶文，合 709 正"⚁"等例則近似殷墟陶文。在卜辭中，"帚"字仍有用作神祇之名者，如"貞于帚禦卓三月"(甲 2121)之例。但絕大多數"帚"字已經借指商代"諸帚"，作爲專有名詞使用。商代諸帚的人數多達數十人，如帚好、帚妌、帚娘、帚姪、帚妥、帚汝，等等。卜辭中商代諸帚的地位崇高，她們可以參與國家大事，帶兵打仗，戍守邊防、主持祭祀，死後還能享受商王或貴族的祭祀。我們推測，卜辭中的"諸帚"應是已歸順於商王朝的姻親族團，其地位類似於周代的"世婦"。在金文中，"帚"之作"⚁""⚁""⚁"等形，其體簡略寫真，象掃帚之形。金文中常用來表示男性之配偶，或用於表示商王配偶，如"帚好""帚妌""帚妥"等私名之中，常常作爲圖形文字的構件，用來宣示器主的所有權。可見商代甲骨文、金文中的"帚"字當與商代陶文存在字形上的關聯，在甲骨文和金文中，"帚"字雖仍保留圖形文字的用法，但已經主要作爲專有名詞來使用了。

其三，已具備完全記語能力的"商代陶文"。這部分商代陶文在甲骨文、金文中用途廣泛，已經完全融入商代通行的記語文字體系。

如"中"字出現在商前期和後期陶文中，商前期者如吳城二期陶文"中"字，商後期者如殷墟陶文"⚁""⚁"字。殷墟陶文兩種"中"字，一爲繁寫，一爲簡寫，這兩種書寫形式在甲骨文和金文均被沿用下來。相對而言，繁寫形式"⚁"源於氏族社會在部落居住區的中間位置豎立旗幟以聚眾的習俗，至於簡寫形式的"⚁"，則應是對繁寫形式的省變。① 甲骨文、金文"中"既用作表示宫室名、人名、廟號名等記名文

---

① 唐蘭：《殷虛文字記》，中華書局，1981 年，第 53—54 頁。

字,如:"丁巳卜,叀小臣剌⋯以勻于中室。"(甲 624)"丙子,小臣中。"(前 4.27.6)"己卯卜,翌庚辰屮于大庚至壬中丁一牢。"(後下 40.11)又用作表示空間位置和時間次序、建立中間位置等義的普通名詞,如:"中日至塽兮啟。"(甲 547)"丁酉貞,王作三師右中左。"(粹 597)"己亥卜,夬貞,王勿立中。"(粹 1218)金文雖有許多用作圖形文字的例子,如中戈、中父乙爵、中作寳鼎、中鼎、中觶等等,同樣也有用作表示空間和時間次序的"中庭""中厥"等普通名詞用法。由此可見,商代陶文、甲骨文和金文的"中"字一脈相承,甲骨文、金文的"中"字已經完全融入記語的文字系統之中,其用法靈活,用途廣泛。

再如"土"字,在商前期吴城一期陶文中作"△",在商後期馬橋四層陶文中作"▲",兩者形體近似,區别僅在於頂部的尖與圓。卜辭"土字"有較多的書寫形式,如合 9738 作"△",後下 38.3 作"△",其頂部兩側皆有表示塵土的小點,且點數多少也有分别。發展至晚期,還有將一圓形輪廓減省爲一豎畫者,如合 36975"▲"等例。卜辭"土"字的書寫形式雖然多樣,但其輪廓仍基本保留商代陶文中尖頭和圓頭兩種書寫形式,這兩種書寫形式始終是卜辭"土"字字形的主要來源,如合 6057 正等例作"△",頂部呈圓形,合 33272 等例則呈尖形"△"。在甲骨文和金文中,"土"字不但用作方國名、族團名、神名、人名等記名文字,如:"王從伐土方。"(合 6087)"貞,勿正土方。"(合 6448)"貞,尞于土(社)。"(合 14395)"于亳社禦。"(合 32675)"王位于宜,入土(社),南向。"(夨簋)"吳王孫無土之胆鼎。"(吳王孫無土鼎)而且用作"土地""疆土""國土"等普通名詞使用。如"東土受年。"(合 9335)"西土受年。"(合 9741)"北土受年。"(合 9745)"南土受年。"(合 9738)"粵我其遹省先王受名受疆土。"(盂鼎)等等。金文"土"字的形狀有"▲""▲"兩種,前者爲一豎筆肥寫,後者則在豎寫肥筆中部還添加了一個圓點,這兩種形狀介於卜辭的圓筆和尖筆之間,當是卜辭"土"字的簡省形式。金文中另有少量的圖形文字"土",或以"土"爲框廓或構字部件的例子,如作父己觶、▲父癸爵、幾父壺、戈▲盉,等等。這種情況充分説明,"土"字在金文和甲骨文中主要作爲方國名、族團名、神名等專有名詞或記名文字使用,又保留圖形文字用法,同時兼普通名詞的用法,已經完全融入記語的文字系統之中。

討論至此,我們似可對本文的主要觀點做一小結:通過以上討論,我們認爲:表意漢字的字符來源、漢字構形技巧、漢字的篇章布局等事關符號創制的技藝,都經過了史前時期漫長的藝術探索,在原始藝術中逐漸積累而成,從這個角度看,漢字起源是"漸變"的。但是,雖然經過了漫長的史前藝術活動的積累,符號創制技藝的完善和數量的增長並不會自然成長爲漢字系統。漢字系統的形成仍然是一個由量變到質變的突變過程,而引起這一突變的真正原因是社會需求。如果社會需求強烈,文字體系可以在幾十乃至百多年的時間内突然形成(如楔形文字、古埃及文字、古漢字,等等)。從這個角度看,漢字形成又是"突變的"結果。反過來說,如果社會需求不夠強烈,也可以不出現記語的文字系統(如印第安社會、澳洲、非洲原住民,等等)。

  由此可知,漢字字符來源和漢字體系的形成是漢字史研究中兩個相互關聯的命題,應該分別加以討論,不宜混爲一談。當前的漢字起源研究較多關注成熟漢字的文字演變,却相對忽視對表意漢字字符傳承與中國文明延續一致性的揭示,疏於對漢字系統成因的探尋和追踪,或局限於文字學之内,或局限於語言學之中,尚不能從文明史高度加以融通,這是當前的"漢字起源"命題研究裹足不前的重要原因。

參考文獻:

包擬古　1995　《原始漢語與漢藏語》,中華書局,潘悟雲、馮蒸譯。

鮑　勃　1816　《論梵語動詞變位元系統,與希臘語、拉丁語、波斯語和日爾曼語相比較》;轉引自岑麒祥編著,岑運强評注《語言學史概要》,世界圖書出版公司,2008年版,第104—118頁。

本尼迪克特　1972　《漢藏語概論》,中國社會科學院民族語言研究所語言室,1984,樂賽月、羅美珍譯。

晁福林　1996　《商代的巫術》,《學術月刊》1996第10期。

陳保亞　1996　《語言接觸與語言聯盟》,語文出版社。

陳夢家　1988　《殷墟卜辭綜述》,中華書局。

陳其光、李永燧　1981　《漢語苗瑶語同源例證》,《民族語文》1981第2期。

陳戍國　1991　《先秦禮制研究》,湖南教育出版社。

戴慶廈　1980　《藏緬語族鬆緊母音研究》,《民族語文》1980第4期。

費爾迪南·德·索緒爾(著),高名凱(譯),岑麒祥、葉蜚聲(校注)　1980　《普通語言學教程》,商務印書館。

馮　蒸　1984　《試論藏文韻尾對於藏語方言聲調演變的影響》,《西藏民族學院學報》1984第2期。

傅懋勣　1940—1943　《納西麽些語研究》(《中國文化研究所集刊》1940年第1卷第4期,1941年第2卷,1943年第3卷)。

蓋山林　1986　《陰山岩畫》,文物出版社。

蓋山林　1993　《中國岩畫》,文物出版社。

甘肅大地灣文物考古研究所　2006　《秦安大地灣:新石器時代遺址考古發掘報告》,

		文物出版社。
高本漢	1915—1926	高本漢(著),趙元任、羅常培、李方桂(譯),《中國音韻學研究》,商務印書館,1940年。
格里姆	1819	《德語語法》;轉引自岑麒祥編著,岑運强評注《語言學史概要》,第104—118頁。
郭沫若	1972	《古代文字之辯證的發展》,《考古學報》1972第1期。
郝懿行	1993	《山海經箋疏》(收入上海古籍出版社編《四部精要》史部七)。
胡 坦	1980	《藏語(拉薩話)聲調研究》,《民族語文》1980第1期。
黄布凡	1997	《同源詞比較詞表的選詞範圍和標準——以藏緬語同源詞比較表的制定為例》,《民族語文》1997第4期。
黄厚明	2004	《中國東南沿海地區史前文化中的鳥形象研究》,南京藝術學院博士論文。
黄樹先	2003	《漢緬語比較研究》,華中科技大學出版社。
黄 行	1996	《我國少數民族語言的語序類型》,《民族語文》1996第1期。
黄亞平	2007	《論"二次約定"》,《語言研究》2007第1期。
黄亞平	2016	《社會讀寫機制的建立和激發擴散是文字系統形成的真正動力——以甲骨文為例》,載《廣義文字學研究自選集》,中國社會科學出版社。
黄亞平、伍淳	2017—2018	《美洲印第安手勢符號初探》,《中國海洋大學學報》2017年第2期);《北美印第安原住民的象形文字(上):日常使用中的交際功能》(署名黄亞平),《中國文字》2017年第2期;《北美印第安原住民的象形文字(中):日常使用中的記事功能》,《中國文字》2018第2期;《北美印第安原住民使用的象形文字(下):薩滿用象形文字的象徵功能》,《中國文字》2018年第4期;《美洲印第安人使用的象形文字名稱和標誌》,《漢字漢語研究》2018年第2期,等等。
蔣善國	1928	《中國文字之原始及其構造》,商務印書館。
李方桂	1976	《漢語和臺語》,《民族語文研究情報資料》1984年第4期,王均譯。
李 零	2016	《誰是倉頡——關於漢字起源問題的討論(上)》,《東方早報·上海書評》20161月17日。
李水城	1998	《半山與馬廠彩陶研究》,北京大學出版社。
李孝定	1969	《從幾種史前及有史早期陶文的觀察蠡測中國文字的起源》,新加坡《南陽大學學報》1969第3期。
李學勤	1994	《良渚文化的多字陶文》,載潘力行、鄒志一主編:《吴地文化一萬

年》),中華書局。

梁東漢　1959　《漢字的結構及其流變》,上海教育出版社。

遼寧省文物考古研究所　1986　《遼寧牛河梁紅山文化"女神廟"與積石塚群發掘簡報》,《文物》1986 第 8 期。

劉安國　1980　《天門石家河出土的一批紅陶小動物》,《江漢考古》1980 第 2 期。

劉敦愿　1958　《日照兩城鎮龍山文化遺址調查》,《考古學報》1958 第 1 期。

羅美珍　1983　《試論臺語的系屬問題》,《民族語文》1983 第 2 期。

馬學良　1991　《漢藏語概論》,北京大學出版社。

梅　耶　1925　《歷史語言學中的比較方法》,科學出版社,1957 年。

南京博物院、吳縣文管會　1985　《江蘇吳縣澄湖古井群的發掘》,《文物資料叢刊》第 9 輯,文物出版社。

裘錫圭　1978　《漢字形成問題的初步探索》,《中國語文》1978 第 2 期。

裘錫圭　2015　《文字學概要》(修訂本),商務印書館。

饒宗頤　1990　《哈佛大學所藏良渚黑陶上的符號試釋》,《浙江學刊》1990 第 6 期。

施萊赫爾　1861—1862　《印度·日爾曼系語言比較語法綱要》;轉引自岑麒祥編著,岑運強評注《語言學史概要》,第 104—118 頁。

石興邦　1989　《我國東方沿海和東南地區古代文化中鳥類圖像與鳥祖崇拜的有關問題》,載田昌五、石興邦著《中國原始文化論集》,文物出版社。

蘇秉琦　1991　《關於重建中國史前史的思考》,《考古》1991 第 12 期。

孫海波　1959　《甲骨文編》,中華書局。

孫宏開　1982　《羌語支問題初探》,《民族語言研究文集》,青海民族出版社。

唐　蘭　1935　《古文字學導論》,北京大學出版社。

唐　蘭　2001　《中國文字學》,上海古籍出版社。①

汪寧生　1981　《從原始記事到文字發明》,《考古學報》1981 第 1 期。

王輔世　1986　《苗瑤語的系屬問題初探》,《民族語文》1986 第 1 期。

---

① 筆者按:唐蘭先生的文字起源觀雖有圖畫和記號兩種表述["文字本於圖畫,最初的文字是可以讀出來的圖畫,但圖畫却不一定能讀。後來,文字跟圖畫逐漸分歧,差別逐漸顯著,文字不再是圖畫的,而是書寫的。"(p55)"最初的文字,是書契,書是由圖畫來的,契是由記號來的。可是,單有記號,單有圖畫,都還不是文字,文字的發生,要在有了統一的語言以後。"(p55)],但因爲他同時認爲圖畫和記號本是銜接起來的,圖畫簡化就是記號["圖畫文字和記號文字本是銜接起來的,圖畫演化得過於簡單,就只是一個記號。"(p94—95)],所以歸根到底,圖畫才是唐先生認定的文字的真正源頭。

王　均　1996　陳保亞《語言接觸與語言聯盟・序》，語文出版社。
王克榮、邱仲倫、陳遠璋　1988　《廣西左江岩畫》，文物出版社。
邢公畹　1949　《漢台語構詞法的一個比較研究》，《國文月刊》第 77 期。
徐通鏘　1991　《歷史語言學》，商務印書館。
徐通鏘　2005　《漢語結構的基本原理——字本位和語言研究》，中國海洋大學出版社。
徐中舒（主編）　1989　《甲骨文字典》，四川辭書出版社。
許　慎　2013　《説文解字》（附筆畫、音序檢索），中華書局。
嚴學宭　1979　《談漢藏語系同源詞和借詞》，《江漢語言學叢刊》第 1 輯。
　　　　　　　《論漢語同族詞内部屈折的變換模式》，《中國語文》1979 年第 2 期。
楊伯達　2005　《巫・玉・神泛論》，載《玉文化玉學論叢》三編・上，紫禁城出版社，第 219—251。
楊　傑　2006　《河南偃師二里頭遺址的動物考古學研究》，中國社會科學院研究生院碩士學位論文。
楊曉能　2008　《另一種古史：青銅器紋飾、圖形文字與圖像銘文的解讀》，生活・讀書・新知三聯書店。
于省吾（主編）　姚孝遂（按語編撰）　1996　《甲骨文字詁林》，中華書局。
于省吾　1973　《關於古代文字研究的若干問題》，《文物》1973 第 2 期。
俞　敏　1984　《後漢三國梵漢對音譜》，《中國語言學論文集》，日本光生館。
　　　　1989　《漢藏同源字譜稿》，《民族語文》1989 第 1、2 期。
餘杭縣文管會　1991　《餘杭縣出土的良渚文化和馬橋文化的陶器刻劃符號》，《東南文化》1991 第 5 期。
喻世長　1961　《關於"漢語對我國少數民族語言影響"研究中的幾個問題》，《中國語文》1961 第 12 期。
袁　靖　2001　《中國新石器時代家畜起源的幾個問題》，《農業考古》2001 第 3 期。
翟霱堂　1981　《論藏語的聲調及其變化》，《語言研究》1981 第 1 期。
張炳火　2014　《良渚文化刻畫符號・序》，上海：上海人民出版社。
張光直（著），印群（譯）　2013　《古代中國考古學》（第四版），生活・讀書・新知三聯出版社。
張琨、張謝蓓蒂　1972　《原始漢語的韻母系統和〈切韻〉》，《中研院歷史語言研究所單刊》甲種之二十六。
張朋川　2005　《中國彩陶圖譜》，文物出版社。

張玉金　　2001　《甲骨文語法學》，學林出版社。

趙元任　　1928　《現代吳語研究》（清華學校研究院叢書第 4 種）。

鄭也夫　　2015　《文明是副產品》，中信出版集團。

鄭張尚芳　1990　《古吳越地名中的侗台語成分》，《民族語文》1990 第 6 期。

周本雄　　1984　《新中國考古發現和研究》，文物出版社。

周本雄　　1984　《中國新石器時代的家畜》，文物出版社。

Georg Elwert，1988　*The social and institutional context of literacy*，by Heribert Hinzen，German Adult Education Associtaion，*Adult Education and Development September*，Number 31.

釋 "瓜"

陳　劍

一、從子犯鐘銘所謂"'瓜'之繁體"説起

(一) 字形辭例與諸説

春秋中期的子犯編鐘,銘文講到晉楚城濮之戰(公元前 632 年)部分云:

　　子䣄(犯)及晉公達(率)西之六𠂤(師),博(搏)伐楚荆(荆),孔休。大工(攻)楚荆(荆),喪氒(厥)𠂤(師),滅氒(厥)瓜(孤)。

所謂"瓜(孤)"字原作如下之形:

　　　《銘圖》15202　　　　　　　　《銘圖》15210①

其釋讀可謂聚訟紛紜,迄今竟至有多達八九種異説。如,釋作"禹"讀爲"渠帥"之"渠"(李學勤)或"玉"(蔡哲茂),釋讀爲"瓜(孤)"(裘錫圭),釋讀爲"蜀(屬)"解爲"部屬"(張光遠),釋作"亢"訓爲"頸"(黃錫全),釋讀爲"尢(狂)"(黃錫全),釋作"年"解爲"糧草"(羅衛東),釋讀爲"㚿(幼)"(袁國華),釋讀爲"而(輀、䮽、孩)"解爲"弱子",等等。對此較晚出的論著已多有徵引評述,此不再一一重複列舉。② 以字形結合文意衡量,諸説之中,我以爲只有李學勤和裘錫圭先生之説是最有道理的。尤其是裘先生之

---

① 前者爲臺北故宮藏,後者爲臺北震榮堂藏。彩色照片取自游國慶主編:《二十件非看不可的故宫金文》,臺北故宫博物院,2012 年,第 88 頁。

② 參看蔡哲茂:《釋子犯編鐘的"𢆶"字》,華南師範大學出土文獻語言研究中心編,張玉金主編:《出土文獻語言研究》第 3 輯,暨南大學出版社,2020 年,第 99—105 頁。吳毅強:《晉銅器銘文研究》,浙江大學出版社,2018 年,第 273—275 頁。

説,略加修正即可作爲經本文重加研究之後的看法。其餘諸説,可以説絶大部分從字形到文義的問題都太明顯了,完全没有成立的可能。

裘錫圭先生疑此字"是'瓜'之繁體,當讀爲孤卿之'孤'"。字形方面,是以其形與《説文》"瓜"字篆文瓜對照,謂"二者主要不同之處在於此字上端多出人形",並舉西周金文兩形的變化爲證,謂"這兩個字的左上部顯然是同一個象形符號的不同寫法,……二者的不同之處在於上端人形的有無,情況與上舉二'瓜'字十分相似";文義方面,是贊同李學勤先生謂"滅厥~"句"係指楚帥子玉(令尹得臣)戰敗後自盡之事",舉同樣用法的《周禮》中多見的孤卿之"孤"字爲據,以證楚國"最高執政大臣子玉"之可稱"孤"。①

所謂"'瓜'之繁體",根據本文的研究,是符合事實的。但問題在於,排比"瓜"字之形的演變序列,子犯編鐘之形實際上是插不進去的,它並不能簡單地通過與小篆"瓜"形相比較而認同。我認爲,此字確應釋讀爲"瓜(孤)";但它作爲"'瓜'之繁體",與"瓜"字本身的形體,其源流實各自成一套,其間並無演變關係。

(二) 舊有對"瓜"之字形源流的一般認識

《説文·瓜部》訓"瓜"爲"㼌也",段注改"㼌"爲"蓏",謂:"《艸部》曰'在木曰果,在地曰蓏'。瓜者,縢(藤)生布於地者也。"朱駿聲《説文通訓定聲》説略同。其篆形瓜,徐鍇《繫傳》解釋謂:"厶,瓜實也。外,蔓也。"是被廣爲接受的一般看法。研究者討論古文字中的"瓜"形,亦多據此爲説。如《古文字譜系疏證》謂:"瓜,商代金文作 等形(參孤字所從),象瓜實在瓜蔓之形。"②其所舉商代金文,源自李學勤先生首釋之所謂金文國族名"䎗(孤)竹"之"䎗(孤)",相關諸形如下:③

商代晚期亞𡈁孤竹罍(《集成》9793)　　亞𡈁父丁觚(《集成》7293)

孤竹父丁罍(《集成》9810)　　亞𡈁鼎(《集成》2033)

---

① 裘錫圭:《也談子犯編鐘》,《故宫文物月刊》13卷5期(總149期),1995年8月。收入《裘錫圭學術文集·金文及其他古文字卷》,復旦大學出版社,2012年,第88—89頁。
② 黄德寬主編:《古文字譜系疏證》,商務印書館,2007年,第二册第1346頁。
③ 晏琬(李學勤):《北京、遼寧出土青銅器與周初的燕》,《考古》1975年第5期,第276頁;李學勤:《試論孤竹》,《社會科學戰綫》1983年第2期,第204頁。皆收入同作者《新出青銅器研究》,文物出版社,1990年,第49頁、第56頁。

亞寰孤竹鼎(《銘圖續》0080；可能與上亞寰鼎爲同一器)

亞寰父丁卣(《集成》5271.2、5271.1)

子晉簋(《集成》3077)

九年衛鼎(《集成》2831；《銘文選(一)》203)里名"林晉里"之"晉"字

師孤父鼎(《銘圖》01651)　　叔孤父鼎(《銘圖》01741)

其中"瓜"形大多譌變已甚，此可取 兩形爲代表。《譜系》還指出，戰國文字中"瓜"之 等類形(按此類現多見於三晉文字，可描述爲"'匕'形豎筆上加圓點形、圓點再變作橫筆形")，皆即由此演變而來。這可説代表着目前研究者一般的看法。

後來，有幾位學者不謀而合考釋出下舉西周金文中的"瓜"與從"瓜"之字，從而使得相關字形源流更加清楚完整。

師酉簋(《集成》4288—4291)

師酉盤①

乖伯簋(《集成》4331)

涂白奎先生首先指出，上舉師酉簋、乖伯簋以及後文所論詢簋之字當分別釋爲"瓜"和"狐"，字形方面主要是據戰國文字"瓜"形上推。② 何景成先生亦作同樣釋讀，其論述較詳。③ 按乖伯簋之字用於賞賜物"～裘"，釋爲"狐"在文義上無疑是很合適的。余少紅先生也釋師酉簋諸形爲"瓜"，但未聯繫乖伯簋和詢簋的"狐"字。④ 他們對

---

① 聞廣、張長壽編：《聞宥落照堂藏青銅器拓本》，文物出版社，2010年，第141號。參看張長壽：《師酉鼎和師酉盤》，中國社會科學院考古研究所編：《新世紀的中國考古學：王仲殊先生八十華誕紀念論文集》，科學出版社，2005年，第395—401頁。收入張長壽：《豐邑行》，中國社會科學出版社，2014年，第229—236頁。

② 涂白奎：《説西周金文中的"狐"字》，《考古與文物》2005年增刊《古文字論集(三)》，第110—112頁。

③ 何景成：《論師酉盤銘文中的"弁狐"族》，《中國歷史文物》2010年第5期，第63—68頁。後引何景成先生説亦見此。

④ 余少紅：《師酉簋銘文中的"瓜"字》，《華夏考古》2009年第1期，第141—143頁。

字形的分析都差不多,如余少紅先生謂:

> 從字形上看,"✱"是由"✱""✱"演變而來的,"✱""✱"的構字意圖,係於瓜蔓上加上瓜實之形的實塊,是一個複雜的象形字。……

按此類理解實有問題,詳後文。

戰國楚簡文字中,"瓜"多作"匕"形之下曲筆特肥大之形,如《上博(二)·容成氏》簡41之"霝"字✱;或與"匕"形幾近全同,如《上博(一)·孔子詩論》簡17之"芯(瓜)"字✱;或作"匕"形下曲筆右側加黑團形,如後舉"瓜"諸形,應即由肥筆或圓點變爲黑團,再略作移位而來。聯繫上舉西周金文來看,諸形顯即皆由✱類形變來,其演變方向與前引《譜系》所舉多見於三晋文者字略有不同(三晋文字亦偶有作黑團者,如《璽彙》3610"狐"字✱)。

秦漢文字與楚文字相類。其例極多,略舉如下:

✱秦印"令狐寅"之"狐"(《秦印文字彙編》第199頁、《秦代印風》第198頁等)

✱秦印"令狐阜"之"狐"(《秦印文字彙編》第199頁、《秦代印風》第78頁等)

✱里耶秦簡 J1(16)9 背"狐"

✱睡虎地秦簡《日書》乙種243"狐"

✱睡虎地秦簡《爲吏之道》2"狐"

✱《里耶秦簡(貳)》9—1408 背"狐"

✱《里耶秦簡(貳)》9—1861 背"狐"

✱《戎壹軒秦印彙》088"狐頑"之"狐"

✱、✱《虛無有齋摹輯古玉印(增訂版)》787、831"狐"

✱、✱北大漢簡《蒼頡篇》25"瓠""瓜"

《說文》篆形,顯即與上舉秦漢文字一脈相承。大家常引以說"外象其蔓内象瓜實"的戰國文字之形:

✱、✱令狐君孺子壺(《集成》9719.1、9720.1)

其實是比較少見的寫法，而且跟西周金文■類形的聯繫仍很明顯。它與後來的■類形一樣，大概都應該看作又有"重新分析""理據重構"，試圖在其形中凸顯出"瓜形"之用意。① 但歸根結底，諸形都是來自更早古文字的■、■類形的。

由此可見，子犯編鐘之■形，即使除去其"上端八形"，也是無法排進上述"瓜"字的形體演進序列之中的。

我認爲，■形應來源於殷墟甲骨文中舊所謂"垂"字的■、■類字形。

二、殷墟甲骨文中的"'瓜'之繁體"

（一）字形分合問題

上所説殷墟甲骨文舊所謂"垂"，絕大多數見於賓組卜辭，是大家公認尚未確識之字。研究者引作"垂"，也往往只是爲釋寫方便的權宜辦法。其用例頗爲單純，除作人名外，餘皆係"祭牲"之名，而非有研究者所認爲的"量詞"、祭祀名或祭祀動詞，詳後文。其形體變化頗爲豐富，現所見各種工具書收録有關字形，其間分合歸併多有分歧。故下面分類列舉，並對分合理由略作説明。

1. 作"祭牲"用法者

A. ■、■、■、■《合集》505 正（字形取自《乙編》710）

■《合集》808 正（《乙編》4119；同版另一形頭部略殘）

■《合集》770（《乙編》627）

■《合集》13874 反乙＋（《乙編》1254；《丙摹》468②）

附略省變之形：■《合集》791（《乙編》1100）【殘辭存"～、八"兩字，與上《丙摹》468 有可能即一版之折，參後舉該版殘辭"三～、七"】

---

① 另外，研究者或引以爲説的齊系陶文■（《古陶文字徵》第 156 頁，王獻唐《鄒滕古陶文字》2.55）、■（王恩田《陶文圖録》3.534.5、《陶文字典》第 197 頁），皆爲單字陶文，釋"瓜"其實頗爲可疑。前者即使是"瓜"字，時代恐亦不古。

② 張惟捷、蔡哲茂編著：《殷虛文字丙編摹釋新編》，中研院歷史語言研究所，2017 年。

釋 "瓜"

B. [字形]《合集》779 正　　　　　　　[字形]《合集》780

[字形]《合集》924 反(《乙編》8463)　　[字形]、[字形]《合集》716 正(《乙編》3387)

[字形]、[字形]《合集》772 正(《乙編》5247)　　[字形]/[字形]《合集》924 正(《乙編》6830)①

附略省變之形：[字形]《鐵雲藏龜拾遺》3.6【辭例爲"☐ 㞢于母☐ 瓜☐"，據此可附列：[字形]《合集》789(《乙編》4783，殘辭僅存此一字)】

C. [字形]《合集》768 正(《乙編》6703；同版三形皆同，餘略)

[字形]《合集》786 反　　　　　　[字形]《合集》710＝[字形]《珠》1

D. [字形]、[字形]《合集》777 正(《乙編》1320、8139；同版共 5 形皆同，餘略)

[字形]《合集》9946 正甲(《乙編》640)

E. [字形]《合集》783(《掇二》303)　　　[字形]《合集》740

[字形]/[字形]《合集》767 反(《乙編》1882)【《丙摹》206 作 [字形] 不準確】

[字形]《合集》18444

上舉 B 類形是此字中最多者，略不盡舉。

2. 與所謂"古文蔡"係兩字

《類纂》第 100 頁第 0228 號字頭，列 [字形]、[字形]、[字形]、[字形] 四類字形，上舉較之多出 D [字形] 一類。《類纂》第 100 頁此前第 0227 號字頭爲 [字形]，與之分立爲兩字，《甲骨文字詁林》第 261 頁姚孝遂先生按語並對其理由有所闡述，是很正確的。現所見各種工具書亦多從此說。[字形] 類形只用於專名"～侯"和地名"于～"(一般認爲即～侯所在之地)，此類用法爲 [字形] 類形所無。前舉《丙摹》206，其正面即《丙摹》205(《合集》938 正＋)有"貞：乎(呼)取～臣廿(？)"一辭，～可與反面用爲"祭牲"之字形對比如下：

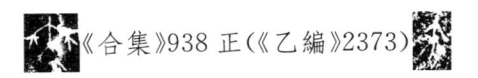

[字形]《合集》938 正(《乙編》2373)[字形]

---

① 彩色照片取自臺灣中研院史語所"考古資料數字典藏系統"，http://ndweb.iis.sinica.edu.tw/archaeo2_public/System/Artifact/Frame_Advance_Search.htm。後引字形涉及《乙編》《乙補》彩照者皆同。

兩字用法、寫法即皆不同。

[字形]類形唐蘭先生曾疑爲"蔡",①裘錫圭先生謂"這種猜測説不定是正確的"。② 所謂"蔡"指金文中蔡國蔡侯之"蔡"、作"希"類形的"古文蔡、古文殺",其字用爲"蔡"或"殺"皆係出於假借,研究者現多認爲即"衰"字所從聲符的最原始之形。其形是真正從"大"作的,如下舉諸形:

[字形]《合集》22186(《乙編》8406)　　[字形]、[字形]《合集》22065(《乙編》5394)

[字形]《合集》793 正

其腿部作"曲折"之形特顯,這是"大"形的特徵。裘錫圭先生曾謂,[字形]類諸形"下部的兩道較長的斜筆一般是直的,跟'大'的下部有別"云云,③實亦即此意。同時,[字形]類形中"大"形的"胯部",也從無多出的小圈形類筆畫。還有一些字形,"大"形"腿部"左右所加斜筆是作兩重形的,此又爲[字形]類所無:

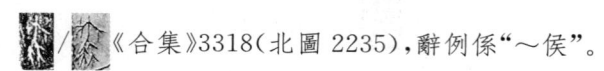

[字形]/[字形]《合集》3318(北圖 2235),辭例係"～侯"。

[字形]《合集》2682 反(《甲編》3486)+《史購》148 反[蔡哲茂綴合]④,殘辭"～麋",應係地名。

凡此皆可與[字形]類形相區分。研究者或將其混而爲一,主要原因是在於有以下兩例"祭牲用法"之字似與之形同:

[字形]《合集》776 正(《乙編》5265)　　[字形]《合集》787(《乙編》7750)

按前者與前舉確定用爲祭牲之[字形]形聯繫密切(前舉《合集》791[字形]形亦可爲旁證),後

---

① 唐蘭:《殷虚文字記》,第 122 頁已釋後者爲"衰",中華書局,1981 年。關於此類字形之釋,參看何琳儀、黃德寬:《説蔡》,《東南文化》1999 年第 5 期,第 105—108 頁。四川聯合大學歷史系主編:《徐中舒先生百年誕辰紀念文集》,巴蜀書社,1998 年,第 187—190 頁。收入黃德寬、何琳儀、徐在國著:《新出楚簡文字考》(題爲《釋"蔡"》),安徽大出版社,2007 年,第 286—295 頁。
② 裘錫圭:《釋"求"》,《裘錫圭學術文集·甲骨文卷》,第 275 頁。
③ 同上注。
④ 蔡哲茂:《甲骨新綴十二則》,中國古文字研究會、復旦大學出土文獻與古文字研究中心編:《古文字研究》第 29 輯,中華書局,2012 年,第 162—163 頁。其釋文逕作"衰",係從寬釋寫。

者則又是進一步的省變，應看作偶然誤與"衰/蔡"同形，猶如《合集》795 正(《丙編》513)用爲祭牲之此字，亦誤作"無(舞)"形 [字]。總之，[字]、[字]兩類形，是完全可以區分開而別爲兩字的。

3. 簡體、作人名者之認同

前舉 B 類字形或用作人名：

[字]《合集》14390(=《合集》40440；《北大》0139)

其辭例爲"貞□～□曰□"。前舉 E 類[字]形，也有一些用爲人名或是辭殘甚用法不確定者：

作人名：[字]《合集》1028　　　[字]《合集》1029(《甲編》3018)

不能確定用法者：[字]《合集》18443　　　[字]《懷特》857(《合補》6247；殘辭僅此一字)

據其間字形變化關係，仍然沒有問題皆可認同。成問題的是如下一類亦作人名之形，《甲骨文字編》第 94 頁第 0331 號單立爲一字，與其前第 0330 號即收錄上舉《合集》1028、1029 等形者分立：①

[字]《合集》9165(《安明》161)　　　[字]《合集》29716(《上博》54795.25)

[字]《合集》9332(《甲編》3074。右尾甲記事刻辭，"～入")

按前舉《合集》1028："辛卯卜：～不其以人。二月。"《合集》1029："辛卯卜：～不其以人。"二者皆爲自賓間類，係同時卜同事。上引《合集》9165 亦爲自賓間類，辭云"□卯卜：□～□以□"，顯應與上兩版亦係同卜。據此可將有關諸形皆加以聯繫認同。前舉《合集》1028 之[字]形，《甲骨文字編》既收在第 94 頁第 330 號，又收入第 77 頁第 268 號下。吳麗婉博士已經指出："根據《合集》1028 與 1029 爲同文卜辭，應置於 330 號。"②《新甲骨文編(增訂本)》第 898 頁附錄第 0084 號，收錄此所説《合集》1028、9165、9332、29716 與前舉"祭牲"類用法的《合集》783 諸形，將其認同爲一字，③處理較好。

---

① 李宗焜：《甲骨文字編》，中華書局，2012 年。
② 吳麗婉：《〈甲骨文字編〉校補》，首都師範大學 2017 年博士學位論文(指導教師：黃天樹教授)，第 156 頁。
③ 劉釗主編：《新甲骨文編(增訂本)》，福建人民出版社，2014 年。

（二）"祭牲"類辭例略舉

卜辭祭牲類用法的🙰類形多見於對"妣庚"的祭祀，與之搭配的動詞有"㞢"（研究者或讀爲"侑"）、"酚""酻（酒）"和"钔（禦）"等。其辭例可大別爲兩類，一是與"反"同見者，有"反🙰（以下逕作"瓜"）""反＋數詞＋瓜（偶再'＋㞢＋數詞'）""數詞＋反＋瓜"等幾種格式；二是不與"反"同時出現者，多爲"數詞＋瓜"的形式。

因與後文第三小節所論密切相關，下面先將說"反若干瓜"者全部列出。所有更多辭例，詳見後文第六小節。本文的最終結論，是傾向於其字讀爲"成年男子"義之"夫"；故爲便理解，下面引用卜辭，諸"瓜"字即皆括注"夫"。

(1) 钔（禦）于匕（妣）庚，酚反十瓜（夫）㞢五。

《丙摹》206（《合集》767 反＋《合集》938 反＋）

(2) 貞：弜（勿）酚匕（妣）庚反十瓜（夫）、卅（三十）小宰。　　　《合集》769

(3A) ［甲］午［卜］，殼，［貞］：反三瓜（夫）。

(3B) ［甲］午［卜］，殼，［貞］：弜（勿）［反］三瓜（夫）。

《丙摹》203（《合集》776 正＋）

(4) ☐酚反一瓜（夫）。　　　《合集》783

(5A) 壬辰卜，殼，貞：乎（呼）子賓钔（禦）㞢（有）母于父乙，皿宰，酚反三瓜（夫）、五宰。

(5B) 貞：乎（呼）子賓钔（禦）㞢（有）母于父乙，皿小宰，酚反三瓜（夫）、五宰。

(5C) 翼（翌）乙未乎（呼）子賓祝①父，皿小宰，酚反三瓜（夫）、五宰，求嬴，正（？）。

(5D) 乙巳卜，殼，貞：乎（呼）子賓㞢于㞢（有）且（祖）宰。

(5E) 貞：弜（勿）乎（呼）子賓㞢于㞢（有）且（祖）宰。

(5F) 貞：乎（呼）子賓㞢于㞢（有）且（祖）宰。

(5G) 貞：乎（呼）帚（婦）皿于父乙宰，酚三宰、㞢反。（以上在正面）

(5H) ［钔（禦）］帚（婦）于匕（妣）癸反瓜（夫）。

(5I) 弜（勿）［钔（禦）］帚（婦）于［匕（妣）］癸。

(5J) ［钔（禦）］帚（婦）于匕（妣）癸反瓜（夫）、卯宰。（以上在反面）

《丙摹》182、183（《合集》924 正、反＋）

---

① "祝（祝）"字之釋見王子揚：《甲骨文从"示"从"卂"的"祝"字袪疑》，中國社會科學院歷史研究所先秦史研究室網站 2010 年 12 月 18 日，http://www.xianqin.org/blog/archives/2203.html。

(6A) 乎(呼)子賓卯父乙。

(6B) 貞：弜(勿)乎(呼)子賓卯父乙。

(6C) 貞：乎(呼)子賓卯父乙，酓及瓜(夫)，卯宰。

《丙摹》251(《合集》709 正十)

(6C) 只說"及瓜(夫)"，與(5H)(5J)同。後文要講到，"及瓜(夫)"也就等同於"一及瓜(夫)""及一瓜(夫)"或"及瓜(夫)一"。將(6)亦列於此，蓋因其與(5)兩組"子賓"之貞應有關。此"賓"字係寬式釋文，其寫法頗有變化，但應爲一字、一人，研究者多無異議。①

"及"是卜辭習見的"人牲"名(共一百餘見)。研究者多據其字形("象手自後抑按一跪坐之人、使之'屈服、服從'之形")，並聯繫"馴服、服事"等義之"服"字，解爲由俘虜而轉換來的奴隸；卜辭中其字常與"羊、豕、牛、牢、宰"等連文或對舉，近於"奴隸的總名"。②

不同時出現"及"之辭，先舉部分如下：

(7A) 钔(禦)于匕(妣)庚瓜(夫)。

(7B) 弜(勿)瓜(夫)。 《合集》940 正

(8A) 乙卯卜，殻，貞：酓匕(妣)庚瓜(夫)。

(8B) 三瓜(夫)。

(8C) 貞：酓匕(妣)庚五瓜(夫)。 《合集》772 正

(9A) 辛亥卜，爭：(以上在反面)弜(勿)屮于匕(妣)庚十瓜(夫)。

(9B) 貞：屮于匕(妣)庚十瓜(夫)。

(9C) 弜(勿)𠭜(緩)屮十瓜(夫)。

(9D) 弜(勿)屮于匕(妣)庚。 《合集》768 正反

(10A) 今[癸]☐瓜(夫)。

(10B) 貞：弜(勿)𠭜(緩)酓(酒)匕(妣)癸瓜(夫)，正。 《合集》808 正

(11) 己亥卜，殻，貞：酓(酒)匕(妣)庚酓三瓜(夫)。 《合集》2471(《鐵》46.1)

---

① 關於卜辭所見"子賓"，可參看張惟捷：《殷墟 YH127 坑賓組甲骨新研》，萬卷樓圖書股份有限公司，2013年，第 195—196 頁。

② 參看胡厚宣：《中國奴隸社會的人殉和人祭(下篇)》，《文物》1974 年第 8 期，第 58 頁。沈文倬：《及與耤》，《考古》1977 年第 5 期，第 335—338 轉 358 頁。收入同作者《宗周禮樂文明考論》，浙江大學出版社，1999 年，第 552—560 頁。彭邦炯：《商史探微》，重慶出版社，1988 年，第 124—125 頁。楊陞南：《商代人牲身份的再考察》，《歷史研究》1988 年第 1 期，第 134—146 頁。黃展岳：《古代人牲人殉通論》，文物出版社，2004 年，第 77—78 頁。

(12A) 貞：尋卸（禦）匕（妣）庚，酓五瓜（夫）。
(12B) 貞：尋☒酓十☒ 《合集》773 甲、乙
(13A) 一瓜（夫）。
(13B) 二瓜（夫）。
(13C) 三瓜（夫）。
(13D) 三（四）瓜（夫）。 《合集》505 正
(14A) 三瓜（夫）。
(14B) 三（四）瓜（夫）。
(14C) 五瓜（夫）。

《合集》778 正＋《乙補》2213＋《合集》774【林勝祥、林宏明綴合，《醉古集》第 54 組】

有關讀法與辭例分析，待先將字形問題講清楚之後，放到後文第六小節再談。

（三）字形解釋

前舉甲骨文諸形中，應以 A 類 ![字] 爲最原始完整者，其他各類字形皆由之經各種省略而變來（參後文）。近年黄德寬先生發表論文，根據安大簡的新材料，將此所論甲骨文諸形釋爲"叕（茁）"，分析 ![字] 類字形謂：

> 通過分析字形特徵，可以看出，該字應是由主榦與上出、下垂條枝構成的一個植物類象形字。中劃下端增加的類似橢圓形的符號，可能是植物的"果"，也可能是"土"。綜合判斷，我們認爲這個符號應看作"土"。①

此説頗多可取。我認爲，其所提兩種可能，應以前者即下方"是植物的'果'"之説爲是。我們看甲骨文中真正从"土"旁之字，雖也有變作如 ![字] 類下方之形者，但總是作此類形者與作下部還有一橫筆之形者兩類寫法皆有之；而 ![字] 字諸形，却從未見過其下還有一橫筆、寫作真正从"土"旁者，是其變化表現與"土"旁大不一樣，恐難認同。

研究者一般認爲，先秦時期的"瓜"，係現代植物學分類意義上的一年生蔓性草本葫蘆科植物及其果實的總稱。根據古書記載與考古發現，主要包括葫蘆科葫蘆屬的"匏瓠"類，葫蘆科甜瓜屬的"甜瓜/甘瓜"類，②以及葫蘆科栝樓屬的"王瓜/天瓜"類（即"果蓏""栝樓""瓜蔞"）等。後二者的瓜果多爲圓形或橢圓形，自不必多説；"匏瓠"類多即今所稱"葫蘆"者，後文還要討論到，其變種很多，除了大家所熟知的"亞腰葫蘆"

---

① 黃德寬：《釋甲骨文"叕（茁）"字》，《中國語文》2018 年第 6 期，第 712—720 頁。引文見第 714 頁。
② 參看孫周勇：《周原遺址先周果蔬儲藏坑的發現及相關問題》，《考古》2010 年第 10 期，第 69—75 頁。

（也稱"細腰葫蘆""腰葫蘆"等）外，也有不少（如所謂"長柄葫蘆""大葫蘆"）其果實是作圓形或橢圓形的。▨類形下方所象，如説爲即圓形或橢圓形類的"瓜"，是非常合適的。瓜莖蔓生，其葉腋多生有"卷鬚"且分叉，是重要顯著的特點。▨類形枝莖末端的"分叉"形，如説爲象"卷鬚"之形，固亦本無不可；但聯繫同樣具有此特點的甲骨金文亦多見的"桑"字寫法如▨、▨等，恐就應直接説爲象"瓜葉"之形。瓜葉與桑葉二者頗爲相類，皆較大，葉片有分裂、邊緣有鋸齒之形。表現此特點的▨與"桑"兩字之形，與古文字中表現"人手"之形者，亦頗可相印證。總之，將▨之全形説爲即象瓜之藤蔓、瓜葉與瓜本身之形，十分自然直接。

至於"瓜"字本身，經過進一步的研究，才發現其形另有來源，詳後文。我們釋▨等爲所謂"'瓜'之繁體"，但其形與"瓜"在字形上並無演變承襲關係，直接釋爲"瓜"嚴格來講並不精確。但其形又很難準確隸定，爲便於指別，可暫記作"瓜 F"（即"'瓜'繁"）。古文字中的象物字，或因其"取象"不同而形成寫法有別的異體，各自形體變化亦無關係，其例頗有之。如甲骨文的"龜"字、"首"字，皆既有作象其側視之形者，亦有作象其俯視或正視之形者（後者如《花東》304 之"子疾首"之"首"字▨①），皆前者被後世演變繼承爲正體。此又參看後文第五節所論。

諸形相較，省變之迹亦歷歷可見。

▨類形省去頭部之左右兩斜筆（猶如▨類形之省而爲▨，"奉"字之▨類形省而爲▨、▨、▨類形省而爲▨，等等②），則爲▨、▨，③再略變即成子犯編鐘之▨形。其下部的"封閉小圈形"，變作"豎彎鈎"、未密合封閉，最典型的同類例是"以"字簡體"㠯（目）▨"形之變化，甲骨文中其例頗多（主要見於歷類與無名類），如作▨（《合集》31987）、▨（《合集》28016＝28836），等等（詳參《甲骨文字編》第 20—21 頁）。此外，▨形頭部豎筆上又加有裝飾性的"點形"，這是古文字中常見變化，無關緊要。至於其右下方筆畫又略有變化，即"斜筆"變而爲"折而下垂形"，致使本來"左右對稱"的筆畫變得不對稱，同類情形

---

① 參看黄天樹：《花園莊東地甲骨中所見的若干新資料》，收入《黄天樹古文字論集》，學苑出版社，2006 年，第 451—452 頁。
② 該字之變化多與"奉"之各種變化平行，參看《甲骨文字編》，第 533—535 頁"奉"字。
③ 另外，承蔣玉斌先生指示，《集成》2126 西周早期"～作父己鼎"，器主之名作▨，其上半所從與▨類形極近，可能也是此所説"'瓜'之繁體"。

一時尚難覓佳例爲證。不過此或係偶然變化,亦不構成太大障礙。☐與☐的"整體相似、筆畫對應"關係,已可壓過"局部細節不同"此點而決定其爲一字。

應該説,討論至此都還只是可以聯繫起來"貫通"而"自圓其説"的"解釋性"的内容,仍然缺乏"確證",不能使人完全放心。對此,我們繼續尋繹卜辭有關辭例與字形,能夠得到進一步的認識,最終堅定釋"瓜"的信心。

三、"'瓜'之繁體"與"卣"之糾葛

(一) 其他類組卜辭與"'瓜'之繁體"表同一詞之字

首先來看如下一組早已被研究者聯繫起來討論的卜辭:

(15) 癸未卜:钔(禦)庚匕(妣)伐廿(二十)、毘卅(三十)、卅(三十)牢,反三~。
　　　　　　　　　　　　　　　　　　　　《合集》22136[自歷間類]

(16) 戊寅卜,貞:三卜用,盍三羊,曹伐廿(二十)、毘卅(三十)、牢卅(三十)、反三~于匕(妣)庚。
　　　　　　　　　　　　　　　　　　　　《合集》22231[圓體類]

(17) ☐反三~于匕(妣)庚。　　　　　　　《合集》22232[圓體類]

(18A) 戊寅卜:今庚辰酓(酒)盍三羊于匕(妣)[庚]☐

(18B) 戊寅卜:于來庚寅酓(酒)盍三羊于匕(妣)庚,曹伐廿(二十)、毘卅(三十)、牢卅(三十)、反三~。
　　　　　　　　　《合集》21879+22228+22229[圓體類]【蔣玉斌綴】①

(19) ☐廿(二十)、毘卅(三十)☐三~☐至☐匕(妣)庚。
　　　　　　　　　《英藏》1787(《合集》40859=《庫方》616)[近圓體類]

(20) 乙丑卜:酓(酒)钔(禦)于匕(妣)庚,伐廿(二十)、毘卅(三十)☐
　　　　　　　　　　　　　　　　　　　　《合集》22227[圓體類]

(21) ☐于來庚寅酓(酒)☐羊于匕(妣)庚。　《合集》22230[圓體類]

其中用"~"代替之字,原形如下:

　　☐《合集》22136(取自《前》4.8.2;《卜通》780)

　　☐/☐/☐《合集》22231(取自《旅博》1;《卜通》781)

---

① 蔣玉斌:《殷墟子卜辭的整理與研究》,吉林大學 2006 年博士學位論文(指導教師:林澐教授),第 227 頁,第 241 頁摹本。後引蔣玉斌先生綴合皆見此文,不再一一出注。

[图] 《合集》22229（《卜通》779）　　[图] 《合集》22232

[图] 《英藏》1787①

　　早在郭沫若《卜辭通纂》之第779—781號，即已將前舉（18）（15）和（16）三辭前後相次列在一起，謂此所論諸形"自是一字，未詳"（摹原形未釋）。李學勤先生舉諸辭解釋謂"向妣庚舉行的一次盛大祭祀"，並指出《前》4.8.2一辭（即上第16辭）"字體不同"。② 彭裕商先生指出，諸辭"是同時所卜的"，據第（15）辭爲自歷間組，可知"'妣庚'應爲王室先妣"，或即商先王祖乙之配妣庚，由此可見屬於非王卜辭的圓體類（彭文稱爲"子附卜辭"）的首領"也與王室有血緣關係"。③ 黄天樹先生亦引從其説。④ 上舉成問題之字，似罕見專門討論者，研究者在引及諸辭時，或是摹原形，或是釋作"多""乡""胏""胸"，以及"芗""萳"等，大概也只是爲釋寫方便的權宜辦法。總之，以前公開發表的論著，似尚未見有人將上舉諸字與"卣"或"瓜"字相聯繫爲説者。

　　上引諸辭"及三～"云云，與前舉（3A）（3B）（5A）（5B）和（5C）等諸多"及三瓜"之辭對比，很容易聯繫起來想到應該有關係。卜辭"及＋數詞＋某"的結構，數詞後所接也只有前舉"瓜"與此"～"字，以及極個别的"女"字、"人"字（出處見後文）之例。上舉諸辭與賓組卜辭"瓜F"所多見者一樣，皆係對"妣庚"的祭祀，其中的"盉"，與前舉賓組卜辭多見的"皿"，亦係表同一詞。⑤ 由此諸多辭例限制所決定，上舉諸形只能認爲與"瓜F"所表之詞爲一。各類字形的類組分布正好互補，也支持這一推測。

　　尤其是通過前文所論，我們在理解了所謂"瓜F"諸形之後，再來看上舉《合集》22136自歷間類的[图]〔或被誤摹誤釋爲"丝（兹）""緌"〕，其下方的"瓜形"，可以説簡直是太"扎眼"了。其左半拓本不甚清晰，大概本亦應與右半[图]形同（此形與"丰"字簡體

---

① 此形舊多摹釋作"印（[图]）"，不確。拓本所見兩偏旁下部中間的斜筆應係泐痕而非筆畫。另所謂"印"字見於《合集》8352正＝《合集》4222，作[图]，實係[图]（《合集》4932）字之殘（兩偏旁左右易位），見袁倫强：《〈新甲骨文編〉（增訂本）校補》，西南大學2018年碩士學位論文（指導教師：李發副教授），第15頁。故現有卜辭中本實不存在所謂"印"字。
② 李學勤：《帝乙時代的非王卜辭》，《考古學報》1958年第1期，第60頁。收入《李學勤早期文集》，河北教育出版社，2007年，第131頁。
③ 彭裕商：《非王卜辭研究》，中國古文字研究會、中華書局編輯部、陝西省考古研究所合編：《古文字研究》第13輯，中華書局，1986年，第64—65頁。收入同作者《述古集》，巴蜀書社，2016年，第35—36頁。又參看李學勤、彭裕商：《殷墟甲骨分期研究》，上海古籍出版社，1996年，第103—104頁、第325頁。
④ 黄天樹：《非王卜辭中"圓體類"卜辭的研究》，《黄天樹古文字論集》，第108—109頁。
⑤ 詳見裘錫圭：《釋殷虚卜辭中的"[图]""[图]"等字》，《裘錫圭學術文集·甲骨文卷》，第391—403頁。

相近，但實無關係），全形是古文字中習見的"重複書寫某字而與該單字繁簡無別"的情況；▨可看作由"瓜 F"之▨或▨類形再省去其中間一重筆畫而來，其中"中"形表"瓜"之藤蔓莖葉（或亦可與一般從"中"之字那樣理解爲泛指"草木植物"），而下方之"瓜形"仍甚顯，釋爲"瓜"非常自然。其字全體，可視爲"瓜 F"簡體之複。

但是，由辭例決定一定係表同詞之圓體類▨類字，其形除了同樣具有"兩相同偏旁重複"這一特徵外，寫法却很難說與▨具有自然演變的關係。我們知道，不同類組卜辭所用表同一詞之字，除了屬於一字異體的情況外，還有很多係本非同字但具有通用關係者。▨類字形，很可能本爲另一字但與"瓜 F"具有通用關係。

由此進一步尋繹有關卜辭與字形，可以發現，▨類字形實際是從兩個反寫的"卤"形，其字就是非王劣體類卜辭中用法亦同的所謂"䛒"字。有關諸形如下：

▨/▨、▨/▨《合集》21849（取自《乙編》1546）

▨/▨《合集》21873（《乙編》1121）

▨/▨、▨/▨《合集》21921 下（《乙編》1454）＋《乙補》511＋《乙補》595

▨/▨《乙補》601

▨《合集》22023（《乙編》1481）

▨/▨《乙補》1385（辭殘甚不錄）

上舉"䛒"字第一形也是反寫的，這是聯繫起▨類字形的重要環節。古文字正反無別習見。所謂"反寫的'卤'"形，以及前舉諸形"卤"旁的各種細微變化，亦可與如下諸形相對比印證：

▨《合集》21703 正（取自《掇二》187 正）"矗"[子組]

▨《屯南》756 歷一類（"卤"旁頭部斜筆亦斷開）

▨《屯南》742[歷二類]

▨《合集》14468 正（《乙編》6901）"盧雨"之"盧"

▨《屯南》504 歷二類"卲十盧（卤）"之"盧"

皆可見其釋爲"鼬"完全沒有問題。

圓體類卜辭中亦有正寫的"鼬"形：

　　　　　/　　　《乙編》1852＋《乙編》2058【蔣玉斌綴】

(22) 壬寅貞：钔（禦）叀（惠）鼬。　　　　　《乙編》1852＋《乙編》2058

其字亦作祭牲之名，與"钔（禦）"搭配，於"瓜 F"諸辭中多見，亦見於劣體類諸形辭例：

(23) ☑　六牛、二鼬。　　　　　　《合集》21873（《乙編》1121＋1451）

(24) ☑扐（于）析二鼬。　　　　　　　　　　《合集》22023

(25A) ☑蚑（殺）☑二鼬。

(25B) 己☑　　　　　　　　　　　　　　　　《乙補》601

(26A) 壬寅貞：钔（禦）鼬。

(26B) 壬寅：钔（禦）叀（惠）牢。

(26C) □亥貞：析鼬。

(26D) 叀（惠）析。

(26E) ☑乎（呼）☑母☑□蚑（？殺）☑

　　　《綴彙》781＝《合集》21921 下（《乙編》1454）＋《乙補》511＋《乙補》595
　　　【蔣玉斌、宋雅萍綴】

(27A) 丁卯：蚑（殺）。

(27B) ☑蚑（殺）鼬。

(27C) [□]寅：☑

(27D) [壬]寅：钔（禦）叀（惠）牢。

(27E) [□]亥貞：□鼬。　　　《合集》21849＝《合集》21921 左上＝《乙編》1546

宋雅萍博士已經指出，上舉(26)(27)兩版係同文卜辭，前者爲右背甲，後者爲左背甲；此及上引諸辭中的所謂"鼬"，並非如有研究者所説爲人名，而應係祭品。①

上舉(24)(26C)兩辭係對"析"致祭者，此外劣體類祭祀"析"之辭還見於《綴彙》799 補遺（《合集》21921 右上＋）："其用羌于析。"圓體類中祭祀"析"者更爲多見。研

---

① 宋雅萍：《殷墟 YH127 坑背甲刻辭研究》，【臺北】政治大學 2008 年中國文學系碩士學位論文（指導教師：蔡哲茂教授、林宏明教授），第 259—260 頁，又第 217 頁、第 235 頁、第 276 頁。又參看黃庭頎：《〈殷虛文字乙編〉背甲刻辭内容研究》，【臺北】政治大學 2010 年中國文學系碩士學位論文（指導教授：蔡哲茂教授），第 248—249 頁。

究者對此已多有列舉分析,①此不贅。

蔣玉斌先生看過本文初稿之後告訴我,他也早就認爲"✦"與"✦"、"✦"和"✦"等表示同一詞。可見,這個結論是只要將有關材料全面聯繫起來加以分析,就不難得到一致認識的。

(二)與"卣"相關諸問題

1. "卣"諸形關係

先來看"卣"字本身。舊有對與"卣"相關諸形的關係,認識還是頗爲清楚的。王國維早已有正確講法,裘錫圭先生曾略概括謂:②

> 尊卣之"卣"的本字,甲骨文本作"盅",从"皿""卣"聲("卣"是"卤"的楷書變體),但"皿"旁多省作"⌣",爲金文所承襲,其後遂演變爲見於《說文·五上·乃部》的"卤"(變體作"逌")。

殷墟甲骨文中的三類字形,即"卤/卣""盅/盙"與"卥/卣",其用法也多有交叉。例如,"盅/盙"多見於"盅/盙雨"辭例,而《合集》33292用"卤/卣"(字形見下):"丁酉卜,貞:不卣雨。""邕若干卣"辭例多用"卥/卣"類形,而《合集》23257"邕一✦"、25979"邕五✦(《上博》17647.242)"、26859"一盙"(字形見後)等,則用"盅/盙"類形。

"卤/卣"形中間的筆畫,是後來才加上的,甲骨文之形尚多無之。爲指稱明晰及便於後文與"瓜"形對比,下文或將"卤/卣""皀"兩形分別改隸定作"凸"與"岴"。

卜辭中"凸"形之例如:

　　✦《合集》33292　　　　　✦、✦、✦《合集》14128正(《乙編》7835、2144)

　　✦《合集》21306甲(《乙編》124)、✦乙(《乙編》105)

　　✦《合集》3927(《後》下16.16)"癸亥卜,占,貞:今夕亡囚(憂)。八月。"

除首例即前述用爲"卣雨"者外,其餘"凸"皆作人名或族名(此類用法之"凸"還見於《合集》3583、15675、17140等)。"岴"亦多作人名或族名:

---

① 蔣玉斌先生認爲即指"東方析",見前引《殷墟子卜辭的整理與研究》,第119—120頁。又參看上引黄庭頎:《〈殷虛文字乙編〉背甲刻辭内容研究》,第214—217頁。

② 裘錫圭:《從殷墟卜辭的"王占曰"說到上古漢語的宵談對轉》,《裘錫圭學術文集·甲骨文卷》,第486—487頁。

釋　"瓜"　　　　　　　　　　　　　　　　　　　　　　　　　　• 83 •

　　[圖]、[圖]《合集》22787(《後下》17.16)"癸酉卜，㔾。"兩條。

　　[圖]《合集》2832 正乙(《乙編》900；參看《丙摹》219)

　　[圖]近年新出殷墟大司空村刻辭牛骨(與"何"並列)①

　　[圖]《張世放》004[自小字]

前舉《合集》3927 之"卣"與此《合集》22787 之"㔾"，皆係貞人之名，饒宗頤先生認爲一人，謂"卣或繁寫从兩卣，殆如帚之作㜽矣。"② 上舉大司空村刻辭牛骨，正面有人名"子[圖]"，反面有人名"子[圖]"，原發表者已説爲"一字兩書"現象，研究者亦多以爲一人，③就是人名用字"單複無别"的現成佳例。前舉《合集》21703 正之"蠱"似是地名，"蠱"還見於王卜辭的《合集》13663 正乙、正甲，亦係地名。研究者亦或以爲與"卣"爲一字，猶如《説文》"卣"字籀文之作"蠱"。

　　因此，我們如果説"祭牲"類用法的"㔾(皿)"即"占(卣)"之"複體繁形"(以下用"繁形"一語，以與本文屢屢言及的所謂"'瓜'之繁體"的"繁體"相區别)，亦猶[圖]即"瓜F"之"複體繁形"，是很自然的。

　　2. "卣"與"匏瓠"的特殊關係

　　討論至此，問題的關鍵就已經逐漸顯示出來了。我們所謂"瓜F"者，其主要用法既與"重複書寫兩'卣'字"之"皿"相同、應表同一詞，而諸多研究者早已對"瓜"與"卣"之特殊關係有所揭示，則正好可以用早期古文字"表意字一形多用"的現象來加以合理解釋。簡而言之即，[圖]（取自前舉[圖]形右半）、[圖]類形，既是"瓜"的象形字，又因容器"卣"最初即常以匏瓠類之"瓜"製成，故又可表"卣"。④ 其"複體繁形""皿"，既可以是"瓜"之繁，也可以是"卣"之繁，前者即可與"瓜F"通用、表同詞。另外，作人名族名類用法的"㔾(皿)"與"占"，到底是音"卣"還是音"瓜"，則似尚難以斷定。

―――――――――――
① 何毓靈：《河南安陽市殷墟大司空村出土刻辭牛骨》，《考古》2018 年第 3 期，第 116—120 頁。
② 饒宗頤：《殷代貞卜人物通考》，中華書局(香港)有限公司，2015 年，第 765 頁。
③ 張惟捷：《安陽大司空村新出牛骨刻辭考釋與性質試探》，宋鎮豪主編：《甲骨文與殷商史》新 9 輯(紀念殷墟甲骨文發現 120 周年專輯)，上海古籍出版社，2019 年，第 223—224 頁。
④ 同時還要注意的是，"瓜/卣"之[圖]類形，其頭部斜筆係尚連在瓜柄上的瓜蔓之形(而非所謂"卣"之"提梁"云云)。其形整體，仍是"瓜"形而非已去除頂部藤蔓、開口掏空而成之器物"卣"。我們説"瓜"[圖]"一形多用"而爲"卣"，是基於"瓜"與"卣"的意義關係；[圖]形本身，尚不好直接説爲器物"卣"的"象形字"。

研究者解釋"卣"字構形，多説爲即青銅器中現所稱那類酒器"卣"（鼓圓腹、短頸斂口、有圈足和提梁）之整體象形，以字形之上部斜筆當器物之"提梁"，其實形體並不密合。① 同時，也有不少研究者已經聯繫"瓠"或"匏"爲説，是顯然更加直觀明晰的。

　　有關講法，現在被注意到最多的，是徐中舒先生之説，因其曾被流傳較廣的兩種工具書（《甲骨文字典》《説文新證》）所采用。其説略謂："（卣字）爲古時盛酒的葫蘆，底部不穩，故盛以盤（按此説不確），……銅器中有瓠壺，就象葫蘆形，這是真正的卣。"② 季旭昇先生引從其説，謂"甲骨文、金文卣字，象瓠壺之形，下或加底座（作"凵"或"皿"形）"，"瓠壺是最原始的卣，學者大致都能同意"。③ 按所謂"凵"形即意符"皿"旁之省（王國維早已指出此點④），而無關於所謂"器座"。

　　之前的相類意見如，陳夢家先生説青銅器之"卣"，曾謂"甲金之◊皆象瓠形"。⑤ 高本漢也有類似意見，而且進一步認爲"形制與金文卣字相似的是淮式的斜頸瓠壺"云云。⑥

　　現在研究者的此類講法如，孫華先生認爲，"古文字中的卣字所象，的確應是取象一種果實，但這並不是栗類果實，而是瓠匏類果實，這種果實可以用來作爲容器盛裝酒漿"云云。⑦ 党相魁先生亦謂"◊象葫蘆形，疑即匏字初文"，古人"仿匏之形而造出

---

① 參看朱鳳瀚：《中國青銅器綜論》，上海古籍出版社，2009年，第199—200頁。
② 徐中舒：《怎樣研究中國古文字》，陝西省考古研究所、中國古文字研究會、中華書局編輯部合編：《古文字研究》第15輯，中華書局，1986年，第5頁。
③ 季旭昇：《説文新證》，藝文印書館，2014年，第390—391頁。
④ 王國維：《戩壽堂所藏殷虛文字考釋》，上海倉聖明智大學石印本，1917年，第44頁。王國維：《觀堂集林·釋由》，中華書局，1984年，第274—279頁。
⑤ 陳夢家：《海外中國青銅器圖録》之"第一集《中國銅器概述》"，中華書局，2017年，第35頁。
⑥ 轉引自（日）林巳奈夫著，（日）廣瀨薰雄、近藤晴香譯，郭永秉潤文：《殷周青銅器綜覽·第1卷　殷周時代青銅器的研究》，上海古籍出版社，2017年，第83頁。
⑦ 孫華：《商周銅卣新論——兼論提梁銅壺及銅匜的有關問題》，洛陽市文物局、洛陽博物館編：《洛陽博物館建館四十周年紀念文集(1958—1998)》，科學出版社，1999年，第22—34頁。引文見第23頁。又續謂"故古文字的卣字極像小口有捉手的圜底容器傾斜放置於器座之上的形狀"，"因此，卣字所像的這種銅器，顯然不應當是對稱造型的提梁銅壺，而是一種非對稱造型帶捉手鋬的銅容器"云云，從而將銅器"卣"説爲"兕觥"類，此則很少有人贊同。又關於"栗"字，研究者一般認爲，其原始形體應作 類（《合集》10934），象栗子樹上有栗實（其外有芒刺）之形。按甲骨文及《説文》變從"卣/卤"者，難以説爲"象草木實垂"，而應看作"變形音化"。"栗"與"卣"的讀音關係，大概跟"鰲"與"敖"的關係頗爲接近。

青銅器卣"云云。① 韓江蘇先生謂甲骨文"卣"形"正是（瓠）瓜形體的真實寫照"云云。②他們又都舉甲骨文中"盧（卣）"字的如下一類字形爲説：

　　　《合集》26859（《前》6.41.5）［出二類］

　　　、　《合集》23227［出二類］

指出其所從正象瓠瓜自側面視之之形；或謂"腹部凹曲"，"正像葫蘆中腰較細的形狀"。③ 顯然是很直接的。前舉《乙編》1852+《乙編》2058 形　　之右半，亦可略與之對比。

　　此外又如：

　　　　《輯佚》451

党相魁先生釋爲"盧（卣）"，認爲其上中部所從"象亞腰葫蘆"，謂"甲骨文卣就是葫蘆的象形字"。④

　　按先秦青銅器中所謂"瓠形壺"或"瓠壺"，或稱"匏壺"，⑤其形如：

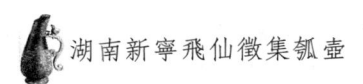

　　　　湖南新寧飛仙徼集瓠壺

其特徵是大腹、橢長，整體略成弧形，至頭頸部即明顯歪斜向一邊成所謂"斜頸"。其

---

① 党相魁：《殷契斠釋》之"釋卣"，吕偉達主編：《紀念王懿榮發現甲骨文一百周年論文集》，齊魯書社，2000 年，第 199—201 頁。但又謂酒器"卣"乃"假　字爲名"云云，將"卣（卣）"與"匏""瓠、壺"等諸字均説爲讀音通轉關係，此則難信。
② 韓江蘇：《甲骨文"浮""狐"字考》，《殷都學刊》2019 年第 2 期，第 12—15 頁轉第 32 頁。又韓江蘇：《甲骨文"瓠""瓢""卣"考辨》，《中原文物》2020 年第 1 期，第 131—139 頁。但其説將甲骨文　類形逕釋爲"瓠"，　類形逕釋爲"瓢"，而僅以　類形爲"卣"，此則恐不可信。又釋卜辭"獻"字　爲"狐"。按該字辭例皆爲"隹（唯）～蚩（害）"，若果真爲"狐"，則不應於田獵卜辭獵獲物記録中全未見之。
③ 前引孫華：《商周銅卣新論——兼論提梁銅壺及銅匜的有關問題》，第 26 頁。
④ 党相魁：《〈輯佚〉文字隸釋稿》，段振美、焦智勤、党相魁、党寧編：《殷墟甲骨輯佚》，文物出版社，2008 年，第 18 頁。不過，該版僅存此一字，是否能確釋爲"盧（卣）"尚不無疑問。《合集》10035 有地名　，與《合集》8294 地名　爲一字繁簡體，此字也可能與之有關。參看前引袁倫强：《〈新甲骨文編〉（增訂本）校補》，第 237 頁（摹其形作　）。
⑤ 張頷：《匏形壺與"匏瓜"星》，收入《張頷學術文集》，中華書局，1995 年，第 44—48 頁。

形與前所舉"盧(卣)"形中的"瓠瓜"之形,顯然是非常密合的。瓠瓜的變種很多,今天所說的長瓠子、長柄葫蘆與亞腰葫蘆,皆可作容器,其頸部也都可以長得歪斜。此類瓠壺之形,與長瓠子最爲接近。①

不過,直接將殷墟甲骨文的"卣"字形與青銅器所謂"瓠壺"相聯繫比附,此恐還存在一些問題,主要是其時代難合。

很多考古學者與青銅器研究者對所謂"瓠壺"這類器物作過專門討論,如較晚出的盛偉先生文,共收集到41件,總結說"瓠壺目前最早見於西周早期,春秋中期以前都比較少見,春秋晚期至戰國早期相對較多"。② 上舉之器,其時代即尚存在較大爭議。③ 不管如何,現所見主要的青銅瓠形壺的時代是偏晚的,還有不少研究者認爲其出現"可能受到草原民族文化的影響,其祖型或許是模仿草原民族用於馬上携帶酒或水的一類器物"。④ 我們確實不好直接拿此類銅器來説"瓜"與"卣"之關係(即謂"卣"字形"象青銅瓠壺"之類)。但"卣"與"瓠瓜"之聯繫密切而自然,就一般情理而言,以匏瓠盛酒水之習,在古人生活中應早已一直存在,故最初以匏瓠所製之盛酒器本即可名"卣",後代又再用青銅仿製(或亦有以陶器仿製者),即所謂"瓠形壺"。銅器瓠形壺出現時代晚,並不能據以否認匏瓠類之"瓜"與"卣"在命名、造字上的關繫。⑤

至於青銅器"卣"在殷商人那的名實對應關係等等,那是另一個層次的問題。考古學者與青銅器研究者對於"卣"的定名以及與"壺"的區分等已多有探討,亦多有

---

① 另外要注意者,不少研究者所說早期銅器壺、卣皆仿瓜瓠製(如郭寶鈞:《商周銅器群綜合研究》,文物出版社,1981年,第147頁、第149頁),或亦稱之爲"瓠壺"者(如馬承源主編:《中國青銅器(修訂本)》,上海古籍出版社,2003年,第216頁),係指一般的大腹細長頸之壺,所謂"瓜瓠"大致相當於今所説"長柄葫蘆",並不具備"斜頸"特徵。

② 盛偉:《銅瓠壺初論》,郭偉民主編:《湖南省文物考古研究所建所三十周年紀念文集》,科學出版社,2016年,第253—265頁。

③ 參看張懋鎔:《瓠壺的斷代研究——從新寧瓠壺談起》,收入同作者《古文字與青銅器論集》第5輯,科學出版社,2016年,第169—173頁。熊建華:《論商周瓠壺——兼論新寧出土青銅回首龍鋬瓠壺的年代》,《湖南省博物館館刊》第5輯,嶽麓書社,2009年,第122—130頁。熊建華:《湖南商周青銅器研究》,嶽麓書社,2013年,第129—131頁。

④ 前引盛偉:《銅瓠壺初論》,第261頁。又參看文中所引高崇文先生、陳佩芬先生説。

⑤ 前述所謂銅器瓠壺來自北方草原民族的看法如果符合事實,亦未必不是草原民族先以銅器或陶器仿自中原人之以匏瓠所製之壺(遊牧民族本身恐不産匏瓠,亦本無以之盛酒水之習俗),再由中原人借入。

分歧。① 他們亦往往引古文字字形爲說。我覺得，某類器物之最初命名，與文字系統中爲其取象造字，與對應實物由於時代變遷而導致名實關係演進變化、名稱或具有相對滯後性等等，幾個層次的問題可能應該分開來看。由於有上述糾葛，甲骨文之形與商末銅器之形，有的恐已難對應爲說。② 卜辭"畐若干卣"之"卣"，已是用於宗廟祭祀之禮器，在當時其實物不妨已經指即現所稱之青銅卣；但其物之得名、造字遠遠在前，完全可以解釋爲本係用於盛酒水之匏瓠原稱"卣"，後製青銅器以盛鬯，雖已特別貴重，但仍名之爲"卣"，而其形已可與原初之匏瓠有較大距離。

四、"瓜"字之形本身的來源

討論至此，必須回過頭去重新思考"瓜"形本身的來源問題。

（一）"卣"與"瓜"的字形演變關係

一般所謂"瓜"形"爲表示瓜而連帶畫出瓜蔓"云云之説，③ 可謂深入人心，我過去也從未產生過懷疑。但在我們新聯繫上"瓜 F"與"卣"之"複體繁形""畐"、以"一形多用"説"瓜"之與"卣"之後，再從文字的系統性上考慮，諸形之間的關係，就感覺實在是顯得太奇怪、太獨特了。結合起來看，"卣"與"瓜"形本身，實在是不容無關。據此略一推論即可知，一般之"瓜"形 、，其真正來源，其實就是"卣（卣）"形 。討論至此而不得不得出這個結論，真可說頗爲出人意料。

我們先從字形演變的一般規律來看，古文字中的"圈形""填實的黑團形""粗肥筆形"與"豎筆或斜筆上加小圓點，圓點再變爲短橫或長橫形"等，這幾者之間的交替變化，是極爲常見的，如"土、丰、朿、枼/世、午、由、克、𦥑/弄、叟、屯"，等等。④ 下面略以

---

① 參看張懋鎔：《青銅器定名的新方法：組合關係定名法——以青銅卣的定名爲例》，見張懋鎔主編、馬軍霞著：《中國古代青銅器整理與研究·青銅卣卷》序言，科學出版社，2015年。收入前引張懋鎔：《古文字與青銅器論集》第5輯，第308—325頁。王祁：《商周銅尊卣配對組合研究》，《考古學報》2019年第3期，第81—92頁。
② 例如，孫華先生謂："從卣字的古文字形體來看，卣字字形與提梁銅壺的器形差別很大，如果卣字爲象形或象意字，提梁銅壺就不應當是古文字材料中所代表的器物。"此即可不必。見前引孫華：《商周銅卣新論——兼論提梁銅壺及銅匜的有關問題》，第23頁。
③ 裘錫圭：《文字學概要（修訂本）》，商務印書館，2013年，第121頁。
④ 關於"由、克、𦥑/弄"參看陳劍：《釋"𡴀"》，復旦大學出土文獻與古文字研究中心編：《出土文獻與古文字研究》第3輯，復旦大學出版社，2010年，第1—89頁。

"曳、屯"兩形的變化爲例來對比看：①

"屯"字後來西周金文之形其斜筆中上變爲小點、短橫之例多見，即隸楷字形上長橫筆的來源。

就"封閉的圈形下又出頭"再產生各種變化而言，見於"丰"與"冬（終）"等字，是更爲切合、適於拿來與此所論相對比印證之例。"丰"之變化如：

《合集》20576 正（《甲編》2902）　　商末丁丰卣（《集成》4825）

宰丰骨（《合補》11300）　　西周早期康侯丰鼎（《集成》2153）

《合集》36529（《上博》54786.21）　　《合集》18426

《合集》27498

《珍秦齋藏甲骨》17 賓組"𢪉（奉）"字所從

西周金文"邦"字所從（《集成》4242 叔向父禹簋等）

春秋魯少司寇封孫宅盤"坽"字所從（《集成》10154。其後文字此類形常見，即"丰"形之所從出）

"冬（終）"字早期字形如：

《合集》20726（《乙編》368）　　亡終鼎（《集成》1450）

亡終戈（《集成》10881）　　《合集》12998 正

《合集》6057 反

---

① 關於"曳"參看陳劍：《甲骨金文用爲"遊"之字補説》，復旦大學出土文獻與古文字研究中心編：《出土文獻與古文字研究》第 8 輯，上海古籍出版社，2019 年，第 1—46 頁。關於"屯"詳見蔣玉斌：《釋甲骨金文的"蠢"兼論相關問題》，《復旦學報（社會科學版）》2018 年第 5 期，第 118—130 頁。

其後金文之例如，西周晚期追簋蓋作粗肥筆者■（《集成》4222），小克鼎作粗肥筆者■、■（《集成》2796、2801）與作小圓點者■（《集成》2799）交替，春秋時期多作變爲短橫筆者■（黃子鼎，《集成》2566），戰國楚簡中作兩斜筆類形■，其例極多，連起來即《說文》古文■類形。① 換言之，我們從後世■類形往上追索，得到原始形■；前述"丰"亦是，由後世■類形往上追索，得到原始形■；此皆與"瓜"字之由後世■類形往上追索，得到原始形■，可謂如出一轍。

以上所論，尚可說僅係字形演變的"可能性"；化此爲"必然性"乃至"實然"的更爲直接有力的證據，則其實早已見於西周金文，只是舊因拓本不夠清晰而被忽略了。

前舉諸家釋西周金文師酉簋和盤的"瓜"、乖伯簋的"狐"之說之可信，還有一個重要的證據，即師酉簋和盤中的專名"弁瓜尸（夷）"，詢簋（《集成》4321）中亦有之，與"瓜"相當者應即乖伯簋的"狐"字。但其形左半很不清楚，何景成先生解釋云（原將所論之字用"◎"代替）：

> 乖伯簋"狐"字的釋讀，爲認識詢簋中的◎字提供了依據。◎字和乖伯簋中的"狐"字的寫法一樣，也是個從"瓜"從"鼬"之初文的字，字形中表示"鼬"的字形尚可辨析，而作爲聲符的"瓜"形則稍有殘泐，**但是該字形豎筆部分的肥筆特徵還是比較明顯**。因此，◎應釋作"狐"。師酉簋和師酉盤銘文中與◎相應的字作"瓜"，與詢簋相對應，兩者可以相互印證。

涂白奎先生亦以此字爲左下從"瓜"聲，其餘部分與乖伯簋之形的不同則在於"瓜"形之上爲"肉字形"，摹作：②

■

在前述我們新聯繫上"瓜"與"卤"形之後，再回過頭去細看詢簋之字，才恍然大悟。試將比較清晰的詢簋拓本（比較各種拓本，以下引《銘文選》所收最好）與彩色照片放大細審：③

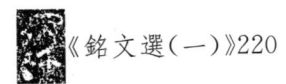

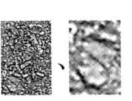

■《銘文選（一）》220　　　　■、

---

① 以上參看裘錫圭：《釋"無終"》，《裘錫圭學術文集·金文及其他古文字卷》，第62頁。
② 高明、涂白奎編著：《古文字類編（增訂本）》，上海古籍出版社，2008年，第525頁。
③ 陝西省古籍整理辦公室、陝西省考古研究院編，張天恩主編：《陝西金文集成》，三秦出版社，2016年，第13冊第104頁彩照。

其左下，赫然正是我們所論用爲"瓜"的"卣（卣）"形，且中間填實。西周金文獨立成字的"卣"，已多作"鹵"類形，故此字不能看作从尊卣之"卣（卣）"得聲，而仍是"瓜"聲。其形▨，應係早期"卣"與"瓜"形或不别的遺留，亦正是聯繫起"▨"與"▨"形的重要中間環節。涂白奎先生對其形左上的"肉"形、除去所謂"瓜"形後的"𦝫"形的摹寫，是很準確的（西周金文"䚤"字多作从"言"从此類"𦝫"形，且"言"旁亦位於左下）。但對左下部分的處理，可以說是受到了乖伯簋之形"先入爲主"的影響。

▨、▨最初兼表"卣"與"瓜"，後來分化爲兩字兩形，猶如亦本"一形多用"兼表"呂（鋁）"與"冰、凝、凌"等的▨形，後來分化爲"呂/予"與"仌/冫"，其字形演變的路徑與方向亦不同。

（二）"叺"與後世"㼌"字

由以上所論，只能導致的必然推論就是，殷墟甲骨文中的"叺"，其實在字形上也就是後世的"㼌"。其所从"卣"與一般之"鹵/卣"演變情況不同，而是像詢簋▨形之與乖伯簋▨形交替那樣，後來演變爲了"瓜"。卜辭諸"叺"字，就可以直接釋寫爲"㼌"。

"㼌"字《說文·瓜部》解釋謂："本不勝末，微弱也。从二瓜。讀若庾。"傳統音"以主切"，从之得聲之字有"窳"等，皆爲以母侯部字。《銀雀山漢墓竹簡（壹）》"守法守令之類"《王兵》簡 868"器械苦窳"之"窳"讀爲"㼌"，可知這一讀音是可靠的。

在戰國楚簡中，"㼌"與相關之形的用例和有關論著均很多，本文難以亦不必詳舉贅述。蘇建洲先生已曾對此有較爲詳盡的列舉和分析，①下文即據之略作概述。

諸形較清晰者如：

A. ▨《上博（八）·命》簡 9　　　　▨ 包山簡 258

▨ 包山簽牌 7-3　　　　　　　　▨ 新蔡簡甲三：379

B. ▨ 包山簡 174

---

① 蘇建洲：《〈命〉簡 9"必内㼌之於十友又三"釋讀》，收入同作者《楚文字論集》，萬卷樓圖書股份有限公司，2011 年，第 550—560 頁。蘇建洲：《讀慈利楚簡〈逸周書·大武〉三題》，鄔文玲、戴衛紅主編：《簡帛研究二〇一八（秋冬卷）》，廣西師範大學出版社，2019 年，第 30—32 頁。又參看劉國勝：《楚簡文字釋讀三則》，第二十四屆中國文字學國際學術研討會論文，嘉義：中正大學，2013 年 5 月 3—5 日。

　　　　　《清華簡（陸）·鄭文公問太伯》甲乙本簡5（用爲"偶"）

　　包山簡258　　　　　　　包山簽牌418－1

　　信陽楚簡遣册2－021　　　《清華簡（玖）·成人》24（用爲"愚"）

　　古文字雖多正反無別，但楚簡中此兩類字形的用法是有明顯界限的，已應視爲兩字。A類"瓜"，與甲骨文"砧（瓱）"一樣，就是"瓜"字之"複體繁形"。傳抄古文或假借"瓜"爲"與"，楚簡中从之得聲之"蓏"字讀爲"芐"或"瓜"（與傳世古書音"郎果切"之"蓏"字不同），皆可證。B類作"瓜"反寫之形，或隸定爲"瓜"，从"艸"从之得聲之字或隸定爲"蓏"。此類形多與"禺"聲字發生關係，如楚竹書中用爲"遇""愚"或"偶／耦"；見於遣册與簽牌的名物字"蓏"即"藕"字異體，李家浩先生以"以主切""讀若庾"之"瓜"解之，講爲讀音相通關係；①另有研究者説爲"兩人相偶"之"偶"或耦耕之"耦"的表意字。

　　首先可以較爲肯定的是，"讀若庾"之"瓜"，應該就是從"卣"之"複體繁形""砧（皕）"而來的。"瓜、庾"爲以母侯部字，"卣"爲以母幽部字，其間讀音關係，我在討論甲骨金文的"叀"及"叀"聲字讀爲"遊"時，曾有過詳細舉證，②此不再贅述。

　　楚簡中與"禺"聲字相通之"瓜"，本文初稿簡單地説爲亦即由"砧（皕）"而來。張富海先生看過之後向我指出，"以主切"之"瓜"與楚簡中之"瓜"是否爲一字，尚可存疑，因"兩者聲母畢竟有大的差別"。此説有理，謹誌此待考。

五、"瓜、卣"等係"一形多用"的補充説明

（一）字形與意義關係

　　從語源或者説"得名之由"來講，"瓜""瓠"與"壺"並應有關，三字讀音皆極近。最常見之"瓜"類即"瓠"，字或作"壺"；原初之"壺"，即以"瓜、瓠"爲之——瓜瓠成熟乾固、外殼"木質化"後去其瓤而爲容器，即爲"壺"。《詩經·豳風·七月》"八月斷壺"毛傳："壺，瓠也。"《鶡冠子·學問》："中河失船，一壺千金。"陸佃注："壺，瓠也。佩之可以濟涉，南人謂之腰舟。"戰國文字中的銅器自名、楚墓遣册簡所記名物等，"壺"尚多

---

① 李家浩：《信陽楚簡中的"柿枳"》，李學勤主編：《簡帛研究》第2輯，法律出版社，1996年，第6—7頁。
② 前引陳劍：《甲骨金文用爲"遊"之字補説》，第26—28頁。

以"瓜"字爲聲,亦可見其密切關係。① 以瓜瓠所製原始之壺、盛水酒之器者,又早有名稱曰"卤"(其語源則尚不太清楚②),故造字時即以"瓜瓠"之形 ▨、▨ 表示,其形即既音"卤"又音"瓜";表"器物"之"卤"者,復加意符"皿"以分化("盧""卣"應已無"瓜"音,即不會再用表"瓜")。諸形又都"單複無別"。作爲語言中的"詞","瓜"是所有瓜類植物的總稱;就造字而言,"瓜 F"▨ 是取象於植物"瓜"之全體(其簡體 ▨ 亦可理解爲"瓜在蔓之象"),"瓜"字 ▨、▨ 則是取象於"(已摘下之)匏瓠類'瓜'"。此外,《合集》9113 正有一殘字 ▨,可能亦即瓜 F 之異體(頭部略殘)。其中左右相對的兩"瓜"形亦係從側視角度表現,與獨立的"卣(卤)""瓜(▨)"形甚近。

　　早期古文字"表意字一形多用"的較原始現象,其例極多。與此所論較爲切合,即又牽涉"單複無別"之例如,裘錫圭先生曾論卜辭"屮""木"皆可用爲"生",又可重複書寫"木"形而爲"林",遂與樹林之"林"同形而實無關;並已舉出"幺"與"丝(絲)"等同類例。③ 與此所説"卣(卤)"之與"䇞(瓜)",頗可相印證。

　　最適合拿來對比的,是唐蘭先生與裘錫圭先生已曾詳論、鄔可晶先生又加以補充之"帚"與"䇞"等之例。④ 簡單概括他們的看法,與此所論正可互證。商代金文中的 ▨ 類形,係古代名"蒯""地膚"以及"王帚""王䇞"等類植物之"全體象形",應逕釋爲"䇞",此猶我們以 ▨ 類形爲"瓜"之"全體象形",應釋爲"'瓜'之繁體";僅取 ▨ 之上部像枝葉形之 ▨,再減省其多重形而只作兩重形,即"䇞"字中的 ▨(《説文》所謂"䇞"從"甡"中之"生"形);減省其左或右之半,即爲甲骨文"䇞"字 ▨ 中的 ▨ 形,此猶我們以

---

① 有關材料與論著頗多,可參看董珊:《信陽楚墓遣策所記的陶壺和木壺》,武漢大學簡帛研究中心主辦:《簡帛》第 3 輯,上海古籍出版社,2008 年,第 29—40 頁。收入同作者《簡帛文獻考釋論叢》,上海古籍出版社,2014 年,第 133—142 頁。

② 張富海和葛亮先生看過本文初稿後都分別告訴我,他們認爲"卣"的語源與"舀"有關(但其具體講法還有出入),謹誌此備考。

③ 裘錫圭:《釋"木月""林月"》,《裘錫圭學術文集·甲骨文卷》,第 338—343 頁。

④ 以下所述,參看前引唐蘭:《殷虚文字記》,第 20—25 頁。裘錫圭:《殷墟甲骨文"䇞"字補説》,《裘錫圭學術文集·甲骨文卷》,第 422—430 頁。又裘錫圭:《説從"㞢"聲的從"貝"與從"辵"之字》,《文史》2012 年第 3 輯(百輯紀念特刊),第 21—22 頁。趙鵬:《殷墟甲骨文女名結構分析》,宋鎮豪主編:《甲骨文與殷商史》新 1 輯,綫裝書局,2009 年,第 195 頁引陳劍説。鄔可晶:《談談所謂"射女"器銘(附:釋"轋")》,清華大學出土文獻研究與保護中心編,李學勤主編:《出土文獻》第 5 輯,中西書局,2014 年,第 5—20 頁。但鄔可晶先生認爲,"帚""䇞"音近,二者很可能本由一語分化,此與我們以"一形多用"説之,略有不同。

"瓜"字 [img]、[img] 爲"已摘之瓜"形；植物"彗"之莖葉常用作掃帚，或者反過來説，掃帚常係以"彗"製成，二者關係極爲密切，故 [img]（彗）又可用爲"帚"，其下部加以"結紮"即"帚"形 [img]，此猶我們以爲 [img]、[img] 又係"卣"字，亦即"可作'卣'器之'瓜'"。

從字形繁簡與文字的對應關係上來講，裘錫圭先生已經指出" [img]（帚）、[img]（彗字所從）二形本可通用"，"彗"可以寫作"䜌"，從"彗"（[img]）得聲的"習"字亦既可以寫作從複體"帚"形"䜌"之"嚻"，也可以寫作從單體"帚"形之"睸"。此猶"卣"形既可表"瓜"又可表"卣"，"二卣"之"皕"形既可爲"瓜"字"複體繁形"，又可爲"卣"字"複體繁形"。

（二）"乍"亦應從"瓜"來

作爲小篆基礎構件的"乍"，尚未得其解。《説文·乍部》："乍，相次也。從匕、從十，鵠從此。""鵠"字數見於《詩經》，《唐風·鵠羽》"肅肅鵠羽""肅肅鵠翼""肅肅鵠行"；《鄭風·大叔于田》"乘乘鵠"，陸德明《釋文》："鵠音保，依字作駂。"《爾雅·釋畜》："驪白雜毛，駂。"即駂馬之"駂"的專字。而古文字中尚未見可靠的"乍"形。上舉《詩經》"鵠羽"之"鵠"字，安大簡《詩經》115 作以"缶"爲基本聲符的"䲹"。淅川下寺楚墓所出春秋晚期鈑鐘中的"北（必）"字 [img]（銘中讀爲"比"），有些工具書收爲"乍"字，不可信。

北大漢簡《蒼頡篇》中"鵠"字兩見，一爲正文"鷈鵠（鵠）牝牡，雄雌俱鳴"，一爲章題"鷈鵠"，其形如下：

[img] 簡 68　　　　[img] 簡 69

後世字書以"䳈"爲"鵠"字異體，據此可見這類訛形亦出現甚早。

試對比戰國文字中如下"瓜"形（現多見於三晉文字）：

[img] 《湖南省博物館藏古璽印集》24"狐"字所從

[img] 陽狐戈（《集成》10916）"狐"字所從

[img] 冢子韓政戟刺（《銘圖續》1289）"狐"字所從

如果説"乍"亦可與之認同，也是很直接的。其字當然不能改釋爲從"乍"之字，但由之正可合理推測，"乍"形就來源於這類"瓜"形。其原由，亦係出於"瓜"之"一形多用"而亦可表"匏"。從讀音和意義兩方面來講，這都正好是非常密合的。《説文·鳥部》"從鳥乍聲"之"鵠"字，其或體作"䳈"，即與"匏"字同從"包"聲（字亦或作"鴇"）。"匏"與

"瓠"關係密切。"匏"字本身即从"瓠"爲意符而省(省去其中與兩字意義共同相關的意符"瓜"),其字出現更在"瓠"字之後。兩字常互訓,前人多已指出即一物。《詩經·邶風·匏有苦葉》毛傳:"匏謂之瓠。"孔穎達《正義》:"瓠、匏一也,故云'謂之瓠'。"陳奂《傳疏》:"匏與瓠渾言不別,析言之則有異。匏、瓠一物異名。匏,瓠之堅強者也;瓠,匏之始生者也。瓠,其大名也。"《廣雅·釋草》:"匏,瓠也。"王念孫《疏證》謂"明匏之與瓠,皆屬大名,更無別異"。前引党相魁先生說,亦曾謂"👁象葫蘆形,疑即匏字初文"云云。

👁形既可表"瓜(瓠)"又可表"匏",猶如古文字"啚/章"既可表城墉之"墉",又可表城郭之"郭","因爲墉和郭意義相近,所以古人就用同一個章字代表這兩個來源不同的詞"。① 如此說來,👁形最初就應有"瓜、匏、卣"三個不同來源的讀音。這也並不奇怪,就像🤚形最初亦有"帚""彗"(卜辭或假借爲"歸")和"婦"三音。

我們知道,"表意字一形多用"是早期古文字特有的比較原始的現象,後來隨着文字系統的演進成熟,出於字形與音義對應關係的明晰確定,大多已利用各種手段加以分化。現所見最早爲漢代文字的"乎",既然來源於"瓜"形用爲"匏"者(字形的直接源頭應也是👁)、後復由字形上"小點變橫筆"的異體分化,則在商周古文字中"乎"字理應一直是存在的,值得以後加以留意。

六、卜辭"瓜"疑讀爲"夫"及相關辭例分析

(一)"瓜"疑讀爲"夫"

卜辭"瓜 F"與"𩵋(瓝—瓜)"(爲行文方便,以下統一用"瓜"指稱)用於"人牲"類意義者,前文已提到,我傾向於認爲即"成年男子"義之"夫"。

首先應該強調指出的最爲關鍵重要的一點是,在現所見殷商甲骨金文中,其實竟然還沒有"成年男子"義之"{夫}"這個詞,這是很奇怪的。

"成年男子"義之"夫",是上古漢語中的常用詞、"基本詞"或者說"核心詞"。傳世先秦古書之例自不必多說,出土文獻亦已於西周金文中即頗爲常見。其中某種身份的人"若干夫"之辭例,如多見的"(執)訊若干夫",大盂鼎"人鬲自馭至于庶人六百又

---

① 朱德熙:《古文字考釋四篇》之"釋椁",朱德熙著,裘錫圭、李家浩整理:《朱德熙古文字論集》,中華書局,1995年,第155頁。

五十又九夫""人鬲千又五十夫",曶鼎"臣廿(二十)夫"等等,與卜辭"及若干瓜(夫)"之類用法,極爲接近。而現所見殷墟甲骨文中,"夫"字已出現約近 40 次,數量不算少,但皆係地名、人名或族名;商代金文中的"夫"字,也都是作族名或人名/私名用的,皆没有表"{夫}"這個"詞"的用法。這樣的特殊情形,當然也早就被一些研究者注意到了。但他們或因此而認爲,"夫字原來就是大字","是在西周初從大字中分化出來的"云云,即根本不承認殷商文字系統中有後世音"甫無切"之"夫"字;①或據此而謂"'夫'之爲詞,於西周時始分化獨立"云云,解釋金文"夫"字謂,"量詞,用以稱數成年男子,始見於西周,商代用'人'不用'夫'";②或謂"計算人數之量詞,周人使用'夫'、殷人使用'人'",説爲"殷、周語言來源有差異"云云;③亦即皆不承認殷商時代語言中有"{夫}"這個詞。這些講法,實在都是很牽强的。研究者一般認爲,"大、夫"本一字,象正面人形,既可表"成年男子"義之名詞"夫",又可表"夫"所具之抽象性質,即"大人(成人)"相對於"子"(小孩)之"大"義,亦係早期古文字"表意字一形多用"的現象[卜辭"夫"形尚偶可用爲"大",如"夫甲""夫示"即"大甲""大主"("大"形則没有作"夫"用的)]。由此而言,在當時詞彙系統中,不容不存在"成年男子"義之"夫"這個詞。就"文字系統"層面而論,從後舉"猷""猣"等字看,殷墟甲骨文中"夫"形之已有後世"甫無切"之"夫"音,也無可懷疑。總結以上所論,我們將卜辭"瓜"讀爲"夫",就補上了出土文獻所見殷商古漢語的"{夫}"這一"空位"。

再説讀音關係。"瓜"是見母魚部合口字,"成年男子"義之"夫"是幫母("發語詞"義者是並母)魚部字。二者直接相通之例,似尚難覓。觀察有關文字關係,與"瓜"聲字最密切者,是"古"聲字。其例於傳世古書所見如,"罛、䍑"一字異體,"孤"或與"辜"通用;④出土文獻之例如,楚竹書舜父瞽叟之"瞽"字,郭店簡《唐虞之道》作從"瓜"聲之"寡"(簡9 ⿱, 24 ⿱),《上博(二)·子羔》簡1作"宮",即"宮"之誤字或訛混字(《説文》"鼓"字籀文作"鼜",加注"古"聲);與"夫"聲字關係最密切者,是"父"聲、"甫"聲字,有關通用之例極爲習見,不必贅舉。我們説"瓜"與"夫"相通,可以舉"古"聲字與"夫"

---

① 陳復澄:《文字的發生與分化釋例之一——釋大、天、夫、太》,四川大學學報編輯部、四川大學古文字研究室編:《古文字研究論文集》(《四川大學學報叢刊》第 10 輯),四川大學出版社,1982 年。收入宋鎮豪、段志洪主編:《甲骨文獻集成》第 13 册,四川大學出版社,2001 年,第 181—184 頁。

② 張世超、孫凌安、金國泰、馬如森撰著:《金文形義通解》,(日)中文出版社,1996 年,第 2503—2504 頁。

③ 李瑾:《上古漢語"夫"字音義與漢藏語人類學關係論略》,《重慶師院學報(哲學社會科學版)》2000 年第 2 期,第 64 頁。按殷墟卜辭"若干人"習見(包括祭祀用"羌若干人"之類),不説"若干瓜(夫)",大概只能歸結於表達習慣問題。

④ 參看張儒、劉毓慶:《漢字通用聲素研究》,山西古籍出版社,2002 年,第 375 頁"【古通瓜】"條。

聲、"父"聲及"甫"聲字之相通來説明。其特别之處,在於聲母爲牙喉音(且應爲合口)之字與唇音之字相通。對此,研究者也已先後舉出了很多例子(以魚陽部字居多)。其中與此所論較爲切合者,如下所述。

西周金文中常見的用爲"胡"之"馘"字,其中"夫"旁表音,亦早已見於殷墟甲骨文,如《合集》36875 之"馘"。① 西周銅器簠簋之"簠",銘文中多作从"馘"聲或"古"聲之字,對應於古書"胡簋"之"胡"、《説文·皿部》之"盬";亦或从"夫"聲,對應於古書之"簠"。② 西周金文中用爲姓氏字之"枯",係"夫、古"兩聲字。郭店楚簡《窮達以時》11 的"吉古",讀爲"造父";簡 3 的"河匜",讀爲"河浦"。③《上博(八)·舉治王天下》簡 31 講大禹治水謂"塞專九十,決瀆三百","專"讀爲"湖"。《清華簡(陸)·鄭文公問太伯》甲 5、乙 4 謂鄭桓公"故其腹心,奮其股肱","故"讀爲"布"(古書亦或作"敷")。④《銀雀山漢墓竹簡(貳)》"陰陽時令、占候之類"《禁》簡 1701"草木櫹(凋)枑"之"枑",讀爲"枯",等等。研究上古音的學者,對此已有多種不同解釋,⑤以作者的古音學知識無力判斷,但有關現象,總歸是確定無疑的。戰國中山王墓二號車馬坑出土的一件銅鉞,其自名爲"軍鈌"。⑥ 吴振武先生釋其字爲"鈌",現似已得到公認。吴説以爲其字或

---

① 參看劉釗:《甲骨文"害"字及从"害"諸字考釋》,宋鎮豪主編:《甲骨文與殷商史》新 4 輯,上海古籍出版社,2014 年,第 106—115 頁。收入同作者《書馨集續編——出土文獻與古文字論叢》,中西書局,2018 年,第 51—65 頁。
② 有關論著很多,可參看較晚出的石小力:《簠鋪考辨》,陳偉武主編:《古文字論壇(第 1 輯)——曾憲通教授八十慶壽專號》,中山大學出版社,2015 年,第 322—337 頁。
③ 李家浩:《讀〈郭店楚墓竹簡〉瑣議》,《中國哲學》編輯部、國際儒聯學術委員會編:《郭店楚簡研究》(《中國哲學》第 20 輯),遼寧教育出版社,1999 年,第 353—355 頁。袁國華:《郭店楚簡文字考釋十一則》,《中國文字》編輯委員會編:《中國文字》新 24 期,藝文印書館,1998 年,第 141 頁。另外,近年殷墟新出牛距骨刻辭,其自名爲"从冎(骨)夫聲"之"馱"字,劉釗先生認爲就是"距骨"之"距"的本字,並舉此所述諸例爲證。見劉釗:《談新發現的牛距骨刻辭》,《中國國家博物館館刊》2013 年第 7 期,第 42 頁。收入同作者《書馨集——出土文獻與古文字論叢》,上海古籍出版社,2013 年,第 63—65 頁。劉桓先生主張讀爲輔骨之"輔",似更合。見劉桓:《甲骨文字考釋兩則》之"二、釋牛距骨刻辭的一個疑難字'馱'",中國社會科學院語言研究所、《上古漢語研究》編輯部編:《上古漢語研究》第 1 輯,商務印書館,2016 年,第 64—66 頁。
④ 蔡一峰:《讀清華簡第六輯零劄(五則)》,陳偉武主編:《古文字論壇(第 2 輯)——中山大學古文字學研究室成立六十周年紀念專號》,中西書局,2016 年,第 259—260 頁。
⑤ 參看蔡一峰:《出土文獻與上古音若干問題探研》第三章第二節"出土戰國文獻所見喉牙音與唇音的交替",中山大學 2018 年博士學位論文(指導教師:陳偉武教授),第 77—93 頁。
⑥ 河北文物研究所:《𨟃墓——戰國中山國國王之墓》,文物出版社,1996 年,上册第 396、398 頁,圖像見第 397 頁圖一六四。

相當於後世字書訓"鐵鈬"之"鈬",或是讀爲"斧"。① 按應以後説爲長。② 如其合於事實,則對此所論"瓜"讀爲"夫"("斧"字亦常作"鈇")來講,更可爲佳證。

讀"瓜"爲"夫"的最大障礙,或者説最令人感覺"奇怪"而不是立即就能接受之處,大概無非就在於"用字習慣"問題。即卜辭爲何放着已有的現成表意本字不用,却使用別的假借字(且其形亦更繁),這確實是既罕見又難以舉出完全相同之例者。但我們從另一個角度想,如果承認此讀法,則也未嘗不可以説是豐富了我們對當時用字習慣的認識。另一方面,與此所論"瓜"讀爲"夫"可謂"部分相類"之例如,卜辭既已有習見迭出的傷害之"害"的表意本字"叀",而賓組卜辭又或假借"勾"字表{害}。卜辭既已多見作"从倒脚在人上形"之"㐹(咎)"字,"其字象人爲足所踐踏"(《懷特》第 3 頁),應本即爲"咎災"之"咎"所造;但同時,卜辭又多有假借"求"表{咎}之例。③ 當然,所謂"説有易,説無難",由於現所見材料的限制,殷商時代也未必不存在以"夫"字表{夫}的用字習慣,只是我們現在還没有看到而已。如果以後發現此類材料,則正可説即與上述"勾(害)""求(咎)"之例,情況更爲接近。

(二) 相關辭例分析

前文已經提到,"瓜 F"既非祭祀動詞或用牲法,亦非"量詞"。對此沈培先生早已曾做過很好的分析:

> "伐幾羌"可以説成"伐羌幾",如我們看到有"伐羌五"(32560)的説法。**"伐"與"羌"是種屬關係。"㝱"與"🌿"的關係與"伐"與"羌"的關係相同**。我們雖然没找到"㝱🌿幾"的例子,但看到了"㝱女一"(728)的説法,"㝱"與"女"的關係,跟"㝱"與"🌿"的關係也是相同的。另外,我們還看到"三㝱🌿"(710)的説法。這些都可以證明"伐十羌""㝱三🌿"中的"羌""🌿"不是量詞。④

又謂,在"又伐于'O神'羌幾""又伐于'O神'幾羌"或"又伐于'O神'幾人"的句子中,

---

① 吴振武:《釋平山戰國中山王墓器物銘文中的"鈬"和"私庫"》,《史學集刊》1982 年第 3 期,第 68 頁。
② 後世的"鈬"字始見於《類篇》和《集韻》,更早的《玉篇》《篆隸萬象名義》和《廣韻》等字書韻書皆未收;其釋義只謂"鐵鈬",到底指什麼也很不清楚。最可能即謂頭部形狀象瓜的長柄兵器、古書逕作"瓜"者,"鈬"係其專字。此所論中山王銅鉞之字當與之無關。
③ 兩種用字情況有卜辭類組之別,詳參王子揚:《甲骨文字形類組差異現象研究》,中西書局,2013 年,第 93—94 頁。
④ 沈培:《殷墟甲骨卜辭語序研究》,文津出版社,1992 年,第 197 頁。

"羌""人"具體説明"伐"的身分,"伐"與"羌"是"種屬關係","卜辭屢言'旡⿱䒑木'","有時説'旡幾⿱䒑木'","説明'旡'與'⿱䒑木'不應當是兩種祭牲,'⿱䒑木'應當是説明'旡'的",並謂"旡一⿱䒑木"可與下引"旡……一女"比較:①

  (28)戊辰卜:又旡匕(妣)己一女,匕(妣)庚一女。 《合集》32176＝33129

妣己、妣庚俱爲祖丁之配。前引沈培先生所舉"旡女一"之辭完整者如下:

  (29A)[□]申卜,爭,貞:钟(禦)子𢀛于母丙,皿豖(豚),曹小宰屮(又)旡女一。
  (29B)貞:勿嗇(緩)用皿豖(豚)、曹小宰屮(又)旡女一于母丙。
             《丙摹》512(《合集》728＋)[賓組]

"皿""曹"並用,又言"旡女一",亦可與前舉(5)"皿小宰,曹旡三瓜(夫)、五宰",以及後舉(46)"皿牡(牡羊),曹旡瓜(夫)"等相類比印證。

  同類例又如下舉,以及"旡"與"人"連用者:

  (30)乙亥卜:钟(禦)旡女。   《俄愛》2[自肥筆]
  (31A)曹旡一人。
  (31B)曹旡二人。
  (31C)三人。   《合集》32172[歷無名間類]

"旡女"與後文所舉"旡瓜"結構更合。"瓜"讀爲"夫",正與"女"相對。

  卜辭還有個別説"瓜(夫)旡"的,"瓜(夫)"則係修飾限定"旡"者:

  (32)貞:屮于匕(妣)甲瓜(夫)旡,卯宰。 《合集》787(《乙編》7750)

但卜辭未見"女/臣/妾旡"一類語序(小名＋大名)。這裏出現的"瓜(夫)旡",雖僅有一例,但甚可注意。這可能是因爲材料有限,"女旡"一類説法尚未出現,也可能另有原因。

  此外又如周原甲骨 H11:1:

  (33)癸巳彝,彝文武帝乙⿱宀⿻丨冂,貞:王其卯礻(祝)成唐(湯),鼐(肆)祝旡士女,其
   彝,盍牡(牡羊)三、豚三,囟又(有)正。

兩"祝"字之釋從謝明文先生説。② "士"字舊釋爲"二",董珊先生改釋爲"士",舉西周金文師袁簋(《集成》4313、4314)"毆(驅)孚(俘)士女、羊牛"爲説,解釋"旡士女"爲"一

---

① 沈培:《殷墟甲骨卜辭語序研究》,文津出版社,1992年,第110—112頁。
② 謝明文:《説夙及其相關之字》,復旦大學出土文獻與古文字研究中心編:《出土文獻與古文字研究》第7輯,上海古籍出版社,2018年,第38—39頁。

對男女之人牲",①應可信。"及士女"之所指,可謂亦即"及瓜(夫)、女"。

前舉沈培先生説之後出現的資料中,還有"及"與"臣""妾"有關者:

(34A) 丙卜:叀(惠)小宰又及妾卯(禦)子馘匕(妣)丁。

(34B) 己卜:叀(惠)及臣又妾卯(禦)子馘匕(妣)庚。　　　　《花東》409

古育安先生引沈培先生説,認爲這兩辭不應該像有的研究者那樣斷讀理解爲"小宰又及、妾""及、臣又妾",而應是"小宰又及妾""及臣又妾",前者與"小宰又及女""應該是同樣的表達方式"。我們看同版還有"叀(惠)羊又鬯卯(禦)子馘于子癸""叀(惠)牛又鬯卯(禦)子馘于子癸""叀(惠)五羊又鬯卯(禦)子馘于子癸"諸辭,用"又"連接的都是前後並列的兩項,可知此説確實是更有道理的。古育安先生又以"及妾""及臣"連讀與"及女""及🍉"對比,謂其結構相同,"及臣又妾"很可能是指"及臣"與"及妾"。② 其説亦頗多可從。前舉"及士女",亦可與此"及臣又妾"相聯繫爲説,猶言"及士又女"。又如下舉兩辭:

(35A) 壬戌卜,才(在)〖□〗:及于匕(妣)乙,卯用牢。不。

(35B) 癸亥卜,才(在)〖□〗:子卯(禦)及于乙女,臣于且(祖)庚,卯羊二,豭(牡豕)二。　　　　《村中南》478[午組]

原整理者釋文多不確,此改從李霜潔釋。但(35B)一辭之"女"字,李霜潔説仍從原釋讀爲"母",③此則嫌不確。此"女"字前之"乙",亦即(35A)辭(前一天)之"妣乙"。午組卜辭没有"母乙"或"乙母"的稱謂,而祭祀"妣乙"之辭則多見,亦或與"祖庚"同見(《合集》22045+15108)。(35B)應理解爲"禦及于妣乙女,禦及臣于祖庚",亦即"禦及于妣乙一女,禦及于祖庚一臣"。"及"要貫下管到"臣"字,也可説"臣"前"承上省略""及"字(前舉28辭"又及妣己一女,妣庚一女",亦頗相類),與上述(34)《花東》409的"及臣又妾"即"及臣"與"及妾"二者,關係相近。此看似與"及"對舉之"臣",實亦屬於"及臣",與"及瓜(夫)"結構相類。據以上所論,今後如能看到"及瓜又女"之類辭例,"瓜"之讀"夫"就更可肯定了。

又:

(36A) 貞:虫于匕(妣)己及瓜(夫)。

---

① 董珊:《重論鳳雛H11出土的殷末卜甲刻辭》,蔡玫芬主編:《赫赫宗周:西周文化特展圖錄》,臺北故宫博物院,2012年,第338頁。

② 古育安:《殷墟花東H3甲骨刻辭所見人物研究》,花木蘭出版社,2013年,第473—475頁。

③ 李霜潔:《殷墟小屯村中村南甲骨刻辭類纂》,中華書局,2017年,第319—320頁。

（36B）弜（勿）屮𠬝于匕（妣）己。

（36C）屮妾于匕（妣）己。　　　　　　　　　《丙摹》233（《合集》904 正＋）

（36B）應該理解爲，既然不要"屮𠬝"，那也就談不上"瓜（夫）"的問題了，故"（以某種方式使用）𠬝瓜（夫）的祭祀"，其否定形式可以不必説出"瓜（夫）"。（36C）"屮妾"則應聯繫上兩辭理解，並非"妾"與"𠬝"二者簡單對立的關係，而應係"𠬝妾"與"𠬝瓜（夫）"二者的對立。（36C）實際如（36A）一樣，可變爲"屮于匕（妣）己𠬝妾"。

（37A）壬寅卜，争，貞：酓匕（妣）庚𠬝。

（37B）貞：二瓜（夫）。《合集》779 正【《合集》780 同卜，存"貞：［二］瓜（夫）。"】

此係骨條刻辭之殘，不能如龜腹甲那樣根據左右相對位置確定兩辭之間的應係。大概是在貞定"酓𠬝"之後，再選貞"酓𠬝二瓜（夫）"，與下舉（38）辭關係略同：

（38A）屮𠬝于匕（妣）庚。

（38B）弜（勿）屮𠬝于匕（妣）庚。

（38C）屮𠬝匕（妣）庚瓜（夫）。

（38D）弜（勿）屮。　　　　　　　　　　　　　《合集》721 正（《丙編》47）

此兩對卜辭分别位於龜腹甲左右相對位置，其間關係，應係先正反對貞確定"屮𠬝"，再選貞是否"屮𠬝瓜（夫）"（因還有"屮𠬝女"之類的選擇）。又：

（39A）钔（禦）于匕（妣）庚十瓜（夫）。

（39B）钔（禦）于匕（妣）庚［□］瓜（夫）。

（39C）☒三瓜（夫）、七☒。

（39D）貞：钔（禦）于匕（妣）己屮𠬝。

（39E）酓（酒）𠬝，卯牢。　　　　《丙摹》467、468＝《合集》770＋717＋13874 甲乙＋13864＋14061＋《乙編》1251

（40A）貞：于母庚屮𠬝。

（40B）乙亥卜，㱿，貞：钔（禦）帚（婦）妌［于］母庚二瓜（夫），卯☒

　　　　　　　　　　　　　　　　　　　　《合集》792 正＋《合集》729

此兩版之"屮𠬝"與"瓜（夫）"，可能也有如上所説關係。

更多"𠬝瓜（夫）"之辭如下所舉：

（41A）貞：尞（燎）于高匕（妣）己，屮南，酓三𠬝瓜（夫），卯牢。

（41B）弜（勿）尞（燎）于高匕（妣）己。　　　　　　　　《合集》710

（42）屮母己□（𠬝？）瓜（夫）屮（又）□，卯牢。（朱書）

　　　　　　　　　　　　　　　　　　　　《丙摹》27（《合集》6475 反）

(43) 乙卯卜,亘,(以上在反面)貞:旲(勿)蕭(緩)用戉舞〈瓜(夫)〉于父乙。
　　 (以下在反面)王固(占)曰:"吉。其用。"　　《合集》795 正(《丙摹》513)

(44) ☐貞:钾(禦)于☐己戉瓜(夫)☐　　《合集》759(《復旦》25)

(45) 貞:[☐匕(妣)]庚戉瓜(夫)。　　《合集》788(《乙編》2801)

(46A) 酉匕(妣)己戉瓜(夫)。

(46B) 皿壯(牡羊),酉戉瓜(夫)。　　《合集》716 正(《乙編》3387)

(47) 钾(禦)于高匕(妣)己,皿二壯(牡羊),酉戉瓜(夫)。　　《合集》784

(48) ☐酉五宰☐戉瓜(夫)☐。　　《合集》785

(49) ☐酉戉瓜(夫)屮(又)宰。　　《合集》740

上舉僅言"戉瓜(夫)"之辭,與(41A)的"三戉瓜(夫)"、前舉(4)"戉一瓜(夫)"對比,再結合前舉(28)"戉……一女"、(29)"戉女一"等,可知應即"一戉瓜(夫)""戉一瓜(夫)"或"戉瓜(夫)一"之意。此外"戉瓜(夫)"殘辭還見於《合集》39523 等,略。

又:

(50A) 屮匕(妣)庚瓜(夫)。

(50B) 旲(勿)瓜(夫)。

(50C) 二瓜(夫)。

(50D) 旲(勿)二瓜(夫)。

(50E) 三瓜(夫)。

(50F) 旲(勿)三。

(50G) 三(四)瓜(夫)。

(50H) 旲(勿)三(四)。

(50I) [五瓜(夫)]。

(50J) 旲(勿)五。　　《合集》775(《丙摹》540)

(51A) 屮于匕(妣)庚瓜(夫)。

(51B) 二瓜(夫)。

(51C) 三瓜(夫)。

(51D) 三(四)瓜(夫)。

(51E) 五瓜(夫)。　　《合集》777 正＋《合集》9274 正＋《乙補》6493(《醉古集》第 363 組)＋《乙編》2473＋《乙補》91 正①

由(50A)(50B)(51A)與諸辭對比,可知其中"瓜(夫)"即"一瓜(夫)"。其辭以及前舉

---

① 宋雅萍:《背甲新綴十二例》之第七例,《臺大中文學報》第 36 期,2012 年 3 月,第 17—19 頁。

(7A)"卬(禦)于匕(妣)庚瓜(夫)"、(8A)"酓匕(妣)庚瓜(夫)"等,皆可對比。又:

(52) 戊子卜,王:屮母丙女。　　　　　　　　　　　　《合集》678[自小字]
(53A) 屮于王亥妾。
(53B) 屮于河我("我"是地名/族名)女。
(53C) 酓(酒)河卅(三十)牛以我女。　　　　　　　《合集》672 正+《丙摹》117

《合集》683:"丁酉卜,貞:于河女。"《合集》658:"辛丑卜:于河妾。"亦可爲參考。此皆可見"瓜"之與"女""妾"相近,將其讀爲"夫"是很合適的。

最後,將其餘不出現"⺆"的殘辭列舉如下。

(54A) 貞:屮于匕(妣)。
(54B) ☐瓜(夫)。　　　　　　　　　　　　　　　　《合集》786 反
(55) ☐于☐庚☐一瓜(夫)☐　　　　　　　　　　　《拾遺》78①
(56) 貞:☐弖(勿)寮(燎)☐五瓜(夫)☐牛,酓(酒)☐　　《合集》771
(57) ☐瓜(夫)一☐牛☐　　　　　　　　　　　　　《合集》18444
(58) ☐夕弖(勿)☐瓜(夫)于☐☐　　　　　　　　　《合集》790(《旅博》1188)

結　語

最後,簡述本文主要結論如下。

殷墟甲骨文中的🀄等形,係原始的"瓜"之象形初文,象瓜蔓、瓜葉與瓜實全體之形;卜辭主要用法爲表人牲,最可能應讀爲"夫",指成年男子(奴隸)。爲釋寫方便,建議可逕作"瓜"。其簡體🀄、🀄類形,至春秋中期金文演變作🀄,讀爲孤卿之"孤"。

殷墟甲骨文中"象摘下之瓜形"的🀄、🀄類形,即後來的"瓜""卣"和"㔾"字之形共同的來源,屬於早期表意字"一形多用"現象。"瓜"之最常見者即"瓠"與"匏",故其形既可表"瓜、瓠"(二者係一語分化)又可表"匏",後者即演變爲"㔾"字;其物又可製爲容器"卣",或者説因容器"卣"起初即最常以"瓜瓠"爲之,故造字時亦"一形多用"而可表"卣"字。其形且可"單複無別",甲骨文中之"𠚣(𠚣)"實即"瓜"之"複體繁形",亦即後世"瓜"字前身;卜辭中其形或與"瓜之原始形"🀄表同詞(建議亦可逕釋寫作"瓜"),六國文字中對應"瓜"字"複體繁形""瓜"者,應即由此類變來。其形應亦係"卣"之"複

---

① 原釋文將"一"視爲兆序數,認爲與前舉(39)《丙摹》467"内容相涉"。

體繁形",傳統音"讀若庾"之"瓩"(可能代表秦系文字傳統),即由此類變來;六國文字尤其是楚文字中多見的與"禹"聲字相通之"瓜",是否亦即甲骨文中之"𠂊(䛐)"與秦文字之"瓩",則尚待研究。

2020 年 5 月 3 日初稿寫完

2020 年 6 月 16 日二稿

2020 年 6 月 25 日三稿

2020 年 9 月 16 日改定

附記

　　本文初稿先後蒙蔣玉斌、劉釗、蔣文、張富海和葛亮等諸位師友審閱指正,糾正其中不少疏誤。尤其是蔣玉斌先生提供詳細意見,促使我對有關問題的思考更加全面深入。在我以本文内容於 2020 年 6 月 27 日作了《釋瓜》的網上"雲講座"之後,又先後蒙駱珍伊、沈瑞清和蘇建洲先生提供意見與建議。謹此一併致以衷心謝忱。

釋 "鑠"

鄔可晶

殷墟甲骨文和西周、春秋金文中有如下諸字：

A. 《甲骨文合集》29687：▨（何組）

B. 殷觥：▨（摹刻本，西周早期）①

C. 五祀㪤鐘：▨（彩照）②、▨（拓本，西周晚期）③

D. 逨盤：▨（西周晚期）④

E. 秦公鐘：▨⑤、▨⑥；秦公鎛：▨⑦、▨⑧、▨⑨（春秋早期）

這些字過去各有不同的釋法。2012年，蔣玉斌先生發表《釋西周春秋金文中的"討"》，

---

① 中國社會科學院考古研究所編：《殷周金文集成（修訂增補本）》第6冊，第4903頁09299號，中華書局，2007年。
② 張天恩主編：《陝西金文集成》第3卷《寶雞卷·扶風》，三秦出版社，2016年，第11頁。
③ 《殷周金文集成（修訂增補本）》第1冊，第500頁00358號。
④ 陝西省文物局、中華世紀壇藝術館編：《盛世吉金：陝西寶雞眉縣青銅器窖藏》，北京出版社，2003年，第33頁。
⑤ 《殷周金文集成（修訂增補本）》第1冊，第307頁00262號。
⑥ 同上注，第310頁00265號。
⑦ 同上注，第313頁00267號。
⑧ 同上注，第315頁00268號。
⑨ 同上注，第317頁00269號。

率先指出它們應爲一字。① 2018 年，鞠焕文、石小力二位先生不約而同地對故宮博物院所藏梁伯戈進行考釋，指出戈銘中舊誤釋爲"印"或闕釋的如下之字：

F. ▨（摹本，春秋早期）

與上引 A～E 亦爲一字。② 這些意見都是正確的。

保利藝術博物館購藏的戎生編鐘兩見如下一字：

G. ▨、▨（春秋早期）③

裘錫圭先生已把它與 E"皿"上形體聯繫了起來。④ 但蔣玉斌先生對此持保留態度。⑤ 在梁伯戈 F 被釋出之後，鞠焕文先生明確指出 F 是由 E 變爲 G 的"中間環節"，A～G"都應是一字異體"。⑥ 其説可從。G 應該是 A～F 省去"皿"旁的簡體。跟 B、D、E 對照，G 前一形的"火"旁猶存；後一形的"火"已頗省併，與 C 等省"火"旁相類，E 中秦公鎛銘最末一例似亦無"火"。

殷墟小屯村中南出土甲骨中有如下一字：

▨（《殷墟小屯村中村南甲骨》296，𠂤組）

蔣玉斌先生認爲與 A～E 也是同一個字。⑦ 此則恐有問題。從字形看，此字應與殷墟甲骨文、商代族名金文數見的如下之字爲一字：

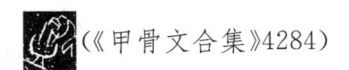

▨（《懷特氏等收藏甲骨文集》957）　　▨（《甲骨文合集》4284）

---

① 《古文字研究》第 29 輯，中華書局，2012 年，第 284—286 頁。
② 鞠焕文：《梁伯戈銘新釋》，《古文字研究》第 32 輯，中華書局，2018 年，第 305—306 頁。石小力《故宫博物院藏梁伯戈銘文新釋》，田煒主編《文字·文獻·文明》，上海古籍出版社，2019 年，第 84—85 頁。按，二家所作摹本稍有不同，此取自鞠文。
③ 《保利藏金——保利藝術博物館精品選》，嶺南美術出版社，1999 年，第 122、123 頁。
④ 裘錫圭：《戎生編鐘銘文考釋》，《裘錫圭學術文集·金文及其他古文字卷》，復旦大學出版社，2012 年，第 108 頁。
⑤ 蔣玉斌：《釋西周春秋金文中的"討"》，《古文字研究》第 29 輯，第 287 頁。
⑥ 鞠焕文：《梁伯戈銘新釋》，《古文字研究》第 32 輯，第 306 頁。
⑦ 蔣玉斌：《釋西周春秋金文中的"討"》，《古文字研究》第 29 輯，第 285 頁。按，晚近出版的劉釗等編纂《新甲骨文編（增訂本）》（福建人民出版社，2014 年，第 777 頁）、李霜潔《殷墟小屯村中村南甲骨刻辭類纂》（中華書局，2017 年，第 282 頁）等，皆從蔣説釋此字爲"鑄"。

①

商金文中此字基本上都从直立人形，與上舉《村中南》296之例尤合。這個象人在器皿中用吸管吸水的字，從前有不少學者把它與D、E等字牽合爲一；後文將會介紹，D、E等字有釋"盜"之説，所以此字或亦釋爲"盜"。也有人釋爲"歆""監"等。謝明文先生指出，釋"盜"或"監"，於字形皆不合，釋"歆"亦缺乏證據。② 此字目前尚不能確釋。

從辭例看，《村中南》296此字的用法也與A不同（以下用"○"代替此字）：

(1) 丁未卜，貞：◊○兟。允兟。

(2) □未卜，貞：◊兟。（同版無關之辭不録）

(2)中"兟"上一字，就是裘錫圭先生考釋過的"注"，蔣玉斌先生引用此辭時已釋爲"注"。③ "注"上一字多釋爲"金"。細審拓本，並結合實物照片觀察（◊），④ 此字下方的二短橫與上部並不相連，釋"金"無據。此字上部應即(1)中◊所从者。這種像菱形一樣的東西，頗似"齊"字所从之◊，甲骨文中還有作單獨一個◊的字。⑤ 疑(1)、(2)的◊、◊可能都是"齊"的省體（甲骨文"齊"字又有从"四'◊'"者。⑥ 从"四'◊'""二'◊'"當與从"三'◊'"同意。◊下加"="，大概表示"二'◊'"或"三'◊'"之簡省。甲骨文◊亦从"◊"，有人認爲即《說文》訓"稷"的"齋/案"，⑦ ◊、◊似有可能是一字簡繁體）。卜辭凡言"兟"者，多見於祭祀或田獵場合。⑧ (2)的"注兟"，參照裘錫圭先生所釋"注（斁）狸"，⑨ 或可讀爲"斁兟"，指去勢的豬。然則此版所説當爲祭祀之事。雖然○字還不認識，疑爲"齊"之字也不知何意，但(1)(2)没有問題與"鑄金"無關，這跟A所適用的語境（冶鑄之事，詳下文）迥異，所以應該把○與A等字徹底分開。

A～G這個字，學者們已作過不少研究，有些見解甚至被學界視爲定論。我們想

---

① 《殷周金文集成（修訂增補本）》第4册，第3108頁04839號。關於此字，參看謝明文：《商代金文的整理與研究》，復旦大學博士學位論文（指導教師：裘錫圭教授），2015年7月修改稿，第125—127頁。

② 謝明文：《商代金文的整理與研究》，第126頁。

③ 蔣玉斌：《釋西周春秋金文中的"討"》，《古文字研究》第29輯，第285頁。

④ 中國社會科學院考古研究所編著：《殷墟小屯村中村南甲骨》，下册第504頁，雲南人民出版社，2012年。

⑤ 李宗焜編著：《甲骨文字編》，中華書局，2012年，第757頁。

⑥ 同上注。

⑦ 參看裘錫圭《甲骨文中所見的商代農業》，《裘錫圭學術文集·甲骨文卷》，第240—241頁。

⑧ 參看姚孝遂主編、肖丁副主編：《殷墟甲骨刻辭類纂》，中華書局，1989年，第618—620頁。

⑨ 裘錫圭：《殷墟甲骨文字考釋（七篇）·七、釋"注"》，《裘錫圭學術文集·甲骨文卷》，第358、360頁。

在揭示現有説法所存在的一些問題的基礎上,對此字重新加以考釋。

《殷墟甲骨刻辭摹釋總集》《殷墟甲骨刻辭類纂》等書釋 A 爲"鑄"。① 裘錫圭先生考釋甲骨金文中的"注"字,即以此釋爲其出發點。② 蔣玉斌先生據此將 B～E 亦釋爲"鑄",銘文中一律讀爲"討"(辭例詳後)。③ 不過,上世紀 70 年代末秦公鐘、鎛出土,不少學者曾根據石鼓文、傳抄古文"盗"的寫法,釋 E 爲"盗":④

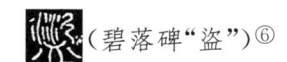

（石鼓文《汧殹》"籃"）⑤　　　（碧落碑"盗"）⑥

（《説文·八下·次部》"盗"小篆,省"二'水'"爲"一'水'"。然"次"字籀文从"二'水'"）

本世紀初,陝西眉縣楊家村出土的逑盤發表後,多數學者也主張 D 當釋爲"盗"。⑦ 蔣玉斌先生在釋此字爲"鑄"的文章裏,則否定其與"盗"的"認同"。⑧ 面對釋"盗"説與釋"鑄"説的分歧,張世超先生和張富海先生不謀而合地提出:蔣玉斌釋 A～E 爲"鑄"、在銘文中讀爲"討""證據堅確""當可信從",但過去學者們指出的 D、E 與"盗"字形上的聯繫,也無可否認;應該説,"盗"就是由"鑄"的表意異體分化而來的,盗竊之"盗"跟讀爲"討"一樣,都是假借用法。他們還都對"盗"與"鑄"的語音關係有所討論。⑨ "盗""鑄"二釋至此取得了"會通"。

現在看來,篆隸的"盗"字由 A～F 演變而成,這一點已完全可以肯定。張富海先

---

① 姚孝遂主編、肖丁副主編:《殷墟甲骨刻辭摹釋總集》,中華書局,1988 年,第 660 頁。姚孝遂主編、肖丁副主編:《殷墟甲骨刻辭類纂》,第 1035 頁。
② 裘錫圭:《殷墟甲骨文字考釋(七篇)·七、釋"注"》,《裘錫圭學術文集·甲骨文卷》,第 359 頁。
③ 蔣玉斌:《釋西周春秋金文中的"討"》,《古文字研究》第 28 輯,第 284—287 頁。
④ 參看王輝:《秦銅器銘文編年集釋》,三秦出版社,1990 年,第 16—17 頁;蔣玉斌:《釋西周春秋金文中的"討"》,《古文字研究》第 29 輯,第 286 頁。
⑤ 郭沫若:《石鼓文研究》,《郭沫若全集·考古編》第九卷,科學出版社,1982 年,第 152 頁。
⑥ 徐在國編:《傳抄古文字編》,綫裝書局,2006 年,第 872 頁。
⑦ 參看高玉平:《2003 年眉縣楊家村出土窖藏青銅器銘文考述》,第 26—28 頁引董珊、李學勤、彭曦、李零、王輝、何琳儀、連劭名説以及作者自己的"按語",安徽大學碩士學位論文(指導教師:何琳儀、徐在國教授),2007 年 5 月。魏宜輝:《説"盗"》,《語言研究》2014 年第 1 期,第 37—39 頁。
⑧ 蔣玉斌:《釋西周春秋金文中的"討"》,《古文字研究》第 29 輯,第 286 頁。
⑨ 張世超:《金文"鑄""盗"諸字補説》,《吉林大學古籍研究所建所三十周年紀念論文集》,上海古籍出版社,2014 年,第 23—25 頁。張富海:《試説"盗"字的來源》,《中國文字學報》第 6 輯,商務印書館,2015 年,第 101—104 頁。

生對字形演變有很好的説明，①請大家參閲。爲了稱説的方便，下文在没有必要稱引具體字形時，統一以"盜"指代此字。綜合字形和字音兩方面來看，既知此字是"盜"，我們認爲就不宜再與釋"鑄"之説勉强會通。

裘錫圭先生認爲 A 所從的 ⿱爫皿 即"注"之初文，後來變爲"鑄"字所從之 ⿱爫皿。這有"沬（頮）"字的同類字形變化爲證，②是很有道理的。裘先生並指出，"鑄器時的主要工作就是把熔化的金屬注入器範，'鑄'應該就是由'注'孳生的一個詞"，③亦頗可信。但問題是，僅僅根據《甲骨文合集》29687"A 黄吕"與《英國所藏甲骨集》2567"鑄黄吕"的辭例，恐怕難以斷定 A 必是"鑄"字。因爲從情理上説，可對"黄吕"施加的工作，不限於"鑄"一項（參後文）。從 A~F 的字形看，"盜"像是"圖形式的會意字"。如 A 雖非"鑄"字，却仍與熔鑄、冶金之義有關，其字形中含有"把熔化的金屬注入器範"的"注"作爲表意成分，也是很自然的。

上面提到的《英國所藏甲骨集》2567 的"鑄"字作：

（摹本： ）④

與金文習見之"鑄"相合，而與 A 那樣的"盜"有别。此版是黄組卜辭，也許有人會解釋爲時代晚於 A 之故。但《甲骨文字編》"鑄"字條下收有《甲骨文合集》18203 一例：

（摹本： ）⑤

亦與金文習見之"鑄"相合。此版雖頗殘，從"貞"字的寫法看，似當歸於典賓類，⑥其時代顯較 A 爲早。西周以降"盜"字皆从"皿"而不从" ⿱爫皿 "，説明對於"盜"字而言，从"皿"與从" ⿱爫皿 "是一回事，後者可視爲前者的早期繁形。所以，即使"鑄"所從之 ⿱爫皿 確由"注（⿱爫皿）"變來，也不能證實"鑄"與 A 等"盜"字本爲一字，從現有材料看不出二者必然存在關聯。

文首所舉金文諸"盜"字，B 屬西周早期，C、D 屬西周晚期，E、F 屬春秋早期。在西周早、晚期和春秋早期金文中，不加注"鬲"聲的表意的"鑄"字，極爲常見。⑦ 如果

---

① 張富海：《試説"盜"字的來源》，《中國文字學報》第 6 輯，第 102—103 頁。
② 裘錫圭：《殷墟甲骨文字考釋（七篇）·七、釋"注"》，《裘錫圭學術文集·甲骨文卷》，第 359 頁。
③ 同上注，第 359—360 頁。
④ 李宗焜編著：《甲骨文字編》，第 1025 頁。
⑤ 同上注。
⑥ 崎川隆：《賓組甲骨文分類研究》，上海人民出版社，第 2011 年，第 724 頁。
⑦ 參看董蓮池編著：《新金文編》，下册第 1927—1930、1931 頁，作家出版社，2011 年；陳斯鵬、石小力、蘇清芳編著：《新見金文字編》，福建人民出版社，2012 年，第 396 頁。

"盜"字確實本是"鑄"字的一種異體，爲何在那麽多與"盜"共時的鑄造之"鑄"中，竟不見一個以"盜"爲"鑄"的用例？（按照我們的看法，甲骨卜辭中亦無"盜"用爲"鑄"的確例。）這雖然算不上是釋"盜"爲"鑄"説的絕對的反證，總不免啟人疑竇。

更爲重要的是，"鑄""盜"的字音其實並不相近。"鑄"上古有歸幽部與歸侯部二説，各有其依據；① 即如歸於幽部，其主元音當爲 u，② 也與侯部的主元音 o 接近。"盜"一般認爲是宵部字（另詳後文），宵部與幽、侯二部雖偶有交涉，畢竟與"鑄"字不同部。何況，在可靠的通假材料中，"鑄"未有與宵部字發生關係者，③ "盜"也未有與幽、侯部字發生關係者。④ "鑄"是中古章母字，從"鑄""注"同源分化和加注"𦉎"聲來看，其上

---

① 參看張富海：《試説"盜"字的來源》，《中國文字學報》第 6 輯，第 104 頁。
② William H. Baxter & Laurent Sagart（白一平—沙加爾）："Old Chinese: A New Reconstruction", Oxford University Press，2014. 白—沙的構擬據其網站公布的詞表：http://ocbaxtersagart.lsait.lsa.umich.edu/，2015 年 10 月 13 日。
③ 高亨、董治安：《古字通假會典》，第 350 頁【注與鑄】條，第 782 頁【鑄與祝】條，齊魯書社，1989 年。白於藍：《簡帛古書通假字大系》，第 175 頁【鑄與禱】條，福建人民出版社，2017 年。徐俊剛：《非簡帛類戰國文字通假材料的整理與研究》，第 73 頁"肘：鑄"條，第 73—74 頁"紂：鑄"條，第 74 頁"𩵋：鑄"條，第 79 頁"舟：鑄"條、"悤：鑄"條，第 81 頁"壽：鑄"條，吉林大學博士學位論文（指導教師：吳良寶教授），2018 年。
④ 高亨、董治安：《古字通假會典》，813 頁【桃與盜】、【駣與盜】。白於藍：《簡帛古書通假字大系》，第 195—196 頁【兆與盜】條，第 196 頁【悐與盜】條、【逃與盜】條，第 197 頁【覜與盜】條、【頫與盜】條。徐俊剛：《非簡帛類戰國文字通假材料的整理與研究》，第 101 頁"覜：盜"條。按清華大學藏戰國竹簡《赤鵠之集湯之屋》記湯射獲集於湯之屋的赤鵠，命小臣伊尹"旨羹之"，遂外出。孰料湯之妻紝荒非要嘗羹不可，她"受小臣而三嘗之"，小臣伊尹亦"受其餘而嘗之"。湯回來後，"小臣饋"，"湯怒曰：'孰洍吾羹？'小臣懼，乃逃于夏。"（簡 1～5）此文之"洍"，整理者疑讀爲"調"，訓"發取"（李學勤主編：《清華大學藏戰國竹簡（叁）》，下册第 167、169 頁，上海：中西書局，2012 年）。梁月娥：《説〈清華（叁）〉〈赤鵠之集湯之屋〉之"洍"》指出整理者所訓"發取"義與文義不合，這是正確的；但她認爲"洍"當讀爲"盜"（簡帛網，2013 年 1 月 8 日：http://www.bsm.org.cn/show_article.php?id=1793），則可商。從簡文言"小臣饋"來看，小臣應該是分了一部分羹給紝荒嘗，自己則嘗紝荒剩下的，並非把全部羹都吃光，不然就無法進饋於湯了。在這種情況下，湯説的應該是"誰動了我的羹"或"誰偷吃了我的羹"一類意思，而不至於使用盜竊之"盜"。從用字看，已有學者指出讀"洍"爲"盜"，不符合楚文字"盜"的用字習慣（李爽：《清華簡"伊尹"五篇集釋》第 84 頁引侯乃峰《也説清華簡〈赤鵠之集湯之屋〉篇的"洍"》，吉林大學碩士學位論文（指導教師：李守奎教授），2016 年 6 月）。從語音看，即使不論韻部，"洍"與"盜"的聲母也無由相通（"洍"從"舟"聲，上古聲母當爲 *t-；"盜"的聲母與其非一系，詳下文）。此"洍"當如何釋讀，有待研究，讀"盜"之説顯然不可信，不能作爲"盜"與幽部字有關的證據。[校按：范常喜《清華簡、金文與〈管子·小問〉"洍"字合證》讀"洍"爲"調和"之"調"，謂商湯懷疑伊尹所饋之羹被人動了手腳，故責問"誰調的我的羹"。（《出土文獻與傳世典籍的詮釋》，中西書局，2019 年，第 91—92 頁）其説可取。]

古聲母當爲*t-。① "盜"是中古定母字,過去多以此推定其上古聲母亦爲定母*d-。但是,在大量的出土戰國楚簡和一部分秦簡中,盜賊、盜竊之"盜"都是用"兆"或从"兆"聲的"逃""覜""頫""慸"等字表示的。② 从"兆"聲的"姚""銚""珧""窕""桃(愮)"等是以母(*l-)字,"逃""佻""覜""兆"等字中古讀定、透、澄母,乃後起的音變,③它們的上古聲母當爲*l-、*l̥-、*lr-。④ 由此可知"盜"上古也應屬以母(*l-),中古才變入定母,否則無法解釋其與"兆"聲字相通的現象。據學者們研究,先秦漢語*T-系與*L-系聲母之字分屬不同的諧聲類型,彼此區别甚嚴,幾無交涉之例。以"鑄(*t-)"爲"盜(*l-)",就有悖於這一通則。⑤ 總之,"鑄""盜"上古聲韻皆異,實在不符合作爲一字異體的語音條件。

通過上面的討論,現在已有較充分的理由抛棄影響頗大的釋"鑄"説了。那麽"盜"字究竟是爲古漢語裏的哪一個詞所造的呢？我們以"盜"的讀音爲綫索,結合字形和用法反復考慮,認爲此字應是銷鑠之"鑠"的表意初文。

"鑠"是藥部字,與宵部的"盜"陰入對轉。且中古"鑠"屬藥韻、"盜"屬豪韻,可以推知它們在上古的主元音亦相同。張富海先生據《詩·小雅·巧言》"君子信盜,亂是用暴""'盜'與藥部字韻",認爲"盜"亦可歸藥部。⑥ 如其説,"鑠"與"盜"的韻母就更爲接近了(韻尾僅是否有-s之别)。"鑠"是中古書母字,但同从"樂"聲的"藥"是以母字(*l-),"櫟""爍"也都有以母一讀。"爍""鑠"同音古通。《集韻》入聲藥韻式灼切"鑠"小韻下"灼爍"之"爍"或从"藥"聲,《後漢書·張衡傳》"心灼藥其如湯",又假"藥"爲"爍"。"爍""鑠"與"藥"聲母必近(疑"樂"古有"藥"一讀;或"爍、鑠"本皆从"藥"聲,"樂"是其省形)。《説文·十四上·金部》:"鑠,銷金也。"《漢書·藝文志》:"後世燿金

---

① 戰國文字"鑄"有从"肘"聲的"釙""𨮯"等寫法。張富海先生認爲,這種"鑄"字應造於"肘"的聲母發生了*kr->tr-音變之後,乃晚起的異體(張富海:《上古漢語kl-、kr-類聲母的舌齒音演變》,《古文字與漢語歷史音韻》高端論壇論文集》,第6頁,杭州:浙江財經大學,2018年3月30日)。所以不得據"肘"以定"鑄"的聲母。今按,"肘"的聲母也可能本來就是*tr-。
② 參看上頁注⑤。
③ 參看鄭張尚芳:《上古音系(第二版)》,第43—44頁,上海教育出版社,2013年;潘悟雲:《非喻四歸定説》,同作者:《音韻論集》,第35—54頁,中西書局,2012年。
④ 此參考諸家構擬(鄭張尚芳:《上古音系(第二版)》,第560—561頁;白一平—沙加爾公布的構擬詞表),擇善而從。
⑤ 施瑞峰:《上古漢語的*T-系、*L-系聲母及相關古文字問題補説》,《中國語文》2020年第1期,第56—65頁。
⑥ 張富海:《上古韻母與中古韻母對應表暨諧聲表》,第7、8頁,未刊稿。此點蒙張先生告知。

爲刃,割革爲甲,器械甚備。"顏師古注:"爍,讀與鑠同,謂銷也。""爍金"之"爍"大概就是"爍/鑠"之或體。"爍"從"翟"聲,與"耀"通用時亦讀以母(＊l-)。所以"鑠"的上古聲母應與以母極近(上文已說"盜"正讀以母),也許可以擬作清流音＊l-。① 釋"盜"爲"鑠"的初文,語音上比釋爲"鑄"合理(盜竊、盜賊之"盜"是其假借義的讀音,與其本義的讀音不完全相同,不足爲奇)。

  "鑠"的本義就是銷鑠、熔化金屬,源出《國語·周語下》的"衆口鑠金"一語,最爲膾炙人口。銀雀山漢簡"陰陽時令、占候之類"《禁》記"定夏大暑"之時,"毋以聚衆鼓盧(爐)樂(鑠)金","若以聚衆鼓盧(爐)樂(鑠)金,遺火亥國,臺廟將有焚者,君大堵亥焉"(簡1704～1705)。② 以"鑠金"爲夏之禁忌,可見古人對"鑠金"之事十分重視。上舉B~G中的"川/水"形,正象銷熔的金屬流液,或還留有少許金屬殘塊(石小力先生爲"盜"字補充了一個西周早期爵銘之例:▨。③在爵銘中用作人名。④ 其"水"形流液之下的"▽"似即象銅料殘渣。F、G"川/水"形之側的三角或半圓形可能由此變來),盛於器皿之中。熔鑠金屬需用火,"鑠"之異體"爍"即從"火"(湖南沅陵虎溪山1號漢墓出土的《閻氏五勝》簡有"一炬之火不能爍千鈞之金"語,⑤馬王堆漢墓所出《太一將行圖》有殘片云"爍金作刃",⑥並用"爍"字),故上舉B、D、E、F、G亦皆從"火"。此字右側的張口人形,顯然就是正在從事"鑠金"工作的匠人(上引馬王堆漢墓所出《太一將行圖》,與"爍金作刃"殘片有關的圖中題記云"黃龍持鑪""青龍奉(捧)容(鎔)"。⑦ 此字中的人形似即"持鑪"者。A的字形稍顯繁複,其中的▨,蓋▨之類形體的省訛(前者"八"形中間的形體,應是"火"與象銅料塊的"▽"的粘連⑧);其右下多出雙手捧"皿"之形,似表示左邊器皿中的金屬已經銷鑠,有待注入器範(疑即"捧鎔"者)。對於"鑠金"之事來說,畫不畫出器皿並非至關重要,故G可省去"皿"而不影響其爲"鑠"。

---

① ＊l-拼一、四等韻,中古變透母,如前所舉"佻""覜"等;拼非重紐三等韻,中古變書母,如"鑠"等。
② 銀雀山漢墓竹簡整理小組編:《銀雀山漢墓竹簡[貳]》,文物出版社,2010年,第209頁。
③ 《殷周金文集成(修訂增補本)》第6冊,第4824頁09066號。
④ 石小力:《故宮博物院藏梁伯戈銘文新釋》,《文字·文獻·文明》,第85頁。
⑤ 劉樂賢:《虎溪山漢簡〈閻氏五勝〉及相關問題》,同作者:《戰國秦漢簡帛叢考》,文物出版社,2010年,第147頁。
⑥ 廣瀨薰雄:《談〈太一將行圖〉的復原問題》,同作者:《簡帛研究論集》,上海古籍出版社,2019年,第386頁。
⑦ 參看上注所引文,第386—387頁。
⑧ 按照我們對A字形的理解,此字除去"▨"的部分,與《合》6057正的▨無關。A字"八"形中間部分有些像"九",是偶見的字形訛變或刻寫訛誤所致。

甲骨卜辭中的 A,就用爲鑠金之"鑠":

(3) 丁亥卜,大[貞]:☐其 A 黄呂☐作同,利,惠☐　　　《甲骨文合集》29687）

表面上看,此辭與《英國所藏甲骨集》2567"王其鑄黄呂,奠盉（義同'血'）,惠今日乙未利"①頗似,A 釋爲"鑄"好像有理。其實,(3)較《英國所藏甲骨集》2567 多出"作同"一語,應該引起注意。蔣玉斌先生曾討論過《戰後京津新獲甲骨集》1029 這版典賓類卜辭,其上存命辭"同呂"。他引據張世超先生所考定的"同"有熔合義、"銅"古指"合金"或金屬之總稱,②指出"同呂"意謂"熔合銅料塊"。③ 其説甚是。我認爲(3)的"作同"也當指熔合而言,比照"同呂"之語,"作同"似是説把舊有的銅料塊（即前面提到的"黄呂"）熔合提煉成新的銅或合金溶液,也可能是熔合而煉鑄成器。所以在"作同"之前,有必要先把已有的"黄呂"銷鑠熔化。可見,釋"A 黄呂"爲"鑠黄呂"比釋爲"鑄黄呂"要合適得多。《英國所藏甲骨集》2567 没有細分"鑠"與"同"兩個步驟,統而稱之爲"鑄"（"鑄"可以涵蓋銷鑠、熔合、煉鑄等環節而言）。《急就篇》卷三"鍛鑄鉛錫鐙錠鐎"句,顔師古注:"凡金鐵之屬,……銷治而成者謂之鑄。"）:所謂"鑄黄呂",當指將黄呂熔鑄爲新的銅料或"銷冶而成"銅器。

下面討論西周春秋金文"鑠"的用例。B 爲人名,姑置毋論;C～G 據其用法,可分爲兩類:C～F 爲一類,G 爲另一類。G 不從"皿",字形與一般的"盗"有所出入,不知是不是有意利用異體區别不同的用法。

先看前一類的具體辭例:

(4) 文人陟降=（降,降）余黄耇（耇）④,受（授）余屯（純）魯、C 不廷方。猷（胡）
其萬年,永畯尹四方,保大命……（下略）

(5) 雩（粤）朕皇高祖新室仲,克幽明厥心,柔遠能邇,會卲（詔）康王,方褱（懷）
不廷;雩（粤）朕皇高祖惠仲盠父,盩（調）龢（和）于政,又（有）成于猷,用會

---

① 此辭之"奠血",林澐先生認爲是古代"用牲血祭新造銅器的習俗"的反映（《商代卜辭中的冶鑄史料》,《林澐學術文集》,中國大百科全書出版社,1998 年,第 44—45 頁）。
② 張世超:《釋"銅"》,《古籍整理研究學刊》1989 年第 2 期,第 15—16、22 頁。後來陳劍先生對指"合金"或"合金熔液"的"銅"的用例,又有新的補充。説見其《幾種漢代鏡銘補説》,復旦大學出土文獻與古文字研究中心網,2018 年 1 月 12 日:http://www.gwz.fudan.edu.cn/Web/Show/4204。按:關於"銅"與"同"語源上的聯繫,又可參看[法]沙加爾《上古漢語詞根》（龔群虎譯）,上海教育出版社,2019 年,第 220 頁。
③ 蔣玉斌:《説殷卜辭中關於"同呂"的兩條冶鑄史料》,《吉林大學古籍研究所建所三十周年紀念論文集》,第 1—3 頁。
④ "耇"的釋讀,從謝明文:《試談猷器中兩例"耇"字的讀法》（北京大學出土文獻研究所編:《青銅器與金文》第 2 輯,上海古籍出版社,2019 年,第 315—322 頁）。

昭王、穆王，D 政四方，廝(撲)①伐楚荊。

(6) 公及王姬曰：余小子，余夙夕虔敬朕祀，以受多福，克明又(有)心……(中略)翼受明德，以康奠協朕國，E 百㹤(蠻)，具即其服……(下略)

(7) 印(抑)鼣(畏)方㹤(蠻)，F 政北旁(方)②。

蔣玉斌先生在釋"鑄"文中，把 C～E 皆讀爲"討"；鞠煥文、石小力先生亦讀 F 爲"討"。我們釋"盜"爲"鑠"之初文，當然不能同意仍讀爲"討"。

　　過去學者對秦公鐘、鎛銘[即(6)]中的"盜"並無很理想的解釋，③但後來在解釋逑盤[即(5)]的"盜"時，却對(5)(6)提出過一些值得參考的意見。如李零先生認爲(5)的"盜政四方"當讀"調正四方"，其根據是(6)中原寫作"兩來三犬"形的一般釋讀爲"協"之字，他認爲實當讀"諧"，"盜百蠻"之"盜"與"諧"互文，故讀爲"調"。④ 連劭名先生跟不少學者一樣，誤以"盜"字從"次"聲，而讀(5)的"盜政"爲"衍征"，"如言'廣征'"；又讀(6)的"盜"爲"羨"，訓"道"，"'盜百蠻'如言領導百蠻，少數民族的臣服，正象徵國家的安定和平"。⑤ 他們對 D、E 的具體讀法雖然錯誤（李零先生把"協"改釋讀爲"諧"，亦不可信），但都沒有往"征討""討伐"的方向去理解，而是體會出當有"調正""道(導)而使其臣服"的意味，這種語感很可重視。

　　李零先生讀"D 政四方"之"政"爲"正"，我認爲是很正確的，並且(7)"F 政北方"的"政"也應讀爲"正"。(7)是刻在梁伯戈背面的，顯然爲了宣揚戈的效用，其前一句"抑畏方蠻"的"抑畏"指抑遏、畏懾，即可爲證。但如讀後一句爲"討征北方"，就只表明此戈可用於征討，至於能否取得勝利、"北方"是否順服，不得而知，這明顯不合文例。而且戈等兵器可以"討征"敵人，本是不言而喻的，古人有什麼必要把這樣的話鄭重其事地鑄刻在兵器上呢？"正"即"以正道匡正之"之義。説"正"敵方，則是有意義的，且與"抑、畏"等詞同類，都指向此戈所能達到的效果。西周晚期的虢季子白盤説："(王)錫用戉(鉞)，用政㹤(蠻)方。"⑥前人大多讀"政"爲"征"，竊以爲亦以讀"正"爲佳。春秋

---

① "廝"字學界釋讀不一，此從林澐：《究竟是"蔑伐"還是"撲伐"》(《林澐學術文集(二)》，科學出版社，2008年，第 209—212 頁)。

② "旁(方)"字，鞠煥文《梁伯戈銘新釋》釋爲"帝"、讀爲"狄"(《古文字研究》第 32 輯，第 306—308 頁)。此字漫漶難辨，姑從石小力《故宫博物院藏梁伯戈銘文新釋》釋(《文字·文獻·文明》，第 86 頁)。

③ 有些學者以"盜百蠻具即其服"連讀，認爲"盜"是秦統治者對百蠻帶有侮辱性的稱呼(參看王輝：《秦銅器銘文編年集釋》，第 17 頁)。不可信。

④ 李零：《讀楊家村出土的虞逑諸器》，《中國歷史文物》2003 年第 3 期，第 24 頁。

⑤ 連劭名：《眉縣楊家村窖藏青銅器銘文考述》，《中原文物》2004 年第 6 期，第 46 頁。

⑥ 《殷周金文集成(修訂增補本)》第 7 册，第 5480—5481 頁 10173 號。

早期曾伯陭鉞銘言鑄此"殺鉞",是"用爲民刑(以作爲百姓的型範、標準)""用爲民政(以此作爲百姓的準則、禁令)",而不是用來實施刑殺的。① 郭永秉先生解説鉞銘"用爲民政"之"政"義,引《逸周書·允文》"寬以政之"唐大沛注"政者,正也",指出"這個'政'的意思是'使之正'","民政"即"能使老百姓行爲得正的標準、禁令之意"。② 因此也可説鉞就是用以"正民"的。實際上用於刑殺的鉞被説成"用爲民政""正民",實際上用於征伐的鉞被説成"正蠻方(用正道引導、匡正蠻方,使之走上正道)",彼此立意一致。《周禮·夏官·序官》"使帥其屬而掌邦政",鄭注:"政,正也;政,所以正不正者也。"邦政之"政"是名詞,但從鄭玄的解釋已可窺見其與匡正之"正"的聯繫。《説文·三下·攴部》:"政,正也。从攴、从正,正亦聲。"此部所收之字,多數表示某一行爲動作,前人已指出"政"从"攴"與"教""敕""改"等字从"攴"同意。③ 所以,"政"很可能就是爲"正不正"的前一個"正"所造的(从"攴"表示"使之正"),"所以正不正者"反倒是其"轉義"。如此説來,金文習慣以"政"字表匡正之"正",用的正是本字。

珍秦齋所藏秦國伯喪戈銘有"戮政西旁(方)"之語,④"政"亦當讀爲"正"。《國語·鄭語》:"於是宣王聞之,有夫婦鬻是器者,王使執而戮之。"徐元誥《集解》:"戮,責也。非殺之謂。"⑤《左傳·僖公二十七年》:"楚子將圍宋,使子文治兵於睽。終朝而畢,不戮一人。子玉復治兵於蒍,終日而畢,鞭七人,貫三人耳。"蘇建洲先生指出,"不戮一人"與下文"鞭七人,貫三人耳"對照起來看,可知前人釋"戮"爲"懲罰"之義甚是。蘇先生舉出了古書中"戮"有當"刑"講的用例。⑥ 以刑罰"刑戮"之,也就是通過懲罰加以匡正(刑戮之"刑"亦含"正"義)。此與上舉曾伯陭鉞銘"用爲民政"之"政/正"十分相似。伯喪戈"戮正西方"之"戮"亦是此意,故可與匡正之"正"連用(據董珊先生介紹,後來看到的秦伯喪戈銘"戮"下一字有作"整"者。⑦ 整敕之"整"與匡正之"正"音義

---

① 此鉞見吴鎮烽編著:《商周青銅器銘文暨圖像集成》第33卷,第523—524頁18250號,上海古籍出版社,2012年。鉞銘的解釋悉依郭永秉:《曾伯陭鉞銘文平議》,《中國古代法律文獻研究》第10輯,社會科學文獻出版社,2016年,第1—18頁。

② 郭永秉:《曾伯陭鉞銘文平議》,《中國古代法律文獻研究》第10輯,第13—14頁。

③ [日]高田忠周《古籀篇》卷六十,第3册1498頁上欄,(臺北)大通書局,1982年。張世超等編著:《金文形義通解》,[日]中文出版社,1996年,第729頁。

④ 董珊:《珍秦齋藏秦伯喪戈、矛考釋》,《故宫博物院院刊》2006年第6期,第105—116頁。

⑤ 徐元誥:《國語集解》,中華書局,2002年,第473頁。

⑥ 蘇建洲:《釋〈上博九·成王爲城濮之行〉的"肆"字以及相關的幾個問題》,《中正漢學研究》2014年12月(總第24期)。

⑦ 董珊:《秦子車戈考釋與秦伯喪戈矛再釋》,《第一屆"出土文獻與中國古代史"論壇暨青年學者工作坊論文集》,復旦大學,2019年11月2—4日,第77—79頁。

皆近,亦可爲證)。"戭政(正)西旁(方)"與(7)的"F政(正)北旁(方)"文句極近,F應該跟"戭"一樣,也表示與"正"相關之意。董珊先生曾指出"戭政西方""在語義、結構上"與逨盤的"D政四方""有些類似"。① 絶大多數學者承認D與C、E代表同一個詞,所以它們也都應具有與"正"相關之意。

我們還可以通過考察金文所見對待"不廷方"的手段,進一步印證此點。淅川下寺2號楚墓出土的春秋時代的朋戈,上有"朋用燮不廷"之語。② 戈銘的"燮",以及春秋早期曾伯霏簠"克狄(逖)淮夷,卬(抑)燮繁湯"③之"燮",有些學者讀爲襲擊、襲伐之"襲"。④ 今按,在戈銘上鑄"用襲(襲擊)不廷",比戈、鉞等兵器自稱"討征北方""征蠻方"更不合理。簠銘的"抑燮繁湯"跟(7)的"抑威方蠻"和晉公盤"毄(矯?)戜(威)百蠻"⑤比較一下,⑥也可看出"燮"如讀爲"襲",就與"抑""威""矯"等詞不類。所以,自從看到湖北隨州文峰塔曾國墓地所出曾侯與鐘銘的"吾用燮驕(?)楚""褱(懷)燮四旁(方)"之後,越來越多的學者感到西周春秋金文中的"燮"(還包括如清華簡《説命中》簡3"古我先王滅夏,燮強,翦蠢邦"之"燮")都不必改讀爲"襲",⑦"燮"訓"和",實含有"以威勢使對象懾服和順"⑧之義。朋戈的"用燮不廷",也已有學者指出"與毛公鼎'率懷不廷方'、逨盤'方懷不廷'含義相近,謂協和那些不來朝覲的國家"。⑨ 這些意見均

---

① 董珊:《珍秦齋藏秦伯喪戈、矛考釋》,《故宫博物院院刊》2006年第6期,第108頁。不過董珊先生對這兩句銘文的具體解釋我們並不同意,這裏就不贅引了。
② 程鵬萬:《楚系典型銅器群銘文整理研究》附録二《淅川下寺出土有銘青銅器及銘文》,第423頁,參看此書143、146—148頁,黑龍江人民出版社,2016年。
③ 《殷周金文集成(修訂增補本)》第4册,第3008—3009頁04631號、第3010—3011頁04632號。
④ 參看李家浩:《説"貓不廷方"》,《安徽大學漢語言文字研究叢書·李家浩卷》,安徽大學出版社,2013年,第13—15頁。
⑤ 吴鎮烽編著:《商周青銅器銘文暨圖像集成續編》第3卷,第308—312頁0952號,上海古籍出版社,2016年。"毄"字一般讀爲"教",不妥,竊疑當讀爲矯正之"矯"。
⑥ 參看鞠焕文:《梁伯戈銘新釋》,《古文字研究》第32輯,第308頁。
⑦ 吴雪飛:《"燮伐大商"新證》,《史學史研究》2013年第4期,第122頁。馬曉穩:《吴越文字資料整理及相關問題研究》,第344頁,吉林大學博士學位論文(指導教師:吴振武教授),2017年6月。蔣偉男:《曾侯與鐘銘"用燮驕楚"解》,《淮南師範學院學報》2017年第1期,第6頁。尉侯凱:《朋戈"用燮不廷"解》,《中國國家博物館館刊》2018年第7期,第53—57頁。陳哲:《宋人傳抄鳥蟲書鐘銘"旨志燮事者侯"句釋讀——兼據金文、楚簡辨正〈史記·五帝本紀〉"變""燮"異文》,《古文字論壇》第3輯,第313—318頁,中西書局,第2018年。
⑧ 陳哲:《宋人傳抄鳥蟲書鐘銘"旨志燮事者侯"句釋讀——兼據金文、楚簡辨正〈史記·五帝本紀〉"變""燮"異文》,《古文字論壇》第3輯,第314頁。
⑨ 尉侯凱:《朋戈"用燮不廷"解》,《中國國家博物館館刊》2018年第7期,第56頁。

正確可從。戎生編鐘云"用斡(榦)不廷方","榦不廷方"一語又見於《詩·大雅·韓奕》,"榦"當從薛漢《韓詩章句》說訓爲"正"(《文選·西京賦》李善注引。按朱熹《詩集傳》亦如此釋①)。② 秦公篡、秦公鎛皆有"鎮静不廷"之語,③所謂"鎮静(或讀爲'靖')",即按壓之使其安服,亦與"正"義近。2015年甘肅毛家坪春秋墓葬出土的一件秦公戈,胡部有"……(上略)戮畏不廷"之文。④ "畏"即(7)"抑敦(威)方蠻"、晉公盤"毁(矯?)敗(威)百蠻"之"威","戮"即秦伯喪戈"戮政(正)西方"之"戮"。上引(5)說"朕皇高祖惠仲盈父"時"D政(正)四方,撲伐楚荆",正對應於"朕皇高祖新室仲"時的"方懷不廷","D正"與"懷""燮""榦""威""戮"等詞義相類,於此可以看得很清楚。李朝遠先生當初誤釋(4)"C不廷方"的C爲"貓",但推測此字"應有'正'和'安撫'之義",⑤"雖不中亦不遠"。

我們認爲C~F直接以"鑠"讀之即可,只不過這些"鑠"用的都是鑠金之"鑠"的比喻或曰引申義。"榦不廷方"之"榦",本指"築牆尚木"(《說文·六上·木部》),起固正作用,故鄭箋云"當爲不直、違失法度之方(引者按:其釋'不廷方'之'廷'爲'直'非是),作楨榦而正之",點明了"榦"之訓"正",亦取楨榦之比喻義,與我們所說的"鑠正"之"鑠"同例。《孟子·告子上》:"仁義禮智,非由外鑠我也,我固有之也,弗思耳矣。"此"鑠"字即由"銷熔"義"引申爲抽象意義的鎔化、滲透"。⑥ 其意當是說"仁義禮智"不是像鑠金那樣,從外部來銷熔、修剪我的本性,把我改造成合乎"仁義禮智"的要求,而是我本性固有的。《戰國策·秦策五》"或謂秦王曰":"秦先得齊、宋,則韓氏鑠,韓氏鑠,則楚孤而受兵也;楚先得齊、宋,則魏氏鑠,魏氏鑠,則秦孤而受兵矣。"高誘注:"鑠,消鑠也。言其弱。"鮑彪本注曰:"鑠,以銷金喻。"⑦《國策》屢用以鑠金喻削弱之"鑠",字或作"爍",如《趙策四》"五國伐秦"章:"……絕韓,包二周,即趙自消爍矣。國爍於秦,兵分於齊,非趙之利也……""消爍"即"銷鑠"(類似之語又見於《趙策二》"蘇秦從燕之趙始合從"章,彼云"劫韓,包周,則趙自銷鑠")。"國爍於秦"之"爍",姚宏本注"一作爍",鮑彪曰:"爍猶爍。"⑧可證"鑠"確實可以針對國族而言。金文"鑠不廷方"

---

① 朱熹:《詩集傳》,中華書局,2017年,第326頁。
② 裘錫圭:《戎生編鐘銘文考釋》,《裘錫圭學術文集·金文及其他古文字卷》,第110頁。
③ 篡銘見《殷周金文集成(修訂增補本)》第4冊,第2682—2685頁04315號。
④ 吳鎮烽編著:《商周青銅器銘文暨圖像集成續編》第4卷,第205頁1238號。
⑤ 李朝遠:《〈五祀㝬鐘〉新讀》,同作者:《青銅學步集》,文物出版社,2007年,第272—273頁。
⑥ 楊逢彬:《孟子新注新譯》,北京大學出版社,2017年,第309頁。
⑦ 諸祖耿:《戰國策集注匯考(增補本)》,鳳凰出版社,2008年,上册第429頁。
⑧ 諸祖耿:《戰國策集注匯考(增補本)》,中册第1092頁。

"鑠百蠻""鑠正四方""鑠正北方"的"鑠",亦即削弱之謂。

"不廷""不廷方"指"不來王廷的、不聽命的方國",①"百蠻""北方"等更是不聽命、不服從者,所以需要熔鑠、削弱他們的"野性",使其走上正道,歸順王化。"正"是"鑠"之後必然帶出來的,所以(5)(7)皆"鑠""正"連言。此與"戮""正"連言、"鎮""静"連言,文例正同。(6)說"以康奠協朕國,鑠百蠻,具即其服",以"協"對待"朕國"、以"鑠"對待"百蠻",親疏有别,故處置方式亦有别。但"鑠"也不是要徹底消滅百蠻,而是讓他們收斂、順服,然後"就其服事",爲周王朝效力。(5)對"四方"蠢動者"鑠正"之,對"楚荆"這樣的"化外之地"則企圖"撲滅"之,②處置方式也有差别。(4)的"鑠不廷方"之上,並無"用"字,但過去的一些著録書往往喜歡多釋一"用",大概覺得有"用"文句較通。③ 我認爲"鑠不廷方"當連上讀,作爲"受(授)"的間接賓語之一(直接賓語是"余"),與"純魯"並列。如此便可完全取消"用"字。與五祀㝬鐘銘文多相似之語的㝬簋,説"前文人""其頻在帝廷陟降","陀陀降余多福、憙(胡)尃(考)、宇(訏)慕(謨)、遠猷"。④ 兩下對讀,可見鐘銘的"鑠不廷方"與簋銘的"訏謨、遠猷"相當,"鑠不廷方"應指"前文人"所授予給器主"㝬(胡)"的熔鑠、削弱"不廷方"的"宏大而深遠的謀略"。所以下文才有"永畯尹四方"("畯"似當讀爲"不駿其德"之"駿",訓"長",意爲長久地管治四方)的希望。

接着來看後一類的辭例:⑤

(8) 休台皇祖憲公,桓桓翼翼……(中略)趩(將)爯(稱)穆天子 G 霝(靈)……
(9) 至于台皇考昭伯,趩趩(爰爰)穆穆,懿 G 不睯(僭)……

"將稱穆天子 G 靈",裘錫圭先生認爲大概是説"皇祖憲公""奉持稱揚穆王的神威或福蔭";⑥"懿 G"顯然説的是"皇考昭伯"的美德。此二例 G 亦當如字讀爲"鑠"。

《詩·周頌·酌》:"於鑠王師,遵養時晦。"毛傳:"鑠,美。"朱熹《集傳》訓爲"盛"。⑦

---

① 裘錫圭:《戎生編鐘銘文考釋》,《裘錫圭學術文集·金文及其他古文字卷》,第 110 頁。
② "撲伐"之"撲"猶《尚書·盤庚上》"若火之燎于原,不可嚮邇,其猶可撲滅"之"撲"。
③ 參看謝明文:《試談㝬器中兩例"尃"字的讀法》,北京大學出土文獻研究所編《青銅器與金文》第 2 輯,第 317 頁注[11]。
④ 《殷周金文集成(修訂增補本)》第 4 册,第 2688—2689 頁 04317 號。簋銘的釋讀,據謝明文:《試談㝬器中兩例"尃"字的讀法》,第 321—322 頁。
⑤ 參看裘錫圭:《戎生編鐘銘文考釋》,《裘錫圭學術文集·金文及其他古文字卷》,第 107—108、110—111 頁。
⑥ 裘錫圭:《戎生編鐘銘文考釋》,《裘錫圭學術文集·金文及其他古文字卷》,第 107—108 頁。
⑦ 朱熹:《詩集傳》,第 357 頁。

"鑠靈"當指穆王輝煌的威靈、福澤。"懿"古亦訓"美",①"懿鑠"連文成詞,後世習用。《文選》卷四十八載班固《典引》:"亦以寵靈文武,貽燕後昆,覆以懿鑠。"劉良注:"懿,美;鑠,盛也。"建寧元年(168年)所立沛相楊統碑云:"明明楊君,懿鑠其德。"②是其例。古代也常以"鑠"言先人之德,除楊統碑"懿鑠其德"外,又如東漢熹平六年(177年)所立漢豫州從事尹宙碑云:"於鑠明德,于我尹君。"③延熹八年(165年)所立漢雁門太守鮮于璜碑云:"於鑠(引者按:原从'藥')我祖,膺是懿德。"④鐘銘是説皇考之德美盛而不過頭。

總之,把"盇"釋爲"鑠"之初文,甲骨金文中的所有辭例不煩破讀,都可順利講通;釋"鑄"説不但要把C~F改讀爲"討",G更是不知如何通讀才好。從這一點看,我們的釋"鑠"説也較釋"鑄"説爲優。

2019 年 10 月 20 日寫定
2020 年 3 月 3 日修改

附識:本文在構思過程中,曾與張富海先生多次討論,得到不少指教,文成後又蒙他提供修改意見;蘇建洲先生審閱初稿後,亦指出一處疏失。在此一併致以謝忱。

看校追記:《文物》2020 年第 9 期所載趙平安《清華簡〈四告〉的文本形態及其意義》,引到即將在《清華大學藏戰國竹簡(拾)》發表的《四告》簡文,其中有"用肇宖三叴,以盇延不服"之語。趙文在"宖"後括注"强""叴"後括注"台""盇"後括注"討""延"後括注"征"。(72 頁)如引文隸定不誤,我認爲此句當釋讀爲"用肇弘三德,以鑠正不服"。《尚書·洪範》以"正直、剛克、柔克"爲"三德",《清華(叁)·説命下》云"式惟三德賜我,吾乃敷之于百姓"(簡 9)。《四告》此文意謂弘揚"三德",以此來鑠熔、匡正不服者。"盇"字所从之"卅",已數見於戰國文字。《上博(五)·三德》簡 16 的"洲"相當於《吕氏春秋·上農》中的"籥",《清華(壹)·耆夜》簡 10"趯"用爲"躍","籥""躍"上古聲母都是 *l-,與"盇"相合。由此可知《四告》的"盇"就是本文討論的"盇(鑠)"字,"卅"應是從"盇(鑠)"字中割裂出來的或其省體。

2020 年 11 月 5 日

---

① 宗福邦等主編:《故訓匯纂》,商務印書館,2003 年,第 836 頁。
② 徐玉立主編:《漢碑全集》(四),河南美術出版社,2006 年,第 1155—1156、1168 頁。
③ 徐玉立主編:《漢碑全集》(五),第 1607—1608、1628—1629 頁。
④ 徐玉立主編:《漢碑全集》(三),第 1062—1063、1079 頁。

説"禾"釋"私"

劉 雲

殷墟花園莊東地甲骨卜辭(下文簡稱"花東卜辭")中的 A 作:

A 共出現三次,均見於《花東》146,形體基本相同。學者一般將 A 釋爲"禾"。王子楊先生將 A 與甲骨文及商代金文中的"禾"字進行比較,發現"禾"字"中間豎筆的頂端向左右斜出,斜出後又皆有向下傾垂的斜筆,以象成熟的禾穗之形",而 A"中間豎筆頂端左向彎曲,但並没有下垂的象禾穗之筆",所以王先生認爲 A 不應釋爲"禾",而應釋爲《説文》禾部之"禾"。①

《説文》禾部之"禾"作𣎴,就形體來説,A 與"禾"的確很像。王先生的説法在形體上是有道理的。

據《説文》,"穭"字从"禾",驗諸西周金文及秦漢文字中的"穭"字,②《説文》所載不誤。花東卜辭中的"穭"字③多見,作:

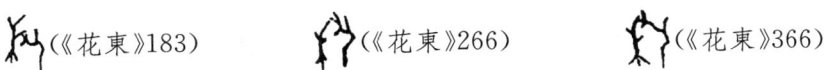

(《花東》183)　　(《花東》266)　　(《花東》366)

---

① 王子楊:《釋花東甲骨卜辭中的"禾"》,《古文字研究》第 31 輯,中華書局,2016 年,第 73—79 頁。
② 參劉釗:《"穭"字考論》,《中國文字研究》第 6 輯,廣西教育出版社,2005 年,第 4—7 頁。
③ 參趙平安:《釋花東甲骨中的"瘠"和"穭"》,《古文字論壇》第 1 輯,中山大學出版社,2015 年,第 74—79 頁,後收入氏著《文字·文獻·古史——趙平安自選集》,中西書局,2017 年,第 15—19 頁,又收入氏著《新出簡帛與古文字古文獻研究續集》,商務印書館,2018 年,第 3—8 頁;劉釗主編:《新甲骨文編》(增訂本),福建人民出版社,2014 年,第 384—385 頁。

這類"稽"字的左旁顯然也是"禾"。① 這類"稽"字的左旁與 A 十分相似,亦可證王先生將 A 釋爲"禾"是合理的。

甲骨、金文中有一類"休"字作:

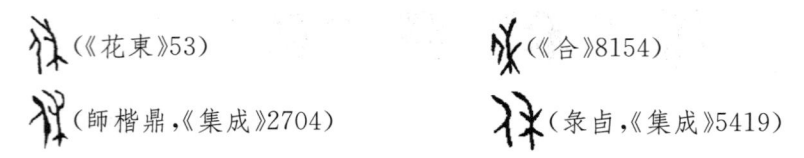

   (《花東》53)   (《合》8154)

   (師楷鼎,《集成》2704) (彔卣,《集成》5419)

王子楊先生將這類"休"字除去"人"旁之後的部分也釋爲"禾"。② 不難看出這類"休"字除去"人"旁之後的部分,與上述"禾"字及"禾"旁十分相似,王先生的這一意見顯然也是很合理的。③

王先生考釋出甲骨文中獨立使用的"禾"字,極有意義,這説明"禾"字應該是一個有着自己獨立的形、音、義的文字,而不只是一個僅以形體參與構字的構件,這一點可以幫助我們更深入思考一些問題。

《説文》禾部:"禾,木之曲頭止不能上也。"古書中没有出現過"禾"字,許慎的説解應該是單純地就小篆字形而言的,恐怕没有什麽其他證據,而且這一説解其實也是有問題的,詳下文。《説文》没有記載"禾"字的語音。宋人在《説文》"禾"字下標注的反切,不知有無根據。王子楊先生文中也没有着力解釋"禾"字形、音、義的關係。總之,我們對"禾"字的了解是十分有限的。這樣看來,對"禾"字的考釋還没有結束。我們下面試爲補説。

王子楊先生認爲"禾"字象樹冠斜向一側之形。④ 如果孤立地來看,這樣理解"禾"字似乎没有什麽問題,因爲"禾"字除了上部有所傾斜,與某些"木"字還是比較相似的。但若系統地來看,我們還是可以發現"禾"字與"木"字,除了上部傾斜與否,依然是有一定區别的。因爲單獨出現的"禾"字只見於花東卜辭,下面我們就以花東卜辭中的文字爲例,討論一下"禾"字與"木"字的區别。

花東卜辭中"木"字作爲偏旁出現了很多次,其形體相當穩定,上部兩斜筆相接,

---

① 王子楊:《釋花東甲骨卜辭中的"禾"》,《古文字研究》第 31 輯,第 74—75 頁。
② 同上注,第 75—76 頁。
③ 另外,甲骨文中還有一個字(《懷》640),季旭昇先生認爲該字右旁爲"禾"(參季旭昇:《説文新證》,藝文印書館,2014 年,第 510 頁)。該字右旁與"禾"字比較相似,但頂部傾側部分不是太明顯,不知是不是"禾"字,録此備考。
④ 王子楊:《釋花東甲骨卜辭中的"禾"》,《古文字研究》第 31 輯,第 75—76 頁。

或上下四斜筆合併爲兩筆作"×"形,罕有例外。① 下面我們略舉幾個從"木"之字：

☒（《花東》28）　　☒（《花東》53）　　☒（《花東》235）

☒（《花東》223）　　☒（《花東》206）　　☒（《花東》474）

而花東卜辭中的"禾"字,上部兩斜筆絕大多數不相接,②沒有上下四斜筆合併爲兩筆作"×"形的。上文已列舉了花東卜辭中的"禾"字,及從"禾"的"稽"字、"休"字,大家可以參看。其中"休"字在花東卜辭中共出現七次,數量不少,但其所從"禾"旁沒有一例是上部兩斜筆相接的。

這樣看來,"禾"字不宜理解爲象樹木之形。那麼"禾"字是什麼形象呢？

"禾"字的上述形體特點,見於花東卜辭的"禾"旁,如下列從"禾"之字：

☒（《花東》371）　　☒（《花東》393）　　☒（《花東》249）

花東卜辭的"禾"旁,大都有上述特點,少有例外。③ 這樣看來,"禾"字應象禾類植物之形。

不過有一點需要説明一下,象禾類植物之形的字與"木"字的上述形體差異,不是絕對的。在花東卜辭中存在個別的例外情況。而在花東卜辭之外的其他甲骨文中,這一區別雖還存在,但已不嚴格了。在稍晚的古文字中這一區別則消失殆盡,象禾類植物之形的字罕有寫作上部兩斜筆不相接的。不過也有個別的象禾類植物之形的字頑强地保留着上部兩斜筆不相接的特點,如上引西周早期師楷鼎銘文中"休"字所從的"禾"旁。

既然"禾"字象禾類植物之形,那麼我們對從"禾"的"稽"字與"休"字的構形理據就應重新考慮了。王子楊先生認爲花東卜辭中的"稽"字,"象一個人伸手觸及樹木之冠,會觸及、極力碰及之意"。④ 禾類植物形體矮小,如果"稽"字要會"觸及、極力碰及"之義,似不應从象禾類植物之形的"禾"。王先生還認爲"休"字中"寫作

---

① 《花東》28 中的"𣠽"、181 中的"新"、483 中的从"𣠽"从"丁"之字（或即附加"丁"聲的"𣠽"字）,所從"木"旁上部兩斜筆不相接,這是我們在花東卜辭中找到的僅有的幾例如此寫的"木"。有意思的是,這幾個字都从"辛"从"木",與"新"字,即後世的"薪"字有密切關係,不知道"木"字這樣寫是不是有一定原因。

② 《花東》266、277 中的兩個"稽"字,所從"禾"旁的上部兩斜筆相接。下文我們釋爲"私"的字,所从"禾"旁的上部兩斜筆也有三個相接的。這幾個例外,相比花東卜辭中出現二十餘次的"禾"旁來説,並不算多。

③ 《花東》371 中有兩個"梨"字,其中一個所从"禾"的上部兩斜筆相接。

④ 王子楊：《釋花東甲骨卜辭中的"禾"》,《古文字研究》第 31 輯,第 75 頁。

‘禾’的偏旁可能就是極力表現樹蔭之形,樹蔭之形不好表現,就用樹冠斜向一側來表示蔭蔽之意”。[1] 如果“休”字要“極力表現樹蔭之形”,似也不應从象禾類植物之形的“禾”。

花東卜辭中的“稽”字由兩個偏旁構成,一個偏旁象一個人伸手極力夠及之形,另一個偏旁是“禾”。有意思的是,“禾”旁的頂端大多恰好處於另一個偏旁所从的手形附近,這一形體表達的似乎應該就是觸及、極力碰及之義。花東卜辭中的“休”字从“人”,从“禾”。巧的是,“休”字所从的“人”旁恰好處於“禾”旁傾側的頂部之下,這一形體表達的似乎應該就是蔭蔽之義。

“稽”與“休”的形體所要表達的含義是比較明顯的,但它們所選用的偏旁“禾”却不是太合情理,這是一對矛盾。不過,這一對矛盾爲我們進一步了解“禾”字提供了重要綫索。

我們知道,在古文字構形中有一種音義兼顧現象。劉釗先生對這類現象有很好的闡釋:

> 音義兼顧,是指聲符兼有表義或意符兼有表音的作用而言,這是早期文字的一個特點。從構形學的角度説,人們造字時對此不會刻意追求。在爲一個字確定音符時,恰好想到一個與這個字所記録的詞詞義相同或相近或有聯繫的字;在爲一個字確定意符時,恰好想到一個與這個字讀音相同或相近或有聯繫的字,這些都是可能的。[2]

劉先生還舉有例子,如:

> 《説文》:“冃,小兒蠻夷頭衣也,從冂,二其飾也。”又:“冒,冡而前也,從冃從目。”
>
> 《説文》認爲“冒”爲會意字。金文作“”。按從“目”會意不顯,從“目”應有表音的作用在内。古音冒在明紐幽部,目在明紐覺部,二字古音極近,故冒字從“目”極大可能有表音的作用。[3]

劉先生的論述將這類現象講得十分明白。這種音義兼顧現象,有的恰如其分,真正做到了音義兼顧,有的可能不是那麽太完美,在音或義方面有所犧牲。我們下面再補充一個比較典型的音義兼顧,但在表義方面有所犧牲的例子。“受”字的古文字形

① 王子楊:《釋花東甲骨卜辭中的“禾”》,《古文字研究》第31輯,第76頁。

② 劉釗:《古文字構形學》,福建人民出版社,2006年,第90頁。

③ 同上注,第91頁。

體作𠬪(沈子它簋,《集成》4330),象兩手授受舟之形,爲"授""受"的初文。舟是比較大的東西,徒手授受不合常情。"受"字之所以采用"舟"作爲形旁,就是因爲"舟"與"受"語音相近。

根據上述在表義方面有所犧牲的音義兼顧現象,我們不難想到上述"稽""休"所從的"禾"旁,極有可能都是音義兼顧的,①因爲兼顧語音而犧牲了部分表義功能,所以才會有上文提到的表義上的矛盾之處。這樣理解,上述矛盾就解決了。這樣理解之後,就爲破解"禾"字的語音提供了一個重要支點,就是"禾"與"稽""休"語音相近。

"禾"與"稽""休"語音相近,必須有一個前提,就是"稽"與"休"語音相近。事實上"稽"與"休"的確語音相近。上古音"稽"屬見母脂部,"休"屬曉母幽部,兩者聲韻皆近。見母屬牙音,曉母屬喉音,兩者發音部位相鄰,古多相通,如"斤"屬見母,而從"斤"得聲的"欣""忻""昕""炘""訢"等字屬曉母。幽部與脂部的關係,學者多有討論,②兩者關係密切已是共識,我們在這裏僅略舉兩例古書中的證據。《説文》竹部"簋"字古文或作"匦","簋"屬幽部,"匦"从"飢"聲,"飢"屬脂部;《莊子·天地》"執留之狗",《山海經·南山經》"其音如留牛"郭璞注引作"執犂之狗","留"引作"犂","留"屬幽部,"犂"屬脂部。

根據上述討論,我們對"禾"字的語音有了一個相對清晰的認識,它應該與"稽""休"語音相近。

下面我們再對"禾"字的形體試做分析。"禾"與"禾"比較相似,都象禾類植物之形,但又有所不同,"禾"表示禾穗的部分略微傾向一側,不向下垂,而"禾"表示禾穗的部分明顯向下垂。"禾"表示禾穗的部分向下垂,它所象的顯然是成熟的禾類植物之形。"禾"字表示禾穗的部分略微傾向一側,不向下垂,聯繫"禾"字的構形理據,"禾"字所象的極有可能是尚未成熟的禾類植物之形。

綜合考慮"禾"字的語音及其形體,我們認爲"禾"字是表示尚未成熟的禾類植物的"稺"字的初文。

"稺"字表示尚未成熟的禾類植物,見諸古書。《説文》禾部:"稺,幼禾也。从禾,犀聲。"《詩經·小雅·大田》:"去其螟螣,及其蟊賊,無害我田稺。"《詩經·魯頌·閟

---

① 前人多已意識到"禾"與"稽"語音關係密切(參丁福保:《説文解字詁林》,中華書局,1988年,第6375—6376、6381頁)。季旭昇先生則明確指出"稽"字所從的"禾"有聲符功能(參季旭昇:《説文新證》,第510頁)。

② 參何琳儀:《幽脂通轉舉例》,《古漢語研究》第1輯,中華書局,1996年,第348—370頁。

宮》"植稺菽麥"之"稺",《釋文》引《韓詩》云:"幼稺也。""稺"字在古書中又作"穉""稚"等。①

"禾"是"稽"的聲旁,上古音"稽"屬見母脂部,"稺"屬定母脂部。兩者韻部相同,聲母密切相關,如"貴"屬見母,而從"貴"聲的"隤""穨"屬定母;"干"屬見母,而從"干"聲的"飪"屬定母。

"稺"與"稽"在古書中都有與"由"聲字相通的例子。《尚書·舜典》"教胄子"之"胄",《史記·五帝本紀》作"稺"。《尚書·盤庚中》"不其或稽"之"稽",《漢石經》作"迪"。"胄"與"迪"都從"由"聲。

王子楊先生在討論"禾"字時,還論及花東卜辭中從"禾"的 B:②

$\textbf{X}$(《花東》179) $\textbf{X}$(《花東》179)

$\textbf{X}$(《花東》179) $\textbf{X}$(《花東》386)

B 的語境與"禾"十分相似,王先生已經指出了這一點。③ 爲方便大家查驗,我們在這裏將它們各自所在的卜辭轉錄於下。

"禾"所在的卜辭:

　　庚戌卜:其勾禾馬宁(賈)。
　　庚戌卜:弜勾禾馬。
　　庚戌卜:其勾禾馬宁(賈)。　　　　　　　　　　　　　　《花東》146

B 所在的卜辭:

　　丙午卜:其救火④勾宁(賈)B 馬。用。
　　弜(勿)勾。
　　丁未卜:叀邵乎(呼)勾宁(賈)B 馬。
　　叀麇乎(呼)勾宁(賈)B 馬。
　　弜(勿)勾黑馬。用。　　　　　　　　　　　　　　　　　《花東》179
　　……于小 B 馬。

---

① 參丁福保:《説文解字詁林》,第 7129—7130 頁。
② 王子楊:《釋花東甲骨卜辭中的"禾"》,《古文字研究》第 31 輯,第 73—79 頁。
③ 同上注,第 76—77 頁。
④ "救火"二字爲原整理者所釋(參中國社會科學院考古研究所編:《殷墟花園莊東地甲骨》,雲南人民出版社,2003 年,第 1628 頁)。此釋讀未必正確,但爲行文方便,本處姑且從之。

匄黑馬。　　　　　　　　　　　　　　　　　　　　　　　　　　　《花東》386

　　兩相對比,不難發現兩者的辭例的確十分相似。王先生從占卜時間、占卜內容兩方面,推斷《花東》146 和 179 的卜辭是爲同一件事而卜,並進而認爲"禾馬"就是"B 馬","禾"與 B 具有通用關係,甚至兩者也有可能爲一字之異體。① 這些意見大都是很合理的。

　　另外,王先生提出一個看似矛盾的現象:幾處出現的"B 馬"皆占一個字的空間,且緊密相次,尤其是《花東》386 中的"B 馬"作󰀀,甚爲緊湊,如果不是一字,斷不應如此,而"禾馬"則顯然是兩個字。針對這一看似矛盾的現象,王先生提出兩種可能:一種可能是"B 馬"爲合文,這樣就與"禾馬"完全對應;一種可能是"B 馬"爲一個字,而"禾馬"是一字析書。王先生認爲後者的可能性更大。②

　　我們認爲王先生提出的前一種可能更爲合理,也就是說"B 馬"應是合文,而不是一個字。首先,與"B 馬"極有可能表示同一個意思的"禾馬",出現了三次,均爲析書;其次,與"B 馬"同見於一組卜辭,且語法地位相當的"黑馬",也是析書;最後,《花東》386 中的"B 馬"甚爲緊湊,也算不上"B 馬"是一個字的重要證據。甲骨文中的合文寫得十分緊湊的例子很常見,如"亡乙"合文作󰀀(《合》6132)。不過最值得注意的,還當數同樣見於花東卜辭的"又(右)馬"合文󰀀(《花東》431),該合文中"又"字的右部筆畫插入"馬"字表示前後肢的筆畫之間,與󰀀尤爲相似。

　　明確了 B 是一個獨立的字,下面我們來看看 B 的釋讀問題。

　　王子楊先生認爲 B"於樹幹處添加的半圓形筆畫象木瘤之形,樹木樹齡太大或者因爲創傷都會長出碩大的木瘤",整個字"象長有木瘤之木",並將 B 釋爲古書中多表示木瘤之義的"瘣"。③

　　我們上文指出"禾"字象禾類植物之形,所以王先生將從"禾"的 B 釋爲表示木瘤之義的"瘣"是不合適的。

　　至於 B 與"禾"的關係,王先生說:"由於寫作'禾'形易與'木、禾'等字相混而不顯,刻手就在'禾'形上加刻半圓形筆畫,表示木瘤之'瘣',但用法與'禾'相同,看作一字未嘗不可。"④

---

① 王子楊:《釋花東甲骨卜辭中的"禾"》,《古文字研究》第 31 輯,第 77 頁。
② 同上注,第 77 頁。
③ 同上注,第 77—78 頁。
④ 同上注,第 78 頁。

B與"禾"雖然形體有關聯,但畢竟也有着比較明顯的差別,將它們視爲一字之異體恐有不妥。不過考慮到兩者的辭例,説它們在卜辭中表示同一個詞,應該是没有問題的。

B與"禾"在卜辭中表示同一個詞,説明 B 與"禾"的語音肯定是相近的。這是釋讀 B 的一個重要綫索。

我們認爲 B 應釋爲"私"。

古文字中的"私"字比較常見,作:

[私厂鼎,《銘圖》1676]

[工勉車轄,《銘圖》19023]

[《秦印文字彙編》第 135 頁]

[睡虎地秦墓竹簡《爲吏之道》簡 4]

[馬王堆漢墓帛書《九主》行 366]

從上揭"私"字來看,其形體比較穩定。將 B 與上揭"私"字比較,很容易看出兩者的關係。B 所從的"禾"旁演變爲上揭"私"字所從的"禾"旁。"禾"字後世罕用,類化爲與其形體相似的"禾"是很好理解的,如戰國文字中的"稽"字作[字](郭店簡《五行》簡 33),①所從"禾"旁已類化爲"禾"。B 所從的半圓形構件,演變爲上揭"私"字所從的圓形構件。這種半圓形構件演變爲圓形構件的現象,在古文字中不乏其例,如古文字中的"厷"字本作[字](《合》10419),从半圓形構件,後演變爲[字](毛公鼎,《集成》2841),半圓形構件演變爲圓形構件;②古文字中的"或"字本作[字](《合》7693),也从半圓形構件,後演變爲[字](或方鼎,《集成》2133),半圓形構件也演變爲圓形構件。③

B 與"禾"語音相近,"禾"在"稽"字中兼表語音,上古音"稽"屬見母脂部,"私"屬心母脂部,兩者韻部相同,聲母一爲牙音,一爲齒音,牙、齒音相鄰,兩者多有交通。④ 具

---

① 參荆門市博物館:《郭店楚墓竹簡》,文物出版社,1998 年,第 153 頁"裘按"。
② 參陳劍:《釋西周金文中的"厷"字》,《甲骨金文考釋論集》,綫裝書局,2007 年,第 234—242 頁。
③ 參謝明文:《商代金文的整理與研究》,復旦大學博士學位論文(指導教師:裘錫圭教授),2012 年,第 664—679 頁。
④ 參黄易青:《論上古喉牙音向齒頭音的演變及古明母音質——兼與梅祖麟教授商榷》,《古漢語研究》2004 年第 1 期,第 20—27 頁。

體到見母與心母，兩者也有相通的證據。《說文》雨部"霰"字或體作"霓"，"霰"從"散"聲，"霓"從"見"聲，"散"屬心母，"見"屬見母；"洵""荀""詢"屬心母，"均""鈞"屬見母，根據相關古文字形體，我們可以知道這兩組字的基本聲符是相同的；①《禮記·月令》"則穀實鮮落"之"鮮"，《呂氏春秋·季夏》《淮南子·時則》皆作"解"，"鮮"屬心母，"解"屬見母。

下面我們再探討一下"私"的本義。

《說文》禾部："私，禾也。从禾，厶聲。北道名禾主人曰私主人。"《說文》說"私"是一種農作物的名字，但古今都沒有一種叫做"私"的農作物，其訓釋可疑。之所以會有這種訓釋，當是因爲許慎已不知道"私"的本義是什麼了，見小篆"私"字从"禾"，就姑且以"禾"釋之了。至於"北道名禾主人曰私主人"，文辭怪異，歷來注家無善解，②恐文字有訛誤。

現在我們將 B 釋爲"私"，弄清楚了"私"的早期形體，再來探討"私"的本義就容易多了。

"私"从"禾"，從半圓形構件，所从的半圓形構件位於"禾"字表示禾類植物莖稈的筆畫的一側。我們認爲這一半圓形構件是一個指示符號，指示禾類植物的莖稈。半圓形構件作指示符號的現象，在古文字中十分常見，如"膺"的初文作 （《合》18338），从半圓形構件，指示鳥的胸膛；"膝"的初文作 （《合》13670），从半圓形構件指示人的膝蓋；"亡"的初文作 （《合》5475），从半圓形構件指示刀的鋒芒。③

綜合考慮"私"字的語音及其形體，不難想到"私"字應是表示禾類植物莖稈的"稭"字的初文。

"稭"字表示禾類植物莖稈的意思，古書中多見。《說文》禾部："稭，禾稾，去其皮，祭天以爲席也。"《玉篇》禾部："稭，稾也。"《廣雅·釋草》："稭，稾也。"《史記·封禪書》："埽地而祭，席用葅稭，言其易遵也。"裴駰《集解》引應劭曰："稭，禾稾也，去其皮以爲席。"

"稭"字在古書中又作"秸""戛""䅘"等。《尚書·禹貢》"三百里納秸服"，孔安國傳："秸，藳也。"陸德明《釋文》："秸，本或作稭。"《禹貢》之"秸"，《漢書·地理志上》引

---

① 參黃德寬主編：《古文字譜系疏證》，商務印書館，2007 年，第 3431—3441 頁。
② 參丁福保：《說文解字詁林》，第 7136—7137，17074 頁。
③ 參裘錫圭：《釋"無終"》，《裘錫圭學術文集·金文及其他古文字卷》，復旦大學出版社，2012 年，第 61—66 頁。

作"叓"，鄭玄注《禮記·禮器》引作"稭"。

上古音"私"屬心母脂部，"稭"屬見母脂部。兩字韻部相同，聲母一屬心母，一屬見母，心母與見母關係密切，上文已有討論，大家可以參看。"私"與"稭"都從"禾"，而且所從之"禾"都兼表語音，兩者關係密切。"稭"從"皆"聲，"皆"聲字與"稽"古書中多有相通之例。《老子》第六十五章"知此兩者亦稽式"，陸德明《釋文》："稽式，嚴、河上作楷式。"《莊子·大宗師》"狐不偕"之"偕"，《韓非子·説疑》作"稽"。

"私"與"禾"語音相近，那麽它所從的"禾"旁顯然不僅僅是表義的，還應有表音的作用。這也應是"私"不從常見的表示禾類植物的"禾"，而從並不常見的"禾"的原因。"私"字又爲古文字構形中的"音義兼顧"現象提供了一個佳證。像"私"字這樣在一個表義的字形上添加指示符號，而這個表義的字形還兼表語音的現象，在古文字中比較少見，值得注意。

弄清楚了"私"字的演變脈絡，我們可以知道《説文》將"私"字分析爲從"禾""厶"聲是有問題的。不過，六國文字中多見與"私"字通用的"厶"字，①這似乎證明《説文》對"私"字的分析有一定道理。其實，存在與"私"字通用的"厶"字，並不能證明《説文》的解説是合理的。根據上文的分析，"厶"字無疑是從"私"字中割裂出來的。古文字中這種將非表音構件從文字中割裂出來獨立使用的現象並不罕見，而且這種割裂出來的形體與其所從出之字往往可以通用，如古人常將"以"的表意構件"㠯"割裂出來獨立使用，而且"㠯"與"以"通用無別。②

王子楊先生文中提到商代冀🔣卣（《集成》5011）中的一個人名用字🔣、🔣，王先生認爲該字右旁爲B，③也就是我們所釋的"私"。這一意見無疑是正確的。商代冀且辛罍（《集成》9806）中有一個類似的人名用字🔣，該字最右邊的構件顯然也是"私"。冀🔣卣和冀且辛罍出土地點相同，都出土於山東長清興復河，而且兩者的族徽都是"冀"。④ 這樣看來，🔣與🔣、🔣表示的應是同一個人名。🔣除去"耳"旁的部分，應該就是🔣、🔣的簡省形體，這一形體在整個字中顯然是作聲旁的，所以🔣可以與🔣、

---

① 參黃德寬主編：《古文字譜系疏證》，第 122—124、3144—3145 頁。
② 參裘錫圭：《甲骨文字考釋（續）》，《裘錫圭學術文集·甲骨文卷》，第 179—184 頁。
③ 王子楊：《釋花東甲骨卜辭中的"禾"》，《古文字研究》第 31 輯，第 74 頁。
④ 參中國社會科學院考古研究所編：《殷周金文集成釋文》第四卷，香港中文大學中國文化研究所，2001年，第 53 頁；中國社會科學院考古研究所編：《殷周金文集成釋文》第五卷，第 500 頁。

[字形]通用。

其實在甲骨文中也有从"私"之字,如[字形]([字形])(《合》12431),从"女",从"私"。該字所从"私"旁的左上部少一表示禾葉的筆畫,① 不過這不影響這一偏旁爲"私"。"私"旁少的這一筆本應位於其所从的"禾"旁上,"禾"旁有少這一筆的例子,如《花東》181 中的"休"字或作[字形],其所从的"禾"旁就少這一筆。值得注意的是,兩處"禾"旁所少的這一筆,都本應位於與字形頂部傾側方向相反的一側,這可能是當時的一種習慣性簡省。該字在卜辭中爲女子之名,無義可説。

王子楊先生在討論"禾"字時,提到了一個也是用爲女子之名的从"女"从"禾"之字,該字見於《合》6524 臼、《合》6552 臼、《花東》5。② 該从"女"从"禾"之字,與我們討論的這個从"女"从"私"之字,顯然是一字之異體。這一現象與花東卜辭中"禾"與"私"通用的現象可以合觀。

釋出了花東卜辭中的"禾"與"私",下面我們再來看看它們在卜辭中的用法。

王子楊先生認爲"禾/私馬""似表示一種帶有突出特徵的馬,當然包括馬之具體毛色特徵"。③ 根據《花東》179 及 386 中與"私馬"同見於一組卜辭的"黑馬"來看,王先生對"禾/私馬"含義的推測顯然是很有道理的。鑒於"黑馬"指的是具有某種毛色的馬,我們認爲將"禾/私馬"理解爲具有某種毛色的馬似更好一些。不過,由於相關辭例的限定性太小,再加上我們對"禾/私"字的用法所知甚少,"禾/私馬"究竟表示一種什麼毛色的馬,恐很難確指。④

2017 年 4 月初稿
2019 年 4 月定稿

附記

本文蒙李家浩、涂白奎、王子楊等先生審閱指正,謹致謝忱!

---

① "私"旁左上部也有可能並不少這一筆,因爲有一紋路恰好貫穿該旁上部,或許這一筆和這一紋路距離太近或有交叉,以致在拓本上難以分辨了。
② 王子楊:《釋花東甲骨卜辭中的"禾"》,《古文字研究》第 31 輯,第 73 頁。
③ 同上注,第 77 頁。
④ 與"禾/私"語音相近,且可以表示顏色的字,古書中有"黎""犁""鰲""驪""鐵"等。這些字所代表的詞的核心語義都是黑,但詞義與"黑"這個詞還略有區別,它們應該是具有同源關係的一組詞。不知道"禾/私"所代表的是否是這類詞。

附圖（左圖是未成熟的穀子，右圖是成熟的穀子）：

從甲骨文的"矏""燭"說到古代
"燭"的得名原因及其源流*

郭理遠

一

2014年10月，蔣玉斌先生在中國古文字研究會第20屆年會上發表《釋甲骨文中的"獨"字初文》一文（下文簡稱"蔣文"），考釋了商周甲骨文中寫作以下諸形的一個字（下文簡稱"A"）①：

A1: （ ）《花東》490【子卜辭】　　（ ）《輯佚》附錄37【賓組】

A2: （ ）《合補》1850【賓組】　　（ ）周公廟2號卜甲【西周】

"蔣文"認爲A1、A2分別象突出眼目的立人拄杖或扶杖之形，根據"疑""𦣻"等字並見拄杖、扶杖的寫法，將A1、A2看作一字異體。"蔣文"舉出兩例周原甲骨文中的"蜀"字，辨認出其中一例 （H11：97）的"目"下人形保留有覆手形的寫法，根據帶有扶杖人形的"疑""長"等字的杖形可以省去，指出其中的 形由A1脫去杖形演變而來，從而將A字與"蜀"字聯繫起來，是很有見地的。需要指出的是，"蔣文"舉出的另一例

---

* 本文寫作得到出土文獻與中國古代文明研究協同創新中心博士創新資助項目"楚系文字研究"（項目編號：CTWX2016BS005）、翁洪武科研原創基金項目"與古器物相關的古文字形體研究"的資助。

① 蔣玉斌：《釋甲骨文中的"獨"字初文》，《古文字研究》第30輯，中華書局，2014年，第67—72頁。下文引此文內容不另出注。又，蔣玉斌先生向我們指出《北圖》2351號甲骨上部殘辭有 （見中國國家博物館網站"甲骨世界"公布的甲骨拓本。《合集》21893所收拓本爲此版甲骨的下部）也是A字，附記於此。

周原甲骨文的"蜀"字的原形作▨(H11：68)，細審可以發現其人形也保留了覆手形（可摹作▨或▨），可能"蜀"字中人形脱去覆手形的寫法是晚些時候才出現的(目前這種寫法最早見於西周中期的班簋)。"蔣文"又根據曾侯乙鐘銘中"濁"字的聲旁或作"罚"，①認爲"罚"當"讀如'蜀'"，説亦有理。

但是，"蔣文"根據同作覆手於杖之形的"老""考""長"等字，推測 A 字所象也應是年老之人，結合其上文對"罚"的讀音的論證，認爲 A 字是"古書中訓爲'老而無子'的'獨'字的初文(引者按：似以稱'本字'爲較妥)……是取年老孤獨之人的形象"(第 71 頁)。這一結論似可商榷。

A 字在殷墟甲骨文中的三例都用作人名，②周公廟卜甲一例所在之辭殘缺過甚，用法不明，總之尚不能根據現有文例來驗證其音義。但僅根據其字形，也可以看出蔣説是有問題的。"蔣文"根據 A 字與有年老義的"老""考""長"諸字都有拄杖形，而認爲 A 字也有年老義，這似乎不夠妥當。年老並不是拄杖的唯一原因，"蔣文"列舉出的"瞽""疑"二字就不一定與年老有關("瞽"字本義爲盲人，③"疑"字本義見下文)，"老""考""長"諸字的年長義主要是通過人形上部的長髮形來表現的。④ 而且，若要表示孤獨之義，突出目形毫無必要。因此，認爲此字是"獨"字"初文"的意見似難成立。這些含有拄杖人形之字具有關鍵性區别意義的是人形上部突出加以表示的那個部分，不能根據 A 字有手杖形就認爲其所象的一定是年老之人，對 A 字所表之義的分析應該着重考慮其字形爲何在人形上突出目形。

在第 20 届古文字年會會前一日，陳劍和郭永秉兩位先生都曾向蔣玉斌先生提出 A 字當釋爲"瞩"字初文的意見，並認爲其字形中除去目形外的部分如果獨立出來，可

---

① 曾侯乙墓第十六號編鐘銘文(《集成》00301)中"濁"字作▨(▨)、▨(▨)，其聲旁中的人形也保留有覆手形筆畫。不過對比同銘的▨(▨)以及十五號編鐘(《集成》00301)的▨(▨)、▨(▨)，似乎不能排除看起來像覆手形的筆畫可能是"虫"形的訛變。

② 不過字形作 A2 的一例，其目形朝向身後，頗爲特殊，與 A 的其他諸形是否確爲一字似尚可研究。

③ 參看裘錫圭：《關於殷墟卜辭的"瞽"》，《裘錫圭學術文集·甲骨文卷》，復旦大學出版社，2012 年，第 510—515 頁。

④ 另外，"蔣文"還根據沈培先生的意見認爲"▨(兄)"字的覆手形也與年長有關，其實沈培先生原文對"兄"字的覆手形有兩種解釋：或與省去杖形的"長""老"等字一樣，表示原本持有或者經常持有杖形；或是爲了突顯將物予人的動作，是"貺"的初文。(沈培：《説古文字裏的"祝"及相關之字》，《簡帛》第 2 輯，上海古籍出版社，2007 年，第 11—14 頁)我們認爲從"兄"字並無从杖形的寫法來看，後説更爲合理，"▨(兄)"字似不能作爲説明覆手形與年長有關的證據。

看作拄杖之"拄"的初文，"矚""拄"聲韻皆近，這一部分可以視爲兼有表音的作用。① 我們認爲這一說法更爲合理，茲補論如下。

從字形上看，用 A 形來表示"矚"的意思是相當貼切的。《集韻·燭韻》："矚，視之甚也。"（此訓釋也見於唐代韻書《考聲切韻》，②可能還有更早的來源）矚是專注的視，其所用時間當然也比一般的視爲長。"疑"字初文"㲌"以其人形的拄杖表示有所疑惑而佇立較久之義，A 字象突出目形的拄杖人形，其人形突出目部與"視"字初文作"𥄎"同義，③人形拄杖應與"疑"字初文同義，表示注視時佇立較久。可見將 A 釋爲"矚"的初文從字形表示的意義看是很合理的。從字音上看，"蔣文"指出 A 是"蜀"的聲旁，這應該是正確的，他釋 A 爲"獨"字初文，"獨"跟"蜀"的古音固然很接近，"矚"跟"蜀"的古音也很接近，"矚"字聲旁"屬"就是从"蜀"得聲的。陳、郭兩位先生認爲 A 字中的拄杖人形獨立出來就是"拄"的初文，兼作"矚"的聲旁，"拄"和"矚"古音相近，傳世古書及出土文獻中多有"主"聲字與"蜀"聲字通用之例。④ 他們的這一意見也可能是正確的。總之，釋 A 爲"矚"從字形和字音看是没有問題的。

有學者認爲"矚"字未見於先秦文獻，似較爲晚出，而對釋甲骨文 A 字爲"矚"表示懷疑。⑤ 這個問題需要加以解釋。

"矚"字在漢以前的文獻中僅見於《淮南子·道應》："此其下無地而上無天，聽焉無聞，視焉無矚。"不過"視焉無矚"句《道藏》本作"視焉無眴"，王念孫根據其他古書中的引文指出此句本來當作"視焉則眴"，"則"涉上誤作"無"，後人又改"眴"爲"矚"。⑥

---

① 據郭永秉先生在復旦大學出土文獻與古文字研究中心研究生"古文字學"課上所講（2014 年 10 月 16 日）以及蔣玉斌先生給我的電子郵件（2018 年 9 月 12 日）。另外，網友"薛後生"先生也懷疑此字可與"矚"字聯繫，不過他認爲其字既表示"獨"，也表示"矚"（薛後生：《簡說甲骨文中的"燭"》，武漢大學簡帛網簡帛論壇，網址：http://www.bsm.org.cn/bbs/read.php? tid=3219，2015 年 1 月 2 日，下引該文相關討論皆見此帖，不再一一注明）。
② 如《慧琳音義》卷五十三注《起世因本經》第二卷"觀矚"曰："鍾辱反。《考聲》云：視之甚也，衆目所歸曰矚。《説文》：視也，從目屬聲也。"見徐時儀校注：《一切經音義三種校本合刊》，上海古籍出版社，2008 年 12 月，第 1438 頁，又參看 1871、2033、2169 等頁。
③ 參看裘錫圭：《甲骨文中的見與視》，《裘錫圭學術文集·甲骨文卷》，第 444—448 頁。
④ 參看高亨纂著、董治安整理：《古字通假會典》，齊魯書社，1989 年，第 347—348 頁"屬與注"條、"濁與注"條。白於藍編著：《簡帛古書通假字大系》，福建人民出版社，2017 年，第 247 頁"𡊮與濁"條、第 676 頁"屬與注"條。
⑤ 見"薛後生"《簡說甲骨文中的"燭"》帖子下"武汶"先生的評論。
⑥ 王念孫著，徐煒君、樊波成、虞思徵校點：《讀書雜志》卷十二"無眴"條，上海古籍出版社，2014 年，第 2249—2250 頁。

除去此例之外，"矚"字始見於漢代之後的文獻，如三國曹植《文帝誄》："尊肅禮容，矚之若神。"諸葛亮《至祁山南北岍上表》："矚其丘墟，信爲殷矣。"(《水經·漾水注》引)時代較晚之例甚多，不具引。今傳《説文》各本中無"矚"字，但《慧琳音義》數引《説文》"矚"字之訓，①田潛《一切經音義引説文箋》認爲："是所據古本碻有此字。"②其説可參。

先秦至漢代文獻中雖未見"矚"字，但有"屬之目""屬目"的説法，如《左傳·定公十四年》："師屬之目。"《漢書·蓋寬饒傳》："坐者皆屬目卑下之。"《禮記·喪大記》"凡非適子者，自未葬以於隱者爲廬"鄭玄注："不欲人屬目，故廬於東南角。"這些例子中的"屬"即爲"矚"義。一般認爲"屬"的本義是附屬、連屬，而"矚"是注視的意思，即目光較長時間停留在所看的對象上，二者詞義關係密切，學者多認爲"矚"是"屬"的引申義。③ "屬""矚"二詞出現應該很早，甲骨文中未見"屬"字，可能由於"屬"的意思不好表示，就以字形表示"目光之屬"的 A 字來表示"屬"這個詞，這跟以字形表示犬之臭(嗅)的"臭"來表示"臭(嗅)"這個詞是同樣的情況，都屬於"形局義通"的例子。④ A 字的字形可以清楚地表示矚目的意思，以之表"矚"很直接，没有必要再另外造字。從尾、蜀聲的"屬"字出現之後，A 字即遭廢棄，就用"屬"字兼表"屬""矚"。隨着"屬"字字義、用法的增多，爲了明確"矚"義，就爲"屬"字加了目旁，産生了形聲字"矚"。不過目前似無法排除在語言裏先有"矚"，然後再引申出"屬"的可能，但即便如此的話，A 字、"屬"字、"矚"字所表詞義的情況大致仍如上文所推測。

綜上所述，陳、郭兩位先生釋甲骨文 A 字爲"矚"字初文的意見是可以信從的。

二

"蔣文"還提到了甲骨文中如下之字(下文簡稱"B")：

B1：()《合集》27987【無名組】

B2：()《合集》27989【無名組】、《合集》33045【無名組】

---

① 見前引《慧琳音義》卷五十三注《起世因本經》第二卷"觀矚"條，又參徐時儀校注：《一切經音義三種校本合刊》第 2042 頁。
② 田潛：《一切經音義引説文箋》，鼎楚室 1924 年刻本，卷四第六葉下。此書承李豪先生提示。
③ 如胡吉宣《玉篇校釋》即結合"矚"字説："'矚'與'囑'古止讀爲'屬'，屬付委託即由連續義引申，接於目爲矚，口叮嚀爲囑，並後起分别文。"(胡吉宣：《玉篇校釋》，上海古籍出版社，1989 年，第三册 2218 頁)
④ 參看裘錫圭：《文字學概要(修訂本)》，商務印書館，2013 年，第 144—145 頁。

　　　　　　　《合集》27988【無名組】

"蔣文"認爲 B1 中的手杖形在 B2 中省去,將其作爲 A 字手杖形可省去的旁證,但未進一步説明 B 爲何字。此字在甲骨文中用作地名①,已有多位學者對其進行考釋。郭沫若先生認爲其字"象一人以手於爐上取煖之形",釋之爲"煴",②得到李孝定先生的贊同;③陳漢平先生釋此字爲"燭",認爲其上部之"🔲"爲"蜀"之省,下部的"🔲"象"燈炷火炬之形",將全字分析爲從火、蜀省聲;④姚孝遂先生認爲此二説皆不可據;⑤《新甲骨文編(增訂本)》釋此字爲"鑄",⑥限於體例並未説明釋字的根據。雷縉碚先生贊同陳氏釋"燭"之説,但認爲"🔲"非"蜀"省,而是"觸"之表意初文。⑦

　　今按,B 字字形與《新甲骨文編(增訂本)》所收其他幾例確定的"鑄"字作🔲、🔲等明顯有別,釋"鑄"恐不可從。"蔣文"將 B 字與 A 字聯繫起來,是有道理的,但是 B2 的火形上部有較長的豎筆,應看作杖形與火形接連在一起,其杖形其實並未省去,只是 B1 的杖形下端有分叉,略嫌特殊。其他各家説解字形均未考慮到此杖形,不夠妥當。我們認爲這個字可以像陳漢平先生那樣釋爲"燭",但其字形應該看作會意兼聲:其整體象一個突出目形之人以杖撥火,應是表示使火燃燒得更好的動作;上部突出目形的拄杖人形即"矚"字,兼起表音作用("燭""矚"古音同爲章母屋部)。⑧

　　陳氏認爲甲骨文"燭"字下部的"🔲"象"燈炷火炬之形","燈炷火炬"之義不夠明確,不過可以看出他是把皿形視爲燈具之形的。但是目前確定的時代較早的燈具實

---

① 姚孝遂主編:《殷墟甲骨刻辭類纂》,中華書局,1989 年,第 224—225 頁 638 號。
② 于省吾主編:《甲骨文字詁林》,中華書局,1996 年,第 617 頁。
③ 同上注。他不同意對郭沫若先生對字形的隸定,略有修改。
④ 同上注。
⑤ 同上注。
⑥ 劉釗主編:《新甲骨文編(增訂本)》,福建人民出版社,2014 年,第 777 頁。此書初版將此字列於附錄(劉釗主編:《新甲骨文編》,福建人民出版社,2009 年,第 874 頁)。
⑦ 雷縉碚:《甲金文考釋四則》,西南大學出土文獻綜合研究中心、西南大學漢語言文獻研究所主辦:《出土文獻綜合研究集刊》第 2 輯,巴蜀書社,2015 年,第 102 頁。
⑧ "薛後生"也曾贊同陳漢平先生釋"燭"之説,認爲火下皿形或爲"燭臺"的類化,或爲"豆"字的簡化,具有表聲作用(見"薛後生"《簡説甲骨文中的"燭"》帖子,下引其説同)。他認爲皿形或爲"燭臺"的類化,與陳漢平先生説同,我們下文對此有反駁;甲骨文中"豆"形口沿筆畫向上伸出較長(參看李宗焜:《甲骨文字編》,中華書局,2012 年,第 1090—1096 頁),與此形有異,此形當非"豆"。他後來已放棄此説,又認爲此字可能是"'鑄'字一種簡化形式","更可能是个獨鑄雙聲的字",似亦不可信。

物都屬戰國時期,學者們一般推測燈具的出現當在春秋,①大大晚於殷墟甲骨文的時代;而且從字形上看,其皿形的器壁較高,與燈具的特徵並不符合。大概由於不能很好解釋"🕎"形之義,他就將此字結構籠統分析爲从火、蜀省聲,這顯然是有問題的。我們認爲,甲骨文"燭"字字形反映的很可能是古代保存火種之事。文化人類學者一般認爲人工取火的方法早在舊石器時代就已發明,但是取新火比較麻煩,實際生活用火並不是動輒就生新火,而是取自一直保持不滅的火種。② 汪寧生《改火的由來》指出:"以我國來說,先秦時期已掌握多種取火方法,而用火主要仍靠保存火種。"③"🕎"象器皿中有火燃燒之形,"皿"形所象應該就是當時保存火種的器皿,這樣的器皿在我國考古工作中其實已有發現。

1934 年,在安陽侯家莊西北崗進行的殷墟第十次發掘中,一座編號爲 1005、葬有六人的墓裏出土了一批保存較爲完好的器物,其中有形制特殊的兩件旋龍銅盂和一件中柱陶盂(見表一 3—4)。④ 徐中舒《關於銅器之藝術》認爲旋龍盂是燈具,"四龍形相連旋轉之物,當即燃火之鐙心處"。⑤ 此文原刊於 1937 年"教育部第二次全國美術展覽會"展覽期間的專刊中,負責這次展覽的梁思永先生此前當已知道此說,他在這次展覽會目錄中殷墟發掘出土品的說明部分認爲同墓所出器物"以盂 3(引者按:包括兩件旋龍盂和一件普通銅盂)、壺 3、鑪 3、箸 3 之雙配合觀之,似爲 3 組頗複雜之食具",⑥並說"學者有認此器(引者按:指旋龍盂)爲殷人所用之燈者,但此說只着限於一器,而對於同組之其他器具,如鑪箸等,未加以適當之解釋",⑦這應該是針對上引徐說的。小屯 YH083 窖穴出土的一件中柱盂,與侯家莊 1005 號墓出土的陶盂類似,李濟先生將其歸爲陶器蓋。⑧ 上世紀 50 年代以來,二里崗時期至戰國時期的窖穴或墓葬中也出土了一些帶有空心或實心菌狀柱的盂形器(參看下表),考古學者對這些器

---

① 孫機:《漢代物質文化資料圖説(增訂本)》,上海古籍出版社,2008 年,第 405 頁。高豐、孫建君:《中國燈具簡史》,北京工藝美術出版社,1991 年,第 5 頁。

② 參看汪寧生:《改火的由來》,《民族考古學論集》,文物出版社,1989 年,第 173 頁。

③ 同上注。

④ 石璋如:《侯家莊(第十本)·小墓分述之一》,中研院史語所,2001 年,第 21、47 頁。

⑤ 徐中舒:《關於銅器之藝術》,滕固編:《中國藝術論叢》,商務印書館,1938 年,第 127 頁。

⑥ 梁思永:《殷墟發掘展覽目錄》,中國科學院考古研究所編輯:《梁思永考古論文集》,科學出版社,1959 年,第 156 頁。

⑦ 同上注。

⑧ 李濟:《小屯(第三本)·殷墟器物甲編·陶器上輯》,中研院史語所,1956 年,第 76 頁。又《李濟文集·卷三》,上海人民出版社,2006 年,第 133 頁。

物的稱呼有"陶器蓋""中柱盂""中柱盤""中柱盆""空柱盤"等多種,對其功用目前尚無一致意見。①

表 1

序號	器 形	尺寸(cm)	時 代	著 錄
1		通高 8.4 口徑 35.5	二里崗期下層時期	《中原文物》1981年第 2 期,第 2 頁
2		通高 12 口徑 29.5	二里崗期上層時期	《文物》1983 年第 3 期,第 55 頁
3		高 14.2—15.7 口外徑 25.7	殷墟後期	《侯家莊(第十本)》22 頁,圖版八
4		暫無	殷墟後期	《侯家莊(第十本)》18 頁
5		通高 6 口徑 27.2	戰國時期	《信陽楚墓》47 頁,圖版三四-6
6		高 12 口徑 39.5	戰國時期	《信陽楚墓》111頁,圖七四-13,圖版九九-5

孫機《中國聖火》較早將上表中所列器物聯繫在一起(但他沒有提到侯家莊陶盂,似一時忽略),認爲它們都是燈具,其特徵是有盛放油脂的容器和支撐燈主的裝置,中柱用於承搭軟燈主。② 今按,這種器物與戰國、秦漢時期的燈具雖有一定聯

---

① 各家說法可參看李麗娜:《試析中國古代中柱盂形器》,《中原文物》2015 年第 1 期。此文贊同防蟲用器說,認爲盂中之柱用於承托裝有食物的盛器,在盂中盛滿水之後,可以防止爬蟲侵蝕食物。今按,器之中柱若用於承置其他器物,其柱頂應該較爲平整,但"中柱盂"的柱頂均向上微鼓凸起,顯然不適合承托其他器物。此說不可信。
② 孫機:《中國聖火》,收入孫機《中國聖火》,遼寧教育出版社,1996 年,第 6—9 頁。孫機先生還認爲鄭州二里崗戰國墓出土的一件陶盤(器形作　　　,參看河南省文化局文物工作隊:《鄭州二里崗》,科學出版社,1959 年,第 60 頁)也是同類的器物,今按:這件器物口徑較小(不到 20 cm),中柱較高,恐怕不是同類器物。

繫,但區別也比較明顯,①其器口徑很大、器腹較深,容積比戰國、秦漢燈具的燈盤大得多,且油脂類燃料和軟燈炷的使用是否可以早到商代也不無疑問。孫機先生後來在《漢代物質文化資料圖説》中專門講燈具的時候並没有提到這類器物,而認爲我國古代的燈具大約出現於春秋,②不知道是否已經放棄了把這些器物看作燈具的意見。

梁思永先生注重同墓共出器物的做法頗爲可取,但他提出的"食具説"並不可信。石璋如先生根據"各器相互"的原則把侯家莊1005號墓所出器物分爲兩組,認爲中柱盂與一件陶盆、三雙銅箸、三隻銅鏟、一隻銅鋤等爲一組。所謂銅箸其主體有四棱且一端有銎需裝圓柄使用,石先生指出當非食具,並對其功用提出過如下推測:"圓柄便於手執,或爲避免銅質發高熱而燙手所設。果然如此,則銅箸或與火有關。或從火中取物,或翻動正在燃燒的木材以調劑火勢",③這是很有道理的。但他後又假設了多種銅箸裝柄的方法,最終認爲此物應該是插蠟燭的"燭本",銎中所插蘆葦桿是"燭心",在此基礎上認爲銅鏟用來采伐、修剪蘆葦,銅鋤、中柱盂、陶盆則與采蜜、製蠟有關。④今按,石先生認爲這些器物與蠟燭有關,引用了尚秉和《歷代社會風俗事物考》中"古大燭以葦製"的内容,但是此處的"大燭"並非蠟燭,並且他似乎回避了尚文"漢時中國尚無蠟燭""晋初有蠟燭"等内容⑤(我們認爲東漢時蠟燭當已出現,詳下文),他的説法顯然不可信。他把墓中器物分爲火器、水器兩組,分別爲墓中六人掌管,實際上是爲了與《周禮·秋官·司烜氏》"下士六人""掌以夫遂取明火於日,以鑒取明水於月"牽合,⑥也是不可取的。

銅箸與燃火有關,或即撥火棍"桰/栫",⑦而有鏤空花紋的所謂銅鋤,或稱爲"漏勺""扒勺",⑧其實跟東周墓葬中多見的與銅炭爐並出的漏鏟(或稱炭鏟)頗爲

---

① 戰國至秦漢燈具的形制及其分類可以參看周暢:《戰國秦漢青銅燈具的初步研究》,復旦大學碩士學位論文(指導教師:高蒙河教授),2010年,第16—19頁;李侃:《戰國秦漢出土燈具研究》,西南大學碩士學位論文(指導教師:鄒芙都教授),2011年,第12—20頁。
② 孫機:《漢代物質文化資料圖説(增訂本)》,第405頁。
③ 同上注,第30頁。
④ 石璋如:《侯家莊(第十本)·小墓分述之一》,中研院史語所,2001年,第30—47頁。
⑤ 尚秉和:《歷代社會風俗事物考》,中國書店,2001年,第168頁。
⑥ 石璋如:《侯家莊(第十本)·小墓分述之一》,第5—6、55—56、85—86頁。
⑦ 《説文·卷六上·木部》:"桰,炊竈木。"段注:"今俗語云竈栫是也。《廣韻》云:'栫、火杖。'栭、栫古今字也。"
⑧ 石璋如:《侯家莊(第十本)·小墓分述之一》,第43頁。

近似，①應當也是與燃火有關的工具，銅鏟可能也屬此類。綜合來看，中柱盂和旋龍盂這三件有中柱之器很可能就是用於燃火以保存火種的器具（同墓所出銅箸有三雙、銅鏟有三把，不知是否與三件有中柱之器成組配合使用），上表所列諸器當屬同類器物。② 這些器物中柱的作用，尚不能明確，勉強推測的話，或是為了使器中所置燃料中間產生空隙以利於燃燒。甲骨文"燭"字中的皿形與表中所列兩件銅器器形相合，"🕯"形所象應該就是這類器物中有火燃燒之形。③

綜上所述，我們認為甲骨文"燭"字象突出目形之人手持工具矚視、照管火種，使其保持不滅。"燭"字字形中包含"矚"形，"燭""矚""屬"古音聲韻皆同，"燭"這個詞當與"矚""屬"密切相關。從"矚"的意思考慮，"燭"應該就是指需要矚視、照看的火；從"屬"的意思考慮，則是指前後相屬、不斷增續的火。也可能"燭"是兼取這兩種意思的。這應該是我們現在能追溯的最早的"燭"字。④ 此字在甲骨文中用為地名，郭沫若先生僅籠統說是殷邑，陳漢平先生認為春秋時人燭之武以此地為氏，但未明確何地。⑤ 今按，周初所伐之殷地有名"蜀"者，見《逸周書·世俘》："新荒命伐蜀。"疑甲骨文之"燭"即此"蜀"。⑥

---

① 彭適凡：《談江西靖安徐器的名稱問題》，《文物》1983 年第 6 期，第 66—68 頁。湖北省博物館編《曾侯乙墓》，文物出版社，1989 年，第 246—247 頁。湖北省荊州博物館編著《荊州天星觀二號楚墓》，文物出版社，2003 年，第 94 頁。

② 孫機先生把戰國墓中所出的鳥柱盤也看作同類器物（《中國聖火》9—10 頁），李麗娜《試析中國古代中柱盂形器》（《中原文物》2015 年第 1 期）還把殷墟婦好墓出土的"汽柱甗形器"、魏晉墓葬出土的柱上無頂的陶質"空柱盤"都歸為同類器物。我們認為這些器物的中柱與本文表一所列諸器的柱之形有別，似不宜看作同類器物。

③ 器的中柱在字形中並未表現，當是由於側視器物時看不到其柱，而僅憑皿中燃火的形象足以將這種器物與其他器物區分。

④ 王獻唐先生在 20 世紀 40 年代撰有一篇長文《古文字中所見之火燭》（王獻唐：《古文字中所見之火燭》，齊魯書社，1979 年），集中考釋了甲骨文中的"燭"字以及與"燭"有關的字，以現在甲骨文考釋的成果來看，其所釋的"燭"字基本上都是有問題的。陳劍先生最近根據戰國文字中"蠋"字從"蜀"、從"皿"，指出"蠋"形中"水"旁為後加，舊將其字分析為從"益"聲不可信，並疑 B 字是"蠋"之初文，字形表示人持工具撥火使之明亮（"古文字形體源流"課，2019 年 6 月 20 日）。今按：陳先生否定"蠋"字從"益"聲是有道理的，但釋 B 為"蠋"之初文之說，尚待進一步研究，今姑仍從釋"燭"之說。

⑤ 于省吾主編：《甲骨文字詁林》，第 617 頁。

⑥ 《世俘》中"蜀"之具體地望迄無定論，或以為是《春秋》所載魯地，或以為其地在中原，參看周書燦：《〈逸周書·世俘〉所見周初方國地理考》，《商丘師範學院學報》2010 年第 2 期，第 54 頁。前引周原甲骨文 H11：68、H11：97 的"蜀"字（辭例分別為"伐蜀""克蜀"），可能即《世俘》之"蜀"，參看李學勤：《西周甲骨的幾點研究》，《文物》1981 年第 9 期，第 11 頁；龐懷靖：《周原甲骨文》，《文博》1993 年第 6 期，第 12 頁。

三

下面討論先秦典籍中"燭"的含義。

《説文·火部》："燭，庭燎，火燭也。从火、蜀聲。"《藝文類聚》所引《説文》"火"字作"大"，《詩·小雅·庭燎》"庭燎之光"句毛傳云："庭燎，大燭。"前人多據以指出《説文》"火"字爲"大"字之誤。①

庭燎是設於庭中之燎，《左傳·襄公三十一年》"諸侯賓至，甸設庭燎"杜預注："庭燎，設火於庭。"又稱"大燋"，如《儀禮·士喪禮》"宵，爲燎于中庭"鄭玄注："燎，大燋。"賈公彦疏："《少儀》云：'主人執燭抱燋。'注云：'未爇曰燋。'古者以荆燋爲燭，故云'燎，大燋'也。"②"大燋"與"大燭"同義，賈疏下文即徑稱"大燭"。古書中又有"門燎"，《周禮·天官·閽人》："大祭祀、喪紀之事，設門燎……"閽人"設門燎"，與下文所引《儀禮·燕禮》"閽人爲大燭於門外"句正相對應，可見門燎也可稱"大燭"。《儀禮·燕禮》"甸人執（引者按：'執'字疑有誤，詳下文）大燭於庭"句鄭注："庭大燭，爲位廣也。"指出庭中設大燭是因爲其地廣闊。門外亦爲廣闊之地，同樣也需設大燭照明。③ 由此可知，用來照明的燎就是大燭，庭燎、門燎是設立在不同位置的大燭。

燎又稱"地燭"，《周禮·天官·閽人》"設門燎"鄭玄注："燎，地燭也。"《儀禮·士喪禮》"燭俟于饌東"鄭玄注："火在地曰燎，執之曰燭。"説明燎是樹立在地上的大燭。

《國語·周語中》："虞人入材，甸人積薪，火師監燎。"又《晋語八》："楚爲荆蠻……與鮮卑守燎。"可知燎是需要專人"監""守"的。上文説過，"燭"的本義是需要瞩視照管的、連續燃燒的火，燎的"監""守"表明其也有這樣的特點，燎樹於地上、且較一般之燭爲大，故有"地燭""大燭"之稱。《説文》是以"庭燎"這種設立在庭中的"大燭"來解

---

① 丁福保編纂：《説文解字詁林》，中華書局，1988年，第9940—9941頁。
② 十三經注疏整理委員會：《儀禮注疏》，北京大學出版社，2000年，第805頁（"荆"字原誤作"㓷"）。鄭注以及賈疏中"大燋"之"大"有版本訛作"火"（但疏文中"大燭"之"大"不誤。參看同頁注2、注3所引阮元校勘記），與上文説的今本《説文》的訛字同。
③ 清儒馬瑞辰根據《燕禮》"閽人爲大燭於門外"句唐石經本無"大"字，認爲"庭位廣，故特用大燭，足見其餘皆不用大燭"（馬瑞辰撰，陳金生點校：《毛詩傳箋通釋》，中華書局，1989年，第568頁）。今按：除唐石經本外，武威簡本《儀禮·燕禮》《詩·小雅·湛露》"厭厭夜飲，不醉無歸"句正義引《燕禮》文以及《儀禮·大射》與此相應的文句均無"大"字。從版本上來看，此句似當以"閽人爲燭於門外"似較優。但是，既有"門燎"之稱，則門外所設似亦當爲大燭，且"燭"前用"爲"此爲僅見，對比"爲燎"來看（燎即大燭），此處似仍當以"大燭"爲是。武威簡本等可能脱漏"大"字，也可能"爲燭"即指"爲大燭"而言。

釋"燭"的。

"燎/大燭"前的動詞多用"設""爲"等。"設"是樹、立之義,《周禮·秋官·司烜氏》鄭玄注"樹於門外曰大燭"即用"樹"字。"爲"有製、作之義,《儀禮·燕禮》"閽人爲大燭於門外"句鄭注:"爲,作也。作大燭以俟賓客出。"先秦典籍中不加修飾、限定的"燭"指手執的火炬,《禮記·曲禮上》"燭不見跋"孔穎達疏:"古者未有蠟燭,唯呼火炬爲燭也。"並常見"執燭"之語。前引《士喪禮》鄭玄注"火在地曰燎,執之曰燭"已經說明了燎與燭的區別,燎這種設立在地上的大燭是不能"執"的。但是《儀禮·燕禮》"宵則庶子執燭於阼階上,司宮執燭於西階上,甸人執大燭於庭,閽人爲大燭於門外"中甸人句"大燭"前用"執",①不合於常例。《周禮·秋官·司烜氏》"凡邦之大事,共墳燭、庭燎"句賈公彥疏說:"《燕禮》云'甸人執大燭於庭',不言樹者,彼諸侯燕禮,不樹於地,使人執。"以禮制不同來解釋,恐不確。我們懷疑這個"執"字是讀爲"設"的"埶"字之訛。先秦秦漢文獻中讀爲"設"的"埶"字在流傳過程中很容易訛爲形近的"執",裘錫圭、郭永秉等先生曾舉出不少例子,②已爲大家所熟知。"甸人執大燭於庭"句見於武威漢簡本《燕禮》《泰射》,《燕禮》簡 45 與今本對應的"甸人執"數字殘泐不可辨,《泰射》簡 113 的文字則與今本同。③《燕禮》《大射》此句原應作"甸人埶大燭於庭",現存版本中"大燭"前的"執"字皆涉上"執燭"之語而訛。

照明所用之燎的形制典籍未載,《禮記·郊特牲》云:"庭燎之百,由齊桓公始也。"鄭注:"僭天子也。庭燎之差,公蓋五十,侯伯子男皆三十。"詩《庭燎》正義引此文之後說:"天子庭燎用百,古制未得而聞,要以物百枚并而纏束之,今則用松葦竹灌以脂膏也。"《周禮·秋官·司烜氏》賈疏:"庭燎所作,依慕容所爲,以葦爲中心,以布纏之,飴蜜灌之,若今蠟燭。百者,或以百般一處設之,或百處設之。"推測庭燎是用數十甚至上百支竹木等纏束而成似有道理,但古時是否灌之以脂膏、飴蜜則難以確知。

古書所載手執之燭多以麻烝製成,故又有"麻燭"之稱,或逕稱"麻烝"。"烝"據《說文》本指去皮後之麻桿,其他材質之薪亦用此稱,朱駿聲《說文通訓定聲》云:"烝,一名菆,今俗謂之麻骨棓。古燭用之,故凡用麻幹、葭葦、竹木爲燭皆曰烝。"

---

① 《儀禮·大射》也有相同的内容,但彼處"閽人"句内無"大"字。
② 裘錫圭:《古文獻中讀爲"設"的"埶"及其與"執"互訛之例》,《裘錫圭學術文集·語言文字與古文獻卷》,第 451—460 頁。裘錫圭:《再談古文獻以"埶"表"設"》,復旦大學出土文獻與古文字研究中心編:《出土文獻與古典學重建論集》,中西書局,2018 年,第 185—198 頁。郭永秉:《以簡帛古籍用字方法校讀古書札記》,《出土文獻與古典學重建論集》,第 260—268 頁。郭永秉先生文後"作者按"還補充了其他學者找到的這方面的例子,請讀者參看。
③ 甘肅省博物館、中國科學院考古研究所編:《武威漢簡》,中華書局,2005 年,圖版拾叁、拾柒。

古書中又有"蕡燭"之稱。《周禮·秋官·司烜氏》:"凡邦之大事,共蕡燭、庭燎。"鄭玄注:"故書'蕡'爲'蕡'。鄭司農云:'蕡燭,麻燭也。'玄謂:蕡,大也。樹於門外曰大燭,於門内曰庭燎,皆所以照衆爲明。"《周禮》古本"蕡燭"作"蕡"(詩《庭燎》正義所引與古本同),鄭司農將"蕡燭"解釋爲"麻燭"。鄭玄把"蕡燭"解釋爲"大燭",認爲"大燭"和"庭燎"的區别在於設立位置的不同。今按:上文已經舉出不少燎即大燭以及門燎、庭燎都可以稱爲大燭的例子,此處"蕡燭""庭燎"並舉,可知二者有别,鄭注的解釋顯然是有問題的,鄭司農之説可從。①《淮南子·説林》"麋燭㸊,膏燭澤"中的"麋燭",《易林·蠱》之《蹇》"執蕡炤犧,爲風所吹"中所執之"蕡",均即蕡燭(麻燭)。②

前人説解《説文》"蒸"字時多引用《管子·弟子職》"蒸閒容蒸"、《詩·小雅·巷伯》毛傳"蒸盡,縮屋而繼之"語,③這兩處内容有助於我們了解古代手執之燭的使用方法和特點。

《弟子職》云:

> 昏將舉火,執燭隅坐。錯總之法,横于坐所。櫛之遠近,乃承厥火,居句如矩,蒸閒容蒸,然者處下。捧椀以爲緒,右手執燭,左手正櫛,有墮代燭,交坐毋倍尊者,乃取厥櫛,遂出是去。④

其内容主要是講執燭者的職責,可分爲兩部分,"錯總之法"至"然者處下"主要講更續蒸燭之法,"捧椀以爲緒"至末句主要講清除燭燼之法。

《巷伯》毛傳云:

> 昔者顔叔子獨處于室,鄰之釐婦又獨處于室,夜暴風雨至而室壞。婦人趨而至,顔叔子納之,而使執燭。放乎旦而蒸盡,縮屋而繼之。

乾隆己酉年(1789)山東嘉祥縣出土的東漢武氏祠左石室"顔淑握火"畫像石亦有類似内容,其文作:"顔淑獨處,飄風暴雨。婦人乞宿,升堂入户。燃蒸自燭,懼見意疑。未明蒸盡,搪苧續之。"⑤毛傳"縮屋而繼之"畫像石作"搪苧續之",錢大昕指出其義爲"抽

---

① 參看馬瑞辰撰,陳金生點校:《毛詩傳箋通釋》,第568頁。
② 參看孫詒讓著,汪少華整理:《周禮正義》,中華書局,2015年,第9册第3509頁。其引《易林》之句"炤"誤作"然",關於"蕡燭"之義從鄭玄説,不確。
③ 參看《説文解字詁林》第1860—1861頁。
④ 黎翔鳳:《管子校注》,中華書局,2004年,第3册第1154—1162頁。
⑤ 參看毛遠明:《漢魏六朝碑刻校注》,綫裝書局,2008年,第2册第120頁。較好的題銘拓本可參看天津博物館所藏有俞樾題跋的舊拓(王靖憲主編:《中國碑刻全集·戰國秦漢卷》,人民美術出版社,2009年,第252頁)。

屋笮以當蒸燭",①俞樾並指出孔穎達《正義》訓"屋"爲屋草之誤。②

由以上内容可以清楚地看出:手執之燭在使用過程中需要專人照看,執燭者的具體職責是以新燭更續即將燃盡之燭以及清除燭燼等,以保證所執之燭在使用過程中能夠持續燃燒。手執之燭的這些特點與火種和大燭的需要矚視、照看或前後相屬、不斷增續的特點相合,所以古人也稱其爲"燭"。

武氏祠左石室"顔淑握火"畫像石(取自《漢魏六朝碑刻校注》)

四

接下來討論戰國和漢代出土文獻所見一些燈具名稱中"燭"字的含義。

包山楚墓遣策 262 號簡記有燈具名稱"二燭銿",整理者認爲:"銿,借作僮,指未成年之童。燭僮,即秉燭之僮。出土的實物中有二件童子秉燈,與簡文相符。"③何琳儀先生讀"銿"爲"俑",認爲"燭俑"是"秉燭之俑"。④ 劉信芳先生也改讀"銿"爲"俑",

---

① 參看毛遠明:《漢魏六朝碑刻校注》,第 2 册第 123 頁。
② 王靖憲主編:《中國碑刻全集·戰國秦漢卷》,第 252 頁。亦見俞樾《讀書餘録》(俞樾:《春在堂全書》,鳳凰出版社,2010 年,第 2 册第 627 頁),此處内容較簡,且"屋上薄"(《爾雅》:"屋上薄謂之筄。"郭注:"屋笮。")誤作"屋下薄"。俞説出處《漢魏六朝碑刻校注》第 2 册第 123—124 頁誤爲《俞樓雜纂·讀漢碑》。
③ 湖北省荆沙鐵路考古隊:《包山楚簡》,文物出版社,1991 年,第 62 頁注 563。
④ 何琳儀:《戰國古文字典——戰國文字聲系》,中華書局,1998 年,第 425 頁。

並説"俑謂擎燈之銅人"。① "俑"與"錭"聲旁相同,"燭俑"的釋讀目前較爲通行。②

馬王堆一號墓遣策239號簡、三號墓遣策375號簡均記有"大燭庸二"。一號墓遣策中的"庸"字原報告釋讀有誤,後周世榮先生據三號墓遣策正確釋出。③ 李家浩先生結合漢代燈具自名以及雲夢大墳頭一號漢墓木牘所記燈名有"燭豆"之稱,讀"庸"爲"豆"。④ 劉釗先生則據漢代燈具名"燭鐙"讀"庸"爲"鐙"。⑤ 三號墓遣策中的"燭庸",原報告認爲"庸即僕庸,燭爲擧火者,今引申爲燭鐙之鐙",⑥伊强先生認爲此説從文意及語法上看都不合適,從聲韻通轉角度看,"燭豆"之説較"燭鐙"爲優。⑦

上引諸家對馬王堆漢墓遣策的考釋意見,《長沙馬王堆漢墓簡帛集成》皆已收録,除否定"僕庸"説外,對其他説法未作評判。⑧ 此外,周世榮《湖南出土漢魏六朝文字雜考》也對"燭庸"作過解釋,認爲包山楚墓遣策中的"燭錭"與馬王堆漢墓遣策中的"燭庸"同義:"……'庸'乃僕庸之意。馬王堆M1僅見燭鐙。而不見庸人執燭,也許'燭庸'似可泛指燭鐙。"⑨范常喜先生認同此説,並有補充論證。⑩

今按:周世榮先生將"燭錭"和"燭庸"聯繫起來頗爲有見。"錭"與"庸"的基本聲符都是"用",古音聲韻皆同,它們確有可能記録同一個詞。但把"錭/庸"解爲僕庸似可商榷。上引諸家意見對"錭/庸"的釋讀可粗分爲人俑、僕庸類和豆、鐙類,人俑、僕庸類意見的主要根據是"燭錭"指墓中所出"人擎燈"。但是包山楚墓出土了四件燈

---

① 劉信芳:《包山楚簡解詁》,藝文印書館,2003年,第280頁。
② 參看黄德寬主編:《古文字譜系疏證》,商務印書館,2007年,第1188頁;田河:《出土戰國遣册所記名物分類匯釋》,吉林大學博士學位論文(指導教師:吴振武教授),2007年,第270頁;朱曉雪:《包山楚簡綜述》,福建人民出版社,2013年,第721頁。但也有在"錭"字後不加括注以存疑者,如劉國勝:《楚喪葬簡牘集釋》,科學出版社,2011年,第47頁;陳偉等著:《楚地出土戰國簡册[十四種]》,經濟科學出版社,2009年,第120頁。
③ 唐蘭等:《座談長沙馬王堆漢墓帛書》,《文物》1974年第9期,第53頁。
④ 李家浩:《關於鄂陵君銅器銘文的幾點意見》,《江漢考古》1986年4期,第85頁。
⑤ 劉釗:《馬王堆漢墓簡帛文字考釋》,收入劉釗:《古文字考釋叢稿》,嶽麓書社,2005年,第339—340頁。
⑥ 湖南省博物館、湖南省文物考古研究所編:《長沙馬王堆二、三號漢墓(第一卷:田野考古發掘報告)》,文物出版社,2004年,第67頁(周世榮先生執筆)。
⑦ 伊强:《談〈長沙馬王堆二、三號漢墓〉遣策釋文和注釋中存在的問題》,北京大學碩士學位論文(指導教師:李家浩教授),2005年,第43—44頁。
⑧ 裘錫圭主編:《長沙馬王堆漢墓簡帛集成(六)》,中華書局,2014年,第208頁。
⑨ 周世榮:《湖南出土漢魏六朝文字雜考》,周世榮:《金石瓷幣考古論叢》,嶽麓書社,1998年,第240頁。
⑩ 范常喜:《馬王堆漢墓遣册"燭庸"與包山楚墓遣册"燭錭"合證》,復旦大學出土文獻與古文字研究中心編《戰國文字研究的回顧與展望》,中西書局,2017年,第245—251頁。

具,除了兩件"人擎燈"外,還有兩件豆形燈,①似不能排除"燭鋪"所指爲後者,果真如此的話,這種意見就失去根據了。"人擎燈"只是把燈的底座改造成人形,其燈盤仍與豆形燈相同,如果"鋪"是豆、鐙一類意思,則"二燭鋪"既可以指兩件豆形燈,也可以指兩件"人擎燈"。馬王堆漢墓出土燈具並無"人擎燈"之類,且"燭庸"前尚有"大"字,指燈盤的容積(詳後文),將"庸"理解爲豆、鐙一類意思顯然更爲直接。"燭豆"與"燭鐙"二説,伊强先生已從聲韻通轉角度指出前者爲優。綜合來看,我們認爲"燭鋪"和"燭庸"皆應讀爲"燭豆"。"鋪/庸"也可能是從"豆"這個詞分化出來專門表示燈具的一個詞,原在楚地通行,後來逐漸消失了。

"鐙"在漢代或假借"徵"字表示,如廣西貴縣羅泊灣漢墓竹牘中所記燈具之名"燭徵",②上引李家浩先生文指出當讀爲"燭鐙"。漢代燈具銘文中也有不少帶"燭"字的自名,如:③

> 元成家行燭豆,重二斤十四兩。第十七。
> 常山宦者銅金行燭豆一,容一升。重一斤十三兩。
> 宦者銅金大立燭豆一,容四升。重九斤。
> □者銅金小立燭豆一,容大半升,重二斤□兩。
> 苦官銅虒啄燭定(錠),重一斤九兩。徑五寸。始元二年刻。
> 枸家銅燭定(錠),高八寸,重七斤十二兩。
> 陽邑銅燭行錠,重三斤十二兩。初元年三月,河東造。第三。
> 藍田鼎湖官行燭登(鐙)□□□重二斤十一兩。第十。三年。官弗買。
> 銅行燭薄(鋪),重二(?)斤九兩。九年,工從造,第二鼻。

這些名稱中不少帶有"行"字。一般認爲行鐙是燈盤下没有支柱的燈具,或有短足,或無足,燈盤多有鋬以便手執,郭永秉先生指出這種燈具由豆形燈具演化而來,"立燭豆"是相對於"行燭豆"而言的。④ "立燭豆"之前的"大""小"指的是燈盤的容積,"大燭

---

① 湖北省荆沙鐵路考古隊:《包山楚墓》上册,文物出版社,1991年,第189、194頁。
② 廣西壯族自治區文物工作隊:《廣西貴縣羅泊灣一號墓發掘簡報》,《文物》1978年第9期,第54頁。
③ 下引銘文參看牟華林、鍾桂玲:《漢金文輯校》,光明日報出版社,2016年,第197—221頁。"□者銅金小立燭豆"之"小"原釋"大",今據袁永明《河北省鹿泉市高莊1號漢墓出土部分銅器銘文的再認識》(《中原文物》2008年第1期,第55—57頁)改;"枸家銅燭錠"重量前的銘文原誤作"枸家銅熙,定烏(焉)八方",今改;"藍田鼎湖官行燭登(鐙)"之"登"字原作"豆",今據容庚《金文續編》(容庚《容庚學術著作全集第五册》,中華書局,2011年,第43頁、386頁)改。"銅行燭鋪"的釋文據郭永秉《〈陝西金文集成〉識小録》(《古今論衡》第32期,第115—132頁)改。
④ 郭永秉:《〈陝西金文集成〉識小録》,第128—129頁。

庸"的"大"也應如此。①

这些戰國及漢代燈具名稱的基本結構都是"燭"加豆類器名，②其中的"燭"是什麽意思呢？孫機先生對此有比較詳細的解釋：

> 其實在漢代，除了單獨點的燭以外，油燈的燈炷也叫燭。更確切地説，則前者叫麖燭或麻燭，後者包括燈在内的整體叫膏燭。……膏燭的燈炷也用麻黃，當然比麻燭的束要細小得多。麻黃又名蒸，《説文·艸部》："蒸，析麻中榦也。"由於作爲油燈之燈炷的燭，本身就是燈的組成部分，所以有些銅燈在銘文中自名爲"燭錠"，將燭和燈連爲一詞；它和《淮南子》中的"青燭"，實際上是一個意思。……它（引者按：指燈炷）一般插在燈盤中的支釘上。此支釘即《説文·丶部》"丨，鐙中火主也"之火主，篆文所狀甚明。主字後亦作炷，即指燈芯。……麻蒸不易保存。然而雲南昭通桂家院子東漢墓出土的銅燈，在燈盤内尚殘存一段燈炷，是用八、九根細竹條纏在一起作成的（原注：雲南省文物工作隊：《雲南昭通桂家院子東漢墓發掘》，《考古》1962 年第 8 期）。如用麻蒸，作法亦應相近。③

孫先生指出燈具的燈炷可稱"燭"，很有道理。《楚辭·招魂》"蘭膏明燭，華鐙錯些"句中在"華鐙"前並言膏、燭，這裏的"燭"也應指燈炷。孫先生説"燭錠"之名是"將燭和燈連爲一詞"，解釋尚不夠明確。劉釗先生在解釋"燭鐙"含義時指出："《説文·金部》：'鐙，錠也。从金登聲。'徐鉉曰：'錠中置燭，故謂之鐙。''錠中置燭'正是對'燭鐙'最恰當的解釋。"④"燭錠"即置燭之錠，"燭豆"等名可類推。

---

① "大立燭豆"的銘文記"容四升"，盤徑 18 cm，"小立燭豆"的銘文記"容大半升"，盤徑 10 cm（河北省文物研究所、鹿泉市文物保管所：《高莊漢墓》，科學出版社，2006 年，第 39 頁）。馬王堆一號墓出土兩件陶燈，其中一件高 15 cm，盤徑 18.5 cm（傅舉有、陳松長編著：《馬王堆漢墓文物》，湖南出版社，1992 年，第 70 頁），盤徑與"大立燭豆"接近，且其燈盤爲碗形，其容積當比"大立燭豆"還要大。三號墓北室出土的陶燈與木燈燈盤的容積不詳，但其盤徑分别爲 15.5 cm 和 15.3 cm（湖南省博物館、湖南省文物考古研究所編：《長沙馬王堆二、三號漢墓（第一卷：田野考古發掘報告）》，第 231 頁），也都大於"小立燭豆"，而與"大立燭豆"接近。

② "鐙"本來是豆形食器之名，典籍常見。"鋪"是一種淺盤、柄部（或稱圈足）鏤空的豆形食器，始見於西周中期，流行於西周晚期到春秋早期（參看朱鳳瀚：《中國青銅器綜論》，上海古籍出版社，2009 年，第 149 頁）。"錠"與"鐙"在《説文》中互訓，在燈具自名中也頗爲常見，但器名"錠"在漢代以前典籍中罕見。一件春秋晚期銅豆自名爲"行鉦"（吳鎮烽：《商周青銅器銘文暨圖像集成續編》，上海古籍出版社，2016 年，第 2 卷 304 頁 530 號），這個"鉦"字應該就是"錠"字異體（與樂器名"鉦"是同形字）。

③ 孫機：《摩羯燈——兼談與其相關的問題》，《文物》1986 年第 12 期，第 75 頁。參看孫機：《漢代物質文化資料圖説（增訂本）》，第 405 頁。

④ 劉釗：《馬王堆漢墓簡帛文字考釋》，第 339—340 頁。

孫機先生並未揭示燈炷爲何稱"燭"。結合昭通東漢墓銅燈中類似麻燭的燈炷，我們推測早期的燈具很可能就是用以承置麻燭的，燈炷實由麻燭演進而來。① 古代室內麻燭多用手執，但肯定也有將其固定在某處以取代手執的辦法，桓譚《新論》中有"余見其旁有麻燭，而炪垂一尺所""余嘗夜坐飲內中，然麻燭。燭半壓欲滅，即自勑視……"等內容，置於人旁的麻燭或燭燼垂下一尺多而沒有及時打理、或等到快滅時才發現其燃燒不完全，可見其並非執於手中。上文曾引到唐人所述灌以脂膏、飴蜜的製作庭燎之法，這種給竹木類添加脂膏等物以助燃的做法由來已久，如《史記·田單列傳》所記牛尾炬即"灌脂束葦於尾"，古代的麻燭當亦有"灌以脂膏"一類的改進，使用這種麻燭時其脂膏容易流淌，顯然不便手執，需將其置於容器之上，進而由此演進出以燈盤、燈炷、脂膏等爲基本構成的燈具。這一演進使麻蒸由主要燃料轉變爲引燃物，脂膏由助燃物轉變爲主要燃料。

由於燃料的改進，燈具比麻燭有更好的燃燒性能和照明程度，但在使用過程中要不斷增添燃料、修治或更換燈炷（如《新論》："燈燭盡，當益其脂，易其燭。"），同樣需人矚視、照看，與麻燭的基本特點相同。因此燈具還有一些與"麻燭"結構相同的名稱，除了見於上文引文的"膏燭"外，典籍中還有"脂燭"②、"脂火"③等。有時燈具還可以直接稱"燭"，如燈具銘文"曲成家行燭一"、鐙下承盤銘文"車宮銅丞（承）燭槃（盤）"。④

---

① 考古發現的那些燈盤中有支釘的燈具所用的燈炷，除了與麻蒸類似者外，還有其他形制的，如廣西合浦風門嶺一座西漢後期墓中出土行燈的"支釘上殘存有燈芯，燈芯爲三股絞纏而成，下部開叉搭在燈盤中吸油之用。燈盤內還有油料的殘餘"（廣西壯族自治區文物工作隊、合浦縣博物館編著：《合浦風門嶺漢墓：2003—2005年發掘報告》，科學出版社，2006年，第29頁），這種燈炷屬軟燈炷，當由麻蒸類的硬質燈炷演進而來。燈盤中沒有支釘、或這一部分不是尖釘形的燈具也用軟燈炷（孫機：《漢代物質文化資料圖說（增訂本）》，第405頁）。軟燈炷更適用於液體燃料，且不需要頻繁更換，爲後世以植物油爲燃料的油燈一直沿用。

② 見《東觀漢記·和熹鄧皇后傳》："晝則縫紉，夜私買脂燭讀經傳。"又《孔奮傳》："四時送衣，下至脂燭。"《論衡·幸偶》："俱之火也，或爍脂燭，或燔枯草。"《三國志·吳書·韋曜傳》："窮日盡明，繼以脂火。"《漢語大詞典》釋曰："古人用麻蕡灌以油脂，燃之照明，是爲脂燭。"（羅竹風主編：《漢語大詞典》，上海辭書出版社，2008年，第6卷第1250頁）恐不確，上引《論衡·幸偶》句所在一段專論事物的幸與不幸，其所舉之物的遭遇均以幸者在前、不幸者在後，"脂燭""枯草"之比與《淮南子》"膏燭""廬燭"之比近似，唯枯草比廬燭更爲下矣。又《淮南子·繆稱》："膏燭以明自鑠。"其義與"爍脂燭"類同，更可證"脂燭"與"膏燭"均指膏而言。《漢語大詞典》第6卷第1365頁又釋"膏燭"爲蠟燭，亦不確。

③ 見桓譚《新論》："余後與劉伯師夜爇脂火坐語，鐙中脂索，而炷燋禿，將滅息……"古代亦稱燭爲火，參看尚秉和：《歷代社會風俗事物考》，第164頁。

④ 牟華林、鍾桂玲：《漢金文輯校》，第215頁、219頁。

"炷"字較爲晚出,古人造出與"燭"音近的"炷"字來專門表示燈炷義,當是爲了與一般意義的"燭"相區别。《説文·丶部》:"🝆,鐙中火主也。从𡈼,象形,从丶,丶亦聲。"徐鉉注:"今俗别作炷,非是。"段玉裁注:"主、炷亦古今字。"徐鉉、段玉裁均信從《説文》以"主"爲"炷"的象形初文。上引孫機先生文説"主字後亦作炷,指燈芯",也贊同此説,不過他又根據"主"字的篆形認爲"主"本來指燈盤中的支釘。今按,"主"字《説文》篆形與秦文字"主"字作🝆、🝆、🝆等形相合,①但《説文》對其字形的分析並不可靠。燈具由豆類食器轉化而來,如依《説文》認爲"𡈼"爲象形,那麽其所象應爲豆形,但古文字中找不出寫作"𡈼"形的"豆"字,也未見類似的演變。一般認爲燈具出現於春秋時期,這時候大概不會爲其字新造一個象形字,"主"字的字形當另有來源。② 文獻中並無表示燈炷義的"主"字,《説文》以爲其本義爲"鐙中火主",後人以之爲"炷"的古字,恐怕都是靠不住的。

　　這裏附帶談一談信陽長臺關楚墓遣策中一般認爲與燈具有關的名稱。

　　長臺關一號楚墓2-014號竹簡記有"一柔🝆之䇞",李家浩先生釋讀爲"一承燭之盤",認爲"承燭之盤"即漢車宫承燭盤銘文所説的"承燭樂",簡文所記是墓中出土與漢車宫承燭盤形制相同的"空柱陶盤"(引者按:見表1第3號)。③ 此説得到不少學者的贊

---

① 參看王輝主編:《秦文字編》,中華書局,2015年,第785—787頁。齊文字的"主"作🝆、🝆等形之字,舊皆釋爲"王",張政烺先生曾改釋爲"主"(張政烺:《"平陵壓导立事歲"陶考證》,《張政烺文史論集》,中華書局,2004年,第46—57頁),後來劉釗先生仔細排比齊文字中此字與"王"字的字形,重申張先生釋"主"之説(劉釗:《齊國文字"主"字補證》,《書馨集——出土文獻與古文字論叢》,上海古籍出版社,2013年,286—304頁),得到裘錫圭先生的支持(裘錫圭:《齊量制補説》,《中國史研究》2019年第1期,第10—12頁)。齊文字"主"之字形與上舉秦文字以及《説文》的"主"字有一些區别,如後者與豎筆頂端相接的曲筆的弧度較大、前者弧度較小(不過較晚的秦漢文字中這一曲筆已變爲橫筆);後者中部的橫筆居中,而前者則靠上,與"王"字的這一筆類似。齊文字的"主"字目前只見於戰國時期陶量上的量名之前,裘錫圭先生指出量名前有"主"字的齊量的時代緊接於量名前有"公"字的齊量之後,是田齊新量的量器,量名前的"主"字與"君主"之義有關(裘錫圭:《齊量制補説》,第25—26頁)。我們懷疑齊文字的"主"字是故意寫得與"王"字相近的。

② 現在多數學者認爲秦文字與《説文》"主"字之形是由神主的象形字"🝆"演變而來,這種説法並不可信。秦文字"主"字字形中與豎筆頂端相接之筆有明顯的弧度,較晚的字形中這一曲筆變爲橫筆,而神主之"主"與之對應的這一筆從甲骨文到戰國文字都是作直筆的。如果認爲秦漢文字的"主"由神主之"主"變來,那麽這一筆就經歷了"直筆—曲筆—直筆"這種特異的演變過程,不符合字形演變規律。也有學者釋甲骨文中其他字爲"主"(參看季旭昇:《説文新證》,藝文印書館,2014年,第424—425頁),從字形上看亦難以信從。秦文字"主"之來源仍待研究。

③ 李家浩:《信陽楚簡"澮"字及从"㸚"之字》,第203頁。

同。但是車宫承燭盤的器形爲☉，盤中並無柱，與"空柱陶盤"形制不同。漢代燈具有不少帶承盤的，①這些盤與"車宫承燭盤"一樣都没有柱，是平底的。漢代的熏爐也多見帶類似承盤者，②《夢溪筆談》對熏爐承盤的功用有説明："又古銅香鑪多鏤其底，先入火於鑪中，乃以灰覆其上，火盛則難滅而持久，又防鑪熱灼席，則爲盤薦水，以漸其趾，且以承灰炕之墜者。"③燈具下的承盤當也具有類似的降温、保持衛生等功用。信陽楚墓所出的"空柱陶盤"盤中有柱，顯然不適於承放燈具，不能與承燭盤牽合。

　　遣策文字中的"槃"字，李家浩先生認爲是"盤"字異體，不過也有學者認爲其上部的"舟""凵"爲聲符，懷疑此字爲具有地方特色的"舟"字，指一般意義上的盤。④ 不管"槃"字如何釋讀，對於其所指的器物是盤這一點，學者並無分歧。"𤈦"字左上李先生原隸定爲"月(肉)"，將此字分析爲從火、𧈽聲，認爲是"膏燭"之"燭"的異體。劉國勝根據此字紅外綫圖像 將其左上隸定爲"它"，仍從李先生括注爲"燭"，但對字形結構没有説明。⑤ 他大概是把"蜀"看作聲旁，把"它""火"看作形旁，但"它"何以作"燭"的形旁，似乎不太好解釋。如果仍從李先生將此字分析爲上下結構，則其聲旁爲從未見過的從"它""蜀"聲之字，頗覺怪異。

　　我們認爲此字當析分爲"燭""它"兩部分。上博簡《容成氏》簡2有上下結構的"燭"字作 （ ）⑥，"𤈦"字應該就是在這種寫法的"燭"字上增加"它"旁而來，可分析爲從燭、它聲，疑即"炧"字異體。《説文》："炧，燭㶳也。從火、也聲。"《説文》分析爲從"也"聲的字，在古文字中本來是從"它"的，這是大家都熟知的。"炧"字見於馬王堆帛書《陰陽十一脈灸經乙本》和張家山漢簡等，正從"它"作。⑦ "炧"是火燭燃燒後産生的

---

① 麻賽萍：《漢代燈具研究》，第29—43頁。
② 孫機：《漢代物質文化資料圖説(增訂本)》，第413—419頁。
③ 沈括撰，金良年點校：《夢溪筆談》，中華書局，2015年，第300頁。
④ 田河：《出土戰國遣册所記名物分類匯釋》，第57頁。
⑤ 劉國勝：《楚喪葬簡牘集釋》，第6頁、第27頁注120。該字紅外綫圖像見武漢大學簡帛研究中心、河南省文物考古研究所編：《楚地出土戰國簡册合集(二)》，文物出版社，2013年，圖版86頁。
⑥ 滕壬生：《楚系簡帛文字編(增訂本)》，第872頁。
⑦ 陳松長編著：《馬王堆簡帛文字編》，文物出版社，2001年，第404頁；邱玉婷：《張家山漢簡文字編》，復旦大學碩士學位論文(指導教師：劉釗教授)，2015年，第684頁。同樣的字形也見於睡虎地77號西漢墓出土的《市販律》，是與布、絲、脂、膏等並列的販賣的商品，整理者括注爲"炧?"，認爲其義待考(熊北生、陳偉、蔡丹：《湖北雲夢睡虎地77號西漢墓出土簡牘概述》，《文物》2018年第3期，第49頁)。王挺斌先生已指出炧與炭意義相關(王挺斌：《説睡虎地77號西漢墓〈市販律〉之"炧"》，簡帛網，2018年4月21日，http://www.bsm.org.cn/show_article.php?id=3058)，《市販律》中的炧當即指炭而言。

灰燼,其字以"燭"爲形旁是合理的。馬王堆帛書《陰陽十一脈灸經甲本》的"炧"字從炭、它聲,也同樣是形旁不同的異體。① 麻燭在使用過程中產生的燭燼需要及時清理,已見上文所引《管子·弟子職》,"承炧之槃"當與《弟子職》中"捧椀以爲緒"之"椀"同爲盛納燭燼的器物,或許就是燈下承盤。長臺關一號墓出土有六件平底盤,其中陶盤兩件,出於左後室(高 4 cm,口徑 27.4 cm);②帶環銅盤四件,兩件口徑較大者出於左後室(高 10.9 cm,口徑 48.6 cm),另兩件出於前室(高 6.2 cm,口徑 30.5 cm)。③ 遣策記載的"槃"有"一槃"(2-01)、"二沫槃,一浣槃,一匜"(2-08)、"一沫槃,一承炧之槃"(2-014),同樣是六件。兩件較大的銅盤出土時重疊放置,盤中還盛有匜、提梁壺、銅筲,這兩件盤當即"二沫槃";另外兩件形制與之相同的銅盤當是簡 2-014 的"一沫槃"與簡 2-08 的"一浣槃"。簡 2-01(記陶器與木器)的"一槃"和簡 2-014 的"一承炧之槃"應該是左後室出土的兩件陶盤。

五

接着再來説一説"蠟燭"。

我國古代較早使用的蠟爲蜂蠟(也稱蜜蠟、黄蠟),起初跟膏、脂一樣,在燈盤中融化之後用作燈具的燃料,後來才有可直接引燃的柱狀蠟燭。孫機先生對此有很好的介紹:

> 漢代燃燈還可用蠟。《潛夫論·遏利篇》説:"知脂蠟之可明鐙也。"出土的漢燈中有的尚殘留燈蠟。解放前商承祚在《長沙古物聞見記》中説:"漢墓偶有黄蠟餅發現","豈以之代膏邪?"解放後,在長沙楊家大山 401 號、沙湖橋 A45 號漢墓中,均於銅燈内發現殘蠟,可以作爲以蠟代膏之證(原注:見《長沙發掘報告》第 115 頁;《長沙沙湖橋一帶古墓發掘報告》,《考古學報》1957 年第 4 期)。晋·范堅《蠟燈賦》中描寫過這種燃蠟的燈:"列華榮,鑠凝蠟。浮炷穎其始燃,秘閣於是乃闓。"(《藝文類聚》卷八〇引)。可見蠟燈内的蠟是融化後作爲油膏使用的。至東漢晚期,在廣州漢墓中最先出現燭臺(90-4)。説明細長柱狀的蠟燭這時已進入照明用品的行列之中了。④

---

① 陳松長編著:《馬王堆簡帛文字編》,第 409 頁。"炧"與"炭"意義相關,參上注。
② 河南省文物研究所:《信陽楚墓》,文物出版社,1986 年,第 47 頁。
③ 同上注,第 50 頁。
④ 孫機:《漢代物質文化資料圖説(增訂本)》,第 412 頁。

目前發現的最早的蠟燭實物出於南京江寧一座三國孫吳時期的墓葬，殘存半截，插於瓷辟邪形（或稱"獅形"）燭臺之上。① 由此來看，認爲蠟燭在東漢晚期就已出現是合理的。② 廣州漢墓出土了三件盤中立長柱的陶製燭臺，分別出自三座規模較大的東漢後期墓葬中，可分爲兩種類型，一種是柱托型燭臺，在柱旁設置托和箍以插燭；一種是管狀燭臺，其柱的上半中空，用以插燭。③ 這兩種類型的燭臺在魏晋南北朝時期都繼續使用，管狀燭臺一直到隋唐乃至宋元都頗爲流行，其造型更爲多樣，插燭的管也可以有多隻，明清時期則多見立釬式的燭臺，④這可能與當時蠟燭由硬度較高、燃燒性能較好的白蠟製成有關。⑤

文獻中"蠟燭"之稱最早見於南朝劉義慶的《世説新語》，如卷三十《汰侈》："石季倫用蠟燭作炊。"又卷六《雅量》："周仲智……舉蠟燭火擲伯仁。"此事《晋書·周顗傳》記作："（顗）以所燃蠟燭投之。""蠟燭"這一名稱的結構與"麻燭""膏燭"等相同，是指以蠟爲燃料的"燭"。蜂蠟的熔點較低，其燃燒過程中容易軟化和滴淌蠟液，使用時當然需要矚視、照管；有些柱托型燭臺的托可以上下調節，⑥顯然是要隨着蠟燭燃燒變短而調節高度，以保持照明效果，這更能體現其需要矚視、照管的特點；蠟燭燒完之後同樣需要更續，只不過不必像麻燭那樣頻繁；並且蠟燭的外形及其與燭臺的組合分別與麻燭、燈具類似，當有演進關係，稱其爲"燭"是很合適的。

此外，蠟燭還有不少異稱。一般認爲是東晋葛洪所編的《西京雜記》載："閩越王獻高帝石蜜五斛、蜜燭二百枚。"古代的蠟爲蜜蠟，"蜜燭"與"蠟燭"同義，其以枚爲單

---

① 南京市博物館、南京市江寧區博物館：《南京江寧上湖孫吳、西晋墓》，《文物》2007 年第 1 期，第 41 頁。另外，河南陝縣一座唐墓也曾出土兩隻表面繪有黑、綠兩色的梅花圖案的蠟燭，其中較爲完整的一隻長 43 cm，直徑 5.5 cm（河南省文物研究所：《陝縣唐代姚懿墓發掘報告》，《華夏考古》1987 年第 1 期，第 131 頁）。
② 西漢南越王墓出土屏風上的蟠龍形托座和朱雀形、獸首形頂飾均有管形插座，在初步報告中被誤認成燈具（參看麥英豪等《南越王墓出土屏風的復原》，廣州市文物管理委員會等編：《西漢南越王墓》，文物出版社，1991 年，第 433—451 頁）。有一些研究燈具的學者沒有注意到正式報告的説明，認爲這些器物就是燭臺，用以證明西漢初期已有蠟燭，與下文所引《西京雜記》所載南越王獻蜜燭事牽合，是不可信的。
③ 中國社會科學院考古研究所等編：《廣州漢墓》，文物出版社，1981 年，上冊第 412 頁。報告還提到 1959 年發掘的一處東漢殘磚墓中出土的一件由柱和獸座兩部分組成的燭臺，其柱上共有四套圓箍。
④ 參看孔晨、李燕編著：《古燈飾鑒賞與收藏》，第 98—168 頁；徐巍《中國古代陶瓷燈具研究》，《文物世界》2004 年第 1 期，第 41—51 頁。
⑤ 張磊：《中國古代燈具形制和照明燃料演變關係考》，《南京藝術學院學報》2009 年第 6 期，第 191—193 頁。
⑥ 孔晨、李燕編著：《古燈飾鑒賞與收藏》，第 103 頁。

位,當亦是長柱狀。但《西京雜記》多爲小説家言,其所記之事不一定可信,俞樾即已指出:"《西京雜記》雖有閩越王獻高帝蜜燭事,然雜記所言本非可據。"① 不過這則資料至少可以説明東晉已有"蜜燭"這一名稱。唐代詩文中除了大量出現的"蠟燭"之稱(或作"蠟燭",見上文所引孔穎達疏)外,還有"蠟炬""炬蜜"之稱("炬蜜"即"蜜炬"之倒文),又簡稱爲"蠟""燭"。② "蠟燭""蠟""燭"這些名稱一直沿用至今。

六

最後,結合本文的主要内容對古代"燭"的得名原因及其源流進行一下梳理。

蔣玉斌先生所釋甲骨文的"獨"字,當從陳劍、郭永秉先生説改釋爲"瞩",其字象突出目形的挂杖人形,表示長時間瞩視之義。陳漢平先生所釋甲骨文的"燭"字,字形象突出目形之人手持工具瞩視、照管火種,其上部突出目形的持杖人形即"瞩"字,兼起表音作用。從甲骨文來看,"燭"的本義是需要瞩視、照看的火,或前後相屬、不斷增續的火。古代照明用具燎、麻燭、燈具、蠟燭等也有需要瞩視、不斷增續的特點,故皆有以"燭"爲中心語的名稱。燎樹立於地且形制較大,故稱"地燭""大燭"。先秦典籍中不加修飾和限定的照明用具"燭"指手執的火炬,又有在"燭"前標明燃料的"麻燭""蕡燭"等名。燈具可能在春秋時期出現,由食器豆轉化而來,燈炷係由麻燭演進,戰國及漢代出土文獻中多見"燭"加中心語豆類器名的燈具名稱,這類名稱中的"燭"指燈炷;典籍中燈具又有與"麻燭"結構相同的、標明其燃料的"膏燭""脂燭"等名稱。蠟燭至遲在東漢晚期已出現,當由麻燭、燈具演進而來,"蠟燭"之名的結構與"麻燭""膏燭"相同,指以蠟爲燃料的"燭"。

2019 年 5 月 12 日修訂
2019 年 10 月 14 日再改

附識:本文由 2015 年 1 月完成的一篇習作改寫而成,承裘錫圭、陳劍、郭永秉、蔣玉斌諸位先生審閲並提出修改意見,作者十分感謝。

---

① 俞樾撰,貞凡、顧馨、徐敏霞點校:《茶香室叢鈔》,中華書局,1995 年,第 738 頁。
② 參看冉萬里:《唐代蠟燭小考》,《人文雜誌》1994 年第 1 期,第 97 頁。

讀《中國出土青銅器全集》瑣記*

謝明文

《中國出土青銅器全集》[①]（下文簡稱《全集》）全書共 20 卷，收録先秦與漢代青銅器 5 000 餘件，資料非常豐富。《全集》雖以著録器形爲主，但同時也著録了不少金文資料，它的出版無疑會推進中國青銅器、金文以及古代史等方面的研究。《全集》著録的金文絶大部分之前已發表，但也有少部分係首次著録，有的金文資料雖然之前已發表，但拓本遠不如《全集》所録的清晰。下面我們簡單介紹幾則《全集》中新著録的資料或銘文拓本較清晰者，並略作討論，希望此文能夠起到抛磚引玉的作用。

一、叔趠父卣（2.60[②]）

《集成》05428、05429 著録了兩件叔趠父卣的蓋銘與器銘，《集成（修訂增補本）》在 05428 備注中指出 05428 器銘與 05429 重出，[③]《銘圖》13341、13342 分別即《集成》05428、05429,《銘圖》認爲《集成》05429.2 係重出器銘，因此《銘圖》13342 僅著録蓋銘（《集成》05429.1），未録器銘，在其備注中認爲"器銘未發表拓本"。[④] 比較拓本，《集

---

* 本文受到國家社科基金青年項目"商代金文的全面整理與研究及資料庫建設"（項目編號 16CYY031）的資助。
① 李伯謙主編：《中國出土青銅器全集》，科學出版社、龍門書局，2018 年。
② 指《全集》第 2 册第 60 號器，下皆仿此，不再説明。
③ 中國社會科學院考古研究所：《殷周金文集成（修訂增補本）》第 4 册，中華書局，2007 年，第 3509 頁。
④ 吴鎮烽：《商周青銅器銘文暨圖像集成》第 24 卷，上海古籍出版社，2012 年，第 308 頁、311 頁。

成》05428.2 與 05429.2 顯然是同一銘文的不同拓本，到底是《集成》05428.2 係 05429.2 的誤置而重出，還是《集成》05429.2 係 05428.2 的誤置而重出，這一問題根據舊有資料難以解决。

《全集》2.60 著録了一件河北元氏縣東張鄉西張村出土的叔趯父卣的器形彩照與一處銘文彩照，但並未説明這處銘文是蓋銘還是器銘。比較可知，它與《集成》05428、05429 蓋、器共四處銘文皆不同，但河北元氏縣東張鄉西張村西周墓僅出土兩件叔趯父卣，又《集成》05428.2 與 05429.2 是同一銘文的不同拓本，因此《全集》2.60 應該是《集成》05428 或 05429 某一器的器銘，比較《全集》2.60 與《銘圖》13341、13342 所録兩件卣的器形以及尺寸等資料，可知《全集》2.60 應係《集成》05428、《銘圖》13341 這一件叔趯父卣的器銘，這樣亦可推知《集成》05428 器銘實係 05429 器銘的誤置而重出。也就是説《集成》05428.1 與《全集》2.60 是同一件叔趯父卣的蓋銘與器銘，《集成》05429.1 與《集成》05429.2 是同一件叔趯父卣的蓋銘與器銘，可知《銘圖》13341、13342 對銘文的著録是有誤的。

二、伯𠭯律簋（3.177、178）

《全集》3.177、178 著録了兩件伯𠭯律簋，兩器皆蓋、器同銘，①《全集》（第 200、202 頁）釋文作"伯㐌肇作寶用宿夜康于宗"。3.178 其中一處銘文曾著録於《美好中華——近二十年考古成果展》，②我們曾據之認爲"用"後兩字當釋作"廟（朝）夜"，並指出"朝夜"一詞，已發表金文中僅見於此，傳世古書中亦稀見，伯𠭯律簋此例可爲辭書的編纂提供新的詞條及辭例。而"夜"後之字，我們根據《美好中華——近二十年考古成果展》著録的彩照作" "形，認爲它有釋"庚""羞"兩種可能。③《全集》3.178 著録的另一處銘文以及《全集》3.177 兩處銘文中較清晰的那一處中與之相當之字分别作" "" "形，顯然是"康"字，由此反觀" "形當以釋"庚"爲是，出土文獻中"庚"常用作"康"，簋銘此處異文當看作係音近通假。

---

① 後出的《山西珍貴文物檔案（8）》（山西省文物局編，科學出版社，2019 年，第 54—55 頁）亦著録了這兩件伯𠭯律簋，但每件簋僅著録其中一處銘文。
② 首都博物館編：《美好中華——近二十年考古成果展》，文物出版社，2017 年，第 82 頁。
③ 謝明文：《伯𠭯律簋銘文小考》，《商周金文與先秦史研究論叢》，科學出版社，2019 年，第 14—21 頁。

三、仲韎父簋(3.183)

出土於山西絳縣橫水墓地 M2165 的仲韎父簋器、蓋同銘,《全集》(第 210 頁)公布了其銘文照片,①其釋文作"仲□父作寶命簋四"。"父"前之字,蓋銘、器銘分別作"[圖]""[圖]",這是金文中出現的新字形,它顯然是甲骨文中"[圖]""[圖]"等形的異體,當釋作"韎"。值得注意的是,甲骨文"韎"字中"韋"旁中間從"○"形,此係表示城邑的"□"形演變而來。簋銘"韎"字中"韋"旁中間從類似"帀"形。金文中單獨的"韋"以及以之爲偏旁的"韐""韍"等字,其中"韋"形既有從"○"形之例,亦有從類似"帀"形之例。金文中"衛"字,既有從"○"形之例,亦有大量從類似"帀"形之例。從目前已發表相關資料看,"韋"以及"衛"等相關諸字從類似"帀"形之例出現的時間一般不會早於西周中期,聯繫相關字形,可知類似"帀"形部分實應是由"方"形訛變而來。《説文》:"衛,宿衛也。從韋、帀、從行。"衛伯須鼎(《銘圖》02002)"衛"作"[圖]",底部"止"形下作近似"帀"形,此類形即《説文》從"帀"之"衛"所本。這類寫法的"衛"應看作從"○"形之"衛"與從"帀"形("方"形訛變而來)之"衛"兩種異體的糅合。遣小子𣪕簋(《集成》03848)"[圖]",舊一般隸作"𩵢",聯繫衛伯須鼎"衛"字以及"韋"字既有從"○"形之例,亦有從類似"帀"形之例,遣小子𣪕簋"𩵢"顯然宜看作"韋"的兩種異體的糅合。

從"韋""衛"的相同變化來看,我們贊成"韋""衛"在早期應該共用過同一字形,即在表示城邑的"□"周圍有"止"環繞之形,既可以看作"韋"字,也可以看作"衛"字。也就是説,如果"止"代表的人與城邑是敵對關係,表示人包圍城邑,那就是"韋"字,亦即"圍"字初文。如果"止"代表的人與城邑是同一方,表示人保衛城邑,那就是"衛"字。

簋銘所謂"命"字,原作"[圖]""[圖]","卩"形左下顯然有兩橫筆,又考慮此簋是西周器,我們認爲上述兩形左側的兩小筆是由銅餅之形演變而來的,作爲表義偏旁,它與"金"相當,此類現象金文中習見,此不贅述。因此該字可徑釋作"鈴"。"鈴"是"簋"的修飾語。金文中,器名修飾語往往與功用相關,但也有與形制、紋飾相關者。如史述鼎(《銘圖》01641、01642)器形是方鼎,其銘"史述作寶方鼎"之"方"顯然是就形制而言。網上流傳的山西曲村出土的格(霸)公方鼎銘文中的"金方鼎"即"方鼎"。九如園所藏的一件甗器形是方甗,銘文中有"旁甗"一語,葛亮先生讀"旁"爲"方"。② 霸伯簋

---

① 簋銘彩照亦見於後出的《山西珍貴文物檔案(8)》(第 62 頁)。
② 葛亮:《九如園藏方甗銘文考釋》,《商周金文與先秦史研究論叢》,科學出版社,2019 年,第 159—168 頁。

銘文中的"山簋"一語，付强先生、李零先生皆指出"山"是指簋蓋的山峰形以及簋上面的山形紋。① 晉侯壺"華（花）壺"一語，李零先生認爲該壺蓋是由八個鏤孔山形鈕圍成一圈，好像八瓣蓮花，"華（花）壺"即指此而言。② 他們的説法皆可從。楚王鼎（《集成》02479，《銘圖》01980）、郘慶鼎（《銘圖》01947）銘文中皆有"匜鼎"一語，"匜"是指這些鼎有流，在形制上具有"匜"的特徵。仲枏父壺（《銘圖》12301）③ "旁壺"一語，我們認爲"旁"應讀爲"方"。④ 此壺造型較特殊，垂腹特徵明顯，接近方形，"旁壺"即指此而言。晉侯對鼎（《銘圖》02332）"晉侯對作鑄尊𩰫鼎"之"𩰫"，研究者或讀作"復"，周亞先生認爲"𩰫鼎"是無耳鼎的專名。⑤ 陳英傑先生認爲應讀爲"鍑"，是指該鼎深腹、圓底、無耳的特徵。⑥ "𩰫"字見於甲骨文、金文，它本是"腹"的形聲字，《合》⑦5373、《花東》⑧240、《花東》241 以及史牆盤之"𩰫"皆用作"腹"，實屬本用。⑨ 我們認爲晉侯對鼎"𩰫"亦是本用作"腹"。從器形看，晉侯對鼎腹部特深，我們認爲"腹鼎"應是就該鼎"深腹"這一顯著的外形特徵而言。十四年陳侯午敦（《集成》04646，《銘圖》06077）"鈠敦"之"鈠"，徐中舒先生認爲"奥有坳坎窊下之意"，"此器合兩半圜器而成，半圜器正象坳坎窊下之形"。⑩ 何琳儀先生認爲："讀腴。《説文》'腴，腹下肥也。從肉，臾聲。'錞形制渾圓，鈠疑就其形制而言。"⑪陳劍先生疑"鈠"可徑讀爲"窊"。⑫ 幾位先生雖然具體讀法有別，但皆認爲"鈠"與形制有關，可信。據《全集》所錄器形及其介紹，可知仲枏父

---

① 付强：《談談霸伯山簋的自名和青銅器中舊稱所謂的波曲紋》，復旦大學出土文獻與古文字研究中心網站，2018 年 4 月 28 日。http://www.gwz.fudan.edu.cn/web/show/4245。李零：《山紋考——説環帶紋、波紋、波曲紋、波浪紋應正名爲山紋》，《中國國家博物館館刊》2019 年第 1 期，第 79—93 頁。
② 李零：《山紋考——説環帶紋、波紋、波曲紋、波浪紋應正名爲山紋》。
③ 《山西珍貴文物檔案(8)》(山西省文物局編，科學出版社，2019 年，第 125 頁)著録有器形與蓋銘彩照。
④ 金文中"旁"用作"方"多見，除了前引九如園"旁甗"之例，還見於者減鐘（《集成》00197）、曾侯與鐘（《江漢考古》2014 年 4 期）、亡智鼎（《集成》02746）、梁伯戈（《集成》11346）、秦政伯喪戈（《銘圖》17356、17357）等。
⑤ 周亞：《館藏晉侯青銅器概論》，《上海博物館集刊》第 7 期，1996 年，第 34 頁。
⑥ 陳英傑：《西周金文作器用途銘辭研究》，綫裝書局，2008 年，第 146 頁注 5。
⑦ 郭沫若主編：《甲骨文合集》，中華書局，1978—1982 年。
⑧ 中國社會科學院考古研究所編：《殷墟花園莊東地甲骨》，雲南人民出版社，2003 年。
⑨ 謝明文：《説腹、䏶》，《甲骨文與殷商史》新五輯，上海古籍出版社，2015 年，第 94—99 頁。收入同作者：《商周文字論集》，上海古籍出版社，2017 年，第 47—54 頁。
⑩ 徐中舒：《陳侯四器考釋》，《中研院史語所集刊》第三本第四分，1933 年，第 479—482 頁。收入《徐中舒歷史論文選集》上冊，中華書局，1998 年，第 405—409 頁。
⑪ 何琳儀：《戰國古文字典——戰國文字聲系》，中華書局，1998 年，第 376 頁。
⑫ 陳劍：《甲骨金文用爲"遊"之字補説》，《出土文獻與古文字研究》第 8 輯，上海古籍出版社，2019 年，第 21 頁。

簋外底吊一銅鈴，我們認爲該簋"鈴簋四"之"鈴"顯然也是就其形制而言，"鈴簋"指系吊有銅鈴的簋。這又爲器名修飾語與形制、紋飾對應關係提供了新的例子。以上這些例子提醒我們在以後的研究中，應該對器名修飾語與器形、紋飾的關係加以重視。

四、者兒盤（4.244）、者兒盉（4.252）

《全集》著録了山西省絳縣橫水墓地 M1005 出土的一件銅盤與一件銅盉銘文彩照，《全集》將它們分別釋作"□□作寶盤，子子孫孫其萬年永寶用"（第 292 頁）、"□□作寶盉，子子孫孫其萬年永寶用"（第 300 頁）。銅盉銘文彩照曾著録於《美好中華——近二十年考古成果展》，該書釋文作"榮□作寶盉子子孫孫其萬年永寶用"。① 銅盤與銅盉銘文彩照後又著録於《山西珍貴文物檔案（8）》，② 不過該書將盤銘倒置。盉銘首字，《美好中華——近二十年考古成果展》《全集》《山西珍貴文物檔案（8）》所録彩照分別作"▨""▨""▨"，當是"者"字。盉銘"者"下一字，《美好中華——近二十年考古成果展》《全集》《山西珍貴文物檔案（8）》所録彩照分別作"▨""▨""▨"，當是"兒"字。盤銘前兩字雖不是特別清晰，但從字形輪廓以及銅盤與銅盉同出一墓來看，盤銘前兩字必是"者兒"。銅盤與銅盉可分別定名爲者兒盤、者兒盉，它們應屬於器主的一套水器。以"者兒"爲人名者，亦見於者兒觶（《集成》06479，《銘圖》10610）、者兒戈（《銘圖續》1255），或將觶銘"者"讀爲"諸"，完全没必要。周代金文中以"某兒"爲名者，另有"此（？）兒"（此兒昶朝簋，《銘圖》04806—04807）、"有兒"（有兒簋，《銘圖》05166）、"庚兒"（庚兒鼎，《銘圖》02325—02326）、"射兒"（彭子射兒鼎，《銘圖》02264；彭子射兒鼎，《吉金墨影》③第 89 頁；彭子射兒鼎，《吉金墨影》第 93 頁；彭子射兒簋，《吉金墨影》第 135 頁④；彭子射兒簋，《吉金墨影》第 137 頁⑤）、"媪兒"（媪兒盞，《銘圖》06063）、"薦兒"（薦兒缶，《銘圖》14088）、"寬兒"（寬兒鼎，《銘圖》02335；寬兒缶，《銘圖》14091—14092）、"仲瀕兒"（仲瀕兒盤，《銘圖》14504；仲瀕兒匜，《銘圖》14975）、"羅兒"（羅兒匜，《銘圖》14985）、"僕兒"（僕兒鐘，《銘圖》15528—15531）、"裹兒"（裹兒鎛，

---

① 首都博物館編：《美好中華——近二十年考古成果展》，第 95 頁。
② 山西省文物局編：《山西珍貴文物檔案（8）》，第 135、141 頁。
③ 劉新、劉小磊：《吉金墨影——南陽出土青銅器全形拓》，河南美術出版社，2016 年。《銘圖》02264 與《吉金墨影》第 89 頁著録的彭子射兒鼎銘文應屬於同一器的蓋銘與器銘。
④ 《吉金墨影》第 141 頁著録的與第 135 頁著録的銘文重出。
⑤ 該簋蓋、器同銘，《銘圖》05884 僅著録其中一處的銘文。

《銘圖》15805)、"沇兒"(沇兒鎛,《銘圖》15819)、"丁兒"(丁兒鼎蓋,《銘圖》02351)、"配兒"(配兒句鑃,《銘圖》15984—15985)、"宋兒"(宋兒鼎,《銘圖續》0162)、"羋兒"(夒膚簠,《銘圖續》0500)、"穀兒"(穀兒盞,《銘圖續》0524)等。① 上述諸器,只有此兒昶朝簠是西周晚期器,其他皆是春秋器。"此兒昶朝"之"此兒"②是否人名,研究者或許有不同意見。者兒盤、盃是西周晚期器,這為西周晚期人名"某兒"提供了確定無疑的新資料,説明東周時期"某兒"的稱名習慣淵源有自。"某兒"既可以稱呼男性,也可以稱呼女性,如"仲瀕兒"當是女性,"羋兒"據銘文"夒膚擇其吉金,爲羋兒鑄媵簠"來看,亦當是女性。

  "某兒"之"兒"主要表示的應是一種感情色彩而非具體的詞彙義。上引彭子射兒鼎、彭子射兒簠之"射兒"在同出銅器銘文中亦僅稱作"射"(彭子射鼎,《銘圖》01666、01667、《吉金墨影》第 95 頁;彭射缶,《銘圖》14057、《吉金墨影》第 179 頁;彭子射缶,《銘圖》14058;彭子射盤,《銘圖》14388;彭子射匜,《銘圖》14878)。仲瀕兒盤、仲瀕兒匜"仲瀕兒"在同出銅器銘文中亦僅稱作"仲瀕"(仲瀕兒瓶,《銘圖》14035)。僕兒鐘(《銘圖》15528)"余義楚之良臣,而乘之字(慈)父,余購(賴)乘兒"中的"乘兒"與"乘"當是同一人。這些皆可證人名"某兒"實即人名"某","兒"的有無並不影響人物的指稱。

五、𣄰甘臺鼎(5.123)

  𣄰甘臺鼎(《銘圖》02193)銘文中的首字,舊一般誤隸作"鄂"。《全集》(第 118 頁)不僅發表了該鼎銘的清晰彩照,也發表了迄今爲止最清晰的銘文拓本,並把首字改隸作"𣄰",此説可從。鼎銘清晰彩照曾著録於《濟南文物精粹·館藏卷》,③我們曾在 2018 年的一篇舊稿中據此亦將首字隸作"𣄰",認爲即《説文》"旤"字異體,指出金文方面的字編、字典類工具書,應增列一"𣄰(旤)"字頭。甲骨文中的"欪"亦當是"旤"字,"欪"與"旤"應是一語之分化。④

---

① 比兒鼎(《銘圖》00614)應係僞刻。易兒鼎(《集成》01991、《銘圖》01344)"易兒"似是人名。
② "此(?)"與"昶朝"可能是一名一字的關係。
③ 濟南市文物局、濟南市博物館、濟南市考古研究所:《濟南文物精粹·館藏卷》,文物出版社,2018 年,第 118 頁。
④ 謝明文:《釋"旤"》(《簡帛》待刊稿)。看校補記:此文已刊於《簡帛》第 20 輯,上海古籍出版社,2020 年,第 1—5 頁。

六、叔彪父簠(6.263)

《全集》6.263 著録了一件 1976 年山東臨沂市平邑縣平邑鎮蔡莊村春秋墓葬出土的簠，蓋、器同銘，《全集》（第 273 頁）釋文作"邾叔虢作杞孟□盟其萬年眉壽子子孫孫永寶用享"。"弔（叔）"前一字，據輪廓可釋作"䵼（邾）"。所謂"虢"，原作"▨""▨"，顯然是"彪"字，"彪"與"乍（作）"之間另有一"父"字。"孟""匜"之間有兩字，應釋作"辝（姒）䤲（饋）"。

《集成》集成 04592、《銘圖》05926 著録了一件 1976 年山東臨沂市平邑縣蔡莊春秋墓葬出土的叔虎父簠，《殷周金文集成引得》《集成（修訂增補本）》釋文作"是叔虎父乍（作）杞孟辝（姒）䤲（饋）簠，其萬年眉壽，子子孫孫，永寶用享"。①《銘圖》釋文作"□弔（叔）虎父乍（作）杞孟辝（姒）䤲（饋）匜（簠），其萬年䵏（眉）耆（壽），子₌（子子）孫₌（孫孫），永寶用亯（享）"。② 據銘文與出土地來看，此簠與《全集》所録之簠應是出自同一墓地且屬於同一器主的兩器。核查相關資料，同墓出土 4 件簠，《全集》《銘圖》共著録了其中的兩件。據《全集》所録之簠，可知所謂叔虎父簠"弔（叔）"前一字應釋作"䵼（邾）"，而"虎"字應改釋作"彪"，兩簠應定名爲"叔彪父簠"。

春秋早期銅器中，有一批杞伯每亡器，銘文大都言"杞白（伯）每亡乍（作）䵼（邾）孃（曹）+（修飾語）器名"，其意是講名叫每亡的杞伯爲出自邾國的曹姓女子作器（兩人很可能是夫妻關係），這是杞、邾兩國族之間交往的例子。兩件叔彪父簠前一句銘文是説邾國的叔彪父爲出自杞國的姒姓長女作簠（兩人也很可能是夫妻關係），這爲杞、邾兩國族之間的交往提供了新的材料。

七、曾子義行簠(7.124)

曾子義行簠（《銘圖》05854）蓋、器同銘，《銘圖》釋作"曾子義行自乍（作）飤匜（簠），子孫其永保用之"，認爲："蓋銘無'自'字，'其'字作'亓'。器銘殘缺'匜''子'和

---

① 張亞初：《殷周金文集成引得》，中華書局，2001 年，第 97 頁。中國社會科學院考古研究所：《殷周金文集成（修訂增補本）》第 4 册，第 2959 頁。
② 吴鎮烽：《商周青銅器銘文暨圖像集成》第 13 卷，第 210 頁。

'用'三字。"①《新收》1265將蓋銘"行"下之字釋作"乍",②《近出》519將蓋銘"行"下之字釋作"作"。③《全集》7.124僅著錄蓋銘,但所錄拓本較之前著錄者更爲完整清晰,蓋銘"行"下作"▨",顯然是"自"字,舊將它摹作"▨"釋作"乍"是錯誤的,而"自"下則奪"乍"字,可知《銘圖》所説有誤。

八、嬰同盆(7.127)

《全集》7.127(第129頁)著錄了一件出土於江蘇省邳州九女墩M3、現藏邳州市博物館的春秋銅盆,盆內底有銘文四行,共20字。《全集》未作釋文,盆銘個別文字不太清晰,我們試釋如下:"虘句郘之孫,陜④旨▨⑤之子,僅□⑥公之妻嬰同盥(鑄)用鍺。"

邳州市九女墩M6出土了一件攻吳王之孫鎣(《銘圖》14747),殘存文字作"……作爲鎣,攻吳王之孫……",九女墩M2出土的虘巢鎛(《銘圖》15783)有銘作"余攻王之玄孫","攻王"即"攻吳王",兩器皆言及吳王,由此可以肯定同出九女墩的嬰同盆之"虘句郘"與湖北穀城出土劍銘的"虘𫘤此郘"、浙江紹興魯迅路出土劍銘的"虘𬳿鄦(郘)"必是同一人,即吳王"句余"亦即"餘祭"。⑦

與嬰同盆同出一墓的徐王之孫鐘(《銘圖》15289)銘文中有一句研究者一般釋作"徐王之孫□凡乍"的話,但拓本中此數字並不清晰,如果"徐王之孫"舊釋不誤的話,我們認爲"僅□公"很可能係徐國後人,⑧如果此説可信的話,那麼嬰同盆銘文反映了吳、徐兩國通婚的歷史。

"用"後之字,原作"▨",我們暫釋作"鍺"。⑨《全集》稱此器爲盆,但目前的金文資料中,"盆"自名無作此形者,此銘爲青銅器自名研究提供了全新的材料。

---

① 吳鎮烽:《商周青銅器銘文暨圖像集成》第13卷,第111頁。
② 鍾柏生等編:《新收殷周青銅器銘文暨器影彙編》,藝文印書館,2006年,第884頁。
③ 劉雨、盧岩:《近出殷周金文集錄》第2册,中華書局,2002年,第420頁。
④ 原作"▨",左下還有殘筆。
⑤ 左从邑,右不識。
⑥ 原作"▨",左从邑,右不清晰。"僅□公"應與鍾離無關。
⑦ 參看董珊:《新出吳王餘祭劍銘考釋》,復旦大學出土文獻與古文字研究網站,2009年5月10日。http://www.gwz.fudan.edu.cn/Web/Show/784。
⑧ 他與鐘銘"徐王之孫"的關係有待進一步研究。
⑨ "金"下有兩短橫,不知是否要釋作"金鍺"二字,待考。

九、莽①父簋（10.261）

《全集》10.261 新著錄了一件出土於河南省平頂山應國墓地的西周銅簋，其銘文如下：

唯六月初吉甲午，莽父御于朕天君雁（應）氒（侯），迺易（錫）莽父馬乘、車、虎② 㡛、帠㡒③、䋣（鑾）、幸（雕）④轄，莽父敢（敢）對揚（揚）朕天君休命，用乍（作）朕皇且（祖）寶殷（簋），用旂（祈）黌⑤禱匄（眉）耉（壽）、永命，子₌（子子）孫₌（孫孫）用亯（享）。

"易"前之字原作"⬛"，顯然是"迺"字。虢叔旅鐘（《集成》00238—00244）銘文中有如下一段話：

旅敢肇帥型皇考威儀，淄（？祇？）御于天子，△天子多賜旅休，旅對天子魯休揚，用作朕皇考惠叔大林龢鐘。

其中△字有"⬛"（《集成》00238）、"⬛"（《集成》00240）兩類寫法，可分別隸作"卣""迺"，它們係一字異體。從目前的相關研究來看，研究者一般是將鐘銘此字直接釋作"迺"或看作是"迺"的訛字。我們曾指出虢叔旅鐘△字只能是"卣/迺"字而不可能是"迺"字之訛，它應是一個表承接關係的連詞，訓作"於是"，此種用法的"卣/迺"亦見於甲骨文，《詩》《書》中則常用"攸"字來表示（金文中則見於井鼎），《漢書》則常用"迺"的變體"廼"來表示，其他古書中或用"由"字來表示。虢叔旅鐘"卣/迺"在銘文中是"出現在兩件事情的後一件中，在表明前後兩事有邏輯上的因果關係的同時，又有強調後一事在前一事之後緊接着發生的意味"。即"淄（？祇？）御于天子"一事是"天子多賜旅休"一事的原因，且強調後者緊接着前者

---

① 此字作"⬛"類形，我們暫隸作"莽"，西周金文中研究者一般隸作"莽"之字可能是在此類字形的基礎上加注"今"聲而來。
② 與執虎鼎（《集成》02437）"虎"字寫法接近，應是"虎"之訛體。
③ 簋銘中的名物不少可與裘衛諸器中的名物合觀，如"帠㡒"除了簋銘外，僅見九年衛鼎（《集成》02831，《銘圖》02496），"幸轄"除了簋銘外，僅見裘衛盉（《集成》09456，《銘圖》14800）。
④ 冀小軍：《說甲骨金文中表祈求義的幸字——兼談幸字在金文車飾名稱中的用法》，《湖北大學學報》（哲學社會科學版），1991年第1期第35—44頁。
⑤ 此字在殷墟甲骨文中見於《合》36909、36910、36911、36913，用作地名。

發生。①

荅父簋"卣"字用法與虢叔旅鐘"卣"字用法完全相同，兩者恰可合證，這更加證明了"卣"字確有連詞用法以及虢叔旅鐘"卣"字不可能是"廼"字之訛。簋銘"卣"表明"荅父御于朕天君應侯"一事是"（應侯）錫荅父馬乘、車、虎冟、希韔、鑾、雕鞃"一事的原因，且强調後者緊接着前者發生。簋銘爲"卣"的連詞用法又提供了新的用例。

十、競（景）之瘦鼎（10.360）、楚王孫簠（10.379）、競（景）孫戈（10.429）

楚王孫簠出土於河南省駐馬店市上蔡郭莊楚墓 M1，蓋内部頂面邊角鑄銘文 7 字，《全集》（第 357 頁）釋作"楚王孫□之□盥"。競孫戈亦出土於河南省駐馬店市上蔡郭莊 M1，在戈的一面的中脊和胡上，有錯金鳥蟲書銘文 6 字，《全集》（第 406 頁）釋作"競孫舟之用戈"。

簠銘"之"後缺釋之字是"餴（饋）"。"之"前之字原作"▨"，可隸作"㢟"。戈銘所謂"戈"當釋讀作"戜（截）"。"競孫"後面之字，原作"▨"，《全集》釋作"舟"是錯誤的，可隸作"㢟"。"㢟"與"㢟"在銘文中顯然是指同一人，它們是一字異體，前者當分析爲从"辵""册"聲，後者當分析从"辵""趎"聲，而"趎"又从"册"聲。古文字中"册"作聲符時其讀音與"朝""籥""躍"等字音近。②"趎"，金文中見於趎君啟妾壺（《集成》09537），清華簡《耆夜》（簡 10）亦有此字，用作"躍降"之"躍"。"趎"从"走"，它可能本即"躍"字異體。

競之瘦鼎（10.360）出土於河南省駐馬店市上蔡郭莊 M1，其銘文中有"瘦"字，我們曾指出它與所謂楚王孫漁戈、楚王孫漁矛"瘦"是一字異體，根據它們从又、从魚，似

---

① 以上意見參看謝明文：《談談古文字中的連詞"攸"》，《古漢語語法研究新論》，西南師範大學出版社，2015 年，第 121—126 頁。收入同作者：《商周文字論集》，第 309—318 頁。

② 魏宜輝：《試析古文字中的"激"字》，武漢大學簡帛網，2006 年 3 月 29 日。http://www.bsm.org.cn/show_article.php？id＝302。陳斯鵬：《讀〈上博竹書（五）〉小記》，武漢大學簡帛網，2006 年 4 月 1 日。http://www.bsm.org.cn/show_article.php？id＝310。蘇建洲：《利用〈上博竹書〉字形考釋金文二則》，武漢大學簡帛網，2007 年 11 月 3 日。http://www.bsm.org.cn/show_article.php？id＝743。復旦大學出土文獻與古文字研究中心研究生讀書會：《清華簡〈耆夜〉研讀札記》，復旦大學出土文獻與古文字研究中心網站，2011 年 1 月 5 日。http://www.gwz.fudan.edu.cn/SrcShow.asp？Src_ID＝1347。

與捕魚有關,又據古文字中"卌"形往往是作聲符而其讀音與"朝""籥""躍"等字音近,懷疑它們可能是"罩"字異體。①

根據字形、銘文以及競(景)之㮥鼎與楚王孫簠、競(景)孫戈同出上蔡郭莊 M1,可知"旃""旒"與"㮥""灐"顯然是指同一人,由前者可以肯定後面兩字所從之"卌"必是聲符,"旃/旒"與"㮥/灐"當是音近通假關係。②

十一、曾侯與壺(10.398)

河南省駐馬店市上蔡郭莊楚墓 M1 出土了一件青銅壺,蓋側邊面和上腹部均有銘文六字,《銅全》(第 376 頁)釋作"曾侯與之尊壺"。所謂"尊"字,拓本作"",顯然是"牆"字。"牆壺"一語曾見於曾仲姬壺(《文物》2008 年第 2 期第 8 頁,《銘圖》12190)"曾仲姬之牆壺","牆"作"壺"的修飾語,曾侯與壺銘文又提供了新的一例。我們曾將曾仲姬壺之"牆"與競之㮥鼎"競(景)之㮥自乍(作)塑彝龗鐈"之"塑"相聯繫,讀作"鼒"。③ 陳喜壺"敢爲墮壺九"之"墮"與"牆壺"之"牆"亦可能表示同一個詞。④

十二、蔡嬀盤(10.412)

蔡嬀盤出土於河南省駐馬店市上蔡蔡國故城里蔡國貴族墓地,盤底鑄銘文 3 行 17 字(含重文 2),《全集》(第 390 頁)釋文作:"□侯曾蔡嬀盤,其萬年無疆子子孫孫永

---

① 謝明文:《競之㮥鼎考釋》,《出土文獻》第 9 輯,中西書局,2016 年,第 64—72 頁。收入同作者:《商周文字論集》,第 359—369 頁。

② 關於"灐""㮥"等字,目前研究者雖然有不同的釋讀意見,但大都認爲此人即"楚平王之孫公孫朝"(參看馬俊才:《流沙疑塚》,中國國際廣播出版社,2010 年,第 191—192 頁。黃錦前:《楚系銅器銘文新研》,吉林大學博士後研究工作報告,2012 年,第 112—119 頁。曹輝、陶亮:《上蔡郭莊一號楚墓"競之朝"鼎銘文及相關問題試析》,《中原文物》2019 年第 3 期。李家浩:《競孫旟鬲銘文所記人名考》,清華大學主辦,"李學勤先生學術成就與學術思想國際研討會紀念會"論文,清華大學,2019 年 12 月 7—8 日。李家浩:《楚王孫鮒兵器與競之鮒鼎》,《訛字研究論集》,中西書局,2019 年,第 132—141 頁),結合上述諸器的時代以及"灐""㮥""旃""旒"諸形從"卌"聲來看,此説應可信。看校補記:碩士生盧路在未刊稿《競孫鬲再探》中將出土於上蔡郭莊的競孫鬲(《銘圖》03036)銘文中舊一般釋作"旗"或"旒"的字改釋作"旒",可信。

③ 如果"牆壺"之"牆"與競之㮥鼎"塑彝"之"塑"表示的不是同一個詞,則前者有可能讀作"醬"/"漿"。

④ 謝明文:《陳喜壺銘文補釋》,廈門大學人文學院中文系古代漢語教研室主辦,"古文字與上古音青年學者論壇"學術研討會論文,廈門大學,2019 年 11 月 9—10 日。

望。""侯"前之字原作"▨",它與或簋"▨"、夆侯簠"▨"明顯是一字異體,①應隸作"麤",可看作是一個雙聲字。②"曾"當讀作"贈"或"增","贈予""給予"義,匍盉(《銘圖》14791)"曾"用作"贈"即其例。所謂"永"是"勿"的誤釋。盤銘釋文應作"麤侯曾(贈/增)蔡媯盤,其萬年無疆,子=(子子)孫=(孫孫)勿罾(亡)"。"蔡"爲姬姓,由夆侯簠"麤侯作叔姬寺男媵簠"推知"麤"亦爲姬姓,因此盤銘"麤侯曾(贈/增)蔡媯盤"應理解爲"姬姓的麤侯贈送給出嫁於蔡國的媯姓女子水器盤"。

十三、子婦父己觶(20.151)

《全集》20.151 著録了一件甘肅靈臺縣出土的觶,圈足底部有銘文四字,作如下之形:

《全集》(第 75 頁)釋作"父己婦好"。從"女"形背對"子"形而面向"帚"形來看,"女"顯然應與"帚"組成"婦"字,觶銘應釋作"子婦父己"。"子"在族名金文中作族名多見,此銘的"子"亦是族名,"子婦"指"出自子族的婦"或"出嫁於子族的婦",③後者的可能性大。觶銘大意是指出自子族的婦或出嫁於子族的婦爲公公父己或日名爲己的其他父輩作器。族名金文中,女子爲夫家男性先人所作之器有如下諸例:

(1) 盠婦陴(尊)。主己、且(祖)丁、父癸。　　　盠婦鼎(《集成》02368,《銘圖》01856)
(2) 文父乙卯婦婞(內底)。文(外底)。　　　　　文父乙簋(《銘圖》04256)
(3) 彭婦乍(作)寶彝。父辛。　　　　　　　　　彭婦觶蓋(《銘圖》10611)
(4) 隻帚(婦)父庚。　　　　　　　　　隻婦父庚卣蓋④(《集成》05083,《銘圖》12923)

例(1)"盠婦尊"即"盠婦作尊"的意思,它省略了作器動詞。"主己、祖丁、父癸"則是作器對象或祭祀對象。該鼎銘表示盠婦爲夫家先人主己、祖丁、父癸作器。盠卣

---

① 《奈良國立博物館藏品圖版目録——中國古代青銅器篇》(第 53 頁,奈良國立博物館,2005 年)著録的一件鼎銘中有"▨"字,與它們亦是一字異體。但從字形看,鼎銘似僞。
② 謝明文:《巢及相關諸字補釋》,黃德寬主編:《第七届中國文字發展論壇論文集》(一),中國文字博物館,2019 年,第 49—64 頁。
③ 下文"盠婦""彭婦""隻婦"的理解亦類此,不再一一説明。
④ 此蓋現與酉父辛卣(《集成》04987,《銘圖》12810)相配,《集成》認爲是誤合爲一,此從之。

(《集成》05265)、盨罍(《總集》5573)銘文都作"主己、且(祖)丁、父癸，盨"，它們顯然與鼎銘有關，三器似是同時所作。

例(2)文父乙簋內底、外底皆有一中間部分加交叉綫的"文"字。商代金文中，這種寫法的"文"往往是作族名，在銘文中顯然是指父乙所屬族氏。"卯"指"婦"所屬之族，"婦"後之字，舊一般釋作"婕"，似不可信，因爲所謂"其"上明顯還有"▨"形筆畫，我們認爲所謂"婕"似是一個從"女"从"衣"或"卒"聲之字，用作"卯婦"的私名。簋銘大意是指來自卯族、私名叫婞的女子爲族名爲文的夫家先人父乙作器。

例(3)觶銘大意是指彭婦爲夫家先人父辛作器。例(4)觶銘大意是指隻婦爲夫家先人父庚作器。《全集》著録的這件子婦父己觶銘文，爲女子給夫家男性先人作器提供了新的材料。①

以上我們對《全集》著録的部分金文資料作了初步的討論，這些資料或提供了新字形/新字頭，②或提供了器名修飾語與形制對應關係的新材料，或提供了人名稱謂的新材料，或提供了國族交往的新材料，或提供了銅器自名的新材料，或提供了虛詞研究的新材料，或提供了女子給夫家男性先人作器的新材料，由此可見《全集》所録金文資料的重要性。③

附記

本文初稿曾署名"雅南"發表在"復旦大學出土文獻與古文字研究中心網站"(2019年10月25日)，2020年1月初修改。山西省絳縣横水墓地M2531出土的兩件伯旅父簋(《考古學報》2020年第1期第97頁、102頁)形制、紋飾、尺寸一致，銘文皆作"伯旅父作寶鈴簋四"，可

---

① 所謂賓婦丁父辛卣(《集成》04972，《銘圖》13023)銘文，舊一般釋作"賓帚(婦)丁父辛"，乍看之下，似乎也是講女子給夫家先人作器。此説不可信，因爲舊釋有誤，參看謝明文《談談所謂賓婦丁父辛卣銘文的釋讀》(《中國史研究動態》編輯部與浙江大學歷史系中國古代史研究所聯合主辦，"古代文明與學術"研討會論文，杭州，2019年9月21—22日)。

② 《全集》6、156中有一人名用字，作"▨"，這亦是新字形，可釋作"驪"。

③ 《全集》還有一些新著録的資料，釋文頗有問題，如《全集》1.32將舟遘簋"舟(應是族名)遘"二字誤釋作"遷"，2.58將耳爵"耳"誤釋作"日"，5.147將引甗"引"誤釋作"永"，6.344將歗部公子戈"之元"二字誤釋作"徽"字(此戈曾著録於濟寧市文物局編：《濟寧文物珍品》，文物出版社，2010年，第82頁)，6.396將句之造戈"分(句)"誤釋作"令"，12.343將曾伯陭"盥(沫)盉(匜)"誤釋作"媼□"，12.385將䘒周戟"䘒周"誤釋作"傀用"(䘒周戟，《考古》2008年第4期第43頁圖23.3，《銘圖》16884等僅著録了其銘文摹本，《全集》新著録了其銘文彩照)等，由於這些銘文釋讀意義不大，且限於篇幅，我們就不一一指出了。

見這是同時所作四件簋中的兩件。"鈴簋"一語與文中所論仲辣父簋"鈴簋"用法相同。發表者提及伯旅父簋"外底中部垂一彎鈎,未見鈴鐺"(《考古學報》2020年第1期第96頁),從伯旅父簋外底中部垂一彎鈎來看,我們認爲這一彎鈎本也是用來系吊銅鈴的,也就是説,該簋最初也應是系吊銅鈴的。另文中所論嬰同盆銘文,馬永强、程衛《江蘇邳州九女墩三號墩出土銅盤銘文考釋》(《文物》2019年第10期第79—81頁)一文亦有考釋,釋文與本文或有不同,請讀者參看。

上博楚簡《弟子問》再探

顧史考

壹、前　言

　　《弟子問》篇，爲《上海博物館藏戰國楚竹書（五）》所收的一篇殘破程度較高的文章，與同書所載的《君子爲禮》篇一樣是以孔子與弟子之間的問答爲主要形式，略類於《論語》之體。整理者張光裕先生已説明此兩篇形制大體相類，書法亦大略相似，然而亦有些明顯的不同之處，如竹簡切口位置及個别文字的書寫風格與特徵，而張氏即以此種不同點爲主要標準，再結合部分簡文内容來考慮，從而分此二者爲兩篇。① 《弟子問》篇並無完簡，然據陳劍所拼合的簡2+1那支幾乎完整之簡的長度可知，《弟子問》簡原長蓋至少有53.6釐米或稍長（説見下），然則其長度或本與《君子爲禮》完簡長至54.7釐米左右的長度相同。《弟子問》與《君子爲禮》一樣是有三道契口，然因爲整理者未見完簡而並未述及《弟子問》各道契口間之距離；但從小圖版可知，其中、下兩道契口位置明顯比《君子爲禮》爲低。② 依據張先生的初步整理，《弟子問》一共有二十五

---

*　本文的前身曾發表爲臺灣師範大學國文學系舉辦的"出土文獻與域外漢學國際學術研討會"專題演講，2018年11月11日。

①　參馬承源主編：《上海博物館藏戰國楚竹書（五）》（上海古籍出版社，2005年），張光裕對《君子爲禮》的"説明"，第253頁。《弟子問》圖版及張光裕釋文考釋見該書的第9—10、97—123及265—283頁；《君子爲禮》圖版及張光裕釋文考釋見該書的第8、79—96及251—264頁。

②　其上道契口位置則較難以從小圖版上確定。依據馮勝君的推算，《弟子問》篇簡長蓋約54.7釐米左右，亦即從頂端至尾端三道契口各截之間的距離分别估計爲：9.3、18、18、9.4釐米左右。若然，則其整簡長度的確是與《君子爲禮》相符。見馮勝君：《郭店簡與上博簡對比研究》（綫裝書局，2007年），第40—41頁。梁静則據陳劍簡2+1之拼合而推算《弟子問》原簡長約55釐米左右，另從小圖版估計"三道編繩所分割的竹簡長度之比大概是1∶2∶2∶1"，從而估計各截之間的距離爲9.2、18.4、18.4、9.2釐米左右；此與馮氏之推算不遠。見梁静：《上博簡〈弟子問〉文本研究》，《出土文獻研究》第10輯，中華書局，2011年，第65—66頁。

枚殘簡（包括一枚"附簡"），《君子爲禮》則共有十六枚殘、完簡，兩篇篇題均爲整理者根據簡文內容而取的。

如筆者在《上博楚簡〈君子爲禮〉再探》一文已述，①張先生的分篇工作大致上是非常成功的，至多祇有兩三枚簡較有可能是應該調換到另一篇的。筆者在彼文依據張先生已采用的書寫風格、契口位置及內容等因素，再加上弟子對孔子稱呼之不同以另爲分篇標準之一，而又參以對學者已拼合或相連的、確定該相屬之簡的認識，從而得出以下的分篇結果：

《君子爲禮》：簡 1~3、9a+4、9bd；5+6、《弟》3、7ab+8；11、15+13+16+14、12+《弟》22

《弟子問》：簡 2+1；5；6；7+9；8；10；11+24；13+12；14；15；16；17+20、4；19；21；23；《君》10+18；（附簡）。

亦即是説，將《弟子問》簡 22 與簡 3 換至《君子爲禮》篇，而將《君子爲禮》簡 10 調至《弟子問》。②詳細論述不在此重複，然爲了對《弟子問》篇的整理情況在此給予足夠的交待，先退一步略述《弟子問》一篇內的重編過程。

貳、《弟子問》的重新編聯

對《弟子問》（及《君子爲禮》）大部分的重編（主要是拼合）建議是陳劍首先提出的；此外，陳偉等學者亦提出過個別方案。

今先以陳劍之建議爲中心而分述於下：③

---

① 顧史考：《上博楚簡〈君子爲禮〉再探》，《第 29 屆中國文字學國際學術研討會論文集》（桃園市：國立中央大學中國文學系、中國文字學會，2018 年 5 月），第 361—385 頁。

② 蘇建洲、李松儒、福田哲之等學者從字迹特徵及竹簡形制等因素而並不同意《弟子問》簡 22 歸入《君子爲禮》之説，詳情及筆者對其所提出疑點的看法見拙著《上博楚簡〈君子爲禮〉再探》第二節第三條。三位原文分見蘇建洲：《〈上博五・弟子問〉研究》，《中研院史語所集刊》第八十三本，第二分，2012 年 6 月），第 191—192 頁；李松儒：《戰國簡帛字迹研究——以上博簡爲中心》（上海古籍出版社，2015 年），第 343 頁；福田哲之：《戰國秦漢簡牘叢考》（花木蘭文化出版社，2013 年），第 61—64 頁。對《弟子問》簡 3 之歸入《君子爲禮》，則蘇（第 191—192 頁）、李（第 344—349 頁）、福田（第 66—68 頁）反而力主此説；詳情亦參拙著《上博楚簡〈君子爲禮〉再探》，第二節第二條。

③ 陳劍：《談談〈上博（五）〉的竹簡分篇、拼合與編聯問題》，武漢簡帛網，2006 年 2 月 19 日（後亦收入氏著《戰國竹書論集》，上海古籍出版社，2013 年，第 168—182 頁）。

1) 簡 2+1

此二簡皆有關延陵季子,整理者蓋因此而先後相次,然而順序顯然未是。陳劍注意到"從小圖版可以直觀地看得很清楚,將簡 2 往右方平移,正好可以跟簡 1 上端相拼合上",而且所得來的文句似乎是文從字順。其說蓋是,儘管簡 2 末字與簡 1 首字拼合後的距離較近。陳氏此案若是,則《弟子問》完簡的長度當至少爲 53.6 釐米左右(即此二簡相加的長度),或容稍長一點;本簡兩截之間或尾端若有半釐米以上的殘損,則恰可與《君子爲禮》完簡的長度相同(即 54.5 至 54.7 釐米上下)。①

2) 簡 7+8

此二枚簡片皆言父母之喪事,整理者以之相次是很自然的,而陳氏將之拼合之後亦是文從字順,可從。

3) 簡 11+24

陳氏將此二簡相拼,是將簡 11 之"汝能慎始與終"與簡 24 之"汝焉能也"相對,爲孔子對宰我的正、反兩面評語。從文義來看,此可能性較高,然以簡 11 的契口位置而論,則實在無法直接拼合,而祇能遙綴,其間蓋有四字左右的距離。②

4) 簡 12+15(或陳偉之簡 13+12)

簡 12 末字爲"子",爲一章的開頭字,而簡 15 首字爲"曰",適好可以接下來。小圖版原將簡 12 契口與他簡下道契口放在平齊位置;陳劍發現如果將此簡放置簡 15 之上,則該契口乃恰與中道契口平齊,因而確可如此往上移,兩者適可拼合,拼合後其上端所殘約八個字。③

陳偉則認爲並言"君子"的簡 13 與簡 12 兩枚可拼合爲一支簡,中間補"有夫行"三個字。④ 從簡 12 的句勢而言,其前補"又(有)夫行"三個字良是(從陳劍的標點來看,陳劍蓋亦是此意);而且兩枚間的距離亦正乃三個字左右,而陳偉之讀亦是文從字順,

---

① 如前已言,梁静據同樣的情況而姑計其簡長爲 55 釐米左右,不過未言及《君子爲禮》的形制;見其《上博簡〈弟子問〉文本研究》,第 65—66 頁。
② 李松儒則認爲《弟子問》簡 24 "也"字"豎彎畫所反映出的運筆持徵"與《弟子問》整篇"字迹的特徵差異很大",建議該簡當從《弟子問》中剔除,然又認爲其與港簡 7 "或有可能是屬於同一篇的竹簡"(港簡 7 之說見下第 10 條)。見氏著《戰國簡帛字迹研究》,第 348—350 頁。按,該"也"字模糊不清,且是個孤例;今對李氏此說有所保留,仍將簡 24 歸入《弟子問》且采取陳氏之說。
③ 後來蘇建洲對陳氏此案作了圖表;見其《〈上博五·弟子問〉研究》,第 193 頁。
④ 陳偉:《上博五〈弟子問〉零釋》,武漢簡帛網,2006 年 2 月 22 日。

自然也是應該考慮的。①

然而問題是簡13、12及15三枚顯然無法全部拼合爲一支簡,因而陳劍與陳偉兩說之中祇有一個是可以成立的。蘇建洲亦認爲此兩說不能並立,但是他當初並未從形制上的問題論之,而是因爲如此安排則將連續出現兩次"子曰",認爲此與格式不符。② 按,光是一連出現兩次"子曰"本身並不成問題,且如林素清已説明,《弟子問》篇本已有此例。③ 另外,若依陳劍的拼合,則彼章將以"子曰:回,來"云云開頭,似乎稍顯突兀,或可認爲之前該有顔淵的一問方是。然而有如《莊子·讓王》曰:"孔子謂顔回曰:'回,來!家貧居卑,胡不仕乎?'"云云,是雖多了"謂顔回"三個字,因而突兀感程度稍低,然開頭情況亦與陳劍之拼合章略同,可見後者此種開頭其實並非無他例。

然則陳劍、陳偉兩說均有説服力,兩者各自有成立的可能,然祇能從中選其一。筆者當初傾向於采取陳偉之說,而將簡12末的"子"聊視爲另外一章的開頭字。然而後來,仔細考慮全盤的安排之後,反而認爲陳劍之說較能符合整體情況。然兩說確實各有優點,今雖采陳劍之說,而實在無法看作定論。

5) 簡17+20、簡4

此前兩枚簡片相拼後,乃形成"子過曹,顔淵馭,至老丘"云云之句,且據陳劍的分析,兩截各存"顔"字的一半;如果此一分析無誤,則此一接拼無疑是正確的(唯此所謂

---

① 林素清亦支持此説,且指出其與上博二《從政》簡A11、A14的内容相近,即:"聞之曰:可言而不可行,君子不言;可行而不可言,君子不行。有所有餘而不敢盡之,有所不足而不敢弗……"。如陳偉指出,彼文亦可與《禮記·中庸》所載文(或可視爲孔子之語)合看:"庸德之行,庸言之謹;有所不足,不敢不勉,有餘,不敢盡;言顧行,行顧言。"見林素清:《上博館藏簡互證三則》,《屈萬里先生百歲誕辰國際學術研討會論文集》(臺灣圖書館等編,臺灣大學中國文學系,2006年12月),第316—317頁;陳偉:《〈從政〉校讀》,收入氏著《新出楚簡研讀》,武漢大學出版社,2010年,第149—154頁。

② 蘇建洲:《上博(五)楚竹書》補説》,武漢簡帛網,2006年2月23日。另外,李鋭指出從圖版看第13簡契口似實位於"亡""所"二字間,乃認爲小圖版位置有誤,實該往下移當第二道契口,因而簡13+12之説便無法成立;見其《讀上博五札記(二)》,孔子2000網站,2006年2月27日。此説若是,則簡13並非如整理者所説爲上端平齊之簡。"亡""所"二字間距較長而確實看似或爲契口處,因而對其位置存疑是應該的;然確實亦像是平齊之簡,因而今且仍以整理者的位置爲準。又按,若一定要視之爲上端殘之簡,則倒不如將"亡""所"間視爲下道契口處而並非中道契口處。若然,則"亡"下的八個字實爲該簡的最後八個字,所殘祇是末字下的地腳而已,而祇要能補上第12簡頭段所缺的八個字左右,則其實亦可以連到簡12+15彼簡,使兩個方案大致能同時成立。然因爲想不出一種較合理的補法,再加上第13簡上端似實平齊的問題,所以筆者亦不敢采取此種安排,今僅錄以備一説耳。

③ 林素清:《上博館藏簡互證三則》,第316—317頁。林氏謂:"可知此篇内容除包括孔子與弟子對答外,實另有一些純粹記錄孔子言論",甚是(李鋭《讀上博五札記(二)》似亦是此意)。

"顔"字兩截的殘筆已有所漫漶,現存筆迹似亦有與"顔"字不符之處,因而是否確爲"顔"字,或尚容有所保留)。陳氏又指出:"小圖版將簡20置於上方,是以此契口爲上編繩位置。下移拼合在簡17下方之後,此契口即爲中部契口、第二道編繩所在。"按,假若簡17的位置無誤,則簡20移至其下之後,後者之編繩位置並不與中道契口位置相符(此以"老"字下爲簡20契口位置,然從圖版看實在難以確定)。然而簡17"善"與"欷"字間空白較多,似彼處才是該簡上道契口位置;若然,則簡17該稍微往上移三字左右的距離,而簡20再拼上去之後,其編繩位置似乃正與中道契口位置相合。誠若如此,則簡17所見首字"弗"之上應該仍有約四字左右的殘缺,而簡20下面該仍有約九個字左右。

另外,陳氏指出簡4亦當次於此簡之後,兩者並言樂歌,言曹國,且簡4此章亦以孔子呼顔淵名字"回"結束。此皆相當有理,因而此一拼合、相接之案應該也是可以接受的。

6)《君》簡10+簡18

另外,陳劍又疑《君子爲禮》第10簡可以與《弟子問》第18簡拼合。此一案本爲陳氏在叙述《君子爲禮》編聯時所提出,然今既已將此二簡歸爲《弟子問》篇,因而筆者在此亦略作説明。依内容及句勢而言,陳氏此説有理。何有祖當初亦認爲此兩簡相次是對的,但似實無法緊接在一起,認爲中間必有缺簡。① 筆者亦認爲何氏此所説蓋是,然兩者尚有遥綴爲同一支簡的可能,其間不一定有缺簡,而若確如何氏所説而原不屬同一支,兩者間之簡亦不一定全缺。按,如筆者於《上博楚簡〈君子爲禮〉再探》一文已述,整理者謂《君子爲禮》第10簡爲"上、下端皆殘"之簡蓋屬誤記,該簡實即上端完整之簡。若然,則因爲該簡以"昔者"云云開頭,實不能排除其爲一篇之首簡的可能。② 筆者最後雖認爲《君子爲禮》第10簡與《弟子問》第18簡蓋確實屬於同一段文,但亦將他簡夾於其間,説詳下節所論。

不涉陳氏所提的其他連接説法則有如下幾項:

---

① 何有祖:《上博五零釋二則》,武漢簡帛網,2006年3月3日。後來何氏對簡18另有歸屬,見下。
② 福田哲之以字迹特徵的因素對此一拼合提出質疑,然似並未考慮到此二簡並非屬《君子爲禮》而實屬《弟子問》的可能;高榮鴻亦以某些原因而對此接拼提出異議,然筆者認爲説服力不大。詳情見拙著《上博楚簡〈君子爲禮〉再探》第二節第四條。原説見福田哲之:《戰國秦漢簡牘叢考》,第64—65頁;高榮鴻:《〈上博五·君子爲禮〉文字考釋及相關問題》,《興大中文學報》第二十九期(2011年6月),第104頁。蓋較值得重視的一個疑點即《君子爲禮》第10簡"人"字下似可能爲契口位置,而該位置亦與《君子爲禮》契口位置相合。然《弟子問》上道契口位置本來就不明(從現存上端齊全之簡的圖版上看,實在難以辨認),或容與《君子爲禮》相近,因而難以用此可能的契口位置來判斷該簡的歸屬。

7) 簡6、簡9

此一連接是將句式相對的兩句連在一起（中間稍有缺文）。此兩簡語意、句式之相近，整理者已指出（誤謂簡9爲簡8）且據簡9內容而於簡6後補了幾個字，然仍未歸在一起。但是將所缺內容補到第9簡所損首段後，二簡即可直接相連，此點是李鋭首先明確提出的，無疑是正確的。① 按照第9簡小圖版上的位置（似是依其中道契口而定的），其上端所缺蓋即七八字左右（下端則蓋十二至十三字上下）；李氏補"未之見也。□而弗□之"等九個字，或尚容有之，然筆者疑補八個字更當。後來何有祖亦認爲簡6、9確實可以"編在一組"，而另外認爲簡21因爲也見有"未見"之語而亦應該與此二者歸爲一組②；筆者則雖然認爲未必，然亦將此三簡內容歸於同一段對話內。

8) 簡10、簡17

牛新房指出，此兩簡皆稱"由"，該"都是孔子與子路的對話"，且"都是講爲政之事"，因而"當可連接"，但因爲第17簡上端已殘而無法確定。③ 兩簡內容確該是孔子與子路的對話，然而因爲筆者對第10簡另有處理（見下），因而並不將此二者歸爲一處（然猶可視爲同一大段師徒對話內簡文）。

9) 簡5、簡13

此一連結是復旦大學工作坊提出的，結果即："登年不恒至，耇老不復壯。賢者急（5）就人，不曲防以去人。"確實堪稱文從字順。④ 蘇建洲亦從之，謂此"賢者"或指"賢明之君主"，而正因爲壯盛之年短暫，所以賢君乃急於就賢。⑤ 此説不無理，確可能是對的。然筆者則認爲第13簡實可能即上承他簡（説見下），因而今不取。

10) 其他説法

此外，何有祖謂"附簡、23、11、16、15、24 爲一編聯組"，理由即："附簡談不仁，23號簡談及'何仁之有'，其後孔子談如何才是仁，11號簡説到'此之謂仁'，這三支簡當前後相次。11號簡、16號簡都談到'終'，而16、15號簡都談到'多聞'的問題，15號簡

---

① 李鋭：《讀上博五札記（二）》。
② 何有祖：《上博五〈弟子問〉校讀札記》，武漢簡帛網，2008年4月5日。
③ 牛新房：《讀上博（五）〈弟子問〉札記一則》，武漢簡帛網，2006年3月4日。
④ 復旦大學出土文獻與古文字研究中心：《〈弟子問〉釋文（工作本）》（未刊）。筆者未見，此從蘇建洲《〈上博五·弟子問〉研究》轉引。
⑤ 蘇建洲：《〈上博五·弟子問〉研究》，第192—193頁。

更進一步談到多聞應友賢。24 號簡似指出'汝'所指代的人會如何。"①除了第 24 簡何氏並未明言其"汝"與上述竹簡有何種關係之外（簡 11 與簡 15 的"汝"皆是直接稱謂，一謂宰我，一謂顏回），其他説法都有一定的道理，儘管其各簡之相屬並非必然且其具體的連結未有着落。另外，何氏同文亦謂"簡 22、18 似能連讀"，認爲前者的"以求聞"與後者的"皆以爲諸侯相矣"或均與孔子"求士"有關；筆者則不見其然，簡 18 的内容實在看不出與簡 22 之"賜不吾知也"有什麽關係，兩簡所言實似兩回事，何氏此説似遠不如陳劍將簡 18 放在《君子爲禮》第 10 簡之下。

如上面已提，陳劍將簡 11＋24 拼合爲一支簡。何有祖則提出另外一種可能，認爲從内容、句式及字體等方面來考慮，香港中文大學藏戰國簡第 7 號簡很可能本次於本篇第 11 簡之後。依其所采讀法，彼港簡所存的九個字爲"之如晏嬰也，此之胃（謂）君【子】"（"子"字爲何氏所補）；何氏認爲港簡"此之謂君子"與簡 11"此之謂仁"相應，衹是衹能遥綴而無法直接連讀。② 此確實可以備一説；然今在缺乏進一步證據的情況下，在此不遽歸爲本篇之簡。③

從以上所提的編聯修正案當中，筆者所采如下：④

陳劍的簡 2＋1，簡 7＋8，簡 11＋24，簡 12＋15，及簡 17＋20、簡 4；李鋭等學者的簡 6、簡 9（然並不排除以陳偉的簡 13＋12 代替陳劍的簡 12＋15 之案）。今亦略依陳

---

① 何有祖：《上博五〈弟子問〉校讀札記》。唐洪志亦認爲附簡因爲提到"仁"而可與簡 11 放在一起；見其《上博簡（五）孔子文獻校理》，華南師範大學碩士學位論文（指導教師：白於藍教授），2007 年，第 43 頁（筆者未見，今從蘇建洲《〈上博五·弟子問〉研究》轉述）。

② 何有祖：《試論香港中文大學藏戰國簡第 7 號簡的歸屬》，武漢簡帛網，2010 年 6 月 18 日。

③ 李松儒從字迹特徵方面對何氏此説表示保留態度，認爲此簡字迹雖與《弟子問》"有一定的相似性"，然在筆勢與"具體細節上"則"還有一些差異"；見何氏文"補記"及李松儒：《戰國簡帛字迹研究——以上博簡爲中心》，第 349—350 頁。蘇建洲亦同意李氏之説，見其《〈上博五·弟子問〉研究》，第 195 頁。

④ 以上諸案外，黄人二對《君子爲禮》及《弟子問》亦作過自己的新釋文，雖接受前人的部分編聯意見，然亦有其與衆不同之處，如將《弟子問》簡 11＋24 夾在同篇簡 13 與簡 12 之間，儘管簡 24 顯爲全篇末簡；或如其將《君子爲禮》與《弟子問》視爲同一篇而未分，顯然亦與其形制不符，因而不在此多作介紹。黄編詳情見其《上博藏簡（五）〈君子爲禮〉與〈弟子問〉試釋——兼論本篇篇名爲〈論語弟子問〉與〈論語〉之形成和主要編輯時間》，《中國國家博物館館刊》2011 年 6 期（總第 95 期），第 66—68 頁。梁靜則"按照談話的主題進行分類，較爲完整的放在前面，比較零碎的、位置未定的放在後面"，具體而言是將有關子貢的竹簡、有關子路的竹簡、孔子與顏回及子游對話的竹簡、及有關"君子"的竹簡各自歸在一起，而其他竹簡則放在後面。其中較特别之處則是將簡 15 與 21 歸爲同一段，然衹謂其"含義相關"，而並未提供具體的連接内容。見其《上博簡〈弟子問〉文本研究》，第 66—67 頁。

劍《君》簡 10 與本篇簡 18 相次之説,然並不直接拼在一起。

至於附簡,整理者因爲内容重要而與本篇相似,因而姑附在本篇後,然同時謂其"切口位置未確",而至於歸屬問題則"將有待他日再行論定"。① 蘇建洲亦指出此外"字體也有所差距",如"胃""仁"等字"皆不同",所以也將它視爲獨立簡。② 今亦如此看之,然亦謹録於篇末以備考。

叁、本文新編簡序概論

筆者在采取其他學者的部分編聯意見外,亦另取若干他人所未提之聯接方法。其中最主要的是將簡 10 與簡 13 連讀,結果如下:

"⋯⋯女(汝)弗智(知)也虖(乎),繇(由)? 夫以衆靮(犯)甕(難),以新(親)受彔(禄),褮(勞)以城(成)事,卬(愍)以屘〈尻(處)〉官,士(仕)戠(治)以力。劓(鼎)俎以(10)▊ 遻(就)人,不曲方(防)以迲(去)人。"

其中關鍵處在於簡 10 末尾"則俎"之讀:筆者將"則"字改隸爲"劓"(二字實同)而讀爲"鼎"(其"刀"旁或因抄手已習慣寫"則"字而誤加),而與"俎"字連讀爲"鼎俎",由伊尹故事爲背景而引申爲因急於救世而趕緊歸就於君王(或近就於賢人)的一種形容。《淮南子·泰族》曰:"伊尹憂天下之不治,調和五味,負鼎俎而行,五就桀,五就湯,將欲以濁爲清,以危爲寧也",亦即伊尹"鼎俎以就人"之謂。③ 《韓非子·難言》則從説服人主之困難的角度言之:"上古有湯至聖也,伊尹至智也;夫至智説至聖,然且七十説而不受,身執鼎俎爲庖宰,昵近習親,而湯乃僅知其賢而用之";然同樣是以"身執鼎俎爲庖宰"表示其憂世之急切。④

衆所周知,子路曾以孔子欲往事公山弗擾及佛肸而不快,《論語·陽貨》篇有兩章分記此二事:

公山弗擾以費畔,召,子欲往。子路不説,曰:"末之也已,何必公山氏之之也。"子曰:"夫召我者而豈徒哉? 如有用我者,吾其爲東周乎?"

佛肸召,子欲往。子路曰:"昔者由也聞諸夫子曰:'親於其身爲不善者,君子不入也。'佛肸以中牟畔,子之往也,如之何!"子曰:"然。有是言也。不曰堅乎,磨而

---

① 馬承源主編:《上海博物館藏戰國楚竹書(五)》,張光裕對《弟子問》的"説明",第 267 頁。
② 蘇建洲:《〈上博五·弟子問〉研究》,第 195—196 頁。
③ 劉文典撰,馮逸、喬華點校:《淮南鴻烈集解》,中華書局,1989 年,第 683 頁。
④ (清)王先慎撰,鍾哲點校:《韓非子集解》,中華書局,1998 年,第 22 頁。

不磷;不曰白乎,涅而不緇。吾豈匏瓜也哉? 焉能繫而不食?"①

公山弗擾及佛肸皆圖謀造反,並召孔子而孔子欲往,子路兩次皆反對,因爲夫子自己説過"親於其身爲不善者,君子不入也"。然而孔子欲往者,蓋"以天下無不可有爲之人,亦無不可改過之人"也〔(宋)程頤語〕。若以《論語》此兩章所記載爲論,似可認爲簡文即孔子對子路申論此理,此一次對話或本設定爲對"孔子欲往事"之一的某種問答。然而細讀《弟子問》全文,此段仿佛並非針對某一具體事件而發的,而實屬一種通論性質的問答内文。

按,前節已論過,整理者定爲《君子爲禮》的第 10 簡實可能原爲本篇之首簡,今亦暫且如此看之。該簡所言"昔者仲屍(尼)䇱(篋)徒三人,弚(悌)徒五人"云云,或即叙述本篇之背景,謂許多不同等級(或志向)的弟子們侍坐於孔子之旁,以便開啟下面之對話。因爲第 5 簡記載的蓋是某位弟子請求夫子對於某事"略而告"之,接着孔子的初步回答是同時針對許多弟子("小子,來,聽余言","小子"蓋與"二三子"同指),因而可以次於第 10 簡之後。第 14 簡亦載孔子之同時謂"二三子"者,故亦可次於第 10 簡之下;而第 18 簡之言"皆可以爲諸侯相矣"蓋亦指各位弟子而言(故陳劍才將之與《君》簡 10 合併),因而再次之於其下亦相當自然。如此一來以《君》簡 10 及(《弟》)簡 5、14、18 爲次,意義亦連貫:由簡 5 的"登年不恒至"到簡 14 的"吾子皆能有待乎"再到簡 18 的"皆可以爲諸侯相矣",確有邏輯可循,蓋皆勸在座弟子趁早出仕,爲天下效勞。接此,祇要在殘簡缺處内補上子路有關出仕之道的某種疑問之後,自然即可連到剛所述的簡 10 到 13 彼段。

該段後,第 13 簡上似有章末符號,然而孔子接下來所論"君子無所不足,無所有餘"假若大致上仍屬同一次的討論,則該簡下部缺文處或可假設另外一位弟子亦提出難題,提醒夫子他曾經對蘧伯玉之不出仕表示贊同,而對子路之某次欲出仕則很有話可説(即第 19 簡所言)。由於此種假設,今才姑且將簡 19 接於簡 13 之下,而簡 19 之末祇要補上兩三個字,即可以順利與簡 6 合併爲一支簡,將簡 6、9 所言"貧賤而不約者,吾見之矣;富貴而不驕者,吾聞而【未之見也。輕禄而不】仕,吾見之矣;事(仕)而弗受者,吾聞而未之見也",視爲對蘧伯玉之不仕的一種説明,且看作對出仕之所以不可不慎重者的某種闡發。接着,第 23 簡上似有弟子提出"何仁之有?"之類的疑問,或即是針對在不理想的情況下受禄而發的,因而孔子乃以"賴乎其下,不折其枝"等形容君長對於賢士的態度,祇要願意用之則蓋不至於毁其所用,子路慎言守信即可以行仁

---

① 《論語·陽貨》第五、七兩章;見朱熹撰,《論語集注》,收入(宋)朱熹撰:《四書章句集注》,中華書局,1983 年,第 176—177 頁。

政，似或可接在簡 6、9 之後。再者，第 21 簡上，孔子亦以與簡 6、9 所論相近的語言，謂"吾未見華而信者，未見善事人而憂者"，似可說明一方面若以夸己爲目的則確不足以仕，然同時若爲"善事人"者則亦不足以憂，出仕與否之要在於出仕之目的與處官方式；故似乃可以第 21 簡次下於第 23 簡之後。最後，孔子似謂若能輔助有識之君長以好好治理人民，即可謂之善事，難道必定輔之成"王"方可？因而祇要假設第 23 簡之發問者爲子路，以照應簡 17 之"由"，則簡 23、21 亦可順利接到第 17 簡。如此一來，則或可將簡 10、13、19＋6、9、23、21、17 歸爲一章，而視爲與其前一章大致同一次的對話討論內容。固然，上所提的各種聯接，尚需要以殘缺字數及可能補法細言之，然詳情將等下節釋文及其注釋再論，在此不贅（下同）。

　　第 17 簡章末符號後，即"子過曹，顏淵馭"一段，亦即簡 17＋20、4 彼段，而簡 4 後半則有孔子"莫我知也夫"之歎及子游"有地之謂也乎"之問。孔子對子游之回答若何，他簡上看不出有必然關係之文，然以餘下竹簡而論，最合理者似爲第 12 簡文，其謂"君子有夫行也，求爲之言；有夫言也，求爲之行"雖並非正面回答，然似或亦指其欲爲人所知者之目的所在。再若以陳劍的簡 12＋15 之說爲是，則接着孔子又叫顏回過來（或仍屬他們"過曹"的那一次對話），而要他好好記下一件事，亦即"雖多聞而不友賢"的問題，而祇要補上兩個字，即能接到簡 16 而形成一種疑問句，且孔子隨即自加說明，內容亦以"多聞""多見"及"寡聞""寡見"相應，故簡 16 似確該接於簡 12＋15 之下（整理者蓋原以類似的原因而以簡 15 與 16 相次）。簡 16 尚缺二十二字左右，而等孔子將此道理講完，似適乃可充滿此數，因而可以"子曰"開頭的簡 2＋1 次其下，儘管該簡內容並無直接關係而似已轉動了話題。再來因爲簡 1 末尾有"子貢"二字，而簡 8 上亦有"子貢曰"之問，所以已有其他學者將簡 7＋8 放在簡 2＋1 之下。[①] 筆者則將此兩者直接相連，而如果在簡 1 末尾之"子貢【問曰】"後，補簡 7 之首所缺八個字爲"何如則可以謂仁矣"之類的字，則講孝子之心的簡 7＋8 其實可以較順利連接到言及"此之謂仁"的第 11 簡。最後，第 11 簡便有宰我之問"君子"，而將孔子之答覆連接到第 24 簡以結束後，即有篇末（或章末）符號及留白空間，全篇顯然於此告終。

　　此序雖未免有若干猜測之成分，錯排之處固然在所難免，然至少能夠將各章之間的關係給予某種連貫性，而此種連貫性，大體而言之，似乎本出於作者某種有組織的安排，並非全出於偶然。此編聯中之對錯，祇能等待來日的新發現才能知曉，而目前則期望至少能給讀者一種重新考慮全文內容的不同視角。以下釋文便是以上面所論爲序，即：

---

① 見梁靜：《上博簡〈弟子問〉文本研究》；蘇建洲：《〈上博五·弟子問〉研究》。

《君》簡 10；(《弟》) 簡 5、14、18、10、13、19＋6、9、23、21、17＋20、4、12＋15、16、2＋1、7＋8、11＋24；(附簡)

(《弟》簡 3 與 22 則歸入《君子爲禮》篇。)下節即列其釋文。

肆、《弟子問》新編釋文

以下的釋文中，凡未加注者皆以整理者原釋文爲準，而與原釋文不同之說則盡量入注(學者各說之出處見本文末的"徵引文獻")。在此，"‖"表示殘簡的殘端或兩枚簡片相綴之界(兩簡直接拼合時則祇用一次符號)，"▌"則表示完簡的界限。"（ ）"表示所采讀法，而"〈 〉"表示訛字之更正。"■"(粗體)表示未殘但已無法辨認之字，"□"(非粗體)表示因簡殘斷而缺之字，而"【 】"則表示意補的部分(意補文字只聊以作參考之資)。"■"表示竹簡上的分章墨塊符號。

▌①昔者仲屌(尼)筬(箴)②徒三人，弟(悌)③徒五人，芫(玩)贅(嬉)④之徒⑤(《君》10) ‖【□□人。……侍坐。……或酭(問)曰："……】▌⑥

▌□■■■■■■■■■■■■■■■■‖者，可迻(略)⑦而告也？"子曰：

---

① 整理者謂本簡"上、下端皆殘"，然上端蓋實爲平齊，說見拙著《上博楚簡〈君子爲禮〉再探》第二節。本簡"人"字下似可能爲契口位置，而該位置亦與《君子爲禮》契口位置相符，所以在此歸爲《弟子問》實有值得存疑之處；然如前已述，《弟子問》上道契口位置本亦不明，不宜用此位置來判斷歸屬。

② "筬"：蘇建洲疑該釋讀爲"織"；陳劍姑且讀爲"緘？"。何有祖(四)從蘇釋而讀爲"箴"，亦即"諫"義，認爲該與《孔子家語》及《韓詩外傳》文中(見下)的"父事者"約略相當；今從。

③ "弟"：何有祖(四)讀爲"悌"，認爲該與《孔子家語》及《韓詩外傳》文中"兄事者"相當；今亦且從之。

④ "芫贅"：整理者隸後字爲"贅"，陳劍則隸爲"贅"。何有祖(四)從後釋，而讀二字爲"玩嬉"，指"玩味學問"，認爲該與《孔子家語》及《韓詩外傳》文中的"友事者"相當；今亦且從之。

⑤ 整理者謂此簡的內容可與《孔子家語·辯政》之文(及《韓詩外傳》卷八類似之文)合看："宓子賤……對曰：'不齊所父事者三人，所兄事者五人，所友事者十一人。'孔子曰：'父事三人，可以教孝矣；兄事五人，可以教悌矣；友事十一人，可以舉善矣。'"

⑥ 本簡殘缺處約有 23 字之長；此意補部分全屬猜測。因爲《君》簡 10 與《弟》簡 5 之間的殘缺有幾乎一整支簡之多，且《君》簡 10 歸屬亦有存疑之處，因而在此不直接相連。

⑦ "迻"：整理者釋爲"迕"而讀爲"逢"。蘇建洲改釋爲"逆"，何有祖(二)說同；劉洪濤(二)亦從此釋，而訓爲"揆度"，又讀下一"告"字爲"造"，訓"至"，將此句解作"可坐而致"而視爲另一章的末句。禤健聰則謂本字與郭店《緇衣》第 38 簡"迻"字同，當對應該篇傳世本而讀爲"格"。陳斯鵬(一、二)同意禤氏之釋，然指出郭店《緇衣》第 39 簡亦出現此字，而該處與傳世本對應的則是"略"，認爲在此也該讀爲"略"，即"要約"義；今從。

"少(小)子,朿(來),聖(聽)①余言:登年②不亘(恒)至③,耇老④不遠(復)壯,臤(賢)者伋(急)⑤(5)■【於□□□□;不肖者□□□□□□。今□□□□,□□□□□】⑥‖從,虘(吾)子皆能又(有)時(待)⑦虖(乎)?⑧ 君子道朝(昭)⑨肰(然),則夫二厽(三)⑩子者,(14)■【□□□□,□□□】‖□⑪者,皆可以爲者(諸)侯㑴(相)歆(矣)。東西南北,不⑫畸(寄?)□⑬(18)【□□□□。"子路曰:"繇(由)䎽(聞)者(諸)夫子:'又(有)道則見,亡(無)道則隱。'含(今)】⑭■【乃胃(謂)此,可(何)?"子曰:"昔者湯得伊尹以爲天子,】⑮‖女(汝)弗智(知)也虘(乎),繇(由)⑯? 夫以⑰衆軋(犯)䵿(難),以新(親)受彔(禄)⑱,褮(勞)以城(成)事,卬

---

① "聖":整理者釋爲"取"。李天虹謂實可能是从"耳"从"口",但"口"旁下"還有筆畫",在此讀爲"聽"。孫偉龍、李守奎從此説,然疑"其下部短橫可能是錯字的標識。"蘇建洲(四)否認此後一種可能,然認爲此字確曾錯寫成"取"字,而後來直接將"又"字上部校改爲"口"形,而同時又加上下面橫筆來表示"壬"。此字是否原寫錯在此不論,然參照第19簡"聖"字寫法,則確實將本字右下筆畫視爲"壬"字之省爲宜,該如蘇氏而釋爲"聖"字,如李氏而讀爲"聽"。

② "登年":整理者釋爲"春秋"而謂此"春"字書寫特異。蘇建洲初說則謂後字不能直接隸爲"秋",或實爲"休"字而通假爲"秋"。陳偉則以二字爲"豐年"的簡寫與異構。徐在國同意後字可釋爲"年",然將前字釋爲"荳"而讀爲"壽",謂"壽年"即"長壽"義。田煒則改釋前字爲"登",亦解"登年"爲高壽的意思;今且從之。

③ 整理者謂"春秋不恒至"蓋"勉年輕人把握光陰"。若釋讀"登年不恒至"亦大同小異。

④ "耇老":整理者謂"耇老不復壯"蓋"亟言青春之可貴";又謂前字亦似可釋爲"耆"。

⑤ "伋":整理者讀"及"。今如復旦大學工作坊(見蘇建洲[四]引)而讀爲"急"。

⑥ 此處約缺二十七字左右,今略補如此。

⑦ "時":整理者讀"待"。梁靜改讀"時"。今從整理者讀。

⑧ 梁靜認爲此句可能是弟子所問,而"君子"以下則爲孔子的回答,並認爲此一對話可能是孔子與弟子厄於陳、蔡間時事,猜"二三子者"指子路、子貢及顏回三位。今當孔子之語。

⑨ "朝":楊澤生讀爲"昭",似以義爲光明磊落。整理者"朝"後放句號,今以"然"字上屬。

⑩ "厽":整理者隸爲"晶"而讀爲"三",今改隸爲"厽"。

⑪ 此處似亦有某字的筆痕,然已漫漶地無法辨釋。若小圖版位置正確,其上尚缺八字左右。

⑫ 高榮鴻認爲"不"與"畸"二字之間有契口。

⑬ "畸□":前字左半與後字大半殘泐。陳劍姑讀前字爲"奇";今且讀爲"寄"。

⑭ 若小圖版位置正確,此處缺二十字左右,今且意補如此。

⑮ 本簡上端蓋缺十五字左右,今且補如此。

⑯ "繇":今如牛新房而讀爲"由",即子路名字;將字後逗號改成問號。曹建國疑此簡所記與子路仕衛有關,詳情請參其本文;筆者雖感未必指此一事,然曹氏的思路方向大體上應該是正確的。

⑰ "以":曹建國將此與下句之"以"訓爲"爲",舉《説苑·建本》"子路曰:'負重道遠者,不擇地而休;家貧親老者,不擇禄而仕'"云云以爲證。可參。

⑱ "彔":整理者釋爲"備"而讀爲"服"。何有祖(一)改釋爲从"彔"而讀爲"禄",今從。曹建國亦從"禄"之釋讀,將"以親受禄"視爲孝道的表現(見前注)。

（慇）①以启〈尻（處））②官，士（仕）③哉（治）④以力。劓（鼎）⑤俎⑥以（10）■⑦遵（就）人⑧，不曲方（防）以迲（去）人⑨。"■子曰："君子亡（無）⑩所不足，無所又（有）㚔（餘）。圖（蓋）⑪〔13〕【正己而不求於人，則可以出而士（仕）矣。"弟子或䎽（問）曰："若夫出而事君】⑫■ 長，巨（蘧）白（伯）玉佳（止）⑬虖（乎）⑭，子牌=（惇

————————

① "卬"：整理者釋爲"見"，似乎未確。何有祖（一）改釋爲"卬"。陳偉則改釋爲"色"，讀爲"嗇"。蘇建洲（四）謂"色""卬""印"三字構形"頗有淵源"，而"釋爲色或卬皆有可能"。曹建國從整理者之釋，然而讀"見"爲"勤"。今從何氏之釋爲"卬"（影紐真部），而在此讀"殷/慇"（影紐文部），亦與前句"勞"相應。

② "启"：整理者摹寫而未釋，謂與楚簡"強"字稍異，疑或可讀"擅"。何有祖（一）從此讀，而釋其字爲從"尸""旦"聲，即隸定爲"启"。陳偉則改隸爲"㫑"而疑讀爲"屬"；曹建國從其釋，然而改讀爲"樹立"的"樹"，以"樹官"爲"樹立職責"義（周鳳五《上博五〈姑成家父〉重編新釋》亦讀"樹"；見蘇建洲［四］引）。曹氏以本段頭兩句說"爲何而從政"，而以此兩句說"如何而從政"。今則隸此字爲"启"而視爲"尻"之抄錯訛誤字，讀爲"處"或"居"。

③ "士"：今讀"仕"。

④ "哉"：整理者隸爲"哦"而謂或讀爲"鉤"。今從何有祖（一）改釋爲"哉"而讀爲"治"。或亦可以讀爲"司"。

⑤ "劓"：此與"則"字無別，整理者釋爲"則"而讀如字，學者一無異議焉。今則讀爲"鼎"而改隸爲"劓"，與下一字連讀爲"鼎俎"（參下注）；疑乃抄手本欲寫"鼎"字而無意間加"刀"旁以成"則"字所致。

⑥ "俎"：整理者隸爲"尛"。張振謙則釋爲"俎"而讀爲"沮"，訓"沮"爲"敗"。曹建國從之，謂此蓋指"力治"之敗相對於"德治"之成功。筆者則與前一字連讀爲"鼎俎"。"鼎俎"本指烹煮切割的器具，然由於伊尹的故事而引申爲因急於救世而趕緊歸就或親就他人之稱；詳本文第三節之說。

⑦ 筆者簡10接簡13之說，見本文第三節。李銳則以其所認定的第13簡契口位置爲據，而認爲該簡實該往下移；不過該簡似確如整理者所說而爲上端平齊之簡，若然則李氏之說無法成立。詳本文第二節第四條注文。

⑧ "就人"之義，可參《淮南子·泰族》："伊尹憂天下之不治，調和五味，負鼎俎而行，五就桀，五就湯，將欲以濁爲清，以危爲寧也。"

⑨ 整理者謂"去人"猶言"拒人"。彭慧玉疑"去"或可讀爲"驅"，即"趕走"義；此說亦通，然"去"本字即可有此義，似不必改讀。梁靜以"曲防"爲"處處提防"之義；蘇建洲（四）說近，解此句爲"不到處設防使賢人離去"，蓋得之。

⑩ 本字作"亡"，下句則寫作"無"，然今且同讀爲"無"。

⑪ "圖"：整理者祇釋其右半爲"刂"。蘇建洲謂從殘筆看似可釋爲"割"，該是。何有祖（一）亦釋爲"割"，而讀爲"蓋"，陳偉亦從之，今亦從此讀。

⑫ 簡13下半約缺二十六字左右，今且意補其可能大意如此。

⑬ "佳"：整理者讀爲"止"。曹建國與林素清（二）並認爲此一章與《論語·衛靈公》一章有關："君子哉，蘧伯玉！邦有道，則仕；邦無道，則可卷而懷之。"曹建國讀本字爲"之"而訓爲"出"，疑此該具體指大夫孫林父逐衛獻公時，蘧伯玉"出關"以避開無道之世此一舉。林素清（二）則仍讀"止"，認爲蘧伯玉之"止"亦即其"卷而懷之"；今且從此種理解。梁靜則認爲此句是指蘧伯玉勸止孔子"不要那麼急於做官"。陳斯鵬則改讀本字爲"侍"。

⑭ 此"虖（乎）"後整理者原加問號，林素清（二）視作語尾助詞，謂"不必表示疑問"（林氏另疑或可讀"吾"而屬下）。陳斯鵬則連讀到"子"字後，下句同；陳氏疑此句可證明"蘧伯玉曾執弟子禮於孔子"。然曹建國則謂陳氏之說實無可能，蘧伯玉比孔子年齡大許多，祇有孔子師事之之理，不可能曾師事孔子。

惇)①女(如)也其聖(聽)。② 子迳(路)迮(往)③虐(乎),子_④噩=(諤諤)⑤女(如)也女(如)戜(鬥)⑥。(19)‖【夫可(何)擇】⑦‖安(焉)?"子曰:"貧戔(賤)而不約者,虐(吾)見之亯(矣);賵(富)貴而不喬(驕)者,虐(吾)歸(聞)而(6)▌【未之見也。輕泉(禄)而不】⑧‖士(仕)⑨,虐(吾)見之亯(矣);事(仕)⑩而弗受者,虐(吾)歸(聞)而

---

① "脾=":整理者讀爲"惇惇"或"敦敦"。曹建國從之,訓爲"信",指孔子誠心相信蘧伯玉之逃避爲君子之行爲。林素清(二)之說與此相近,謂其表示孔子對蘧伯玉於"邦無道則止"的贊同態度;黄人二亦從之,而疑本字讀爲"諄諄"較妥。今亦大致如林、曹兩位所解。梁静以"惇"爲"重視"的意思。季旭昇認爲此字右下部當改隸爲"羊",右旁並非從"埔"古體,然右上部仍爲"享"。李守奎等則釋讀爲"慵慵",然如蘇建洲(四)指出此於文義不合。蘇氏亦以此字右旁爲"埔",然依馮勝君及曲冰之説(見蘇氏所引)而讀爲"雍雍"或"融融",即"和樂""和諧"義,較能與"愕愕"(解作"驚愕")相對。蘇等此説有理,然今所采的解釋方向與之不同,此且從整理者之讀,解作孔子"篤實"聽從(或贊同)蘧伯玉之行爲,與其對子路之直言如鬥的樣子正相反。
② "其聖(聽)",整理者原屬下讀,今則如陳斯鵬及曹建國而屬上,下句"女(如)誅"二字標點同。陳斯鵬解此句爲"蘧伯玉聆聽教言時態度誠篤"。曹建國訓"聽"爲"從",引申爲"稱贊"。林素清(二)則依整理者而屬下句;蘇建洲之斷讀亦如林氏。
③ "迳":整理者讀爲"往";陳斯鵬解"往乎子"爲"到孔子那裏去",而謂"可能因爲子路態度不夠恭敬",所以作者在此"有意地"用"往"而不用"侍"。陳氏此種句讀若能成立,則疑此字與前"侳"或本爲一字,此後者或爲前者的誤抄,二者均該讀爲"侍";然而今不采此解。曹建國認爲此句蓋指子路並不避亂而死於衛難之事;林素清(二)之說與此相近,謂子路之"往"即邦雖無道而照樣出來"仕衛"。
④ 此"子"下有小短橫,用意不明。假若從陳斯鵬句讀,則或可視爲標點符號。蘇建洲(四)則謂:"應該是單純的提示符號。"筆者亦疑或爲抄手欲寫"噩"字下的重文符號,然寫錯地方,寫了一半才發現。
⑤ "噩=":整理者讀爲"愕愕";陳斯鵬解作"直言",謂其本字該寫作"咢"。今從陳氏之讀,然以"諤"字寫之。梁静理解"愕愕"爲"不順",指孔子聽到子路之死而"心情很低落"。白於藍(頁196)則讀爲"詻詻",即"教令嚴也";蓋亦即"嚴肅"貌。蘇建洲(四)如整理者而讀爲"愕愕",然解作"驚愕"貌。
⑥ "戜":整理者讀爲"誅";陳斯鵬解作"以言語誅責攻討"。曹建國改讀爲"祝",訓爲"斷"而引申爲"心傷"義,即孔子對子路之死亡的表現。林素清(二)以"女戜"二字放進引號内而屬新句,讀爲"汝誅"或"若誅",疑該句表現孔子對子路因爲出仕而招來殺身之禍的擔憂。蘇建洲(四)亦從之而讀"汝誅",然其前面亦補"曰"字。今則改讀爲"鬥",以"如鬥"形容孔子對子路的直言爭辯之貌。
⑦ 筆者將簡19與簡6拼合,其間殘處容有兩三個字,今且補"夫何擇"或"何以擇"三字。
⑧ "未之見也"四個字依整理者據第9簡相近內容所補。整理者亦舉與此兩句內容相關的諸般文例,可參;如《韓詩外傳》卷四:"夫君子恭而不難,敬而不鞏,貧窮而不約,富貴而不驕,應變而不窮,審之禮也。"李鋭據整理者之見而進一步將簡6、9直接相連,中間補"未之見也。□而弗□之"九個字。筆者則僅補"未之見也。輕禄而不"八個字。
⑨ "士":今讀爲"仕"。
⑩ "事":今亦讀如"仕",義通。

未之見也。"子曰:"人而不臨,猷(猶)上(讓)①臨也②。(9)‖【臨而亡(無)以先之,亦不若不臨。"子】③■【路曰:"非明主而受其泉(祿),】④‖□□(息[仁]?)⑤之又(有)⑥?"■子曰:"剌(賴)⑦虐(乎)其下,不斬(折)⑧其枳(枝);飤(食)其實⑨,(23)‖【不毀其器。⑩君將用女(汝),可(何)患於折毀?欲息(仁)而得息(仁),言而守信可也。】⑪■ ⑫虗(吾)未見芋(夸)⑬而信者⑭,未見善

---

① "上":今讀爲"讓",意爲若不出仕以臨民,等於是讓臨民之事給別人去做而已。"上"爲禪紐陽部,"讓"乃日紐陽部,聲音極近。
② 此"也"字僅依稀可見,然整理者釋"也"似可信。
③ 此處約缺十二字,今且意補如此。
④ 若小圖版的位置未誤,本簡上端約缺八九個字;今且意補如此。
⑤ "□□":此二字半殘,亦有所漫漶。如何有祖(五)已指出,以殘筆而言,後字或即"息(仁)"字。何氏又指出,從文意來看,前字似該讀爲"何"才對;然此字殘筆實難以與"可"字相符。
⑥ "之又":此二字皆半殘,整理者釋爲"之又",似未必然。今且如何有祖(五)而讀"之又"爲"之有"而後加問號。
⑦ "剌"(原誤寫作"刺"):整理者讀爲"列";劉洪濤(三)解"列"爲"站"。陳劍則讀"剌"爲"賴"[見蘇建洲(四)從周波轉引],今從。
⑧ "斬":整理者隸爲"斬"而讀爲"折"。蘇建洲改隸爲"斳"而釋爲"斷";劉洪濤(三)則肯定整理者之釋讀爲"折"。
⑨ "實":劉洪濤(二)據相關文例(見下)而讀爲"食"。今仍讀如字,疑指餐"器"裏面的"實"物,然此所謂"實"物固然亦指食物而言。
⑩ 劉洪濤(二)已指出,相近文例見郭店楚簡《語叢四》簡16—17及《韓詩外傳》卷二(第二十三章)、《新序》卷五(第二十六章)、《淮南子·説林》等篇,如《韓詩外傳》文作:"田饒曰:'臣聞食其食者,不毀其器。陰其樹者,不折其枝。有臣不用,何書其言?'"因而缺文補前五字作"者,不毀其器",可從("然者"字不一定)。林素清謂田饒與孔子"時代相去不遠,兩人皆引述古諺,或田饒引孔子所言,而說'臣聞'都是可能的"。
⑪ 若小圖版的位置未誤,本簡下端約缺二十三到二十四字左右,補上"不毀其器"後仍有二十字可補;今且意補如此。
⑫ 簡21上端之字皆漫漶不清;依距離而言,"虗"上似仍容有一字,然若本有則今已完全不見痕跡。
⑬ "芋":此字漫漶不清,整理者原釋爲"邦",今從何有祖(五)改釋爲"芋"。何氏讀"芋"爲"華",義爲"言辭浮華",亦指出此兩句與《語叢二》簡46、45文相近:"未有夸(嘩)而忠者""未有善事人而不返者"(彼篇本分此爲兩章)。裘迷亦主此説,然讀"芋(華)"爲"譁",義同。按,《語叢二》彼字亦有學者讀爲"夸",此"芋"或亦該讀爲"夸"。
⑭ "者":此與下句字同字,整理者原釋"襪"而讀"絕";今從陳偉改釋爲"者"。如何有祖(五)已指出,《語叢二》相應之字亦正作"者"。黃人二則釋爲"繼"。

事人而憂①者。含(今)之殜(世)□(唯[雖]?)②(21)‖【亡(無)明王,而亦或有賢主安(焉)。□□□□□,□□□□□,則□□□】③■【□。唯(雖)霸】‖□(而?)④弗王,⑤善歆(矣)。夫安(焉)能王人,繇(由)?⑥■子迡(過)⑦曺(曹),□(顏)⑧(17)‖囦(淵)駇(馭),至老丘⑨。又(有)戎(農)⑩植其楈而訶(歌)安(焉)⑪,子虞(據)⑫虖(乎)軾⑬而(20)‖【聖(聽)之,其聖(聲)□=女(如)、□=女(如)也。】■⑮【子曰:

———————

① "憂":此字稍微有所漫漶;整理者釋爲"息"而讀"憂"。此釋若可從,則或可疑此"憂"前漏寫"不"字,或抄手不解"憂"字在此之義而憑意改;此"憂"或指"憂患意識",即"善事人"者所該有,《語叢二》與此相應的"不返",筆者讀爲"不反",義即"不反省",與此"[不]憂"義近。然本段中弟子既以出仕爲值得憂慮之事,則不見得漏了"不"字。蘇建洲(三)則改隸此字爲"息"而讀爲"貞",確似有所像;若然,則"善事人"實有反面意義,蘇氏解作"討好",將此句理解爲"沒有看到善於奉承人,却是貞潔的人"(《語叢二》"不返"之"返"則讀爲"反叛"之"反"或"叛")。蘇氏此說雖亦有其理,然本字有所漫漶,蓋正因此才顯得與"憂"字或有不符之處,且楚簡中亦並未見過上"貞"、下"心"之字("貞"字亦罕見下部垂筆),因而今仍以釋"憂"爲勝。
② 此字僅存上部;從此殘筆看,似可能即"唯"字,而在此讀爲"雖"。
③ 本簡下端約缺二十五字左右,今且意補如此。
④ 此處空白,似或原有一字而已完全漫漶掉,不然或爲契口處。然今以"善"與"歆"字間視爲契口處;若然,則蓋殘三字左右,今且補爲"□。雖霸",且將漫漶掉的字補爲"而"。
⑤ 曹建國以"弗王善矣"連讀,認爲此段具體指衛出公輒不能向其父蒯聵盡孝道之事,謂其既然如此不能"王善",自然無法繼續做爲"王人"的國君。然"王善"頗爲不詞,此說難從。
⑥ "繇":今如牛新房而讀爲"由",即子路名字。
⑦ "迡":今如陳劍而讀爲"過"。
⑧ 此字下部略有所殘,而簡20首端亦有某字下部的殘筆。據陳劍分析,此二枚簡片應該拼合,而拼合後此處乃恰好形成"顏"字。整理者針對簡20"囦(淵)"字,本亦謂"衡諸下文,當是顏淵爲孔子馭",確實應該是"顏"字無誤。不過此字上下殘筆,因爲有所漫漶而亦顯得與"㮝(顏)"字有不甚相符之處。
⑨ "老丘",位於今河南省開封縣,當時似實屬宋國。如梁静指出,除了《史記·孔子世家》外,孔子過曹事他書無所記載,據該篇其去衛南下過曹當在元前495年,而曹國亡於元前487年,蓋即下面"曹之喪,其必此乎"之"預言"所指。
⑩ "戎":整理者模寫而未隸定,謂或疑讀爲"一人"(即當"弋""人"的合文)。今從陳劍改釋爲"戎"而讀爲"農"。
⑪ 整理者謂此句"蓋言將楈器直立於地上而歌也",當是。
⑫ "虞":整理者隸定爲"虘"而讀爲"乘"。季旭昇認爲下部該隸爲"乘",上面"虍"部爲聲符,字蓋讀爲"據"。陳劍則改釋此字爲"虞",亦如季氏而讀爲"據",今從。侯乃峰則引劉信芳說,以字下部釋爲"舞",爲雙聲符字而讀爲"撫"。
⑬ "軾":整理者釋爲"軒",今從陳劍改釋爲"軾"。
⑭ 本簡下端所殘蓋爲九個字左右;參本文第二節第五條說明。此"聽之"二字依陳劍所補,他則爲筆者意補。
⑮ 簡4接在簡17+20之下從陳劍說。

"韋(回)，聖(聽)之！是亡國】‖□(之)①風也，嬰(亂)節而愯(哀)聖(聲)。曹之喪，其必此虐(乎)?② 韋(回)③！"子戁(嘆)曰："烏(嗚)④！莫我智(知)也夫！"⑤子遊(游)曰："又(有)塦(地)⑥之胃(謂)也虐(乎)?"子曰："侒(偃)⑦，(4)■【吾語女(汝)。君子又(有)夫行】‖⑧也，求爲之言；又(有)夫言也，求爲之行。言行相惥(近)⑨，肰(然)句(後)君子。"■子(12)‖⑩曰："韋(回)，埜(來)，虐(吾)告女(汝)，其綬(識)者(諸)⑪虐(乎)！⑫ 隹(雖)多餌(聞)⑬而不吝(友)臤(賢)，其(15)■【所行】‖□(道)⑭

---

① 此字略有所殘，然似或乃"之"字之殘筆，今補。本簡上端尚缺八個字左右，今且意補如此。
② 整理者舉《禮記・樂記》以爲比："鄭衛之音，亂世之音也，比於慢矣。桑間濮上之音，亡國之音也，其政散，其民流，誣上行私而不可止也。"蘇建洲(四)指出曹國與衛國相鄰，"或因此受鄭衛之音影響而亡國"。
③ "韋(回)"：整理者原屬下而連讀爲"回子"。今如陳劍而屬上讀，以"子嘆曰"以下爲新章。
④ "烏"：整理者讀"於"，今如陳劍而以習用的"嗚"字代之。
⑤ 如整理者指出，可參《論語・憲問》篇："子曰：'莫我知也夫！'子貢曰：'何爲其莫知子也？'子曰：'不怨天，不尤人。下學而上達。知我者，其天乎！'"
⑥ "塦"：整理者讀爲"施"。陳劍讀爲"地"；今亦讀"地"。蘇建洲(四)引孟蓬生說謂"有地"蓋指有封地之君，而此文"蓋感慨不被有土之君所知"；此說有理。
⑦ "侒"：整理者摹寫而未釋；季旭昇則謂左從"亻"、右爲"安"形之訛，字讀爲"安""焉"或與之聲同之字。陳劍(二)同意其右旁從"安"爲聲符，而在此讀爲"偃"，即子游之名；今從之，然隸定則如劉雲而釋爲"侒"，或即"偃"字異體。
⑧ 簡12+15 拼合後，上端尚缺八個字左右；最後三個字陳偉已依對文而補，餘則且意補如此；以下的句讀亦與陳劍略同。
⑨ "惥"：整理者讀"近"。何有祖(三)則讀爲"謹"，亦通。
⑩ 簡12+15 的拼合從陳劍説。陳偉則將簡 13+12 拼合，林素清亦支持此説；雖亦頗有道理，然亦無法與陳劍之拼合共存。說詳本文第二節第四條。
⑪ "綬者"：整理者釋後字爲"襪"而讀"絕"，而簡21 亦有兩個看似一樣(但較模糊)的字，整理者亦同釋爲"襪"。彼後兩者，陳偉已指出實該釋爲"者"字異體，而陳氏又疑本字亦爲"者"字變體，蘇建洲(四)也認爲亦有可能。今亦以釋爲"者"爲是，然在此讀爲"諸"。依照原釋讀，范常喜(二)讀二字爲"組絕"而以義爲"丟官解職"。黃人二以第一字右旁爲"得"字右旁之省而讀其字爲"得"，又改釋第二字爲"繼"。按，"綬"字從"尋"聲，可視爲"幟/織"字異體，在此讀爲"識"或"志(/誌)"，義即"記住"；"尋""哉""之"三聲系往往通假。"其識諸乎"猶言"其識之乎"，爲一種指令語氣；古書亦偶見"諸乎"連言之例。
⑫ 今將問號改成感嘆號。
⑬ "餌"：整理者在此讀"問"，今則改讀"聞"。
⑭ 此字僅剩最下面彎橫筆。梁靜認爲可能是"子"字殘筆，實不符。筆者姑視爲"道"字殘筆。若小圖版的位置不誤，則該字前尚容二字左右，今且補爲"所行"。

安(焉)冬(終)?①"子曰:"夏(寡)餌(聞)則沽(孤)②,夏(寡)見則鯀(肆)③;多餌(聞)則覞(惑)④,多見則(16)‖【□。君子□□□□□,□□□而□□□,則□□□□□□。"】⑤■⑥子曰:"前(延)陵季₌(季子)⑦,其天民也虐(乎)? 生⑧而不因(因)其浴(俗)⑨。吳人生十□(年?)⑩(2)‖⑪而塱(瘍)⑫敗(散[祖])⑬,伌

---

① 今將句號改成問號。
② "沽":整理者讀爲"孤",舉《禮記·學記》:"獨學而無友,則孤陋而寡聞。"陳偉則讀爲"固",當"蔽塞"義,亦通。
③ "鯀":整理者摹寫而未隸定,然釋讀爲"肆"。今且如唐洪志(見蘇建洲[四]引)而釋爲"鯀",然仍從整理者而讀爲"肆"。
④ "覞":整理者讀爲"惑",舉《論語·爲政》:"子張學干祿。子曰:'多聞闕疑,慎言其餘,則寡尤;多見闕殆,慎行其餘,則寡悔。言寡尤,行寡悔,祿在其中矣。'"而謂"多聞則惑"義與"多聞闕疑"相若。
⑤ 本簡下端約缺 21 到 23 字左右,今且部分意補如此。
⑥ 整理者謂此簡上端平齊,然從圖版上看則難以確認。不過與簡 1 拼合後亦幾乎已滿一簡。
⑦ "前(延)陵季子":整理者指出即春秋時代吳國公子季札。整理者釋其第一字爲"前"而讀爲"延";劉洪濤(網名"小蟲")則認爲當改釋爲"脡",仍讀爲"延"。李天虹(二)亦對相關字形作深入分析,認爲劉氏之釋雖可備一說,而尚待"更有力的證據",仍傾向於釋爲"前";程鵬萬亦加以分析而肯定整理者說(《安徽壽縣朱家集出土青銅器銘文集釋》頁 52—55;此從蘇建洲(四)轉述)。蘇氏則另出分析而與劉氏一樣認爲該視爲"脡"字才是。今且從整理者釋讀。
⑧ "生":范常喜謂在此可能指"繼位"之事。今則以普通字義理解之。
⑨ "浴":整理者疑讀爲"俗",今從。范常喜疑此句意指"季札堅持父死傳於長子的帝位繼承原則,而不因襲聽從(其長兄)諸樊傳位於弟的規定"。對范氏此種解釋,徐敏一文亦有所發揮。
⑩ "十□":後字略有所殘。陳劍改釋"十"爲"七"而括號姑且讀後字爲"年?"。范常喜則疑前字爲"十七"之合文,而又疑此"十七年"指其兄餘昧在位之年數。今且釋讀爲"十年"。然所謂"年"字實在無法依形釋出;范常喜謂其上似從"人"、下似從"心",爲"仁"字之讀爲"年"者;似不足據。
⑪ 簡 2+1 之直接拼合從陳劍說。
⑫ "塱":整理者隸爲"數"而讀爲"動"。後原加逗號,今從陳劍連續讀;陳氏疑或該改釋此字爲"塱"。李守奎等隸定爲"數",而釋爲"毀";蘇建洲(四)亦爲而釋爲"毀/塱",且引裘錫圭及魏宜輝之說而對字形加以進一步的解釋。此字有所漫漶,然似確該從陳氏等而釋爲"塱"。蘇氏讀爲"瘍",說見下注。范常喜則釋爲"壞"而讀爲"讓",謂指吳人"讓"於季札。
⑬ "敗":蘇建洲謂此字形與上博簡《曹沫之陣》簡 43 讀爲"散"之字相類;范常喜亦從"散"之釋,而疑在此讀爲"札",即季札之名。《曹沫之陣》彼字,周鳳五、陳斯鵬及單育辰皆曾提出讀爲"捷"之說(參朱曉雪一文第四條),因而本字之讀法或亦可以從"捷"音之角度考慮。然蘇建洲(四)引復旦讀書會對清華簡壹《祭公之顧命》讀爲"祭"之字聲旁的分析中所指出,即三體石經之"捷"所從聲符與"散"字聲符相同而"捷"與"祭"亦音近可通,說明"散"(元部)、"祭"(月部)、"捷"(葉部)聲韻關係相通。蘇氏從"散"聲符之角度而讀此字爲"祖",與前字連讀爲"瘍祖"(亦謂或可讀爲"臂祖"),亦即"祖瘍"之義,對應吳人"嬴以爲飾"之俗。今且從蘇氏之讀。

（俑？）①虖（乎）其雁（膺）②，前（延）陵季=（季子）僑（矯）③而弗受。前（延）陵季=（季子），其天民也虖（乎）?"■子贛（貢）（1）‖【餌（問）曰：】④■【"可（何）女（如）則可以胃（謂）息（仁）矣?"】⑤‖囝子_⑥曰："虐（吾）餌（聞）父母之喪，（7）‖⑦飤（食）肉女（如）飯土，會（飲）酉（酒）女（如）淫（啜）水⑧，信虖（乎）?"子贛（貢）乁（曰）⑨："莫新

---

① "仉"：陳劍且釋爲"俑?"，何有祖（一）則隸其右旁爲"民"而讀爲"文"。依筆者見，陳氏説最像，然其讀法未可知，字形仍可存疑。若"俑"之釋爲是，則或可考慮讀爲"熔"或"融"，或指一種烙印刺青法；然吳人之紋身是否如此，文獻無徵。范常喜疑可釋爲"佣"，而意義待考。

② "雁"：原釋"所"，今從陳劍改釋爲"雁"而讀爲"膺"。陳氏疑此段所言蓋與吳人"斷髮文身"等俗有關。范常喜從陳氏之釋，然讀"雁"如字，以指古代贄禮之禮物，即下文季札所"弗受"者。

③ "僑"：陳劍讀爲"矯"，今且從之。范常喜讀"僑"如字，義爲"遷居、旅居"，疑指"季札讓國歸隱於別處"。蘇建洲（四）從陳氏之讀，以句意謂"拂逆吳國風俗"，蓋近是。

④ 簡 2+1 拼合後，下端蓋尚殘一兩字；今且意補"問曰"二字而直接連到簡 7。

⑤ 簡 7+8 拼合後，上端約殘八個字；今且意補如此。

⑥ 此字祇剩下尾部殘筆。從殘筆及上下文來看，似該釋爲"子"。其右下方似亦有小墨塊。梁静謂此字可能爲"子"或"孝"，謂此小墨塊爲句讀符號，又説其前或原是"門弟子"或"某某問孝"，指出簡 11 "宰我問弟子"下亦有句讀符號，情況或與此相類。若然，則其下面的"曰"字仍該是指孔子對此一問的回答（與簡 11 情況相同，或亦可視爲重文符號）；然梁氏則認爲此處"應該是其他弟子向子貢請教問題"。今則仍視爲孔子的指稱詞爾。按，此"子"下符號之用意難明，然上面簡 19 "子"字下亦有之，或並非偶然，值得留意。

⑦ 簡 7+8 之拼合從陳劍說。

⑧ "淫"：整理者隸爲"浧"而疑讀"浧"。陳劍括號讀爲"啜?水"，對句意舉《論語·陽貨》"夫君子之居喪，食旨不甘，聞樂不樂，居處不安"以相比；林素清亦引周鳳五讀此字爲"歠水"合文。禤健聰（《戰國楚簡字詞研究》頁 95—98；此從蘇建洲［四］轉述）亦從陳劍之讀而視作省略了合文符的"啜水"合文，其右半上部即"叕"的一種訛變體；蘇氏亦支持此説，而對"叕"形之演變亦加以補充；金宇祥亦據清華簡（六）《子儀》簡 11 中相近之字形及曾侯乙墓簡中"爻""叕"相混之一例等，以作爲進一步的補充。陳斯鵬則疑"淫"即"澆"字異構，"飲酒如澆"意謂"飲酒有如水之沃土，不知其味也"。今姑且從陳劍等"啜水"合文之讀。居喪中對飲酒食肉，《禮記》諸篇中有明確的規定；據此，金氏認爲簡文所言"時間當在禫祭之後"。不過在此視爲一種寬泛的假設即可，不一定要拘於具體規定言之。

⑨ "乁（曰）"：如整理者指出，寫法相同的"曰"字亦出現於上博四《相邦之道》簡 2 及簡 4。有趣的是，該篇亦出現子貢此一人物；然而似乎實在無法將此簡編入彼篇，蓋祇能視爲巧合。禤健聰分析此"曰"字形，認爲主要部件爲"乙"，而"乙"亦當其聲符。董珊則釋爲"尐"，將其聲符"乀"視爲"丨"而讀爲"説"。宋華強同意其聲符該可視爲"丨"或"乀"，然仍是當讀爲"曰"。白於藍（頁 211）疑乃《説文》"从川、曰聲"的"㕁"字象形本字，讀爲"曰"。

（親）虖（乎）父母，死不覾（顧）生。可言虖（乎）？其信也。①"子②(8)■【曰："孝乎父母，以汎愛於衆而□】③‖□④也，此之胃（謂）㥁（仁）。"■宰（宰）我昏（問）君子＿。[子]⑤曰："余（予），女（如）⑥能訫（慎）旨（始）⑦與⑧冬（終），斯善歖（矣）⑨。爲君子虖（乎）？(11)‖【未□□□】‖□⑪，女（汝）安能也⑫？"■⑬　　(24)■

附簡：
　　■……【子】‖曰："考（巧）言窑（令）⑭色，未可胃（謂）㥁（仁）也。⑮ □者（諸）⑯

---

① 整理者原斷讀爲"莫親乎父母，死不顧生，可言乎其信也"。陳偉（二）則斷讀爲"莫親乎父母，死不顧，生何言乎？其信也"，以義爲"父母至親。如果父母去世沒有哀悼之心的話，父母在世時哪里談得上親情呢？大概可信吧"。王三峽則斷讀後三句爲"死不顧生，何言乎？其信也"，以爲"顧"可在此訓爲"反"，"顧生"即"復生"義，而以"何言乎？"義爲"還用得著説嗎？"。今則以"死不顧生"義爲父母過世了，孝子便不顧己生；那麽孝子自然即是"食肉如飯土"等等。今又讀"可言乎？"如字，義爲"還有什麽話可説呢？"。

② 此字略有所漫漶，整理者未釋。陳劍逕釋爲"子"，從圖版上看確實能辨出，今從。

③ 本簡上端約缺十二個字左右；今且意補如此。

④ 此字祇剩其下部殘筆且模糊不清，實無法辨認。

⑤ "君子"之"子"後有小短横，或爲句逗號用。李天虹依照文獻中類似文例而指出一般此種"曰"前不會不加"子"字，因而認爲此符號實爲重文符號，該讀爲"子。子"；此説固然亦通。孫偉龍、李守奎則認爲可能是"句讀符號兼表重文"。

⑥ "女"：整理者讀"汝"。今則讀爲"如"。

⑦ "旨"：整理者隸爲"紆"而讀"始"；今則改隸爲"旨"，仍讀"始"。

⑧ 陳偉（二）在此斷句，讀如"歟"而後面加問號，以"終斯善"連讀。今從整理者斷讀。

⑨ "歖"：整理者讀"矣"，亦見簡17、18。陳偉（二）則在此讀爲"幾"，當"庶幾"義。

⑩ 陳劍以簡11與24直接相拼。今依據簡11契口位置而補四個字於兩者之間。二者之拼合，陳氏舉《論語・公冶長》以爲比："子貢曰：'我不欲人之加諸我也，吾亦欲無加諸人。'子曰：'賜也，非爾所及也。'"何有祖（六）則認爲香港中文大學藏戰國簡第7號簡可能本次（遥綴）於本篇第11簡之後，其文字即"之如晏嬰也，此之胃（謂）君【子】"（其"晏嬰"二字之釋讀分從陳英傑與禤健聰；"子"字爲何氏所補），港簡"此之謂君子"與簡11"此之謂仁"相應；此亦不無可能。

⑪ 此處似仍見某字下部的殘筆。

⑫ 本簡此四字漫漶不清，今依整理者所釋，又在"也"後加問號。整理者讀"安"爲"焉"；今讀如字，然仍當疑問詞。

⑬ 本簡墨塊後全留白，蓋爲本篇末簡。

⑭ "窑"：郭店楚簡《緇衣》第26簡有"窑"字，與傳本"命（令）"字相當，在此讀"巧言令色"的"令"似無疑。詳情可參整理者注。

⑮ 見《論語・學而》第三章："子曰：'巧言令色，鮮矣仁。'"

⑯ "□者"：今如何有祖（五）而讀後字爲"諸"。前字漫漶不全，何有祖疑或可釋爲"從"或"近"。

其言，□①而不可（附簡）■……"

伍、餘　論

在兹先依照以上的新編釋文而以通行字及自然分段來列出《弟子問》全文，而在段落間加以簡略的分析：

昔者仲尼箴徒三人，悌徒五人，玩嬉之徒【□□人。……侍坐。……或問曰："……】……者，可略而告也？"

子曰："小子，來，聽余言：登年不恒至，耇老不復壯，賢者急【於□□□□；不肖者□□□□□。今□□□□君，□□□□】從，吾子皆能有待乎？君子道昭然，則夫二三子者，【□□□□，□□□】□者，皆可以爲諸侯相矣。東西南北，不寄(?)□【□□□□。"】

【子路曰："由聞諸夫子：'有道則見，無道則隱。'今乃謂此，何？"】

【子曰："昔者湯得伊尹以爲天子，】汝弗知也乎，由？夫以衆犯難，以親受禄，勞以成事，愨以處官，仕治以力。鼎俎以就人，不曲防以去人。"

此段先敍述孔子與若干弟子共坐，而其中一位大概請教於從政、出仕一類的問題。孔子對衆弟子說人生壯年無幾何，要趁早出仕而爲天下國家效勞。如果以君子之道而從事，且遇上知賢之君，則甚至可當上諸侯之相，豈不是好事？對此，子路提出疑問，蓋是因爲聽過夫子"有道則見，無道則隱"一類的話，以爲當今無道之君居多，因而或以不出仕爲宜，才引出孔子的回答，強調祇要能夠以民衆爲務而殷勤做事，就要像伊尹當時一樣"鼎俎以就人"，而不要到處提防以推辭人主或執政者。

接着的一段話似是繼續講此一話題：

子曰："君子無所不足，無所有餘。蓋【正己而不求於人，則可以出而仕矣。"】

【弟子或問曰："若夫出而事君】長，蘧伯玉止乎，子惇惇如也其聽。子路往乎，子諤諤如也如鬥。【夫何擇】焉？"

子曰："貧賤而不約者，吾見之矣；富貴而不驕者，吾聞而【未之見也。輕禄而不】仕，吾見之矣；仕而弗受者，吾聞而未之見也。"子曰："人而不臨，猶讓臨也。【臨而無以先之，亦不若不臨。"】

【子路曰："非明主而受其禄，】□□仁(?)之有？"

---

① 本字模糊不清，整理者摹寫而未隸定。何有祖（五）認爲當釋爲"勑"而疑讀爲"勝"；今且存疑。

子曰:"頼乎其下,不折其枝;食其實,【不毀其器。君將用汝,何患於折毀? 欲仁而得仁,言而守信可也。】吾未見夸而信者,未見善事人而憂者。今之世雖(?)【無明王,而亦或有賢主焉。□□□□□,□□□□,則□□□□。雖霸】而(?)弗王,善矣。夫焉能王人,由?"

孔子以"君子無所不足,無所有餘"先申述出仕效勞之理,蓋即言行一致而不遺餘力之謂。於此,弟子或乃提出難題,説夫子對蘧伯玉之逃避不仕與子路之欲往事君曾有不同態度,反而是贊許前者而對後者有所批評,這則怎麼解釋呢? 孔子先承認受祿之誘惑誠可戒備:出仕必受爵祿,且富貴乃容易驕,而與其以受祿而虧德,當然不如不受。然而同時——孔子接着又説——若不出仕以統臨人民,就等於是讓此位給別人去當,人民可能因此而更容易受苦。等子路再次提出疑問後,孔子蓋謂人主若是果真賞識你,就不會想虧損你,而祇要能守信效忠而不夸大自己的言行,則不用過於操心於虧德之可能。同時,對國君的要求也不能過於理想化:能輔助他爲賢君或霸主已經很不錯了,不能奢望他一定可成爲天王。

接着乃爲新的場合:

> 子過曹,顔淵馭,至老丘。有農植其槈而歌焉,子據乎軾而【聽之,其聲□□如、□□如也。子曰:"回,聽之! 是亡國】之風也,亂節而哀聲。曹之喪,其必此乎? 回!"

孔子爲知音者,與吴國公子季札同能,而在此偶遇的機會中,乃教顔回如何聽音樂來認知一國之風俗,以便推知其治亂情況。音樂需要知音,人也需要知己,如此才能盡其所用:

> 子嘆曰:"嗚! 莫我知也夫!"
> 子游曰:"有地之謂也乎?"
> 子曰:"偃,【吾語汝。君子有夫行】也,求爲之言;有夫言也,求爲之行。言行相近,然後君子。"

蓋求人知己者,所望莫過於有地之君加以賞識。然君主也好,朋友也好,總要有機會對人論述可行之事,或對人施行所述諾言,才能展現君子之道。① 此亦牽涉到"友賢"

---

① 當然,此種"言行相副"之論不一定要在"爲人所知"的論題中理解之,此固然是儒家修己爲人之恒道:有所行動,一定要可以説出來才當爲之;有所講説,一定要能夠做到才可講出。相近言論在《論語》《緇衣》等文獻中到處可見,此不贅舉。對此種相關記載,常佩雨已進行過較爲詳盡的羅列;見其《"言行相近,然後君子"——從上博簡〈弟子問〉看孔子的言行觀》,《文藝評論》2012年第4期,第7—11頁。

之理：

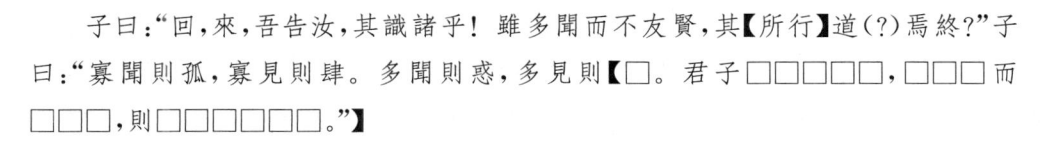

> 子曰："回，來，吾告汝，其識諸乎！雖多聞而不友賢，其【所行】道(?)焉終？"子曰："寡聞則孤，寡見則肆。多聞則惑，多見則【□。君子□□□□□，□□□而□□□，則□□□□□。"】

君子需要賞識己者才能實行君子之道，然同時也需要賢友才能成爲君子。孤陋寡聞固然不行，然無賢友以正己，則多見多聞同樣將歸於困惑，故君子需要知己，才能正其德而施諸民。

不過似乎亦有某種難得的人才，能不受外人影響而自能走上正道，亦所謂"天民"也：

> 子曰："延陵季子，其天民也乎？生而不因其俗。吳人生十年(?)而裼祖，俑(?)乎其膚，延陵季子矯而弗受。延陵季子，其天民也乎？"

在"非禮"文化習俗中能夠立異於群體而己守正道，非一般人能做到之事，似乎出於天所授的某種特殊稟賦。

最後，本篇記載兩位弟子分別提問。首先是子貢，似是問及何以謂"仁"：

> 子貢【問曰："何如則可以謂仁矣？"】
> 子曰："吾聞父母之喪，食肉如飯土，飲酒如啜水，信乎？"
> 子貢曰："莫親乎父母，死不顧生。可言乎？其信也。"
> 子【曰："孝乎父母，以汎愛於衆而□】□也，此之謂仁。"

"孝"既爲"仁之本"，因而孔子乃提出"孝"以喻"仁"之道。子貢自然已了解孝子之心，遭遇父母之喪則完全顧不到自己的生活。然則祇要能夠推此心以及人，此亦即所謂"仁"也。接着則是宰我問"君子"：

> 宰我問君子。[子]曰："予，如能慎始與終，斯善矣。爲君子乎？【未□□□】□，汝安能？"

蓋人之言行若能"慎始與終"已經很不錯了，然仍談不上爲"君子"。爲"君子"之要何在，可惜現存竹簡未見說明，但宰我顯然是無法達到。

《弟子問》篇到此結束。此外尚有所謂"附簡"，内容似與本篇所見的言行論相關：

> ……【子】曰："巧言令色，未可謂仁也。□諸其言，□而不可……"

然從竹簡形制而言，似實不屬於本篇。

《弟子問》《君子爲禮》此種出土文獻資料最顯著的特點，無疑是其體裁與《論語》

（及與《論語》體裁相近的其他傳世文獻）極爲相似，或可有助於進一步了解《論語》一書在先秦時期的形成過程。蓋今所見《論語》晚至西漢才成最後定本，然其前身無疑從戰國初期便已開始形成，而《論語》所收之篇章與《論語》以外的相類篇章究竟有何種關係，至今仍是一種難以定論的課題。《弟子問》《君子爲禮》皆有與《論語》内容相近的章節，而郭店、上博其他竹書亦偶有與《論語》某些章節關係較密切的。學者對此已多有所討論，或以《論語》當時已大體形成爲前提而視此種材料爲孔門後學對《論語》之有關章節的發揮，或則以《論語》之章節視爲對竹書此種相對"原始"的材料加以精煉而成。① 其實，此種發展過程相當複雜，定有兩種情況共存的可能，甚至有更爲錯綜複雜的其他狀況介於發揮與簡縮之間，並不能一概而論。隨着出土文獻的不斷公布，我們不得不繼續對此種問題加以更加深入的研究。

經過以上的分析，可見《弟子問》大半篇幅是圍繞着出仕與否的問題。在春秋戰國之際，天下不平，大國相戰，家門私鬥而亂節，世主多爲大臣所陵，以禮義治國的理想日遠，天下確實堪稱"無道"。在此種亂世之中，出仕與否乃成爲孔門内很關鍵的論題。受昏主之禄，總將有成其惡以富貴己之嫌，然隱而不仕，則亦無助於解決萬民之苦。孔子之教乃不得不徘徊於此二者之間，此點《論語》中亦處處可見。如孔子在《泰伯》第十三章曰："篤信好學，守死善道。危邦不入，亂邦不居。天下有道則見，無道則隱。邦有道，貧且賤焉，恥也；邦無道，富且貴焉，恥也"。因而"君子憂道不憂貧"，故在《述而》第十五章亦曰："飯疏食飲水，曲肱而枕之，樂亦在其中矣。不義而富且貴，於我如浮雲。"然"危邦"何以判别，"亂邦"何以斷定，而"不入""不居"則何以使其治以救其民？因此，孔子亦有"如有用我者，吾其爲東周乎"之望（《陽貨》第五章）。從中何以斟酌，乃孔門一大難題，而對此種難題的門内爭論，亦充分反映於《弟子問》篇當中。若以《弟子問》與《論語》及《論語》外其他孔門文獻的相關篇章加以

---

① 前者如周鳳五對《從政》篇中"子張問從政"章所論，後者則如陳桐生對《君子爲禮》"顔淵問仁"章之説。參周鳳五：《讀上博楚竹書〈從政〉甲篇劄記》，收入朱淵清、廖名春主編《上博館藏戰國楚竹書研究續編》（上海書店出版社，2004年），第181—195頁；陳桐生：《從上博竹簡看〈論語〉的編纂特點》，《武漢理工大學學報（社會科學版）》2008年第6期，第914—917頁。對此種問題，黄人二亦作過討論，而將相關出土史料分爲四類。他第一類便是：（1）如周鳳五所論的、解釋《論語》章節本身的某種弟子之"傳"；而他其他三類則是：（2）孔子與諸侯或執政大夫的對話；（3）孔子之語和弟子間的對話；（4）孔門弟子或後學之語。黄氏認爲此三種反而是"篩選、揀擇入編《論語》的資料"，而《弟子問》《君子爲禮》屬於最後兩項（然他甚至認爲此種篩選、揀擇的過程基本上是在孔子過世前便已完成的）。見其《上博藏簡（五）〈君子爲禮〉與〈弟子問〉試釋——兼論本篇篇名爲〈論語弟子問〉與〈論語〉之形成和主要編輯時間》，第76—78頁。

深入比較，來進一步探討此一課題在戰國儒者的言論中如何發展下去，必定爲一種相當值得進行之事。

徵引文獻

　　以下多爲網絡上的論文。"武大簡帛網"指武漢大學簡帛研究中心簡帛網站（www.bsm.org.cn）簡帛文庫裏面的文章，"簡帛研究網"指 www.jianbo.org 網站（原稱 www.bamboosilk.org），孔子 2000 網站指 www.confucius2000.com 網站清華大學簡帛研究專欄中之文，而"復旦出土文獻網"則指復旦大學出土文獻與古文字研究中心網站（www.gwz.fudan.edu.cn）所登的有關論著。

白於藍編著：《簡牘帛書通假字字典》，福建人民出版社，2008 年。

曹建國：《上博竹書〈弟子問〉關於子路的幾條簡文疏釋》，收入丁四新編《楚地簡帛思想研究（三）："新出楚簡國際學術研討會"論文集》，湖北教育出版社，2007 年，第 85—94 頁。

常佩雨："'言行相近，然後君子'——從上博簡〈弟子問〉看孔子的言行觀》，《文藝評論》（"出土文獻與古代學術"題）2012 年第 4 期，第 7—11 頁。

陳劍：《談談〈上博（五）〉的竹簡分篇、拼合與編聯問題》，武大簡帛網，2006 年 2 月 19 日（後亦收入氏著《戰國竹書論集》，上海古籍出版社，2013 年，第 168—182 頁）。

陳劍（二）：《〈上博（五）〉零札兩則》，武大簡帛網，2006 年 2 月 21 日（後亦收入氏著《戰國竹書論集》，第 189—192 頁）。

陳斯鵬：《讀〈上博竹書（五）〉小記》，武大簡帛網，2006 年 4 月 1 日。

陳斯鵬（二）：《上博館藏楚簡文字考釋四則》，《江漢考古》2008 年第 2 期（總第 107 期），第 122—128 頁。

陳桐生：《從上博竹簡看〈論語〉的編纂特點》，《武漢理工大學學報（社會科學版）》2008 年第 6 期，第 914—917 頁。

陳偉：《上博五〈弟子問〉零釋》，武大簡帛網，2006 年 2 月 22 日。

陳偉（二）：《〈弟子問〉零釋（續）》，武大簡帛網，2006 年 3 月 7 日。

陳偉（三）：《〈從政〉校讀》，收入氏著《新出楚簡研讀》，武漢大學出版社，2010 年，第 149—154 頁（原以《上海博物館藏楚竹書〈從政〉校讀》爲名，載簡帛研究網，2003 年 1 月 10 日）。

董珊：《戰國竹簡中可能讀爲"説"的"尐"字》，復旦出土文獻網，2008 年 5 月 2 日。

范常喜:《〈上博五·弟子問〉1、2號簡殘字補説》,武大簡帛網,2006年5月21日。
范常喜(二):《〈弟子問〉〈季庚子問於孔子〉札記三則》,武大簡帛網,2006年8月2日。
馮勝君:《郭店簡與上博簡對比研究》,綫裝書局,2007年。
福田哲之:《戰國秦漢簡牘叢考》,花木蘭文化出版社,2013年。
復旦大學出土文獻與古文字研究中心:《〈弟子問〉釋文(工作本)》(未刊)。(筆者未見)
高榮鴻:《〈上博五·君子爲禮〉文字考釋及相關問題》,《興大中文學報》第29期(2011年6月),第95—118頁。
顧史考:《上博楚簡〈君子爲禮〉再探》,《第29屆中國文字學國際學術研討會論文集》(桃園市)國立中央大學中國文學系、中國文字學會,2018年5月,第361—385頁。
何有祖(一):《上博五〈弟子問〉試讀三則》,武大簡帛網,2006年2月20日。
何有祖(二):《上博(五)零釋》,武大簡帛網,2006年2月22日。
何有祖(三):《上博五零釋(二)》,武大簡帛網,2006年2月24日。
何有祖(四):《上博五零釋二則》,武大簡帛網,2006年3月3日。
何有祖(五):《上博五〈弟子問〉校讀札記》,武大簡帛網,2008年4月5日。
何有祖(六):《試論香港中文大學藏戰國簡第7號簡的歸屬》,武大簡帛網,2010年6月18日。
侯乃峰:《上博(五)幾個固定詞語和句式補説》,武大簡帛網,2006年3月20日。
黄人二:《上博藏簡(五)〈君子爲禮〉與〈弟子問〉試釋——兼論本篇篇名爲〈論語弟子問〉與〈論語〉之形成和主要編輯時間》,《中國國家博物館館刊》2011年6期(總第95期),第65—80頁。
季旭昇:《上博五芻議(下)》,武大簡帛網,2006年2月18日。
金宇祥:《〈上博五·弟子問〉"飲酒如啜水"及其相關問題》,"第29屆中國文字學國際學術研討會"散發論文,(桃園市)國立中央大學中國文學系、中國文字學會,2018年5月。
李鋭:《讀上博五札記(二)》,孔子2000網站,2006年2月27日。
李守奎、曲冰、孫偉龍編著:《上海博物館藏戰國楚竹書(一～五)文字編》,作家出版社,2007年。
李天虹:《〈上博(五)〉零釋三則》,武大簡帛網,2006年2月26日。
李天虹(二):《楚文字中的"前"與"脡(延)"——由壽縣楚器中的楚考烈王名説起》,武大簡帛網,2011年4月16日。

梁静：《上博简〈弟子問〉文本研究》，《出土文獻研究》第 10 輯，中華書局，2011 年，第 65—72 頁。

林素清：《上博館藏簡互證三則》，收入《屈萬里先生百歲誕辰國際學術研討會論文集》，臺灣大學中國文學系，2006 年，第 311—319 頁。

林素清（二）：《讀〈季庚子問於孔子〉與〈弟子問〉札記》，收入丁四新編《楚地簡帛思想研究（三）："新出楚簡國際學術研討會"論文集》，湖北教育出版社，2007 年，第 46—52 頁。

劉洪濤（網名"小蟲"）：《〈上博五·弟子問〉"延陵季子"的"延"字》，武大簡帛網，2006 年 5 月 22 日。

劉洪濤（二）：《〈上博五·弟子問〉小考兩則》，武大簡帛網，2006 年 5 月 31 日。

劉洪濤（三）：《〈上博五·弟子問〉小考兩則（修訂稿）》，武大簡帛網，2006 年 7 月 3 日。

劉雲：《釋〈弟子問〉中"偃"字的一種異體》，復旦出土文獻網，2009 年 7 月 13 日。

牛新房：《讀上博（五）〈弟子問〉札記一則》，武大簡帛網，2006 年 3 月 4 日。

彭慧玉：《〈上博五·弟子問〉校讀札記》，《第 29 屆中國文字學國際學術研討會論文集》（桃園市）國立中央大學中國文學系、中國文字學會，2018 年 5 月，第 503—522 頁。

"裘迷"：《説上博簡的兩個殘字》，復旦出土文獻網，2008 年 7 月 12 日。

宋華强：《釋上博簡中讀爲"曰"的一個字》，武大簡帛網，2008 年 6 月 10 日（後收入《出土文獻》第 6 輯，中西書局，2015 年，第 142—148 頁）。

蘇建洲：《初讀〈上博五〉淺説》，武大簡帛網，2006 年 2 月 18 日。

蘇建洲（二）：《〈上博（五）楚竹書〉補説》，武大簡帛網，2006 年 2 月 23 日。

蘇建洲（三）：《〈弟子問〉簡 21"未見善事人而貞者"解》，復旦出土文獻網，2010 年 8 月 20 日。

蘇建洲（四）：《〈上博五·弟子問〉研究》，《中研院歷史語言研究所集刊》第八十三本，第二分（2012 年 6 月），第 185—241 頁。

孫偉龍、李守奎：《上博簡標識符號五題》，武大簡帛網，2008 年 10 月 14 日。

唐洪志：《上博簡（五）孔子文獻校理》，華南師範大學歷史文化學院碩士學位論文，2007 年。（筆者未見）

田煒：《上博五〈弟子問〉"登年"小考》，武大簡帛網，2006 年 3 月 22 日。

王三峽：《"死不顧生"句試解》，武大簡帛網，2006 年 3 月 8 日。

徐敏：《上博楚簡所載季札相關資料之評析》，武大簡帛網，2009 年 5 月 19 日。

徐在國：《上博五文字考釋拾遺》，武大簡帛網，2006 年 2 月 27 日（此文後刊於《簡帛》

　　　　第 3 輯,上海古籍出版社,2008 年,第 91—92 頁)。
禤健聰:《上博楚簡(五)零札(一)》,武大簡帛網,2006 年 2 月 24 日。
楊澤生:《〈上博五〉零釋十二則》,武大簡帛網,2006 年 3 月 20 日。
張振謙:《上博(五)札記二則》,武大簡帛網,2006 年 2 月 27 日。
周鳳五:《讀上博楚竹書〈從政〉甲篇劄記》,收入朱淵清、廖名春主編《上博館藏戰國楚
　　　　竹書研究續編》,上海書店出版社,2004 年,第 181—195 頁。
朱曉雪:《包山楚簡文字補釋》,武大簡帛網,2010 年 11 月 22 日。

清華大學藏戰國竹書
《心是謂中》疏證

林志鵬

《清華大學藏戰國竹簡》第八册有《心是謂中》,存簡 7 枚。① 全文以"心"爲人身之"君",闡述了"身—心""天—人"的關係,是一篇戰國時期談論"心術"的作品。此篇原無篇題,整理者取首簡"心是謂中"句爲題。程浩先生指出,先秦子書題篇多爲名詞或短語,少以完整句子名篇,他認爲這篇的主題爲"命",故建議改名爲《命論》。② 鵬按,本篇末段雖舉"天命""身命"爲結,但重點還是落在"心",蓋心既爲身之君,所謂"身命"自然指"心之命"。由於開篇"心中"二字爲全文關鍵詞語,如果考慮取篇首字句爲題,不妨改題爲"心中"。

現存文獻中能與本篇竹書參證者,陳偉先生已指出有郭店竹書及馬王堆帛書《五行》;③陳民鎮、林引留意到一同收入清華簡第八册的《邦家處位》《天下之道》亦與本篇有關;④整理者沈建華先生則强調竹書與《孟子》《荀子》的關聯。⑤ 除此之

---

① 李學勤主編:《清華大學藏戰國竹簡〔捌〕》,中西書局,2018 年,上册第 87—90 頁(圖版)、下册第 148—152 頁(釋文及注釋)。
② 程浩:《清華簡第八輯整理報告拾遺》,清華大學出土文獻研究與保護中心網站,2018 年 11 月 17 日。
③ 陳偉:《〈心是謂中〉"心君"章初步研讀》,武漢大學簡帛網,2018 年 11 月 17 日。
④ 陳民鎮:《清華簡(捌)讀札》,清華大學出土文獻研究與保護中心網站,2018 年 11 月 17 日;林引:《讀清華簡(捌)〈天下之道〉零札》,復旦大學出土文獻與古文字研究中心網站,2018 年 11 月 20 日。
⑤ 除整理報告外,並參考沈建華《初讀清華簡〈心是謂中〉》,《紀念清華簡入藏暨清華大學出土文獻研究與保護中心成立十周年國際學術研討會論文集》,2018 年 11 月,第 293—296 頁。同書所收賈連翔《〈心是謂中〉的"身命"及相關問題研究》一文亦重視竹書與孟、荀思想的關聯,他認爲"簡文所反映的內容在《孟子》中僅見端倪,而在《荀子》中已有了進一步的發展,故其成篇應早於荀子,更接近於孟子"。

外，傳世典籍中能與簡文對讀者尚有《禮記·緇衣》《大學》《中庸》《管子·心術上》《心術下》《白心》及《内業》等四篇、《淮南子·繆稱》《人間》；出土文獻方面，郭店竹書《性自命出》、上博竹書《凡物流形》、清華竹書《管仲》、馬王堆帛書《經法》《十六經》等，亦有可資比勘的片段。① 下文先録竹書釋文（簡號以【】括注），再逐一加以疏證。

一、釋　　文

　　心，中——處身之中以君之(1)；目、耳、口、䌛（容）四者爲相(2)。心是謂中(3)。心所爲媺惡，復何若倞（競）？心所出小大，因名若蠱（當）(4)。【1】心欲見之，目故視之；心欲聞之，耳故聽之；心欲道之，口故言之；心欲用之，䌛（容）故與（舉）之(5)。心情毋有所至，百體【2】四相莫不䚈〈䯅（繫）〉淒（陷）。爲君者其監於此，以君民人(6)。

　　人之有爲，而不知其萃（萃），不惟謀（晦）而不度乎(7)？如謀（晦）而不度，則無以【3】知短長(8)。短長弗知，妄作衡（横）觸，而有成功，名之曰幸(9)。幸，天；智（知）、事之萃（萃），心。必心與天兩事焉，果成(10)。寧心謀之，稽之，度【4】之，監之。聞（問）訊視聽，在善之䥯（擇），心焉爲之(11)。

　　斷命在天，䔲（痾）疾在鬼，取命在人(12)。人有天命，其亦有身命(13)，心氏（是）爲【5】死，心氏（是）爲生。死生在天，其{亦}〔得〕逢（失）在心(14)。君公、侯王、庶人、平民，其毋獨祈保家没身於鬼與天，其亦祈諸 心 【6】與身(15)。【7】

二、疏　　證

1. 心，中——處身之中以君之

　　篇首"心，中"將"心"訓爲"中"，"處身之中以君之"是對"心，中"這個訓解進一步説明，②點出"心"在人身之中，具有君主般統領的地位。下文重申"心是謂中"，可見"心—中"是全篇最關鍵的一組概念。

---

① 賈連翔《〈心是謂中〉的"身命"及相關問題研究》已引《心術》《内業》及清華簡《管仲》爲説。
② 筆者原先將"心中"二字連讀，視爲提示語（如郭店竹書《五行》篇首"五行"即提示全篇論述重點的詞句），後鄔可晶先生來函指出，篇首提示語一般省略後不影響文義，但此處如將"心中"省略，下句"處身之中以君之"即缺少主語，恐非古人行文常例。他建議可以斷讀作"心，中——處身之中以君之"，並指出"處身之中以君之"是對"心，中"的進一步解釋，且與下句"目耳口䌛爲相"對言。此從其説。

2. 目、耳、口、縺四者爲相

簡文"縺",整理者分析爲"从糸,適省聲",讀爲"肢"。① 賈連翔先生已指出,此字右半所从見於郭店竹書《緇衣》簡 16、上博竹書《緇衣》簡 9 及《周易》簡 14、清華竹書《保訓》簡 2 及《子儀》簡 8、14 等,從辭例對讀來看,應與"從""簪"等字音義相近,但賈氏仍認爲整理者釋爲"肢"可從,視此字右半所从爲"適"之形譌。② 王寧先生認爲此字即"縱"之或體,讀爲"踵",在此代指足。③ 李鋭先生亦將此字逕釋爲"縱",但讀爲"容",並引《尚書·洪範》"貌、言、視、聽、思"等"五事"證之,認爲分別與簡文"容、口、目、耳、心"對應。④ 鵬按,"縺"字右半所从,陳劍先生釋爲"琮",在楚簡中以此爲聲者,往往與"從""宗""暨"等字讀音相近,在甲骨文及金文中則有用作"寵""造""崇"者。⑤ 整理者釋此字爲"肢",於義雖勉强可通,但"肢"與"從""宗"等字聲韻遠隔。簡文"縺"當從王寧說釋爲"縱",惟可從李鋭讀爲"容",訓爲容貌。賈誼《新書·容經》講容禮,將"容"與"志""視""言""立""坐"等並列,亦可作爲輔證。

心爲人身之君,而耳目等感官和四肢爲臣佐之説,整理者已指出,見於郭店竹書《五行》簡 45"耳、目、鼻、口、手、足六者,心之役也。"⑥ 賈連翔先生也舉出《管子·心術上》經文"心之在體,君之位也。九竅之有職,官之分也"爲證。⑦ 此外《心術上》解文稱"耳目者,視聽之官也","心術者,無爲而制竅者也,故曰君"。《心術下》亦云:"心安,是國安也;心治,是國治也。治也者,心也;安也者,心也。"同書《白心》以隱語論"心",⑧稱"人有治之者,譬之若夫雷鼓之動也⑨……故口爲聲也,耳爲聽也,目有視也,

---

① 李學勤主編:《清華大學藏戰國竹簡〔捌〕》,下册第 149 頁,注釋 2。
② 賈連翔:《〈心是謂中〉的"身命"及相關問題研究》,《紀念清華簡入藏暨清華大學出土文獻研究與保護中心成立十周年國際學術研討會論文集》,第 153 頁。
③ 王寧說見武漢大學簡帛網"簡帛論壇·清華簡八《心是謂中》初讀",2018 年 11 月 19 日、20 日。
④ 李鋭:《讀清華簡劄記(三則)》(稿本)。
⑤ 陳劍:《釋"琮"及相關諸字》,《甲骨金文考釋論集》,綫裝書局,2007 年,第 273—315 頁。關於此字的討論,除前揭陳文外,可以參考單育辰:《楚地戰國簡帛與傳世文獻對讀之研究》(中華書局,2014 年),第 121—124 頁。
⑥ 李學勤主編:《清華大學藏戰國竹簡〔捌〕》,下册第 149 頁,注釋 2。
⑦ 賈連翔:《〈心是謂中〉的"身命"及相關問題研究》,《紀念清華簡入藏暨清華大學出土文獻研究與保護中心成立十周年國際學術研討會論文集》,第 154 頁。
⑧ 參考拙著《宋鈃學派遺著考論》,復旦大學出版社,2018 年,第 126—127 頁。
⑨ 從《心術下》"全心在中不可匿,外見於形容,可知於顏色。……不言之音,聞於雷鼓。全心之形,明於日月,察於父母"可以看出此處"雷鼓"之喻是針對心而言。前引《心術下》原文已從諸家説校改,詳參《宋鈃學派遺著考論》,第 186 頁。

手有指也,足有履也,事物有所比也"。諸篇皆爲戰國齊稷下道家之作品。①

在稷下"心術"説流行之前,戰國早期的子思已强調"心"在修養及認知上的主導地位,②其"勝心"之論亦以"心"爲身之主宰,③《中論·修本》引子思語:"能勝其心,於勝人乎何有? 不能勝其心,如勝人何? 故一尺之錦足以見其巧,一仞之身足以見其治,是以君子慎其寡也。"④郭店竹書《性自命出》篇末"君子心以爲主身"一語,⑤即此説最精鍊之表述。

從現存《子思子》佚文亦能見到子思將"君"比作心,如《文選·王子淵四子講德論》注引《子思子》:"民以君爲心,君以民爲體,心正則體修,心肅則身敬也。"所引蓋出於《緇衣》。⑥ 晚於此者,《荀子·天論》《解蔽》以心爲"天君"(統耳目鼻口等"天官")或"形之君",亦承襲此一思路。⑦ 在《淮南子·繆稱》《人間》⑧、馬王堆帛書《十

---

① 裘錫圭:《稷下道家精氣説的研究》,收入氏著:《文史叢稿》,上海遠東出版社,1996年,第16—17頁。並參考前揭拙著《宋鈃學派遺著考論》對於《管子·心術》等篇的討論。
② 子思論心,除下文所舉外,尚見《意林》卷一引《子思子》:"百心不可得一人,一心可得百人。""君子以心導耳目,小人以耳目導心。"《孔叢子·記問》載子思問孔子曰:"物有形類,事有真僞,必審之。奚由?"子曰:"由乎心。心之精神是謂聖。推數究理,不以物疑,周其所察,聖人難諸。"《孔叢》所記蓋子思託言祖上以自高其説。
③ "勝心"之論又見上博竹書《凡物流形》:"聞之曰:心不勝心,六〈大〉亂乃作;心如能勝心,是謂小徹。奚謂小徹,人白爲察;奚以知其白? 終身自若。能寡言乎? 能一乎? 夫此之謂小成(誠)。百姓之所貴唯君,君之所貴唯心,心之所貴唯一。得而解之,上以賓於天,下蟠於淵。坐而思之,滿於千里;起而用之,通於四海。"鵬按,"人白"疑指"心白"(内心澄澈)。"小徹""小誠"疑與慎微、慎獨有關,《淮南子·主術》:"凡人之論,心欲小而志欲大。……心欲小者,慮患未生,備(福)禍未發,戒過慎微,不敢縱其欲也。……故心小者,禁於微也。"
④ 按,"君子慎其寡"即子思"君子慎獨"之義。子思所謂"獨"即"一",乃就"心"而言,指内心的專一(即"誠")。復按,"能勝其心,於勝人乎何有? 不能勝其心,如勝人何?"乃對《論語·子路》"苟正其身,於從政乎何有;不能正其身,如正人何"之推闡,羅焌《諸子學述》認爲"《大學》言正心修身,此言勝心正身,文異義同"。
⑤ 見該篇簡67,原作"君子身以爲主心",筆者曾指出,此句"身""心"二字誤倒,文義遂不通。"心以爲主身"即《管子·心術上》所謂"心之在體,君之位也。"説見拙著《宋鈃學派遺著考論》,第241頁。
⑥ 今本《禮記·緇衣》作"民以君爲心,君以民爲體,心莊則體舒,心肅則容敬"。郭店本《緇衣》作"民以君爲心,君以民爲體。心好則體安之,君好則民欲之。故心以體廢,君以民亡"。
⑦ 參考賈連翔:《〈心是謂中〉的"身命"及相關問題研究》,《紀念清華簡入藏暨清華大學出土文獻研究與保護中心成立十周年國際學術研討會論文集》,第156頁;拙著《宋鈃學派遺著考論》,第299—300頁。
⑧ 《繆稱》:"主者,國之心。心治則百節皆安,心擾則百節皆亂。故其心治者,支體相遺也;其國治者,君臣相忘也。"《人間》:"發一端,散無竟,周八極,總一筦,謂之心。見本而知末,觀指而睹歸,執一而應萬,握要而治詳,謂之術。"

六經》①等流行於西漢前期的黃老道家著作中，"心—中—君"這組概念，呈現出更豐富的內涵。

3. 心是謂中

"心是謂中"呼應篇首"心，中"。《説文》："中，内也。"人身之内，指心也。以"中"代"心"，見於《管子·白心》"中又有中"，王念孫認爲此即《内業》"心以藏心，心之中又有心"之意，②其説是。

前揭《管子·心術》《白心》等篇皆爲戰國中期齊稷下道家闡述"心術"的作品，《内業》以精氣説爲基礎，雜糅方技養生之説，爲該派集大成之作，其時代稍晚。③ 竹書僅説"心是謂中"，《白心》却説"中又有中"，似更進一層。若將《心中》放在心術説的發展源流來看，竹書所論頗與前引子思説相合，且未見《内業》之精氣論和養形説，也未見馬王堆黄老帛書（如《十六經》）的陰陽刑德説，④其時代當與郭店《五行》接近，⑤或即子思一派論"心"之作品。⑥

筆者曾指出，作爲子思學派經典的《中庸》，其所謂"中"疑亦指"心"，"中庸"或即"心用"（心之施行）。該篇説："道也者，不可須臾離也，可離非道也。"心藏於身中，不可須臾離，亦不可須臾止，所以强調"天下國家可均也，爵禄可辭也，白刃可蹈也，中庸不可能〈罷〉也⑦"。人道以心爲本源，故《中庸》説："喜怒哀樂之未發，謂之

---

① 參看《十六經·立命》《五正》《成法》《行守》《順道》諸章。如《五正》有"内刑（型）"，與同篇《正亂》"天刑（型）"相對，其關係有如《心中》"身命"與"天命"對應。又《成法》言"一"，可與《管子·心術下》《内業》、上博竹書《凡物流形》對讀。此外，《立命》言黄帝"方四面，傅〈傳（搏）〉一心。四達自中，前参後参，左参右参，踐位履参，是以能爲天下宗"。劉釗先生來函指出，廣瀨薰雄先生將此文"傅"改釋爲"傳"（蓋視爲誤字），劉先生進一步讀爲"團"，"團一心"與"方四面"對文。循此思路，似可讀爲"搏"，《管子·内業》云："四體既正，血氣既静，一意摶〈搏〉心，耳目不淫，雖遠若近。"王念孫已指出"摶"爲"搏"之誤，安井衡亦據尹注"搏謂結聚"，謂其本作"搏"。

② 王念孫：《讀書雜志》，上海古籍出版社，2014 年，第 3 册第 1198 頁。按，《白心》此句今本作"有中有中"，此據王氏説校正。

③ 參考拙著：《宋銒學派遺著考論》，第 198 頁。

④ 除前揭《十六經·五正》《正亂》言"内刑""天刑"外，《觀》《姓争》又言"刑德"，《雌雄節》《順道》則標舉"雌雄"爲説。

⑤ 曹峰先生已指出，《心是謂中》與郭店簡《五行》的"心論"及清華簡《命訓》的"命論"有相近之處，三篇可能是同時代的産物。見《清華簡〈心是謂中〉的心論與命論》，《中國哲學史》2019 年第 3 期。

⑥ 郭店《五行》《性之命出》爲戰國早期子思學派談論"心術"或"内業"的作品，參考拙文《先秦儒家"内業"説初探》，《治氣養心之術：中國早期的修身方法》，復旦大學出版社，2017 年，第 113—129 頁。

⑦ 按，"能"疑爲"罷"之壞字，即《論語·子罕》"欲罷不能"之"罷"，訓爲廢止。

中；發而皆中節，謂之和。中也者，天下之大本也；和也者，天下之達道也。"喜怒哀樂之情蘊藏於心，稱爲"中"，發見於外而得其宜，猶如音樂之中節，稱爲"和"。人之用心，可以爲善，亦可以爲惡，故《中庸》引孔子語"君子之中庸也，君子而時中；小人之反中庸也，小人而無忌憚也"。小人任其心受外物引誘，喪其天賦之明靈本性，故其用心無所忌憚；君子則"擇乎中庸，得一善，則拳拳服膺而弗失之矣"，即使"遯世不見知而不悔"。①

4. 心所爲媺惡，復何若倞？心所出小大，因名若蠱

諸家嘗試從"影""響"之喻闡釋四句，②惟所解之義與上下文的聯繫並不緊密，此不從之。"復何若倞"爲反詰語，"復"從整理者説訓爲"又"，"若"猶"以"。"倞"，整理者讀爲"諒"，訓爲誠信。③ 鵬按，"倞"通"競"，④訓爲追逐。"復何若競"即"又何以逐"，蓋外在之美惡，可以追求，但内心之美惡，無法逐求於外，即《禮記·禮運》所説"人藏其心，不可測度也。美惡皆在其心，不見其色也"。⑤

"心所出小大"，整理者訓"出"爲行，"小大"指外在事物的輕重。⑥ "因名若蠱"之"因"訓爲循，"若"猶乃。"蠱"，整理者認爲即"蠥"字古文，讀作"響"，⑦但簡文此字從"二虫"從"向"，疑以"二虫相向"會"敵""對"意，"向"亦聲，或即"當"字異體。⑧ "當"訓爲正，"因名若當"猶言"循名乃正"。二句講循名責實，指外在事物的輕重、好壞之標準，乃因名而定。

"名"爲聖人或君王所設，《管子·心術上》對此頗爲强調，且進一步與"無爲""因應""形（刑）名"等概念結合，該篇説："'不言'，之言應也。應也者，以其出爲之人〈人〉者也。執〈埶（設）〉其名，務其應，所以成，之應之道也。'無爲'，之道〈言〉因也。因也者，無益無損也。以其形，爲之名，此因之術也。名者，聖人之所以紀萬物也。""物固有形，形固有名'，此言言不得過實，實不得延（衍）名。姑（號）形〈物〉以形，以形務

---

① 拙著：《宋鈃學派遺著考論》，第264—265頁。
② 參看陳偉《〈心是謂中〉"心君"章初步研讀》、侯瑞華《試説〈清華簡八·心是謂中〉的兩個比喻》（武漢大學簡帛網，2018年11月18日）、陳民鎮《清華簡（捌）讀札》。
③ 李學勤主編：《清華大學藏戰國竹簡〔捌〕》，下册第150頁，注釋4。
④ 《説文》："倞，彊也。"王筠《句讀》："倞與勍、競並同。"
⑤ 整理本注釋3亦引此爲説。
⑥ 李學勤主編：《清華大學藏戰國竹簡〔捌〕》，下册第150頁，注釋5。
⑦ 同前注，注釋6。
⑧ 此字從二虫，亦可能爲"螚（蟷）"字異體，《説文》："蟷，螚蠰，不過也。"

（俜）名。督言正名，故曰'聖人'。"①

5. 心欲見之，目故視之；心欲聞之，耳故聽之；心欲道之，口故言之；心欲用之，縺故與之

數句言心爲人的感官及容貌言行之主宰，呼應前文"（心）處身之中以君之，目耳口容四者爲相。"簡文"心欲道之"之"道"，當從陳偉先生説訓爲言説。②"縺故與之"之"縺"，前文已據李鋭先生説釋爲"容"；"與"，從整理者説讀爲"舉"，訓爲起、動。《新書·容經》論"容有四起"，並云："身之倨佝，手之高下，顔色聲氣，各有宜稱。"所謂"起""稱"皆與簡文容色之"舉"意義相通。

"心欲用之，容故舉之"是説心志有所發用，容貌就會有相應的變化。關於心志與容色的關係，《孟子·盡心上》説："仁義禮智根於心。其生色也，睟然見於面"，賈子《容經》首言"志有四興"，繼而言"容有四起"，並説"四志形中，四色發外"，皆可移作簡文之解。

6. 心情毋有所至，百體、四相莫不雷淒。爲君者其監於此，以君民人

第一句整理者讀作"心，情毋有所至"，將"情"解爲人之欲。③ 陳民鎮先生將"心情"作一句讀，將"情"讀爲"静"；④賈連翔先生將六字連讀，將"情"理解爲感情。⑤ 鵬按，"心情毋有所至"當作一句讀，"情"訓爲實。《管子·白心》"中又有中，孰能得夫中之衷乎"，"中之衷"，指心之情實（即"誠"），即簡文所謂"心情"。《白心》以"行情"爲養性之關鍵："周視六合，以考内身。以此知像，乃知行情；既知行情，乃知養生（性）。"前二句謂遍觀上下四方而返求於心，後四句謂所以養性者，養心也。"行"者，運也、施也；"情"亦訓情實。

"百體"指全身，"四相"即前文所舉目、耳、口、容。"雷"，整理者認爲是"逸"字異體。⑥ 王寧先生將此字分析爲"從馬，田聲"，以爲即"駵"字或體，通作"顛覆"之"顛"；

---

① 二段《心術上》解文原有多處訛誤，引文已校正，參考拙著《宋鈃學派遺著考論》，第138頁。按，諸"形"字當讀作"刑（型）"，"型"即模型，其意義與"實"有關。《史記索隱》引《别録》："申子學號曰'刑名家'者，循名以責實，其尊君卑臣，崇上抑下，合於六經也。"王鳴盛《史記商榷》卷五："刑非刑罰之刑，與形同（鵬按，刑、型古通），古字通用。刑名猶言名實，故其論云：'申子卑卑，施之於名實。'（見《史記·申子傳》太史公贊）"

② 陳偉：《〈心是謂中〉"心君"章初步研讀》。

③ 李學勤主編：《清華大學藏戰國竹簡〔捌〕》，下册第150頁，注釋9。

④ 陳民鎮：《清華簡（捌）讀札》。按，陳偉先生《〈心是謂中〉"心君"章初步研讀》雖將"情"讀作"静"，但認爲"心静毋有所至"作一句讀，是指心静無欲的狀態。

⑤ 賈連翔：《〈心是謂中〉的"身命"及相關問題研究》，《紀念清華簡入藏暨清華大學出土文獻研究與保護中心成立十周年國際學術研討會論文集》，第153頁。

⑥ 李學勤主編：《清華大學藏戰國竹簡〔捌〕》，下册第150頁，注釋10。

蕭旭先生將此字讀作"承",訓爲因順。① 鵬按,簡文此字上從"馬"省,下所從"田"疑爲馬足繫縶形之訛,實即"羈"字所從"㬎"(或作"㽞""縶")。《説文》:"㬎(㬎),絆馬足也。从馬口其足。……縶,㬎或从糸、執聲。"簡文"縶"訓爲拘執,指身體四肢無法自如地行動。

"湛",整理者從黄德寬先生説釋爲"湛"字,在楚簡中常寫作"沃",②此讀爲"沉",訓爲沉淪。③ 董珊先生對此字亦有深入討論,他認爲"沃"爲水稻之"稻"之初文。④ 鵬按,從黄、董二氏所舉辭例來看,"沃"字多與從"尤"之字相通,簡文或可讀作"耽",指耳目等感官耽溺於物欲。若進一步考慮與"縶"字意義相類,疑讀作"陷"。楚簡中"陷"字有從"尤"聲者,如上博所藏《卜書》簡2有兆名"陷",上從"尤"聲,下從"臼"(象坎陷)。⑤ 簡文"陷"訓爲陷溺,與"耽"意義相近。

上文言心中若無誠意,則四肢拘繫、感官陷溺。從另一方面來説,外在的事物如果過度地影響自身,也會造成内心及感官的紊亂,所以《禮記·樂記》強調"君子反情以和其志,⑥比類以成其行。姦聲亂色,不留聰明;淫樂慝禮,不接心術;惰慢邪僻之氣,不設於身體,使耳、目、鼻、口、心知、百體,皆由順正,以行其義"。沈建華先生指出:"思想家們講心與五官、四肢,其實是要講君與臣。君首先要正達,然後臣子才能順正。心要養,而君臣關係,需要禮,需要名。"⑦此即郭店竹書《緇衣》所説:"民以君爲心,君以民爲體。心好,則體安之;君好,則民欲之。故心以體廢,君以民亡。"⑧

7. 人之有爲,而不知其䘚,不惟謀而不度乎

簡文"䘚",整理者釋爲"卒",訓爲盡;"謀"則訓爲謀計。⑨ 鵬按,"䘚"當讀爲"萃",訓爲集。上博簡《卜書》簡9稱兆紋匯聚爲"三簇是䘚","䘚"即讀作萃。⑩ 下

---

① 王寧説見武漢大學簡帛網"簡帛論壇·清華簡八《心是謂中》初讀",2018年11月19日;蕭旭:《清華簡(八)〈心是謂中〉等三篇校補》,復旦大學出土文獻與古文字研究中心網站,2018年11月27日。
② 黄德寬:《釋新出戰國楚簡中的"湛"字》,《中山大學學報(社會科學版)》2018年第1期,第49—52頁。
③ 李學勤主編:《清華大學藏戰國竹簡〔捌〕》,下册第150—151頁,注釋10。
④ 董珊:《釋"沃"——兼説哀成叔鼎銘文》,《紀念清華簡入藏暨清華大學出土文獻研究與保護中心成立十周年國際學術研討會論文集》,第110—114頁。
⑤ 參考拙文《上海博物館藏戰國〈卜書〉研究》,《法國漢學》第17輯,中華書局,2016年,第251—252頁。
⑥ 鵬按,此"情"即上文所謂"心情",也就是儒家所講的"誠"。
⑦ 沈建華:《初讀清華簡〈心是爲中〉》,《紀念清華簡入藏暨清華大學出土文獻研究與保護中心成立十周年國際學術研討會論文集》,第294頁。
⑧ 整理本注釋11已引此爲説。
⑨ 《清華大學藏戰國竹簡〔捌〕》,下册第151頁,注釋12、13。
⑩ 參考拙文《上海博物館藏戰國〈卜書〉研究》,《法國漢學》第17輯,第257頁注17、第260頁注23。

文"謀之,稽之,度之,監之"並舉,此處却云"謀而不度",若將兩"謀"字皆訓爲謀計,上下文義稍有扞格。此處"謀"疑讀爲"晦",訓爲昏昧。《管子·內業》"謀(晦)乎莫聞其音,卒(萃)乎乃在於心","謀""卒"二字讀法與簡文同。俞樾《諸子平議》指出,"謀"即《禮記·玉藻》"瞿瞿梅梅"之梅,訓爲微昧、晦貌。"梅"之或體從"某"聲,故與"謀"可通。①

"不惟晦而不度"之"惟",整理者訓爲"是",蕭旭先生訓爲"以"(因爲)。② 鵬按,此句爲帶有强調語氣的反詰語。"惟"作爲判斷副詞,意猶"就是"。二句是説,人有作爲而不知以心爲主宰(心能度,爲身命之所萃),這不就是"晦而不度"嗎?

《內業》言精氣"藏於胸中,謂之聖人……卒乎如在於己",陳鼓應先生亦讀"卒"爲"萃",③其説是。"萃乎如在於己"呼應前文"藏於胸中(即心)",該篇下文更説"晦乎莫聞其音,萃乎乃在於心"亦指精氣萃集於心。與《內業》相比,簡文未提出"精氣"這個概念,而是强調外在之行事之"命"(即下文所謂"身命")皆薈萃於心。

8. 如謀而不度,則無以知短長

"謀"讀爲"晦",見上文。竹書論心的功能,强調"度",下文云"寧心謀之,稽之,度之,監之",稽度的主體即是心。《詩·大雅·皇矣》"帝度其心",毛《傳》:"心能制義曰度。"朱熹《集傳》:"度,能度物制義也。"與《心中》同時刊布的《邦家處位》亦言"心度",陳民鎮先生已指出,兩篇竹書可以相互參證。④ 二者的關係值得進一步探究。⑤ 此外,上博藏楚竹書《凡物流形》"如欲察一,仰而視之,俯而揆之,毋遠求度,於身稽之",⑥語雖隱晦,但所言亦爲心度説。

整理者指出,簡文與《孟子·梁惠王上》所説"權,然後知輕重;度,然後知長短。

---

① 俞説引自黎翔鳳《管子校注》,中華書局,2004年,中册第934—935頁。包山楚墓遺册簡255有"蜜某一缶","某"即讀爲"梅",可爲旁證。
② 李學勤主編:《清華大學藏戰國竹簡〔捌〕》,下册第151頁,注釋13;蕭旭:《清華簡(八)〈心是謂中〉等三篇校補》。
③ 陳鼓應:《管子四篇詮釋——稷下道家代表作》,三民書局,2003年,第88頁。
④ 陳民鎮:《清華簡(捌)讀札》。按,整理者將《邦家處位》簡5"心度未愈"讀作"心度未愉",引《韓非子·心度》將"度"理解爲規度,"心"指民心,"愉"訓爲和。陳氏則認爲"心度"指"度由心出","愈"讀爲"諭"。
⑤ 陳穎飛考察《邦家處位》篇中所涉"黨貢"(鄉黨貢舉)制度的情况,推定簡文成於春秋戰國之際或戰國早期。《心中》篇據本文所考,出自戰國早期子思學派之手。陳説見《論清華簡〈邦家處位〉的幾個問題》,《清華大學學報(哲學社會科學版)》2018年第6期,第174—176頁。
⑥ 見《凡物流形》甲本簡23、乙本簡15—16。釋文參考顧史考《上博簡〈凡物流形〉試解》,《上博等楚簡戰國逸書綜橫覽》,中西書局,2018年,第186—187頁。

物皆然,心爲甚。王請度之!"相通。① 略晚於孟子的季真有"度於義"之說,②《韓非子·難二》曾引李子:"夫言語辯,聽之說,不度於義者,謂之窕言。"並與之辯難。筆者已指出,"李子"爲"季子"之誤,指季真。《吕氏春秋·有度》《知度》主張君主要"無尤",當"有度而聽",合於"度於義"之說,疑即季真一派遺著。③《有度》所論偏重心術,如該篇引季子云:"諸能治天下者,固必通乎性命之情,通乎性命之情,當無私矣。"又云:"通意之悖,解心之繆,去德之累,通道之塞。貴、富、顯、嚴、名、利六者,悖意者也。容、動、色、理、氣、意六者,繆心者也。惡、欲、喜、怒、哀、樂六者,累德者也。智、能、去、就、取、舍六者,塞道者也。此四六者,不蕩乎胸中則正,正則靜,靜則清明,清明則虛,虛則無爲而無不爲也。"所論與宋鈃、尹文"別囿"、荀子"解蔽"之義合。季真重視度物制義,而心乃度之主體,即前引毛《傳》所謂"心能制義曰度"。

值得留意的是,《荀子·正名》主張"情然而心爲之擇,謂之慮",認爲人有智慮緣於心能擇度(竹書下文也說心是"知之萃")。該篇批評宋鈃"情欲寡"說,更提出"所受乎天之欲,制於所受乎心之多(度)"的觀點。④

"心度"說在韓非手中又"舊瓶換新酒",把"心度"詮釋爲"規度民心",《韓非子·心度》開篇即言"聖人之治民,度於本,不從其欲,期于利民而已"。此處"心"已非稽度的主體,而是指民心,"度"指規度,其主旨是以法度治民心,以法度爲治民之根本。⑤本篇竹書的心度說,與季、荀、韓三子相比,顯得較爲樸素,諸家的心度說似乎上承簡

---

① 李學勤主編:《清華大學藏戰國竹簡〔捌〕》,下册第 151 頁,注釋 13;又參考沈建華《初讀清華簡〈心是謂中〉》。賈連翔先生在《〈心是謂中〉中的"身命"及相關問題研究》認爲《孟子·離婁上》"不以規矩,不能成方圓;不以六律,不能正五音"的"規矩""六律"即所謂"度"。按,"規矩""六律"指外在客觀的法度,簡文更强調的是作爲人身主宰的"心度",從其强調"謀而不度,無以知短長",可以知道心度是外在法度規矩的根源。從思想發展來看,戰國中期的道法家更强調客觀的"理",認爲法的根源在理而非人心。參看《尹文子》"田子讀書"章及拙著《戰國諸子評述輯證》(復旦大學出版社,2014 年),第 17 頁。
② 孟子的生卒年約數,據明人程復心《孟子年譜》爲公元前 372 至前 289,錢穆《先秦諸子繫年》則定爲前 390 至前 305。季真的年世約數,據錢氏所考爲前 360 至前 290 年。
③ 參考拙著《宋鈃學派遺著考論》,第 45 頁。
④ 今本《正名》二句作"所受乎天之一欲,制于所受乎心之多",實不可通,筆者在《宋鈃學派遺著考論》(頁 40)已參酌前人意見加以校訂。
⑤ 參考陳穎飛:《論清華簡〈邦家處位〉的幾個問題》,《清華大學學報(哲學社會科學版)》2018 年第 6 期,第 173 頁。日本學者太田方《韓非子翼毳》已指出,《心度》之篇旨爲"欲生於民心,禍萌於無禁,故明主明度民心,立禁於民心。度明則易足,禁立則知畏,此治之本也"。

文而漸有發展。① 由這點來看，把竹書定爲戰國早期的著作，②也是比較合適的。

9. 短長弗知，妄作衡觸，而有成功，名之曰幸

"衡"，整理者讀爲"橫行"之"橫"，訓爲放縱自任。③ 鵬按，"妄作橫觸"上承"晦而不度"而言，"妄作"與"橫觸"對文。"橫"當訓爲莽撞、不循法度，《孟子·萬章下》謂伯夷"橫政之所出，橫民之所止，不忍居也"，朱熹《集注》："橫，謂不循法度。""觸"之本義爲以角抵物，引申爲碰撞，此處訓爲"動"，《易·繫辭上》"觸類而長之"，李鼎祚《集解》引虞翻："觸，動也。"

不循法度、不順事理而妄爲橫行，却能功成名就，竹書稱這種情況爲"幸"。幸，整理者訓爲非分之得、僥倖。④ 按，簡文"幸"即《中庸》"君子居易以俟命，小人行險以徼幸"之"幸"。《玉篇》："幸，遇也。"⑤

10. 幸，天；智事之萃，心。必心與天兩事焉，果成

竹書認爲人的窮達、遇或不遇是"天"所決定的，故說"幸，天也"。郭店竹書《窮達以時》簡11亦云"遇不遇，天也。"鄔可晶先生指出，《窮達以時》的"遇不遇，天也"，《荀子·宥坐》《説苑·雜言》《韓詩外傳》卷七等皆作"遇不遇者，時也"；前兩種古書在其後還增出"死生者，命也"一句。他說："'時'、'命'本是一類，故可連爲'時命'一詞，義與'時運'

---

① 馬王堆帛書《經法·名理》："道者，神明之原也。神明者，處於度之内（按，即心）而見之於度之外者也。處於度之内者，不言而信。見於度之外者，言而不可易也。處於度之内者，靜而不可移也。見於度之外者，動而不可他也。靜而不可移，動而不化，故曰神。神明者，見知之稽也。"鵬按，此段言"度之内""度之外"，又以居於心中的"神明"爲稽度的主體，蓋爲心度說進一步的引申。戰國早中期儒、道學者言"稽度"，皆強調以心爲主體。至戰國中後期黃老道家（道法家）及法家逐漸體認到，以心度爲標準，人人一義，不能免於"私"患，乃主張以客觀的"法"作爲準則，淡化心的主導性。《經法》篇中亦已出現重視外在法度的傾向，如《道法》章云："公者明，至明者有功。至正者靜，至靜者聖。无私者智，至智者爲天下稽。稱以權衡，參以天當。天下有事，必有考驗。事如直（植）木，多如倉粟，斗石已具，尺寸已陳，則无所逃其神。故曰：'度量已具，則治而制之矣。'"《四度》章亦說："規之内曰圓，矩之内曰方，縣之下曰正，水之曰平。尺寸之度曰小大短長，權衡之稱曰輕重不爽，斗石之量曰少多有數。八度者，用之稽也。日月星辰之期，四時之度，動靜之位，外内之處，天之稽也。"
② 曹峰先生在《清華簡〈心是謂中〉的心論與命論》指出："此文的撰作時代有可能在戰國前期到戰國中期之間。這段時間正是人的主體性、心的能動性開始大爲強化，而普通人之命運的不確定性、命運的可操作性開始廣受關注的時代。"他認爲此篇竹書的政治思想"没有特定學派傾向"，但《心是謂中》"對於促進戰國中期君權的隆升、對於促進個人身心的解放，都起到了積極的作用"。
③ 李學勤主編：《清華大學藏戰國竹簡〔捌〕》，下册第151頁，注釋15。
④ 同上注，注釋16。
⑤ 整理者亦引《玉篇》爲證，但未進一步說明。

近。《窮達以時》的'天'實際上亦指時命、時運而言。"①鵬按,其説可移作簡文之解。本篇竹書下文亦云"死生在天",即《説苑》《韓詩外傳》"死生者,命也"之義。

"智事之萃"的"智",從整理者讀爲"知",即上文"知短長"之"知",義與"識"通;"事",訓作"爲",②即上文"人之有爲"之"爲",指外在的行爲。"萃"亦讀作"萃"。人對事物的認識和行爲,都由心掌控,所以簡文説"知、事之萃,心。"

"必心與天兩事焉"句將"心"與"天"視爲一組對立而相關的概念,爲前文收束,並下啟"身命""心命"之説。"必",爲判斷副詞,訓爲必須、必得。"果成"乃相對於前文僥倖得遇之"成"而言,"果"有實現、完成之意,蕭旭先生謂"猶言遂也",③其説是。

11. 寧心謀之,稽之,度之,監之。聞訊視聽,在善之麐,心焉爲之

"寧",安定也。"寧心"即"定心",《管子·內業》稱:"聖人與時變而不化,從物而不移,能正能靜,然後能定。定心在中,耳目聰明。"該篇又言"精想思之,寧念治之""正心在中,萬物得度",皆與簡文"寧心"相通。除此之外,還應當留意本篇與《大學》"正心"説的關聯。《大學》"知止而後有定,定而後能靜,靜而後能安,安而後能慮,慮而後能得"講的就是心要能安定,才能有澄澈的智慮去稽度外物,其論"正心"云:"身〈心〉有所忿懥,④則不得其正;有所恐懼,則不得其正;有所好樂,則不得其正;有所憂患,則不得其正。心不在焉,視而不見,聽而不聞,食而不知其味。"竹書也強調如果不以心統身(即"心不在焉")則"晦而不度"。

簡文"監",整理者訓爲鑒察(強調是自我省察),其義與"稽"(考察)、"度"相類,但"監"亦有監察、掌管意,也可指心對於百體四相的監守。

"聞訊視聽","聞""聽"義複,疑"聞"讀作"問","問訊"連言,指對外界事物的審察。"在善之麐"之"麐",整理者認爲即"擴"字異體,並引《説文》訓爲"拾"。王寧進一步指出,"擴""捃""擴"同,並引《廣雅》訓"擴"爲取,認爲簡文"擴"即采取之意。⑤ 鵬按,"擴"訓爲擇取,"之"猶"於","在善之擴"即"在善於擇"。

12. 斷命在天,蟲疾在鬼,取命在人

"斷命在天"之"命"指人的生命及莫可奈何的命運,這種"命"是由天所賜,壽夭亦

---

① 郭可晶:《孔子與天命》,《中華文史論叢》2019 年第 4 期。
② 《論語·雍也》"何事於仁",劉寶楠《正義》:"事,爲也。"《孟子·萬章下》"非事道與",焦循《正義》:"行、事、爲三字義同。"
③ 蕭旭:《清華簡(八)〈心是謂中〉等三篇校補》。
④ 朱熹《章句》引程子曰:"'身有'之'身'當作'心'。"
⑤ 李學勤主編:《清華大學藏戰國竹簡〔捌〕》,下冊第 151 頁,注釋 15;王寧説見武漢大學簡帛網"簡帛論壇·清華簡八《心是謂中》初讀",2018 年 11 月 19 日。

由天所決定(即簡文所説"斷命"),此即郭店竹書《性自命出》簡 1 至 2 所説"命自天降",《荀子·天論》也説"人之命在天"。

"蟲疾在鬼",整理者認爲指因鬼神作祟而招致疾病,其説是。"蟲",整理者釋爲"苛"。按,此字即"疴"(痾)之異體,《説文》:"疴,病也。"清華竹書《赤鵠之集湯之屋》簡 9"使后之身蟲蠚,不可極于席","蟲"即讀作"疴"。①

竹書雖然指出天命或時命是人力所不能及,但有另一種"命"却是人可以控制的,即"取命在人"的"命",也就是下文所説的"身命"。本文開篇已指出,"心"爲身之君,所謂"身命"即指"心之命"。賈連翔先生亦説"人由'心'獲得'知'之後,再由'心'去指導'身'的行動",此即"身命"。②

13. 人有天命,其亦有身命

簡文將"天命"和"身命"對舉,前者在此雖指個人的生命、命運,但上文已引出"心"與"君"對應的綫索,下文也提到"君公、侯王"之"保家",所以在討論本篇"天命"與"身命"的關係時,自然需要考慮作爲家國命數的"天命",③而這種天命也稱作"中"。鄔可晶先生指出,先秦文獻涉及"天"的"中",往往讀作"衷","天衷"即"天心"(天的心意),④如《論語·堯曰》"天之歷數在爾躬,允執其中"及清華簡《越公其事》"天賜中于吴"之"中",皆當作此解。他更敏鋭地揭示出文獻中所謂"降衷""執中"與王者"受命"之關係。蓋君王能持守天之心意,即保有"天命",因此"執中"往往成爲"得天命"的同義詞。⑤君王爲政"執中",即受"天命";人之修養"執心",⑥即得"身命"。"君術"與"心術"對應,其關係略如下圖:

---

① 李學勤主編:《清華大學藏戰國竹簡〔叁〕》,中西書局,2012 年,下册第 170 頁,注釋 22。
② 賈連翔:《〈心是謂中〉的"身命"及相關問題研究》,《紀念清華簡入藏暨清華大學出土文獻研究與保護中心成立十週年國際學術研討會論文集》,第 156 頁。
③ 鄔可晶在《孔子與天命》指出:"死生之'命'……跟王朝(統治集團)所受的'天命',很難説有什麽本質上的不同。"其説是。
④ 值得留意的是,"天心"一詞見於郭店《成之聞之》簡 33 引《大禹》"余(舍)茲宅(度)天心",李學勤先生疑所引《大禹》即《書·大禹謨》佚文,廖名春先生指出"宅天心"與《康誥》"宅天命"義同,劉釗先生也認爲"天心"與"天意""天衷"的用法相近,且"宅"當讀爲"度"。李説見《試説郭〈成之聞之〉兩章》,《煙台大學學報》2000 年 4 期;廖説見《郭店楚簡引〈書〉論〈書〉考》,《郭店楚簡國際學術研討會論文集》,湖北人民出版社,2000 年;劉説見《説"度天心"》,《書馨集續編——出土文獻與古文字論叢》,中西書局,2018 年,第 188—191 頁。
⑤ 鄔可晶:《説〈論語·堯曰〉"天之歷數在爾躬,允執其中"》,發表於"古籍新詮——先秦兩漢文獻國際學術研討會暨中國文化研究所五十週年慶典",香港中文大學,2017 年 12 月 14—15 日。
⑥ "執心"一詞見於上海博物館藏戰國竹書《彭祖》簡 1,即守心之意。

```
            ┌─ 天心 ─ 天命 ─ 執中 ─ 君術
中（衷）─┤
            └─ 人心 ─ 身命 ─ 執心 ─ 心術
```

竹書前文説：“必心與天兩事焉，果成。”對於統治者而言，天命與人心都需持守，甚至可以説“心術”與“君術”是二而爲一的。①

“心”的重要性不止在修身、爲政，與本篇竹書同時發表的《天下之道》言及攻守、兵陣之術説：“天下之道，一而已。一者，守之之器；一者，攻之之器。”此處所謂“一”指民心，即《天下之道》下文所説：“天下之守者，民心是守。”“所謂攻者，乘其民之心。”“所謂陣者，非陳其車徒，其民心是陳。”②可以看出，個人修養上的“守心”與軍事上“守（民）心”之區別在於前者以心爲主體，後者則是攻守的被動對象。“守民心”與前文提到的法家（如韓非）的“度（民）心”思路一致。③《天下之道》又提到“中”，亦與“心”及“脩（身）”連言：“昔三王者之所以取之之器：一曰歸之以中（指天命）以安其邦，④一曰歸之謀人以敓（率）之心，⑤一曰戾（厲）其脩以麗其衆⑥。”

14. 心氏爲死，心氏爲生。死生在天，其亦達在心

四句皆承“身命”而言，“身命”的主宰是心，心之功能若廢，則“妄作橫觸”“百體四

---

① 張舜徽《心術上篇疏證》：“心術者，猶云主術也、君道也。……百家殊業，皆務爲治，故其立言，莫不有專篇以闡明南面之術，顧標題各有不同耳。若荀卿書中有《君道》篇，《韓非》有《主道》篇，《吕覽》有《君守》篇，《淮南》有《主術》篇……近擬諸身，則謂之心，此篇（指《心術》）是已。……抑百家主術，同歸本乎内潔其心（鵬按，此即《白心》名篇之意）。”見《周秦道論發微》（與《史學三書平議》合刊），華中師範大學出版社，2005年，第211頁。

② 李學勤主編：《清華大學藏戰國竹簡〔捌〕》，下册第154頁。

③ 《韓非子·心度》云：“治民者，禁姦於未萌；而用兵者，服戰於民心。禁先其本者治，兵戰其心者勝。……夫國事務先而一民心。”

④ 按，清華簡《保訓》之“假中”“歸中”亦與天命有關，參考拙文《天之曆數在爾躬——禪讓説考原》，待刊於《浙江大學藝術與考古研究》第4輯。

⑤ “敓”，整理者讀爲“悦”，訓爲服；蕭旭改讀爲“媆”，訓爲揣量；魏棟則讀爲“奪”（又將“之心”合文讀作“之志”）。按，上博竹書《容成氏》“敓”字數見，可從陳劍先生説讀爲“率”，《心中》此字讀法相同。“率”即“帥”，訓爲帶領。“敓之心”即“率其心”，蕭旭謂簡文“之心”猶“其心”，其説是。參考陳劍《上博楚簡〈容成氏〉與古史傳説》，《戰國竹書論集》（上海古籍出版社，2013年）；拙文《戰國楚竹書〈容成氏〉校讀》，《嶺南學報》復刊第10輯（上海古籍出版社，2018年），第172頁注6、175頁注8；蕭旭《清華簡（八）〈心是謂中〉等三篇校補》；魏棟《清華簡（捌）〈天下之道〉篇獻芹》，《紀念清華簡入藏暨清華大學出土文獻研究與保護中心成立十周年國際學術研討會論文集》，第405頁。

⑥ “脩”，可從整理者説理解爲“修德”“修身”。“戾”，整理者訓爲定。按，“戾”（來母質部）疑讀爲“厲”（來母月部），字亦作“礪”。“厲其脩以麗其衆”指領導者砥礪品德，使衆人歸附。

相莫不縈陷"，此亦可謂"死"；心若涵養得當，則如前文所引《孟子·盡心上》"仁義禮智根於心。其生色也，睟然見於面，盎於背，施於四體，四體不言而喻"，即所謂"生"。

"氐"，整理者釋作"厥"，石小力先生改釋爲"氐"，讀作"是"。① 鵬按，石説是。"是"與"寔""實"通，"心氐爲死，心氐爲生"即"心實爲死，心實爲生"。

"其亦遼在心"句，當校讀作"其得失在心"，"亦"涉上文"其亦有身命"而衍，"遼（失）"前脱"得"字。"得失在心"呼應前文"取命在人"。

15. 君公、侯王、庶人、平民，其毋獨祈保家沒身於鬼與天，其亦祈諸 心 與身。

整理者指出，簡 6 末"諸"下缺一字，並依文意補"心"字，②此從之。由於"斷命在天，痾疾在鬼"，所以"君公、侯王、庶人、平民"等各階層的人自然要"祈保家沒身於鬼與天"（"沒身"從整理者説理解爲善終③），但前文也説，除了"天命"外，還有"身命"，心亦決定"死生"，所以竹書的作者呼籲亦要"祈諸心與身"。

《論語·述而》載："子疾病，子路請禱。子曰：'有諸？'子路對曰：'有之。誄曰：禱爾于上下神祇。'子曰：'丘之禱久矣。'"孔子所禱既非鬼神與天，或即平日祈於"心與身"歟？④

2018 年 12 月 22 日初稿
2020 年 5 月 22 日定稿

後記：本文寫作過程中蒙鄔可晶先生惠賜近作《説〈論語·堯曰〉"天之歷數在爾躬，允執其中"》《孔子與天命》，二文對於儒家文獻中的"天命"觀作了細緻的梳理，拙文對於"中""幸"及"天命""身命"的理解頗受其啓發。初稿完成後，又承劉釗先生、李鋭先生來函賜教，並慷慨出示未刊大作。在此謹向三位先生致謝！

---

① 石小力：《清華簡第八輯字詞補釋》，清華大學出土文獻與保護中心網站，2018 年 11 月 17 日。
② 李學勤主編：《清華大學藏戰國竹簡〔捌〕》，下册第 152 頁，注釋 27。
③ 同上注，注釋 26。
④ 《太平御覽》卷八四九引《莊子》："孔子病，子貢出卜。孔子曰：'吾坐席不敢先，居處若齋，飲食若祭，吾卜之久矣！'"翟灝《四書考異》説："此條爲今本《莊子》所無，蓋即《論語》事而易子路爲子貢，易禱爲卜耳。"參考程樹德《論語集釋》，中華書局，1990 年，第二册，第 502 頁；王叔岷《莊子佚文》，收入《莊子校詮》，中研院史語所，1994 年 2 版，下册，第 1408 頁，第 147 條。

由漆器銘文看秦蒼梧郡的設置

羅小華

《長沙古物聞見記》中曾記録這樣一件漆器："季襄舊藏殘區底一，三足及緣爲銅質，有鐫華，徑約十一公分，底外刻長方闌，納文四行……凡二十字，小如黍米，細若毫髪，筆畫艸率，蓋器成後，以鍼隨意撥畫。"①該器銘爲："廿九年，大（太）后詹事丞向，右工市（師）象，工大人臺。"②

陳夢家先生曾認爲："此廿九年，疑即懷王廿九年也。"③

裘錫圭先生最早指出："從銘文字體看……是秦國文字。從銘文格式和所反映的官制看，也可以得出同樣的結論。……漆尊銘文的'大后'應該是昭襄王的母親宣太后，廿九年是昭襄王二十九年。宣太后是楚人，入秦以後，跟楚國總還有一定的聯繫。在楚地發現她的漆器是毫不足怪的。《史記·秦本紀》記：'（昭襄王）二十八年，大良造白起攻楚，取鄢、鄧。……二十九年，大良造白起攻楚，取郢爲南郡。'至是，楚國原來的中心地區已爲秦所占有。説不定廿九年漆尊就是在秦所占領的楚地製作的。"④

李學勤先生則認爲："在長方框的左側，有横書的'長'字。過去《書道全集》第一册發表的區銘照片上，也可以看到這個字。'長'字是用朱色書寫的，顔色和區上花紋相同，也是秦人的字體。……此器當製於秦昭王廿九年，即公元前 278 年，當時秦國的統治尚未南抵長沙。……區上的'長'字係'長沙'之省，這只能和其他秦器的慣例

---

① 商承祚：《長沙古物聞見記 續記》，中華書局，1999 年，第 32 頁。
② 李學勤：《四海尋診》，清華大學出版社，1998 年，第 7 頁。
③ 陳夢家：《長沙古物聞見記序》，《長沙古物聞見記 續記》，中華書局，1996 年，第 15 頁。
④ 裘錫圭：《從馬王堆一號漢墓"遣册"談關於古隸的一些問題》，《考古》1974 年第 1 期。

一樣,是漆卮的置用地點。至於漆卮本身,應該是秦國製造的。"①

關於漆卮的銘文,裘、李二位先生在兩個方面達成共識:一、"廿九年"指的是秦昭襄王二十九年;二、"大后"指的是秦昭襄王的母親宣太后。然而,二位先生在該漆器的產地上提出來不同意見:裘先生認爲,該漆器是"在秦所占領的楚地製作的"。李先生認爲,該漆器"應該是秦國製造的",原因是"當時秦國的統治尚未南抵長沙"。何琳儀師則提出另一種可能:"漆銘'廿九年'應是秦昭王廿九年(公元前278年)。這時楚國兩湖地區盡爲秦國吞併,漆樽出土于長沙不足爲奇。江西、湖南、廣東等省都曾出土秦器,也是這個道理。"②

無獨有偶。1999年,湖南常德德山寨子岭1號墓邊箱中出土一件釦器漆盒:"夾紵胎,口沿和圈足釦銅箍,口部銅箍還用紅銅鑲嵌成幾何紋夾渦紋圖案,盒底部有針刻銘文14字……口徑18.2、通高12.3、圈足直徑11.2、圈足高1.5釐米。從銘文和口、網底飾看,屬典型的秦宮漆器特點。"③該器銘爲:"十七年,大(太)后詹事丞辰,工師猷,工季。"④龍朝彬先生認爲,該"釦器漆盒就是製成於秦昭襄王十七(前290年),屬宣太后宮中之物",而"宣太后將宮中之物賞賜給楚使是完全可能的"。⑤ 此說不僅指出漆盒是秦地製作,還指出其流入楚地的方式是"賞賜給楚使"。

陳昭容先生將漆卮和漆盒結合起來分析說:"'十七年太后漆盒'製作於昭王十七年,公元前290年,當時秦人勢力尚未進入湖南常德地區;'二十九年太后漆卮'製成於昭王二十九年,公元前278年,這一年秦人勢力剛入江陵,也還未及於長沙地區,這兩件漆器入湘的年代及原因未可確知。推測'十七年太后漆盒'在宣太后掌握政權、秦楚關係良好的年代,楚人之女宣太后以其宮官作器贈與母家或楚國友人,最有可能,也不能排除兩件器物是昭王二十九年秦將白起'拔郢'後,自秦國傳入楚地的可能性。"⑥此說可以說是對李先生意見的進一步闡述:一、公元前278年,"秦人勢力剛入江陵,也還未及於長沙地區"。這與李先生"當時秦國的統治尚未南抵長沙"的觀點完全一致。二、兩件漆器是"宣太后以其宮官作器贈與母家或楚國友人",或是"昭王二

---

① 李學勤:《論美澳收藏的幾件商周文物》,《文物》1979年第12期。
② 何琳儀:《戰國文字通論》,中華書局,1989年,第164頁。
③ 龍朝彬:《湖南常德出土"秦十七年太后"釦器漆盒及相關問題探討》,《考古與文物》2002年第5期。
④ 參楊啟乾、李文涓:《常德出土的兩件戰國漆器考》,《湖南省博物館館刊》第4輯,嶽麓書社2007年,第265頁。
⑤ 龍朝彬:《湖南常德出土"秦十七年太后"釦器漆盒及相關問題探討》,《考古與文物》2002年第5期。
⑥ 陳昭容:《從封泥談秦漢"詹事"及其所屬"食官"》,《西泠印社:戰國秦漢封泥文字研究專輯》第31輯,西泠印社出版社,2011年,第27頁。

十九年秦將白起'拔郢'後,自秦國傳入楚地"。這與李先生"漆卮本身,應該是秦國製造的"的觀點大致吻合。另外,關於漆卮盒漆盒出現在楚國境內的原因,陳先生提出的"贈與"説,與龍先生所説的"賞賜"有些相近。

　　由此可見,明確主張漆卮爲秦國製作的有李、龍、陳等三位先生。而由漆卮引發的、長沙當時是否已經被秦軍攻占這一問題,則出現了兩種不同意見。據馬非百先生考證:"二十九年,大良造白起攻楚,取郢,燒其先王墓夷陵。取洞庭五渚江南。更東至竟陵,以爲南郡。楚王兵敗,遂不復戰。流揜於城陽。東北保於陳城。周君來,王與楚王會襄陵。三十年,白起封爲武安君。蜀守張若伐取巫郡及江南爲黔中郡。三十一年,楚頃襄王收東地兵得十餘萬,復西取秦所拔江旁十五邑以爲郡,反秦江南。"①這就是説,何師的觀點很可能是對的,長沙有可能在秦昭王二十九年就被秦軍攻占了。誠如李先生所言,"長"是"置用地點",應理解爲"'長沙'之省"。將以上兩個方面的因素結合起來考慮,漆卮之所以出現在長沙,可能就屬於陳先生所説的後一種情況,是秦昭王二十九年秦將白起"拔郢"的時候,從秦國傳入楚地的。至於漆盒流入楚國的時間和原因,可能與漆卮相同。

　　如果以上推測成立,即秦國當時已經占領長沙,那會引發出一個更大的問題。楚國曾設置了長沙縣。這在包山楚簡中有所體現,即"長沙正"(簡59、78)、"長沙公"(簡61)和"長沙之旦"(簡78)。② 徐少華先生指出"從簡文所載'長沙公'、'長沙正'以及'長沙之旦'諸官的情形來看,'長沙'爲當時楚國的一個縣級政區單位,'長沙公'即楚長沙縣之獻公,與文獻所載的'期思公'、'魯陽公'以及簡文之'安陵公'(簡117)、'陽城公'(簡120)之例類似"。③ 從秦昭王二十九年"以爲南郡",和三十年"爲黔中郡"的相關記載來看,秦軍攻占長沙縣之後,也可能會設郡。這就是目前學界比較關注的秦蒼梧郡。陳偉師曾推測:"秦蒼梧郡地適當其南部,這裏便存在兩種可能。其一,秦長沙郡境比先前推定的要小,其南部另有蒼梧郡。其二,秦蒼梧郡實即傳世古書所載長沙郡,或者它們是同一處秦郡的前後名。在前已引述的里耶秦簡J1∶16∶5,正面記有洞庭郡的三個鄰郡:巴郡、南郡、蒼梧郡,却沒有出現長沙郡。由此看來,上述第二種可能性要大一些。"④楊寬先生曾指出"秦國陸續兼併各國土地,每得新地,必定設郡,

---

① 馬非百:《秦集史》,中華書局1982年,第71—72頁。
② 湖北省荊沙鐵路考古隊:《包山楚簡》,文物出版社1991年,圖版二六、二七、三四。
③ 徐少華:《包山楚簡釋地八則》,《中國歷史地理論叢》1996年第4期。
④ 陳偉:《秦蒼梧、洞庭二郡芻論》,《歷史研究》2003年第5期。

以利攻防"。① 可見,秦昭王二十九年,秦國於楚國長沙縣設蒼梧郡是可能的。根據"三十一年,楚頃襄王收東地兵得十餘萬,復西取秦所拔江旁十五邑以爲郡,反秦江南"的記載,我們推測,楚國反攻,收回失地,改縣爲郡,於是有了傳世文獻所謂的"長沙郡"。楊寬先生認爲:"戰國時代的郡都設在邊地,主要是爲了鞏固邊防。"②當然,這個時候"長沙郡"的範圍,是否就是原來的長沙縣,則不得而知了。楚國長沙縣曾一度被秦軍占領過,且被秦國設爲蒼梧郡,改設爲郡亦在情理之中。據文獻記載,因戰事需要,楚國也曾改縣爲郡。《史記·春申君列傳》:"考烈王元年,以黄歇爲相,封爲春申君,賜淮北地十二縣。後十五歲,黄歇言之楚王曰:'淮北地邊齊,其事急,請以爲郡便。'因并獻淮北十二縣,請封於江東。考烈王許之。"③《戰國策·楚策一》:"城渾説其令曰:'鄭魏者,楚之耎國;而秦,楚之强敵也。鄭、魏之弱,而楚以上梁應之;宜陽之大也,楚以弱新城圍之。蒲反、平陽,相去百里,秦人一夜而襲之,安邑不知;新城、上梁,相去五百里,秦人一夜而襲之,上梁亦不知也。今邊邑之所恃者,非江南、泗上也。故楚王何不以新城爲主郡也?邊邑甚利之。'新城公大説,乃爲具駟馬乘車、五百金之楚。城渾得之,遂南交於楚,楚王果以新城爲主郡。"④至於里耶秦簡 8-755 中"蒼梧爲郡九歲"的記載,則可能是秦王政吞并楚國之後的事情了。此時蒼梧郡的設置時間,陳偉師推測在秦王政二十五或二十六年。⑤

綜上所述,湖南出土的兩件宣太后有銘漆器,應該是白起拔鄢的時候傳入楚地的。秦昭王二十九年至三十年,秦國攻占了楚國許多地方,不僅設置了南郡和黔中郡,還將楚國長沙縣改設爲蒼梧郡。秦昭王三十一年,楚頃襄王收復失地,將原長沙縣改爲長沙郡。

---

① 楊寬:《戰國史》,上海人民出版社,2003年,第229頁。
② 同上注,第228頁。
③ 司馬遷撰,裴駰集解,司馬貞索隱,張守節正義:《史記》,中華書局,1959年,第2394頁。
④ 諸祖耿:《戰國策集注彙考》,江蘇古籍出版社,1985年,第730頁。
⑤ 陳偉:《秦洞庭和蒼梧郡新識》,《中國社會科學報》2019年3月1日第4版。

嶽麓秦簡《爲吏治官及黔首》札記三則

范常喜

嶽麓書院藏秦簡第一册收有《爲吏治官及黔首》一篇，與睡虎地秦簡《爲吏之道》性質相仿，是秦代根據學吏制度需求而編寫的一種宦學讀本。這一文獻對深入解讀秦代的學吏制度、基層管理内容等均具有重要的史料價值。但因該篇文獻中的字詞釋讀問題仍有不少尚未解決，故仍有不少簡文未能讀通，影響了其史料價值的進一步發揮。本文在整理者及其他研究者釋文考釋的基礎上，着重對篇中三處文字略作補釋。

一、【卑】笠不亶

簡 14/1558：【卑】笠不亶。

此句整理者無説。② 簡首字上部稍殘，整理者擬補作"卑"。史達先生則擬補作"箄"。③ 歐揚先生贊同此説，並進一步指出："箄，《方言》郭璞注：'今江東呼小籠爲

---

① 項目來源：教育部、國家語委甲骨文等古文字研究與應用專項重點項目"戰國文字數據中心與研究平臺建設"（YWZ-J019）；國家社科基金重大項目"戰國文字詁林及數據庫建設"（17ZDA300）。附記：本文曾於 2019 年 11 月 8—11 日，在厦門大學人文學院中文系舉辦的"古文字與上古音研究"青年學者論壇上宣讀，得蒙與會學者賜正，特此致謝。
② 朱漢民、陳松長主編：《嶽麓書院藏秦簡（壹）》，上海辭書出版社，2010 年，第 114 頁；陳松長主編：《嶽麓書院藏秦簡（壹—三）釋文修訂本》，上海辭書出版社，2018 年，第 48 頁。
③ （德）史達著，黄海譯：《〈嶽麓書院藏秦簡·爲吏治官及黔首〉的編聯修訂——以簡背劃痕與反印字迹爲依據》，《出土文獻與法律史研究》第 3 輯，上海人民出版社，2014 年，第 95 頁。

箅。'苙，《集韻》：'畜欄也。《孟子》如追放豚既入其苙。'箅苙不亶，畜籠、畜欄無膻味。這樣就呼應了前文廄苑內容。或曰，原簡此字殘上部，與下'苙'字有關，當從艸，萆、苙都是草名，都入藥。《集韻》：'萆，萆薜，藥草。'《集韻》：'苙，藥艸，白芷也。'"①

我們認爲，此句當釋讀作"【卑(萆)】苙(笠)不亶(繕)"。簡文"卑"字寫作 ▨（彩色圖版）▨（紅外綫圖版）②。紅外綫照片爲後來補拍，故殘存筆畫反而沒有彩色照片保留得多。與同篇12/1557號簡"婢"字作 ▨（彩色圖版）▨（紅外綫圖版）③所從"卑"旁相比較可知，整理者擬補作"卑"可從。"卑"當讀作"萆"，《說文》艸部："萆，雨衣，一曰衰衣。"又衣部："衰，艸雨衣。秦謂之萆。"西北出土屯戍漢簡中多見此物，如《居延漢簡》506.1："守禦器簿　皮冒、草④萆各一，毋冒。"又495.1："皮冒、草萆各一。"⑤《居延新簡》EPT56.74："羊皮冒萆一。"⑥又EPT48.129："甲渠鄣皮督草萆各一。"⑦《肩水金關漢簡》73EJT37：1542："皮冒、草萆各一。"⑧"萆"亦作"薜""辟"，《國語·齊語》："首戴茅蒲，身衣襏襫。"韋昭注："茅蒲，簦笠也。襏襫，蓑薜衣也。"《肩水金關漢簡》73EJT24：213："草辟及冒各一。"⑨孫機先生謂："萆通椑，甲聲，草萆就是草甲。但未見實例，不知其編結法與防護能力如何。"⑩王錦城先生指出："'草萆'漢簡又作'草辟'。'皮冒'和'草萆'搭配使用，各亭隧配備一套，當爲防雨的形狀類似頭盔的皮帽子和草編的雨衣。"⑪綜合"萆"的上述文例推測，"萆"本指草編雨衣、蓑衣，用於遮雨，同時亦可抵禦風雪、沙塵、抗寒保暖等，對身體起到一定的防護及掩蔽僞裝作用，亦有皮製之者，所以在西北出土屯戍漢簡中多用作守禦器

---

① 歐揚：《嶽麓秦簡〈爲吏治官及黔首〉官曹事務類内容之溯源》，第七屆"出土文獻與法律史研究"學術研討會論文，湖南大學嶽麓書院，2017年。
② 朱漢民、陳松長主編：《嶽麓書院藏秦簡（壹）》，上海辭書出版社，2010年，第28、114頁。
③ 朱漢民、陳松長主編：《嶽麓書院藏秦簡（壹）》，第28、113頁。
④ 原釋文誤釋作"革"，今正。
⑤ 中國簡牘集成編輯委員會：《中國簡牘集成〔標注本〕第8册·甘肅省、内蒙古自治區卷〔居延漢簡〕四》，敦煌文藝出版社，2001年，第109、131頁。
⑥ 張德芳主編，馬智全著：《居延新簡集釋（四）》，甘肅文化出版社，2016年，第202、396頁。
⑦ 張德芳主編，楊眉著：《居延新簡集釋（二）》，甘肅文化出版社，2016年，第217、454—455頁。
⑧ 甘肅簡牘博物館等編：《肩水金關漢簡（伍）》中册，中西書局，2015年，第239頁。
⑨ 甘肅簡牘保護研究中心等編：《肩水金關漢簡（貳）》中册，中西書局，2012年，第306頁。
⑩ 孫機：《漢代物質文化資料圖說》，上海古籍出版社，2008年，第174頁。
⑪ 王錦城：《釋西北漢簡中的"冒"——兼論"皮冒""草萆"及相關詞語》，"第七屆出土文獻研究與比較文字學全國博士生論壇"論文，西南大學文獻所，2017年。

物,但不必直接視同爲"草甲"。通過上述分析可知,整理者所擬補的本簡首字"卑"極可能本即"苹"字之殘。若再結合該殘字彩色圖版上部保留下的書寫空間綜合考慮,該殘字本作"苹"的可能性極大。

"苙"即"笠"字異體。秦漢簡帛文字資料中艸頭與竹頭之字多可相通,例不贅舉。而且"笠"或由竹製,或由草編,故其字無論是从艸从竹本即兩可。馬王堆帛書《天文氣象雜占》後半幅末端第三列 15 行:"日軍(暈),有雲如車苙(笠),出日軍(暈)中,圍降。"①《鹽鐵論·散不足》:"古者,椎車無柔,棧輿無植。及其後,木軨不衣,長轂數幅,蒲薦苙蓋,蓋無漆絲之飾。""苙蓋"亦即"笠蓋",謂如斗笠類之車蓋。戰國楚簡中的"笠"同樣有"簍"(从竹)、"蓺"(从艸)兩種異體。如清華七《趙簡子》簡 9:"冬不裘,夏不張(帳)簍(笠)。"②湖北老河口安崗一號楚墓出土遣册 4 號簡:"一䠤(獬)冠,一簍(笠),一扁(楄)。"③上博二《容成氏》簡 14:"堯於是乎爲車十又五乘,以三從舜於畎畝之中,舜於是乎始免蓺(笠),开(肩)耨,菱(芟)价(芥)④而坐之。"又簡 23+15:"禹既已受命,乃卉服、箁箬帽,芺蓺(笠)。"陳劍先生指出:"'蓺'字又見於後文第 15 簡,應分析爲从'艸'从'執'得聲,疑可讀爲'笠'。"又謂:"疑'芺蓺'可讀爲'蒲笠'。"⑤因此,簡文中的"苙"即"笠"字異體。

"笠"是一種由竹、草編成的禦暑兼遮雨的工具,《詩·小雅·無羊》:"何蓑何笠。"毛傳:"笠,所以禦暑。"孔穎達疏:"笠,則元以禦暑,兼可禦雨。"《詩·小雅·都人士》:"臺笠緇撮。"毛傳:"笠,所以禦雨也。"廣西貴縣羅泊灣漢墓出土《從器志》木牘第三欄:"笠一繒囊。"又第五欄:"小笠十皆繒緣。"⑥《左傳·宣公四年》:"以貫笠轂。"杜預注:"兵車無蓋,尊者則邊人執笠依轂而立,以禦寒暑,名曰笠轂。"《急就篇》卷三:"竹器簦笠簟籚篨。"顏師古注:"簦、笠,皆所以禦雨也。大而有把,手執以行,謂之簦;小而無把,首戴以行,謂之笠。"

蓑衣和斗笠二者一般是配合使用的,前引《詩·小雅·無羊》"何蓑何笠"即是如

---

① 裘錫圭主編:《長沙馬王堆漢墓簡帛集成》第肆册,中華書局,2014 年,第 279、281 頁。
② 整理者讀作"箄",參見清華大學出土文獻研究與保護中心編,李學勤主編:《清華大學藏戰國竹簡(柒)》,中西書局,2017 年,第 110 頁。
③ 襄陽市博物館、老河口市博物館:《湖北老河口安崗一號楚墓發掘簡報》,《文物》2017 年第 7 期,第 36 頁。
④ "芟芥"二字所釋從郭永秉先生,參見郭永秉:《讀〈六德〉、〈子羔〉、〈容成氏〉札記三則》,簡帛網,2006 年 5 月 26 日。
⑤ 陳劍:《上博楚簡〈容成氏〉與古史傳説》,"中國南方文明研討會"論文,中研院史語所,2003 年 12 月。又見復旦大學出土文獻與古文字研究中心網站,2008 年 7 月 31 日。
⑥ 廣西壯族自治區文物工作隊:《廣西貴縣羅泊灣一號墓發掘簡報》,《文物》1978 年第 9 期,第 54 頁。

此，又如《六韜·农器篇》："戰攻守禦之具盡在于人事。……蓑薛簦笠者，其甲胄干盾也。"《管子·禁藏》："被蓑以當鎧鑐，菹笠以當盾櫓。"又《輕重己》："護渠當脅軥，蓑笠當扰櫓。"《清華六·鄭文公問太伯》甲本簡4—6："昔吾先君桓公後出自周，……籔（笠）胄蕐（革）𩊚（甲），宂（刈）①戈盾以造勳。"②可見，簡文"革苙（笠）"連言與這些文獻中的相關記述相一致。

"亶"當讀作"繕"。從"亶"得聲的"擅"和"繵"均可用作"繕"③，如銀雀山漢簡《四時令》簡1898："擅（繕）甲厲兵，合什爲伍，脩封四彊（疆）。"《廣雅·釋言》："臣，繕也。"王念孫疏證："《白虎通義》云：'臣者，繵也，堅也，屬志自堅固也。'繵與繕通。"④"亶"又多可與"旦"聲字相通，如北大漢簡《妄稽》簡16："殷紂大亂，用被（彼）亶（妲）己。"⑤安大簡《詩經》76："欿＝（坎坎）伐桓（檀）可（兮）。"⑥而從"旦"得聲的"組"亦可用作"繕"，如阜陽漢簡《春秋事語》第12章："晉人已勝智氏，反（返）而組（繕）甲砥兵。"簡文後一句《說苑·權謀》作"歸而繕甲砥兵"⑦。《說文》糸部："組，補縫也。"⑧此外，"繵"亦可用作"纏"字異體。《漢書·古今人表》："安陸繵。"顏師古注："繵，即纏字也。"《史記·扁鵲倉公列傳》："動胃繵緣。"張守節正義："繵緣，謂脈纏繞胃也。"而"纏"又可用作"繕"，如《上博四·曹沫之陣》簡18"纏（繕）甲利兵"，即用"纏"爲"繕"⑨。亦可證"亶"聲之字與"繕"可以相通。

以上這些通假例證均可說明我們將簡文中的"亶"讀作"繕"可信。"繕"即修補、修葺之義，《說文》糸部："繕，補也。"《漢書·五行志上》："繕守備。"顏師古注："繕，謂補修之也。"《左傳·隱公元年》："繕甲兵，具卒乘。"《漢書·息夫躬傳》："簡練戎士，繕

---

① 此字釋作"刈"，參見徐在國：《〈詩·周南·葛覃〉"是刈是濩"解》，《安徽大學學報（哲學社會科學版）》2017年第5期，第85頁。
② 清華大學出土文獻研究與保護中心編，李學勤主編：《清華大學藏戰國竹簡（陸）》，中西書局，2016年，第120頁。關於"籔（笠）胄蕐（革）𩊚（甲）"的釋讀參見范常喜：《清華六〈鄭文公問太伯〉札記三則》，《出土文獻》第12輯，中西書局，2018年，第156—163頁。
③ 白於藍：《簡帛古書通假字大系》，福建人民出版社，2018年，第1184—1185頁。
④ 王念孫著，鍾宇訊點校：《廣雅疏證》，中華書局，1983年，第158頁。
⑤ 北京大學出土文獻研究所編：《北京大學藏西漢竹書（肆）》，上海古籍出版社，2015年，第61頁。
⑥ 安徽大學漢字發展與應用研究中心編，黃德寬、徐在國主編：《安徽大學藏戰國竹簡（一）》，中西書局，2019年，第119頁。
⑦ 韓自強：《阜陽漢簡〈周易〉研究（附：〈儒家者言〉章題、〈春秋事語〉章題及相關竹簡）》，上海古籍出版社，2004年，第196頁。
⑧ "組"與"繕"音義并近，當有同源關係，故簡文"亶"徑讀爲"組"亦可。
⑨ 馬承源主編：《上海博物館藏戰國楚竹書（四）》，上海古籍出版社，2004年，第254頁。

修干戈。"顔師古注:"繕,補也。"簡文"【卑(革)】苙(笠)不亶(繕)"意謂:蓑衣笠帽不修補。根據前文所引西北出土漢簡中的"革""冒(帽)"用例可知,"草革""皮革""皮冒(帽)"等都是當時戍守邊境的士兵所配備的守禦器物,需要定期檢查修補。該句出現在嶽麓秦簡《爲吏治官及黔首》當中,自然是爲了告誡官吏要及時修補"革""笠"這類守禦器物。

二、囻氾毋螋

簡 23/1537:囻氾毋螋〈溲〉。

整理者注:"囻:豬圈。《漢書·五行志中之下》:'燕王宫永巷中豕出囻,壞都灶。'顔師古注:'囻者,養豕之牢也。'氾:污穢,不潔之物。《漢書·王襃傳》:'水斷蛟龍,陸剸犀革,忽若彗氾畫塗。'王念孫《讀書雜志·漢書十一》:'彗者,掃也;氾者,污也。謂如以彗掃穢。'螋:當是溲之形誤。"①廖繼紅先生認爲:"溲,通'埽',清除,消除。朱駿聲《説文通訓定聲·孚部》:'溲,假借爲埽。'"②

我們認爲簡文當讀作"囻氾毋螋(溲)",其中的"囻"即帶厠豬圈,《説文》口部:"囻,厠也。"漢墓出土了大量這種帶厠豬圈,亦可資爲證。③ 而"氾"則不應理解作"污穢,不潔之物",可照常訓"氾濫"解之,亦即水漫溢、淹没之義。《説文》水部:"氾,濫也。"又:"濫,氾也。"《孟子·滕文公下》:"當堯之時,水逆行,氾濫於中國。"簡文"囻氾"當是指豬圈、厠所内的糞水漫溢。"螋"當讀作"溲",浸泡之義。《説文》水部:"浚(溲),浸沃也。"《儀禮·士虞禮》:"明齊溲酒。"鄭玄注:"言以新水溲釀此酒也。"孔穎達疏:"謂以新水清麴,乃溲釀此酒。"

自古及今,我國農業生產當中多使用人畜糞便作肥料。故《急就篇》云:"屏厠清溷糞土壤。"但只有當厠所、豬圈中的糞便加工成"熟糞"後方能使用,這在歷代農書中多有記載,如北魏賈思勰《齊民要術·種麻子》引漢代《氾勝之書》曰:"(麻)樹高一尺,以蠶矢糞之,樹三升。無蠶矢,以溷中熟糞糞之亦善,樹一升。"④ 又《齊民要術·種瓜》:"種冬瓜法:傍墻陰地作區,圓二尺,深五寸,以熟糞及土相和。"元代王禎《農書》

---

① 朱漢民、陳松長主編:《嶽麓書院藏秦簡(壹)》,第 119 頁;陳松長主編:《嶽麓書院藏秦簡(壹—三)釋文修訂本》,第 42 頁。
② 廖繼紅:《〈爲吏治官及黔首〉補釋》,簡帛網,2011 年 2 月 28 日。
③ 龔良:《"囻"考釋——兼論漢代的積肥與施肥》,《中國農史》1995 年第 1 期,第 90—95 頁。
④ 賈思勰著,繆啟愉校釋:《齊民要術校釋》,農業出版社,1982 年,第 91 頁。

卷八："凡種先用熟糞匀布畦內，仍用火糞和之令匀，撒種之。"所謂"熟糞"是指經過腐熟的糞，是先將糞便混合秸桿、枯草、灰土、塘泥等加水浸泡腐熟，經過一兩個月的時間分解發酵後變成的。這一過程農村至今仍稱作"漚糞"或"漚肥"。①《說文》水部："漚，久漬也。"與表示浸沃的"溲"義正相同。

漚肥既可以減少垃圾又可以改良土壤，提高其有機肥的含量，是農業生產中十分重要的一項工作。基層官吏如果任由百姓豬圈、廁所中的糞水氾濫橫流，而不令其及時浸泡發酵成熟糞，自然是一種有害農業生產的失職行為。本簡所謂"圂氾毋椾（溲）"應當指的就是這種情況。如此訓釋之後也與同篇其他簡中的"謝（榭）室毋廉"（簡 26）、"郭道不治"（簡 19）、"亭障不治"（簡 21）等②同欄相關條目取得了一致。

三、與彘同宮

簡 22/1538：與彘同宮

此句整理者無説。③ 根據《里耶秦簡[壹]》所錄與秦代"書同文字"有關的一枚木方可知，秦代規定"毋敢曰豬，曰彘"。因此，簡文中的"彘"應即秦代對"豬"的統稱。④《說文》宀部："宮，室也。"《爾雅・釋宮》："宮謂之室，室謂之宮。"若據"宮"的常見義項"室"來解釋本句顯然不合適，因為自古及今人、豬不可能共居一室。值得注意的是，"宮"還有一個較常用的義項，即四周圍繞的宮牆，以及由此引申而來的牆屋、院落之義。如《周禮・春官・小胥》："王宮縣。"鄭玄注引鄭司農云："四面有牆，故謂之宮。"《周禮・秋官・司儀》："宮旁一門。"鄭玄注："宮，謂壝土以為牆處。"《左傳・宣公十二年》："卜臨于大宮。"孔穎達疏："言其牆屋則稱之為宮。"《禮記・文王世子》："諸子諸孫守下宮下室。"孔穎達疏："指其院宇謂之宮。"因此《說文》"宮"字下段玉裁注曰："宮言其外之圍繞，室言其內。析則殊，統言不別也。"

---

① 東北人民政府農林部：《農業技術教材．第 1 册．增產糧食》，東北農業編輯委員會，1950 年，第 12—13 頁；《常用農業科技詞淺釋》編寫組：《常用農業科技詞淺釋》，科學普及出版社，1982 年，第 23 頁。
② 陳松長主編：《嶽麓書院藏秦簡（壹—三）釋文修訂本》，第 52—53 頁。
③ 朱漢民、陳松長主編：《嶽麓書院藏秦簡（壹）》，第 119 頁；陳松長主編：《嶽麓書院藏秦簡（壹—三）釋文修訂本》，第 42 頁。
④ 張春龍、龍京沙：《湘西里耶秦簡 8—455 號》，《簡帛》第 4 輯，上海古籍出版社，2009 年，第 11—16 頁。遊逸飛：《里耶秦簡 8—455 號木方選釋》，《簡帛》第 6 輯，上海古籍出版社，2011 年，第 87—104 頁。陳侃理：《里耶秦方與"書同文字"》，《文物》2014 年第 9 期，第 76—81 頁。

若依宫牆、院宇義解之,則簡文"與豰同宫"應是指人與豰住在同一個院宇之内。人們養豬大都將其置於院宇之内,只不過並非散養在院落里,而是放在豬圈當中。如睡虎地秦簡《日書》甲種簡20—23第5欄背:"圂居西北匧,利豬,不利人。圂居正北,吉。圂居東北,妻善病。圂居南,宜犬,多惡言。"河南多地出土的漢代建築明器也多可證明這一點,①如鄭州南關159號墓出土灰陶院落,②方形豬圈位於正房與倉樓連接的拐角處,圈内有一頭陶豬。又如洛陽張茅漢墓出土的緑釉陶院落③,平面爲長方形,前面爲一座平房,右側和後部圍以矮墙,左側是前後兩座樓閣。長方形豬圈則建於單獨的後院,同樣内有肥豬一頭。

由此可見,簡文"與豰同宫"强調的應是院落中未建豬圈,豰散養其中,與人生活在一處。這樣不僅會造成各種衛生問題,而且還會導致糞肥不易收集處理,影響農業生産。基層官吏自然不應聽之任之。1980年代,本人生活在山東農村,一些不太講究衛生的農家便没有豬圈,經常是幾頭豬一起散養於院子當中,且經常跑出自家院子,在街道上到處亂拱,隨處大小便,極爲污穢。村幹部經常得上門説教。這一情形與簡文所述頗爲類似。

---

① 耿慶剛:《漢代院落結構、布局試析》,《文博》2012年第2期,第17—22頁。
② 河南省博物院:《河南出土漢代建築明器》,大象出版社,2002年,第46頁。
③ 同上注,第47頁。

嶽麓書院秦簡《爲獄等狀四種》第一類卷册釋文、注釋及編聯商榷

陶 安

拙著《嶽麓書院藏秦簡（叁）》（以下簡稱"舊著"）①刊布之後，有許多學者對釋文、注釋以及編聯提出討論，頗有啟發。② 小文在此基礎上重新探討第一類卷册釋文、注釋以及編聯的一些問題，請方家批評指正。

案例 01 《癸、瑣相移謀購案》
簡 004（0061＋殘 039）：缺文字數

簡 004 簡文內容與簡 005 連貫，描寫州陵縣派遣被告人癸追捕盜賊的情況。因爲簡 004 上下端殘缺，簡文無法直接連讀。舊著推測缺文爲一字，釋文據以作如下：

004　【□□】治等群盗盗殺人校長果部。州陵守綰令癸與
　　　 令佐士五（伍）行將柳等追。【□】
005　迹行到沙羨界中，瑣等巳（已）捕。…（中略）…

第一類卷册有三道編繩，舊著基本參考編繩痕迹復原了卷册編聯情況，簡 001 至簡 006 的相關情況可以參看筆者據彩色

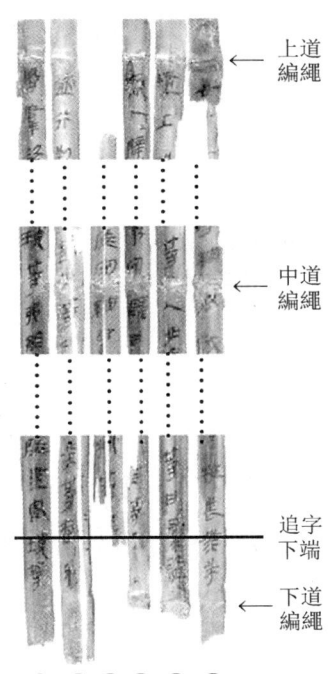

圖 01　簡 001—005 編聯情況

---

① 朱漢民、陳松長主編，陶安撰：《嶽麓書院藏秦簡（叁）》，上海辭書出版社，2013 年。
② 初期研究的評述和整理可以參看朱瀟《嶽麓書院藏秦簡〈爲獄等狀四種〉與秦代法制史研究》，中國政法大學出版社，2016 年。之後的相關研究文獻參看拙著《嶽麓秦簡〈爲獄等狀四種〉釋文注釋（修訂本）》附錄二，上海古籍出版社，待出版。

圖版所製的圖01。曹方向《嶽麓秦簡〈癸、瑣相移謀購案〉補釋一則》①則主張下端殘缺兩個字，應補釋爲"癸等"，即簡005續文的主語。與舊著相同，曹文的依據也是編繩痕跡。曹文將簡004至010的紅外綫圖版編排，並指出"對比簡10、9、8、7、6可見，在簡4的末端其實正好能容納兩個字"。這當然也有可能，字以及字距畢竟都有一定的伸縮性，圖版也會出現一些誤差。據彩圖可知，簡007至009三枚簡墨跡的下端越過下道編繩（參看圖02），或許有一些特殊情況，都難說。應該強調的是，舊著對缺文的補釋只不過是一個參考值，不能將其絕對化。其主要目標是告訴讀者，筆者在整理的過程中如何看待相關缺口。

附帶應該説明，鄔勖《〈嶽麓書院藏秦簡〉（叁）"癸、瑣相移謀購案"中的法律適用》②贊同曹文有關缺文字數的看法，並主張缺文應補釋"捕隨"二字，即"柳等追捕"之"捕"與"隨跡行到沙羨界中"之"隨"。依據是《二年律令》簡183之"追捕、徵者得隨跡出入"和簡494之"吏卒追逐者得隨出入服跡窮追捕"。這一説也不無道理，但在本案中"追"字基本上單獨使用，不與"捕"字構成複合詞。比如簡014—015云"綰等曰：治等發，興吏徒追。癸等弗身捕云云"，簡018云"癸等追，瑣、渠、樂、得、潘、沛巳（已）共捕"。一般的情況下，"追"和"捕"密切關聯，"追"是手段，"捕"是目的，因而二者常連用爲一詞。③ 本案却有意地區分二者，癸等僅"追"，未能"捕"，這也是本案發生的基本原因。

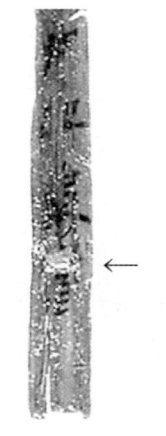

圖02　簡007下道編繩

簡006（2）（殘453）：新簡號與編聯

舊著第五類待考殘簡收簡殘453爲簡247，其簡文如下：

【……】購 四萬三百廿（二十）錢，癸□【……】

據字體和簡文可知其屬案例1《癸、瑣相移謀購案》，舊著已注明：

---

① 曹方向《嶽麓秦簡〈癸、瑣相移謀購案〉補釋一則》，簡帛網，2013年9月18日。
② 鄔勖《〈嶽麓書院藏秦簡〉（叁）"癸、瑣相移謀購案"中的法律適用》，《第三届"出土文獻與法律史研究"學術研討會論文集》，2013年，後載《華東政法大學學報》2014年第2期、《出土文獻與法律史研究》第3輯，上海人民出版社，2014年。
③ 《爲獄等狀》案例二《尸等捕盜疑購案》中也有單字"追"當作動詞使用的辭例，即簡032"求盜尸等十六人追。尸等産捕云云"，可看出秦漢時代"追"和"捕"還是兩個獨立的詞，連用時也恐怕也分別表示兩種意思，即追踪與捕捉。"逮捕"等詞的情況應該相似，不能套用現代漢語"追捕""逮捕"等概念去理解秦漢時代法律用語。

简残 453 应归《癸、琐相移谋购案》，但具体插入位置未详。

从文例判断，"购"字前应有"死皋（罪）"两字，"癸"下面的未释字应为"等"。鄢勋《〈岳麓书院藏秦简〉（叁）"癸、琐相移谋购案"中的法律适用》[①]按照前者提出简 247 或应接于简缺 01 简首"死皋（罪）"两字下。欧扬在释文修订本 140 页注 2 中也称：

> 或以为简 247（残 453）即缺 01，简首补字之后释文为"【死皋】购四万三百廿钱，癸□☒"，可与简 006 连读。[②]

重新查核《癸、琐相移谋购案》，简文残缺的地方共有六处，即简 004 和 017 上下端残缺，简 026 上端残缺，再加"缺 01""缺 02""缺 03"三枚缺简。其中，祇有简缺 01 能容纳简 247 记载内容，其他均不合。简 004 上端仅缺两个字，下端一个字，无法容纳简 247 的九个字。简 017 本身祇有八个字，其上下段都很容易容纳简 247 字的字数，但简 017 承接简 016 记载，简 017"它如告、辟（辞）"与简 016"问"相应，其内容为廷审的查询部分，其中简 016 已称"死皋（罪）购四万三百廿（二十）；群盗盗杀人购云云"，不可能在同一查询中再提及简 247 所见死罪购钱数。简 026 的情况与简 017 相似。其上端虽缺十一个字左右，与简 247 字数相近，但从前后文推测，此处叙述群盗治等罪行以及沙羡县通知琐、癸交换群盗等情况，旧著拟补缺文如下：

> 子谳（谳）：校长癸等诣男子治等，告群盗 盗 025【杀人。沙羡曰：士五（伍）琐捕治等】，移鼠（予）癸等。癸（?）曰：…（中略）… 026

不难看出其与"（死罪）购四万三百廿（二十）钱"无关。简缺 02 属廷审审理部分（"鞠"），位于其前的简 022、023 已提及死罪购和群盗盗杀人购，与简 017 相同，不再赘述。简缺 03 属"吏议"，陈述判决意见，焦点在于罪名和量刑，也不应涉及癸等所约死罪购等案情细节。[③]

---

① 鄢勋：《〈岳麓书院藏秦简〉（叁）"癸、琐相移谋购案"中的法律适用》《第三届"出土文献与法律史研究"学术研讨会论文集》，2013 年，後载《华东政法大学学报》2014 年第 2 期、《出土文献与法律史研究》第 3 辑）注 1。
② 陈松长主编，温俊萍、王博凯、李洪财、欧扬撰：《岳麓书院藏秦简（壹—叁）释文修订本》（以下简称"欧扬修订本"），上海辞书出版社，2018 年，第 140 页。
③ 通查《为狱等状》（六例）和《奏谳书》（"吏议"两例、"吏当"两例），吏议的表述非常简练，其基本模式是"某当某刑"，或省"当"字等。简 024 记载为：

> ●吏议曰：癸、琐等论当殹（也）；沛、綰等不当论。或曰：癸、琐等当耐为侯（候），令琐等环（还）癸等钱；綰等，

从中可知，承接其"綰等"两字的简缺 03 的记载祇能为"当某刑；沛当某刑"。

舊著復原簡缺 01 和前後文如下：

得群盜盜殺人購。癸、行請告瑣等曰：瑣等弗能詣告，移鼠(予)癸等。癸等詣州陵，盡鼠(予)瑣等₀₀₆【死辠(罪)購。瑣等利得死辠(罪)購，聽請相移。癸等券付死辠(罪)購，先以私錢二千】缺₀₁鼠(予)瑣等，以爲購錢數。得公購，備鼠(予)瑣等。行弗詣告，皆謀分購。未致購，得。它如沙羨書。₀₀₇

簡缺 01 記載癸等供述的部分內容，缺文是依據其他簡簡文擬補的："[盡鼠(予)瑣等]死罪購""先以私錢二千(鼠(予)瑣等，以爲購錢數)"見於簡 027 與 028 所載郡報有關癸等供述的摘要，"瑣等利得死辠(罪)購，聽請相移。癸等券付死辠(罪)購"來自簡 020 所載鞫文。個別字詞雖然會有出入，但是若要將簡 247 插入此處，其記載當然不能與郡報摘要或鞫文相矛盾。同時，字數也應與前後簡大致相同。

從上述兩個限制條件衡量簡 247 與簡缺 01 的關聯，可以發現兩個巧合。第一，從記載內容看，擬補的簡文中出現三次"死辠(罪)購"，"購"字後面加"四萬三百廿(二十)錢"字樣，當然很合適。第二，簡缺 01 原來字數過少，簡 006 記載 31 個漢字、一個鉤形符號和兩個重文符號，簡 007 有 32 個漢字和三個鉤形符號，而簡缺 01 擬補簡文祇有 27 個字，最少缺少五、六個字。換言之，將簡 247 簡文插入簡 006 與 007 之間，不僅記載內容與前後文貼切，而且字數也正好彌補原來的空缺，完全可以滿足上述限制條件。

總之，原已知道簡 247 屬於案例 1，案例 1 缺文中能容納簡 247 簡的地方祇有夾在簡 006 和 007 的簡缺 01，簡 006 至 007 的簡文又能與簡 247 保持內容上的連貫性。因此，可以判定簡 247 原位於簡 006 和 007 之間。

最後，還應該考慮如何擬補簡 247 上下缺文，也就是說如何理解簡 006 至 007 的簡文聯係。理論上有三種可能，即插於簡缺 01 擬補簡文的第一個、第二個或第三個"死辠"後。具體而言，以簡缺 01 擬補簡文爲依據，可以構建如下三種擬補方案：

① 【死辠】購四萬三百廿錢癸等【券付死辠購瑣等利得死辠購聽請相移先以私錢二千】(33 字)

② 【死辠購瑣等利得死辠】購四萬三百廿錢癸等【券付死辠購先以私錢二千】(29 字)

③ 【死辠購瑣等利得死辠購聽請相移癸等券付死辠】購四萬三百廿錢癸等【先以私錢二千】(35 字)

其中，第三個擬補方案似乎文意最通順，①但與背後劃痕產生矛盾。案例1所有完整簡在背面呈現出基本連續的劃痕，簡006和007也不例外。從簡006和007劃痕的高度判斷，簡247下方擬補"先以私錢二千"六個字的話，簡247背面就應有與簡006和007連續的劃痕。圖03將簡028記載"等""先以私錢二千"的部分簡面②剔出並貼於簡006背面圖片側面。從圖中不難看出，簡247的下端高度低於前後簡006和007的背面劃痕，簡247背面應有連續的劃痕，但實際上背面沒有劃痕。第二個擬補方案在簡文上有不自然之處。癸在供述中對官方説"瑣等利得死皋購"，重點在於説明瑣等何故接受癸等請求，根本不需要提及具體的錢款數字。第一個擬補方案則不一樣。開頭的"死皋購"還屬於癸請求瑣的的話語，癸對瑣説"你們不能送到官府告發，（把嫌疑犯）交給我們吧。我們押送到州陵縣，【把死罪的獎賞】全都給你們"，這其中將獎賞説成"四萬三百廿錢的獎賞"，就很自然，這一句話與瑣等供述"有（又）不智（知）群盜購多"（簡010）對應。

據上述分析，應將簡247插於簡006與007之間，並將前後簡文擬補如下。爲參考方便，重新編號爲006(2)：

……（前略）……癸、行請告瑣等曰：瑣等弗能詣告，移鼠（予）癸等。癸等詣州陵，盡鼠（予）瑣等006【死皋（罪）】購四萬三百廿（二十）錢。癸等【券付死皋（罪）購。瑣等利得死皋（罪）購，聽請相移。先以私錢二千】006(2)鼠（予）瑣等，以爲購錢數。得公購，備鼠（予）瑣等。……（後略）……007

與此相應，語譯應改爲如下：

……（前略）……我和行告訴並請求瑣等説："你們不能送到官府告發，（把嫌疑犯）交給我們吧。我們押送到州陵縣，006【把死罪】的獎賞四萬三百二十（錢）全都給你們。"

---

① 從文意講，第三個擬補方案的好處在於其能保留簡020鞫文"券付死皋（罪）購"之下直接承接"先受私錢二千以爲購"的連接關係，但細查也不難發現，這其中並不無問題。"券付死皋購"和"先以私錢二千（鼠（予）瑣等)"都屬於癸等供述的叙述部分，主語相同是"癸"等，簡殘453末尾的"癸等"兩字則與"券付死皋購"前方的主語重複。

② 其實簡028簡文爲"癸先以私錢二千"，"癸"與"先"之間無"等"字，嚴格按照此文例擬補的話，簡247的位置再往下移，與簡006和007劃綫的矛盾更爲顯著。另外，圖03圖像均用紅外綫圖版。

圖03 簡006—007背面劃痕

我們【寫了契據支付死罪的獎賞。瑣等貪圖死罪的獎賞,接受了(我們的)請求,移交(嫌疑犯)。(我們)把個人的兩千錢先】006(2)給他們,充當獎金。(等)領到公家的獎賞(後),再把餘額補給他們。…(後略)…007

簡 014(1466-1):"更論及論失者"語法結構

《癸、瑣相移謀購案》由江陵縣長官初審審判之後遇到監御史舉劾,簡 014 記載監御史劾文如下:

不當,錢不處,當更論。更論及論失者言夬(決)。

舊著語譯如下:

(判決)不合乎法律,錢(也)没處置,應該重新論處。重新論處了(癸、瑣等),並且論處了誤判官員(之後),將判決(内容)上報!

對於"論失者",舊著又作如下注釋:

失,失事,在此指誤判。《法律答問》簡 033—034:"士五(伍)甲盗,以得時直臧(贓),臧(贓)直(值)過六百六十,吏弗直,其獄鞠乃直臧(贓),臧(贓)直(值)百一十,以論耐。問:甲及吏可(何)論? 甲當黥爲城旦;吏爲失刑皋(罪),或端爲,爲不直。"《二年律令》簡 107:"鞠之不直,故縱弗刑,若論而失之。"論失者,即論處誤判的官員。

值得注意的是,"言"字是文書常用詞語,一般出現於下行文書末尾,①表示上級機關要求下級機關報告某事。"言"字前又常冠以某種條件句,如《封診式》簡 041 稱"到以書言",里耶秦簡 8-0141 正有"書到尉言",8-0652+8-0067 正"毋有亦言"等。基於此,舊著將簡 014"更論及論失者言夬(決)"理解爲滿足了條件 A(即"更論及論失者")做 B(即"言夬(決)")的意思。

鄔勖《〈嶽麓書院藏秦簡〉(叁)"癸、瑣相移謀購案"中的法律適用》②却打破"更論及論失者"與"言夬(決)"的文意貫連,將"更論及論失者"與前文"當更論"連讀爲一句話,並將其理解爲"要求州陵更改原判并重新判決,重新判決時應一併論處'論失者'"的意思。鄔文據張家山漢簡《二年律令》簡 107"論而失之"將"論失者"分析爲"論而失之者",據睡虎地秦簡《語書》簡 08"論及令、丞"將"更論及"之"及"爲"至

---

① 包含上行文書從下行文書轉載的引文。
② 鄔勖:《〈嶽麓書院藏秦簡〉(叁)"癸、瑣相移謀購案"中的法律適用》(《第三届"出土文獻與法律史研究"學術研討會論文集》,2013 年,後載《華東政法大學學報》2014 年第 2 期、《出土文獻與法律史研究》第 3 輯)第 26 頁(頁碼以及引文據《華東政法大學學報》)。

(或"涉及")一類詞義。① 陳迪《"覆獄故失"新考》支持鄔文的觀點,補充"論失者"和"論失"的兩個辭例,②即嶽麓秦簡(肆)簡 028:③

　　且令都吏時覆治之,以論失者,覆治之而即言請(情)者,以自出律論之。

和張家山漢簡《奏讞書》簡 120:

　　…(前略)…講不與毛謀盜牛。吏笞諒(掠)毛,毛不能支疾痛,而誣指講。昭、銚、
　　敢、賜論失之。

　　理論上,"論失者"的語法結構確實存在兩種可能,一是動賓結構,"失者"爲動詞"論"賓語;一是名詞性短語,"論"和"失"爲兩個並列的動詞,助詞"者"概括此二者。前者是舊著的理解,鄔文、陳文從後者,究竟誰是誰非?《二年律令》簡107"論而失之"和《奏讞書》簡120"論失之"兩個辭例中,"論"和"失"是兩個並列的動詞,這似乎支持鄔文和陳文的觀點,但是從嶽麓秦簡(肆)簡 028 和《爲獄等狀》簡 014 的前後文判斷,此兩處"論失者"難以説成名詞性短語。先分析律令簡 028。爲理解方便,暫時假設"論失者"是名詞性結構,用"A"代替,前後文稱爲"……時覆治之,以 A,覆治之……"的樣子。無論將"以 A"與前文還是後文連讀,也就是説無論"覆治之以 A"還是"以 A 覆治之",其文意無變化,都應該同樣理解爲"用 A 覆治之"。簡 027 云"咸陽及郡都縣恒以計時上不仁邑里及官者數獄屬所執灋,縣道官別之",簡 028 所"覆治"者即"以計時"所上報"不仁邑里"等人數("數")和案件("獄")。那麽都吏能"以論失者"覆治"不仁邑里"等案件嗎?這完全講不通。④ 將"論失者"理解爲動賓結構根本不會發生此類問題。都吏及時(或時時)覆治"不仁邑里"等案件,並據覆治結果(即"以(此)")論處"失者"(即初審時誤判的官員)。⑤

---

① 鄔文未說明"及"字詞義或詞性,僅云"用法相同"。
② 陳迪:《"覆獄故失"新考》(《第六屆"出土文獻與法律史研究"暨慶祝華東政法大學古籍整理研究所成立三十周年學術研討會論文集》,2016 年。後收《出土文獻與法律史研究》第 6 輯,法律出版社,2017 年,又載《社會科學》2017 年第 3 期)第 159 頁(頁碼和引文據《社會科學》)。
③ 陳松長主編《嶽麓書院藏秦簡(肆)》,上海辭書出版社,2015 年。
④ 爲避免這一矛盾,陳文在第一個"覆治之"後面斷句,並主長"'以'當理解爲'而'"。據此,"以論失者"至"以自出律論之"的意思爲"原判出現錯誤的官吏,在覆治之時能夠説明實情,即以自出律論之"。問題是,"論失者"成爲第二個"覆治"的主語("而論失者覆治之云云")或賓語("而論失者,覆治之(之=論失者)云云"),也都講不通。
⑤ 附帶説明,"以論失者"下應斷句;"覆治之而即言請(情)者,以自出律論之"所謂"之"指"不仁邑里"等案件,"言情"的主語是"失者"。

那麼《爲獄等狀》簡 014 的"論失者"能否分析爲名詞性結構呢？爲避免相關語法上的矛盾，鄔文特將"更論及論失者"之"及"與《語書》"論及"之"及"同等起來，實際上是將其詞性從連詞改爲動詞，①詞義視爲"至""涉及"一類意思。但這其中也隱含着嚴重的語法問題。"更論"的賓語無疑是"癸"等初審的被告人，"論及"的賓語是"論失者"。暫時將"癸"和"論失者"替換爲"A"和"B"，"更論 A 論及 B"當然不能連稱爲"更論及 B"。若要表示鄔文所主張的意思，即"重新判决時應一併論處'論失者'"，就應該加一個"論"字，如"更論，論及論失者"。鄔文將舊著在第一個"更論"所標的句號改爲逗號，即"當更論，更論及論失者"。鄔文的意圖應該在於將助動詞"當"與動詞"論及"聯繫起來，但這樣反而多出一個"更"字。假設"更"字下方的重文符號係脱文，這句話才能通讀爲"當更論，論及論失者"。

總之，從語法上講，簡 014"論失者"祇能分析爲動賓結構；從文書術語來講，"更論及論失者"是命令"言夬(决)"的條件句。

簡 025(0163－1)："廿五"釋讀

簡 025 至 030 記載《癸、瑣相移謀購案》的"郡報"，即南郡假守賈對州陵守綰等的答覆文書。第一枚簡(簡 025)簡首有紀年"廿(二十)五年七月丙戌朔乙未"，時離綰等奏讞的"廿(二十)五年六月丙辰朔癸未"祇有十二天，朔日也能印證"二十五年七月"的年月正確無誤。祇因"廿五"兩字前後的簡面有較嚴重的損傷，編繩又覆蓋"廿"字部分筆畫，所以舊主釋文標出"廿 五"，將此兩字當做據文意補釋處理。細察圖版，無論彩色圖版還是紅外綫圖版，"廿五"的所有筆畫還是基本上能辨認(圖 04)，釋讀應該改爲直釋"廿五"。

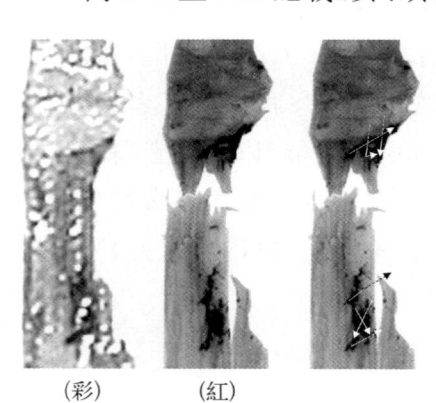

(彩)　(紅)

圖 04　簡 025"廿五"

簡 029(殘 303＋1360)："所"字詞性與句讀

簡 029 記載《癸、瑣相移謀購案》中郡報的核心部分。南郡假守賈先云"灋(讞)固有審矣(所請示的本來很清楚)"，即對州陵守綰等的奏讞行爲表示不滿，然後説明被告人的犯罪行爲如何如何地清楚，本來没必要來請示。舊著釋文如下：

---

① 有關"更論及論失者"之"及"的詞性可以參看伊强《秦簡虚詞及句式考察》(武漢大學出版社，2017 年)第三章"秦簡的連詞"第三節"連詞'及'"第二項"連接動詞性詞語"，第 161 頁。

癸等,其審請瑣等;所出購,以死皋(罪)購,備鼠(予)瑣等,有券。

語譯又如下:

> 就癸等而言,他們明明白白請求了瑣等;所支出的獎賞,是用死罪獎賞(爲標準),全額給瑣等,有契據(爲證)。

陳偉《〈嶽麓書院藏秦簡(三)〉識小》①却主張該文當讀作:

> 癸等其審請瑣等所,出購,以死皋購備鼠(予)瑣等,有券。②

並説明如下:

> 所,場所。屬上讀。027號簡説"盡鼠(予)瑣等死皋(罪)購",與"以死皋購備鼠(予)瑣等"近似,可證連讀爲是。

筆者認爲,陳文的句讀破壞了這句話的結構和南郡假守賈批評的語氣。語法上,"癸等"和"所出購"是這句話的兩個主題,南郡假守賈所強調的是,就這兩個主題而言,事情都很清楚。③ 第一,"癸等"請求了瑣等,這是清清楚楚的事實,毫無疑問;第二,所支出的獎賞有契據爲證,也毫無疑問地可以斷定:其用了死罪的獎賞,並全額付給瑣等。"出購"前少了"所"字,就顯示不出來"出購"的特殊語法位置。這種情況下,"以死皋購備鼠(予)瑣等"成爲一個很平凡的叙述,"出購"反而與"予購"重複,無法解釋何故多出此兩字。

筆者基本上依據上述語感做出如上句讀,但這其中當然隱含着很複雜的語法問題,即此處"所"字的詞性:它是名詞還是結構助詞呢? 里耶秦簡所謂"祠先農"簡曾經引起相似的議論,可以借以爲鑒。比如簡 J1⑭0300+J1⑭0764+9-3331 記載如下:

> 卅(三十)二年三月丁丑朔丙申,倉是、佐狗雜出祠先農餘徹羊頭一足四,賣于城旦赫所,取錢四。衛(率)之,頭二錢,足四☐④

---

① 陳偉《〈嶽麓書院藏秦簡(三)〉識小》(簡帛網,2013年9月10日,後收同《嶽麓秦簡〈奏讞書〉校讀》《古文字與古代史》第4輯,2015年),又收爲同《秦簡牘校讀及所見制度考察》(武漢大學出版社,2017年)第十二章第五節"嶽麓秦簡奏讞類文獻"第五、七、八項,引文據2017年書)。

② 鄔勖《〈嶽麓書院藏秦簡〉(叁)"癸、瑣相移謀購案"中的法律適用》,歐揚修訂本也基本相同,見鄔勖《〈嶽麓書院藏秦簡〉(叁)"癸、瑣相移謀購案"中的法律適用》(《第三届"出土文獻與法律史研究"學術研討會論文集》,2013年,後載《華東政法大學學報》2014年第2期,《出土文獻與法律史研究》第3輯)第84頁、歐揚修訂本第142頁及同頁注2。

③ 這個意思與前文"讞(讞)固有審矣"相應,表示事情清楚,本不應上請。

④ 簡 J1⑭0300+J1⑭0764 圖版見《里耶秦簡博物館藏秦簡》,簡9-3331 的綴合據謝坤《〈里耶秦簡(貳)〉札記(一)》,簡帛網2018年5月17日。

張春龍《里耶秦簡祠先農、祠窨和祠隄校券》標點與以上引文相同,①而彭浩《讀里耶"祠先農"簡》②和史志龍《秦"祠先農"簡再探》③却將"所"字下屬讀,即"賣于城旦赫,所取錢四"。據伊强分析,"'所'字用在動詞前,使整個結構具有名詞性",雖然"其詞性歸屬目前尚有争論",但仍可將其理解爲"結構助詞";④同時,"'所'字可以放在名詞、形容詞和動詞後結合爲處所名詞"。若然,張文的句讀似乎將簡文"所"字理解爲名詞,而彭文、史文的句讀方式或可視爲助詞説。那麽兩種説法誰是誰非呢?

對此劉樂賢《談秦漢文獻中"所"字的一種用法》提出很有參考價值的討論。⑤ 從結論來説,它證明了上引里耶秦簡的記載中"所"應上屬讀,但其中包含説明《癸、瑣相移謀購案》簡029"所"字應下屬讀的材料。梗概如下:

① 若將祠先農簡"所"字下屬讀爲"所取錢若干"則頗爲不辭。
② 祠先農簡所見"於某某所"是一個固定説法,於傳世文獻並不罕見(如《史記》韓長孺列傳:"嘗受韓子、雜家説於騶田生所。")
③ "於某某所"之介詞"於"可以省略,見證於異文材料(如《漢書》韓安國傳:"嘗受韓子、雜説鄒田生所。")
④ 省略介詞"於"之"某某所"見於出土資料(如《奏讞書》簡010、011、014"賣禄所"等。)
⑤ "(於)某某所"之"所"有虛化趨向,可有可無,對文意並無實質影響。

第一點似出於語感,與筆者認爲"所出購"不能缺少"所"字頗像,而第二至第五點爲此語感提供一個扎實的語言學基礎。其中對我們目前的討論最有參考價值的是劉文將出土文獻"某某所"與"於某某所"或"於某某"聯繫起來考慮。實際上,這一觀點與

---

① 張春龍:《里耶秦簡祠先農、祠窨和祠隄校券》,《簡帛》第2輯,2007年,第394頁。《里耶發掘報告》第195頁在"所"字前後均無標點。
② 彭浩:《讀里耶"祠先農"簡》,《出土文獻研究》第8輯,2007年,第18—19頁。
③ 史志龍:《秦"祠先農"簡再探》,簡帛網,2009年6月13日。
④ 伊强:《秦簡虛詞及句式考察》,第206頁。
⑤ 劉樂賢:《談秦漢文獻中"所"字的一種用法》,《中國文字學報》第3輯,2010年。劉文的討論以簡J1⑭0649+J1⑭0679和J1⑭0650+J1⑭0652爲中心。這是因爲此兩枚簡在當時所發表的釋文中最全。兩簡釋文已見於湖南省文物考古研究所《里耶發掘報告》(嶽麓書社,2007年)等,但簡J1⑭0650+J1⑭0652至今仍未發表圖版,簡J1⑭0649+J1⑭0679的圖版見於鄭曙斌、張春龍、宋少華、黃樸華編著《湖南出土簡牘選編》(嶽麓書社,2013年)、里耶秦簡博物館、出土文獻與中國古代文明研究協同創新中心中國人民大學中心《里耶秦簡博物館藏秦簡》(中西書局,2016年),所謂"所"字實係誤釋,簡文爲"賣于城旦赫,取錢四"。這並不影響劉文論旨,小文替换爲簡J1⑭0300+J1⑭0764+9-3331,但對"所"字的相關分析照樣承襲劉文原樣。

"所"字的用意密切相關。雖然"所"字確實有虛化趨向,難以辨出一個語義學上的實質差異,但從用詞的角度來看,這並不等於"所"這個詞沒有其獨特的存在意義。秦漢出土文獻中有不少"某某所"辭例似乎與傳世文獻略有不同,這些"某某所"之"所"字用意何在呢? 與這個問題關聯,勞武利、史達所編的《爲獄等狀》英語譯注對劉文做出值得注意的補充。他們在注 681(136 頁)主張秦和漢初簡牘資料中"某某所"之"所"是一個表示雙賓動詞受事賓語的後置詞,代替介詞"於"。① 若然,劉文所指出的同等關係,即"某某所"等於"於某某所",又等於"於某某",實際上衹不過是雙賓結構從用"某某所"轉向用"於某某"的過渡性現象。② 這也能説明,秦以及漢初簡牘資料中出現如此多數與傳世文獻略有不同"某某所"辭例的原因。

在此爲讀者方便,轉載勞、史英譯的相關注釋:

In legal manuscripts from Qin and early Han times *suo* 所 is a postposition that marks the recipient or giver as object after those verbs of transmitting which take two objects. It is used instead of a preposition like *yu* 於 in the following way(秦和漢初法律抄本中,"所"是一個後置詞,它在有傳遞義的雙賓動詞後面表示授者或受者的賓語。它代替"於"一類前置詞(介詞)如下):

(1) Verbs meaning "to buy" or "to sell", respectively "to loan/borrow"(買賣義或者貸借義動詞)

《爲獄等狀》簡 163:去買(賣)行道者所。③

《爲獄等狀》簡 048:與去疾買銅錫冗募樂一男子所。

《爲獄等狀》簡 056:器巳(已)出,買(賣)敝所。

《奏讞書》簡 008:買婢媚士五(伍)點所。

《奏讞書》簡 010:賣禄所。

《奏讞書》簡 051:順等自贖甄所。

《秦律十八種》簡 126:官府叚(假)公車牛者□□□叚(假)人所。

(2) Verbs meaning "to say" or "to report"(説、告等義動詞)

《奏讞書》簡 040—041:即告池所。

---

① Lau, Ulrich & Staack, Thies, *Legal Practice in the Formative Stages of the Chinese Empire: An Annotated Translation of the Exemplary Qin Criminal Cases from the Yuelu Academy Collection*, Brill, 2016.(以下簡稱"勞、史英譯")
② 據角谷常子口頭示教,居延漢簡所見買賣文書仍用"某某所",而東漢賣地文書使用"從某"的表述方式。法律文書用詞習慣較爲保守,日常口語中的相似轉換或許更早。
③ 辭例的英譯均從省,表示出處方式亦據小文體例。

(3) Verbs meaning "to hand over"(移交義動詞)

《爲獄等狀》簡 210—211：君子子癸詣私書矰所。

(4) Verb *you* 有"to have"(擁有義動詞)

《爲獄等狀》簡 114：沛有子娚所四人。

《奏讞書》簡 029：符有名數明所。

(5) Verb *bu xiao* 不孝"to be unfilial/behave unfilially"(動詞不孝)

《封診式》簡 51：辭曰："甲親子，誠不孝甲所。"

話歸正題，劉文和勞、史英譯的分析爲正確解讀簡 029"所"字提供如何啟示呢？筆者認爲，劉文和勞、史英譯的共同點在於，他們將出土文獻的"某某所"與我們更熟悉的"於某某"聯繫起來理解。我們也可以按照這一思路，將陳文所設想的"癸等，其審請瑣等所"替換爲"癸等，其審請於瑣等"。這樣更容易體會到陳文句讀對語氣的影響。"請於瑣等"的重點在於請求於誰，不是請求於行等或沛等，而是請求於瑣等；"請瑣等"的重點在於請求與否，癸等要麽是請求了瑣等，要麽没請求瑣等。南郡假守賈的意思當然是後者。癸等明明白白請求了瑣等，"請求"與續文"所出購"結合起來就構成"枉律"罪，縣吏怎麽没按照此罪名判刑呢？這就是南郡假守賈對州陵守綰等的指責。如果把話題改爲癸等請求於誰，這句話就失去其意義。因此，與所謂"祠先農"簡正好相反，簡 029 之"所"字祇能下屬讀。

案例 02 《尸等捕盜疑購案》

簡 032(1466‑2)："覆□"釋讀

簡 031—032 記載走馬達報告一個强盜殺人案和官方派遣求盜尸等追捕等事實，相關釋文如下：

……(前略)……廼二月甲戌，走馬達告曰：盜盜殺傷走馬 031 好□□□部(?)中(?)。即(?)令(?)獄(?)史(?)驪(?)、求盜尸等十六人追。……(後略)……032

其中簡 032 上段所記載報告的末尾五字和有關派遣叙述開頭五字不十分清晰(參看圖 05)，舊著據殘留筆畫和文意釋出其中七個字，但把握並不大，祇好在每字後面標出了疑問號。細察圖版，所謂"獄史"兩字明顯與殘留筆畫不合。

好
□
□
□
部(?)
中(?)
即(?)
令(?)
獄(?)
史(?)
驪(?)

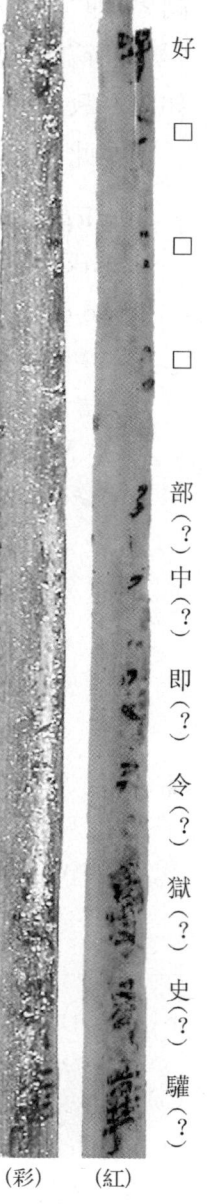

(彩)　(紅)

圖 05　簡 032 上段

所謂"獄"字右下角無疑是一個較長的斜筆。通查《爲獄等狀》第一類卷册所有獄字，在這個位置上，獄字不可能有這種長捺（參看表01）。該字下方除上述長捺外還能辨認出兩個大致平行的撇筆，與長捺交叉，兩撇右上方略封口，形體與"夂"形頗像；字中上方可以數出至少六個橫向筆畫；字的左方原應有更多筆畫，但僅剩幾個殘泐墨點，無法辨認。從整體來看，上述字形特點與覆字吻合，可以比較字形如下圖06。

表 01　簡 032 所謂"獄"字字形比較

	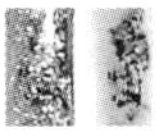	032			
 021	 044	 047	 051	 064	 087
 140 背	 158	 172	 173	 175	 187

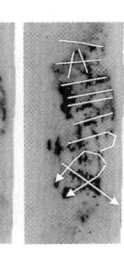

簡140背"覆"字

（彩）　（紅）　　　（紅）　　　　（彩）（紅）

圖 06　簡 032"覆?"字 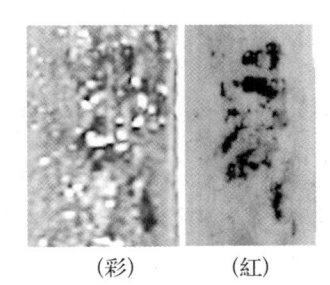　　　　圖 07　簡 032 所謂"史"字

所謂"史"字雖然輪廓與"史"字略像，但細察圖版，筆畫實與"史"或"吏"字不合，整個字也甚靠右方，其左方原應有其他筆畫，形體結構比"史""吏"等複雜得多（參看圖07放大字形）。從文意來講，"覆□"應係官職名，"覆□驪"奉州陵縣之命率領求盜尸等人追捕盜賊。目前能確認以"覆"字開頭的官職名祇有"覆獄"，[①]即"覆獄卒史""覆獄（某縣）獄史"或"御史覆獄"等複合官職名之簡稱，見里耶秦簡 8－0144 正＋8－0136 正："【……】五月己亥朔辛丑，倉守敬敢言之：令下：覆獄遝遷陵隸臣鄧，【……】□□名吏（事）、它坐，遣言。"倉守敬所引命令中，"覆獄"是動詞"遝"的主語，他召喚屬

---

① 參看青木俊介：《里耶秦簡（壹）官職名索引稿》（待刊）。

遷陵縣的隸臣鄧,因而可知他是從外地來的官員,"覆獄"是指其差使,正式官職爲卒史、獄史等,組成上述複合官職名(見里耶秦簡8-0135正、8-0265、8-1897、8-0632+8-0631等)。

據上述分析,簡032釋文應改爲如下:

好□□□部(?)中(?)。即(?)令(?)覆(?)□驪(?)、求盜尸等十六人追。…(後略)…₀₃₂

還應加新注如下:

據文意推測,"覆"下一字疑爲"獄"。"覆獄",官職名,即"覆獄卒史""覆獄(某縣)獄史"或"御史覆獄"等複合官職名之簡稱。里耶秦簡8-0144正+8-0136正:"【……】五月己亥朔辛丑,倉守敬敢言之:令下:覆獄逯遷陵隸臣鄧,【……】□□名吏(事)、它坐,遣言。"

簡034(1472):"義"字字形

《爲獄等狀》多次出現"義"字,案例02有動詞"歸義"四例(簡034、035、038、041),案例07有人名"義"九例(簡108、112、115、125、128、131、132),案例09又見動詞"歸義"四例(簡143、144)。案例02和07屬於第一類卷册,案例09屬於第二類卷册,在兩個卷册之間"義"字的寫法出入較大。其中,第一類卷册的"義"字下方"我"旁的橫向筆畫多連寫,呈現出與"弗"字相似的模樣。因此,舊著將第一類卷册的"義"字釋爲《説文解字》我部所見義字異體"羛",並在案例02注06説明:"羛,《説文》我部'義'字異體。"

歐揚修訂本則把第一類卷册所有"羛"字改爲"義",並加注如下:

今按:釋文修訂本整理小組成員李洪財認爲嶽麓秦簡所見"羛"字應改釋"義"。下文不再加注。

有關《説文解字》所收異體"羛",清朝考證學家之間已有討論,李洪財《秦漢簡文字考釋二則》①參考王引之的考證意見,認爲所謂"羛"字下方所從"弗"形與"弗"字字形差距較大,其實係"我"旁草化連寫的譌變形體。李文將"義"字與"弗"字字形比較如下表02:②

---

① 李洪財:《秦漢簡文字考釋二則》,《湖南大學學報(社會科學版)》2016年第4期。
② 表中簡號爲《嶽麓書院藏秦簡》的册數、紅外綫圖片頁碼和整理序號。

表 02 嶽麓秦簡"義""弗"字形比較(據李文轉載)

	1	2	3	4	5	6	7	8
義	叁·16 1/132	叁·11 6/041	叁·11 5/038	叁·15 5/115	叁·15 4/112	叁·15 3/108	叁·11 4/034	壹·15 2/3
弗	壹·11 3/11	壹·11 9/23	壹·11 6/18	壹·11 5/15	壹·14 5/81	壹·14 2/74	叁·98 /011	叁·96 /006

據李文分析,"弗"字中間的轉折結構可細分"己"形和"弓"形兩種寫法。"己"形的寫法與"義"字下旁截然不同,"弓"形雖然與"義"字下旁還較接近,但仍有明顯的差別。至於"我"旁的譌變過程,李文假設如圖08。

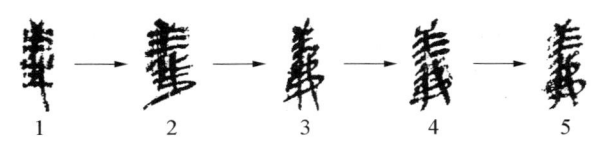

圖08 "義"字草化訛變過程(據李文轉載)

李文介紹孫詒讓《墨子間詁》轉引畢沅和王引之的相關說法,今轉載如下,以便讀者參考:

> 畢云:"義字當爲'羛',《説文》云:'墨翟書"義"从弗',則漢時本如此。今書'義'字,皆俗改也。"王引之云:"'弗',於聲義均有未協,'弗'當作'𢍱'、'𢍱',古文'我'字,與'弗'相似,故訛作'弗'耳。周晉姜鼎銘,'我'字作'𢍱',是其明證。羛之从𢍱聲,與義之从我聲,一也。説文'我'字下,重文未載古文作'𢍱',故於此亦不知爲'𢍱'字之訛。蓋鐘鼎古篆,漢人亦不能遍識也。"①

李文結合王引之的考證意見和出土資料中"我"旁的形體變化,導出如下結論:

> 至此我們可以清楚,嶽麓秦簡中所有 Y 形(即所謂"羛"字,筆者注)下部都不是"弗"形,而是"我"形的草化訛變,都可以直接整理作"義"。同時我們也可以説明,王引之對傳世文獻中的"羛"形意見是正確的,並不存在从"弗"的"羛"字,傳世古籍中出現的"羛"和今天嶽麓秦簡整理出來的"羛",祇是後人在整理文獻時出現的誤認,以訛傳訛,貽誤至今,以至於今人仍重複前人的錯誤。

---

① 國學整理社,《諸子集成》第 8 册,中華書局 2006 年,第 5 頁。

筆者認爲譌變是文字發展的重要推動力。《爲獄等狀》第一類卷册"義"字所從"弗"當然不是真正的弗旁，而是"我"旁的譌變。戰國文字已寫如此。同時，這種譌變的字形又無疑是《說文解字》異體字"羛"所據，這一字形並非許慎憑空捏造。舊著釋文標出"羛"的用意在於此。

應該附帶說明，舊著釋文以寬式爲原則。這意味着舊著不自主作出任何隸定，如"其"字不作"亓"、"棄"字不作"弃"或"去"字不作"厺"等。凡例所謂"簡文除個別特有字形或用字外，其他文字盡可能采用通行字"就是這樣一個意思。所謂"特有字形或用字"主要指字書上有區别者。既然許慎等分别收"義"與"羛"、"敊"與"敆"，那麽我們也不能忽略，因此在釋文中也加以區别。至於什麽譌變或誤認形成許慎等先賢的收字標準，這是另一個很有趣的課題，不妨作有系統的研究，但是這種研究的主要目的應該在於認清字形演變的來龍去脈，而不在於苛論漢代人的字形認識。

簡042（0138）：鈎形符號

簡042上段僅剩右半部分，墨迹模糊不清，舊著未能釋出前六字，第七和第八字雖似爲"攻"和"盗"兩字，但把握並不大，不加現代標點的釋文作如下：

□□□□□□攻（？）盗（？）京州降爲秦乃殺好等…（後略）…

核對摹本時發現"盗"和"京"字之間似有鈎形符號（圖09），釋文應補充如下。①

□□□□□□攻（？）盗（？）⌐（？）京州降爲秦乃殺好等…（後略）…

案例03　《猩、敽知盗分贓案》

簡048："冗募樂一男子所"注釋

案例3《猩、敽知盗分贓案》所涉及的罪犯較多，罪犯之間的關係也較複雜，可以將其整理如下表03。

圖09　簡042鈎形符號

---

① 附帶說明，案例03《猩、敽知盗分贓案》第一枚簡（簡044）的釋文在"上造敽"下原標出鈎形符號，重查圖版，實無鈎形符號，釋文應加以訂正。

表 03　案例 3 關係人

人　　名	罪　　名	備　　注
達、禄、蒔	盜埱冢	
敞	分贓	事後從達等領到銅器。
猩	分贓	原爲達等養,事後領到銅器;又爲樂庸。
樂	?	
去疾、號	載銅	從樂買銅。

　　達等用了一年左右的時間盜掘了一個墳墓,盜掘之後將部分銅器賣和分給敞。原爲達等作養的猩也分到一部分銅器。以上幾個罪犯可以説是某種共犯關係:達等共同實行"盜埱冢"這一犯罪行爲,可以稱之爲"共同正犯";敞和猩不參與實行行爲,僅通過分贓行爲與達等的犯罪行爲產生關係,至多可以將其稱爲"事後共犯"或"擴張共同正犯"。

　　去疾和號與達等沒有直接的關係。他們從樂買銅之後被逮捕,罪名爲"載銅",即非法運輸銅。樂是否被逮捕未詳,該案無相關記載。達和敞、猩的供述中也未曾提及去疾或號。因此,去疾和號與該盜掘案的關係並不十分清楚。按理,他們所買的銅應是達等所盜掘的,本案記載中却沒有相關説明,祇有兩種暗示。第一,猩在供述中表明他曾經充當樂的傭工(簡 050 和 055),爲其"取銅草中(從草中拿出青銅)"。第二,去疾和號從樂買銅一事,在供述中並不直接説成從樂買,而稱爲"買銅錫冗募樂一男子所"。① 舊著將這一句翻譯爲"從冗募樂手下的一個男子買來青銅"。這個男子應指給樂當傭工的猩。换言之,猩是達等盜掘案、猩等分贓案與去疾等載銅案之間的橋梁。因此,舊著注 15 説明如下:

---

① 應該附帶説明,本案中"銅"又稱"銅錫"或"錫"。方勇《讀嶽麓秦簡(叁)札記一則》(簡帛網,2014 年 2 月 21 日,後載《中國出土資料研究》第 19 號,2015 年)正確指出"秦漢時期古人確實是時常將'易'訛寫成'昜'形",並且"錫金屬在我國發現和使用的年代久遠",但方文據此導出如下結論:

　　簡文"銅""錫(瑒)"聯用,則語義稍顯重複,簡文時而"銅錫"並舉,時而或"銅"或"錫"單列,這些信息似乎也在告訴我們:簡文"銅""錫"應該是指兩種金屬器具。…(中略)…我們懷疑它可能就是指古代常見的錫器。

恐怕與簡文不合。按,本案供述中"銅""銅錫""錫"三種稱呼並無重複:敞的供述中一貫用單字"錫",不稱"銅"或"銅錫";猩的供述專稱"銅",不提"錫"或"銅錫";去疾和號則連稱"銅錫",不分稱"銅"或"錫"。但是,從案情分析,三個人所謂"銅""銅錫""錫"應指同一物品,否則本案中就連贓物都確定不下來。因此,無法將"錫"讀爲"錫"。舊著注 15 將上述意思表達如下:

　　按,隸書"昜"與"易"多混同使用,僅據字形不能排除其讀爲"錫"的可能性,但"銅錫""錫"(簡 048、056、058)均與前文簡 047"載銅"相應,應泛指盜墓所出土的青銅器。

樂一男子,樂(手下)的一名男性,即猩。按,後文簡 055 稱"猩爲樂等庸(傭)"(簡 050 略同),可知樂手下的猩是去疾、號的載銅案與猩、敝分贓案之間的橋梁。

出乎筆者意料的是,勞、史英譯將"冗募樂一男子所"翻譯爲"one temporarily recruited man [named] Le(一個名字爲樂的冗募①)"。僅從語法上講,前置的"冗募"和後置的"一男子"恐怕難以同時修飾人名"樂"。更嚴重的問題是,這種誤讀使得去疾等載銅案失去與本案的有機聯系。因此,小文重新闡明如上。②

簡 057(0096):"一歲矣"字迹比較

與本簡其他字迹相比,"一歲矣"三字字距頗小(參看圖 10),"歲""矣"字形又與第一類卷册其他"歲""矣"字都不相同(參看表 04),疑其係事後補寫。"矣"字下方左側和中間有不相關殘筆,有可能爲刮削殘留。另外,"歲""矣"兩字寫法似屬隸意較濃之寫法,或許更接近第二類卷册諸"歲"字。類似情況還見於簡 072"來朵"兩字,可以參看圖 11 和表 05。

(彩) (紅)　　　　　　(彩) (紅)

圖 10　簡 057 字距比較　　圖 11　簡 057 篆隸比較

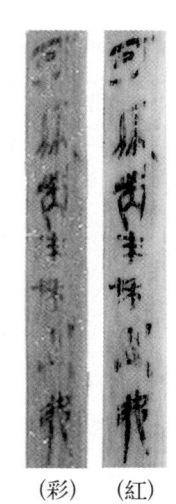

① 嚴格説,英譯中將"冗募"翻譯爲"臨時招募",爲强調焦點問題"一男子",正文直稱爲"冗募"。至於"冗募"詞義,王笑《秦漢簡牘中的"冗"和"冗募"》(《第三届"出土文獻與法律史研究"學術研討會論文集》,2013 年,後載《出土文獻與法律史研究》第 3 輯)有專門討論。王文據"冗佐"等辭例主張"'冗募'應該有兩種意義:一指應募的軍士;另一指官職"。筆者認爲相關證據過於薄弱,"冗募"辭例出現的語境也與官職没有什麽關係,因此王説似不可信,但是現存材料也不足以證明"冗募"决非官職。
② 附帶説明,勞、史英譯將"取銅草中"讀爲"聚銅皂中",並翻譯爲"I stored the bronze [vessels] in the pen(我把銅[器]存放在畜圈裏)"。這或許是因爲德語、英語的單詞"grass(草)"未必包含蘆葦等較高草本植物而造成的誤解。敝的供述中提及達等在"水旁"商量應否分給敝銅器一事,"草"則應指水邊的蘆葦等草本植物,無疑適合於臨時隱藏贓物。

表04 "歲"字、"矣"字字形比較

	歲字						
第一類	013	067	091	091	092	092	
	112	113	115	116	116		
第二類	169	177	187	188		057（一歲）	
第三類	207	220	233				
	矣字						
第一類	029 彩	042	114				
第二類	160				057		

表05 "來"字、"朵"字字形比較

	來字						
第一類	034	038	041	057	058	116	
第二類	187	192			072		
第三類	211	223	238	241			
	朵字						
	063	063	065	066	074	077	077
	078	079	082	083	072		

簡 059（0149－1）/060（0008＋0037）：法律邏輯與句讀

簡 059 和 060 分別記載廷審查詢（"問"）和審理（"鞫"）的結果，其中重複轉載相同的一句話，即：

> 達等掘冢，不與猩、敞謀，得衣器告；猩、敞受分，臧（贓）過六百六十錢。①

歐揚修訂本 145 頁將其句讀改爲"達等掘冢，不與猩、敞謀，得衣器告猩、敞受分，臧（贓）過六百六十錢"，並在注 3 中説明如下：

> 原釋文"告"後有分號，今删。"【得】衣器告猩、敞受分"通。"鞫之"描述猩、敞盜前不通謀而盜後分臧，並確定臧值。語涉達等不是對達等行爲進行定性，無需斷讀。

從文意上看，猩、敞既可以做動詞"告"的賓語，又可以當作"受分"的主語，連讀爲"【得】衣器告猩、敞受分"似乎也能講通，但本簡是司法文書，措辭與法律邏輯密切關聯，不能僅靠現代人直感輕易通讀。在本案中，所謂"得衣器告"表示猩和敞何時得知達等掘冢一事，這也是猩、敞共謀成立與否的關鍵所在。如果達等掘冢時已經告訴猩、敞的話，猩、敞算是參與了掘冢共謀，因而應以掘冢罪論處；如果挖通填墓得到衣器之後才告訴的話，猩、敞未參與共謀，事後拿到贓物，也僅判"受分"罪②。受分的量刑標準是贓款，因而本簡云"猩、敞受分，臧（贓）過六百六十錢"。本簡通讀與否離不開上述法律邏輯，舊著敝注已做過解釋，爲避免誤解轉載如下：

> 此句話表達出兩個重要的法律焦點：一個是"達等掘冢"，問題在於猩與敞何時得知此事；另一個是"猩、敞受分"，問題在於贓之多少。"達等掘冢，不與猩、敞謀，得衣器告"與前文簡 053—054"達與僕徒時（蒔）等謀掘冢。不告猩，冢巳（已）劈（徹），分器，乃告猩"相應，二者都表示猩（和敞）未參與共謀或實行行爲，而參與與否正好是區分"盜掘冢"罪與"分贓"罪的判斷標準。"分贓"與盜同法，按照所受分贓額判刑，所以稱"猩、敞受分，臧（贓）過六百六十錢"。《二年律令》簡 055："盜臧（贓）直（值）過六百六十錢，黥爲城旦舂。"

---

① 簡 060 由兩片殘簡遙綴而成，其中所缺的簡面大致能容納一個字，舊著據簡 059 簡文將其補釋爲"得"，釋文作"【得】"。後來發現下方殘片（簡 0037）仍保留得字末端筆畫，應據文意釋讀，釋文作"得"。

② 應該補充説明，猩、敞趕上了戊午赦令，罪名會影響赦令效果。南郡命令中稱"遷戊午赦（赦），爲庶人"（簡 045）是以猩、敞"分贓（＝受分）"爲前提的。如果江陵縣在覆審中發現"達等掘冢，與猩謀"的話，恐怕不會赦免爲庶人。這就應該是南郡命令"鞫審，瀗（讞）"的用意。

案例 04 《芮盜賣公列地案》

簡 065(1315):"臣史"注釋與句讀

案例 4《芮盜賣公列地案》的司法程序由丞暨的檢舉("劾")啟動,舊著將其劾文釋讀如下:

 …(前略)…十一月己丑,丞暨劾曰:聞主市曹₀₆₄臣史,隸臣更不當受列,受棺列,買(賣)。問論。…(後略)…₀₆₅

語譯如下:

 …(前略)…十一月己丑(十三日),丞暨舉劾如下:從主市曹₀₆₄臣史了解到,隸臣更不應承租攤位,(但)承租了棺材攤位,並(把它)賣了。問判決(如何)? …(後略)…₀₆₅

從中可知,舊著將"曹臣史"三字分解爲身份稱謂"曹臣"和人名"史"。"曹臣"不見於文獻,舊著注 7 據本案語境推測如下:

 曹臣,似爲隸屬於曹的一種身份,具體情況未詳。

後來嶽麓秦簡(肆)和(伍)所收律令簡中①出現"臣史"一詞,得知舊著句讀、語譯、注釋均失妥②。歐揚修訂本 146 頁將句讀改爲"聞主市曹₀₆₅臣史隸臣更不當受列",並加注如下:

 原釋文"史"後有逗號,今刪。"聞主市曹₀₆₅臣史隸臣更"連讀,"主市曹"是其服役之官曹,"臣史"是職事,"隸臣"是身份。若干官曹有"臣史"或"書史隸臣",舊稱"耐史隸"見於睡虎地秦簡《法律答問》。參見嶽麓秦簡 0806:"有技能者皆毋得爲臣史佐吏書。"又見嶽麓秦簡 1919:"皆令得與書史隸臣。"

歐揚修訂本的修改意見基本上正確,可以將舊著釋文、語譯和注釋訂正、補充如下:

 釋文:…(前略)…十一月己丑,丞暨劾曰:聞主市曹₀₆₄臣史隸臣更不當受列,受棺列,買(賣)。問論。…(後略)…₀₆₅

 語譯:…(前略)…十一月己丑(十三日),丞暨舉劾如下:據瞭解,主市曹₀₆₄臣史的隸臣更不應承租攤位,(但)承租了棺材攤位,並(把它)賣了。問判決(如何)? …(後略)…₀₆₅

 注釋:臣史,從事史類職務,即文書事務的徒隸,或係犯了耐罪之史,即早期所謂"史隸"。嶽麓秦簡(肆)簡 271—273:"徒隸毄(繫)城旦舂、居貲贖責(債)而敢爲

---

① 陳松長主編:《嶽麓書院藏秦簡》(肆、伍),上海辭書出版社,2015 年、2017 年。
② 另外,語譯將"問論"理解爲動賓結構而翻譯爲"問判決(如何)?",亦未妥。按,劾時未有論斷可問,"問論"祇能視爲連動句,語譯應改爲"查詢(後)論罪!"。

人僕、養、守官府及視臣史事若居隱除者,坐曰六錢爲盜。吏令者,耐。"獄麓秦簡(伍)簡308:"●令曰:吏及臣史有教女子辤(辭)、上書,即爲書而受錢財酒肉焉,因反易其言,不用其請(情)實而令其(後缺)。"《法律答問》簡194:"可(何)謂耐卜隸、耐史隸?卜、史當耐者皆耐以爲卜、史隸。●後更其律如它。"

簡072‐0097:字數與釋讀

簡072記載關係人材的部分供述,其墨迹多模糊不清(參看圖12),舊著據隱約墨迹和語境釋讀如下:

……材□□□芮□□欲居,材曰:不可。須芮來。朵即弗敢居。它如更。

細查圖版,第一個"材"字上方未釋字中仍能辨認出一個右方從邑旁的字,釋文的相關部分應從"……材"改爲"……邔……材"。其次,第二個"材"字與"芮"字之間的墨迹不足以確定字數,舊著據簡面大小推測其爲三字,並標出三個未釋字,與體例不合,應改"□□□"爲"……"。總之,簡072釋文應改爲如下:

……邔……材……芮□□欲居,材曰:不可。須芮來。朵即弗敢居。它如更。

簡076:"令二千,二千"釋讀

簡075—076記載案例4《芮盜賣公列地案》被告人芮的部分供述,描寫他故意提高價錢,讓受害人方放棄購買公列地的計劃,舊著將相關簡文釋讀如下:

…(前略)…後念悔,恐發075覺有辠(罪)。欲益賈(價)令方勿取,即枉(詿)謂方:賤!令二千。二千弗取,環(還)方錢。…(後略)…076

語譯相應作:

…(前略)…後來(我一)考慮,(就)後悔了,怕(事)發075受到懲罰。(於是)想提高價錢,讓方不想要,就假裝對方說:"太便宜了!"讓(他出)兩千錢。兩千錢不想要的話,將還他錢。…(後略)…076

細查圖版,雖在彩圖"千"字下方仍能辨認隱約的兩個橫向墨迹,

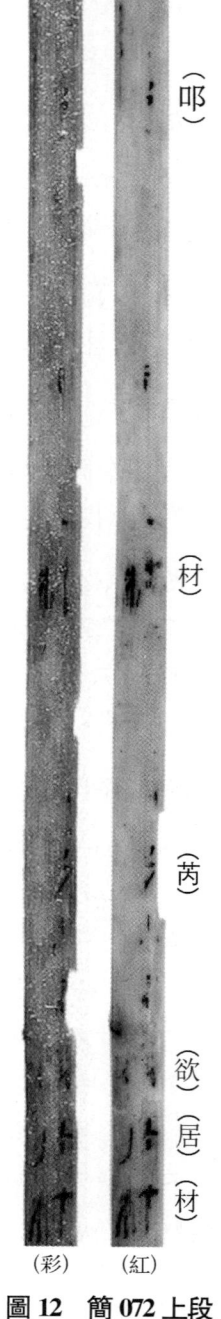

圖12 簡072上段

但其角度恐與重文符號不像，原釋文失妥（參看圖13）。相關釋文應改爲"枉（誆）謂方：賤！令二。二千弗取，環（還）方錢"，語譯爲："假裝對方說：'太便宜了！'令他加倍。兩千錢不想要的話，將還他錢。"注釋作如下：

二，疑爲加倍義。《史記》高祖本紀"秦得百二焉…（中略）…齊得十二焉"，《索隱》引虞喜云："百二者，得百之二。言諸侯持戟百萬，秦地險固，一倍於天下，故云得百二焉，言倍之也，蓋言秦兵當二百萬也。'齊得十二'亦如之。"

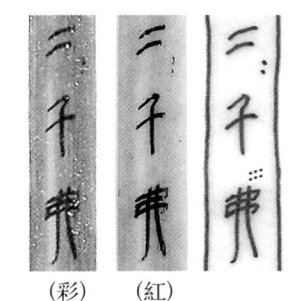

（彩）（紅）

圖13　簡076"千"字下方所謂重文符號

簡082（1331）："今"字釋讀與句讀

表06　簡082"今"字字形比較

第一類	047	056	091	092	126	
第二類	160	168	177	190	199	202
第三類	220	222				

（右欄：082）

簡082記載獄吏詰問被告人芮之辭，舊著將其中一部分字釋讀如下：

是即盜給人買（賣）公列地，非令。且以盜論芮，芮可（何）以解？

語譯作：

這就是矇騙人盜賣公家攤位土地，是非法的。將以盜罪論處你，你拿什麼解釋？

問題是"非令"不見於文獻，注釋僅云：

非令，不符合法律規定。

勞、史英譯則正確指出，所謂"令"字實爲"今"字誤釋（參看表06）。並將斷句改爲

是即盜給人買（賣）公列地，非？今且以盜論芮，芮可（何）以解？

英語譯文作如下：

This is illegally deceiving a person into buying government land for market stalls, isn't it? Now what if we sentence you for theft, how do you explain [yourself]? （這是矇騙人盜賣公家攤位土地，不是嗎？現在我們將以盜罪論處你，你拿什麼解釋？）

勞、史英譯據何樂士《古代漢語虛詞詞典》等，將句型分析爲"是非選擇疑問句（alternative question）"，並舉出如下相似辭例：

- 《史記》伯夷列傳：若伯夷、叔齊，可謂善人者非邪？
- 《戰國策》齊國策引《老子》：是其賤之本與？非夫？（馬王堆帛書《老子乙本》178 上作："此其賤之本與？非也？"）
- 《漢書》嚴安傳：此言與實反者非？①

"非"字的這種用法恐怕在出土文獻極爲罕見，勞武利和史達找回舊著所忽略的辭例，可謂爲出土文字資料的語言學研究添加了一份可貴材料。②

簡 087（0607）："□□它縣論"釋讀

簡 087 釋文原作"錢。得。獄巳（已）斷，令黥芮爲城旦，未□□ □□□。敢 讞（讞）之"。五個未釋字中後三者的殘筆頗有特點（圖14），可重做如下分析：第一個字殘形和筆勢與"它"字很像，似係"它"字左上角（圖15）。本簡爲奏讞文書最後一枚簡，奏讞文書末尾常有套語"它縣論"，如《爲獄等狀》簡 039、093、106、135、245、《奏

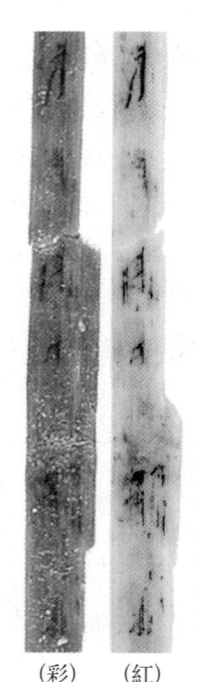

(彩)　(紅)

圖14　簡 087 "未□□它縣論"

---

① 《漢書》的文例也是詰問之詞，表述與簡 082 頗像，應據此將標點改爲"是即盜給人買（賣）公列地非？"，語譯可以效仿原文口語表述作"這就是矇騙人盜賣公家攤位土地不？"。

② 至於"今且"兩字，英譯將其視爲表示"提出看法（supposing）"義的複合虛詞，恐不可信。英譯所引《墨子·非攻》篇和睡虎地秦簡《語書》簡 007 雖然同樣包含"今且"兩字，王引之《墨子閒詁》將前者解釋爲複合虛詞"今夫也"，但是二者語境和語法結構不同，不能用前者説明後者。《語書》簡 007—008 記載如下：

…（前略）…此皆大罪殹（也），而令、丞弗明智（知），甚不便。今且令人案行之，舉劾不從令者，致以律，₀₀₇論及令、丞。有（又）且課縣官，獨多犯令而令、丞弗得者，以令、丞聞。…（前略）…₀₀₈

"且"字置於動詞"令""課"前，祇能理解爲副詞，表示"將要"義。尤其是第二個"且"無疑證明"且"字與前置"今""又"字有別，反而與里耶秦簡 8-0137 背"且致劾論子"、居延漢簡 40.6"且察毋狀者如律令"等辭例一致。《非攻》篇則稱：

今且天下之王公大人士居子，中情將欲求興天下之利，除天下之害，當若繁爲攻伐，此實天下之巨害也。

"且"字置於名詞"王"等前，語法位置與句首語氣詞"且"（如《韓非子》難二"且嬰家貧云云"）相似，不可能是副詞。《芮盜賣公列地案》簡 082 的辭例，與《語書》簡 007 相同，應分開爲"今（現在）"與"且（將要）"兩詞。

讞書》簡 006、015、023、033 等。依據語境限制細查第二字和第三字殘筆,第二字右側仍能辨出糸形頭部和底部,其實僅缺中間一圈形,左側也有県形部分筆畫的殘留墨迹,唯一的難點是糸形、県形下方兩個"小"左右筆畫過於垂直,在嶽麓秦簡中未能查出與此相同的寫法(圖16);第三字殘形與論字不相矛盾,左下方點和斜筆應來自言旁下方口形,其右側共有三個竪筆,應係冊形左數第一、第二和第四個竪筆,右上方兩點墨迹的位置和筆勢又與侖旁上方人形相似(圖17)。據前後文進一步推測,"未"下兩字疑爲"論更""環(還)錢"或"處錢"。"論更"和"處"字都與字形難合,第二個未釋字右下方與錢字戔旁戈頗像,但仍無法復原所有筆畫,祇能存疑。① 總之,五個未釋字中後三者可以據殘筆和文意確定爲"它縣論",前兩個疑爲"環錢"。據此本簡釋文可以改爲如下:

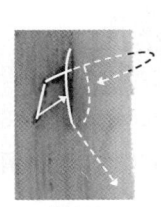

簡087(紅)　　簡087

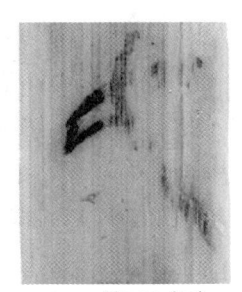

簡055(紅)

圖 15　簡 087"它"字殘留筆畫

表 07　"它""縣""論"字字形比較

簡 087	簡 055	簡 067	簡 072	簡 078	簡 079	簡 084	簡 085	簡 091	簡 103
簡 087	簡 039	簡 093	簡 106	簡 135	簡 153	簡 156	簡 187	簡 206	簡 245
簡 087	簡 013	簡 014	簡 014	簡 022	簡 063	簡 063	簡 082	簡 099	簡 105

---

① "錢"字釋讀承蒙石原遼平兄提示。

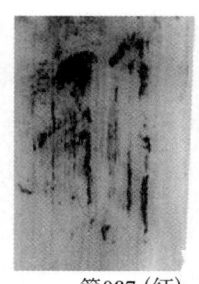

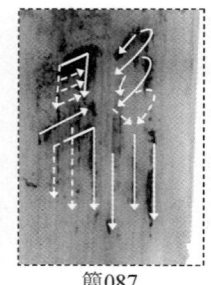

簡087（紅）　　　簡087　　　　簡106（紅）

圖 16　簡 087"縣"字殘留筆畫

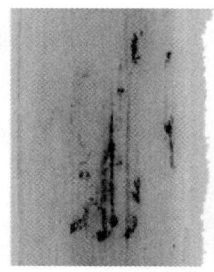

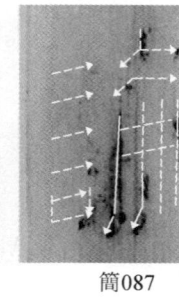

簡087（紅）　　　簡087　　　　簡013（紅）

圖 17　簡 087"論"字殘留筆畫

　　錢。得。獄已（以）斷，令黥芮爲城旦。未□□。它縣論。敢讞（讞）之。

並加注如下：

　　據殘留筆畫推測，第二個未釋字疑爲錢字；若然，第一個未釋字或爲環（還）字。

案例 06　《暨過誤失坐官案》

簡 094(2)(J15)："之"字釋讀

　　舊著原失收簡 094(2)，據史達先生口頭示教，始收於拙稿《〈嶽麓書院藏秦簡（叁）〉校勘記（續）》，① 當時釋文如下：

　　敢讞（讞）之(?)：暨自言曰：邦尉下(?)□更(?)戍令(?)，□誤(?)弗傳邦候。女子蓄馬一匹，賈（賣）。卿（鄉）遣

後來史達《嶽麓秦簡〈爲獄等狀四種〉新見漏簡與案例六的編聯》② 也收此簡，釋文作：

---

① 拙稿：《〈嶽麓書院藏秦簡（叁）〉校勘記（續）》，復旦大學出土文獻與古文字研究中心網站，http://www.gwz.fudan.edu.cn/SrcShow.asp? Src_ID=2309，2014 年 7 月 24 日。
② 史達：《嶽麓秦簡〈爲獄等狀四種〉新見漏簡與案例六的編聯》，《湖南大學學報（社會科學版）》2014 年第 4 期。

嶽麓書院秦簡《爲獄等狀四種》第一類卷册釋文、注釋及編聯商榷 · 247 ·

●［敢］（讞）［之。丞暨］自言曰：邦尉□□更（？）戍令□計（？）弗傳邦候；女子蓄馬一匹，買（賣）卿（鄉）遺

拙著《嶽麓秦簡復原研究》①第二部第二章《〈爲獄等狀四種〉編聯方式的幾點補充説明》則取長補短，改釋文爲如下：

●敢讞（讞）之：□暨自言曰：邦尉下（？）□更（？）戍令（？），□誤（？）弗傳邦候。女子蓄馬一匹，買（賣）。卿（鄉）遣

細查圖版，彩色圖版上"讞"字與"自"字之間祇有"之"和"暨"兩字（參看圖18②），而紅外綫圖版在"之"字下方橫筆處粘上了不相關簡片，造成了不必要的疑惑（參看圖19）。史文將此簡片上的字迹釋爲"丞"字，筆者原疑其爲"佐"字，但未能確定。現在可以將此未釋字删掉。同時，"讞"下一字的殘留筆畫與"之"字十分相近，在"敢讞之"的語境限制下，可以確定其爲"之"字（參看圖20）。

删除人名"暨"前未釋字之後，却産生另一個新的疑惑："暨"字是人名"暨"在本案中的初例，何故不冠以某種身份稱謂呢？按照文書工作的慣例，人名都在初見處標明身份，本不容有例外。一種可能是，"暨"字並非人名"暨"在本案原始文書中第一例，此前原已出現過，但在收録《爲獄等狀》時被編者删除。"敢讞之"三字在原始文書中的表述應爲"某年某月某日，某縣（官職）某敢讞之"。案例六《暨過誤失坐官案》注一已提及本案所謂"暨"有可能與《猩、敞知盜分贓案》"江陵丞暨"（簡〇六一）、《芮盜賣公列地案》"丞暨"（簡〇六四）爲同一個人。若然，完全有可能，本案被告人暨同時也是本案奏讞主體之一，

圖18　簡094(2)上段字迹

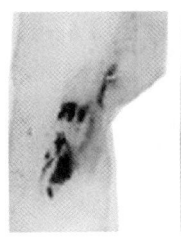

圖19　簡094(2)紅外綫圖版所粘殘片

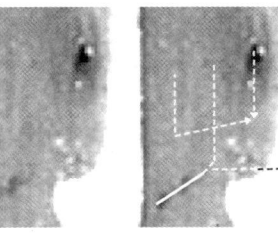

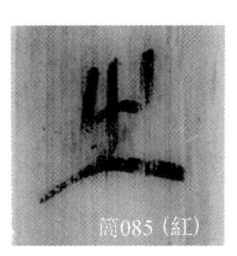

圖20　簡094(2)彩圖"之"字殘筆

---

①　拙著：《嶽麓秦簡復原研究》，上海古籍出版社，2015年。
②　此圖轉載自拙著《嶽麓秦簡復原研究》第二部第二章"《爲獄等狀四種》編聯方式的幾點補充説明"。右側爲簡104背面水平翻轉紅外綫圖像，呈現出來自簡014(2)正面的反印文"暨自言曰"，左側爲簡094(2)正面彩圖。

即原始文書開頭爲"某年某月某日,江陵守感、丞暨敢讞之"等。"暨自言"前當然就不需要重複標明身份。換言之,人名"暨"前缺少身份稱謂此一現象又提高此人原爲江陵丞暨的可能性。

總之,簡 094(2)上段釋文應改爲"敢讞(讞)之:暨自言曰:云云",敞注可以改爲如下:

> 暨,人名,據後文"除銷史丹爲江陵史"等記載,疑爲江陵縣吏。人名本應冠以身份稱謂,疑其身份原已見於奏讞開頭詞,如"某年某月某日,江陵守感、丞暨敢讞之"等,後被《爲獄等狀》編者刪除。若然,暨應與《猩、敞知盜分贓案》"江陵丞暨"(簡061)、《芮盜賣公列地案》"丞暨"(簡 064)爲同一人,他同時扮演本案被告人和奏讞主體兩種角色。

簡 095(0696):"過誤失"注釋

《暨過誤失坐官案》簡 098 有如下表述:

> 此過誤失及坐官殹(也)。

其中"過誤失"較爲罕見,舊著注釋如下:

> 過誤失,疑爲過失和誤失,分別與後文"小犯令"和"大/小誤"相應(簡 105)。失,失事,即結果失當,如《秦律十八種》簡 115"失期"、簡 196"失火"、《法律答問》簡 033"失刑罪"、《二年律令》簡 112、《奏讞書》簡 120 之"失"等。"過"與"誤"表示導致失事的原因,"過"字似指因不遵守法令即所謂"犯令""廢令"而造成的失事;"誤"則指寫錯、數錯等技術性錯誤,如《法律答問》簡 207"誤氣(餼)"、《算數書》簡 093"誤券"、《二年律令》簡 012"誤不審"等。"誤"又以"失事"之輕重細分爲"小誤"與"大誤"。《法律答問》簡 209:"可(何)如爲'大誤'?人户、馬牛及者(諸)貨材(財)直(值)過六百六十錢爲'大誤',其他爲小。"

對此,陳迪《"覆獄故失"新考》做了一些補充,認爲:

> "失"至少可以分爲三種情形:過失、誤失以及故失[1]。

陳文導出如此結論,似由兩種不同的頭緒出發:第一,秦漢法律制度中的"失"概念描述"客觀狀態的錯誤場景",與後代"作爲主觀形態上的過失理解"的"失"不同。[2] 陳文

---

[1] 陳迪《"覆獄故失"新考》(《社會科學》2017 年第 3 期,又載《出土文獻與法律史研究》第 6 輯)第 161 頁(頁碼和引文據《社會科學》)。

[2] 同上注,第 160 頁。"主觀形態上的過失"似指唐律,參看同文第 158 頁。

的這一觀點或受舊著注釋中所謂"結果失當"影響。既然"失"指客觀狀態，那麽按照主觀形態上的差距區分"故意"與"非故意"（比如"故失"與"誤失"），從邏輯上講並不足爲怪。"故失"則是故意造成錯誤情形的意思。據陳文分析，《暨過誤失坐官案》所謂"八劾"中唯一能夠區分"相遝"與"贏（累）論"的共同特徵祇有其出於"非故意"，如被告人暨在回應詰問時所稱"不幸過誤失，坐官弗得，非敢端犯瀘（法）令（簡 102—103）"。陳文認爲：

> （從中）可見，在他（即暨，筆者按）的認知中過失、誤失以及坐官均應歸屬"非端"，即屬於廣義上的非故意心理因素。與"故失"，即故意造成錯誤的情形相對。①

第二個頭緒是一個長期成爲謎團的傳世文獻異文，即《史記》六國年表秦始皇三十四年所見"覆獄故失"。據陳文整理和介紹，對相關文本理解似乎可以分出如下五大種：②

(1) "適治獄不直覆獄故失者築長城。及南方越地。"（《史記》修訂本，據《資治通鑑·秦紀二》）
(2) "適治獄不直者築長城取南方越地。覆獄故失。"（《史記》點校本，據同治五年至九年金陵書局合刻本，除"取"字外，北宋景祐監本等均同）
(3) "適治獄不直者覆獄故失築長城取南方越地。"（《史記志疑》）
(4) "適治獄不直者（注：覆獄故失。）築長城及南方越地。"（《史詮》）
(5) 六國年表秦始皇二十七年以後均係後人補充。（李人鑒《太史公書校對記》）

陳文還據里耶秦簡指出"治獄與覆獄並言，在秦代公文檔案中已經存在"，並導出"本文認爲'覆獄故失'的記載，具有較大的合理性和可靠性，能夠反映當時真實的司法實踐的面貌"的結論。

鄔勗《"故失"辨微：結合出土文獻的研究》③積極支持六國年表記載係後代所補的觀點，但這也不無疑問。除非《資治通鑑》基於比現存《史記》更原始的資料，換言之，除非司馬光參照了比《史記》現存最古版本的北宋景祐監本更古老可靠的版本或抄本的話，他怎麽能寫出如此與秦末漢初用詞習慣貼切的表述呢？僅基於後代常識，《六國年表》以及《資治通鑑》所謂"覆獄故失"的記載恐怕是難以理解的，將"失"分爲

---

① 附帶説明，睡虎地秦簡階段的秦律中，"故"字祇有原因、原來等義項，故意義僅用"端"而不用"故"。但是據龍崗秦簡以及里耶秦簡可知，統一秦的時候，"故"字取代了"端"字的故意義項。對此，陳文專設《從"端"到"故"：法律詞彙的變化》一節進行討論。
② 陳迪《"覆獄故失"新考》，第 153—154 頁。
③ 鄔勗《"故失"辨微：結合出土文獻的研究》，《出土文獻與法律史研究》第 1 輯，上海人民出版社，2012 年，第 173 頁。

"過失""誤失""故失"三類的陳説似是目前唯一能夠合理解釋上述異文來源的辦法，至少可備一説。

另一方面，《六國年表》（以及《資治通鑑》）的"覆獄故失"四個字祇不過是一個孤證。出土法律資料中，多爲故意造成客觀狀態錯誤場景的犯罪行爲專門造出諸如"不直""矯制""誣""謾"等概念，這至少暗示着當時"故失"並不是一個很普遍的概念。"覆獄故失"本來可以稱之爲"覆獄不直"，會否是"治獄不直，覆獄故失"的特殊語境使得當時中央立法者特意造出"故失"一詞，以便與"治獄"之"不直"加以區別，强調相關都吏對地方治獄弊政"故意失察"呢？結合秦始皇三十四年的時代背景，當時秦國的法制已逐漸脱軌，從法家所謂法治轉向了嬴政一人的人治，所謂"失以縱、不直論令"（《三十四年質日》簡08）等都能傳達當時的一種反常潮流。鑒於此，"覆獄故失"四個字很有可能祇不過是夕陽朝政的一個副産品，正常情況下"失"概念僅分"過失"與"誤失"兩類，出於故意的錯誤情景專用"不直"等術語，以示區別。

簡 096（0087）："窗"字字形

方勇《讀〈嶽麓書院藏秦簡（叁）〉小札一則》①引裘錫圭《〈居延漢簡甲乙編〉釋文商榷》《説字小記·説"恖""聰"》等文章，主張如下：

> 上揭嶽麓秦簡的兩個字形（筆者案：簡 096 和簡 098 ，方文摹本作 和 ），所從"恖"旁的"心"字上部爲點形，而不是鏤空的"◇"形，所以皆應隸定爲"窻"形，即"窗"字。順便説一下，從目前出土的秦簡牘材料來看，還未見到秦文字中"恖"作"忩"形的俗寫形式。

方文的結論基本正確。從體例來講，舊著釋文以寬式爲原則，除個別特有字形或用字外，不自主作出任何隸定，正如前項《簡 034（1472）："義"字字形》所述。俗字"窓"不見於早期字書，現存字書中最早收録此字者應爲（宋）《廣韻》江韻或（宋）陳彭年《大廣益會玉篇》穴部，前者"窓"字或已據（隋）陸法言《切韻》，後者或沿襲（唐）孫强所增補，但均不應早於隋唐時代。既然如此，舊著本來不應用隸定等方法嘗試描寫出"窗"字演變過程中的字形，標出《説文解字》等所見通行字體即可。《説文解字》穴部收"窻"字，訓爲"通孔也"，囱部另收"囱（囟）"字，有"在牆曰牖，在屋曰囱"之訓，或體从"穴"作"窗"，即《康熙字典》《漢語大字典》等所收通行字。據此，舊著釋讀"窓（窗）"應改爲"窻（窗）"。

---

① 方勇：《讀〈嶽麓書院藏秦簡（叁）〉小札一則》，簡帛網，2013 年 12 月 22 日。

嶽麓書院秦簡《爲獄等狀四種》第一類卷册釋文、注釋及編聯商榷

簡 098(1207＋1366)："視獄"釋讀與編聯

　　簡 098 上段缺右半部分，殘留筆畫並不足以正確釋出所有字（參看圖 21）。舊著相關部分釋文原作：

　　　　　□□□，其(?)六(?)月己未劾不傳(?)戍(?)令

史達《嶽麓秦簡〈爲獄等狀四種〉新見漏簡與案例六的編聯》(《湖南大學學報(社會科學版)》第 28 卷第 4 期)①對此提出修改意見，將釋文改爲如下：

　　　　　[視獄：廿一年]六(?)月(?)己未劾不傳(?)戍(?)令

因爲此枚簡與案例 6《暨過誤失坐官案》的編聯密切關聯，其釋讀問題一直縈繞在筆者腦海裏。經過多次重查殘留筆畫，得到一些雖無全面把握但又似不能忽視的新發現。

　　第一，所謂"年"字的釋讀正確的可能很大，筆畫可以復原並與簡 091"年"字比較如下圖 22。簡 098 至 099 的簡文中出現一共六個曆日，即六月己未、七月丁亥、八月癸丑、丁丑、十月己酉、乙亥。據干支可以算出，這些曆日分布在秦王政二十一年六月至二十二年十月的一共五月之間，"六月己未"無疑爲秦王政二十一年六月十日。如果"年"字釋讀可靠無錯的話，其前兩字可以據文意補釋爲"廿一"。按照舊著對文書格式的理解，本案中能出現紀年的地方祇有三個，即奏讞開頭詞、暨自言開頭處和"視(故)獄"下。實際上，奏讞開頭詞和自言開頭都無紀年，即使有，也祇能作"二十二年"，不能作"二十一年"。因此，"年"字釋讀提高本簡簡首兩字爲"視獄"的可能性。

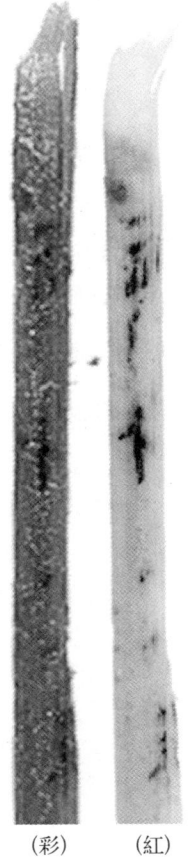

圖 21　簡 098 上段墨迹

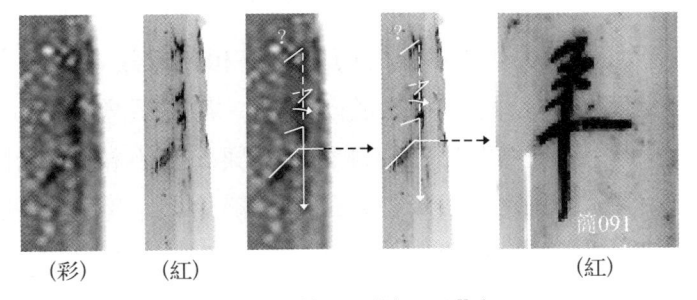

圖 22　簡 098"年(?)"字

---

① 史達《嶽麓秦簡〈爲獄等狀四種〉新見漏簡與案例六的編聯》，《湖南大學學報(社會科學版)》2014 年第 4 期。圖 21 所見墨迹即舊著釋文所謂"□□□，其(?)"，史文所謂"視獄：廿一年"。

第二個發現是簡 098 所謂"視獄"兩字的簡面上粘貼不相關殘片,給釋讀工作造成一定困難(參看圖 23)。殘片邊緣較爲清楚的是所謂"視"字示旁中下方。所謂"獄"字犬旁也有界限較爲顯著的地方,但因殘片墨迹似乎與底簡墨迹連續,原不好辨別。刪除不相關殘片之後,最大好處在於除掉"視"字、"獄"字之間多餘筆畫的干擾。筆者一時以爲中間筆畫會否與"暨"字所從"既"旁白形相似,如圖 24 左側所示,但同圖右側從簡 064、047、097 剪除"視""獄""廿一年"等字樣,並粘貼在簡 098 相關墨迹右側。從中不難看出所謂"視"與"獄"兩字之間根本沒有插入"暨""故"等字的空間,因而也沒有釋讀爲"視暨獄""視故獄"等可能。

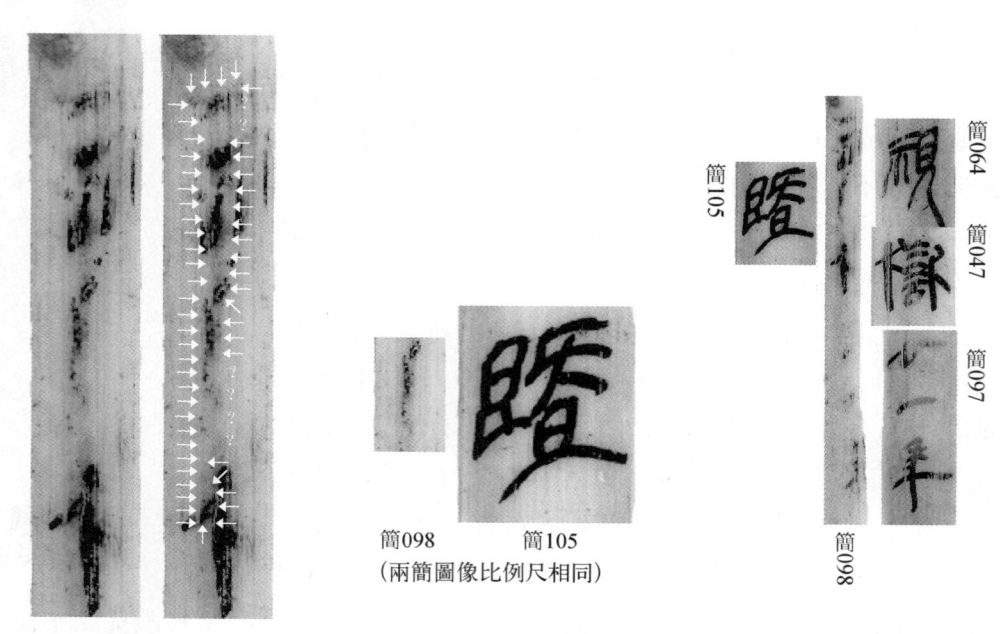

圖 23　簡 098 粘貼殘片　　圖 24　簡 098 所謂"暨"字字形和大小比較①

與所謂"暨"字相似,原圖版上的所謂"視""獄"兩字也都有與字形不合之處。首先,所謂"視"字示旁上方兩個較爲明顯的橫向墨迹相距太遠,與"示"不類。其次,第二個橫向墨迹下方其實另有隱約可見的橫向墨迹。若此字真爲"視"字,這些橫向墨迹才是示旁第二個橫筆,最上方的橫向墨迹實際上與此字不相關,或似爲被編繩覆蓋圈點的部分墨迹。再次,三個較明顯的豎筆的位置關係與示旁下方三豎不同,其中一豎往右方錯開,也至多能視爲"見"旁左方豎筆。② 按照上述理解,筆者曾經製作圖 25

---

① 圖 23 至圖 29 全用紅外綫圖版。
② 若將右數第二縱向墨迹也與見旁聯繫起來,整個字就太靠左方,與下方"獄"字犬旁不對稱。另外,縱向墨迹下方另有兩個小墨點,從位置關係推測,應爲見旁儿形左側筆畫末端。

左側的復原圖，其中示旁豎筆的位置關係仍有問題，中筆末尾與左筆衝突。現在刪除不相關殘片之後，雖然筆畫減少，但不自然墨迹的干擾也消失了。換言之，如果其他證據足以證明此處應釋爲"視獄"的話，此字可以結合殘留筆畫和語境釋讀爲"視"字。

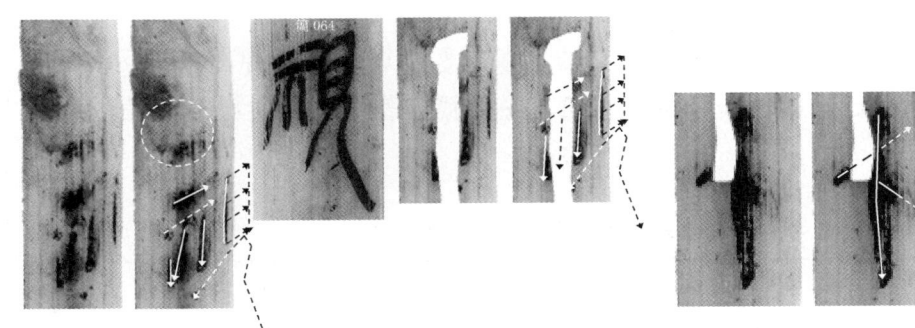

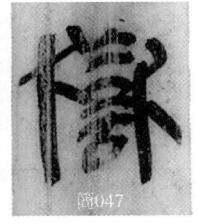

圖 25　簡 098 所謂"視"字 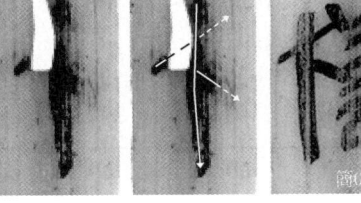　　　　圖 26　簡 098 所謂"獄"字犬旁

　　至於所謂"獄"字，最關鍵的字形特點是豎筆中偏上有傾向右下的殘泐筆畫，應爲捺筆的殘留墨迹。同時，此字頂頭墨迹並不與左上方斜筆形成一個彎曲的筆畫，而與下方豎筆連貫，形成一個很長的縱向筆畫。左方斜筆似與豎筆交叉，原應在右側出頭。據此似可確定，此字左方從犬旁，很可能是"獄"字（參看圖 26）。

　　總之，結合殘留筆畫和文意，簡 098 開頭幾個字的釋讀似可確定爲"視獄廿一年"。這一結論正確的話，舊著案例六《暨過誤失坐官案》的編聯方案受到重大影響。這是因爲從文書格式來講，"視故獄"一類表述在本案中祇能置於簡 095 下，簡 095 或需移於簡 097 與 098 之間，正如史文所主張。① 同時，前項有關簡 094(2) 釋讀的考證得出暨很可能與"江陵丞暨"爲同一人的結論。這一點也與舊著編聯產生矛盾。據舊著編聯方案，簡 094(2)② 末尾簡文與簡 095 連讀爲"卿(鄉)遣以贏(累)論暨"。在暨的身份爲鄉佐的前提下，此句話可以理解爲"鄉(嗇夫)派(暨來，使縣)以此累計論處暨"，但鄉(嗇夫)絶無派遣縣丞前來接受論處之理。如果暨確實是江陵縣丞暨的話，簡 094(2) 就無法與簡 095 連讀。

　　另一方面，據舊著第一類卷冊結構表，簡 095 背面有來自簡 084 正面的反印文，即

---

① 如拙著《嶽麓秦簡復原研究》所指出，史文新編聯方案在文書格式方面還產生另一個問題，即簡 099—100 稱"它如暨言"，表示其前文爲關係人供述，開頭處應有"某曰"等字樣，但史文編聯方案從簡 098 至簡 100 簡文連續，其中並無相關記載。今案，"(暨)言夬(決)相遝，不贏(累)"的簡練記載似係供述的摘要，或許《爲獄等狀》編者原計劃將供述引文改爲叙述，已用摘要代替供述原文，卻忘記刪除末尾標誌"它如暨言"。另一種可能，江陵丞暨爲自己當作被告人的案件製作奏讞文書，此事本已屬特例，其中用簡略摘要代替供述原文，或亦無所不可。

② 即舊著所謂"缺 08"。

"毋以避"之"毋"字；簡094和098背面分別呈現出來自簡082、083和089的反印文；094(2)、099的正面字迹又在簡104、109背面上留下一些反印文。① 反印文能證明這些簡原來在第一類卷册中有正背面的接觸關係，編聯方案受到相關限制，不能從中隨意挑出或移動部分簡。②

在此暫時假定簡098正面"視獄云云"的釋讀確鑿可靠，那麽，舊著有關反印文的分析應該有問題，需要考慮有無可商榷之處。先轉載舊著第一類卷册結構表的相關部分如下，其中用簡094(2)替換舊著缺簡08：③

表08　舊著第一類卷册結構表（摘録）

備注 （反印文均釋出第一層背面墨迹）	第一層			第二層	
	整理編號	清理編號	繫連依據	整理編號	清理編號
反印文："環錢""且(?)""論芮▢可以"。	094	1330	反，(位)	082	1331
反印文："買方"。			反，(位)	083	1333
有隱約墨迹，爲正面"瀺之""自言""弗傅邦候""馬一匹"等字，非反印文。	094(2)	J15		083	1333
				084	1350
反印文："毋"（毋以避）。	095	0696	反	084	1350
				q07	缺簡
	q09	缺簡		q07	缺簡
				085	0086

---

① 舊著附録三《第一類卷册表》備注欄將簡103反印文釋爲"多(?)或(?)"，繫聯依據欄却誤作"反，(位)"，應訂正爲"反(?)，(位)"。

② 相關討論已見拙著《嶽麓秦簡復原研究》第二部第二章"《爲獄等狀四種》編聯方式的幾點補充説明"。背面劃綫也對編聯復原工作產生一定限制，但在本案中，簡095殘缺下半部分，無劃綫可尋；簡097與098之間劃綫不連貫，似缺一枚簡，正可容納簡095。至於簡094(2)與簡096背面劃綫綫段之間能容納幾枚簡的問題，也存在一些分歧，但因簡094(2)斷爲四塊殘片，相關分析恐怕無法對編聯方案的妥否判斷起決定性作用，在此不贅述。

③ 應該附帶説明的是，簡104背面有一些舊著未能釋出的反印文，第一類卷册表標爲"□□□""□□""曁(?)□""□□"，今可補釋爲"□誤(?)弗""候女""蓍馬""匹買"。另外，舊著將"曁自言曰邦"之"邦"誤釋爲"鞫"，並失釋反印文"之"，即"敢瀺(讞)之"之"之"，今應加以訂正。

續 表

備注 （反印文均釋出第一層背面墨迹）	第一層			第二層	
反印文："□""□"。	096	0087	位	085	0086
				086	0141
簡 058、073、086、097 疑原與簡 057、072 和 042 相毗連，分捆時被整體翻轉。	097	0151＋0140	位	086	0141
				087	0607
簡 097 與 098 之間背面劃綫不連續，簡文的連續性也不十分清楚，據背面劃綫判斷，應缺一枚簡。	q10	缺簡		088	0101＋0560
反印文："能與"。	098	1207＋1366	反,（位）	089	1209

據史達編聯方案，簡 095 應該移到缺簡 10（q10）的位置上，相關調動前後受到簡 094 和 098 背面反印文的限制，祇能在此範圍内調整第一層與第二層的對應關係。因此，先確認此兩枚簡反印文的釋讀正確與否。簡 094 背面呈現出來自簡 082 和 083 的多種反印文，對應關係非常清楚（參看圖 27），恕不贅述。簡 098 背面反印文來自簡 089"能與"兩字，"與"字輪廓正好能容納反印文所有墨迹，多數墨迹又與"與"字墨迹被剥離諸處相應，尤其在上方中央這種對應關係很顯著；"能"字反印文來自其"肻"形殘缺部分，簡 089 正面已無相應墨迹，但反印文可以與正面殘留筆畫輪廓連起來，正好彌補部分殘缺墨迹，並不相互矛盾（參看圖 28）。值得關注的是簡 098 裂爲左右兩塊簡片，圖 28 所見爲其左半部分，反印文又略靠左側。① 這意味着該簡原來與兩枚簡有接觸，除左側壓在簡 089 正面上之外，右側還與簡 088 接觸。在史達方案中，簡 094 至 098 之間的簡數減少一枚簡，相對來説，第二層多出一枚簡。簡

簡083　簡094背面　簡082

圖 27　簡 094 背面反印文

---

① 應該説明的是，簡 098 背面圖像經過水平翻轉處理，正文所謂"左右"實際上指以正面爲準的"左"和"右"。

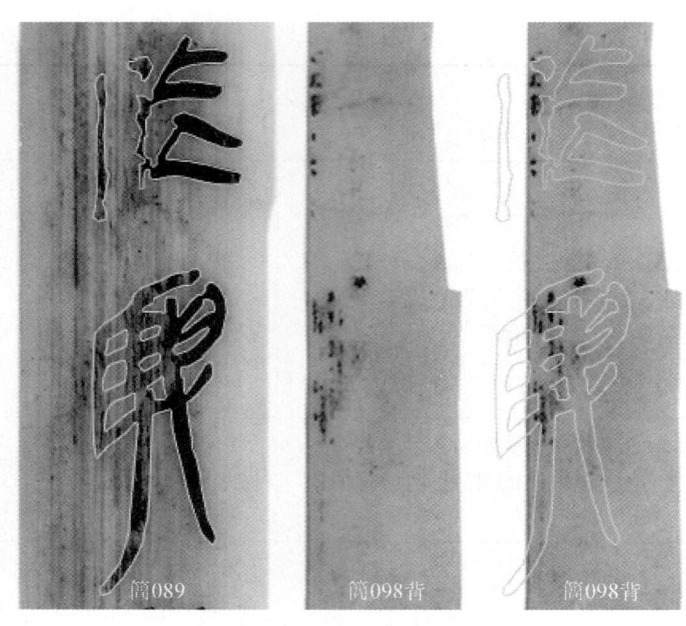

[图片：簡089、簡098背、簡098背]

圖 28　簡 098 背面反印文

098 與兩枚簡接觸，正好可以吸收多出來的一枚簡，解决第二層會變得較爲擁擠的問題。

　　如上確認了簡 095 至簡 097 三枚簡被固定夾在簡 094 與簡 098 之間，①那麽最關鍵的當然是簡 095 背面的反印文。簡 095 與 084 上端基本完整，據簡上端調整高度的話，由兩個左高右低的斜筆所形成的簡 095 反印文正好位於簡 084"毋"字旁邊，反印文斜筆的角度也與"毋"字兩個橫向長筆一致。簡 084"毋"字斜筆有些似"飛白"的地方，印證此字部分墨迹被剥離（參看圖 29 左方）。如果將簡 095 移於簡 097 與 098 之間，同樣據上端調整高度的話，簡 095 背面反印文則與簡 087"爲""城"字間空白處相對（參看圖 29 右方）。

　　即使將反印文的高度調整到"爲""城"兩字的位置，反印文的角度恐怕與"爲""城"兩字常見寫法的捺筆不合，"爲"字上方捺筆更緩，"城"字更陡，可以比較如下表 09：②

---

① 嚴格而言，三枚簡夾在簡 094(2)與簡 098 之間。這是因爲簡 094(2)和簡 099 正面字詞與簡 104 和簡 109 反印文的對應關係也起與正文所討論基本相同的限制作用。其中，簡 104 的反印文爲簡 094(2)"暨自言曰邦"等字，在發現簡 094(2)之前，舊著曾據此擬補了缺簡 q08 的相關簡文，與後來發現的簡 094(2)基本一致。

② 簡 088 正面相應處有"曰（ ）""攻（ ）"兩字，字形也都與反印文不合。

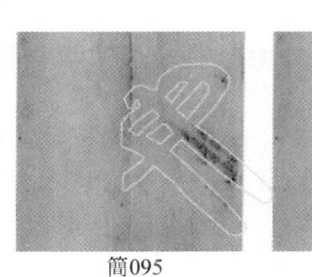

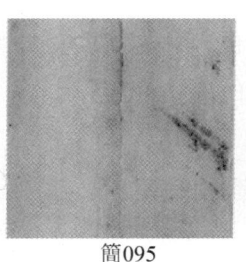

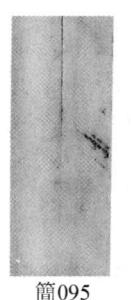

嶽麓書院秦簡《爲獄等狀四種》第一類卷册釋文、注釋及編聯商榷 · 257 ·

簡095　　　　簡095　　　　簡084　　　　簡095　簡087

圖 29　簡 095 背面反印文

表 09　簡 095 反印文與"爲""城"字字形比較

爲字	簡 007	簡 014	簡 020	簡 024	簡 028	簡 030	簡 038	簡 045	簡 095 背
	簡 061	簡 068	簡 070	簡 083	簡 084	簡 091	簡 092	簡 094	
城字	簡 0453	簡 061	簡 094	簡 136	簡 152	簡 153	簡 162	簡 166	

　　總結上述分析和討論，簡 098 簡首殘留筆畫以及被告人暨的身份似乎支持簡 095 與簡 098 毗連的可能，正如史文編聯方案所主張。另一方面，此一編聯方案中，簡 095 背面的反印文無法落實。如何解除這一矛盾呢？筆者曾經表明，卷册的復原工作是"一個反覆驗證和修改的過程"。① 其中並不存在任何絕對的標準。筆者的基本原則是簡文爲主而以背面劃痕、反印文、揭取位置爲輔，但其差距是相對的。祇有背面劃痕、反印文等有某種破綻，筆者就會重查簡文的連接有無問題；簡文出現某種矛盾，筆者又會考慮劃痕和反印文的理解有無商榷的餘地。在反覆比較幾種不同標準的驗證過程中，我們可以逐漸接近較爲真實的原始面貌。就上述矛盾而言，對殘留筆畫和被告人身份，我們的把握已經比較踏實；相對而言，簡 095 背面的反印文較爲殘泐，筆者釋讀的可信度恐怕不如簡 094、094(2)、098 等高。因此，在目前的資料情況下，應該按照史達編聯方案，將簡 095 移於簡 097 下，並將簡 098 釋文改爲如下：

●（?）視（?）獄（?）：廿（二十）一年六（?）月己未…（略）…

　　至於簡 095 背面反印文，應將卷册結構表所備注的反印文改爲未釋字，與簡 096

---

① 拙著《嶽麓秦簡復原研究》387 頁。

所謂"反印文:'□'、'□'"相同。這些未釋的反印文也算是重要的信息,可資今後進一步考證。本案畢竟仍有缺文,簡 084 旁邊也有一枚缺簡,如果今後發現相關殘簡的話,未釋的反印文很有可能變成印證新編聯的有力依據。①

案例 07 《識劫婉案》

簡 108(0023+0035):"責"字釋讀

《識劫婉案》由於"大女子婉"自首投案而啟動司法程序,簡 108—109 記載婉自首之辭如下:

七月爲子小走馬蕭(義)占家訾(貲)。蕭(義)當□大夫建、公卒$_{108}$昌、士五(伍)積、喜、遺錢六萬八千三百,有券,婉匿不占吏爲訾(貲)。…(中略)…$_{109}$

舊著在注 4 中表示,未釋字"疑爲'責'字",語譯相應地括注"索還",並將簡文翻譯如下:

七月份,爲我兒子未成年走馬義申報家產。義應該向大夫建、公卒$_{108}$昌、士伍積、(士伍)喜、(士伍)遺□(索還?)債款(共)六萬八千三百錢,有契據(爲證),(但)我隱藏(這批債權)未向官方申報爲產業。…(中略)…$_{109}$

(彩)　(紅)　(彩)　(紅)

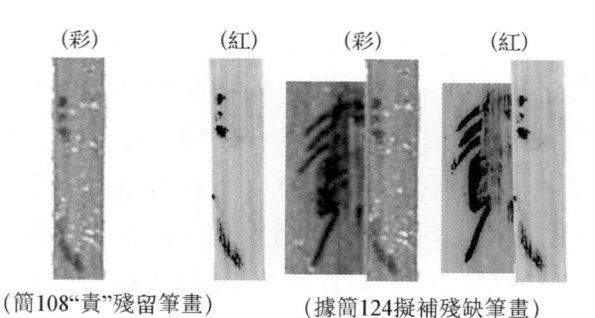

(簡108"責"殘留筆畫)　(據簡124擬補殘缺筆畫)

圖 30　簡 108"責"字字形復原

"責"指索還債款、討債,後文簡 111"弗責"、簡 125"不責"應與簡 108"當□"相應。從語境來講,此字除"責"意外似乎已無其他可能。今重查圖版,雖簡 108 此簡段缺大部分簡面,僅存右側細長的簡片,但殘留筆畫與"責"字頗像,可以將簡 124 "責"嵌入簡面空缺處(圖 30)。結合語境與殘筆考慮,此字可以斷定爲"責"。

---

① 附帶說明,蘇俊林《嶽麓秦簡〈暨過誤失坐官案〉的議罪與量刑》(《史學月刊》2019 年 08 期)也對案例 6《暨過誤失坐官案》的編聯提出質疑,並主張簡 100 應移於案尾,但移動之後,原與簡 099 末尾三字連讀爲"它如暨言"之"言"字祇能與後續"却"字連讀爲"言却曰",蘇文並未說明如何理解此三字。同時,蘇文對文書格式等所列出的疑問,祇要看舊著有關"言"字的注釋和文書結構表的相關記載,就可迎刃而解,蘇文却隻字未提。加上,簡 100 背面有來自簡 091 正面的反印文"歲今廿二歲巳削爵爲",不知何故蘇文失查。至於被告人暨主張八劾"相遝"恐有牽強之嫌,其所謂"非敢端犯"本與罪數問題無關,里耶秦簡所見"(貲)三甲""六甲""十四甲"等爲輕微失誤被累論所致,成爲底層官員過度負擔等論點,蘇文所述有道理,可從。

簡 113(1325)："里人"注釋

　　《識劫䢵案》的重要分歧在於被告人䢵原是大夫沛的妻子還是被解放的妾。審判時大夫沛已去世了。若承認䢵的寡婦身份，她可享受《二年律令》簡 082 所見"上造妻以上云云"的減刑特權，否則需以"庶人"身份爲標準，並無減刑可言。據管理户籍的鄉嗇夫唐等供述，䢵的户籍爲"免妾"，並無"妻"或"寡"等記載。䢵却主張她曾經"入宗"，得到"宗人、里人大夫快、臣、走馬拳、上造嘉、頡"等人的承認。

　　至於快等人的身份，學界中存在兩種疑問。一個疑問圍繞着"里人"的詞義，另一個涉及"宗人"與"里人"的關係。先討論前者。舊著將"里人"理解爲"同里的人"，注 12 注釋如下：

> 里人，同里的人。《晏子春秋》問上九："宋人有酤酒者，爲器甚潔清，置表甚長，而酒酸不售。問之里人其故。"《封診式》簡 52："爰書：某里典甲詣里人士五（伍）丙。"《二年律令》簡 390："嘗有罪耐以上，不得爲人爵後。諸當捧（拜）爵後者，令典若正、伍里人毋下五人任占。"

歐揚修訂本 152 頁注 4 却主張如下：

> 里人，當指里中有特定職掌之人。見《嶽麓書院藏秦簡（肆）》。

查核《嶽麓秦簡（肆）》所收律令簡，有如下幾種辭例：

> （前略）舍室爲里人盜賣馬、牛、人，典、老見其盜及雖弗見或告盜，爲占質，黥爲$_{204}$城旦；弗見及莫告盜，贖耐，其伍、同居及一典，弗坐。（後略）$_{205}$
> 廿年二月辛酉内史言：里人及少吏有治里中，數畫閉門不出入。請：自今以來敢有□來□□□□$_{297}$畫閉里門，擅赀僞□□□□□□□□者，縣以律論之。鄉嗇〖夫〗、吏智（知）而弗言，縣廷亦論。鄉$_{298}$嗇夫、吏令典、老告里長，皆勿敢爲。敢擅畫閉里門，不出入□□，赀鄉嗇夫、吏，智（知）弗言，縣廷赀□$_{299}$
> ●里人令軍人得爵受賜者出錢酒肉歓（飲）食之，及予錢酒肉者，皆赀戍各一歲。其先自告，赀典、老□$_{379}$各一甲，弗智（知），赀各一盾。$_{380}$

其中，簡 204 和 379 的律文將"里人"與"典""老"等明確區分開，無疑是"里人"爲同里居住者泛稱的明證。簡 298 的律文雖然提及"里人"會"有治里中"，但這也至多能證明"里人"能包含"里長"或"典、老"等"有特定職掌之人"。歐揚修訂本反過來將"里人"限定爲"有特定職掌之人"，不符合邏輯。簡 298—299 律文較有趣的地方是，至少"里長"被算入"里人"，也有可能"典、老"同樣被視爲"里人"，這能證明這些"里中有特定職掌之人"應是從"里人"中選出來而任命的。

有關"宗人"與"里人"的關係,柿沼陽平《嶽麓書院藏秦簡譯注:〈爲獄等狀四種〉案例七識劫婠案》①和下倉涉《ある女性の告發をめぐって——嶽麓書院藏秦簡〈識劫婠案〉に現れたる奴隸および〈舍人〉〈里單〉》②均將"宗人里人大夫快、臣、走馬拳、上造嘉、頡"之"宗人里人"理解爲"既宗人又里人",即"大夫快"等人既是沛的宗人,又是他同里的人。筆者認爲,這種觀點很合理。第一,從身份標誌的角度講,如果大夫快等人包含宗人和里人兩種不同人群的話,奏讞文書原文應該加以區分,如"宗人大夫快、里人走馬拳"等,"宗人里人大夫快、臣云云"無法明確概括各人身份。第二,"入宗"的決策者應該是"宗人",與非"宗人"的"里人"無關。當然,被告人婠也提及"出里單賦""與里人通歓(飲)"等事,但她"入宗"一事是大前提,"出里單賦"等資格是"人妻"身份所附帶的。正是因爲這種原因,婠強調她"出單賦,如它人妻"。對她來説,"出里單賦"是她爲沛妻的證據。她成爲沛妻的條件是"入宗",即"宗人"的承認。這就是大夫快等人需要爲婠作證的理由,他們以宗人的資格證明她的妻子身份。

"宗人"未必都居住在同一里中。《識劫婠案》未説明沛除同里宗人之外有無其他宗人,或者沛曾否與里外宗人商量過婠入宗一事。我們現在也無從知曉相關細節。但是,"宗人里人"的表述告訴我們,"宗人"快等居住在同一里中,"宗人里人"就是"同里宗人"的意思。舊著將"宗人里人"斷開爲"宗人、里人"是錯誤的,應改作"宗人里人";語譯所謂"宗人和同里的大夫快云云"也應改爲"同里宗人的大夫快云云"。

簡 118(1202):"言"字釋讀

簡 118—119 記載婠供述的末尾部分,舊著釋讀如下:

(前略)沛未死,弗欲以肆、舍客室鼠(予)識。不告婠,不智(知)户118籍不爲妻、爲免妾故。它如前。(後略)119

語譯如下:

沛生前,不想把店鋪和出租房給識。(另外,因爲沛)没告訴我,(我也)不知道户118籍(爲甚麽)不(登記我)爲妻子而爲放免女奴的原因。其他如前(即如同

---

① 柿沼陽平:《嶽麓書院藏秦簡譯注:〈爲獄等狀四種〉案例七識劫婠案》,《帝京史學》第 30 號,2015 年,第 210 頁注 17。
② 下倉涉:《ある女性の告發をめぐって——嶽麓書院藏秦簡〈識劫婠案〉に現れたる奴隸および〈舍人〉〈里單〉》,《史林》第 99 卷第 1 號、2016 年,第 47 頁。

嶽麓書院秦簡《爲獄等狀四種》第一類卷册釋文、注釋及編聯商榷 · 261 ·

投案時所述)。

這兩句話中,前一句話與識的主張有關。婉在供述中已提及識曾對她說"沛未死時言以肆、舍客室鼠(予)識"。當時,婉當面拒絕識的要求,並否認沛的這種遺志,云"沛死時不令鼠(予)識,識弗當得"(簡 117)。簡 118 上引第一句話重新對官方表示同一個意思,强調識没有任何權力要求從沛遺産中給他分出店鋪等財産。第二句話涉及完全不同的一個問題,即前項已討論過的身份問題:婉原是沛的妻子還是女奴?因爲沛遺産歸爲兒子義所有,所以店鋪等財産的歸屬問題與婉的身份問題毫不相關。這就產生另一個問題,即供述主題從財産權轉換爲身份的時候,何故不交代清楚這種邏輯關係呢?"不告婉"三個字也不足以說明相關問題,反而令人感到突兀。

大概是這個原因,勞、史英譯更改了釋文句讀,將"不告婉"歸入上一句話,即

沛未死,弗欲以肆、舍客室鼠(予)識,不告婉。

英譯爲

Before he died, Pei did not wish to assign Shi the Stall and the house for accommodating guests; [at least] he did not inform me of this.(生前,沛不想把攤位和旅店給識;[至少]他没告訴我。)①

實際上,這句話很不通順。英譯增加了"至少"一詞,才勉强能通,但婉如此說不會是搬起石頭砸自己的脚嗎?當作終身伴侣,婉是第一手證人,她説沛生前不想給識,是很有説服力的。那麽,她怎麽會加一句"他没告訴我"的話呢?這不等於承認自己根本不了解情况嗎?若原話真如此,恐怕還不如不説。换言之,英譯對句讀等的更改也無法解决圍繞"不告婉"三個字的謎團。

出乎意料的是,何滿福的摹本徹底解决了這個問題。其實,簡 118 所謂"弗"原來是一個"言"字,被筆者誤釋,才產生了上述謎團。此字圖版和摹本如右(圖 31):紅外綫圖版不十分明確,但彩圖保留"言"字立形兩個縱向筆畫,横向筆畫也比"弗"多。因此,此字不能釋爲"弗",已不容置疑。《爲獄等狀》第一類卷册"言"字的一個共同特點是,其下方口形多形成一個横向的長方形,

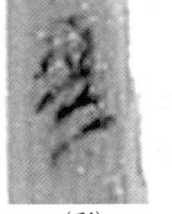

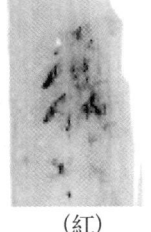

(彩)　　(紅)

圖 31　簡 118"言"字

---

① 勞、史英譯第 200 頁。前後注釋却没有任何相關説明。

棱角很突出，絕不圓滑。簡118"言"字口形的豎筆已消失了，但橫筆與上述特點一致，可以參看表10：

表 10　簡 118"言"字字形比較

第一類卷冊「言」字	簡 005	簡 008	簡 009	簡 009	簡 012	簡 014	簡 034	簡 059	
	簡 062	簡 066	簡 070	簡 071	簡 079	簡 079	簡 080	簡 080	簡 118 彩
	簡 094(2)	簡 099	簡 100	簡 101	簡 117	簡 121	簡 122	簡 125	

訂正誤釋之後，祇要將句讀改如勞、史英譯，"不告媧"三字已經不難理解了。識主張沛生前說過想把店鋪和出租房給識。媧提及此事，並說沛沒告訴過她。換言之，媧從正面否認識的主張，識不另再提出證據，他的財產權無法得到承認。

總之，釋文和語譯應訂正如下：

（前略）沛未死言欲以肆、舍客室鼠（予）識，不告媧。不智（知）戶$_{118}$籍不爲妻、爲免妾故。它如前。（後略）$_{119}$

（至於）沛生前說想把店鋪和出租房給識（一事），（沛）沒告訴我。（我也）不知道戶$_{118}$籍（爲甚麼）不（登記我）爲妻子而爲放免女奴的原因。其他如前（即如同投案時所述）。

簡 121（1324）：所謂"求"字、"已"字釋讀

《識劫媧案》的一個重要論點是識所恐嚇索求的"肆（店鋪）"和"室（房子）"的合法所有權。識在供述中主張，沛曾經答應把店鋪和房子給識；識却也承認沛後來一直沒給，反而把其他財產送給識，識也沒再向沛索取店鋪和房子。識沒再索求店鋪等一事也見於獄吏詰問，原文稱："識弗求。"（簡127）供述的相應字迹殘泐不清，舊著釋文作"識亦（？）弗（？）求（？），識巳（？ 已）受它"（簡121）。重新查核圖版，簡121所謂"求"字，於字形明顯不合，可以比較如下表11。

表 11　"求""取"字字形比較

求字	簡 001	簡 015	簡 032	簡 040	簡 119	簡 122	簡 127	簡 128		
	簡 134	簡 148	簡 154	簡 156	簡 161	簡 168	簡 213		簡 121	
取字	簡 015	簡 055	簡 076	簡 076	簡 076	簡 077	簡 078	簡 081		
	081	112	114	116	120	133	159	159		
	163	244								

據殘留筆畫和文意推測，疑其實爲"取"字。此字最上方有一個橫向筆畫，與下方竪筆不直接接觸；①竪筆頂尖又似與另一來自左方的斜筆末尾有接觸；斜筆下方另有兩個橫向黑影，或原爲與上方斜筆平行的兩個斜筆。據上述一橫、一竪、三撇似乎可以復原出如下耳形（圖 32）。耳形略偏左，其右方有足夠的簡面，能容納"取"字又旁。"取"與"求"字義相近，識云"取"，獄吏云"求"，並不相矛盾。

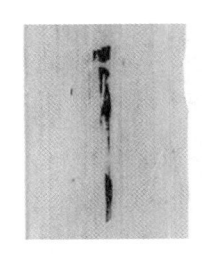

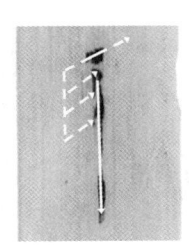

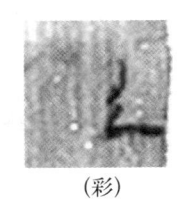

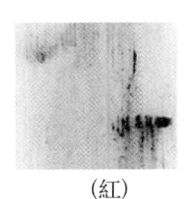

圖 32　簡 121"取"字字形比較　　圖 33　簡 121 所謂"巳"字字形

同時，所謂"巳（已）"字雖然其紅外綫圖像似無明顯破綻，但彩色圖版上有與"巳（已）"不相合的筆畫（參看圖 33），舊著恐失查。遺憾的是，殘留筆畫仍不足以正確釋

---

① 取子耳旁有直接接觸者和不直接接觸者，參看上表 11。

讀，衹能改爲未釋字，暫時存疑。

簡 123‑0041："沛"字釋讀

　　簡 123 雖然衹有一個清理編號（0041），但實係兩塊簡片遙綴，兩片之間殘缺一個字的簡面。簡的上下端完整，舊著釋文作如下：

　　婉曰劫之故。它如婉。●建、昌、積、喜、遺曰：故爲沛舍人。【沛】織（貸）建等錢，以市販，共分贏。市

細查圖版，上方簡片下端仍有兩個墨點，應係"沛"字殘筆。殘留筆畫雖與上方"沛"字字形不相矛盾，但也不足以據此徑釋"沛"（參看圖 34）。按照舊著體例，據文意補出殘缺簡文的"【沛】"應改爲據文意補釋的"沛"。

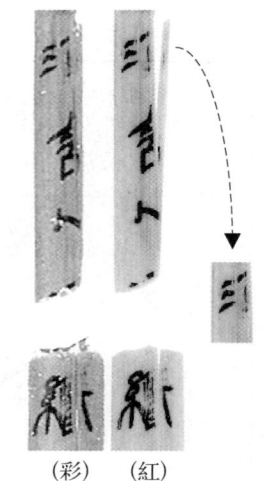

圖 34　簡 123"沛"字殘留筆畫

簡 124："千"字釋讀

　　簡 124 記載沛舍人建等的部分供述，主要內容爲生意虧本之後建等人所承擔的欠款。其中，因爲部分墨迹殘泐不全，舊著將舍人遺的欠款原釋爲"六千"。細查圖版，"千"字筆畫還基本上能辨認，何滿福摹本也將其摹出來如下圖 35，應將釋文改爲"六千"。

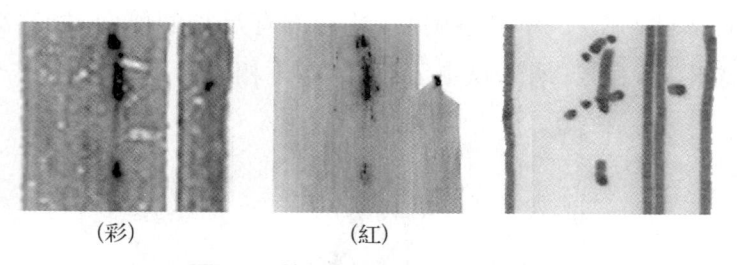

圖 35　簡 124"千"字殘留筆畫

簡 136："大夫妻"釋讀

　　簡 136 記載本案吏議，即奏讞機關官吏的兩種判決意見。第一個判決意見的多數墨迹殘泐不全，給整理工作造成一定困難。舊著釋文據殘留筆畫和文意將其釋讀如下：

　　●吏議："婉爲大夫□妻；貲識二甲。"

釋文與殘留筆畫的對應關係可以參看下圖 36。重查圖版，據字距判斷，"大₌"與"妻"之間空間很小，似不容插入其他字。圖 37 將簡 112 "大₌"字和簡 131"妻"字粘貼在簡 136 殘留筆畫旁邊，左側爲彩圖，右側紅外綫圖版。從中不難看出舊著釋文所謂"□"字實際不存在。原來造成誤會的恐怕祇不過是"大₌"字重文符號周圍的幾個污點，與本簡簡文無關。據此，第一個吏議前半部分的釋文可以改爲"媛爲大夫妻"，正好與主文"疑媛爲大夫妻、爲庶人及識皋（罪）"（簡 134—135）前半部分"媛爲大夫妻"一致。

（彩）　　　　（紅）

簡112　　　　簡112

簡131　簡136　簡131　簡136

圖 37　簡 136"大夫妻"

吏議媛爲大₌□妻貲識二甲

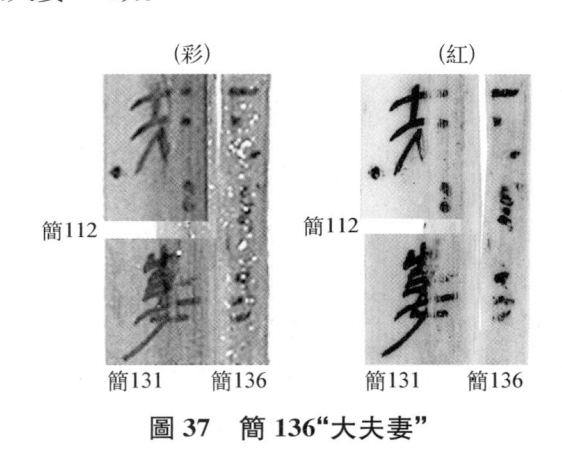

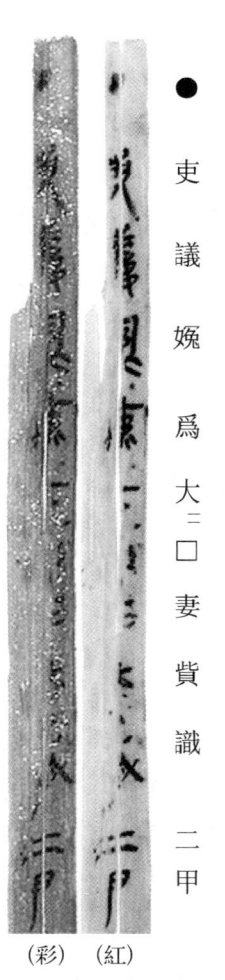

（彩）（紅）

圖 36　舊著簡 136
第一吏議釋讀

附記

小文内容承蒙東京外國語大學亞非語言文化研究所共同研究課題《秦代地方縣庁の日常に肉薄する——中國古代簡牘の横斷領域的研究（4）》課題成員和復旦大學出土文獻與古文字研究中心教授陳劍兄的批評指正，謹此表示衷心的感謝！另外，小文包含日本學術振興會科學研究費助成基盤研究 B"最新史料に見る秦・漢法制の變革と帝制中國の成立"（代表：陶安，JSPS 16H03487）的階段性研究成果。

嶽麓書院秦簡《爲獄等狀四種》第二類卷冊案例八至案例十一釋文、注釋及編聯商榷

陶 安

拙著《嶽麓書院藏秦簡（叁）》（以下簡稱"舊著"）①刊布之後，有許多學者對釋文、注釋以及編聯提出討論，頗有啟發。② 小文在此基礎上重新探討第二類卷冊案例八至案例十一釋文、注釋以及編聯的一些問題，請方家批評指正。

案例 08 《譊、妘刑殺人等案》

簡 138："妾妘"釋讀

簡 138 上下殘缺，上段又缺左側部分簡面，爲釋讀工作造成一定困難。舊著釋文如下：

【……】□□定（？）曰：譊歆（飲）宗妘，亡【……】

語譯作如下：

【……】□□定説："譊給宗人妘喝，逃亡【……】"

細查圖版，彩色圖版所謂"定"字的殘留墨迹比紅外綫圖版全，左側仍存"女"旁部分筆

---

① 朱漢民、陳松長主編，陶安撰：《嶽麓書院藏秦簡（叁）》，上海辭書出版社，2013 年。
② 初期研究的評述和整理可以參看朱瀟：《嶽麓書院藏秦簡〈爲獄等狀四種〉與秦代法制史研究》，中國政法大學出版社，2016 年。之後的相關研究文獻參看拙著《嶽麓秦簡〈爲獄等狀四種〉釋文注釋（修訂本）》附錄二，上海古籍出版社，待出版。

畫，右側下方斜筆與橫筆連續，無疑形成"妘"字云旁厶形，與"定"所從正旁明顯有別（參看圖1）。同時，"妘"字上方未釋字的殘留筆畫與"妾"字頗像。此字缺左側筆畫，簡150"妾"字缺右側部分筆畫，二者合起來，正好可以復原一個完整的"妾"字，印證此字應釋爲"妾"。最後，"妾"字上方未釋字，雖然殘泐不清，但在彩色圖版上仍能辨認一個較長的捺筆。在身份稱謂"某妾"的語境中，此字似可釋爲"人"字，妘的身份爲"人妾"，但也不能排除"妾妘"前有人名，即其主人之名，暫時祇能存疑。據此，本簡釋文應改爲如下：

【……】□妾妘曰：譊歓（飲）宗，妘亡【……】

圖01　簡138"□妾妘曰"

既然妘的身份確定爲"人妾"，其供述所謂"宗"恐不能理解爲"宗人"的意思，更像一個人名。據此，語譯也應訂正如下：

【……】□妾妘説："譊給宗喝，妘逃亡【……】"

簡139（0494）：擬補缺文

舊著認爲簡139上端完整，釋文作如下：

□□譊不可起，怒，以刀刑（?），棄刀【……】　　（正）
爲气（乞）鞫奏狀。　　　　　　　　　　　　　　（背）

該簡扭轉變形，彩色圖版正面、背面都僅拍攝部分簡面，簡首爲正面圖像，有字簡面上半部分爲背面圖像，下半部分又爲正面圖像。換言之，此簡比較完整的正面圖像僅見於紅外綫圖版。但是，紅外綫掃描時，簡首遺失，還帶走一部分有字簡面。因此，背面"爲"字僅保留右側一部分殘泐筆畫，而正面在相同位置上已看不到任何墨迹，原有的字迹應寫在遺失的中右方簡面上。舊著釋文忽略此一缺口，未能補釋出來所殘缺的字①。今訂正正面釋文如下：

【□】□□譊不可起，怒，以刀刑（?），棄刀【……】　（正）

圖02　簡139簡首缺口

① 另外，舊著紅外綫圖版經過圖像處理，據正背雙面圖像盡量復原原狀，其中也略有失誤，圖02加以修改，簡下端形態與舊著不盡相同。

案例 09　《同、顯盜殺人案》

簡 142(0320)：缺文字數

　　簡 142 是案例 09《同、顯盜殺人案》第一枚簡，記載起動該案的揭發行爲。簡首殘缺，殘存簡文開頭稱"大女子嬰云云"，即揭發人身份和名字。舊著釋文作如下：

　　　【□□□】大女子嬰等告曰：棄婦毋憂縛死其田舍，衣襦亡。●令獄史汜□【……】

　　基於簡長短以及編繩位置的比較，簡首缺文擬補三個未釋字，但據文書格式判斷，簡首缺文應爲揭發行爲月日或年月日，可與案例 08《譊、妘刑殺人等案》簡 137 和案例 10《鬱盜殺安、宜等案》簡 150 比較。簡 137 開頭云：

　　　●十月癸酉，佐競曰：…（中略）…

簡 150 云：

　　　六年十一月己未，私屬喜曰：…（中略）…

重查圖版，簡 142 簡首的殘缺部分較小，簡 143 和 148 在相同簡面上確實衹有三個字。將簡 150 簡首曆日部分複製到簡 142 缺口旁邊，長短不一致，簡 142 上方似乎容納不了相同字數，但簡 137 開頭"十月癸酉"正能插入缺口（參看圖 03）①。據此可知，簡 142 開頭缺文應係揭發行爲月日。月日多爲四個字，有時五個字，難以確定字數，釋文"【□□□】"也衹能改爲"【……】"。

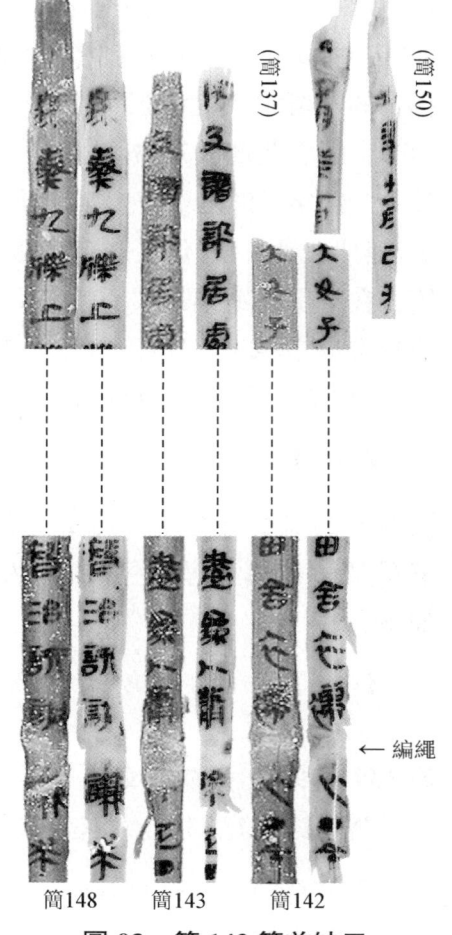

圖 03　簡 142 簡首缺口

簡 146(1845＋0462－1)：新綴殘片

　　歐揚等在釋文修訂過程中發現了一枚遺漏簡，將其插入簡 144 與 145 之間，並釋讀如下：

　　　☐□□□田舍，買衣，買酒肉，與顯歙（飲）食高陵市☐②

---

① 圖 03 各簡圖像左側來自彩圖，右側來自紅外綫圖版，簡 137、150 用紅外綫圖版。
② 陳松長主編，溫俊萍、王博凱、李洪財、歐揚撰：《嶽麓書院藏秦簡（壹—叁）釋文修訂本》（以下簡稱"歐揚修訂本"），上海辭書出版社，2018 年，第 156 頁。

修訂本 156 頁注 3 云：

> 本簡是釋文修訂過程中發現的 1 枚漏簡，簡號 1845，其竹簡形制和字體屬於《爲獄等狀四種》第二類，簡文有"顯"，當補編入此案（即案例 09《同、顯盜殺人案》，筆者注）。

先補充三點：第一，"買衣"之"買"應讀爲"賣衣"，"賣衣"指"買酒肉"的資金來源。不然，說"買衣、酒肉"即可。第二，簡首三個未釋字中，第二個和第三個字筆畫還比較全，第二個右从昜，可以隸定爲"𧾷昜"；第三個雖缺左半部分，但中間豎筆在紅外綫圖版上仍隱約可辨，應釋爲"東"（參看圖 04 左側）。第三，從形制來說，新發現簡下端雖然殘斷，但其下未必有字。具體而言，遺漏簡 1845 下端有大約一個半字大小的空白簡面，空白簡面下方隱約能看見編繩痕跡（參看圖 04 右側）。據此可知遺漏簡 1845 在簡位上的相對位置，即其保留編繩痕跡的下端應與前後簡中道或下道的編繩痕跡一樣高。後者的話，"市"下無字，下端的斷簡符號應該刪除。詳細情況請參看後文。

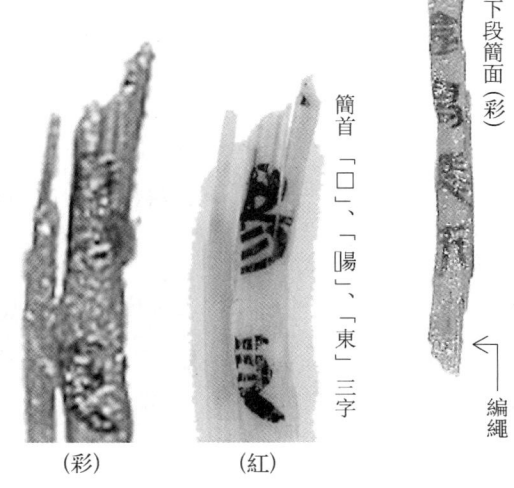

圖 04　簡 1845

新發現簡歸入案例 09《同、顯盜殺人案》似不容置疑，但其具體編聯位置需要深入討論，歐揚修訂本對此却隻字未提。編聯問題可以從兩大方面考慮，一方面是簡文記載內容，另一方面是卷册結構。以下就本案記載內容和卷册結構略述愚見。

遺漏簡 1845 記載被告人"同"供出其與共犯"顯"共同飲食一事，所謂"田舍"應指本案受害人"嬰"所被發現的田中廬舍，已見於簡 142。本案簡文中，獄史"氾"對被告人"同"的盤問占用最大篇幅，其中，詳細引文較多。與此相反，盤問部分結束之後，祇有非常簡略的叙述，簡 146 至 147 交代共犯顯的供述如同被告人同等情況，①已不直接引用供述原話。據此推測，遺漏簡 1845 祇能插入針對首犯同的盤問部分。修訂本似乎也如此判斷，關鍵是插入盤問中何處。

---

① 舊著僅在文書層次表簡 146 開頭處標出"顯？"，即表示簡 146 簡文前段叙述針對共犯顯的盤問，但釋文僅作"【……】言（？）如同"。爲統一起見，"【……】"也應改爲"【……顯？】"。

表 01　案例 09《同、顯盜殺人案》文書層次表（摘録）

盤問（汨）	①	【……】₁₄₂狀，及譖（潛）訊居處、薄宿所，雠。 ●同曰： 　"歸義。就〔就—倪〕日未盡，爲人庸（傭），除芝。"
	②	●譖（潛）訊同歸義狀及邑里居處狀，攺（改）曰： 　"隸臣，非歸義。"₁₄₃
	③	【●(?)】①訊同： 　"非歸義，可（何）故？" 同曰： 　"爲吏僕，内爲人庸（傭），恐吏毄毄（繫）辟同□□【……】。" 【……】□□□□【……】□□□□□□□□及薄宿，類詑。₁₄₄
	④	□譖（潛）謂同： 　"同和不首一吏（事）者，而言（音—意）毋（無）坐殹（也）？" 同曰： 　"毋（無）坐殹（也），不智（知）所問(?)。"
	⑤	●復譖（潛）謂同： 　"同爲吏〔僕〕，人見同，巫從同，畏不敢捕同而【□□】₁₄₅【……】。"

　　同被逮捕和審判之前，獄史汨對其進行多次盤問，逐步找出把柄，追究其真實身份。上表 01 轉載舊著文書層次表的相關部分，從中不難看出整個盤問過程可以細分五個回合。因爲簡牘殘缺，第一回合缺少汨的訊問部分，第五個回合缺少同的供述。另外，第三個回合中，同的供述不全。既然第一、第二和第四回合中，記載同供述的簡文都完整，能插入遺漏簡 1845 的地方自然限於第三和第五回合。修訂本選擇了第三回合，筆者認爲第五回合更合理。其理由是，直至第四回合爲止，被告人同一貫否認其與本案的一切關係。第四回合中，汨還問他："你回應没供出一件事情，難道你認爲没有罪嗎？"被告人同照樣主張："我是没有罪，不知道所問。"有關同和顯一塊吃喝、隱匿處等供述恐怕不能位於此前。遺漏簡 1845 所記載的應是被告人同承認罪行的供述，與《贅盜殺安、宜等案》簡 160 至 164 相似。

---

① 簡 144 上道編繩上方殘缺，疑殘缺簡面上原有墨圈，舊著失釋，今加以訂正。

至於第二類卷册結構，後文《簡 158(1822)：反印文"義可故同"" 及 薄 宿 類 "》和《簡 159(1818)：反印文"□□"與編聯》將基於簡 158、簡 159 的背面反印文等材料作較爲詳細的分析，在此先不贅述。據此兩項的分析結果①，原位於簡 141 與 142 之間的缺簡 q11 應移於簡 144 與 145 之間，正巧爲新發現的簡 1845 空出一個簡位，將簡 1845 插入簡 144 與 145 之間，似乎不會產生卷册結構上的矛盾。不過，需要注意的是，簡 159 背面確實有兩種反印文，一種略偏左，來自簡 145；另一種略偏右，來自目前落實未明的缺簡，即缺簡 q11。假如將簡 1845 插入此處，這等於將其當作這枚缺簡看待，那麼其正面字迹就不允許與簡 159 反印文產生矛盾。如前文所述，簡 1845 下端有大約兩個字大小的空白簡面，空白簡面下方隱約能看見編繩痕迹(參看圖 04 右側)。據此可知其在簡位上的相對位置，即其有編繩痕迹的下端應與前後簡中道或下道的編繩痕迹一樣高。如果將高度與中道編繩對齊的話，簡 159 反印文所相對的字迹是"食高"兩字，參看圖 05 左方。"食"字字形明顯與簡 159 反印文不合，"高"字還略有相似之處，但將"高"字的位置調高，②再把圖像放大進行比較，其輪廓也確實與反印文殘留筆畫不合(參看圖 05 右側)。

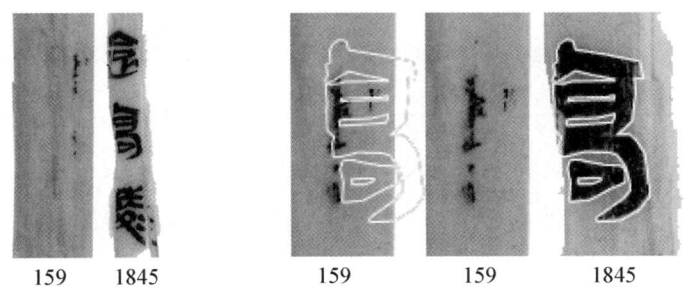

圖 05　簡 159 反印文與簡 1845 字形比較

那麼將簡 1845 下端與下道編繩對齊如何？由於簡 159 的反印文都在中道編繩上方，簡 1845 又較短，其長度還達不到第二類卷册多數簡標準長短的一半，所以祇要將下端移到下道編繩處，其正面字迹就不會與簡 159 背面反印文干涉，但是這樣的話，簡 1845 下端基本完整，需要與上端幾乎完整的簡 145 連讀，即簡 1845 末尾之"與顯歟(飲)食高陵市"需要與簡 145 起首之"□譖(潛)謂同云云"連起來讀，這恐怕也難以成立。

雖然缺簡 q11 似乎爲新發現的遺漏簡空出一個簡位，但由於編繩痕迹、背面反印文等信息可知，簡 1845 無法插入此處。據後文有關簡 141 至 145 編聯的分析，簡 145 之前也沒有其他空缺的簡位。同時，若將遺漏簡 1845 插入簡 145 與 146 之間，簡 146

---

① 表 02、表 03 也已據此對舊著卷册結構表的部分記載加以訂正。
② 圖 05 左方以編繩爲依據，但編繩也會有移動等情況。

以下的簡都需依次往下移動,但從反印文和揭取位置判斷,簡145、147和148與簡159、160和161有直接接觸。爲將簡146插入簡145和147之間,舊著已在簡160與161之間設置缺簡q12,無法在簡145與146之間另再插入簡1845。相關信息可以參看從舊著轉載的第二類卷册結構表相關部分內容的下表02。

表02 第二類卷册結構表(摘錄)

備注	第一層			第二層	
	整理編號	清理編號	繋連依據	整理編號	清理編號
反印文:"□□"。	159	1818		**q11**	缺簡
反印文:"者而言""□"。			反、位	145	1816
	165	殘408		146	0462-1
	160	0452(2)	位	147	0452+殘385
反印文:"牒上此黔""殹""徵""難得洋以""絜(?)毋(?)""吏心"。	**161**	**0642**	反、位	**148**	**0643**

簡159、160和162又與簡170、172、174和175,簡170、171、173和174與簡181、183和184直接接觸,可以參看表03。這些不同層次之間的接觸關係是復原卷册結構的主要依據,不能輕易拆開。因此,簡147以下之簡無法往下移動,遺漏簡1845也就無法插入簡145與146之間。

表03 第二類卷册結構表(摘錄)

備注	第一層			第二層			第三層	
	整理編號	清理編號	繋連依據	整理編號	清理編號	繋連依據	整理編號	清理編號
反印文:"課以補"。	181	1776	反	170	1819		158	1822
						反	159	1818
反印文:"□"。			位	171	1846		159	1818
							165	殘408
	182	殘364		172	0453		165	殘408
						位	160	0452(2)

續　表

備　注	第一層			第二層			第三層	
	整理編號	清理編號	繫連依據	整理編號	清理編號	繫連依據	整理編號	清理編號
反印文："獄(?)変告(?)爲(?)得之妻而棄晦逢(?)得=之(?)=(?)""偃(?)""聽有(?)殴変■変"。	183	0441	反、位	173	0442		160	0452(2)
							161	0642
反印文："如(?)""●(?)""爲"。	184	0628	反、位	174	殘119＋0629		161	0642
						反	162	0516

　　換言之，從卷册結構判斷，簡 1845 既不能插入簡 144 與 145 之間，又不能置於簡 145 與 146 之間。既然如此，唯一能將簡 1845 編入此案的辦法應該是將其與其他簡綴合。這就涉及簡 1845 和簡 145、146 的形態問題。簡 145 基本完整，衹有下端缺少至多兩個字，無法容納簡 1845。簡 1845 和簡 146 却都是殘簡，尤其是簡 146 非常短，簡文衹有五個字和一個圓形墨點。簡 1845 與簡 146 加起來的長度，才達到第二類卷册標準長短的一半。換言之，簡 146 所占用的簡位上存在充分的空間，能將簡 1845 遥綴於簡 146 上方。如此，簡 1845 既能插入簡 145 與 146 之間，又不需要單獨占用一個簡位，對卷册結構就不會産生任何影響。因爲其長度還不到普通簡的一半，簡文起首和末尾又不需要與簡 145 和 146 直接連讀，可以避免簡文之間的矛盾。

　　總之，無論從記載内容方面還是從卷册結構方面，遺漏簡 1845 不能插入簡 144 與 145 之間，其應與簡 146 遥綴，置於簡 146 上方，簡文夾於現有簡 145 與 146 簡文之間。綴合後，簡 146 的新釋文爲：

【……。同日：……】□昜東田舍，買（賣）衣，買酒肉，與顯歓（飲）食高陵市【……。顯?】言(?)如同。●臧（贓）直（值）【……】

簡 148（0643）："以智治訐（研）訽"句讀與注釋

　　《爲獄等狀》案例 09、10 和《奏讞書》案例 22 都是縣級機關的上行文書，由縣級長官爲破案立功的獄史或令史所寫，附以詳細的偵查記録，請求郡府將其提拔爲卒史。這種推薦文書具有制定法依據，見於案例 09 和 22 上行文書正文部分，即《爲獄等狀》簡 147 和《奏讞書》簡 227：

令曰：獄史能得微難獄，【上。】（簡 147）

令曰：獄史能得微難獄，上。（簡 227）

既然推薦的條件是"得微難獄"，推薦文書有關破案立功的描寫與此相應，表述方式自然都大同小異，可以比較如下表 04：

表 04 推薦文書表述比較

出　處	微難獄	破案方法
案例 09 簡 148	毋（無）徵物，難得。	洋以智治訮（研）詗，謙（廉）求而得之。
案例 10 簡 167—168	甚微難得。	觸等以智治䥫（纖）微，謙（廉）求得。
案例 22 簡 226	毋徵物。	舉闕以智訮（研）詗求得。

舊著語譯將案例 09 和 10 的相關部分分别翻譯爲

（本案）没有物證可徵，難以偵破。洋千方百計進行研究和秘密調查，多方偵查找出（犯罪嫌疑犯）。

和

（本案）曲折難破。觸等千方百計搜集細微綫索，多方偵查找出（犯罪嫌疑犯）。

比較三份上行文書的表述方式，三者都先説明該案屬令文所規定的"微難獄"。案例 09 和案例 22 同樣指出該案無物證可徵，①案例 09 還注明難以偵破，與令文"難"字相應。案例 10 略有不同，承襲令文"微難"字眼，將其拆爲"微"與"難"兩個部分。"微"是"細小"的意思，與"甚"字連讀，指頭緒紛繁；"難"加"得"字，詳細説明"微難獄"之"難"的詞義。②

三份上行文書有關破案方式的描述又細分前後兩個部分，即"以智治研詗"或"以智治纖微"與"廉求而得之"。"以智治研詗"與"以智研詗"之間和"廉求而得之""廉求得""求得"之間祇有繁簡之别，實質内涵並無二致。在此僅對較爲完整的"以智治研詗"和"廉求而得之"加以分析。"廉"表示考察、查訪義，"廉求"是概括整個偵查活動的最廣泛的概念，與現代搜查概念相似。③"廉求而得之"則强調該案嫌疑犯是通過一番搜查的過程才找出來的，語譯用"多方偵查找出"表達這種語氣。"廉"字前面的部

---

① "微物"參看舊著案例 09 注 19。
② 有關"微難"詞義的分析，還可以參看張楠《説"微難獄"》（簡帛網，2018 年 5 月 4 日）
③ "廉"字參看舊著案例 9 注 21。

分描寫搜查的方法。三者均云"以智",説明獄史之所以能找出嫌疑犯全靠他們的智慧,而具體方法略有不同。案例 10 的着眼點在於"纖微"。"纖""微"都有"細小"義,同義連用,與"微難獄""甚微難得"之"微"即紛繁頭緒相應。治理"纖微"則表示滴水不漏地搜集所有綫索來澄清紛繁複雜的頭緒。案例 09 之所謂"研訽"是研究和刺探,①既可以直接當作動詞使用,如同案例 22,又可以當作動詞"治"的賓語,如同案例 09。"治""理"互訓,案例 09 之"治研訽"能證明《奏讞書》簡 210"晨昧里(理)訮(研)訽"之"里"應讀爲"理"。

歐揚修訂本對上述文句的理解却與筆者不同。修訂本將舊著簡 148"研訽"和簡 168"纖微"後面的逗號刪除,分別注釋如下:

> 原釋文"訽"字後有逗號,今刪,此句意爲以智力和技巧捕得罪犯,文氣通順,無需斷讀。

和

> 原釋文"微"字後有逗號,今刪。以智力和技巧捕獲罪犯,文氣通暢,無需斷讀。②

"智力"和"捕獲罪犯"應與簡文"以智"之"智"和"廉求而得之""廉求得"相應,不知"治研訽"和"治纖微"與"技巧"有什麼關係?今叙鄙見如上,以免使讀者有所誤解。

簡 149(0517):"之"字釋讀

簡 149 是案例 09 最後一枚簡,最後三字爲"敢言之",即上行文書末尾常用的套話。其中"之"字被壓在編繩下,祇有紅外綫圖版才能看見其部分筆畫。歐揚修訂本將"之"字釋讀改爲"〖之〗"。修訂本沒有相關注釋,但從體例推測,修訂本認爲此處無

---

① "訽"字參看舊著案例 09 注 20。
② 修訂本的句讀似來自黄傑《〈嶽麓書院藏秦簡(三)〉釋文注釋商補》(簡帛網 2013 年 9 月 12 日)。黄文云:
上引簡文(即簡 148 相關簡文,筆者注)當斷讀爲"洋以智治,訮(研)訽廉求而得之"。"治""訮(研)""訽"三個動詞連用,不符合古漢語的表達習慣。案例十簡 168"觸等以智治纖微廉求得",整理者斷讀爲"觸等以智治纖微,廉求得",亦當斷讀爲"觸等以智治,纖微廉求,得"。
可知黄文認爲"'治'、'訮(研)'、'訽'三個動詞連用,不符合古漢語的表達習慣",因而將簡 148"洋以智治訮(研)訽,廉求而得之"句讀改爲"洋以智治,訮(研)訽廉求而得之"。按,"以智治訮(研)訽"的語法結構與簡 168"以智治鐵(纖)微"相同,將其斷爲"以智治,鐵(纖)微",似不攻自破。黄文還將簡 145"人見同,巫從同"改讀爲"人見同巫(誣),從同",不知所據。歐揚修訂本 156 頁注 6 云"或以爲'巫'讀'誣',屬上讀",應指黄説。

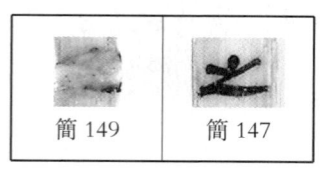

字迹,"〖之〗"係脱文。修訂本如此誤解的重要原因應是該簡的編繩與"之"字的位置關係。圖06從簡149彩圖(左)和紅外綫圖版(右)中剪出"敢言之"的部分簡面。彩圖上在"言"字下方已看不見任何墨迹,但紅外綫圖版下方第二個編繩痕迹上下均有明確的墨迹。編繩下方是很長的一横,即"之"字下方横筆;編繩上方中央和偏右有兩個點,分別是"之"字豎筆和右方撇筆起首。可以比較簡147"之"字字形如表05。

那麽,在"言"字與"之"字之間何故空出來如此大的一塊簡面呢? 這應與此處編繩分股有關。下圖07從第二類卷册編聯紅外綫圖版(上)和彩色圖版(下)剪出中道編繩部分。從中不難看出兩個特點:第一,所有簡在相同高度留出一塊空白,筆迹是避讓此處書寫的;第二,編繩多分股,編繩的上半部分正好位於空白處,下半部分多覆蓋部分字詞,如簡140"妘"字、141"審"字、142"亡"字、143"除"字等。簡147彩色圖版的情況與簡149相似。簡147"令"字在彩色圖版上基本上由編繩的下半部分覆蓋,祗留出"亼"形上方一點。紅外綫圖版却是清清楚楚的"令"字。

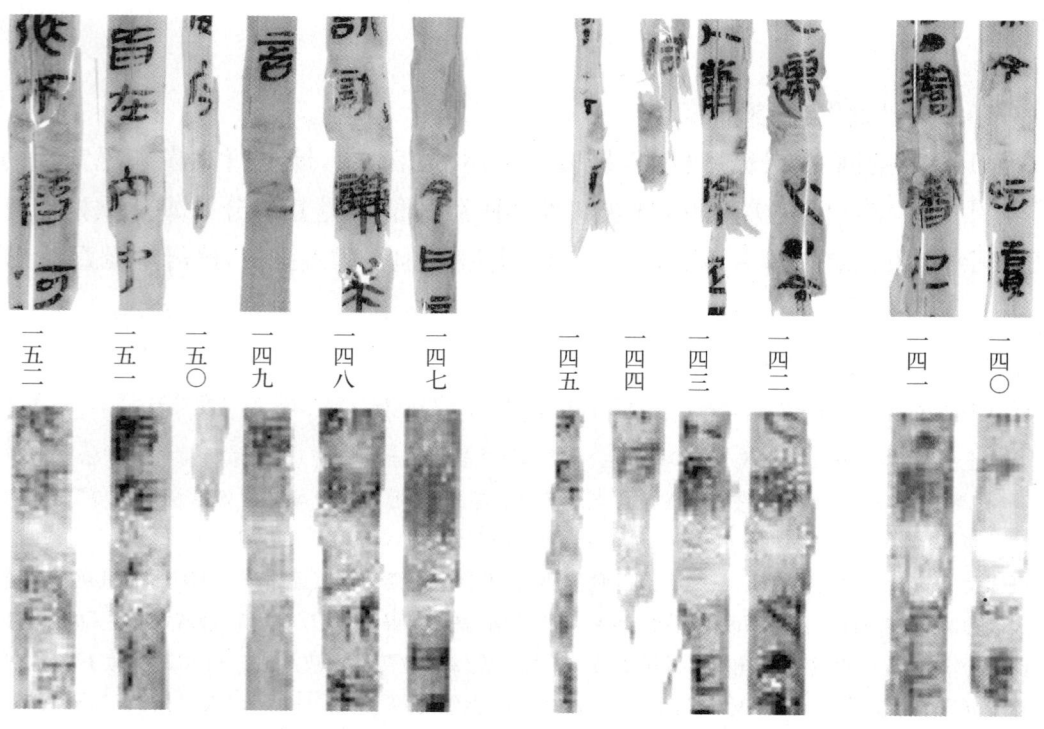

圖06　簡149"敢言之"

表05　簡149"之"字

簡149	簡147
	之

圖07　簡149編繩痕迹與"之"字釋讀

案例 10 《䞦盜殺安、宜等案》

簡 150(殘 114＋殘 115)："六"字釋讀與"魏"字注釋

《䞦盜殺安、宜等案》簡 150 起首有紀年,舊著釋爲"廿(二十)年十一月己未",並注釋:"秦王政二十年十一月己未朔。"勞武利、史達英譯却主張所謂"廿"字與同一卷册另一個"廿"字(簡 169)字形不同,疑其與"六"字更接近,因而將其改釋爲"六"。① 重察圖版,該字竪筆下端似往右折,這一點與《爲獄等狀》所有"六"字不同,讓人難以信服"六"字説。另一方面,其横筆確實與簡 169 等"廿"字不同,簡 169 水平,簡 150 傾斜,並有弧度(參看表 06)。再細察簡 150 横筆和竪筆的交代關係,此字起筆似在中上方,從中上方往左下一撇,並不與下方竪筆連貫;下方竪筆反而從上方一撇中腹起筆。這些寫法特點均與"六"字相近,與"廿"不合。那麽,竪筆下端右折處如何説明呢? 這一點似與簡面縱向裂紋有關。圖 08 右方圖像將裂紋左右簡面拼起來,並覆蓋裂紋處。結果,所謂下端右折實係錯覺,中下方墨迹合起來,形成一個很漂亮的竪筆,原與"廿"字無關。據此,可以確定,該案曆日爲秦王政六年十一月己未,十一月庚戌朔,己未即十日。

表 06　簡 150"六"字字形比較

	150								
廿字	001	016	022	031	040	044	044	047	091
	092	097	116	133	169	210	237	247	
六字	022	032	059	060	085	109	115	124	124
	166	169	177	188	239	242	243	237	244(2)

---

① Lau, Ulrich & Staack, Thies, *Legal Practice in the Formative Stages of the Chinese Empire: An Annotated Translation of the Exemplary Qin Criminal Cases from the Yuelu Academy Collection*, Brill, 2016, p229, note 1089.

（彩）　　　　　（紅）　　　　　（修復）

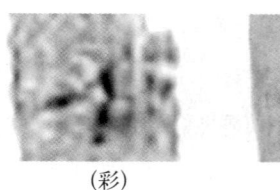

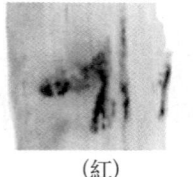

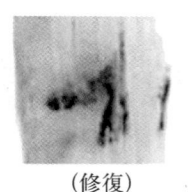

圖 08　簡 150"六"字

有趣的是，該案被告人䰞"故燕城人"（簡 158），秦奪魏邑"燕"在秦王五年，正在該案發生前一年。事見《史記》秦始皇本紀五年條：

> 五年，將軍驁攻魏，定酸棗、燕、虛、長平、雍丘、山陽城，皆拔之，取二十城。初置東郡。

秦滅魏在秦王政二十二年，該案發生時魏國仍在。據䰞供述，其妻子仍在"䰞（魏）"，䰞已買好一把大刀，準備再次行搶，然後逃往"䰞（魏）"（見簡 164，簡 167 亦略同）。舊著以爲所謂"䰞（魏）"即未滅之魏國，語譯中將簡 164、167 所見"䰞（魏）"均翻譯爲"魏國"，其實，這種看法未必正確。第一，該案上行文書將被告人䰞的屬性描寫爲"晋人"，並不稱爲"魏人"。第二，逃亡國外，秦律專設罪名"邦亡"，與普通亡罪有别。第一卷册《癸、瑣相移謀購案》《尸等捕盗疑購案》特稱"（某）邦亡荆"（簡 033）等，本案却説"亡之䰞（魏）"。睡虎地秦簡《語書》云"（昭襄王）十五年攻魏"，前後文記載秦進攻"新城""析""垣"等縣城；同樣《史記》白起王翦列傳云"明年（昭襄王十五年），白起爲大良造，攻魏，拔之，取城小大六十一"，前後文有"（白起）擊韓之新城""攻垣城""攻楚、拔鄢、鄧五城"，證明至少"攻魏拔之"之"之"應解爲"魏縣"。① 魏縣又見《爲獄等狀》案例十二《田與市和姦案》，時代應與本案相差不大。據此推測，被告人䰞雖在故燕城陷落後與家人分散，流落在外，但家人似成爲秦民，被遷到秦國魏縣。因爲新民不應遷到新地，所以本案記載可以印證秦設魏縣早在秦王政即位之前。舊著忽略了這一新材料，特此説明。

舊著語譯"魏國"應改爲"魏縣"，簡注加如下新條：

> 後文云"亡之䰞（魏）"，不云"邦亡䰞（魏）"；簡 166 又將魏國燕城出身的被告人䰞稱爲"晋人"，不稱"䰞（魏）人"，疑地名"䰞（魏）"指秦國魏縣。睡虎地秦簡《語書》："（昭襄王）十五年攻魏。"《史記》白起王翦列傳："明年（昭襄王十五年），白起爲大良造，攻魏，拔之，取城小大六十一。"

---

① 參看后曉榮《秦代政區地理》（社會科學文獻出版社，2009 年）第六章"邯鄲郡"，第 347 頁。

簡 150:"人"字釋讀

　　簡 150 由兩枚殘片（簡殘 115 與殘 114）遥綴而成，記載内容爲私屬喜的揭發行爲。簡殘 114 載有該案被害人宜、安等人名，舊著釋文作：

　　　　【……】銜(?)□妾宜、士五(伍)安□　　□【……。】

其中"士五(伍)"表示安的身份，"□妾"也應係身份稱謂，有"隸妾""人妾"等可能。重查圖版，"妾"前未釋字殘筆作" "，與同案人字作" "（簡 155）、" "（簡 166）等形頗像，似可徑釋爲"人"字。

　　如果"銜"字釋讀正確的話，"銜"與"人妾宜"之間應用逗號或頓號斷開，這是因爲"銜人妾宜"不能視爲偏正結構，宜若是關係人銜之人妾的話，應該表述爲"銜妾宜"。但是，實際上所謂"銜"字的釋讀目前還難以確定。此字僅保留行旁彳形，舊著參考簡 152 人名"銜"將其釋爲銜字。重考本簡語境，"宜"和"安"是本案受害人，"銜"雖然與他們相識，但畢竟不是受害人。因此，銜的名字未必出現在私屬喜的通報中，更不可能與受害人宜和安形成並列等語法關系。既然銜字無法與前後文建立有機聯系，就不能僅據原來的"彳"形將其釋爲"銜"。

　　總之，簡殘 114 釋文應改爲如下：

　　　　【……】彳人妾宜、士五(伍)安□　　□【……。】

簡 153(0329):"潛"字注釋

　　"譖(潛)"字在《爲獄等狀》出現六次，加上《奏讞書》一例，一共有七個辭例，今列表如下表 07：

表 07　"潛"字辭例比較

出　　處	釋　　　　文
《奏讞書》簡 153	乃以智巧令脩(攸)誘召冣(聚)城中，譖(潛)訊傳先後以別，捕毄(繫)戰北者。
《爲獄等狀》簡 143	…(中略)…及譖(潛)訊居處、薄宿所，讎。
《爲獄等狀》簡 143	●譖(潛)訊同歸義狀及邑里居處狀，改(改)曰：…(中略)…
《爲獄等狀》簡 145	□譖(潛)謂同：…(中略)…同曰：…(中略)…
《爲獄等狀》簡 145	●復譖(潛)謂同：…(中略)…

出　　處	釋　　文
《爲獄等狀》簡153	即各日夜別薄譖（潛）訊都官旁縣中、縣中城旦及牒書其亡者□①【……】。
《爲獄等狀》簡154	●觸等盡別譖（潛）訊安旁田人，皆曰：…（中略）…

張家山漢簡《奏讞書》"譖"字，原釋文作"謁"，紅外綫研究班改釋，並注釋"譖，讀爲潛，暗中義"。《爲獄等狀》簡143、145和154三個辭例中，受到"譖（潛）訊""譖（潛）謂"的被告人或證人都直接回答所"訊"或所"謂"，明顯與"暗中義"相矛盾。因此，舊著推測"潛"字有"探測，探索"義，在簡153"譖（潛）訊"下注釋如下：②

  潛，探測，探索。《爾雅》釋言："潛，測也。"王引之《經義述聞》爾雅中："《莊子》田子方曰：'上闚青天，下潛黃泉'，是潛爲測也。"訊，《説文》言部訓"問"，訊問、盤問。潛訊，爲探索信息而盤問，探聽某方面的信息。《奏讞書》簡153"乃以智巧令脩（攸）誘召冣（聚）城中，譖（潛）訊傳先後以別，捕繫（繫）戰北者"，紅外綫研究班注"譖（潛）"爲"暗中義"，似失妥。前文簡145稱"譖（潛）謂同"，後文簡154"觸等盡別譖（潛）訊安旁田人"，皆"潛"非暗中之明證。潛訊，爲探測消息而進行訊問，與獄中審訊有别。

歐揚修訂本將"譖"讀如字，並將注釋改爲如下：

  譖訊：官吏在辦案現場的訊問，不同於在官署的訊問。

"譖"字訓"愬"（《説文解字》言部）、"誯"（《廣雅》釋詁）、"譏"（《玉篇》言部）等，"愬"又訓爲"譖"（《玉篇》心部），都有進讒言等義，恐怕與《爲獄等狀》和《奏讞書》譖字辭例均無關，不知其讀如字有何訓詁依據。③

同時，上引辭例中，所有"潛訊""潛謂"確實都不在"獄中"，舊注注釋也稱"與獄中審訊有别"，歐揚修訂本注釋的後半部分或基於此，但舊著的著重點恐怕與歐揚大不

---

① 簡153"縣""中"下均有重文符號，"縣"字下很完整，"中"字下比較殘泐。歐揚修訂本認爲"'中'字下無重文號"，因而删除第一個"中"字（第158頁注1），失妥。"中字下無重文號"一說已見黃傑：《〈嶽麓書院藏秦簡（叁）〉釋文注釋商補》，簡帛網，2013年9月13日。
② 此注本應插入簡143"譖（潛）"字下，校讀時疏忽未改。
③ 歐揚修訂本似基於歐揚：《秦漢刑事訴訟中的訊新探》（長沙簡牘博物館編《長沙簡帛研究國際學術研討會論文集》，2017年）。該文據《封診式》以及里耶秦簡、五一廣場東漢簡等記載建構出諸如"即訊""幾訊"以及"即訊爰書"等概念，並將"譖訊"與"即訊""幾訊"等等同起來，頗讓人費解。

一樣。對筆者來説,"潛"字與場所沒有直接的邏輯關係,關鍵是"探測"與"審訊"之别。"審訊"是案件審理的一種方法,司法機關向被告人訊問與案件有關的情況。司法機關早已了解了基本案情,基於此了解才逮捕了嫌疑犯。因此,"審訊"的主要目標在於搜集和保全證據,證明被告人確實犯了罪。"潛訊"則不同。司法機關還沒了解基本案情,或未能指定嫌疑犯,整個搜查程序還停留在摸索階段。因此,多數情況下,進行"潛訊"的場所是廣義的"辦案現場",但"潛訊"一詞本身不限制訊問場所,需要時當然也會於"官署"内爲探測消息而進行訊問。"潛訊"之"潛"字所表達的就是"探測"這一訊問目標,與獄中審訊之不同則在於訊問目標,而不在於場所。

簡 153(0329):墨圈分布與編聯

舊著出版後不久,陳偉《〈嶽麓秦簡三·魏盜殺安宜等案〉編連獻疑》[1]對舊著案例 10 的編聯方案提出質疑,主張簡 153 應移於簡 155 與 156 之間。筆者曾經回應,在堅持自己觀點的同時,也承認陳文的編聯方案(以下稱"新案"或"新編聯方案")不無道理,祇要將簡 156 和簡 165 一併調整編聯位置,新案不會破壞第二類卷册的内部結構。相關考證可以大致分爲兩個部分,即有關記載內容的討論和卷册結構的分析。後者的細節錯綜複雜,而且導出來的結論也略有模棱兩可的趣味,在一併調整簡 156 和簡 165 的前提下,二者均有成立的餘地,所以在此恕不贅述。[2] 至於前者,相關討論其實較爲主觀,不同人對相同的記載得出不同的理解,也在於難免。筆者的觀點比較着重於兇手故意在現場留下刑徒的"赤衣"而轉移視綫的事實,據此認爲獄史立刻就會詢查刑徒有無逃亡等情況,相關記載就應該位於搜查記錄前方。同時,獄史觸是後來才奉命帶隊,負責搜索工作,筆者據此又設想中間有過因失職而調換主管人等情況。這些"解釋"都並不十分可靠。

但在反復閲讀搜查記錄,終於發現了一個格式方面的規律,似乎可以消除對本案編聯的疑惑。從記載的格式來看,本案有一個很大的特點,本案中起分段作用的墨圈特别多,製作人將整個搜查過程細分爲很多小段落。比較分析各段落的描述,可以看出小段落裏基本不交换主語或行爲主體,行爲主體有變化,製作人就畫個圓形墨點,

---

[1] 陳偉:《〈嶽麓秦簡三·魏盜殺安宜等案〉編連獻疑》,簡帛網,2013 年 9 月 5 日;後收同《嶽麓秦簡〈奏讞書〉校讀》,《古文字與古代史》第 4 輯,2015 年;又收爲《秦簡牘校讀及所見制度考察》第 12 章第 5 節第 4 項,武漢大學出版社,2015 年。

[2] 參看拙稿《〈爲獄等狀四種〉編聯方式的幾點補充説明》,北京大學出土文獻研究所、湖南大學嶽麓書院編《秦簡牘研究國際學術研討会論文集》,2014 年。後收拙著《嶽麓秦簡復原研究》,上海古籍出版社,2016 年。

將文章分爲兩個獨立的小段。

舊著編聯方案（"舊案"）則與上述格式特點產生矛盾。按照舊案，從簡 152 第二個墨圈至簡 154 第一墨圈前的釋文如下：

● 銜曰：

"宜、安有布衣、帬（裙）襦、綺、履，皆亡不得₁₅₂殹（也）。"

即各日夜別薄譖（潛）訊都官旁縣中、縣中城旦及牒書其亡者□【……】₁₅₃不智（知）盜及死女子可（何）人。毋（無）音（意）殹（也）。

"銜"爲人名，雖然具體身份未詳，但似係受害人安等關係人，並非官方搜查主體。簡 152 後半部分（即上引部分）記載銜的供述，緊接在後邊的簡 153 却記載獄史的搜索活動，已與銜的供述無關。換言之，在簡 152 墨圈之下，行爲主體從某關係人轉換爲獄史。

下表 08 分別按照舊案與新案，僅將墨圈以及能辨認行爲主體的部分釋文摘錄，以便做比較。從中可知，陳文新案可以避免在簡 153 中間不加分段符號而將行爲主體從關係人銜轉換爲獄史彭沮等，這當然是一個很大的優勢。

表 08　案例 10 行爲主體比較

行爲主體	舊　　案	新　　案①
私屬喜	六年十一月己未貳，私屬喜曰：……₁₅₀	六年十一月己未貳，私屬喜曰：……₁₅₀
獄史彭沮等	● 即令獄史彭沮、衷往診：……₁₅₁……	● 即令獄史彭沮、衷往診：……₁₅₁……
關係人喜	● 喜曰：……	● 喜曰：……
關係人銜	● 銜曰：……₁₅₂	● 銜曰：……₁₅₂
獄史彭沮等	即各日夜別薄譖（潛）訊……₁₅₃……	
獄史觸等	● 即令獄史觸與彭沮、衷求其盜。	● 即令獄史觸與彭沮、衷求其盜。
獄史觸等	● 觸等盡別譖（潛）訊安旁田人……₁₅₄……	● 觸等盡別譖（潛）訊安旁田人……₁₅₄……
獄史觸等	即將司寇晦……	即將司寇晦……
獄史觸等	● 觸等音（意）以爲……₁₅₅/₁₅₆/₁₅₇	● 觸等音（意）以爲……₁₅₅……即各日夜別薄譖（潛）訊……₁₅₃/₁₅₇
獄史觸等	● 訊同/鞫：……₁₅₈/₁₅₉/₁₆₀/₁₆₁/₁₆₂/₁₆₃/₁₆₄/₁₆₅	● 訊同/鞫：……₁₅₈/₁₅₉/₁₆₅/₁₆₀/₁₆₁/₁₆₂/₁₆₃/₁₆₄

---

① 簡 156 和簡 165 已按照前注拙稿移動。

續　表

行爲主體	舊　　案	新　　案①
文書發信人	●問如辝（辭）。臧（贓）…… ●[黍丸]，晋人，材犺（伉）……$_{166/167/168}$…… 任$_{169}$謁課以補卒史，勸它吏。敢言之。$_{170}$	●問如辝（辭）。臧（贓）…… ●[黍丸]，晋人，材犺（伉）……$_{166/167/168}$…… 任$_{169}$謁課以補卒史，勸它吏。敢言之。$_{170}$

　　還可以爲新的編聯方案提如下旁證。第一，如後文（《簡156（殘353）：歸屬問題》）所述，簡156與簡153略嫌有重複，案例09《同、顯盜殺人案》正好缺少此類內容。第二，從提行格式特點判斷，簡165本來就應移於簡159下，構成本案兩次詰問中的首次詰問（參看後文《簡165（殘408）：文書格式與編聯》）。第三，簡152與154連讀的話，簡文與《封診式》簡081—082頗像，可以比較如下：

　　本　　案：…（中略）…●衛曰："…（中略）…$_{152}$不智（知）盜及死女子可（何）人。毋（無）音（意）殹（也）。"…（中略）…$_{154}$

　　《封診式》：…（中略）…乙、丙皆言曰："…（中略）…$_{081}$…（中略）…不智（知）盜者可（何）人及蚤（早）莫（暮），毋（無）意殹（也）。"…（中略）…$_{082}$

　　結合上述種種證據，舊著編聯方案失誤，已毫無疑問，應該參考陳文將簡153移於簡155下，並且將簡156和165一併移動，分別插入案例09簡142和本案簡159下。

簡155（0454＋殘087）："晦"字注釋

　　簡155簡文描寫獄史觸將領司寇晦等設站盤問的情況如下：

　　即將司寇晦，別居千（阡）佰（陌）、夐（徼）道，徼（邀）迣苛視不犺〔狀〕者。弗得。

司寇是刑徒身份之一，舊著將其下一字"晦"理解爲人名，將整一句話翻譯如下：

　　於是，帶領司寇晦，分別在田間小路和通暢大路上，稽查過往人員，尋查行迹可疑人員。（結果）未獲（有用綫索）。

歐揚修訂本却删除"晦"後面的逗號，並注釋如下：

　　另，删"晦"後逗號，"晦"當是別居千（阡）佰（陌）的時間狀語，意爲夜間。"晦別居千（阡）佰（陌）"連讀。"晦"作狀語見簡173"晦逢得之"，又簡153"即各日夜別薄譖（潛）訊"，"日夜"作時間狀語。

一般而言，"晦"作時間狀語並不足爲怪，但就具體語境而言，"晦"前有身份稱謂"司寇"，將"晦"理解爲人名似乎更合適。司寇等刑徒參與地方的司法和治安活動較爲常見，《爲獄等狀》和《奏讞書》均不乏有關縣級官吏帶領吏徒進行巡邏或追捕盜賊的描述，可以比較如下表 09：

表 09　吏徒表述方式

	出　　處	釋　　　文
個人名	《爲獄等狀》簡 004	<u>州陵守綰令癸</u>與令佐士五(伍)<u>行將柳</u>①等追。
	《爲獄等狀》簡 032	即(?)令(?)覆(?)□驥(?)、<u>求盜尸</u>等十六人追。
	《奏讞書》簡 037	<u>池</u>以告與<u>求盜視</u>追捕<u>武</u>。②
	《奏讞書》簡 207—208	舉闌有(又)將<u>司寇裦</u>等，【……】收置□□□□
	《奏讞書》簡 210—211	□□□將(?)□□□<u>隸妾夋</u>等，晨昧里(理)訮(研)詗，謙(廉)問不田作市販、貧急窮困、出入不節，疑爲盜賊者<u>公卒癒</u>等。
吏徒泛稱	《爲獄等狀》簡 014—015	<u>治</u>等發，③興吏徒追。
	《爲獄等狀》簡 026	<u>治</u>等殺人，癸與佐行將 吏徒 追。
	《奏讞書》簡 132	<u>義</u>等將吏卒毄(擊)反盜。④
	《奏讞書》簡 155	<u>義</u>等將吏卒、新黔首毄(擊)反盜。

從中不難看出，求盜、司寇、隸妾等具體身份稱謂都隨後標明人名，祇有"吏徒""吏卒"等泛稱不同。舊著重視這一規律，因而將"司寇晦"理解爲人名。

簡 155(0454＋殘 087)："城旦"釋讀

簡 155 由簡 0454 和簡殘 087 的兩塊殘片遙綴而成，簡 0454 上端完整，簡殘 087 上下端均殘缺，舊著釋文作如下：

可(何)人。即將司寇晦，別居千(阡)佰(陌)、勶(徹)道，徼(邀)迣苛視不犺〔狀〕者。弗得。●觸等音(意)以爲安□【死(屍)所】有赤衣，殺安等者□【□□】

---

① 癸的官職爲校長，柳爲求盜，已見簡 001 和 002，因而簡 004 簡文從省。
② 池的官職爲校長，武原爲士伍軍的大奴，已見簡 036，因而簡 037 簡文從省。
③ 治爲罪犯。
④ 義原爲攸縣官吏，審理時已死亡，官職未詳。

據前項《簡 153(0329)：墨圈分布與編聯》分析，簡 155 下端缺文下應接簡 153"殹"字，釋文連讀爲：

…（中略）…●觸等音（意）以爲安□【死（屍）所】有赤衣，殺安等者□【□□】殹（也）

從文意考慮，"者"字下應有"城旦"兩字，後半部分爲"殺安等者城旦殹（也）"。又圖 09 將簡 155 上端以及上道編繩與完整的簡 152 對齊之後，將上方三分之二左右剪除，並將簡 152 "宜""死"、簡 161"城旦"、簡 163"所"共五字粘貼在簡殘 087 上下端。可知，舊著釋文多補出了一個字。同時，采用了新編聯方案之後，語境已很清楚，可以據文意將簡殘 087 下端未釋字釋爲"城"字。因此，釋文應改爲如下：

可（何）人。即將司寇晦，別居千（阡）佰（陌）、勶（徹）道，徼（邀）迣苛視不犻〔狀〕者。弗得。●觸等音（意）以爲安□【死（屍）所】有赤衣，殺安等者 城【旦】

"安"下未釋字疑爲"宜"，即本案第二個受害人。

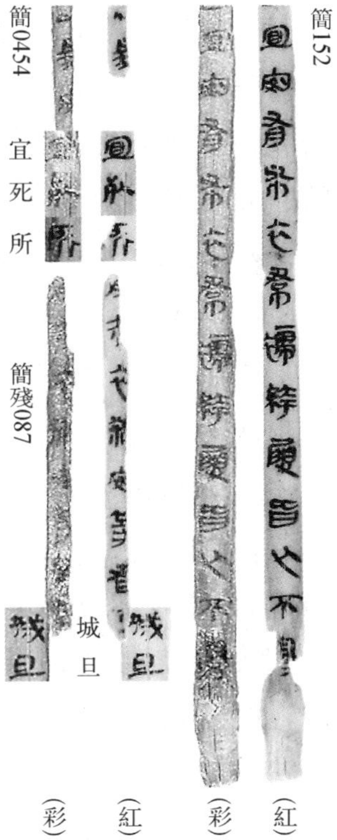

簡 156（殘 353）：歸屬問題

案例 09 與案例 10 屬於基本相同的類型，內容上也存在多數相似之處，在復原的過程中相關簡的歸屬在兩案之間多次發生過變化。受到簡 153 編聯位置變更的影響，舊著整理編號爲 156 的簡（清理編號殘 353）在案例 10 中失去了編排的位置，似乎祇能在案例 09 中重新尋找合適的擺放空間①，需要重考其歸屬問題。

圖 09　簡 155 缺文

在舊著編聯方案中，簡 156（殘 353）簡文與簡 157 密切關聯。簡 156 記載獄史的廣域索索，簡 157 簡文初次提及"瞻視不壹"的嫌疑犯，據後文可知嫌疑犯使用假名"同"。於是，舊著將兩簡釋文連讀如下：

【……】人，日夜謙（廉）求櫟陽及它縣，五日聞【……同……】$_{156}$佩新大䩅（韓）刀。其瞻視不壹，如有惡狀。即訊，言曰：□【……】。$_{157}$

意思是獄史通過櫟陽等縣的廣域搜索獲得某種綫索，終於找出假名爲同的嫌疑犯。除有關簡 153 和簡 159 的考證中所提之外，記載內容上也存在一個問題，即案例 10 中

---

① 相關考證參看前項"簡 153(0329)：墨圈分布與編聯"和後項"簡 159(1818)：反印文'□□'與編聯"。

已出現過相似的描述,簡 153 云:

> 殹(也)。即各日夜别薄譖(潛)訊都官旁縣中、縣中城旦及牒書其亡者□【……】₁₅₃

雖然所瞄準的對象不盡相同,但内容相近,獄史同樣跨過幾個縣日夜進行搜索,不免與簡 156 記載嫌有重複。案例 09 却缺乏相似描述。該案第一枚簡(簡 142)記載大女子嬰等人揭發行爲以及官方派遣獄史前往現場檢驗,第二枚簡(簡 143)已提及嫌疑犯的"居處、薄宿所",並展開針對嫌疑犯的盤問,從中無法了解獄史是如何找出嫌疑犯的。如果將簡 156 移於其間,來龍去脈似乎清晰一些:

> 【……】大女子嬰等告曰:棄婦毋憂縛死其田舍,衣襦亡。●令獄史汜□【……】₁₄₂
>
> 【……】人,日夜謙(廉)求櫟陽及它縣,五日聞【……同……】₁₅₆狀,及譖(潛)訊居處、薄宿所,讎。●同日:歸義。…(中略)…₁₄₃

簡 159 的考證中已説明,從卷册結構來看,簡 140 與簡 145 之間較爲擁擠,似不容另再加簡。因此,筆者起初以爲簡 156 應該遥綴在簡 142 下方,以避免增加簡數。但是,簡 142 下方殘缺簡面恐怕容納不了足夠字數。圖 10 將簡 142 中間編繩和簡 156 下端與簡 143 相關部分對齊,並將圖像上下部分裁斷。① 從中可知,遥綴之後,所能容納的缺文字數祇有四個字左右。這中間缺少的記載内容却涉及獄史現場勘驗和現場周圍探聽調查等活動,僅用四五個字絶不可能概括出來如此多的内容。因此,簡 156 祇能在簡 142 與簡 143 之簡單獨占用一枚簡的位置。至於爲何此處簡數較多等卷册結構問題,暫時祇能存疑。

簡 157:"大宫隸臣同"

簡 157 描寫獄史觸等初次注意到嫌疑犯並進行盤問的情况,舊著釋文作如下:

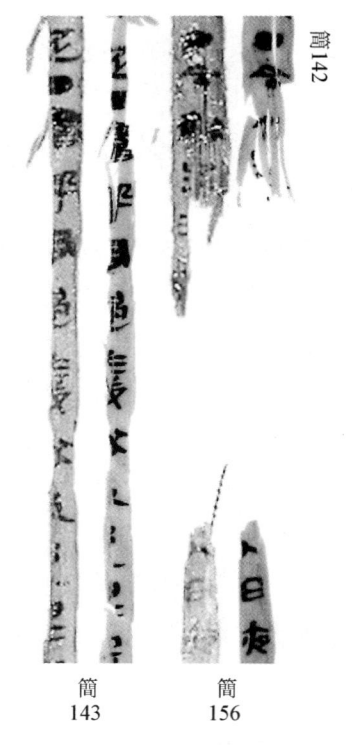

圖 10 簡 156 遥綴方案

> 佩新大鞼(鞶)刀。其瞻視不壹,如有惡狀。即訊,言曰:□【……】。

---

① 圖 10 中各簡左側圖像來自彩圖,右側爲紅外綫圖版。簡 143 紅外綫圖像下半部分比彩色圖像小一些,是受復原時圖像處理所造成誤差的影響。

嫌疑犯的供述殘缺不全，僅保留第一個字的部分筆畫。殘留筆畫上半部分呈現"大"形，下半部分無法辨認（參看圖11右側）。不過，從後續盤問中能看出殘缺的供述中已露出了某種破綻。這才是嫌疑犯遇到觸等追問的原因。盤問之後，觸等認定他回答有問題，將其押送到官府，深入審訊。相關簡文（簡158）如下：

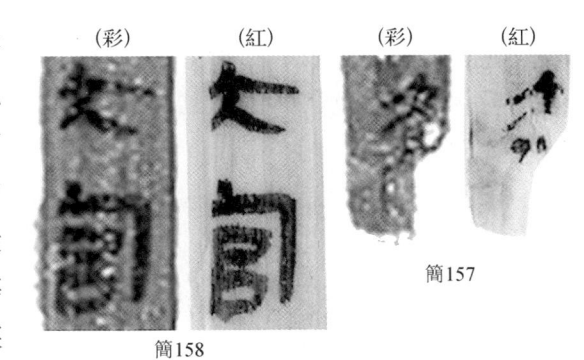

圖11　簡157"大宫"字形比較

● 訊同：同，大宫隸臣，可（何）故爲寺從公僕？同言類不譁，且覆詣（？），詣官，同攺（改）曰：定名𦪇。故燕城人，降爲隸臣，輸寺從。去亡。

嫌疑犯實名爲𦪇，但盤問時他用假名"同"冒充"大宫隸臣"的身份。按照獄吏編輯供述的慣例，供述第一句話先説明身份和人名。因此，簡157"曰"字下原來應有"大宫隸臣同"等字樣。簡157末端的殘留筆畫又正好與"大"字完全一致。唯一的問題是"大"字下方的殘泐筆畫靠得非常近，看起來衹有一個字，上從大，下殘泐不全。現在重考語境如上，所謂"大"形無疑應釋爲"大"字，其下方墨迹或爲"宫"字殘筆，"宫"字因校正修改等原因擠於字間，或受左方所見編繩等影響，產生與本簡記載不相關干擾。總之，"曰"字下方釋文應改爲"大宫"，殘缺部分可以擬補爲"【隸臣同。……】"

簡158（1822）："大宫"釋讀與注釋

舊著中"大宫"一詞以簡158爲初例，釋文已見於前頁。其中，"大宫隸臣"當指身份，由官署名"大宫"和身份稱謂"隸臣"構成，表示隸屬於大宫的隸臣。問題是"大宫"不見於文獻，無法落實。舊著出版後，王偉《讀〈嶽麓書院藏秦簡（叁）〉劄記一則》[①]、張岩岩、鐘意《試釋〈嶽麓書院藏秦簡（叁）〉簡136"後妻"、簡158"大官"》[②]相繼質疑，主張"宫"字應改釋爲"官"。[③] 王文發表在前，內容也比張、鐘文豐富，在此依據王文介紹

---

① 《讀〈嶽麓書院藏秦簡（叁）〉劄記一則》，簡帛網，2014年3月12日；後收王偉：《嶽麓秦簡研讀札記（七則）》，《秦簡牘研究國際學術研討會論文集》，2014年12月；後又修改載簡帛網，2017年12月31日。另外又改爲王偉、孫苗苗共著載《出土文獻研究》第14輯，2015年。小文引文據2017年簡帛網版本。

② 張岩岩、鐘意：《試釋〈嶽麓書院藏秦簡（叁）〉簡136"後妻"、簡158"大官"》，簡帛網，2014年6月26日。

③ 歐揚修訂本也將"大宫"改釋爲"大官"。雖未注明出處，但似采納王説或張説。修訂本注8僅云"原釋文大宫"，當指《漢書·百官公卿表》所見"太官"。

相關疑問。首先,王文正確指出有關"大宫"一詞的疑問:

> 句中所謂"大宫"應是一個政府機構,與同句的"寺從"相對應。秦封泥有"寺從""寺從丞印"和"居室寺從",還有"北宫""南宫""西宫""信宫"和"黄陽宫"等宫室名稱,從未見名"大宫"者,似乎宫室名稱罕有以大小稱呼;而且"大宫"似嫌不詞。

其次,王文進一步對"宫"進行字形分析,主張所謂"宫"字其實係"官"字誤釋:

> 從彩色圖版看,"宀"裏面的偏旁很像"宫"字所從的"呂";但對照更加清晰的紅外綫圖版,"宀"下面並不是兩個"口"字迭加而成的"呂"字,能較清楚地看到兩個"口"字左邊的豎劃上下貫通,即𠙴形。准此,則此字似應釋爲"官"字。

"大官"見於秦封泥、《漢書》百官公卿表等,王文列舉秦封泥"大官""大官丞印""大官飤室""大官左中"等辭例,並注釋如下:

> 據《漢書·百官公卿表》,大官是少府屬官;秦統一後寫作泰官,職掌君王膳食,戰國至兩漢均有設置。戰國晚期韓器廿年塚子戈内上鑄銘"大官"。睡虎地秦簡《秦律雜抄》有"大官、右府、左府、右采鐵、左采鐵課殿,貲嗇夫一盾"。1974 年陝西咸陽市渭城區窑店鎮黄家溝村出土秦大官盃,器底刻有"大官四升"銘文。1978 年山東淄博市臨淄區大武鄉窩托村西漢齊王墓隨葬坑出土秦左工銀盤,盤外底有西漢齊國刻銘"大官南右般"。2010 年 11 月陝西西安市臨潼區秦東陵昭襄王陵被盗掘出土的漆豆足底烙印銘文"大官"。據以上秦文字資料可知,秦時"大官"總理王之飲食事務,但也是一個領有多種屬官曹署的機構,下設飤室、府庫等。

王文有關"大宫""大官"的論述都正確,[①]但有關字形的分析不可信。先比較整體字形如下表 10:

表 10 "宫""官"字字形比較

簡 158(宫)	簡 097(官)	簡 162(官)	簡 201(官)	簡 246(官)

《爲獄等狀》"官"字的寫法明顯與簡 158"宫"字不同。從筆畫交代關係、筆順與筆勢判斷,此字祇能釋爲"宫"。王文所謂"豎劃上下貫通",實際上祇不過是因上下兩個口形

---

① 張、鐘文也大致相同。

左方豎筆略有接觸而產生的錯覺。祇要將圖版放大，就看得很清楚。簡 158 宮字吕旁由如下六個筆畫寫成，左方豎畫并不上下貫通：

簡 162 官字𠂤旁則由如下五個筆畫寫成：

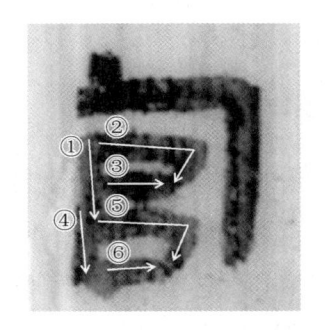

圖 12　簡 158 宮字吕旁筆順 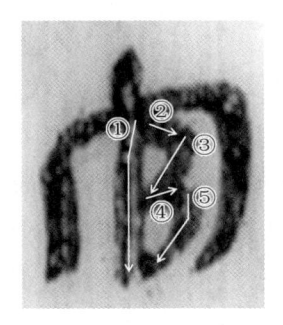　　圖 13　簡 162 官字𠂤旁筆順

因此，此字不能改釋爲官字。所能想象的是，"宮"字或係"官"字之誤，但前後語境又不提供任何能夠限制該官署屬性的綫索，目前無法據文意更改原文，祇能以錯字備一説。另一種可能，"大宮隸臣"之"大"或爲"大小"之"大"，即成年義，"宮隸臣"則睡虎地秦簡《法律答問》簡 188 所見"宮隸"，目前也難以提出確鑿證據，僅備一説。現在擬補注釋如下：

> 大宮，疑爲官署名，不見於文獻，職掌未詳，待考。一説，"大宮"疑爲"大官"之誤。秦封泥有"大官丞印""大官榦丞"等"大官"類封泥多種（參看楊廣泰《新出封泥彙編》0170—0189 號、1404—1410 號，西泠印社出版社，2010 年）；"大官"又見《漢書》百官公卿表、《秦律雜抄》簡 023 等，是少府屬官，秦統一後寫作泰官，職掌君王膳食，並領有多種屬官曹署。或説，"大"疑爲成人義，"宮隸臣"即《法律答問》所見"宮隸"。《法律答問》簡 188："可（何）謂官更人？ · 宮隸有刑，是謂官更人。"

簡 158（1822）：反印文"義可故同""及 薄 宿 類"

簡 158 背面有反印文，甚殘泐，舊著未能找出相應的正面字跡，僅在第二類卷册結構表簡 158 備注欄中標出四處字跡未詳的反印文，即"反印文：'□'、'□□'、'□'、'□□□□'"。從後文《簡 159（1818）：反印文"□□"與編聯》有關簡 159 反印文以及簡 141 至 144 編聯的討論可知，簡 158 背面原應與簡 144 正面有接觸。現在重新細審，似乎可以確定，最後一處反印文所謂"□□□□"的末尾一字應來自簡 144 的"類"字。"類"字的米、犬兩旁筆畫的交代關係不甚清楚，畫不出明確的輪廓，但"頁"旁中間所殘缺的橫向筆畫正好在簡 158 反印文右半部分能找出相應墨跡，在下圖 14 左側用綫條表示，在右側畫出相應部分的輪廓。反印文的左半部分雖不畫出輪廓，但在圖

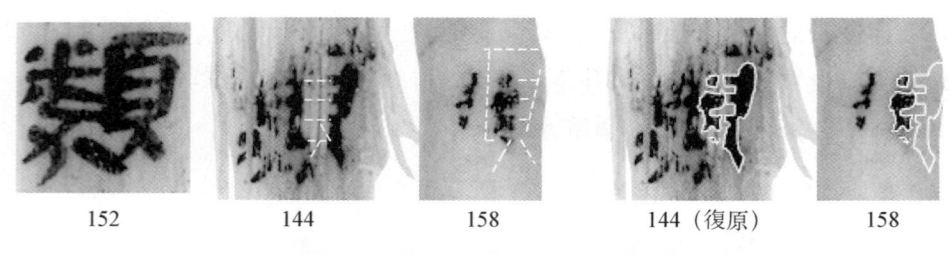

图14 简158背面反印文"類"

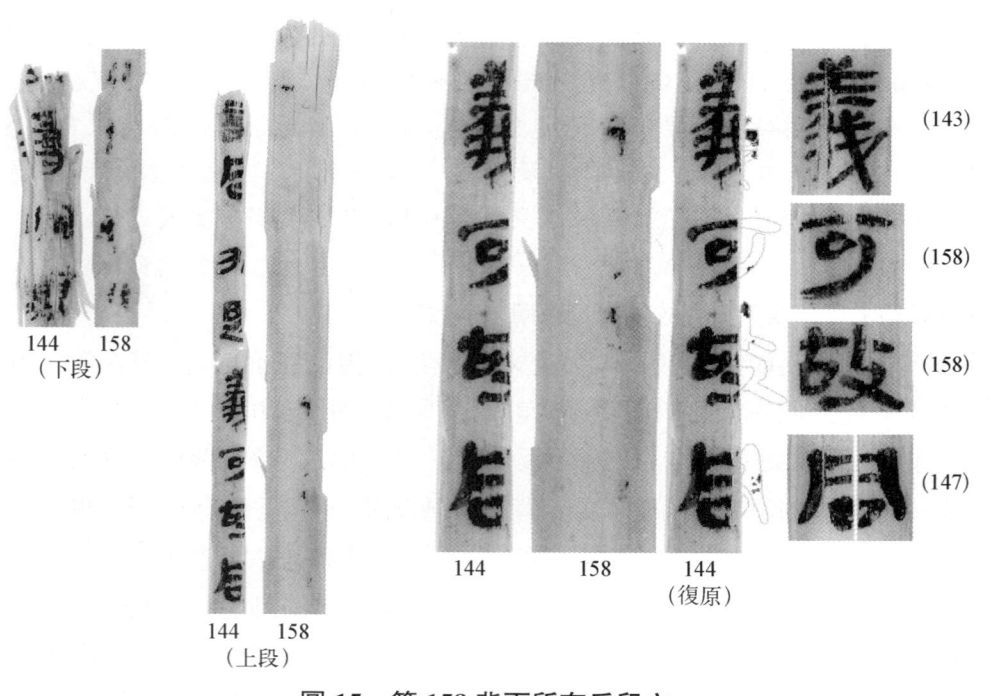

右侧也将相关墨迹与右半部分一同移动，复原"類"字米、犬两旁的部分笔画。爲参考方便，另再粘贴简152"類"字红外綫图像。

至於反印文"□□□□"的前三个字，应与简144"類"前"及薄宿"相应，但因简144简面裂开，部分纤维似有移动，无法复原正确位置（参看图15左侧）。此四字反印文的释读可以改爲"及薄宿類"。结构表备注栏所谓"□""□□""□"的三处反印文，似分别与简144上端残缺的圆形墨点、上段"義可故"三字和"同"一字相应（参看图15中间）。与"義可故"和"同"相应的反印文略偏右，是该字右端，即简144所残缺的右侧部分。将图版放大之後，可以发现与"義"相应的反印文正好能与"義"字"我"旁笔画衔接，证明此两枚简确实原有接触。其他反印文也与简144正面的"可""故""同"三字不相矛盾（参看图15右侧）。

图15 简158背面所有反印文

簡 159(1818)：反印文"□□"與編聯

簡 159 背面有兩種反印文，一種略偏左，來自簡 145 正面的"者而言"三字①和簡 145 殘缺部分的一個未釋字；另一種略偏右，舊著疑其來自簡 144 正面的"吏毄"兩字。圖 16 放大轉載舊著正背對照圖版與反印文"者而言"相關的簡面，並對殘留筆畫進行分析。左方用綫條描出反印文所缺少的筆畫，不難看出簡 159 反印文確實來自簡 145"者""而""言"三字。有趣的是，反印文所保留的筆畫在原簡正面上總有一些殘缺或飛白，如"者"字白旁右上角、"而"字上方橫筆中偏右等地方，表示反印文是帶走部分墨迹而形成的。圖 16 右方畫出簡 145"者""而""言"三字的輪廓，並將其複製到簡 159 反印文上。與簡 145"者""而""言"三字相比，簡 159 的反印文逐步往下錯位。這是圖像處理所造成的誤差，②對反印文來源的復原並無影響。

圖 16　簡 159 背面反印文"者而言"　　**圖 17　簡 159 背面反印文"吏(？)毄(？)"**

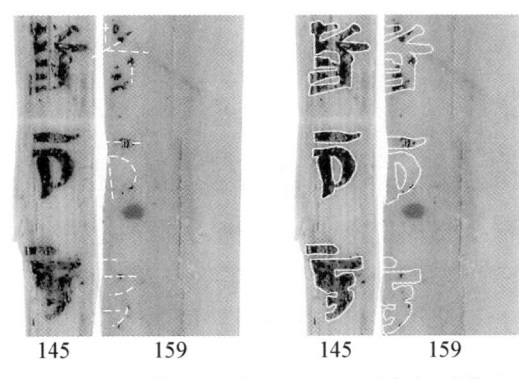

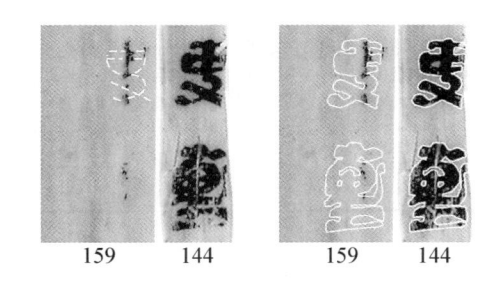

圖 17 放大轉載舊著正背對照圖版與反印文所謂"吏毄"相關的簡面，並對殘留筆畫進行分析。分析方法與圖 16 相同，先用綫條，按照筆者設想描出反印文所殘缺的筆畫，然後再將原簡字迹輪廓複製到反印文上。左右兩個比較方法都顯示出，簡 159 這兩個反印文的筆畫交代關係與簡 144"吏""毄"兩字不合，筆者舊著第二類卷冊結構表備注的相關推測是錯的。簡 144 和 159 都有編繩痕迹，據此可知兩枚簡字迹的相對高度，簡 144 上不太可能有其他與簡 159 背面反印文相對應的字迹。因此，舊著原所推測的簡 144 正面與簡 159 背面的接觸關係並不存在。這一事實會影響到相關案例以及整個卷冊的編聯復原工作。表 11 轉載舊著第二類卷冊結構表的相關部分，③加

---

① 舊著第二類卷冊表備注僅標出"者""而"兩字，今補充"言"字。
② 在掃描時，簡 145 已變形，彎曲較嚴重。收入舊著時，筆者進行圖像處理，重新將其伸展。在此過程中，無法避免長度受影響。
③ 清理編號據拙著：《嶽麓秦簡復原研究》。

底色的部分是需要重考的部分。

表 11　第二類卷册結構表（摘録）

備　　注	第一層		繫連依據	第一層	
	整理編號	清理編號		整理編號	清理編號
反印文："診"。	154	0422	反、位	140	0421
	155	0454＋殘 087	位	141	0455
	156	殘 353		q11	缺簡
	157	1828		142	0320
反印文："□""□□""□""□□□□"。	158	1822		143	1824＋殘 340
反印文："吏（?）毄（?）"。	159	1818	反（?）	144	1834＋1817
反印文："者而""□"。			反、位	145	1816
⋮	⋮	⋮	⋮	⋮	⋮

　　筆者原以爲簡 159 背面在卷册裏與簡 144 和 145 正面有接觸，同時簡 154 背面與簡 140 有接觸。簡 140 與簡 154 的接觸關係確切可靠，可以參看簡 154 背面反印文與簡 140 正面"診"字的對應關係（圖 18）。如上所述，簡 159 呈現出來自兩個不同簡的反印文，其中一種確實來自簡 145，另一種既然不來自簡 144，則必然來自另外一枚目前未詳的簡。這意味着案例 09 在簡 144 與 145 之間多出一枚缺簡，暫時編號爲"缺 11（2）"。既然簡缺 11（2）與簡 159 有接觸，它在結構表中就占用簡 144 原來的位置，簡 144 則需要往前移動。簡 144 遷移的話，簡 143 以前的簡都會受影響，依次往前移動。但是，據反印文和揭取位置可知，簡 140 和 141 分别與簡 154 和 155 有接觸。換言之，調整簡 144 的影像需要限制在第二層缺簡 q11 至簡 144 四枚簡、第一層簡 156

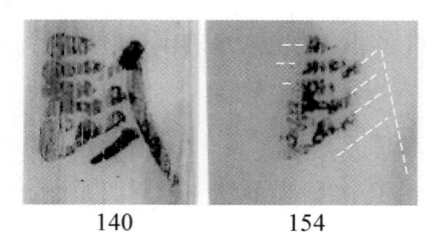

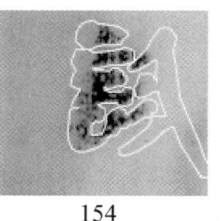

140　　　　154　　　　140　　　　154

圖 18　簡 154 背面反印文"診"

至 158 三枚簡的範圍内。因爲簡 159 背面已與兩枚簡正面有接觸,如果簡 156 至 158 三枚簡的背面與缺簡 q11 至簡 144 四枚簡的正面有接觸,又多出一枚簡,恐怕過於擁擠,需要另再進行調整。調整的辦法有兩個:第一,從缺簡 q11 至簡 144 四枚簡中找出原不屬於此的一枚簡,將其移出;第二,從别的地方找出原應插入簡 156 至 158 三枚簡之間的一枚簡,將其移入。

僅從結構表來看,最容易的調整辦法似乎是將簡缺 11 删除。若然,簡 142 至 144 三枚簡的正面與簡 156 至 158 三枚簡的背面逐一相對應,看起來很整齊。問題是,簡 142 至 144 屬案例 09,而簡缺 11 原屬於案例 08。雖然案例 08 的編聯還存在很多可疑的地方,但是從案例 09 和 10 的體例類推,在簡 141 末尾"●鞫,審。己卯,丞相、史如論磔某某"之後還應該有一份上行文書,如同案例 09 簡 147 至 149 和案例 10 簡 166 至 170。舊著設缺簡 q11 的原因之一就基於此。當然,爲推薦破案立功屬吏而寫的上行文書都大同小異,很有可能《爲獄等狀》的編者在案例 08 省略相關記載,或者在簡 141 殘缺的下半部分僅寫一個簡明扼要的摘要,這目前都無法知曉。因此,應該先考慮能否找出其他調整辦法。

將簡 142、143 或 144 移出去會否比删除簡缺 11 還更合適呢? 簡 142 記載"大女子嬰"的揭發行爲,所有司法案件都由某種揭發行爲啟動,缺少了簡 142,案例 09 就缺少了一個很重要的程序環節。而且第二類卷册的所有案例都不缺乏啟動的程序部分,簡 142 移出去,就沒有其他安置的地方。簡 143 和 144 都提及案例 09 首犯"同"的名字,而且此兩枚簡的簡文直接銜接。簡 143 末尾爲"(同)改(改)曰:隸臣,非歸義",簡 144 起首承接此句話云"訊同:非歸義,可(何)故?"此外,簡 143 和 144 的記載内容還能與簡 145 繫連起來。在此三枚簡的簡文中被告人同的身份逐步變化,最初稱"歸義"(簡 143),其次改爲"隸臣"(簡 143—144),最後又改爲"吏僕"(簡 144—145),可見簡 143 和 144 也無法在案例 09 内部調到簡 145 下面。

如果移出方案不成立,可以考慮移入方案。簡 154 至 159 都屬於案例 10。案例 10 的多數簡是殘簡,兩枚簡的簡文直接銜接的情況非常少。[①] 同時,背面也沒有連續的劃痕。因此,案例 10 確實會出現一些目前還沒考慮到的缺簡。但是,這也存在一個難以克服的問題。前項《簡 153(0329):墨圈分布與編聯》已提過,陳偉《〈獄麓秦簡

[①] 目前,簡文銜接的地方祇有簡 152 與 154(或 153)、簡 154 與 155、簡 161 至 163、簡 166 至 170。其中,簡 152 末尾簡文爲"皆亡不得",能視爲一個完整的短語,雖與簡 154"不智(知)云云"(或簡 153"殴(也)")連讀很通暢,但並沒有必然的銜接關係。相比之下,簡 154 與 155、簡 161 至 163、簡 166 至 170 各簡銜接 (轉下頁)

三·魏盜殺安宜等案〉編連獻疑》①對舊著案例 10 的編聯方案曾經提出質疑，提倡簡 153 應移於簡 155 與 156 之間。這也意味着在簡 155 至 158 之間增加簡數，與小文所討論的移出方案相同。於是，筆者在拙稿《〈爲獄等狀四種〉編聯方式的幾點補充說明》中細談了增簡對整個卷冊的影響，結論是在第二類卷側中簡 155 至 159 五枚簡正面與簡 167 至 170 四枚簡背面有接觸，因爲簡 167 至 170 的連讀關係非常可靠，並且得到簡 178 至 181 反印文、揭取位置等客觀標誌的印證，所以簡 155 至 159 之間也無法增加簡數。爲避免重複，在此不再贅述。②

　　總之，移出方案和移入方案都會遇到極大的困難，其中唯一不產生很嚴重內部矛盾的方案似乎是删除簡缺 11，並將簡 142、143 依次前移。③ 在上述拙稿中也曾提倡删除簡缺 11 的辦法，其中將簡 142 移於簡缺 11 的位置上，並將簡 156（殘 353）移於簡 142 原來的位置，以便將簡 153 插於簡 155 下。現在據簡 159 背面反印文新設缺簡 q11(2) 的話，此處又多出一枚簡，簡 156 和缺簡 q11(2) 兩枚簡都要占用删除簡 q11 後所空出來的簡位。從卷冊結構來講，這種情況並不理想，但簡 153、156 等的移動都是有充分理由的，目前恐怕難以找出一個更合理的編聯方案。

　　簡 158 背面反印文與簡 144 正面"●""義可故同""及薄宿類"等字的對應關係在前項《簡 158(1822)：反印文"義可故同""及薄宿類"》已得到印證，現可將第二類結構表的相關部分修改爲如下表 12：

表 12　第二類卷冊結構表（摘錄，新案）

反印文："診"。	154	0422	反、位	140	0421				
	155	0454＋殘 087	位	141	0455				
	153	0329	位	142	0320				
				156	殘 353				

（接上頁）　關係更加密切，如簡 154"不智(知)"與簡 155"可(何)人"，簡 161"以二錢買不智(知)"與簡 162"可(何)官城旦敝赤幍(裙)襦"等，屬於同一短語的字詞前後書寫在不同簡上，連讀的可靠性當然高得多。此外，簡 158 與 159 之間簡文的內容關係非常密切。簡 158 末尾記載嫌疑犯"毄"供述，以"去亡"兩字結束。簡 159 則記載官方訊問之辭，云："毄亡，安取錢以補袍及買鞞刀？"顯然"毄亡"與"去亡"相應，此兩枚簡不應該輕易分開。

① 陳偉：《〈嶽麓秦簡三·魏盜殺安宜等案〉編連獻疑》，簡帛網，2013 年 9 月 5 日。
② 參看拙稿《嶽麓秦簡〈爲獄等狀四種〉編聯方式的幾點補充說明》。
③ 既然删除簡缺 11，上文新設的簡缺 11(2) 的簡號可以改爲"缺 11"，表 12 所謂"q11"則指這一枚缺簡。

嶽麓書院秦簡《爲獄等狀四種》第二類卷册案例八至案例十一釋文、注釋及編聯商榷

續　表

	157	1828		143	1824＋殘340			
反印文："●（?）""義可故同""及薄宿類"。	158	1822	反	144	1834＋1817			
反印文："□□"。	159	1818		q11	缺簡			
反印文："者而言""□"。			反、位	145	1816			
		165	殘408		146	1845＋0462-1			
	160	0452(2)	位	147	0452＋殘385	位（?）	137	0452(0)-1①
						位（?）	138	0452(0)-2
	⋮	⋮	⋮	⋮	⋮	⋮	缺簡（?）	
	163	0512	反、位	151	0511			
	164	0419	反?、位	152	0418		139	0494
	166	0423	位	154	0422	反、位	140	0421
	167	0427	（位）	155	0454＋殘087	位	141	0455
	168	0307＋1830	位	153	0329	位	142	0320
							156	殘353

（加底色部分表示與舊著不同者）

簡 164(0419)："未蝕"注釋

　　案例10簡文中出現"未蝕"辭例，爲古漢語詞彙史研究提供可貴的材料。簡164記載該案例被告人蘻的供述，其中蘻説明他又買了把大刀，想用來再搶劫殺人，但未能得逞就被捕獲等情況。簡文用"未蝕"表達"未能得逞"義。當作法律術語，"未蝕"可以將其理解爲"未遂"。問題是，"未蝕"不見於傳世文獻，出土文獻原來也祇有《法律答問》簡065一例：

---

① 簡137和138在清理記録無相關記載，拙著《嶽麓秦簡復原研究》疑其原壓在簡452（整理編號147-1）下，清理後才被剝離。現在據此位置關係，將其從簡150、151旁邊移於簡147旁邊，簡138與139之簡似有多數缺簡，但無法確知簡數。

> 内(納)奸,贖耐。今内(納)人,人未蝕奸而得,可(何)論。除。

整理小組認爲"納奸"指"容使壞人進入";"蝕"應讀爲"食",有"受納"義,可以翻譯爲"得逞"。何四維則指出,① "*Chien*…(中略)…can mean 'fornication'('奸'能表示'通奸'義)",② "*Shih* can mean 'sexual intercourse'('食'能表示'性交'義)",並據此推測本則答問會與性犯罪有關。① 現在有了案例 10"未蝕"的辭例,我們可以肯定,"未蝕"之"蝕"其實與性犯罪無關。今後若要探討"未蝕"之"蝕"的詞義,就要放大視野,不能局限於何四維第二個觀點。基於上述考量,舊著注 22 解釋如下:

> 未蝕,未遂。《法律答問》簡 065:"'内(納)奸,贖耐。'今内(納)人,人未蝕奸而得,可(何)論?除。"本簡能證明"未蝕"不限於奸罪使用,但"蝕"讀爲何字仍待考。

曹旅寧《何四維〈秦律遺文〉與〈嶽麓秦簡(三)〉》② 却認爲,此注末句應修改如下:

> 蝕奸應爲奸非罪未遂,參見案例十一注,③ 本簡能證明'蝕'不限於奸罪使用,但'蝕'讀爲何字仍待考。

修改意見的主要依據是上述何四維第二個觀點:

> 注釋小組認爲指容使壞人入内。荷蘭漢學家何四維認爲"蝕"當讀爲"食",是性交的意思,懷疑是性關係方面的犯罪,意思是通奸未遂。李學勤先生認爲這也是有可能的。

曹文同時指出"十一年以前出版的拙撰《秦律新探》已對此説高度重視"。查核《秦律新探》,除"荷蘭漢學家"五個字外,論述一模一樣。④ 筆者認爲,何四維的貢獻不在於"蝕"字,而在於"納奸"詞義的解釋上。其實,何四維並不積極主張"蝕"一定要讀爲"食",並理解爲"性交"。他的着眼點是"納奸"。按照何四維的思路,量刑"贖耐"過於輕微,不太可能是針對"容使壞人進入"一類罪行的量刑。因此,他明確否認整理小組對"納奸"的注釋,並推測"納奸"之"奸"指"通奸罪"。⑤ 在此基礎上,他進一步提出上述第二個觀點,實際上衹不過是細枝末節,主幹是第一個觀點,並且這個觀點是正確

---

① A. F. P. Hulsewe, *Remnants of Ch'in Law, An annotated translation of the Ch'in legal and administrative rules of the 3rd century B. C. discovered in Yün-meng Prefecture, Hu-pei Province, in 1975*, E. J. Brill, 1985, Leiden, 138 頁。
② 曹旅寧:《何四維〈秦律遺文〉與〈嶽麓秦簡(三)〉》,簡帛網,2013 年 10 月 15 日。
③ 舊著案例 11 無相關注釋,疑"注"係衍文。
④ 曹旅寧:《秦律新探》,中國社會科學出版社,2002 年,第 89 頁。
⑤ 後舉陳文亦指出"秦漢出土文獻用'姦'表'姦壞''姦詐',用'奸'表'奸情',兩字用法有別"。

的。"壞人"義的"姦"字見於《史記》商君列傳：

> 令民爲什伍，而相牧司連坐。不告姦者腰斬，告姦者與斬敵首同賞，匿姦者與降敵同罰。

量刑與"贖耐"相隔懸殊。與此相比，通姦罪僅判"耐"刑，① 與相關未遂罪之"贖耐"相近。

何四維的思路被整理小組采納，在 1990 年出版的《睡虎地秦墓竹簡》後記中表現如下：

> 本書付排後，看到海內外不少學者研究秦簡的論著，如饒宗頤、裘錫圭、栗勁、何四維等先生，對簡文注釋均有所匡正。…（中略）…因爲版已排就，現彙述如左：…（中略）…《法律答問》…（中略）…"內姦"係注釋〔一〕下加"一說，姦乃指性關係方面的犯罪"。

勞武利、史達英譯進一步展開何四維第一個觀點，爲案例 11 簡 171 與性犯罪相關的"未蝕"注釋如下：②

> *Wei shi* "to not have carried out (a planned criminal offence)" as a principle of determining punishment here refers to the unsuccessful attempt to commit the statutory offence or fornication/illicit sexual intercourse (*jian*). It already occurs in this sense in the *Falü dawen* from Shuihudi (*FLDW*65③). The editors of the Shuihudi manuscripts misinterpreted this …（中略）… However, in Qin and Han legal manuscripts *jian* does not mean "plot, conspiracy", but always refers to the statutory offence of illicit sexual intercourse, cf. footnote 1203. The exact meaning of *na* in this passage becomes clear by comparison with two passages from *Zuozhuan* where *na* can be translated as "to introduce a girl to the ruler's bed" (*Zuo Xiang* 26; *Zuo Zhao* 14) Therefore, the above passage from the *Falü dawen* should be translated as: "'Introducing [a girl to someone] for fornication [is punished by] paying the fee for redemption from being shaved.' Supposing [a procurer] introduces a girl to someone else, but the person in question is caught before he carried out the fornication. How is [the procurer] to be sentenced? He is to be exempted from punishment."

---

① 《奏讞書》簡 182："姦者，耐爲隸臣妾。"
② 勞武利、史達英譯 248 頁注 1187。
③ 勞武利、史達英譯原引用《法律答問》簡 065 原文，爲避免重複，在此從省，請參看後續中譯。以下多類同。

"未蝕",量刑準則之一,未施行(所預謀的犯罪),在此指奸罪未遂。相同詞義的"未蝕"已見於睡虎地秦簡《法律答問》簡65:"今内(納)人,人未蝕奸而得。"睡虎地秦簡整理小組誤解了此句話爲……(中略)……。其實,秦漢法律文獻中,"奸"不表示"奸謀",而專指通奸罪,參看注1203。① 此處"納"的正確詞義,可以比較《左傳》的兩個辭例,均表示"引進女子侍寢君主"義。《左傳》襄公二十六年:"姬納諸御,嬖。"昭公十四年:"韓宣子命斷舊獄。罪在雍子。雍子納其女於叔魚。叔魚蔽罪邢侯。"因此,《法律答問》上述答問應該翻譯爲:"'引進(女子與人)通奸,贖耐。'假如(媒人)引進女子侍寢別人,別人却在施行通奸前被逮捕,媒人應該如何論罪?應該免罪。"

總之,何四維的第一個觀點幫助解決"納奸"詞義的問題,爲探索"未蝕"詞義,反而需要放棄第二個觀點,脱離性犯罪的框框,打破"蝕—食—性交"這一鏈條。即使"蝕"字仍讀爲"食",還是需要换個視角。陳劍《結合出土文獻校讀古書舉隅》舉出兩個用法較爲特殊的"食"字辭例,詞義均與"得"相近。(一)上海博物館藏戰國楚竹書(七)《凡物流形》甲本簡08:②

> 天之禀(明)奚得?鬼之神奚飤(食)?先王之智奚備?(下略)【8】

陳文將文意翻譯爲:

> 上天的明察是如何得到的?人鬼的神靈是如何實現的?先王的智慧是如何完備的?

並説明,前兩句"得"和"食"兩字即使顛倒作"天之明奚食?鬼之神奚得?",也"未嘗不可"。這不外乎是説,在此辭例中,"得"和"食"的詞義相同,可以理解爲得到或實現。(二)《左傳》哀公元年伍員諫吳王之語云:

> 句踐能親而務施,施不失人,親不棄勞。與我同壤,而世爲仇讎。於是乎克而弗取,將又存之,違天而長寇讎,後雖悔之,不可食已。姬之衰也,日可俟也。

"不可食已"一句的解讀雖有議論紛紛,但據《戰國策》秦策"後雖悔之,不可得也"辭例可知,"食"即"得"一類義。③ 如果"食"字確實有"得"/"實現"一類義的話,將法律術語

---

① 注1203羅列張家山漢簡《二年律令》《奏讞書》、睡虎地秦簡《法律答問》《封診式》、嶽麓秦簡《爲獄等狀》、里耶秦簡等供17辭例。
② 釋文照陳文用寬式。
③ 楊伯峻《春秋左傳注》已引清朝學者于鬯《香草校書》云:"此食字蓋讀爲得",並説明其以《秦策》對文爲證,但評其爲"似失之拘滯"。以上均據陳文。

"未蝕"讀爲"未食",解釋爲"未得"即"未遂",當然是順理成章之事。唯一的問題是,"食"字這一義項過於古老,在訓詁中未能保留下來。相近者似乎祇有《戰國策》宋衛策高誘注所見"用"訓。"用"和"食"均與祭祀有關,人用犧牲祭祀鬼神,鬼神享用供品相同可稱之爲"食"或"用"。陳文已正確指出,"食"之"實現"義很有可能是從鬼神"得食"之"食"引申出來。

筆者對詞彙史研究完全是個外行,舊著注釋即未敢任意想象,却已明確意識到,"蝕"字與性犯罪無關,需要另再尋找綫索。因此,舊著注 17 未添加任何揣測,以免畫蛇添足。現在除何譯之外還得到陳文的啟示,似乎可以擬補如下:

> 未蝕,未遂。《法律答問》簡 065:"'内(納)奸,贖耐。'今内(納)人,人未蝕奸而得,可(何)論?除。"本簡能證明"未蝕"不限於奸罪使用。蝕,疑讀爲"食",從祭獻、享祀義引申爲得到、實現義。《左傳》哀公元年:"後雖悔之,不可食已。"上海博物館藏戰國楚竹書(七)《凡物流形》甲本簡 08:"天之稟(明)奚得?鬼之神奚飤(食)?"

簡 165(殘 408):文書格式與編聯

《魏盜殺安、宜等案》中出現兩次詰問和被告人的相應供述,但二者均不完整。簡 160 至 164 記載被告人魏的供述,開頭處稱"甚矣!以人莫智(知)。今吏智(知)之,未可奈可(何),請言請(情)",之後用大致四枚簡的篇幅詳細描寫本案原委,最終以"罪"字結束。遺憾的是,引出被告人栩栩如生描述的詰問尚未發現。簡 165 記載詰問末尾"可(何)解"兩字和被告人非常簡略的供述:"皋(罪)。毋(無)解。"兩次詰問中,哪一個在前,哪一個在後呢?因爲詰問正文殘缺,一時難以確知二者的前後順序。

在此介紹一個書寫格式方面的特點,或許能解決這一問題。簡 164 在簡文以"罪"字結束之後留下至少七個字左右的空白,明顯表示出提行分段之意。相同空白在本案中還出現兩次,即簡 159 和 170。簡 170 是本案末簡,留下空白未必有什麼特殊意義,但簡 159 位於案中,其下提行無疑表示分段意,與簡 164 相同。換言之,本案記錄中出現兩次提行分段的情況,將本案記載分爲至少三大段。第一段自簡 150 至簡 159,記載本案搜查過程,從揭發開始一直到嫌疑犯被押送到官府審訊爲止。這其中嫌疑犯仍未承認本案罪行,簡 159 還記載他撒謊說"庸(傭)取錢(以補袍及買鞘刀)"的供述,嫌疑犯仍以爲官方不識廬山真面目。第二段自簡 160 至 165,記載兩次詰問,嫌疑犯承認罪行,真相大白了。第三段自簡 166 至簡 170,簡明摘錄廷審和判決之後詳細記載推薦獄史觸等的上行文書的多大部分。

如果上述分析無誤的話,簡尾留空的簡 164 應位於第二段末尾,即簡 166 前,簡

165 相應地移於簡 160 前。這一結論與前幾項所討論的新編聯方案相一致，從側面驗證移動簡 153 正確無誤。

簡 166(0423)："朡(虞)"釋讀

簡 166 記載縣級機關上行文書的部分敘述，描寫被告人魕有意地在現場留下"城旦赤衣"以來搗亂的情況。舊著釋文如下：

> 端買城旦赤衣，以盜殺人。① 巳（已）殺，置死（屍）所，以□令吏【弗】₁₆₆得。…（略）…₁₆₇

相似的敘述也見於被告人供述，即簡 161 云：

> 求城旦赤衣，操，巳（已）殺人，置死（屍）所，令人以爲殺人者 城 旦 殹(？ 也)，弗(？)能(？)得(？)魕。

雖然簡 166 有一個未釋字，但前後文的語境非常清楚，又可以兩處相互參照，舊著語譯即將其分別翻譯如下：

> 他特意買城旦的紅衣，用來搶劫殺人。殺完後，(將紅衣)放在屍體旁，想□(轉移視綫?)讓官方 166 查【不】到。(簡 166—167)

> 尋找城旦的紅衣，(準備)拿着，殺完了人，把它放在屍體旁，讓人以爲殺人犯是個城旦，(因而)不能識破我。(簡 161)

在語譯中，筆者將未釋字當作動詞"令"的狀語，這是因爲簡 166—167 所謂"以□令吏【弗】得"基本上與簡 161"令人以爲殺人者城旦殹(？ 也)，弗(？)能(？)得(？)魕"相同，似乎不能再多加什麽實質內容。"令人云云"和"令吏云云"同樣表示前文將城旦衣"置死（屍）所"的目的，簡 166 的"以"字明確表示這種手段和目的的文意聯係。除將未釋字當作"令"字狀語之外，還有另一種可能，即未釋字簡明扼要地概括"令吏【弗】得"的一句話。若然，句讀改爲"置死（屍）所，以□，令吏【弗】得"，"□"即單字能表達"令吏【弗】得"一類意思。

細究字形，此字雖然紅外綫圖版殘缺較嚴重，但彩色圖版上保全了大多數筆畫，

---

① 將簡 166 簡文與下引簡 161 相比較，或會認爲此處句號應改爲逗號，但筆者認爲"以盜殺人"是概括性敘述，説明罪犯買了城旦紅衣是用來搶劫殺人的。下文則介紹具體的運作方式，即殺完後，將紅衣放在屍體旁，讓官方查不到自己。前後兩個"以"字分別表示不盡相同的目的，即買衣服用來殺人；放在現場，用來誤導官方。换言之，"端買云云"與"巳殺云云"是兩個相對獨立的敘述。簡 161 則不然，"求城旦赤衣""操(赤衣)""置(赤衣)死（屍）所"是連貫的動作，這些動作的目的祇有一個，即"令人云云"。

可以進行分析如下（參看圖 19，左側爲彩圖，右側紅外綫圖版）：第一，上半部分是兩個"目"形，其左側"目"形也見於紅外綫圖版。第二，下半部分衹要撇開左側豎筆，剩下的筆畫構成一個完整的"隹"旁。第三，從紅外綫圖版能看出，下半左側豎筆的起首略往左彎曲，豎筆中、下方在左側有兩個小點，似係殘缺橫筆的末端。兩目一隹無疑是瞿旁，可知此字從瞿聲；橫折豎加兩個橫筆，很可能是"月"旁的殘留筆畫，也不能排除其爲"目"旁。①

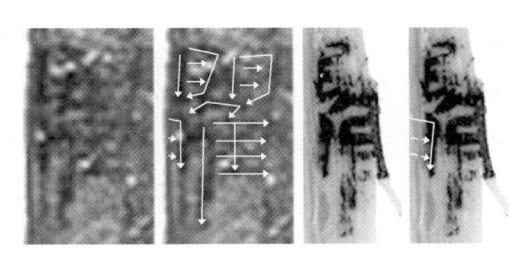

圖 19　簡 166 未釋字筆畫分析

瞿字群紐魚部，疑或讀爲"虞"，欺詐義。《左傳》宣公十五年"我無爾詐，爾無我虞"，洪亮吉引《淮南子·繆稱》高誘注："虞，欺也。""虞"又常訓"度"，有料想、算計義，如《詩·魯頌·閟宮》"無貳無虞，上帝臨女"，鄭玄注："虞，度也。"②欺詐義似可理解爲其轉義，"我虞"即"算計我"。在本簡語境中，"虞"作"令吏【弗】₁₆₆得"的狀語，應該是設下圈套一類意思。從司法部門的角度來說，這也就是舊著語義所括注的"轉移視綫"。

據此，可以將相關釋文改爲"以矏（虞？）令吏【弗】₁₆₆得"，並刪除語譯的括號，直接翻譯爲"想轉移視綫，讓官方₁₆₆查【不】到"。

簡 168（0307＋1830）："以智治鐵（纖）微"句讀與注釋

參看前項《簡 148（0643）："以智治訮（研）訶"句讀與注釋》。

案例 11　《得之强與棄妻奸案》

簡 171（1846）："不强與棄妻"釋讀

簡 171 記載案例 11《得之强與棄妻奸案》乞鞫人"得之"的乞鞫書，舊著釋文如下：

【……當陽隸臣得之气（乞）鞫曰：……】不（？）强（？）與（？）棄（？）妻（？）夋奸，未觖（蝕）。當陽論 耐 【得之爲】

該簡除上下方殘斷外，左側也殘缺，所有字跡僅保留至多右側一半，尤其上方八個字殘留筆畫甚少。因此，舊著釋文在前五個字下面都加了問號，"未"字打框，表示其依

---

① 秦印中有"矏"形字（🔲，《中國璽印集粹》），據李蘇和研究，此字即"矏"字，肉旁受眲旁影響寫成目形。參看李蘇和：《秦文字構形研究》，復旦大學博士學位論文，2014 年，第 201 頁。

② 毛傳又云："虞，誤也。"

據文意所釋。今細審圖版，除"強"字外，殘留筆畫的特徵都很清楚，與簡186等字迹比較，能確定其分别爲"不""與""棄""妻""未"等字，祇有"強"字墨迹模糊不清，需依文意補釋。字形可以參看圖20。圖20中間是簡171紅外綫圖版，左方"強""與""棄""夋""奸""未""餘"七字用簡186簡紅外綫圖版作比較，"不""妻"兩字分别取自簡183和簡173。另外，"不"字前另有一個未釋字，僅見彩圖（圖右側），舊著失收。據《奏讞書》案例十七"故樂人"文例推測，乞鞫書起首一般記載乞鞫人原來的身份，彩圖所見未釋字即應爲身份稱謂末字，簡文在未釋字與"不"字之間斷開。

與上述説明相應，本簡釋文應改爲如下：

【……當陽隸臣得之气（乞）鞫曰：……】□，不 強 與棄妻夋奸，未餘（蝕）。當陽論 耐 【得之爲】

簡171（1846）："夋"字注釋

案例11《得之強與棄妻奸案》是一個強奸案，受害方的人名作"𡙕""𡙕"等形，舊著隸定爲"夋"，並注釋如下：

夋，秦印常見字，用爲人名，也見於《奏讞書》簡210，後絶傳。字形結構似從交、從于，或爲"尩"字異體，仍待後考。

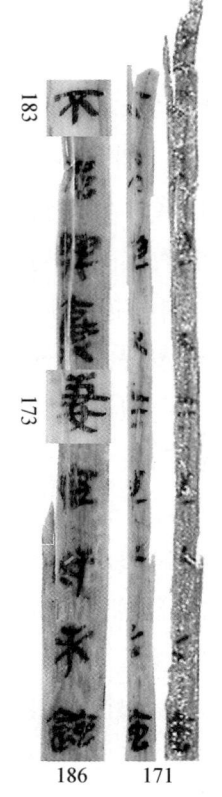

方勇正確指出，此字隸定和注釋采用了筆者與陳劍合寫的《〈奏讞書〉校讀劄記》，該劄記依據施謝捷的意見推測如下：

按《説文》卷十下交部："褒，衺也。从交、韋聲。"其篆形作𡙕，顯然確實是與上舉諸形結構很類似的。據此，此字當分析爲"从交、于聲"，可隸定作"夋"。《説文》與後世字典韻書皆無此字，在从"于"得聲之字中，"尩"字似與此形有聯繫。《説文》卷十下尢部："尩，股尩也。从尢、亏（于）聲。"段注："尩之言紆也。紆者，詘也。"其義爲大腿屈曲（徐鍇《繫傳》："股曲也"）或身體屈曲（《集韻》虞韻引李陽冰曰"體屈曲"），《説文》説"交"字本義爲"交脛也"，"褒"字以"交"爲意符而義爲回邪之"衺"，與"屈曲"義亦近。由此考慮，不知"夋"是否可能就是"尩"字異體。①

---

① 陶安、陳劍：《〈奏讞書〉校讀劄記》，復旦大學出土文獻與古文字研究中心編：《出土文獻與古文字研究》第4輯，上海古籍出版社，2011年，第413頁。

方勇作了進一步考證,指出甲骨文中有相關的字形,作 [字形]、[字形]、[字形] 等形。裘錫圭將這些字火形上面的人形釋爲"黃",並分析如下:①

> 唐蘭先生認爲"黃字古文象仰面向天,腹部膨大,是《禮記·檀弓下》'吾欲暴尪而奚若'的'尪'字的本字"。這是很精闢的見解。"黃""尪"音近。《吕氏春秋·明理》高誘注:"尪,短仰者也。"同書《盡數》注:"尪,突胸卬(仰)向疾也。"尪人突胸凸肚,身子顯得特別粗短,[字形]字表示的正是這種殘廢人的形象。

方勇則依據裘錫圭的考釋意見將案例 11《得之强與棄妻奸案》人名字隸定爲"尪",並認爲所謂"交"形實爲"黃",即裘錫圭所謂尪字的本字。方説很有見地,可備一説。②

簡 172(0453):"廷"字注釋

案例 11《得之强與棄妻奸案》的被告人得之,因强奸未遂,被當陽縣論處"耐爲隸臣"刑。執行判決之後,得之却仍未服氣,提出兩次"乞鞠",即要求重新審理。第一次覆審由機關"廷"③、擔當人"廷史賜"④進行,覆審結果以"乞鞠不審"罪判處"毄(繫)得之城旦六歲"。按常理,"廷史賜"的正式官名應爲"廷尉史",機關"廷"應指"廷尉"。問題是,按照漢初的明文規定,各縣所發生的"乞鞠"案件應上報"屬所二千石官",而當陽縣所屬"二千石官"是南郡,本來與廷尉無關。因此,舊著在注釋中除"廷尉"外還提及"廷"指"縣廷"的可能。注 4 稱:

> 廷,有兩種可能性:(1) 廷尉。《二年律令》簡 116—117:"气(乞)鞠者各辭在所縣道,縣道官令、長、丞謹聽,書其气(乞)鞠,上獄屬所二千石官,二千石官令都吏覆之。都吏所覆治,廷及郡各移旁近郡,御史、丞相所覆治移廷。"據此條律文可知,廷尉、御史、丞相都有派"都吏覆治"乞鞠案件的情況,但南郡當陽縣判處得之,不知得之初次乞鞠何故直接爲廷尉史所覆治。簡 187 稱"得之去毄(繫)亡",或許與此有關。(2) 縣廷。《秦律十八種》簡 029—030:"禾、芻槀積索(索)出日,上赢不備縣廷。出之未索(索)而已備者,言縣廷,廷令長吏雜封其厽,與出之,輒上數廷。"《二年律令》簡 101:"諸欲告罪人及有罪先自告而遠其縣廷者,皆得告所在鄉。鄉官謹

---

① 《裘錫圭學術文集·甲骨文卷》,復旦大學出版社,2012 年,第 197 頁。
② 方勇:《也談秦簡中的"尪"字》,簡帛網,2015 年 8 月 5 日。
③ 簡 172 稱"廷覆之",簡 177"廷報之"、簡 187"廷有(又)論毄(繫)城旦"。
④ 簡 175 稱"廷史賜等覆之"。

聽,書其告,上縣道官。廷士吏亦得聽告。"縣廷簡稱廷爲秦漢簡牘所常見,但縣廷審理乞鞫案件,與上引《二年律令》簡 116—117 的明文規定不合,或許制度上前後發生過變化。

與此注相應,有關"廷史"的注 8 又稱:

> 廷史,有兩種可能性,與前文簡 172 廷字的解釋相應:(1)廷尉史。《漢書》刑法志"今遣廷史與郡鞫獄,任輕禄薄,其爲置廷平,秩六百石,員四人",顏師古注引如淳曰:"廷史,廷尉史也。"(2)縣屬吏,掌管縣廷總務,不見古書。

再三斟酌,當作乞鞫案件重審機關的"廷"不太可能指"縣廷"。無論制度上發生什麼變化,至少擔當過初審的縣廷不可能承擔該乞鞫案件的審理工作。案例 11 中也未曾提及初審機關"當陽縣"以外的縣名。同時,里耶秦簡提供了極其豐富的秦代當代的文書資料,縣屬少吏的官職也已基本清楚,縣廷裏除"令佐""令史"外恐怕也不能再冒出一個古書未見之"廷史"。因此,勞武利、史達①、游逸飛②、朱瀟③、南玉泉④、于洪濤⑤等學者將案例 11 的"廷"和"廷史"分別解釋爲"廷尉"和"廷尉史",應該是正確的。不過,當陽縣的乞鞫案件直接由廷尉覆審的原因恐怕未曾得到合理的解釋。這一點得不到正確的理解,該案第一次覆審與第二次覆審的關係也難以講通。

筆者認爲這個問題可以從兩個角度着眼。第一,《二年律令》簡 116 至 117 有關乞鞫程序的明文規定仍然是一個謎團,甚至有學者主張此兩枚簡不能連讀,原屬兩條不同的律文。⑥ 原文見於上引注 4,其中第一句話("气(乞)鞫者"至"都吏覆之")規定乞鞫程序的基本原則。乞鞫人先向所在縣道提出乞鞫,即要求重新審理。所在縣道受理之後,上報"屬所二千石官"。所謂"屬所二千石官"分通例和特例。一般的情況下,初審由縣道負責審理,縣道的"屬所二千石官"指縣道上級機關的

---

① 勞武利、史達英譯 252 頁注 1212。

② 游逸飛:《從軍區到地方政府——簡牘及金文所見戰國秦之郡制演變》,《臺大歷史學報》第 56 輯,2015 年,第 11 頁。

③ 朱瀟:《嶽麓書院藏秦簡〈爲獄等狀四種〉與秦代法制史研究》,中國政法大學出版社,2016 年,第 191 頁。

④ 南玉泉:《秦漢的乞鞫與覆獄》,《上海師範大學學報(哲學社會科學版)》2017 年第 1 期,第 73 頁。

⑤ 于洪濤:《秦漢法律簡牘中的"鞫"研究——兼論秦漢刑事訴訟中的相關問題》,《簡帛研究 2018(春夏卷)》,2018 年。

⑥ 籾山明:《中國古代訴訟制度の研究》,京都大學學術出版會,2006 年。又籾山明著、李力譯:《中國古代訴訟制度研究》,上海古籍出版社,2009 年,第 81、105 頁(中譯 74、96 頁)。

"郡"。"郡"派遣卒史等都吏去覆審。① 這就是通例，不需要另再説明。此外存在一些不由縣道負責審理的特例，即律文所謂"都吏所覆治"的案件。比如《奏讞書》案例18的被告人癉，原職爲攸縣長官，由御史所派遣的南郡卒史蓋廬等審理。此時"都吏"的覆審（"覆治"）就是該案的初審。又如《奏讞書》案例17的被告人講，初審由雍縣判爲黥城旦，乞鞫之後由廷尉兼平反。既然被平反了，當然不用再乞鞫，但假設廷尉兼判了他"乞鞫不審"，按照"加一等"的原則論處講，講或許再次提出乞鞫。此時"都吏所覆治"則指廷尉兼的重審。那麽，被告人對"都吏"所"覆治"的判決提出乞鞫的話，由哪一個"二千石官"負責派遣都吏來覆審呢？ 這就是簡116至117第二句話所規定的特例。如果第一次覆審由廷尉或某郡派遣都吏的話，第二次覆審則移送到"旁近郡"；如果御史或丞相承擔第一次覆審的話，第二次覆審則移送給廷尉。

如果上述理解無錯的話，在上引明文規定的立法者的預期中，乞鞫案件當然會含有一些原來就由廷尉覆審的案子。當時立法者完全不躊躇，將這些案子都委託"旁近郡"即"郡"級的地方政府進行覆審。換言之，廷尉雖然是秦朝中央政府九卿之一，掌管天下刑獄，但他未必是主管司法的最高官吏或機關，他在某些情況下與"郡"或"郡守"是平等的。從官秩來講，廷尉和郡守"秩各二千石"，確實不存在什麽高低。② 這又意味着，秦漢的司法部門未必構成一個"三審級"的訴訟制度。朱瀟《嶽麓書院藏秦簡〈爲獄等狀四種〉與秦代法制史研究》已明確否認"三審級"，主張"二審級"的司法制度：

> 在覆核、奏讞與乞鞫三項關鍵性的司法機制中，郡與廷尉都是縣的上一級司法機構。在全國司法體系内，地方一般體現爲"縣—郡"二級結構，而京畿則體現爲"縣—廷尉"的二級結構。地方郡廷與中央廷尉係屬平級機構，基於專業性的强弱而出現案件的移交現象。③

朱瀟的分析基本與《二年律令》簡116—117的明文規定相吻合，但其中也並不無問題。第一，漢初高帝詔令中"奏讞"制度採取"縣—郡—廷尉"的三審級結構，很有可能秦代已如此。第二，《爲獄等狀》案例11初審由南郡當陽縣審理，與京畿無關，但其第一次乞鞫由廷尉覆審。那麽，哪些乞鞫案件由郡吏覆審，哪些由廷尉覆審？ 這似乎與

---

① 此處所謂"覆"訓"審""察"等，雖然也能包含重審等情況，但詞義爲徹底審察，專指郡吏（或朝廷使者等）的審訊或審理程序，與現代所謂"復審"之"復"有別。詳看舊著案例08《譊、妘刑殺人等案》注10。

② 參看《二年律令》簡440—441。

③ 朱瀟：《嶽麓書院藏秦簡〈爲獄等狀四種〉與秦代法制史研究》，中國政法大學出版社，2016年，第5頁。

"廷史"的活動方式有關,這也就是理解案例 11 會出現"廷尉"和"廷史"的第二個着眼點。

　　從里耶秦簡可知,秦代屬於洞庭郡的遷陵縣接待很多來自外地出差的官員。比如簡 8－0133 記載"酉陽具獄獄史啟"的上行文書,其末尾稱"封遷陵丞",表示獄史啟借用了遷陵丞的官印封緘了這封文書。文書的發行日期爲"二十七年八月甲戌朔壬辰",於第二天"八月癸巳",遷陵守丞巸將啟的文書轉送給司空。這證明酉陽具獄獄史啟不可能從酉陽縣發行此文書,而是因公務逗留在遷陵縣。① 簡 8－0078 記載一封由"洞庭假卒史悍"發行的文書,末尾同樣稱"封遷陵丞",發行日期爲"二十九年十一月辛酉",同日由隸臣唯送到遷陵縣廷。此封文書殘缺較嚴重,無法知曉卒史悍本要辦理什麼事務,但假設其辦理某種司法業務,這些當然能算爲《二年律令》簡 117 所謂"都吏所覆治"。逗留在遷陵縣的官員開設臨時的辦公地點,稱"治所",常見於封緘簡。比如 8－0940"傳舍沅陵獄史治所☐",應指"沅陵獄史"在遷陵縣的"傳舍"所開的"治所"。相同辭例很多,再舉一個較爲完整的例子。8－0255 稱:

　　　　覆獄沅陵獄佐己治所。遷陵傳。洞庭。

"覆獄沅陵獄佐己治所"是收信人,"洞庭"是發信人,命令遷陵縣傳送給逗留在遷陵的"獄佐己"。相似的封緘簡中也有與"都吏"有關者,如簡 8－0632＋8－0631:

　　　　御史覆獄治。充。故令人行。②

"治"即"治所"之省,"充"是發信人,即"充縣","故令人行"是傳送方式。雖然"御史"難以塙知其爲中央官員還是長期駐扎於地方的"監御史",但無疑是"都吏"。既然他從事"覆獄"業務,他逗留的一段時間中,在遷陵縣當然會發生所謂"都吏所覆治"的案件。其中若有乞鞫等情況,按照《二年律令》簡 117 的明文規定,此案應由廷尉負責覆審。

---

① 因公出差需要由官方提供住宿和糧食,後者見於所謂"續食"文書。比如簡 J1⑤01 記載零陽縣倉守所發行的上行文書,由零陽縣轉送給"過所縣鄉",要求其爲"具獄縣官"的"獄佐辨"等三人提供"食"。遷陵等縣收到之後,立即下達倉嗇夫,命令其按照法律規定施行。詳見青木俊介《里耶秦簡の「續食文書」について》(《明大アジア史論集》第 18 輯,2014 年)、鄔文玲《里耶秦簡所見"續食"簡及其文書構成》(《簡牘學研究》第 5 輯,2014 年)、余津銘《里耶秦簡"續食簡"研究》(《簡帛》第 16 輯,2018 年)。
② 本簡綴合據何有祖:《里耶秦簡牘綴合(四)》,簡帛網,2012 年 5 月 21 日。後收入同《里耶秦簡牘綴合(七則)》,《簡帛》第 9 輯,2014 年。

既然如此，這些案件都要移送到咸陽嗎？這樣處理恐怕不現實，①還不如由廷尉派遣"都吏"在當地進行覆審。《奏讞書》案例 21 有一位"廷史申"，他在其他官吏審判杜縣的一個案子的時候，"徭使"不在，回來後反駁他同事的審判。所謂"徭使"會指什麼業務呢？很有可能"廷史申"就是嶽麓秦簡（伍）律令簡 261 和 283 所見的"假廷史、(廷史)、卒史覆獄乘使馬（者）"或簡 263"假廷史、諸使有縣官事（者）"。如此"徭使"的"廷史"也多次出現於嶽麓秦簡的《質日》：

　　壬寅，廷史行北。（《三十四年質日》簡 08）
　　戊辰，騰與廷史。（《三十四年質日》簡 33）
　　癸巳，廷史行=（行行）南。（《三十四年質日》簡 58）
　　辛未，爽行廷史。（《三十五年私質日》簡 09）

這些記載證明《三十四年質日》和《三十五年質日》的製作者曾經與廷史有接觸，應是業務上的關係。雖然嶽麓秦簡係盜掘文物，出土地點等情況未詳，但從記載內容不難推測其原出自秦代屬南郡一帶的墓葬，墓主應係地方屬吏。② 墓主記錄

---

① 游逸飛《從軍區到地方政府——簡牘及金文所見戰國秦之郡制演變》認爲，《爲獄等狀》案例 11 所發生的"當陽縣雖位於南郡，遠離首都咸陽，其乞鞫案仍須送至中央廷尉府覆審"，並據此主張"由此可知，秦王政之前的秦郡郡府大抵沒有管轄疆域内都官及縣的司法權力"。從後述出差到遷陵縣等廷史的實例可看出，游文的上述觀點不符合秦國司法行政的實際運作情況。
② 有關嶽麓秦簡的來源，史達《嶽麓秦簡〈廿七年質日〉所附官吏履歷與三卷〈質日〉擁有者的身份》（《湖南大學學報（社會科學版）》2016 年第 4 期）作出很精闢的分析：一、從内容而言，嶽麓秦簡與張家山漢簡等墓葬簡頗像，與出自古井、邊塞遺址等遺構簡有別；二、從物質形態而言，嶽麓秦簡外面殘存竹篾，其原應存放於墓葬簡常見的竹笥，並且據文本在初期清理時的分布情況可知，相關簡不可能分別出自不同墓葬；三、從《質日》記載判斷，墓主的身份低於其上司"江陵公"，高於其下屬"令史爽"。筆者贊同史文如上三個觀點，衹有史文據第三點所導出的另一個結論，即"（墓主）最有可能是江陵縣的縣丞之一"，未必正確。秦漢時代有長吏與少吏之別，長吏直接由中央派遣前往各地作地方政府長官（郡太守、郡尉、縣令、縣長、縣尉）或副長官（郡丞、縣丞），原則上避開出生地，並且定期調動；少吏是當地人，由地方長官辟召。據三分《質日》記載推測，墓主從秦始皇二十七年至秦始皇三十五年在南郡一帶至少有八年從事文書工作，其爲中央派來長吏的可能遠不如其係少吏。從史文第三觀點判斷，其或爲資歷較深的少吏，如同里耶秦簡 8－1167＋8－1392、8－1549、8－1517、8－1532＋8－1008＋8－1461、8－2106、8－2135、9－0757 等所見"遷陵守丞銜"。"銜"在秦始皇三十四、五年間當倉嗇夫，官秩爲"有秩"，時而代行縣丞職務，以"遷陵守丞"的頭銜處理縣廷文書業務。有關墓主身份等推測，另看于洪濤：《嶽麓簡〈爲吏治官及黔首〉札記二則》（簡帛網，2011 年 5 月 24 日）、于洪濤：《秦簡牘"質日"考釋三則》（《魯東大學學報》2013 年第 4 期）、陳偉：《嶽麓書院秦簡"質日"初步研究》（簡帛網，2012 年 11 月 17 日）。

"廷史行北/南""爽行廷史",這證明有一位廷史(名似爲"行")到過或經過南郡;①又記錄"騰與廷史",似乎説明屬吏騰曾經與廷史共同辦理業務。② 換言之,這位廷史在外地辦事,不難想象其辦理業務中包含《二年律令》簡116—117所謂"覆治"。

總之,廷尉屬官"廷史"經常"徭使"天下郡縣,《二年律令》簡116—117又專設特例,規定"廷史"等"都吏"覆審的案件如何乞鞫和覆審。既然如此,《爲獄等狀》案例11中被告人得之的乞鞫先由廷史賜覆審,後來又被其他郡級都吏覆審,其實也不足爲怪。據此,應將舊著注4改爲如下:

> 廷,廷尉,秦漢中央政府九卿之一,職掌天下刑獄。《二年律令》簡116—117:"气(乞)鞫者各辭在所縣道,縣道官令、長、丞謹聽,書其气(乞)鞫,上獄屬所二千石官,二千石官令都吏覆之。都吏所覆治,廷及郡各移旁近郡,御史、丞相所覆治移廷。"據此條律文可知,廷尉、御史、丞相都有派"都吏覆治"乞鞫案件的情況。本案被告人得之一共提出兩次乞鞫,第一次乞鞫由廷尉所派"廷史賜"(簡175)覆審,第二次則應按照上引律文由"旁近郡"派遣都吏"覆治"。

注8:

> 廷史,廷尉屬吏,即廷尉史,多承擔在外地"覆獄"等業務。《漢書》刑法志"今遣廷史與郡鞫獄,任輕禄薄,其爲置廷平,秩六百石,員四人",顔師古注引如淳曰:"廷史,廷尉史也。"獄麓秦簡(伍)簡261:"●令曰:叚(假)廷史、廷史、卒史覆獄乘傳(使)馬,及乘馬有物故不備,若益驂駟者(簡文中似有脱文)。"《三十四年質日》簡58:"癸巳,廷史行=(行行)南。"

簡179(0306+1832):"逯(諑)"釋讀與注釋

簡178—179記載如下一段受害人的供述:

> 㚤弗聽,即捽倍(踣)屏(屏)㚤,欲強與㚤奸。㚤與務,₁₇₈毆搒㚤。㚤恐,即逯謂得之:迺(道)之㚤里門宿。…(後略)…₁₇₉

---

① 西北漢簡中也有廷史出差到張掖郡等邊遠地區的形跡,如肩水金關漢簡73EJT10:83:

> 出粟小石六石,以   食廷史田卿乘張掖傳馬三匹往來五日食,積十五匹=(匹,匹)食四斗。☐

② 簡33戊辰的記録或應與簡34己巳的記録連讀,即"戊辰騰與廷史召走亡尸","召走亡尸"則是共同辦理的業務内容。

文意很清楚，舊著語譯如下：

> 我不從，（他）就揪住並按倒我，想要强奸我。我使勁反抗，₁₇₈他毆打、撞擊我。我害怕了，就假裝對他説："一起去我里門裏的住宿處。"…（後略）…₁₇₉

其中"逯"字原疑讀爲"謬"字，注釋如下：

> 逯，疑讀爲"謬"。謬，虛僞，假裝。《史記》范睢蔡澤列傳："應侯知蔡澤之欲困己以説，復謬曰：'何爲不可？'"《燕丹子》卷上："欲求歸，秦王不聽，謬言：'令烏白頭，馬生角，乃可許耳。'"

問題是"逯"字與"謬"字古音並不十分相近，也無法舉出二者通用的例證。① 因此，舊著未敢直接將"逯"讀爲"謬"。李豪《〈説文解字〉與出土戰國秦漢文獻互證》②則將"逯"讀"録"，訓爲"詐"，其説如下：

> 此説（即舊著注釋，筆者按）於義得之，而讀爲謬字則未確。逯，可讀爲録。《説文》："謔，謔媉也。"《廣雅·釋言》："謔，録也。"諸家皆無説。今按，謔，可讀爲詐。謔、詐音近可通。《詩·邶風·谷風》："既阻我德。"《太平御覽》八三五引《韓詩》阻作詐。

所謂"諸家皆無説"是指"謔""録"字義原均未詳。③ 段玉裁《説文解字注》言部云：

> 謔媉也。《廣雅》曰："謔、録也。"《篇》《韻》皆曰："謔、録也。"録、謔也。按許書有媉無録。故仍之。其義則未聞。

筆者認爲，李豪説正確可從。"録"字雖似較僻，古書不用，但類似情況也可以舉本案以及《封診式》"屛（屏）"字爲例，其實也不足爲奇。"逯"與"録"聲符相同，二者通用不容置疑；"謔""詐"所從聲符"虍/且"與"乍"不乏通假辭例，可以參看《古文字通假字典》111頁、《戰國秦漢簡帛古書通假字彙纂》210頁等；從簡文語境判斷，"録"訓爲"詐"也非常通順。

今可依據李豪説將"逯"讀"録"，並修改注釋如下：

---

① 勞武利、史達英譯第257頁注1226也已指出此問題。英譯將逯字改釋爲"遂"，並參照馬王堆帛書《周易》"掾"與"遯"異文將其讀爲"遯"。譯文依據《孟子》公孫丑上"遁辭（evasive words）"作"evasively（推託）"。
② 李豪：《〈説文解字〉與出土戰國秦漢文獻互證》，復旦大學碩士學位論文，2016年。
③ 《集韻》燭韻云"録，謔也"，《漢語大字典》"録"字據此釋義爲"開玩笑"，但《新校互註宋本廣韻》已據王一本、全王本以及《廣雅》指出"謔"係"謔"字之誤。此注亦據前注碩士論文。

諑，字書與"讕"互訓，但二者均不見古書，字義原未詳。據簡文可知，"諑"字有"假裝""欺騙"等義；"讕"古音與"詐"相近，即可讀爲"詐"。《説文》言部"讕，讕媒也"，段玉裁注："按許書有媒無諑。故仍之。其義則未聞。"《玉篇》言部、《廣韻》燭韻："諑，讕也。"《廣雅》釋言："讕，諑也。"

簡180(1820)："我有妻傲悍須答者也"釋讀

簡180記載證人顛的證言。據他供述，他看見了得之拉着夒，夒對他喊了"救我"，但因得之對他解釋説了一句話，他没管，就走掉了。因爲紅外綫圖版多數筆畫較爲殘泐，彩色圖版的字迹又多模糊不清（參看圖21），舊著未能準確釋出得之對顛所説的那句話，衹有頭尾"我"字和"殹（也）"字辨認，其他六個字都未釋。釋文即作"我□□□□□□殹（也）"。細審圖版，其中似有仍可辨認者。

紅外綫圖版中，兩個字的筆畫特徵較爲清楚，即"殹"上兩字。第一字應爲"須"字，第二字"者"字。"須"字衹有頁旁頭部筆畫的交代關係不十分明白，但頁旁"目"形和彡旁都清清楚楚，似不容置疑。字形可以比較如表13和圖22。

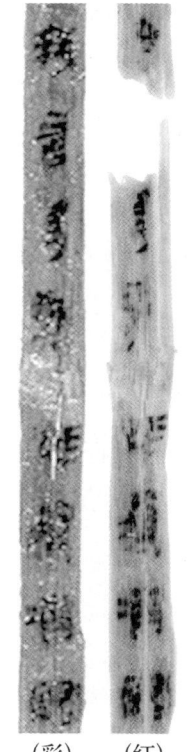

圖21 簡180 "我□□□□□□殹（也）"

表13 簡180"須"字字形比較

	爲獄180		
爲吏070	爲獄072	獄肆219	獄肆219

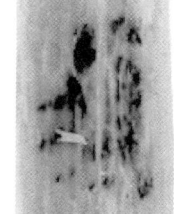

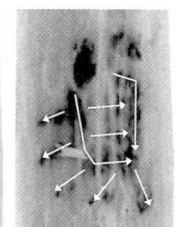

圖22 簡180"須"字筆畫分析

"者"字讓人迷惑不解的地方是左方兩個"點"，不仔細看的話，容易產生錯覺，以爲此字是左右結構。其實，此兩"點"並不是"點"，而是兩個筆勢相交叉的横向筆畫的起首。看破了這個交叉關係，此字的謎團即迎刃而解，衹能是"者"字。下方"白"形也較清晰，衹有上方略有缺筆。字形可以參看表14和圖23。除本簡外，第二類卷冊有九個"者"字，其中兩個僅見彩色圖版上，紅外綫圖版上相關簡段殘缺，表14中來自彩色圖版的字在簡號下標出"彩"字，以示區別。

嶽麓書院秦簡《爲獄等狀四種》第二類卷冊案例八至案例十一釋文、注釋及編聯商榷 · 311 ·

表 14　簡 180"者"字字形比較

	180			
145	151 彩	153 彩	155	155
161	161	162	163	

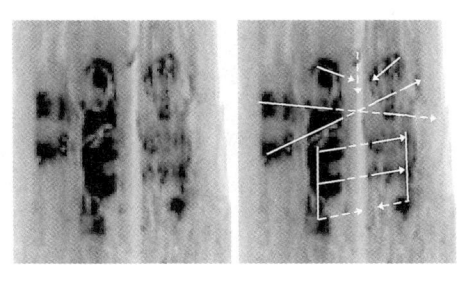

圖 23　簡 180"須"字筆畫分析

雖然目前還無法搞知"須者"在本簡語境中表示什麽意思，但僅從字形來看，此兩字釋讀似乎無其他選擇。剩下的四個字，因爲紅外綫圖版的筆畫都殘泐不全，彩色圖版又不十分清楚，恐怕還難以定下結論。在此祇能説一些揣測而已。"我"下一字的筆畫還較爲清晰，似有五個橫向筆畫和下方一口形。筆者原疑其爲"言"或"音"字，讀爲"意"，表示"我想云云"之意。其實，上方三橫的筆勢和角度與"言""音"字形明顯不合，可以參看表 15：

表 15　簡 180"有?"字字形比較

				180（彩）						
言·音	147	149	157	160	170	180	181	193	194	197
	198	199	200	200	202	202	204	206	154	155
有		151	152		157		162		164	
		167	173		184		187		20	

"言"和"音"的橫筆基本平行，此字上方三筆的角度都不同，尤其第三個筆畫斜度較大，似是從左下往右上的一長提。此三筆與其説是"言""音"上方橫筆，還不如將其

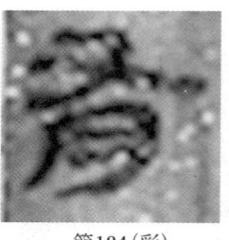

視爲"又"形左半部分。另外,此字左下方還有一豎筆,似乎將最下一橫與口形連起來。再細察,此豎筆左下方還有隱約墨迹,或原與豎筆構成一個較長的豎彎筆畫。與此相應,所謂"口"形實際上在左下角開口,很有可能其右方豎筆與下方橫筆原來也構成一個豎彎筆畫。若

簡180(彩)　簡180(彩)　簡184(彩)

圖 24　簡 180"有?"字筆畫分析

上述分析無錯的話,殘留筆畫或能擬補如上圖 24,此字即應釋爲"有"。

所謂"有"下一字下方有很清楚的一撇,在紅外綫圖版和彩色圖版都能看到。從彩圖看,這一撇中偏上方另有一斜筆,似與撇筆交叉,從左上往右貫徹,或是一個較長的捺筆。撇筆上頭又似往左彎曲,或原與撇筆左上方的另一個較短的撇筆連寫。筆者原認爲此三筆畫與"覆"或"復"右下所從"夂"形相近。再細究其他筆畫,紅外綫圖版上能分辨出五個橫向筆畫,彩色圖版雖然筆畫略有模糊,但其右方似以某種圓形筆畫封口。另外,殘留筆畫都略偏右,其左側很有可能另有偏旁。這些特點也與"覆"或"復"字字形不相矛盾。字形可以參看表 16 和圖 25:

表 16　簡 180"覆?"字字形比較

		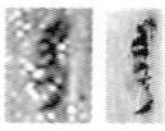 180			
 140 背	 158	 172	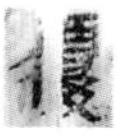 173	 175	
 187	 202	 206			

(彩)　(彩)　(紅)　(紅)

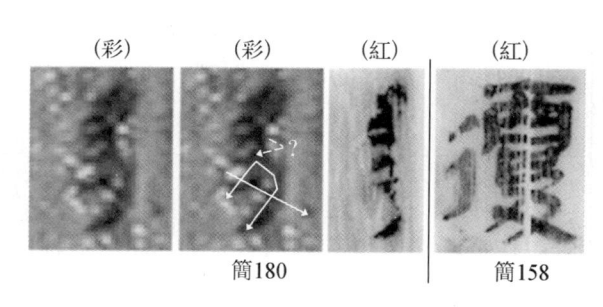

簡180　　　　　簡158

圖 25　簡 180"覆?"字筆畫分析

再往下兩個未釋字筆者原未能找到任何頭緒,僅將放大的彩色和紅外綫圖版轉載於下,以供讀者參考。

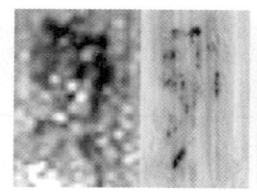

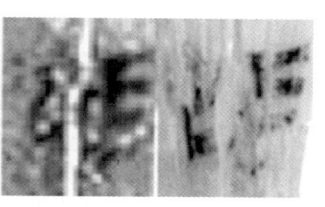

圖 26　簡 180 第三個、第四個未釋字放大圖版

嶽麓書院秦簡《爲獄等狀四種》第二類卷冊案例八至案例十一釋文、注釋及編聯商榷 · 313 ·

　　完成初稿後，筆者承蒙東京外國語大學亞非語言文化研究所共同研究員石原遼平兄示教，疑所謂"覆"字實爲"妻"字，第三和第四未釋字分別爲"敖"和"悍"兩字。據此說，上文所謂"覆"字"爻"形實係"妻"字女旁殘筆；紅外綫圖版上所能分辨出的五個橫向筆畫正好與"妻"字字形結構一致；五個橫向筆畫仍有一些很不完整的縱向墨迹，似爲"妻"字上方"屮"旁穿過"又"旁的豎筆。① 其字形可以與《爲獄等狀》其他"妻"字比較如表 17，並復原如圖 27：

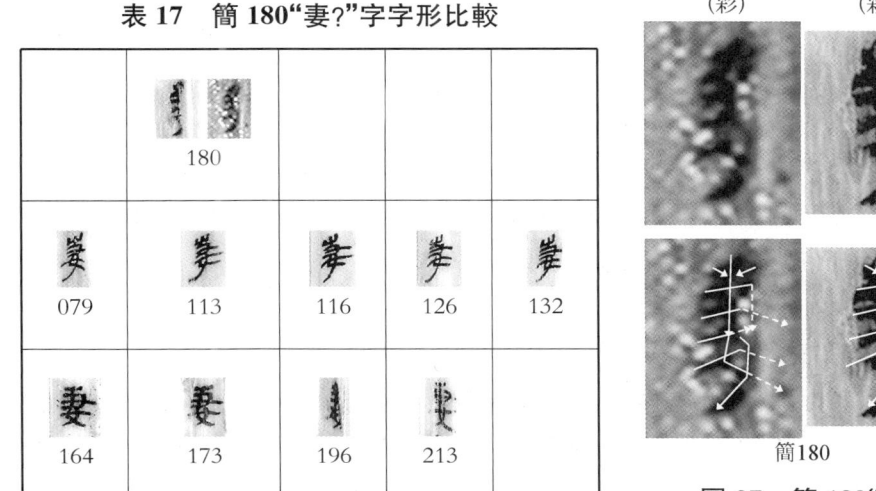

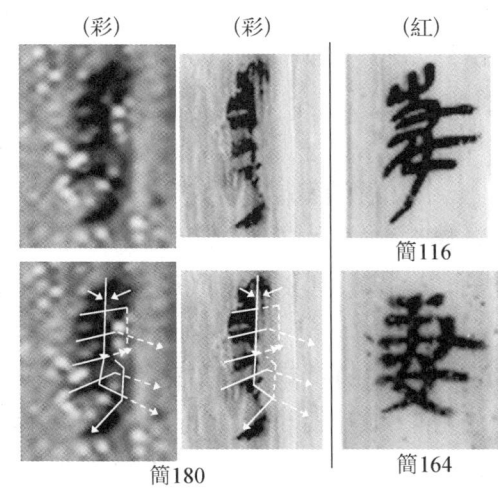

表 17　簡 180"妻？"字字形比較

	180			
079	113	116	126	132
164	173	196	213	

圖 27　簡 180"妻？"字筆畫分析

　　據石原兄分析，從紅外綫圖版看，第三個未釋字下方從"力"形；《嶽麓秦簡（肆）》律令簡所見"敖童"之"敖"字正好下方從力形，作"勢"形，如"勢"（078）、"勢"（147）、"勢"（157）、"勢"（157）、"勢"（158）、"勢"（158）等；② 第三個未釋字上方的殘留筆畫似能分出三層橫向筆畫，也與上舉"勢（敖）"字左上方十分相近。雖然右上方"攴"殘缺不見，下方"力"形也略偏左，第三個未釋字確實很可能應釋爲"勢"字。若然，據文意推測，第四個未釋字很可能是"悍"字。"傲悍"辭例見《爲吏之道》簡 05-3、《奏讞

---

① 因爲紅外綫圖版和彩色圖版的殘缺情況不同，此豎筆容易引起誤解。筆者起初將紅外綫圖版所見縱向墨點與彩色圖版所見的上文所謂"右方封口筆畫"等同起來，據此以爲此字殘留筆畫略偏右，其左側應另有其他偏旁，但實際上彩色圖版上除所謂"右方封口"外，在中央另有縱向黑影，這才是紅外綫圖版所見的縱向筆畫，即"妻"字上方"屮"旁穿過"又"旁的豎筆，所謂"右方封口"其實是紅外綫圖版所殘缺的"又"旁右方豎筆。分清此兩種縱向筆畫，此字的書寫位置並不向右錯位。

② 整理小組直釋"敖"，恐失妥。張家山漢簡《奏讞書》簡 181 和 187"傲悍"之"傲"也從"力"旁，作"勢"形（"勢"、"勢"）。雖然所從"敖"旁有繁簡之別，嶽麓秦簡該字的結構應與此相同，即從力，從敖聲。

書》簡 181、187 等,"妻悍"又見睡虎地秦簡《法律答問》簡 079、《日書甲種》072－1、100－1、張家山漢簡《二年律令》032 等。

新釋文似可整理如下:

我有妻(?)勢(? 傲)悍(?)須者毆(也)。

其中"須"與"者"之間恐怕脱了一個"治"字。得之硬拉着夌遇到了顛,夌又喊"救命"。於是,得之跟顛解釋説:"我有妻强悍需要教訓一頓。"顛聽了之後,就没再過問,立即離開了現場。這是因爲"妻悍而夫毆治(笞)之"的情況見於《法律答問》《二年律令》等,對當時人來説,似係司空見慣之事。①

附　　録

小文討論範圍限於第二類卷册案例 08 至案例 11,至於案例 12 和案例 13,拙稿《嶽麓書院秦簡〈爲獄等狀四種〉第二類卷册案例十二和十三釋文、注釋及編聯商榷》② 曾加以討論,但發表後發現一些遺漏,在此作補充説明。

簡 205(0432):"耐"字釋讀

簡 205 記載郡級下行文書,向魏縣通知覆審結構。其中提及初審時"夏陽論耐田爲隸臣"一事,因爲耐字筆畫略有殘缺,舊著僅據文意補釋此字,釋文打框以示區别。重查紅外綫圖版,殘留筆畫充分反映出耐字而旁、寸旁字形特點,可以徑釋耐,參看下圖 28:

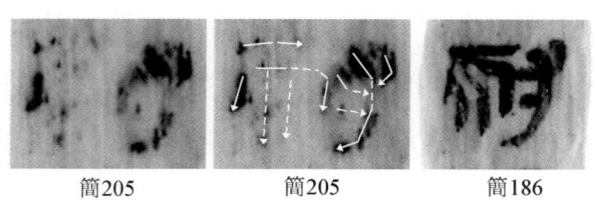

圖 28　簡 205"耐"字筆畫分析　　　　圖 29　簡 208 上端

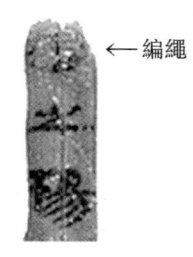

---

① 值得關注的是,據《法律答問》簡 079 和《二年律令》簡 032 記載,秦律不减輕丈夫的傷害罪,而漢律則會免除丈夫的刑事責任,可以比較如下:

妻悍,夫毆治之,夬(決)其耳,若折支(肢)指、胅體(體),問夫可(何)論。當耐。(《法律答問》簡 079,一般人"折肢指、胅體"等也處以耐,見《二年律令》簡 027—028。)

妻悍而夫毆(殴)笞之,非以兵刃也,雖傷之,毋(無)罪。(《二年律令》簡 032)

② 《中國出土資料研究》第 24 輯,東京,2020 年。

簡 208(1829)：斷簡符號

　　據清理記錄，簡 1829 上下殘。查核彩色圖版，簡 208 上端雖有編繩痕迹（參看圖 29），無法確知其爲上道編繩還是中道編繩。若係中道編繩的話，上方原應有字，舊著失查未標斷簡符號，應該加以訂正。

附記

　　小文内容承蒙東京外國語大學亞非語言文化研究所共同研究課題《秦代地方縣廳の日常に肉薄する——中國古代簡牘の横斷領域的研究(4)》課題成員和復旦大學出土文獻與古文字研究中心教授陳劍兄的批評指正，謹此表示衷心的感謝！另外，小文包含日本學術振興會科學研究費助成基盤研究 B"最新史料に見る秦・漢法制の變革と帝制中國の成立"（代表：陶安，JSPS 16H03487）的階段性研究成果。

天回老官山漢簡《別脈》初探

廣瀬薫雄

　　天回老官山漢簡中有一篇當初被整理者命名爲《別脈》的醫書,①這篇醫書後來被歸爲《脈書·下經》的一部分。② 據介紹,《別脈》共有九枚簡,"共約 200 字,記載有'間別賛脈、間別月(肉)理脈、間別齒脈,間別□□,間別辟(臂)陰脈,間別辟(臂)陽脈、間別大(太)陰脈、間別少陰脈、間別大(太)陽脈'9 條別脈的名稱、循行、病症和灸法"。③"這部分内容亦不見於其他出土醫籍及傳世文獻"(《揭秘》第65 頁)。

　　《揭秘》第 229 頁收録《別脈》五枚簡的圖版,第 72 頁和第 238 頁引用没有公開圖版的一枚簡(382 簡)的釋文。此外,"2019 中國出土醫學文獻與文物國際學術會"上展覽了一些老官山漢簡的照片,其中包括過去没有公開過的《別脈》兩枚簡的照片,④陳星先生在他碩士論文中披露過這兩枚簡的釋文。⑤ 也就是説,我們現在已經能夠知道《別脈》九枚簡中八枚簡的内容。筆者讀了這八枚簡,有了一些想法,現在把它寫出

---

① 李繼明等:《老官山漢墓醫簡的種類和定名問題探討》,《中華醫史雜誌》2016 年第 5 期。梁繁榮、王毅:《揭秘敝昔遺書與漆人:老官山漢墓醫學文物文獻初識》(四川科學技術出版社,2016 年,以下簡稱"《揭秘》")第三章第二節"醫簡的種類和定名"的内容與此基本相同。
② 中國中醫科學院中國醫史文獻研究所:《四川成都天回漢墓醫簡整理簡報》、柳長華等:《四川成都天回漢墓醫簡的命名與學術源流考》,《文物》2017 年第 12 期。
③ 任玉蘭等:《成都老官山漢墓出土醫簡〈十二脈〉〈別脈〉内容與價值初探》,《中華醫史雜誌》2017 年第 1 期。《揭秘》第七章第一節"《十二脈(附相脈之過)》《別脈》的内容和價值"的内容與此基本相同。在此根據《揭秘》引用,引文見於第 240 頁。
④ 成都中醫藥大學主辦,"2019 中國出土醫學文獻與文物國際學術會",2019 年 6 月 22—23 日。
⑤ 陳星:《老官山漢墓醫簡外治法研究》,成都中醫藥大學碩士學位論文,指導教師:李繼明研究員,2018 年 5 月。

來，向學界請教。

一　簡　文　考　釋

我們首先對《別脈》八枚簡的内容進行考釋。這八枚簡中，(1)～(5)的圖版見於《揭秘》第 229 頁，(6)的釋文見於《揭秘》第 72 頁和第 238 頁，(7)和(8)的釋文是筆者利用"2019 中國出土醫學文獻與文物國際學術會"上展覽的照片製作的：

(1) 間別迎脈：出頸下，上夬（缺）盆，奏迎。夬（缺）盆痛。久（灸）迎。(367簡)

(2) ●間別辟（臂）陽脈：出髀=（髀，髀）下，出項，耳上，奏顛=（顛。顛）、肩、博（髆）痛。久（灸）辟（臂）陽。(383簡)

(3) ●間別少陰脈：出囗，出少腹，出肌，胃，肝，亢狼，奏舌本。肣（胗）、亢狼痛，寒中，内崩（俑？），🔲 乾希（晞）。久（灸）少陰。(412簡)

(4) ●間別大（太）陰脈：出囗囗婢（髀），出深貪，齊（臍）上{痛}，奏於心={=}（心。心）痛，山（疝），折，㾓（癃），遺弱（溺）。久（灸）大（太）陰。(419簡)①

(5) 間別齒【脈：出】囗上囗下囗下，奏（?）囗。囗囗痛。久（灸）齒脈乘手北（背）者。(428簡)

(6) 間別辟（臂）陰脈：出胅，奏心。胅痛，心痛。久（灸）辟（臂）陰。(382簡)

(7) 間別贊：出深離，肭（頤），素〈奏〉鼻=（鼻。鼻）乾，肭（頤）痛，匈（胸）、脅痛，郄（膝）痛。久（灸）贊。(363簡)②

(8) 間別肉理脈：出肌，出肩囗，之胭（?），頰=（頰。頰）、匈（胸）、脅痛，囗、肩（?）、頭痛，肌痛。久（灸）肉理。③

《別脈》的論述體例很固定，開頭標脈名，其下説明其脈的循行路綫、主治病症和灸法。

循行路綫的描述都以"出……"開始，以"奏……"結束。"奏"的這個用法亦見於馬王堆帛書《足臂十一脈灸經》，如臂少陰脈的循行路綫是"循筋下廉，出臑内下廉，出

---

① 這枚簡的釋文見於《揭秘》第 65 頁："間別大陰脈，出囗繚婢（髀），出深貪，臍上痛，奏於心痛，山（疝）囗㾓、遺弱（溺）、久（灸）大陰。"

② 這枚簡的釋文見於陳星《老官山漢墓醫簡外治法研究》第 28 頁："間別囗（贊），出深，離肭，囗（素）鼻，鼻干，肭痛，匈（胸）脅痛，膝痛，久（灸）囗（贊）。"

③ 這枚簡的釋文見於陳星《老官山漢墓醫簡外治法研究》第 42 頁："間別囗（月）理脈，……頰匈脅痛，……囗（髀）痛，囗痛，久囗（月）理脈。"

腋,奏脅"(第 27 行)。① 黄龍祥先生指出"奏"主要用於脈之止點,②《別脈》的出現證實了這個解釋。

病症大都是某個身體部位疼痛。值得注意的是,生病的身體部位都在該脈的循行路綫上。

説明灸法的一句是"灸……"。施灸部位和脈名大都相對應,例如間別臂陽脈的施灸部位是"臂陽"。施灸部位的"臂陽"不是脈名,而是穴位。這是理解間別脈的關鍵,我們在下一節討論這個問題。

下面對每條簡文做一些解釋。

(1) 間別迎脈(367 簡)

此脈是整理者所謂的"間別□□"。"間別迎脈"之"迎"和"灸迎"之"迎",筆畫很不清晰。但對比這兩個字的殘筆,可以確定這兩個字是"迎"。③ 迎,即人迎。《靈樞·寒熱病》云:"頸側之動脉人迎。人迎,足陽明也,在嬰筋之前。"

間別迎脈的循行路綫是"出頸下,上缺盆,奏迎"。缺盆是鎖骨上窩。頸下→缺盆→人迎的循行路綫很自然,我們對"迎"的釋讀應該不誤。

(2) 間別臂陽脈(383 簡)

間別臂陽脈的循行路綫是"出髀,髀下,出項,耳上,奏顛"。這幾個字中,"顛"字的筆畫有點殘缺。這個字的字形與馬王堆帛書中的"顛"可以相對照:

[圖] 《別脈》"顛"   [圖] 馬王堆帛書《周易》第 18 行"顛"④

髀→項→耳→顛的循行路綫與《靈樞·經脈》膀胱足太陽之脉的路綫高度一致:

　　膀胱足太陽之脉,起于目内眥,上額,交巔,**其支者,從巔至耳上循〈角〉**;⑤**其直者,從巔入絡腦,還出别下項,循肩髀内**,挾脊,抵腰中,入循膂,絡腎,屬膀胱……。

膀胱足太陽之脉在顛分爲兩條路綫,一條是顛→耳上角,另一條是顛→項→肩髀……。間別臂陽脈是髀→項→耳→顛的一條路綫,但這些部位出現的順序與膀胱足

---

① 裘錫圭主編:《長沙馬王堆漢墓簡帛集成》,中華書局,2014 年 6 月,圖版見於第貳卷第 63 頁,釋文注釋見於第伍卷第 193 頁。
② 參看黄龍祥:《中國針灸學術史大綱(增修版)》,知音出版社,2002 年 2 月,第 367 頁。
③ "2019 中國出土醫學文獻與文物國際學術會"展覽了這枚簡的照片,我們在做釋文時參考了這張照片。
④ 參看劉釗主編:《馬王堆漢墓簡帛文字全編》,中華書局,2020 年 1 月,第 986 頁。
⑤ "耳上循"之"循",《脈經》卷六·膀胱足太陽經病證第十、《針灸甲乙經》卷二·十二經脈絡脈支别第一、《太素》卷八·經脉連環作"角"。

太陽之脉一致，這恐怕不是偶然的，兩者之間應該有關係。

（3）間別少陰脉（412 簡）

間別少陰脉的循行路綫是"出□，出少腹，出肋，胃，肝，亢狼，奏舌本"。開頭"出□"之"□"，左旁殘缺，右旁筆畫漫漶不清，無法辨認，當是腿的某個部位（因爲這個部位在少腹之下）。"肋"，右旁殘缺，是位於少腹和胃之間的部位。

"亢狼"當是傳世醫書中所見的"頏顙"，即咽後壁上的後鼻道。《靈樞·經脈》云：

> 肝足厥陰之脉，起于大指叢毛之際，上循足跗上廉，去内踝一寸，上踝八寸，交出太陰之後，上腘内廉，循股陰，入毛中，過陰器，**抵小腹，挾胃，屬肝**，絡膽，上貫膈，布脇肋，**循喉嚨之後，上入頏顙**，連目系，上出額，與督脉會于巔。（楊上善注："喉嚨上孔名頏顙。"）

"頏"是"亢"的異體字，意爲頸部。《說文·亢部》云："亢，人頸也……頏，亢或从頁。""顙"當讀爲"嗓"，是喉嚨的意思。"狼"古音是來母陽部，"顙"是心母陽部，兩者雖然聲母有些距離，但韻部相同。"亢狼"和"頏顙"的讀音雖然不是完全相同，但還是比較相近的。

值得注意的是，肝足厥陰之脉的循行路綫是：……小腹→胃→肝→膽→膈→脇肋→喉嚨→頏顙……。這個路綫與間別少陰脉基本一致。從這個角度看，把"亢狼"理解爲"頏顙"確實很合適。

下面看主治病症的一句："肙、亢狼痛，寒中，内崩，乾㖤"。整理者曾特意介紹 412 簡的"肙亢狼"三字（右圖），把"肙"釋爲"舍"，並提出了如下看法：

> 簡 412 中第二個"亢"字，補於上"舍"字與下"狼"字之間的中間偏右側空白處，字形較簡中其他字小一倍，因上文提及"亢狼"，此處或原脱一"亢"字，或因"舍"字爲"亢"之訛，未及刮去"舍"字，而補作現在的空白處的"亢"。①

因爲整理者把"肙"誤釋爲"舍"，懷疑它是"亢"的誤字，但這種懷疑是沒必要的。"肙"即"肣"，是"圅（函）"的異體字，意爲舌。《說文·马部》："圅，舌也。……肣，俗圅从肉、今。"間別少陰脉的止點是舌本，其病症中有肣痛，文義很通順。

寒中見於《諸病一》567 簡："●寒中，群病之徒盡惡之，腹善張（脹），數後，善氣，其出蹶，適而潑沫不化，胅下堅業業也，不嗜食。"②寒中亦見於《素問》《靈樞》，例如《靈

---

① 中國中醫科學院中國醫史文獻研究所等：《四川成都天回漢墓醫簡整理簡報》，《文物》2017 年第 12 期。
② 這條釋文引自《揭秘》第 210 頁，但按照我們的理解改動了一些斷句。

樞·禁服》:"(寸口)盛則脹滿,寒中,食不化。"症狀與《諸病一》所説一致。

内崩見於《六十病方》266簡:"止内備十九。"① 《諸病源候論》卷四·虚勞病諸候下之四十九"虚勞吐下血候"云:"勞傷於臟腑,内崩之病也。"簡文"内崩"之"崩",也有可能是"備",由於左半殘缺,無法確定。

"🈳乾晞"之"🈳",不識。"🈳乾晞"可能是口乾、舌乾、嗌乾一類的意思。

(4) 間別太陰脈(419簡)

這條簡文有幾處與《別脈》的論述體例不合,我們懷疑文中有一些脱衍。下面,從這個角度作一些推測。

首先看循行路綫的"出□□髀,出深貪,臍上痛,奏於心"。"奏"上出現"痛"字,難以解釋。此字疑是衍文,此句當改爲"出深貪,臍上,奏於心"。也就是説,這條脈從"深貪"出發,經過臍的上面,到心。"深貪"似是"貪"的深部的意思,"貪"具體指哪一個部位,待考。從該脈的循行路綫看,"貪"的位置在髀和臍的中間。此外,"奏"下有"於"字,雖然文意不發生變化,但與體例不合。

其次看主治病症的"痛,疝、折、癃、遺溺"。這一句從"痛"開始,也不好解釋。我們懷疑"心"下漏重文符號。也就是説,此處的簡文疑是"……奏於心=(心。心)痛,疝、折、癃、遺溺"之誤。參考其他間別脈的記載,生病的第一個部位往往是該脈的止點,例如:

> 間別辟(臂)陽脈……奏顛=(顛。顛)、肩、博(髆)痛。
> 間別贊……奏鼻=(鼻。鼻)乾,胘(頷)痛,匂(胸)、脅痛,郄(膝)痛。
> 間別肉理脈……之胭(?),頰=(頰。頰)、匂(胸)、脅痛。

從這個規律看,"心"下漏重文符號的可能性比較大。

另外,根據邱科先生介紹,老官山漢簡《十二脈》足大陰脈之下有"閒□足大陰":

> 閒□足大陰:□□外廉,出脾下廉,上尻外廉,屬大陽(腸)。②

黄龍祥先生指出此"閒□足大陰"也是間別脈③,可從。饒有趣味的是,《別脈》"間別太陰脈"和《十二脈》"閒□足大陰"的説明不太相同。這説明,"間別足太陰脈"的内涵不

---

① 266簡的圖版見於山東博物館、中國文化遺産研究院:《書於竹帛:中國簡帛文化》,上海書畫出版社,2017年9月,第113頁。

② 邱科:《老官山漢墓經穴髹漆人像六陰經循行特點研究》,成都中醫藥大學碩士學位論文(指導教師:曾芳教授),2016年5月,第21頁。

③ 黄龍祥:《老官山出土漢簡脈書簡解讀》,《中國針灸》2018年第1期,第102、103頁。

斷被調整，在漢代早期還沒有固定。

（5）間別齒脈（428 簡）

這條簡文的圖版不甚清晰，雖然有不少字還有殘筆，但筆者沒能釋出幾個字。

現在可以討論的是灸法的一句"灸齒脈乘手背者"。"乘手背"這個說法亦見於張家山漢簡《脈書》肩脈：

> 肩脈：起於耳後，下肩，出肘內廉，出臂外館（腕）上，乘手北（背）。（27號簡）①

內容與此基本相同的論述見於馬王堆帛書《陰陽十一脈灸經》甲本 14/48 行，整理者說"乘"是登、升的意思，"乘手背"指脈循行手背之上。②

齒脈見於馬王堆帛書《陰陽十一脈灸經》（和張家山漢簡《脈書》），與《足臂十一脈灸經》"臂陽明脈"、《靈樞》"手陽明脈"相應。據此可知，齒脈是手脈。"齒脈乘手背者"當是齒脈的脈口，也是齒脈的代表穴所在。

（6）間別臂陰脈（382 簡）

間別臂陰脈的循行路綫是"出胅，奏心"。胅，黃龍祥先生指出是腋下。《集韻·業韻》云："胅，腋下也。或从劫，亦作胅。"③黃先生還指出，這個路綫與馬王堆帛書《足臂十一脈灸經》的臂太陰脈相近：

> 臂泰（太）陰脈：循筋上兼（廉），以奏臑內，**出夜（腋）內兼（廉），之心**。（第25行）

據此可知，間別臂陰脈和臂太陰脈有密切的關係。

（7）間別贊脈（363 簡）

贊，當是攢竹，即眉頭。《甲乙經》卷三·面凡二十九穴第十云："攢竹，一名員在〈柱〉，一名始光，一名夜光，又名明光，在眉頭陷者中，足太陽脈氣所發，刺入三分，留六呼，灸三壯。"

間別贊脈的循行路綫是深離→頤→鼻。"深離"疑是"離"的深部的意思，"深"的這種用法與間別太陰脈的"深貪"相同。"離"指身體的哪個部位，待考。從病症的部位（鼻、頤、胸、脅、膝）看，這條脈的出發點應該在膝下。據此推測，"離"可能在小腿附近。

（8）間別肉理脈

肉理脈，從名稱看，似與傳世文獻中所見的肉里之脈有關。《素問·刺腰痛》云："肉里之脉令人腰痛，不可以欬，欬則筋縮急。刺肉里之脉爲二痏，在太陽之外，少陽

---

① 張家山二四七號漢墓竹簡整理小組：《張家山漢墓竹簡〔二四七號墓〕》，文物出版社，2001 年 11 月。
② 裘錫圭主編：《長沙馬王堆漢墓簡帛集成》，圖版見於第貳卷第 64 頁，釋文注釋見於第伍卷第 199 頁。
③ 黃龍祥：《老官山出土漢簡脈書簡解讀》，第 102 頁。

絕骨之後。"王冰注:"肉里之脉,少陽所生,則陽維之脉氣所發也。"但筆者認爲,《別脈》的"肉理"恐怕不能等同於《素問》的"肉里"。根據《素問》,肉里在小腿外側,而間別肉理脉中所見的身體部位是胸、脅、肩、頰等,從這一點看,間別肉理脉很有可能是手脉。因此《別脈》的"肉理"不大可能是《素問》的"肉里"。肉理指哪一個身體部位,待考。

二 關於間別脉的一些分析

(1) 間別脉的意思

《揭秘》第 65 頁說:"'間別'二字其義尚待考證,推測當是別脉之意。"整理者所謂"別脉"似是内涵廣泛的詞,《揭秘》第 242 頁說:"'別脉'或因基於'十二脉'系統的經脉理論被《靈樞·經脉》固化後,相應内容逐漸被整合到經脉或經脉支脉,或絡脉,或經別,或奇經八脉;或因應用不多而被淘汰。"從這段記載大致可以知道整理者所謂"別脉"的意思。

黄龍祥先生説:"'間'與'別'皆有'分離''分別'之義。別者,别也,常與'正'相對舉,故有'正脉'(經脉)、'別脉'之稱;'間'謂'零散',故有'散俞''間穴'之稱。老官山《脉書》以'十二脉'爲'經脉'(即'常脉''正脉'之義),而以'十二脉'之外的所有脉爲'間別'之脉。可知,老官山《脉書》不僅是關於'十二脉'的最早文本,同時也是關於'聯繫之脉'的最早分類,而此分類被傳世文獻《靈樞·經脉》傳承,只是改用單字'別'表達'間別'之義。"①

今按,"間別"是並列式雙音詞,意爲分開、分別。② 如黄先生所指出,《靈樞·經脉》的十五絡脉名是"(經脉)之別",例如:

手太陰之別,名曰列缺。起于腕上分間,並太陰之經,直入掌中,散入于魚際。

其病實則手鋭掌熱,虚則欠欬,小便遺數。取之去腕半寸。別走陽明也。

絡脉名中出現的"別"當是分支的意思。間別脉之"間別"的意思與此"別"基本相同。"間別脉"當是從主脉分出來的支脉的意思。

關於"間別脉"在字面上的意思,筆者的理解與整理者、黄龍祥先生没有太大的區

---

① 黄龍祥:《老官山出土漢簡脉書簡解讀》,第 102 頁。
② 劉嬌先生在看本文草稿後給筆者提醒了兩個"間別"的例子,第一是《莊子·齊物論》"大知閑閑,小知閒閒"《經典釋文》:"閒閒,古閑反,有所間別也。"第二是《禮記·内則》"夫婦之禮,唯及七十,同藏無間"孔疏:"間,別也。夫婦唯至七十同處居藏,無所間別。"

别。問題是"間別脈"這個概念能不能與傳世醫書中的概念聯繫起來。關於這個問題，整理者和黃先生的看法基本相同，他們認爲間別脈是一個廣泛的概念，與後代的任何概念不同。筆者則認爲間別脈是絡脈概念的前身，即"由經脈分出的網絡全身的分支"。①

如果看間別脈的具體內容，間別脈確實後來"被整合到經脈或經脈支脈，或絡脈，或經別，或奇經八脈；或因應用不多而被淘汰"，因此把間別脈看作"十二經脈之外的所有脈"也不是錯誤。但這是現代學者從醫學史的角度做出來的解釋，"間別脈"在《別脈》作者心目中應該有明確具體的意思。"間別"既然是分開、分別的意思，所謂的間別脈是分支，都有相應的主脈，例如"間別迎脈"的主脈是"迎脈"，"間別臂陽脈"的主脈是"臂陽脈"，"間別少陰脈"的主脈是"少陰脈"等。那麼這些所謂"主脈"是什麼？按照我們的理解，這些"主脈"其實是經脈。

在此看問題不大的兩個例子：

● 間別少陰脈……灸少陰。
● 間別太陰脈……灸太陰。

馬王堆帛書《五十二病方》云：

一，蹟（癩）……有（又）久（灸）其痏，勿令風及，易瘳；而**久（灸）其泰（太）陰、泰（太）陽**【□□】。● 令。（234/221～235/222行）

《五十二病方》的"灸其太陰"與《別脈》的"灸太陰"相同。黃龍祥先生曾指出，《五十二病方》中表示施灸部位的"太陰""太陽"是穴位，並且把這種穴位稱爲經脈穴。經脈穴是每條經脈的代表穴，位於相應經脈的脈口。黃先生說："在早期'穴'與'脈'之間有密切聯繫……十二經脈的第一個穴即由相應經脈脈口演化而來，只是在早期它們的名稱與相應脈口名完全相同……這種情形如今在絡脈中仍可見到，十五絡脈名與十五絡穴名完全相同，絡穴的部位多爲相應絡脈的起點，絡穴的主治病症即爲絡脈病候。"②

按照此說，間別少陰脈和間別太陰脈的施灸部位是少陰和太陰，即足少陰脈和足太陰脈的經脈穴。③ 這個事實只能說明這兩個經脈穴也是間別少陰脈和間別太陰脈的起點。因此可以確定，這兩條間別脈是由經脈分出來的支脈。

如上所述，老官山漢簡《十二脈》足大陰脈之下有"間□足大陰"；此外，足大陽脈

---

① 這個定義使用了李經緯等《中醫大辭典》（人民衛生出版社，1995年5月，第1365頁）的說法。
② 黃龍祥：《中國針灸學術史大綱（增修版）》，第157頁。
③ 足經脈名在三陽三陰前不用冠以"足"字，因此"少陰脈"是"足少陰脈"，"太陰脈"是"足太陰脈"的意思。詳下。

下有"足大陽脈",①足陽明脈下有"足陽明脈"。② 黃龍祥先生指出這三條脈也是間别脈,無疑是對的。這兩條間别脈附屬於經脈,正好説明間别脈是經脈的支脈。

除了以上兩個例子以外,間别臂陰脈也可以確定是經脈的分支。上一節説明,間别臂陰脈的循行路綫與臂太陰脈重合。從這一點看,間别臂陰脈可能是臂太陰脈的支脈。

以上三個例子都有一些證據能證明是經脈。那麽其他間别脈的主脈如何？下面從脈名的角度系統地討論這個問題。

(2) 間别脈的命名法

從脈的命名方式看,《别脈》記載的九條間别脈可以分爲如下三類：

(a) 三陽三陰③：間别太陽脈、間别太陰脈、間别少陰脈
(b) 臂+陰陽：間别臂陰脈、間别臂陽脈
(c) 身體部位：間别齒脈、間别鬢脈、間别迎脈、間别肉理脈

(a)類是足經脈的分支。雖然我們現在只能看到間别太陰脈和間别少陰脈的簡文,但這兩條脈循行路綫的前幾個部位在下半身,可見它們確實是足脈。

黃龍祥先生指出,足經脈名在三陽三陰前不用冠以"足"字。此説的根據是馬王堆帛書《足臂十一脈灸經》經脈病候下治則中所見的脈名：

足三陽：太陽、少陽、陽明
足三陰：足少陰、足太陰、厥陰
手三陽：臂太陽、臂少陽、臂陽明
手三陰：臂少陰、臂太陰、臂厥陰

黃先生説：

以上手脈名皆冠以"臂"字,而足脈名前只有"少陰""太陰"二脈名前冠以"足"字,這表明：當時的手三陽經脈,或手三陽脈口並没有采用三陰三陽命名法,或者剛剛采用但尚未流行開來,也就是説手足陽脈還采用兩種不同的命名法,故足三陽經脈或脈口名前無須冠以"足"字。④

《别脈》的情況與此一致,此事對黃先生的假説非常有利。但根據目前能看到的簡文,間

---

① 《揭秘》第 236 頁。
② 437 號簡,圖版見於《揭秘》第 228 頁。
③ 其實"三陰三陽"這個説法是有問題的,應該改稱爲"二陰二陽",見下文。但爲了討論方便,暫且使用"三陰三陽"。
④ 黃龍祥:《中國針灸學術史大綱(增修版)》第 212 頁。

別脈中没有陽明脈和厥陰脈,這恐怕不是偶然的。我們認爲,當時足經脈中根本没有陽明脈和厥陰脈。若果真如此,不僅手經脈,連足經脈也没有采用三陰三陽分類法。

(b)類冠以"臂"字,可見是手經脈的分支。手陰經脈和手陽經脈都冠以"臂"字這一點與《足臂十一脈灸經》一致,但《別脈》的手經脈只有陰陽之別,並没有采用三陰三陽分類法。黄先生説"'經脈'('十一脈''十二脈')的命名在采用'三陰三陽'命名法之前,曾有一個應用'一陰一陽''二陰二陽'命名法的過渡階段"。[①] 按照這個説法,在《別脈》中,足經脈采用的是二陰二陽命名法,手經脈采用的是一陰一陽命名法。

(c)類中,間別齒脈之齒脈可以確定是手經脈之一:

間別齒【脈】……灸齒脈乘手背者。

我們在上一節指出,齒脈相當於後代的手陽明脈,"齒脈乘手背者"是齒脈的脈口。間別齒脈循行路綫上的身體部位發病,在"齒脈乘手背者"施灸,説明間別齒脈的脈口在這個位置。

從齒脈的例子看,其他的"迎脈""贊脈"和"肉理脈"很有可能也是經脈名。我們首先看迎脈。根據《靈樞·寒熱病》"人迎,足陽明也",人迎在足陽明脈上,因此以人迎爲代表穴的經脈很有可能是後代的足陽明脈。

間別贊脈之贊脈,根據《甲乙經》"攢竹……足太陽脈氣所發",似乎相當於後代的足太陽脈。但根據整理者介紹,《別脈》中有間別太陽脈,因此贊脈不可能是足太陽脈。筆者懷疑,《別脈》采用的經脈理論中,贊(攢竹)不屬於足太陽脈,而屬於其他經脈。考慮間別脈和十五絡脈的對應關係(詳下),贊脈很有可能是後代所謂的足厥陰脈。

間別肉理脈之肉理脈,如上所述,可能是手經脈,但由於目前不清楚肉理的具體位置,無法推測肉理脈相當於後代的那一條經脈。

總之,(a)類、(b)類、(c)類基本上都可以確定是由經脈分出的分支。值得注意的是,《別脈》采用的經脈名與《足臂十一脈灸經》《陰陽十一脈灸經》都有所不同,不僅手經脈,連足經脈都没有采用三陰三陽命名法。據此推測,《別脈》的脈名反映的很有可能是比《足臂十一脈灸經》和《陰陽十一脈灸經》更原始的經脈理論。《揭秘》第242頁説:"《別脈》……從其行文方式和用語來看,其成書時間應早於《十二脈》,甚或《足臂》《陰陽》。"我們同意這個看法。

(3) 間別脈與十五絡脈的對應關係

如果間別脈是後代所謂絡脈的前身,那麼間別脈和十五絡脈的對應關係如何?

[①] 黄龍祥:《老官山出土漢簡脈書簡解讀》,第102—103頁。

我們用表格的形式整理一下兩者的關係：

表一

	十五絡脈	間別脈		十五絡脈	間別脈
1	手太陰之別	間別臂陰脈	9	足陽明之別	間別迎脈？
2	手少陰之別		10	足太陰之別	間別太陰脈
3	手心主之別		11	足少陰之別	間別少陰脈
4	手太陽之別	間別臂陽脈？	12	足厥陰之別	間別贊脈？
5	手陽明之別	間別齒脈	13	任脉之別	
6	手少陽之別		14	督脉之別	
7	足太陽之別	間別太陽脈	15	脾之大絡	
8	足少陽之別	【間別少陽脈】			

我們先説足脈。我們基本可以弄清間別脈和絡脈的對應關係。《別脈》中既然有間別太陰脈、間別少陰脈、間別太陽脈，原來很有可能還有間別少陽脈。若果真如此，因爲間別迎脈之迎脈可能相當於後代的足陽明脈，間別贊脈之贊脈只能是後代的足厥陰脈。

手脈中，間別臂陰脈是手太陰脈的支脈。據此推測，與此相對的間別臂陽脈可能是手太陽脈的支脈。此外，間別齒脈可以確定是後代的手陽明之別。至於間別肉理脈，我們没有放進表格中。但從這個表格至少可以確認，肉理脈是手經脈。

《別脈》中似乎没有與任脉之別、督脉之別、脾之大絡相應的間別脈。這恐怕説明，這三條絡脈當時還不存在，其形成過程與手足絡脈不同。

此外值得注意的是，間別脈和十五絡脈雖然可以相對應，但循行路綫、病症、行灸穴位完全不同。我們比較一下現在可以確定對應關係的兩條脈：

（a）間別太陰脈和足太陰之別

間別太陰脈：出□□䏶，出深貪、臍上{痛}，奏於心。〖心〗痛、疝、折、癃、遺溺。灸太陰。

足太陰之別，名曰公孫。去本節之後一寸，別走陽明；其別者，入絡腸胃。厥氣上逆則霍亂，實則腸中切痛，虛則鼓脹。取之所別也。

（b）間別少陰脈和足少陰之別

間別少陰脈：出□，出少腹，出肌、胃、肝、亢狼，奏舌本。肸、亢狼痛，□中，内崩，甘乾晞。灸少陰。

足少陰之別,名曰大鍾。當踝後繞跟,別走太陽;其別者,并經上走于心包下,外貫腰脊。其病氣逆則煩悶,實則閉癃,虛則腰痛。取之所別者也。

通過以上討論,我們可以説,絡脈這一概念雖然在漢代早期已經出現,但其名稱和内容很不固定。我們在上一節指出,間別臂陽脈、間別少陰脈的循行路綫分别與《靈樞·經脈》膀胱足太陽之脉、肝足厥陰之脉的一部分一致;間別臂陰脈的循行路綫與《足臂十一脈灸經》臂太陰脈的一部分一致。這暗示,有些間別脈的循行路綫後來被編入經脈中。恐怕漢代的醫學家從經脈整體的角度不斷調整經脈和絡脈的循行路綫,最後以《靈樞·經脈》的形式固定了。

總之,間別脈是《靈樞·經脈》所見十五絡脈的雛形,但從此演變成《黄帝内經》的十五絡脈,還要經歷許多複雜的調整過程。

三 從《別脈》看《靈樞·經脈》的形成

本文對天回老官山漢簡《別脈》的八枚簡加以考釋,指出《別脈》所謂的間別脈是《靈樞·經脈》所見十五絡脈的雛形。如果這個結論大致不誤,《別脈》爲闡明《靈樞·經脈》的形成過程提供一個新的綫索。

衆所周知,《靈樞·經脈》的許多内容可以與張家山漢簡《脈書》及馬王堆帛書《陰陽十一脈灸經》《脈法》《陰陽脈死候》相對照。現在老官山漢簡中也出現了與此基本相同的醫書。這些醫書之間的對應關係可以整理如下表:

表二

《靈樞·經脈》	張家山漢簡《脈書》	馬王堆帛書	老官山漢簡①
十二經脈的循行、病症、治療	17～48號簡	陰陽十一脈灸經甲本	十二脈
——	49～53號簡	脈法	相脈之過
五陰經氣絶的特徵和預後	54～66號簡	陰陽脈死候	
十五絡脈的循行、病症、治療	——	——	別脈

張家山漢簡《脈書》和馬王堆帛書只有經脈和經脈相關問題的論述,而老官山漢

---

① 爲了討論方便,老官山漢簡的篇名采用了《揭秘》的命名,但後來整理者把《十二脈(附相脈之過)》和《別脈》都歸爲《脈書·下經》的一部分。從老官山漢簡和《靈樞·經脈》的對應關係看,《十二脈(附相脈之過)》和《別脈》確實原來屬於同一篇。

簡比它們多出了有關絡脈的論述，更加接近於《靈樞·經脈》。可以説，到了老官山漢簡的階段，"脈書"（即説明各種脈的醫書的意思）完全具備了《靈樞·經脈》的基本框架。

黄龍祥先生認爲《十二脈》《相脈之過》《别脈》是同一部書，把這部書稱爲"老官山《脈書》"，云：

> 老官山《脈書》不僅是已知"十二脈"文本的最早版本，而且還是"經脈"與"别脈"明確分類的最早設立。這一分類法對後來的《靈樞·經脈》産生了直接影響，該篇由"十二經脈""診脈法"和"十五别"三部分構成，其編纂思路、體例與老官山《脈書》如出一轍。①

所論甚是。

根據整理者介紹，老官山漢簡《十二脈》中，足大陽脈、足陽明脈和足大陰脈之下記録間别脈，而且《十二脈》"間□足大陰"的説明與《别脈》"間别太陰脈"不同。這表明，《别脈》和《十二脈》原來是兩部不同的著作。

從間别脈的名稱看，《别脈》的經脈理論與張家山漢簡《脈書》、馬王堆帛書的兩種灸經都不同，而且這個經脈理論所反映的時代可能比張家山漢簡《脈書》和馬王堆帛書《足臂十一脈灸經》《陰陽十一脈灸經》更早。换句話説，"間别脈（即絡脈）"概念的出現比張家山漢簡《脈書》等經脈書還早。張家山漢簡、馬王堆帛書中的經脈書没有間别脈的論述，可見那個時代講述經脈的書和講述間别脈的書分别流傳。老官山漢簡的出現告訴我們，在吕后文帝時期和景帝武帝時期之間，把經脈的書和絡脈的書合併在一起的書開始出現了，《靈樞·經脈》承襲了這類書的框架。

附記

本文爲復旦大學"傳世之作——人文社會學科傳世之作學術精品研究項目"之"中國古典學的重建"（編號：2015CSZZ002）的階段性成果。

---

① 黄龍祥：《老官山出土漢簡脈書簡解讀》，第108頁。

北大漢簡《蒼頡篇》拼合一則*

張傳官

北大漢簡《蒼頡篇》①有如下殘簡：

  狗獿鑢𤲞。蝙蟠蝡……（簡66）

  ……鋭斟，掇瞥謱觸。聊……（簡22）

  ……蓻。級絢笡（苴）絣，（簡23）

其中，"絣"字，整理者原釋爲"繩"，此從"jileijilei"先生釋；②"笡"，整理者楷寫作"苴"，此從劉婉玲女士釋；③"蓻"前一字，"zjdyx"先生釋爲"漏"。④

  福田哲之先生曾根據押韻和茬口的情況認爲簡66和簡22可以拼合，簡22的句讀當改爲"……鋭，斟掇瞥謱。觸聊……"，"謱"與"𤲞"押耕部韻，⑤其說甚是。在此基礎上，筆者認爲簡23可以拼在簡22之下，如此上述三支殘簡可以拼合成一支完整的簡。現根據福田先生和筆者的觀點，製作相關示意圖如下（各圖簡號從上至下分別爲簡66、簡22、簡23）：

---

* 本文爲國家社科基金一般項目"基於新出土文獻的《蒼頡篇》文本復原與綜合研究"（項目批准號20BYY148）的成果。

① 北京大學出土文獻研究所編：《北京大學藏西漢竹書〔壹〕》，上海古籍出版社，2015年。

② jileijilei：《北大漢簡〈蒼頡篇〉釋文商榷》，復旦大學出土文獻與古文字研究中心論壇討論區"學術討論"版塊，2015年11月14日。

③ 劉婉玲：《出土〈蒼頡篇〉文本整理及字表》，吉林大學碩士學位論文（指導教師：馮勝君教授），2018年，上編第161頁、下編第11頁。

④ jileijilei：《北大漢簡〈蒼頡篇〉釋文商榷》，第11樓跟帖（2015年11月22日）。

⑤ 福田哲之：《北京大學藏漢簡〈蒼頡篇〉的綴連復原》，《出土文獻與古文字研究》第8輯，待刊。此文原稿蒙福田先生賜示，謹致謝忱。

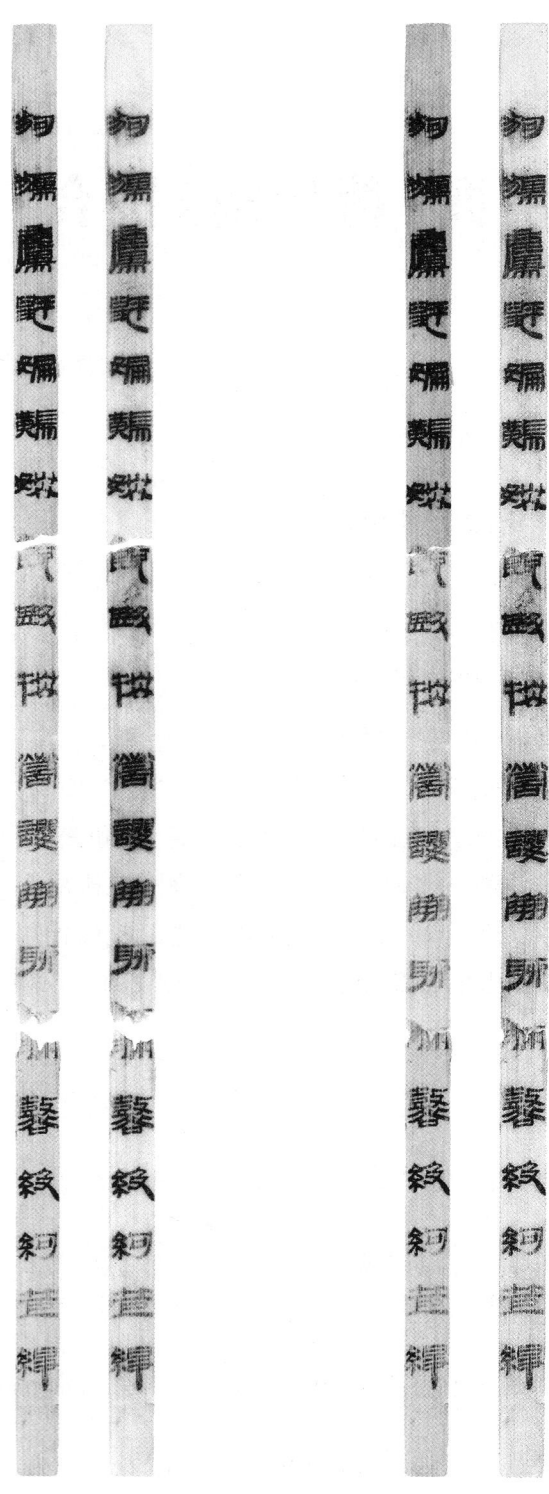

拼合前彩色圖版和
紅外綫圖版

拼合後彩色圖版和
紅外綫圖版

其茬口的局部放大圖如下：①

簡 號	拼合前彩色圖版和紅外綫圖版	拼合後彩色圖版和紅外綫圖版
簡 66 ＋ 簡 22		
簡 22 ＋ 簡 23		

福田哲之先生已指出簡66和簡22拼合之後可以補出一個完整的"餕"字。② 而簡22下端有比較明顯的由於拗折所形成的類似於"揭薄"的痕迹，其簡面斷裂的邊緣正與簡23斷裂的邊緣若合符契，可以拼合。二者按照邊緣密合的標準拼合之後亦可將"馨"前一字基本補充完整，雖然此字筆畫仍然有些模糊，難以辨識，但其左側恐怕不是"水"旁，整體字形亦與"漏"字不合，此字可能是左從"月（肉）"之字，待考。

拼合之後，可將該簡簡文校正如下：

狗獳麕䏿。媥嬛婑餕，斟掇謍謱。䰙聊□（胒？）馨，級絇筁（莒）綷。（簡66＋簡22＋簡23）

---

① 福田先生文已附有簡66和簡22拼合前茬口部分的紅外綫圖版示意圖。
② 福田哲之：《北京大學藏漢簡〈蒼頡篇〉的綴連復原》。

其中"綳"亦爲耕部字,正可與"歝""謢"二字押韻。

2019 年 11 月 22 日初稿
2019 年 11 月 25 日改定

  本文初稿曾發布於復旦大學出土文獻與古文字研究網(2019 年 11 月 25 日),今略作修改。拙文曾蒙劉釗師審閲,謹致謝忱。文中所引福田哲之先生待刊文已正式發表於《出土文獻與古文字研究》第 8 輯(上海古籍出版社,2019 年)。

  崔慶會先生《北大漢簡〈蒼頡篇〉簡 23 補釋——兼談"互"字的來源及其分化》(《出土文獻》第 15 輯,中西書局,2019 年,第 296—307 頁)一文曾據"綳"之改釋認爲"簡 23 當押耕部韻",該簡"有可能屬同爲耕部韻的'鶃鶄'章,或者與簡 66 或簡 76 爲一章,或者屬另外的章節",已道出簡 23 與簡 66 存在可能的聯繫,頗有見地;但囿於整理者對簡 22 的句讀,崔文認爲簡 23 與簡 22"可能不是一章",與筆者的理解不同。此外,崔文在前人成果的基礎上,將簡 23 釋讀爲"漏罄(罄),級絇筦(筦)綳",並對諸字的訓釋有較爲全面的討論。請讀者參看。

2020 年 3 月 26 日補記

談談新見木牘《蒼頡篇》的學術價值*

張傳官

　　2019年6月,劉桓先生編著的《新見漢牘〈蒼頡篇〉〈史篇〉校釋》一書由中華書局出版。① 該書公布了新見的木牘本《蒼頡篇》以及以往未見的兩種蒙書(整理者分別擬名爲《史篇(一)》《史篇(二)》),②其中《蒼頡篇》屬於《漢書·藝文志》所述"合《蒼頡》《爰歷》《博學》三篇,斷六十字以爲一章,凡五十五章"的閭里書師改編本的系統。③ 這批《蒼頡篇》木牘,現存完整者或基本完整者共43板,另有殘牘14板;每板3行,每行20字,每牘共60字(相當於閭里書師本的一章)。木牘本《蒼頡篇》是目前爲止所見字數最多的《蒼頡篇》傳本,基本涵蓋了閭里書師本的大部分內容,許多文句以往未見;而且尤爲難得的是,這批木牘每一板都標有序號(部分已殘去或不可辨識),現存者最大編號爲"五十四",離"五十五"章只有"一步之遥"。

　　遺憾的是,由於這批木牘不屬於科學發掘品,且没有經過必要的科學檢測;再加上形制比較獨特,字體也不同尋常,因此該書出版之後,據悉立即引發不小的爭議和多位學者的質疑。鑒於這批木牘的特殊性,質疑當然是正常的學術討論,無可厚非

---

* 本文爲國家社科基金一般項目"基於新出土文獻的《蒼頡篇》文本復原與綜合研究"(項目批准號20BYY148)的成果。

① 劉桓編著:《新見漢牘〈蒼頡篇〉〈史篇〉校釋》,中華書局,2019年。下文簡稱爲"《新牘》"。【補】《新牘》雖然標注爲6月出版,但實際上直到11月初才面市。

② 按所謂"《史篇》"的擬名未必準確,爲便利起見,本文暫用此擬名。【補】按照秦漢蒙書取首二字命名的一般原則,建議將《史篇》二種分别改稱爲"《寧來篇》"和"《興章篇》"。

③ 整理者將木牘本《蒼頡篇》與以往出土《蒼頡篇》進行比勘,認爲木牘本的部分章有120字,因此認爲這是"西漢中期以後經閭里書師改定的五十五章本的一個增補本"。見《新牘》,前言,第1頁。

（筆者最初也是心存疑慮）。可能也正是因爲學界的這些不同意見，目前關注這批材料的學者主要還是持不確定或觀望的態度。然而，鑒於其内容的豐富性，木牘本《蒼頡篇》很可能是今後研究《蒼頡篇》無法繞開的文獻，因此對相關問題有必要詳加考察。

筆者有幸購得此書，經過初步研讀和比對，感到這批木牘在字體和形制上雖然有些與衆不同，但木牘所抄録的《蒼頡篇》内容（尤其是以往未見的一些文句），絶非後人所能贗作。客觀來説，新見木牘《蒼頡篇》的内容，不僅可以解決以往研究中的許多問題，還爲相關研究提供了不少重要的新知，而這些新知恐怕已超出了現有的《蒼頡篇》研究水平，充分證明其學術價值的重要性。下文爲筆者對這一問題的初步看法，敬請方家批評指正。

一、所謂《史篇（一）》第二章實爲
閭里書師本《蒼頡篇》第二章

木牘本《蒼頡篇》所提供的新見内容，尤以閭里書師本《蒼頡篇》第二章最爲突出。

對於閭里書師改編本《蒼頡篇》，學者已復原出其中的第一、三、四、五、六等章的内容，遺憾的是，却從未見到第二章的内容。① 《新牘》所公布的《蒼頡篇》第一章之後即爲第三章，也没有給出第二章的内容，但《新牘》的分篇是由整理者擬定的，其中木牘本《蒼頡篇》是由整理者根據章序以及以往的漢簡《蒼頡篇》内容而確定的，未必符合木牘本《蒼頡篇》的原貌；實際上我們可以在同時公布的、同樣由整理者確定其内容的其他蒙書中找到這一章。

在整理者定名爲《史篇（一）》的蒙書中，有如下章序爲"第二"的内容：

〔第〕二[0]　　獨中上意。臨官使衆，恭肅畏事。② 終身毋怠，安樂貴富。[1] 詹（瞻）彼卑賤，固繇無能。馴（訓）道（導）至矣，諸産皆備。人名元蠅（？），[2] 師（？）用

---

① 參看梁静：《出土〈蒼頡篇〉研究》，科學出版社，2015 年；張存良：《〈蒼頡篇〉研讀獻芹（二）——漢代改編本〈蒼頡篇〉一、三、四、五、六章文本復原》，簡帛網，2015 年 11 月 26 日。關於《蒼頡篇》第一章的復原，參看張傳官：《關於〈蒼頡篇〉第一章的復原》，《中國語文》2019 年第 5 期，又見復旦大學出土文獻與古文字研究中心網，2019 年 12 月 19 日；白軍鵬：《習字簡中的〈蒼頡篇〉首章及相關問題》，《古文字研究》第 32 輯，中華書局，2018 年。當然，在阜陽漢簡、北大漢簡、水泉子漢簡以及西北邊塞漢簡的《蒼頡篇》中，仍然存在許多可以與閭里書師本《蒼頡篇》相對照的内容，只是未能確定其章序而已，其中也許有第二章存在。
② "恭肅畏"三字原形不清。一位師長賜告："恭肅畏事"見於《後漢書·竇融列傳》，此釋文當可信（2019 年 12 月 22 日）。

爲偗。百蟲草木,兵甲器(?)械。禽獸虎兕,雜物奇悷(怪)。【3】①

《新牘》已指出其中的部分内容亦見於水泉子漢簡《蒼頡篇》、英國國家圖書館藏斯坦因所獲未刊漢文簡牘(主要是削柿)等材料中,並列舉了如下簡文作爲對照:②

　　……貴富萬石君。瞻被卑賤不(水泉子漢簡《蒼頡篇》暫19,即《水蒼》C105)
　　……道至矣可東西。諸產皆備力(水泉子漢簡《蒼頡篇》簡20,即《水蒼》C065)
　　……〔事〕終身毋〔怠〕……(《英斯》2534)
　　……毋怠。安樂……(《英斯》2274)
　　……至矣。諸……(《英斯》1944)
　　……□。財用爲偗。□……(《英斯》3572)
　　……財用〔爲〕……(《英斯》2055)
　　……爲偗。百〔蟲〕……(《英斯》3213)
　　……偗。百(百)蟲皁(草)……(《英斯》3574)
　　……雜〔物〕畸(畸)……(《英斯》3634)

此外,《新牘》還認爲水泉子漢簡《蒼頡篇》"軒轘輻輬輦郎極軔"(簡9,即《水蒼》C096)

---

① 《新牘》,第152—154頁。本文引木牘本《蒼頡篇》的釋文,暫據《新牘》,部分改釋的文字會略加説明。上引釋文中,"【 】"内的數字表示行數,數字"0"則表示章序所在的木牘上端,部分筆者存疑的釋文暫加"?"標示。其中的"兵"字,《新牘》釋爲"矣"、讀爲"乘"。按該字作▇▇,當爲"兵"字無疑[參看佐野光一編:《木簡字典》,雄山閣,昭和六十年(1985年),第81—82頁],"兵甲"連言典籍習見,今據改。【補】胡敕瑞先生後亦改釋此字爲"兵",參看胡敕瑞:《新見漢牘〈史篇一〉〈史篇二〉校讀札記》,清華大學出土文獻研究與保護中心網,2020年2月14日。

② 下引相關材料和論文請參看《新牘》,第152、158頁;張存良:《水泉子漢簡七言本〈蒼頡篇〉蠡測》,《出土文獻研究》第9輯,中華書局,2010年,第60—75頁;張存良、吳葒:《水泉子漢簡初識》,《文物》2009年第10期,第88—91頁;復旦大學出土文獻與古文字研究中心讀書會(程少軒執筆):《讀水泉子簡〈蒼頡篇〉札記》,復旦大學出土文獻與古文字研究中心網,2009年11月11日;張存良:《水泉子漢簡〈蒼頡篇〉整理與研究》,蘭州大學博士學位論文(指導教師:伏俊璉教授),2015年(下文簡稱該論文爲"《水蒼》"。下引水泉子漢簡《蒼頡篇》資料均主要據上述論著,尤其是《水蒼》,編號亦據《水蒼》,若非必要,不再一一注明);汪濤、胡平生、吳芳思主編:《英國國家圖書館藏斯坦因所獲未刊漢文簡牘》,上海辭書出版社,2007年(《新牘》簡稱爲"《英斯》"者即此書,本文沿用其簡稱。下引《英斯》資料均主要據此書,不再一一注明)。此外,需要特別說明的是,下文引録除木牘本以外的出土文獻釋文,將根據原始圖版並吸收相關成果而有所修改,與原釋文不盡相同,也不再一一注明;爲便於排版,本文也不盡采用原書的符號,而統一用"〔 〕"表示據殘字補釋的文字,用"……"表示數字不詳的缺文。此外,《英斯》3572、《英斯》2055的"財"字,《新牘》作"師"。按削柿"財"字均較爲清晰(尤其《英斯》3572的清晰可辨),而《新牘》該字字形則較爲模糊,可能不是"師"字;從輪廓上看,《新牘》該字更可能是"財"字,讀爲"材/才"。"財(材/才)用爲偗"大概即由於才能突出而擔任學偗之意。

可與所謂《史篇(一)》第九章"安車溫良"對校。

筆者還可以補充一些同樣見於所謂《史篇(一)》而《新牘》未引的《水蒼》《英斯》簡文：①

  ……官使……(《水蒼》C075)
  ……衆佩金銀。恭肅畏事毋冤(《水蒼》C095)
  ……□分。百病(？)草木鄥(？)章橞。兵甲(《水蒼》C089)②
  ……□意。臨□……(《英斯》2908)③
  ……臨官……(《英斯》2170)
  ……始。財用□……(《英斯》3412)
  ……始。財□……(《英斯》2721)
  ……用爲〔俥〕……(《英斯》2322)④
  ……〔用〕爲……(《英斯》2460A)
  ……夷。襍(雜)物……(《英斯》2331)⑤

此外，英國國家圖書館藏斯坦因所獲未刊漢文簡牘中尚有部分未能收録於《英斯》中，《英斯》的整理者後來補充公布了剩餘的簡文，⑥其中亦有見於所謂《史篇(一)》者：

---

① 參看白軍鵬：《敦煌漢簡校釋》，上海古籍出版社，2018年，第159—160頁。
② "草木"，《水蒼》原釋"苴水"，並認爲疑是"草木"。按據後文"兵甲"，並對照木牘文句，可知釋"草木"是，此簡正可與上引木牘文句對應，故本文句讀如上；而所謂"病(？)"字，恐怕是"蟲"之誤釋。
③ 《英斯》整理者謂此簡可與《英斯》2907綴合(第31頁)。按二者字體明顯不同，恐不可綴合，其説非是。
④ 按《英斯》2322當可與《英斯》3574拼合。前者下端有明顯的削薄痕迹，與後者拼合之後圖版略有重疊，茬口相連接的部分作 ，密合無間，其釋文當校正作"用爲俥。百(百)蟲皐(草)"。
⑤ 木牘本《蒼頡篇》與"始"對應之字，《新牘》釋爲"竗"。按該字雖然已較爲模糊，但從輪廓和筆勢上看，恐怕還是"始"字。"元始"是漢代屢見之人名，見於漢印者如"狄元始印—狄大功"(施謝捷：《虚無有齋摹輯漢印》，藝文書院，2014年，第0415號)、"狄元始印—狄大功印"(施謝捷：《虚無有齋摹輯漢印》，第0416號)、"黄元始印"(易均室輯拓：《古印甄初集》，休休文庫，2019年，據1932年綫裝四册本影印)、"李元始印"(吴硯君編著：《盛世璽印録》，藝文書院，2013年，第267號)、"條元始印"(林樹臣輯：《璽印集林》，上海書店，1991年，第134頁)、"趙元始印"(黄玉希編：《禾德堂印留》，藝文書院，2012年，第376頁)。又，《英斯》2331的"夷"對應的是《史篇(一)》的"兕"，按"夷"爲喻母脂部字，"兕"爲邪母脂部字，二者聲近韻同，而且二者都可以與"矢"聲字(如書母脂部的"矢"、定母脂部的"雉")相通(參看白於藍編著：《簡帛古書通假字大系》，福建人民出版社，2017年，第523—524頁)，可以通假，然則《英斯》2331亦可與所謂《史篇(一)》第二章相關文句對照。
⑥ 汪濤、胡平生、吴芳思(胡平生執筆)：《〈英國國家圖書館藏斯坦因所獲未刊漢文簡牘〉補遺釋文》，中國文化遺產研究院編：《出土文獻研究》第15輯，中西書局，2016年，第320—329頁(下文簡稱爲"《英斯補》")。張存良、巨虹二位先生亦曾對《英斯補》的簡文進行釋讀，見張存良、巨虹：《英國國家圖書館藏斯坦因所獲漢文簡牘未刊部分》，《文物》2016年第6期，第75—79頁。下引《英斯補》資料均主要據上述論著，不再一一注明。

......□道至......(《英斯補》1800)

......□。臨官使□......(《英斯補》1885)

《新牘》根據該書所引那些可以對照的文句，認爲水泉子漢簡七言本《蒼頡篇》和《英斯》中屬於蒙書的削杮不盡是《蒼頡篇》，其中也有《史篇(一)》的內容。其中，《新牘》討論前引《水蒼》三例簡文時，認爲"這三段文字大都是常見字詞，不像《蒼頡篇》那樣難字彙集，在北大漢簡《蒼頡篇》、阜陽漢簡《蒼頡篇》和漢代木牘《蒼頡篇》中，也都不見這樣的文字"，因此將它們歸入整理者"判斷爲《史篇》一的這批漢代木牘中"。① 從中我們可以看出，《新牘》先根據某些理由或證據(今不詳)認爲上引木牘屬於所謂《史篇(一)》，然後再根據文句的對照來認定相關水泉子漢簡和《英斯》的簡文是屬於所謂《史篇(一)》的。

然而，《新牘》的前引說法存在兩個疑點：首先，所謂《史篇(一)》第二章中，"意""事""富""能""備""倅""械""怪"等字皆押之、職部韻，而現存所謂《史篇(一)》前十四章中，除了殘去的第六、七兩章未知以及這所謂第二章之外，絕大多數押陽部韻(韻腳偶有他部韻字，却從無之、職部韻者)，此章的押韻情況顯然與之不合。其次，《英斯》《英斯補》總共有 2 000 枚左右的殘簡，其中屬於蒙書的削杮占據了很大一部分且其內容往往散見於《蒼頡篇》各章中，而《新牘》所引和筆者所補的《英斯》《英斯補》以及《水蒼》中見於所謂《史篇(一)》的內容都集中於這一章(尤其那麼多可以對照的削杮也是如此)，這是一件比較奇怪的事情，恐怕不是巧合。②

經過考察，筆者認爲所謂《史篇(一)》的第二章，實際上就是閭里書師本《蒼頡篇》的第二章。這可以在如下一些方面得到證明和解釋。

筆者曾考察閭里書師本《蒼頡篇》第一章的內容，根據居延漢簡 24.8A、B 習字所抄的"塞塞儇儇佞齋齋力疾疾"等內容以及其他相關材料，指出《蒼頡篇》第一章的末二字當爲"齋(齊、齋)疾"；並考察下列削杮：

......□齋疾獨......(《英斯補》1844)

......□〔齋〕疾......(《英斯》2667)

......疾獨......(《英斯》3222)

根據其中"齋(齊、齋)疾"後抄錄"獨"字這一情況，筆者做出如下推論：

---

① 《新牘》，第 152 頁。劉桓：《說漢牘〈史篇〉一的定名》，《新牘》，第 248—249 頁。
② 至於《新牘》將水泉子漢簡"軒轅輻輬輦郎極軋"與《史篇(一)》第九章"安車溫良"進行對校，恐怕並不可信，因爲此二簡能對得上的只有"輻輬"這一種名物，證據過於單薄，二者未必有對應關係。

所謂的"獨"字,考慮到《英藏》《英補》(引者按:二者分別即本文的《英斯》《英斯補》)中的其他《蒼頡篇》殘簡均屬四言本,其中似無七言本的痕迹這一情況,則很可能是《蒼頡篇》第二章的首字。①

從前引木牘文句可以看到,所謂《史篇(一)》第二章的首字正是"獨"字,如果將之歸爲《蒼頡篇》第二章,正與筆者的推測相合;而將此章(尤其是其中的前九句)接在《蒼頡篇》第一章之後,二者都是屬於勸學的内容,在文義上也可以完全銜接。至於其中附有部分任官爲宦的文句也並不奇怪,因爲擔任官吏正是當時人求學的主要目的。

就此章的押韻而言,胡平生、韓自强兩位先生早已指出,李斯編纂的《蒼頡篇》是押之、職部韻的,漢代閭里書師本《蒼頡篇》收録了李斯《蒼頡篇》全文,在相關分章中亦沿用了這一體例;②木牘本《蒼頡篇》前七章(目前缺第二章)也皆是如此。③ 此章的押韻情況正與之相合。

至於《新牘》所謂的"難字彙集"這一情況,雖然占據了《蒼頡篇》的主體内容,但這種形式主要見於羅列式的文句中;《蒼頡篇》實際上也存在陳述式的文句,其内容同樣也較爲淺顯、平實,如第一章、第五章等(木牘本《蒼頡篇》也有類似者,見於第五十四章),因此,所謂"難字彙集"並不能作爲將此章歸屬於《蒼頡篇》的反證。

此外,正如整理者所指出的,此牘(章)的行款和形制與木牘《蒼頡篇》並無明顯的差別,都是每板3行,每行20字,每牘(章)共60字;而且二者的材質(包括紋路)、木牘上端的塗朱和穿孔以及字體都是一致的。④ 因此,將此牘(章)歸屬於所謂《史篇(一)》其實没有材質、形制等方面的排他性證據。

我們知道,《水蒼》以及《英斯》《英斯補》中屬於蒙書的絶大部分削柿的内容向來都認爲是屬於《蒼頡篇》的,似乎並没有足夠堅實的可據以推斷其内容不見於《蒼頡篇》的證據(尤其是《水蒼》)。因此,如果"反其道而行之",將所謂《史篇(一)》第二章認定爲《蒼頡篇》第二章,那麽《新牘》所論與上述情況的矛盾也就迎刃而解了。

通過以上的論證,我們可以説閭里書師本《蒼頡篇》第二章是"失而復得"了。僅此一例,即可見木牘本《蒼頡篇》學術價值之一斑。⑤

---

① 張傳官:《關於〈蒼頡篇〉第一章的復原》,《中國語文》2019年第5期,第614頁。
② 胡平生、韓自强:《〈蒼頡篇〉的初步研究》,《文物》1983年第2期,第37—38頁。此文後收入胡平生《胡平生簡牘文物論集》(蘭臺出版社,2000年)、胡平生《胡平生簡牘文物論稿》(中西書局,2012年)二書,並易題爲《阜陽漢簡〈蒼頡篇〉的初步研究》。
③ 參看劉桓:《漢牘〈蒼頡篇〉的初步研究》,《新牘》,第239頁。
④ 《新牘》,前言,第1頁。
⑤ 附帶一提的是,根據上文的論述,《水蒼》C075與《水蒼》C095應可編聯或拼合。

二、木牘本《蒼頡篇》的新見内容可以被驗證

2.1 爲新出成果所證實

木牘本《蒼頡篇》的許多新見内容可以得到進一步的驗證。這種驗證包括多個方面，其中一項便是其新見内容可爲新出的研究成果所證實，如北大漢簡《蒼頡篇》有如下殘簡：①

　　狗獳䮷䮻。媥䮞娞……（《北蒼》簡 66）
　　……餯斟，掇瞥謱觵。聊……（《北蒼》簡 22）
　　……藝。級絇筐（莒）綷，（《北蒼》簡 23）

近日福田哲之先生和筆者根據茬口、押韻、殘字等情況將上列三支北大簡拼合爲一支整簡，並將文句校正如下：

　　狗獳䮷䮻。媥䮞娞餯，斟掇瞥謱。觵聊□（胒？）藝，級絇筐（莒）綷。②

而木牘本《蒼頡篇》第卅九有如下文句：

　　第卅九【0】　　盧（鹽）盧（鹵）蠶（㴱）猙，狗獳䮳（連）跰（併）。媥䮞娞（䮻）餯，斟掇（啜）瞥謷。䐈聊脯〔藝〕，【1】級絇鉅綷。【2】

木牘本這些文句相連的情況是以往從未見過的，而上述《北蒼》的拼合正可證明這些文句相連是真實可信的。尤其福田先生拼合的《北蒼》簡 66 和《北蒼》簡 22，二者的簡號（圖版上的位置）相去甚遠，將二簡拼合已非易事（材料公布四年多之後才有學者加以拼合，可見其難度），更遑論將二簡上的文句編聯在一起了。

2.2 確認舊材料歸屬或改釋舊簡文

木牘本《蒼頡篇》的新見内容還可以爲部分疑似或未定屬於《蒼頡篇》的内容提供有效的證據，或者爲以往《蒼頡篇》簡文的釋讀提供新的綫索。如《英斯》《英斯補》中有大量的削

---

① 北京大學出土文獻研究所編：《北京大學藏西漢竹書〔壹〕》，上海古籍出版社，2015 年。下文簡稱爲"《北蒼》"，下引北大漢簡《蒼頡篇》資料均主要據此書，不再一一注明。
② 福田哲之：《北京大學藏漢簡〈蒼頡篇〉的綴連復原》，《出土文獻與古文字研究》第 8 輯，上海古籍出版社，2019 年。張傳官：《北大漢簡〈蒼頡篇〉拼合一則》，復旦大學出土文獻與古文字研究中心網，2019 年 11 月 28 日。【校按：該文已正式發表於本輯《出土文獻與古文字研究》。】

柹,其内容比較繁雜,其中一些字詞文句由於可以跟《蒼頡篇》對應而確定其歸屬(這占據了很大比例),但也有一些字詞文句雖然從字體、文例上看疑似屬於《蒼頡篇》,却由於以往的《蒼頡篇》未能提供直接的證據,其歸屬仍難以確認,甚至有的削柹就從未被視爲與《蒼頡篇》有關。而這些疑似《蒼頡篇》和未知何屬的削柹中的一部分,却可以在木牘本《蒼頡篇》中找到對應的内容。此外,這些疑似《蒼頡篇》的削柹甚至其他《蒼頡篇》漢簡中亦有部分殘字以往難以辨識或未能確釋,可以由木牘本《蒼頡篇》得到綫索,從而得到正確釋讀。

下文舉幾個例子,來説明木牘本在確認《蒼頡篇》削柹歸屬和改釋《蒼頡篇》簡文兩個方面的價值。此二者往往交織在一起,故一併討論。關於前者,《新牘》所舉《英斯》《英斯補》中已包括了一些以往未能確認者,但還有一些遺漏,本文進行補充。關於後者,實際上,如果以木牘本爲據,以往漢簡《蒼頡篇》可改釋或補釋者甚多,本文僅舉新舊材料在一定程度上可以互證的例子。

木牘本《蒼頡篇》第十四有如下文句:

桶㮯(槩)參斗,升半實當。【1】絫量錘銖,銓兩鈞衡。【2】

其中,"桶㮯參斗,升半實當"見於阜陽漢簡《蒼頡篇》C035,①"桶㮯參斗"亦見於《北蒼》簡55;而緊接其後的"絫量錘銖,銓兩鈞衡"二句以往未見,不知屬於《蒼頡篇》;但上引四句的内容却較爲完整地體現了秦與西漢時期的量制與衡制的官方單位體系,其中有不少涉及秦漢度量衡研究的新知,正與學者的研究成果相合。② 關於"錘銖",劉剛、李天虹兩位先生都有較爲詳細的討論,③可參看。

涉及度量衡制度的這四句内容,以往實際上出現過零星文字,《英斯》有如下一枚編號爲3641的削柹:

---

① 阜陽漢簡整理組:《阜陽漢簡〈蒼頡篇〉》,《文物》1983年第2期,第24—34頁。初師賓等主編:《中國簡牘集成》〔標注本〕,敦煌文藝出版社,2005年,第14册"圖版選(卷下)"第295—313頁,第18册"河北省安徽省(上)卷"第1655—1674頁(下文合稱此二書的相關圖版和釋文爲"《阜蒼》"。其中,《阜蒼》的編號和釋文注釋與《阜陽漢簡〈蒼頡篇〉》大同小異。下引阜陽漢簡《蒼頡篇》資料均主要據《阜蒼》,不再一一注明。又,《阜蒼》與"桶"對應之字作䉛,整理者釋爲"秉",《北蒼》第123頁已指出:"阜陽雙古堆簡《蒼頡篇》此字摹本上端可見與'甬'上端同,下面摹寫疑未確,整理者釋作'秉',似亦不妥。"按此字恐怕也應該釋爲"桶",只是作"甬"上"木"下的結構而已。
② 熊長云:《秦漢度量衡研究》,北京大學博士學位論文(指導教師:王子今教授),2017年,第29—30、111—119頁。
③ 劉剛:《楚銅貝"坕朱"的釋讀及相關問題》,《出土文獻與古文字研究》第5輯,上海古籍出版社,2013年,第444—452頁。李天虹:《由嚴倉楚簡看戰國文字資料中"才""坕"兩字的釋讀》,《簡帛》第9輯,上海古籍出版社,2014年,第23—32頁。

整理者釋爲"□兩圴〈均〉□"。關於"勿""勻"(以及"㣇")訛混的情況,陳劍先生曾有專文討論,①請參看。考慮到此削柿爲習字所書,此處之"圴"亦不妨直接釋爲"均"。如果將此削柿與上引"銓兩鈞衡"相對照,可見二者是基本相合的:"均"自可讀爲"鈞";"兩"上一字存右旁下半,與"全"的下部相合,只是其豎筆穿透下橫筆,這在習字中並不奇怪;"均"下一字筆畫比較模糊,但左右兩側的"彳""亍"二旁尚可辨識,中間亦與"衡"字漢代寫法的中部相合。

附帶一提的是,《水蒼》C114 爲如下文句:

……當古之常纍(累)□……

此簡以往未有任何編聯和斷句,對照前引木牘本文句,可知此句當斷讀作"當古之常。纍(累)□","當"字前所缺者應即"升半實"三字。此亦可見木牘本中"累"緊接於"當"之後是可信的,而"古之常"用於補充説明"升半實當"也是比較合適的。

《水蒼》C058 有如下文句:

……禹湯稱不絶。頯迎趮(躁)厥怒佛甘。

張存良先生曾根據此簡以及《英斯》1791ABCD、1811、2866、2439、2550、2637、2651、2780、3251、3504,《英斯補》1799、1846、1852 等削柿將相關文句綴連如下:②

圂屬□良。國家……禹湯。悇印奏厥,賓分笓喪。頯碩猛

而木牘本《蒼頡篇》第五十四作:

〔第五十四〕【0】　　圂屬柔良。國家定度,鉗(黔)首驩康。爵(?)仁(?)列(?)

---

① 陳劍:《結合出土文獻談古書中因"勻""㣇"及"勿"旁形近易亂而生的幾個誤字》,復旦大學出土文獻與古文字研究中心、耶魯—新加坡國立大學學院陳振傳基金漢學研究委員會編:《出土文獻與中國古典學》,中西書局,2018 年,第 121—134 頁。

② 《水蒼》,第 175—176 頁。

□(？義？），左庶上〔卿〕。[1]欣喜説譯，枚顯訢彭。菅（管）晏孔墨，堯舜〔禹〕湯。毅叩（卬—仰）躁（？）欧（厭—饜），[2]瞵盼范喪。頎碩疑化，蚩尤典明（明）。洋（？）吧□泰（？），豊（？禮？）戴（？秩？）騷（？）□。[3]

正可與張存良先生的上述復原文句相對照，並對之進行補充。其中，"毅""頴"（皆本从"彖"作）與"悇"，"奏"與"趡/躁"，"賓"與《北蒼》簡 65"瞵"，"分"與"盼"（《北蒼》簡 65 亦作"盼"），均屬音近通假的關係；①而上引木牘本文句反過來可以補充或校正《英斯》《英斯補》以及張存良先生的釋讀。如與"疑"字對應的所謂"猛"字，《英斯》1791B 作■、《英斯補》1846 作■，毫無疑問也應該是"疑"字，漢代文字中"疑"字右旁多訛寫作似"孟"之形，《英斯補》在 1846 釋文下注謂"'猛'或釋爲'疑'"，是正確的（反過來説，如果不熟悉漢代"疑"字的這種訛變寫法，是很難根據削柿的這些殘字釋讀出"疑"來的）。又如與"定"字對應的《英斯》1791C ■（舊未釋，或釋"南（？）"），與"定"的筆畫相合，當據以改釋；與"柔"字對應的《英斯》1791B ■（舊未釋）、《英斯》1791C 的■（舊釋"韋"）也未嘗不可以視爲"柔"之訛寫。

前引木牘文句中"欣喜説""晏孔墨"均未見於以往確知的《蒼頡篇》，但它們却亦可糾正舊釋文之誤或確認前人的推論，如《英斯》2172"……鬼（？）繹枚顯……"削柿作：

其上端殘字實與"説"相合，亦可見此削柿正是《蒼頡篇》殘簡。而《英斯》3523"……枚顯訢彭莞□……"削柿作：

---

① 此蒙魏宜輝先生賜告（2019 年 12 月 24 日）。

"莞"可讀爲"管"自不必多言，而該簡下端殘字筆畫亦與"晏"字相合。與此相關的《英斯》3318"……晏孔……"削柿作：

胡平生先生已指出可能是《蒼頡篇》削柿，①其推論爲木牘本所證實。《北蒼》簡65"堯舜"前一字作：

對應的是木牘本的"墨"字。細審上引殘字筆畫，下部"土"形可以辨識出大部分形體，而將上部殘存的偏旁與《北蒼》簡5之"黑"作 對比，殘筆無有不合，可見該字正爲"墨"字。此殘字實可與木牘本互證。

木牘本《蒼頡篇》第廿四"鞲韃韉"之"韃"對應的是《北蒼》簡19之所謂"戀（䜌）"字，按後者字作 ，對照木牘本之"韃"可以發現，其中間實从"惠"，只是增繁重複書寫"糸"形，應看作"總"之繁體而讀爲"韃"，不能釋爲"戀（䜌）"。②

【補】《英斯》2538爲如下文句：

……草木 戾（？）……

其中所謂"戾（？）"字作 ，其筆畫實際上較爲清晰，字當爲"兵"字，《英斯》的摹本並不準確。此句可與前引木牘本《蒼頡篇》第二章"百蟲草木，兵甲器械"及《水蒼》C089互證。

【補】《英斯》2876爲如下文句：

……□□□□

……□麩林（秫）釀□……

---

① 胡平生：《英國國家圖書館藏斯坦因所獲簡牘中的〈蒼頡篇〉殘片研究》，汪濤、胡平生、吳芳思主編：《英國國家圖書館藏斯坦因所獲未刊漢文簡牘》，第73頁。

② 此例蒙陳劍先生賜告（2019年12月23日）。

木牘本《蒼頡篇》第七有如下其他確知的漢簡《蒼頡篇》未見的文句：

　　　　□□□〔麩〕，[1]秋釀釋(?)戴(?)。[2]

且不論"釋""戴"二字的釋讀是否準確，至少據木牘本可以斷定《英斯》2876 爲《蒼頡篇》削柿。

【補】《英斯》3502 爲如下文句：

　　　　……□□□……
　　　　▲稻〈稻〉粱〔穈〕〔𪗾〕䊑……

該削柿作：

《英斯補》1909 爲如下文句：

　　　　……粱黍穈……

該削柿作：

《英斯補》注謂：

　　可參見 3502 簡："▲稻粱〔穈〕〔𪗾〕□。"按，"粱"下二字原釋爲"穈𪗾"，今覆核應爲"〔糜〕〔糜〕",特此訂正。

按對照《英斯補》1909,《英斯》3502 的"糜"左側並不能見到"广"的撇筆和折筆,此字可能還是"黍"字。木牘本《蒼頡篇》第七開篇有如下文句：

  稻粱黍穄(糜)。

其中的"穄"字作 ▇▇,嚴格楷寫應作"穄"。木牘"米""禾"二旁多混,此字釋"糜""穄"皆可,但對照前引削柿,可知當釋爲"穄"字。木牘本此句,其他漢簡《蒼頡篇》未見,却可與前引《英斯》3502、《英斯補》1909 對照,證明此二削柿屬於《蒼頡篇》。尤爲難得的是,上引木牘本文句出於章首,正與《英斯》3502 中標示章首的符號"▲"相合。

2.3　七言本後三字與新見四言句文義相合

  水泉子漢簡七言本《蒼頡篇》是在四言本《蒼頡篇》的基礎上每句增加三個字,從而對四言本原文進行解釋或補充,而木牘本提供的四言本文句經與《水蒼》比對之後,部分新見文句在文義上正好可以與水泉子漢簡殘存的七言本後三字相連。下面舉六個例子加以説明(前文討論的《水蒼》C114 亦與這種情況有關)。

  (1)《水蒼》C034 爲如下文句：

    分有術。黔首驩康歌鼓瑟。爵

前引木牘本《蒼頡篇》第五十四有"國家定度,鉗(黔)首驩康"一句,對照可知,七言本的"分有術"接續的正是"國家定度"(尤其是"定度"),文義相合,而"定度"二字正是以往《蒼頡篇》所未見的。

  (2)《水蒼》C056 有如下文句：

    ……□繹飲數日。

前引木牘本《蒼頡篇》第五十四有以往未見過全文的"欣喜説譯"一句,對照可知,"繹"自當與"譯"一樣,讀爲"懌",其前之"□"當爲"説"或讀爲"説(悦)"之字,而七言本"飲數日"正可視爲"欣喜説(悦)繹(懌)"之補充。此外,《水蒼》C111 作"□酉出欣喜吉",以往未見任何編聯,可能就與木牘本"欣喜"所在文句對應,那麽此簡恐怕可以與 C056 編聯甚至拼合。①

  (3)《水蒼》C084 爲如下文句：

    ……未得行。驅馳迭(跌)踢(踼)樂未央。

---

①　【補】所謂"吉"字,很可能是"言"旁,該字可能本爲"説"字;此二簡確可直接拼合,參看張傳官：《水泉子漢簡〈蒼頡篇〉拼合五則》,復旦大學出土文獻與古文字研究網,2020 年 1 月 11 日。

木牘本《蒼頡篇》第十有如下文句：

  豐鑄（鎬）林禁，驅馳趺踢。

兩相對比，"未得行"接續的應該是"豐鎬林禁"。"豐鎬林禁"亦見於《水蒼》C027、《阜蒼》C031—C032（用字略有不同），阜陽漢簡整理者認爲"禁"可能指禁苑，①或可從。若是，則"未得行"與"豐鎬林禁"也存在一定的意義上的聯繫。此外，《水蒼》C027 屬於上下皆缺的簡文，僅存四字，疑可與缺少上端的《水蒼》C084 相拼合（至少可以編聯）。

  （4）張存良先生編聯的《水蒼》C046＋《水蒼》C047＋《水蒼》C048 作：②

  ……欲聽明（明）。面頰頤頰宜圓方。首(C046)……□牙齒口中剛。手足寒佳（倠？）一脛敁（敧？）(C047)……□肺心腎藏中央。脾腪（胃）腹(C048)

而木牘本《蒼頡篇》第十四有如下文句：

  耳目鼻口，面頰頷頰。首頭頤顄（顄），肩臂股胻。肝肺心腎，脾胃腹腸。骨體牙齒，手足寒□。

二者正可以對照。且不論根據木牘本，上引《水蒼》簡文的編聯應改爲"《水蒼》C046＋《水蒼》C048＋《水蒼》C047"，我們至少可以看出七言本"欲聽明（明）"③正可以作爲以往未見之四言本"耳目鼻口"的補充。

  （5）《水蒼》有如下兩支殘簡：

  ……鼓冒冒。籟瑟琴簧師廮（曠）(《水蒼》C035)
  ……音聲……(《水蒼》C107)

而木牘本《蒼頡篇》第十六有如下文句：

  鍾（鐘）磬音聲，蘥（籟）瑟琴簧。

僅根據《水蒼》C035 與木牘本的對照就可以看出，七言本"鼓冒冒"接續的是"鍾（鐘）磬音聲"，二者相連在文義上比較合適；同時木牘本還可以證明《水蒼》C107 應該可以與《水蒼》C035 編聯甚至拼合。

  （6）《水蒼》C129 爲如下殘簡

  ……多美草苗。

---

① 阜陽漢簡整理組：《阜陽漢簡〈蒼頡篇〉》，《文物》1983 年第 2 期。
② 《水蒼》，第 159 頁。
③ 【補】廣瀨薰雄先生賜告：所謂"聽"很可能是"聰"之誤釋（2019 年 12 月 31 日）。按其説可從。

而木牘本《蒼頡篇》第卅六有如下文句：

　　芊種穀多。

如果將二者的"多"進行對應，七言本"美草苗"與四言本"芊種穀多"的文義也是可以相連的。

　　總之，上述各類情況，可以證明木牘本《蒼頡篇》所提供的新内容有很多是可信的；换句話説，木牘本《蒼頡篇》提供的這些以往漢簡《蒼頡篇》未見的新内容，是不可能通過《英斯》《英斯補》的削柿上的零散字詞文句連綴出來的。①

三、木牘本《蒼頡篇》與以往《蒼頡篇》的形式相合

3.1　内容符合《蒼頡篇》的特殊體例

　　木牘本《蒼頡篇》中的新見内容頗符合《蒼頡篇》的特殊體例，如胡平生、韓自强兩位先生曾根據《阜蒼》中"杞芑""姚挾"等内容揭示出《蒼頡篇》的這樣一種現象：

　　字以同音相連屬，似與詞義無關。②

這實際上就是同聲符字並列，這種體例其實不見於《急就篇》等傳世字書，却一再被後來新出的《蒼頡篇》所證實，如《北蒼》有如下文句：

賓勸向尚，係孫褱俗（簡2）

涣奐若思（簡4）

葬塡鬣獵（簡19）

歇潘閒簡（簡33）

姣窔娃嫷（簡35）

淺汧盰復（簡39）

篳畢輚解（簡40）

瞽婜嬬娾（簡41）

狗獳鷹鼬（簡66）

增增專斯（簡73）

---

①　由於水泉子漢簡《蒼頡篇》的多數圖版至今尚未公布，上文所提及的對至少可以編聯的《水蒼》之拼合情況的推測，還有待將來加以驗證。

②　胡平生、韓自强：《〈蒼頡篇〉的初步研究》，《文物》1983年第2期，第40頁。

這種同聲符字有的分屬前後兩個短句(也是某種形式上的連字並列),甚至有的是隔字排列,如:

  穗稍苦莢,挾貯施衰(簡 14)
  猎鷙駇𩷎(簡 15)
  姚欺蒙期(簡 44)

上引部分文句也見於木牘本《蒼頡篇》(此不贅),而且木牘本《蒼頡篇》的新見內容中也有類似的句式,如:

  □□擔躋(第十一甲)
  拑菥龐顏(第十一甲)
  虔遽贅孥(第十一甲)
  翩扁循睆(第卅四)
  台佁昏晦(第卅七)
  強寄倚留(第卅九)

這種情況值得我們注意。這些文句,以及木牘本《蒼頡篇》中符合漢代古音的押韻情況,若非另有所本或者深諳《蒼頡篇》的體例,今人是很難編寫出來的。

3.2 爲漢簡《蒼頡篇》特殊格式或符號的作用提供新證據

  木牘本《蒼頡篇》還可以爲漢簡《蒼頡篇》的特殊格式或符號的作用提供直接證據。如《阜蒼》C038:"……業未央。""央"下爲白簡。胡平生、韓自強兩位先生根據此簡以及《阜蒼》C056、C061 簡上同樣的白簡以及文義、押韻等情況,推測此簡爲一篇之末。① 雖然信從其說者不少,但此句以往未見於其他漢簡《蒼頡篇》,故未得確證;而木牘本《蒼頡篇》第十有如下文句:

  緒業未央。爰磨〈厤—歷〉次貤。

此二句相連是以往未見的,而"爰歷次貤"爲《爰歷篇》首句這一點目前已是學界共識,那麼胡、韓兩位先生的上述推論就得到了直接的證明。而且木牘此二句相連,說明阜陽漢簡《蒼頡篇》是閭里書師改編、斷章之前的本子,這也從一定程度上說明胡、韓兩位先生所說"阜陽漢簡《蒼頡篇》所據之本爲秦本"的判斷是正確的。

  又如《流沙墜簡》小學 1.1 著錄有如下一枚《蒼頡篇》漢簡(即《敦煌漢簡》1836):②

---

① 胡平生、韓自強:《〈蒼頡篇〉的初步研究》,《文物》1983 年第 2 期,第 37—38 頁。
② 羅振玉、王國維編著:《流沙墜簡》,中華書局,1993 年,第 13 頁。甘肅省文物考古研究所編:《敦煌漢簡》,中華書局,1991 年。

●游敖周章。對屬黯黜。覷覰黔賜〈賜〉。黔黤赫赧。黲赤白黃。

簡端的粗墨點"●",早期研究者均未標注;較早標注此符號的是大庭脩先生,①其後學者亦多沿用。福田哲之先生遵照大庭脩先生的做法,亦標示此符號(只是將符號易爲扁長方形),並認爲"'游敖周章'相當於一章之開頭"。② 後來新出的《蒼頡篇》亦有與之相當的文句,見於《阜蒼》C032—C034、《北蒼》簡49,但二者抄錄這一句的位置均非章首:《阜蒼》C032其上尚有一句,《北蒼》此句則位於"顓頊"章(簡46—簡52)的中部,這當然與《阜蒼》和《北蒼》均非閭里書師改編、斷章本的情況有關,但至少這兩批後出材料均無法驗證福田哲之先生的推論,而木牘本《蒼頡篇》此句正位於第十二章章首,證實了福田先生的説法。

四、木牘本《蒼頡篇》釋文校改

《新牘》爲木牘本《蒼頡篇》所做的釋文,存在一些誤釋之處。如果僅僅根據《新牘》提供的釋文,那就不僅會出現部分異文難以索解的情況,也會對以往未見的部分《蒼頡篇》文句頗感困惑。這種情況可能是有的學者質疑木牘本《蒼頡篇》內容時考慮的因素之一,因此,筆者認爲有必要再對《新牘》的釋文進行仔細核查,儘量完善其釋文。前文在討論閭里書師本《蒼頡篇》第二章的時候,筆者已提供了一些改釋意見,在此再以羅列的形式對木牘本《蒼頡篇》的釋文做一些校改:

(1) 第十二:"兒孺悝(里)殤。"按所謂"悝"字作▆▆,實从"心"从"旱",即"悍"字。《北蒼》簡50、《阜蒼》C034作"旱",二者通假。

(2) 第十六:"芷(芷)蔬。"按所謂"芷"應該還是"茞"。

(3) 第廿四:"鍇鏈蘗緫。"按"緫"字作▆▆,將此字與所謂《史篇(二)》第三"摠集"之"摠"字作▆▆、《史篇(二)》第三"聰明"之"聰"字作▆▆、《史篇(二)》第十六"緫會"之"緫"字作▆▆,以及所謂《史篇(二)》第十"思"字作▆▆、《史篇(二)》第十一"思"字作▆▆、《史篇(二)》第十六"緫麻"之"緫"字作▆▆等對比,可以明顯看出此抄手書寫"恖"和"思"的主要區別是上部的不同,前者"囗"形內作"×"形,而後者作"十"形;而此字右上"囗"形內作

---

① 大庭脩:《大英圖書館藏敦煌漢簡》,同朋舍,1990年,299號。
② 福田哲之:《阜陽漢簡〈蒼頡篇〉之文獻特性》,福田哲之:《中國出土古文獻與戰國文字之研究》,臺灣萬卷樓,2005年,第21—22頁。據該書附錄所示,此文日文版發表於2002年3月。本文據該書收錄之中文譯本引用。

"×"而不是"十",應該是"總"字。《北蒼》簡 19 與之對應之字正作"總"。

(4) 第卅四:"律凡卯戌。"按所謂"凡"字作▊,其左上角的橫筆和撇筆均向上或向左突出,字當是"丸",《北蒼》簡 71 正作"丸"。所謂"卯"字作▊,對比《北蒼》簡 71 之"宂"作▊/▊,很可能也是"宂"字。①

(5) 第五十一:"脚脚脽尻。"按"脚""脚"實爲一字,此處顯然有誤。所謂"脚"字作▊,左從"月(肉)"、右從"邑(阝)",然而中間却非"去"或"合",而是"桼",釋"脚"顯然不確;漢代文字"邑(阝)""卩(阝)"形近易混,此字很可能是"膝"字異體,這種寫法可能是糅合"膝""郲"兩種形體而成。

(6) 第五十三乙:"緇纔紅綃。"按所謂"綃"字作▊,應該是"縜"。

以下是陳劍先生賜告的改釋意見(2019 年 12 月 23 日):

(7) 第十:"豐鐈(鎬)林禁。"按所謂"豐"字實作"酆"。

(8) 第十六:"嫠巨飴餳。"按所謂"巨"字應爲"豆"字。

(9) 第廿六:"牽引汲槔。"按所謂"牽"字應爲"牽"字。

(10) 第卅三:"惷愚。"按所謂"惷"字應作"惷"。②

(11) 第卅五乙:"蓄粲糷粥。"按所謂"粥"字當改釋爲"糊"。

(12) 第五十:"牒柦。"按所謂"牒"字實即"牒"字。

需要説明的是,由於這批木牘墨迹比較淡,《新牘》也没有提供紅外綫照片,再加上用紙、印刷等方面的客觀原因,木牘本《蒼頡篇》上實際上有不少文字是模糊不清的,而這些不清楚的文字,恐怕也存在一些誤釋的可能,還需要進一步的校勘。

五、結　　語

根據以上的論述,筆者認爲新見木牘《蒼頡篇》是很難僅僅根據以往的《蒼頡篇》

---

① 【補】廣瀨薰雄先生賜告:出土簡帛中"宂戌"常見,如里耶秦簡 8-2066+666,8-132+334 等,此字應即"宂"字。

② 魏宜輝先生賜告:"惷"表示"蠢"是指蠢動之"蠢",而表示愚蠢之"蠢"是晚起的用法(2019 年 12 月 24 日)。按木牘此字作▊,"心"上所從爲"舂"形,字爲"惷"字無疑,據此,筆者認爲,此字不作今人常見之"惷"而作今時較爲生僻之"惷"(《説文·心部》:"惷,愚也。"),可在一定程度上説明木牘的内容非今人所編造。有意思的是,《玄應音義》卷十七《出曜論》第四卷"愚惷"注引《蒼頡解詁》云:"愚,無所知也,亦鈍也。惷,愚也。"(徐時儀:《一切經音義三種校本合刊》,上海古籍出版社,2010 年,第 369 頁。)《蒼頡解詁》一般認爲是郭璞所作,至少我們從中可以看出《蒼頡解詁》所據的《蒼頡篇》很可能是含有"愚""惷"二字並且後者是作"惷"而不是"惷"的。

文句連綴而成的；其内容所提供的新知，絕非現代人所能臆測。①

　　對於木牘的時代、字體和形制的問題，在此也想附帶做一些討論。從木牘本《蒼頡篇》中避漢惠帝劉盈、漢景帝劉啟、漢武帝劉徹諸諱（别本"盈"，木牘作"滿"；别本"啟"，木牘作"開"；别本"徹"，木牘作"通"）來看，其時代上限是西漢武帝時期。從字體風格來看，木牘的字體爲成熟的八分書，且無東漢末年以降所常見的楷化迹象，故其年代下限當在東漢中期。② 因此，木牘本《蒼頡篇》的年代當可大致定在西漢中晚期至東漢前期，從字體風格來看，似以東漢前期更爲可能。③

　　至於其不同尋常的形制，恐怕也是屬於"説無難"的問題。漢簡往往用木觚抄寫《蒼頡篇》或《急就篇》，每面 20 或 21 字，合三面抄寫一章，而木牘合三行抄寫一章的形式與之相合，只是將木觚那種"立體"的形式平面化了而已，本質上並無多大的不同。而頂端穿孔和塗朱的形式其實也並不奇怪，以往出土的秦漢木牘中就多有塗黑和穿孔者，如近年發掘的海昏侯墓出土木牘就是如此，④由塗黑換成塗朱是很自然的事情。如果説以往穿孔的木牘主要是用作簽牌，而比起以往木牘抄録的内容來説，《蒼頡篇》篇幅較大，遠非數枚木牘可以抄寫完成，那麽借用簽牌的那種穿孔形式以便編聯或携帶，也是屬於情理之中的事情。穿孔實際上與簡册契口的作用類似，只是前者用於穿繩、後者用於編繩而已——畢竟，這麽多木牘是很難用編繩綁起來收卷的。⑤

---

① 至於由同一抄手抄寫、形制相同、行款相同或相近的整理者擬名爲《史篇》的兩篇蒙書，只要稍微閱讀一下其内容，也能明白其内容絶非現代人所能編造。對於這兩篇所謂《史篇》的内容，筆者擬再進行專門討論。
② 以上蒙陳劍先生、魏宜輝先生、熊長雲先生賜告（2019 年 11 月 23—25 日）。
③ 關於木牘的字體和時代，《新牘》認爲："這批漢牘上的文字正是西漢中期以後向八分書（楷隸）過渡的隸書字體。……漢牘本（引者按：此處指木牘本《蒼頡篇》）的時代當在武帝晚期或稍後，其下限當不晚於漢元帝時；水泉子本可能稍晚於漢牘本。"（《新牘》，前言，第 1—2 頁。）《新牘》將木牘的時代定於西漢，與我們傾向於東漢的觀點不同，録此備考。
④ 江西省文物考古研究所、首都博物館編：《五色炫曜：南昌漢代海昏侯國考古成果》，江西人民出版社，2016 年，第 189—190 頁。
⑤ 【補】廣瀨薰雄先生賜告：漢代抄寫《急就篇》的木觚中，《敦煌漢簡》1972ABC 抄寫了第一章的内容，其上端有穿孔，孔旁標有章序，正與木牘本《蒼頡篇》形制相合。該木觚比較長，或亦可與木牘《蒼頡篇》進行比較。此外，他還認爲木牘本《蒼頡篇》應該是範本，上端的穿孔也可能是爲了挂起來或釘在墙壁上供多人一起觀看的（2019 年 12 月 31 日）。按《敦煌漢簡》1972ABC 長約 36 釐米，約合漢制 1.5 尺〔見國際敦煌項目（IDP）網（http://idp.bl.cn）。可用該木觚的斯坦因編號"T.XV.a.i.5"進行檢索〕；而木牘《蒼頡篇》長約 47 釐米，約合漢制 2 尺（見《新牘》，前言，第 1 頁），二者長度皆遠高於漢制 1 尺，具有一定的特殊性，應可相互對照。此外，據筆者考證，《敦煌漢簡》2130 的整簡復原之後，長度亦合漢制 2 尺（參看張傳官：《敦煌漢簡 2130〈急就篇〉殘觚復原》，《文史》待刊），亦可與木牘《蒼頡篇》相對照。

考慮到木牘的避諱、字體、《蒼頡篇》的流行時代等多種因素，木牘本《蒼頡篇》應該是後人以古書而不是課本或習字的形式抄寫《蒼頡篇》，很可能僅僅是一份私人抄本。由於木牘本《蒼頡篇》並不屬於通常所見的"具有定制規程、樣本量也足夠大"的律令、文書或檔案類簡，因此不當以所謂制度來否定形制。實際上，"當時古書類簡的所謂'形制'乃至'材質'，我們現在的知識其實並不全面，只能隨着出土實物的增多而不斷'開眼界'、修正補充有關認識，而難以執某些'定見'來懷疑"。①

最後需要説明的是，木牘的真僞和時代問題實際上是與其材質的科學檢測密切相關的，因此，筆者特別贊同《新牘》"後記"所引李學勤先生的看法，"建議對實物進行鑒定"，希望整理者或出版方能夠推動這一工作，以袪除學術界的疑惑。與此同時，筆者也希望整理者能夠爲實物拍攝紅外綫照片，爲學界提供更爲清晰的圖版。

  本文關於閭里書師本《蒼頡篇》第二章的初稿寫於 2019 年 11 月 26 日（原題"《談談閭里書師本〈蒼頡篇〉第二章》"）；2019 年 12 月 20—25 日增補其他内容，易爲此題，並完成文稿。

  本文在形成觀點和搜集資料的過程中曾多次與熊長云先生交流和討論，文章草稿先後蒙熊長云、陳劍、魏宜輝、程少軒等先生審閲指正，謹此一併致謝。唯文責自負。

2019 年 12 月 25 日

補記：本文初稿曾發布於復旦大學出土文獻與古文字研究網（2019 年 12 月 25 日），今在不涉及觀點的前提下，修改了部分表述；並增補了初稿未及提供的字形圖，以便讀者參照。

此次修改還增補了一些新的看法、説明或例子，以及廣瀨薰雄先生賜告的一些意見，本文以"【補】"的形式標注這些内容。謹此向廣瀨先生致謝。其中，關於《敦煌漢簡》1972ABC，網友"賣燒餅的"先生亦曾發布帖子《談談新見〈倉頡篇〉木牘的形制問題》（簡帛網簡帛論壇簡帛研究版塊，2020 年 3 月 14 日首發，2020 年 3 月 22 日編輯修改），以該木觚以及西北漢簡的通關符等材料跟木牘《蒼頡篇》進行比照，認爲該木觚的形制"已與新見《倉頡篇》極爲接近，只是大小不及後者而已。可以説，新見《倉頡篇》木牘、敦煌漢簡《急就》觚的編聯和使用方式，極爲相似"。請讀者參看。

此外，筆者對木牘本《蒼頡篇》的釋文續有校勘，請參看張傳官：《新見漢牘蒙書三種校讀筆記（四十四則）》，復旦大學出土文獻與古文字研究中心網，2020 年 1 月 6 日。【校按：該文已正式發表於本輯《出土文獻與古文字研究》。】

2020 年 3 月 23 日

---

① 上引諸語蒙陳劍先生賜告（2019 年 11 月 23 日）。

新見漢牘蒙書三種校讀筆記*

張傳官

劉桓先生編著的《新見漢牘〈蒼頡篇〉〈史篇〉校釋》一書對新見三種漢牘本蒙書進行了全面的整理，①不過其釋讀也存在一些錯誤或可以改進之處。筆者曾對其中的《蒼頡篇》提供過一些校改意見，②本文則繼續對《蒼頡篇》以及所謂《史篇（一）》《史篇（二）》的釋文注釋提出一些新的看法，略依原書篇次章序羅列如下，敬請方家指正。③

（1）《蒼頡篇》第二："雜物奇忄夅（怪）。"④《新牘》謂："忄夅從心旁，夅（或從夂從夫）聲。"按所謂"忄夅（怪）"字作▇▇，字疑當爲"恢"。"恢"可讀爲"怪"，亦可視爲"怪"形音皆近之誤。⑤

（2）《蒼頡篇》第四："瞏（蠉）莈（落）。"所謂"瞏"字作▇▇，白軍鵬先生結合《北蒼》005 與之對應的"嬛"字，認爲此字"左側似乎爲'女'形，絶不類'目'。因此亦當改作'嬛'"。按此字左旁確非"目"旁，但與"女"似亦不類，恐當爲"虫"旁，故此字疑當爲"蠉"字，"蠉""嬛"自可通假。

---

* 本文爲國家社科基金一般項目"基於新出土文獻的《蒼頡篇》文本復原與綜合研究"（項目批准號 20BYY148）的成果。

① 劉桓編著：《新見漢牘〈蒼頡篇〉〈史篇〉校釋》，中華書局，2019 年（下文簡稱爲"《新牘》"）。需要説明的是《新牘》圖版旁邊的釋文（簡稱"圖釋"）與釋文注釋部分的釋文（簡稱"文釋"）略有不同，筆者一般據其正確者引用，若有必要則分別注明。此外，《新牘》所謂"《史篇》"的擬名未必準確，爲便利起見，本文暫用此擬名。

② 張傳官：《談談新見木牘〈蒼頡篇〉的學術價值》，復旦大學出土文獻與古文字研究網，2019 年 12 月 25 日。【校按：該文已正式發表於本輯《出土文獻與古文字研究》。】

③ 本文所引北大漢簡《蒼頡篇》請參看北京大學出土文獻研究所編：《北京大學藏西漢竹書〔壹〕》，上海古籍出版社，2015 年（下文簡稱爲"《北蒼》"）。本文所引《北蒼》釋文已據學界相關意見作修改，不一一注明。

④ 此木牘整理原歸入《史篇（一）》，今改隸《蒼頡篇》，參看張傳官：《談談新見木牘〈蒼頡篇〉的學術價值》，復旦大學出土文獻與古文字研究網。

⑤ 二者通假請參看白於藍：《簡帛古書通假字大系》，福建人民出版社，2017 年，第 127 頁。

（3）《蒼頡篇》第十九："維唱（楫）四方（舫）。"所謂"四"字爲圖釋，而文釋此處則作"□"，《新牘》又謂此字"不清楚"。按根據此木牘行款與文字寬度，全字應大致作 ▨，目前所見殘筆實非全字，而僅是該字的右旁。該字右側下部的筆畫確實接近於楚文字的"四"字，但並非漢代"四"字的寫法，尤其不符合木牘書手的寫法，同一書手抄寫的《史篇（一）》第三"四方"之"四"作 ▨，可資對比；此外，該字右側上部還有一筆捺筆可辨，因此，此字絕非"四"字。《北蒼》058 此字作"舩"，對比可知，此字右側應該也是"公"旁，此字很可能也是"舩"字，或至少是讀爲"舩（船）"之字。

（4）《蒼頡篇》第廿四："悁痕忼慐（憂—優）。"《新牘》讀"憂"爲"優"，訓爲"協調"。按"憂"當如字讀，即憂愁之意。"痕"可讀爲"恨"，與"悁"並列。"忼"字可讀爲"忼"，訓爲慷慨、激昂，與"憂"相對。此句所列皆爲表示人的情緒或性格之詞。

（5）《蒼頡篇》第廿四："皮鞣糯糵。"按所謂"皮"字作 ▨，已模糊難辨，但"皮"之捺筆所處的位置雖有筆畫，却絕非捺筆（反近於竪筆），此字與"皮"仍不太相合，可對比《蒼頡篇》第五十三乙"皮韋"之皮作 ▨。《北蒼》019 對應之字作"納"，據此重新審視木牘此字，其右側似依稀可辨出"内"旁，此字很可能是"納"字或从"内"得聲之字。

（6）《蒼頡篇》第卅三乙："溉（？）穿□石。"《北蒼》034 對應文句作"柳櫟檀柘"。《新牘》謂"閭里書師將此叙述樹名之句，改爲叙事之句"。按此四字筆畫漫漶不清，與《北蒼》對校，上引木牘釋文頗可疑，《新牘》的説法只是遷就其釋文所做的解釋。根據木牘行款與文字寬度，所謂"石"之左側仍當有筆畫，全字當作 ▨，此字恐怕也是"柘"；與"柳"對應之字的殘筆亦與"卯"約略相合。因此，"溉（？）穿□石"很可能也應該是"柳櫟檀柘"，待考。

（7）《蒼頡篇》第卅八："剖判稍辨。"《新牘》將"稍辨"解釋爲"稍加辨别"。按其説非是。"稍"當讀爲"削"，"删削""分割""分離"之意，與本句其餘三詞義近，正可並列。

（8）《蒼頡篇》第五十："嫺嫸肥腜（廇—麅）。"按所謂"肥"字作 ▨，《北蒼》017 對應之字作"范"。漢代文字中"巳（马）""巴"皆有如木牘此字右旁的寫法，則此字或應徑釋"肥"，與"范"可通假。

（9）《蒼頡篇》第五十三甲："竊（竊）鮒解隋，鱣鮪鯉鯔。"《新牘》讀"解隋"爲"懈墮"。按如果純粹從這兩字來看，這樣釋讀確有可能，然而從其上下文來看，讀爲"懈墮"恐不太合適。《北蒼》020 對應文句作"竊鮒鰤鯔，鱣鮪鯉鯔"，對照來看，"解隋"應讀爲"鰤鯔"，正可與前後文之各種魚名並列。至於此句首字的"竊"字，恐怕應該也是魚名，具體讀爲何字待考。①

---

① 按可能讀爲"鯨"，不過"鯨"字晚出，存此待考。

(10)《蒼頡篇》第五十三甲："雷簾(廉)難條。"按所謂"簾"字作▨，字本作"廉"。

(11)《蒼頡篇》第五十三乙："屬廏剄課。"按所謂"課"字作▨，其右旁上端兩側豎筆向上突出，右上角也不是"果"的橫折筆畫，很可能是"謀"字。

(12)《蒼頡篇》第五十三乙："撟扶棻陶。"按所謂"撟"字作▨，似當從"玉"作"璚"。

(13)《史篇(一)》第三—第四："史者蚤(早)休，不史(使)至明(明)。"《新牘》謂二者當連讀，並解釋道："因爲'史者蚤休'(休息得早)，所以(次日)'不史(使)至明'，即不使他休息到天明，隨即起床趕路。"按其説非是。此處二"史"字皆當指《漢書·藝文志》《説文解字·叙》、張家山漢簡《二年律令·史律》等文獻所載諷書若干千字"乃得爲史"之"史"；此二句意爲完成諷書若干字這一要求之人早去休息，而未完成者則一直諷書到次日天明。

(14)《史篇(一)》第四："伏答五十。"按所謂"答"顯然不合文義，字作▨，當爲"笞"字，"笞"正合文義。

(15)《史篇(一)》第五："甘泉東坊。"按所謂"坊"字作▨，當爲"坑"字，《蒼頡篇》第六"坑"字作▨，可資對比；"坑"亦合此章的陽部韻。

(16)《史篇(一)》第八："侍中待(持)節(節)。"按所謂"待"字作▨，對比"侍"字作▨，可見此字左下部筆畫絕非"彳"之豎筆寫法，該字實即"持"字，只是"手"旁筆畫略有殘損而已。

(17)《史篇(一)》第九："小吏趣(趨)走，不史(使)者(諸)違。"按其中之"史"當如前文所述，不應括注爲"使"。又，"趣(趨)"，《新牘》解釋爲"禁止行人往來"，按其説不合文義，字作▨，當爲"趨"字，《史篇(二)》第八"趨"字作▨、《史篇(二)》失序第七"趨"字作▨，可資對比。"趨走"義近連言。此外，此章押陽部韻，"違"不合韻，恐非，待考。

(18)《史篇(一)》第十："近汝黍梁。"按"梁"當讀爲"粱"。

(19)《史篇(一)》第十一："家毋宜子，如羊見狼。〔如〕畏鷹鵙，稚禾逢霜。"按"羊"爲"圖釋"，"文釋"則誤作"羔"。《新牘》補爲"如"之字已模糊難辨，然而從文義上看，此字很可能不是"如"字。此字所在一句應與前文"羊見狼"、後文"稚禾逢霜"並列，該字很可能是一個表示動物(如雉、鴿等飛鳥或狐、兔等走獸等常被鷹鵙捕食之動物)之字，待考。

(20)《史篇(一)》第十四："四辟(壁)垣牆。"按所謂"辟"字作▨，此字左下側實有"土"旁，字當作"壁"。

(21)《史篇(二)》第三："報德有善。"按其文義頗爲不通，所謂"有"字作▨，當爲"用"，"報德用善"文義通暢。

(22)《史篇(二)》第卅二:"敢越職進,材必殊(軼)北。"《新牘》將"材必殊(軼)北"解釋爲"才能超過一半臣子"。"抱小"先生從押韻角度認爲"殊(軼)北"當作"北殊(軼)"。① 按所謂"殊"字作▨,字當爲"殊"字,可對比《史篇(一)》第十六"殊"字作▨、《史篇(二)》第十七"殊"字作▨。所謂"北"字作▨,其左側尚有一豎筆,而所謂"北"之左豎筆所在實爲木牘紋路,並非筆畫,字當爲"比"。"殊比"即難以匹敵之意,合於文義。此外,此章押脂質部韻,"北"爲之、職韻字,於韻不合,作"比"則合韻。

以下是陳劍先生於 2019 年 12 月 23 日賜告的釋讀意見:

(23)《蒼頡篇》第七:"辟(嬖)愛迎呼。"按"迎"疑當爲"邇"字。

(24)《蒼頡篇》第十五:"雞豚犧羊。"按"犧"可嚴格楷寫爲"犧"。

(25)《蒼頡篇》第十五:"脯〔肉〕酒漿。"按"漿"可嚴格楷寫爲"漿"。

(26)《蒼頡篇》第卅五乙:"煮飱(飧)召鏨(鏊)。"《新牘》將"召"解釋爲"呼喚"。按其説非是。"召"疑讀爲"調","調鏊"與"煮飱"並列。

(27)《史篇(一)》第四:"客居地溼,編莞(菅)帶穰(穰)。"按所謂"帶"字作▨,下部"巾"旁可以辨識,上部筆畫比較簡單,似與"帶"字上部繁複的筆畫不合。此字很可能是"席"字,其上部筆畫亦與"席"相合;"席穰(穰)"即以穰爲席之意,亦合文義。

(28)《史篇(一)》第十:"深耕(耕)穛種。"按"穛"當讀爲"稠","稠種"與"深耕"並列。

(29)《史篇(一)》第十四:"污養盡哭。"按"哭"字所在,已模糊難辨。然此章押陽部韻,"哭"不合韻,或當爲"喪"字。

(30)《史篇(二)》第三:"天罔有禮,不毃(繫)維綱。"按"禮"當讀爲"體"。

(31)《史篇(二)》第五:"陰隨盛衰,雲傅相代。"按所謂"傅"字作▨,對比《史篇(二)》第二"轉"字作▨、《風雨詩》"轉"字作▨,可知該字右側當爲"專"旁,其左旁殘筆則與"亻"旁寫法不合;而且從木牘行款與文字寬度來看,其左旁尚有筆畫(惜已殘去)。從殘存筆畫來看,其左旁很可能就是"車"旁,此字應即"轉"字。

(32)《史篇(二)》第八:"毋擅游己。"按"游"當讀爲"由"。

(33)《史篇(二)》第九:"詹(瞻)視侍疾,本問良醫。"按所謂"本"字作▨,字似不誤,然而"本"似不合文義,字似爲"求"字之訛。

(34)《史篇(二)》第廿四:"從次擅事。"按"從次"當讀爲"縱恣"。

(35)《史篇(二)》第卅:"拓選其匪,尊錄賢士。"按"拓"當讀爲"摭",與"選"義近

---

① 抱小:《漢牘〈史篇(二)〉小札四則》,復旦大學出土文獻與古文字研究網,2020 年 1 月 4 日。

連言。

（36）《史篇（二）》第卅一乙："非親致密，不宜直干（幹）。"《新牘》謂："直幹本是説挺直的樹幹，本板喻直爽，直言無隱。"按其説迂曲，"干"可讀爲"訐"。

（37）《史篇（二）》第卅二："能用賢人，即福奏至。"按"福奏"當讀爲"輻湊"。

（38）《史篇（二）》第五十："有私餽向（餉），轍（輒）使得人。"《新牘》謂："這兩句説有私自餽贈財物的，要查明是何人餽贈財物和接受財物。"按其説非是。所謂"人"字作▨，左側筆畫已模糊。從文義上，此處當作"入"，全句謂使餽餉得入於監牢中之囚徒。而且此章押緝部韻，作"人"失韻，"入"則合韻。

（39）《史篇（二）》第五十二："《凡將》竟訖，《孝經》道術。"按此"凡將""孝經"皆不應加書名號。此爲此篇末章的總結語，謂本書"將竟訖"而"大凡"述之也——司馬相如《凡將篇》之得名，或亦與此近，遂取末章首兩字爲名——"孝經道術"即此書之主要內容，"經""術"義近對文。

（40）《史篇（二）》失序第五："槙（隙）棲穴處。"所謂"槙"字爲文釋，圖釋則作"槕"。《新牘》將之解釋爲"樹木間的縫隙"。按縫隙不合文義，該字作▨，漢代文字"巢""巢"形近易混，此字疑當爲"樔"之訛字，"樔"讀爲"巢"。

（41）《史篇（二）》失序第五："何異蜚鳥。"按"鳥"字作▨，對比《蒼頡篇》第八"鳥"字作▨、"烏"字作▨，可知此字確是"鳥"字；然而此章押魚部韻，"鳥"不合韻，字當爲"烏"之形近訛字。

（42）《史篇（二）》失序第七："旦與君絶，幸覺來呼。"按所謂"旦"字作▨，筆畫已殘損，然此處作"且"較合文義；而漢代文字中"旦"與"且"的區別只在於上部的"口"形筆畫中作一橫或兩橫而已，此處作"且"亦合於字形。

（43）《史篇（二）》失序第八："博於辟諭。"按"辟諭"當讀爲"譬喻"。

需要説明的是，上述陳劍先生賜告的改釋意見，是在陳先生未及見《新牘》全書的情況下做出的，原本多爲短短數字或一句話的批語，筆者據其觀點略爲敷衍成文。若有不合其説本意而致誤之處，責任皆當由筆者承擔。

《新牘》還有一些楷寫有誤、可以進一步準確釋寫，或是誤録誤排的一些釋文，如《蒼頡篇》第卅一"繭〔絲〕枲絡"之"枲絡"、《史篇（一）》第五十七"上下隨時"之"上下"，《新牘》皆作補文（"上下"，圖釋作"□□"），按上引諸字大部分筆畫皆存，可徑釋。

又如《蒼頡篇》第卅九"衛媅"之"衛"本作"衛"，《史篇（一）》第八"予諸厎對"之"厎"上部本從"夂"作"庚"，《史篇（二）》第二"狀似鷄卵"之"鷄"本從"隹"作"雞"，第十"哭泣辟踴"之"踴"本不從"力"作"踊"，第十"退却府（俯）伏"之"却"本從"邑"作"郤"

（却）",第十"飤（飧）飯饡糒"之"糒"似不從"厂"作"㯃",失序第七"曲轍後顧"之"轍"本作"輆"。

又如諸篇之"明"（見於《蒼頡篇》第五十四"蚩尤典明",《史篇（一）》第三"夜築承明"、第四"不史至明"、第十三"不以旦明",《史篇二》第三"强健聰明"、第卅一"明君取士"之"明"、失序第四"明上徵召"、失序第六"明德道民"、失序第八"必明度數"),皆本作"明"。

又如《蒼頡篇》第十一甲"撟踖□□"之"撟踖"當處於四字中後二字的位置,釋文當作"□□撟踖"。《蒼頡篇》第卅二:"罷卹（饗—飽）……䬼罵。"《新牘》謂"䬼罵"前"缺六字"。按其説與體例不符,此處應缺四字,且"䬼罵"前後分別缺二字。

此外,《蒼頡篇》第卅六"綰（寬）陵（陝—狹）"、第卅乙"阝陝邨鄾"、所謂《史篇（二）》第卅五"過陝（狹）"諸"陝"字,按照《新牘》的解釋,皆當爲"陝"字誤排。

2019 年 12 月 30 日初稿
2020 年 1 月 6 日修改

本文曾發布於復旦大學出土文獻與古文字研究網（2020 年 1 月 6 日）。

2020 年 3 月 23 日補記

河西漢簡所見皮革

陸錫興

河西地區爲漢代軍屯要地，自西漢中期以來各烽燧遺址留下數量不少的簡牘，這些漢簡編入《居延漢簡甲乙編》（中華書局，1980年），《居延新簡——甲渠候官》（中華書局，1994年），《額濟納漢簡》（廣西師範大學出版社，2005年版），《地灣漢簡》（中西書局，2017年），《肩水金關漢簡》（中西書局，2016年起），《敦煌漢簡》（中華書局，1991年），《敦煌馬圈灣漢簡集釋》（甘肅文化出版社，2013年），《玉門關漢簡》（中西書局，2019年）。

這些簡文記錄了動物皮革以及所製作的各種衣物，反映了當時的生活狀態。動物的皮毛，製成皮革、製成毛織物，供給人們衣履之需，阻擋風霜，保護身體，成爲植物纖維之外的重要自然資源。河西漢簡中可見羊、狗、狐等皮毛的使用，作爲軍旅生活的一個部分。

羊是畜養的主要牧草動物，羊皮可加工爲韋，帶毛的羊皮直接縫成裘衣，特別用來禦寒，遠勝綿衣。春秋時期可以用五張羊皮換的一名奴隸，秦王就是以這代價獲得百里奚，羊皮不貴也不賤。河西屬於乾旱荒漠，羊是主要家畜中最宜放牧的。羊在當地起著重要作用。用於買賣，如：《肩水金關漢簡》73EJT24：247A：《所寄張千人舍器物記》："賣閒二羊。"《玉門關漢簡》Ⅱ98DYT5：12"賣羊五頭，直二千五百，賣羊四頭，直千六百。"《肩水金關漢簡》73EJT21：5：《勞邊使者過界中費》："有羊二，直五百。"兩地的羊一個價格，五百錢。換百里奚的是羖羊，《急就篇》卷三："羒羖羯羠挑羝羭。"顏師古注："羖，夏羊之牡也。"今人研究，羖是家山羊，它提供精細羊絨、優質皮張和羊乳，且肉質鮮美。① 漢劉向《説苑·反質》云："趙簡子乘敝車瘦馬，衣羖羊裘。"西北漢簡只有一次提到羖羊。《懸泉漢簡》Ⅰ90DYT0114①：277："受羖脯六十四斤═十五直九百六十□□二百。"《急就篇》卷三顏師古注："西方有野羊，大角，牡者曰羱，牝者曰

---

① 高啟安：《羖羊及敦煌羊隻飼牧方式考論》，《西北民族大學學報》2013年第2期。

羬。”羬是大角母羊。

《史記·貨殖列傳》：“其民羯羬不均，自全晉之時固已患其儇悍，而武靈王益厲之。”司馬貞索隱：“皆健羊也。其方人性若羊，健捍而不均。”健羊，即閹割之公羊，健羊肉質細嫩，宜製脯，每斤可十五錢。羊肉是著名美味，而羊之皮毛實用價值更大。

戍邊將士加工羊皮有兩種方法，一是去毛製皮革，生皮叫革，熟皮叫韋。韋是精加工的皮，質地柔暖，穿着舒服，也便於剪裁縫紉。河西漢簡記載了韋製品。其大者可以製衣裳。

韋用羊皮加工而成，漢簡有“羊韋”的説法。《居延新簡》E.P.T65：118：“羊韋五件，直六百，交錢六百。”羊韋每件一百二十錢，不算貴，量大價廉。《居延新簡》E.P.T58：73：“綺一兩、革韋二兩，枲履一兩、布綺二兩。”“革韋”意謂皮韋，也是羊韋。

常韋

《居延漢簡甲乙編》34·15A：“賨里淳于休衣橐：皁布襦，枲肥、常韋、犬袜二。”

《居延漢簡甲乙編》179·2A：“睢陽戍卒西尉里玉柱：梁，□裏襲一領，皁布復袍一領，皁布禪衣一領，皁布複綺一領、枲菲一兩，常韋二兩。”

《急就篇》卷二：“裳韋不借爲牧人。”顔師古注：“韋，柔皮也，以韋爲裳也。”可知“常韋”之“常”通“裳”，又《流沙墜簡·器物》“尚韋二兩”，此“尚”亦“裳”字，再《居延新簡》E.P.T52：91B有“張韋三百”，“張”也是“裳”之假借字。“張韋”即“尚韋”。

韋綺

《居延新簡》E.P.T52：322：“襲一，已，布復襲一，已，韋綺一，已，布單襦一，已。”

《居延新簡》E.P.T52：136A：“韋單綺一兩，官裘一領，□一。白練復衣一領。”

《居延新簡》E.P.T51：387：“韋綺一兩。”

《居延新簡》E.P.T52：139又E·P·T52：332：“襲一，布複襲一，韋綺一，布單襦一。”

《居延新簡》E.P.T55：69：“修武縣寺廷里王平已：皁復襲一領，封”。“韋綺一，封。布復襲一領，衣”。“布襜褕一領，衣”。“袜一兩，封。”

《馬圈灣漢簡》1144：“護從者敦煌對苑里斡寶年十八：單襦復襦各二領，韋綺、布綺各二兩，單衣、中衣各二領。”

《居延漢簡甲乙編》217·30：“官章單衣一領，官布橐一，私韋單綺一兩；官布復綺一兩，官枲履一兩□，私布橐一。”韋綺還有單綺和複綺之别，在一簡之内記録，説明同時擁有，以備不同季節之需。

《居延新簡》E.P.T52：94：“□穰邑長安里房□，見。白布單衣一領、白布單□一領、白布單二枚，面衣一枚、白布袜二兩；黄單綺一枚，已。白韋綺一枚，已。行幐幘二枚,已。"

《居延新簡》E.P.T52：163："白韋絝一枚,已。"

"白韋絝"是表面塗白色的韋絝,漢簡提到的白色就是堊,白土。

熟皮製的絝,柔頓可以貼身穿着。《説文·衣部》："絝,脛衣也。"段注："今所謂套袴也。"《釋名·釋衣服》："絝,跨也,兩股各跨別也。"絝是套在兩腿上的兩個褲管,下到脚,上面靠帶子掛在腰部。一般情況下,絝在袍内,僅僅露出絝下端,看不到全貌。至今没有任何文章出示漢代的袴形象。山東大學收藏的漢代畫像石拓片中有兩處有絝圖形,一處是兵士右手持環首刀,左手舉盾,上着襦,下着皮絝。一處雖是羽人,但是上着襦,下穿絝自立。① 可惜因爲石刻因素,無法把細部表現出來,持刀兵士圖可以看到絝只是脛部兩個外套,羽人圖中絝的上端爲襦遮擋,不容易發現絝的形制(圖2)。唐代柳凱墓陶俑比較清楚地顯示了白韋絝掛在腰間的情形(圖1)。②

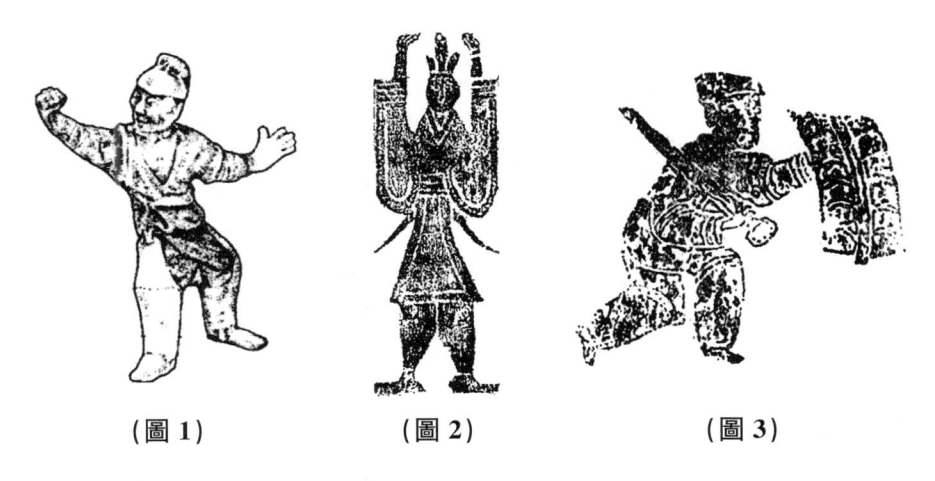

(圖1)　　　(圖2)　　　(圖3)

《馬圈灣漢簡》593："戍卒敦煌武安里□立年廿五,簪、布巾各一,韋復襦一領。"

皮絝

皮絝是用毛皮製作之絝。皮絝外面帶毛,更加厚實,保暖性更强,對腿部的保護作用更佳,適宜在北方使用(圖3)。

羊皮絝

《懸泉漢簡》I90DXT0114③：66："官練複襲一領,羊皮裘一兩、羊皮絝一兩、常

---

① 李發林：《記山東大學舊藏的一些漢畫像石拓片》,《考古》1985年第11期。
② 李獻奇：《河南偃師唐柳凱墓》,《文物》1992年第12期。

韋一兩。"

《居延新簡》E.P.T52：141："襦長襦一，白練絝一，羊皮絝一，皁布單衣一，毋。"

《馬圈灣漢簡》1146："相私從者敦煌始昌里陰男年十五：羊皮袤二領、羊皮絝二兩、革履二兩。"

韋復襦

《居延新簡》E.P.T52：91B："皁布衣直三百九十、皁襲直二千、袍直千三百、韋絝直六百、皮絝直三百、皮□直六百。"

襦，《説文・衣部》："襦，短衣也。"襦短於袍。韋復襦"復"通"複"，是熟皮所製有裹子之襦（圖2、3）。

羊皮袤

羊皮製作的衣服稱爲羊皮袤。羊皮袤往往與羊皮絝搭配，這是全羊皮套裝。

《居延新簡》E.P.T58：115："戍卒陳留郡平丘□□里趙野袤絑橐封以陳留太守章：羊皮袤一領受□□、犬絑二兩、枲履一兩、革緹二兩、枲□二兩。"

《懸泉漢簡》I90DXT0114③：66："官練複襲一領，羊皮袤一兩、羊皮袴一兩、常韋一兩。"

《馬圈灣漢簡》1146："相私從者敦煌始昌里陰男年十五：羊皮袤二領、羊皮絝二兩、革履二兩。"

《馬圈灣漢簡》633："布單襦一領，布幝一兩、革履革袴各一兩。"

《馬圈灣漢簡》1043："□履二兩、革履二兩、草履二兩、錦被一。"

狐裘

狐是野生犬科動物，以嚙齒類等小型動物爲覓食對象，古代並無豢養，所以不能如羊一樣，狐皮供應有保障，而且狐皮是寒冷地帶保暖之良材，所以十分貴重。古人以狐裘爲尚，狐裘的歷史非常悠久，先秦典籍多有記載。

《左傳・襄公四年》："冬十月，邾人、莒人伐鄫。臧紇救鄫，侵邾，敗於狐駘。國人誦之曰：'臧之狐裘，敗我於狐駘。'"《诗・秦風・终南》："君子至止，锦衣狐裘。"朱熹集传："錦衣狐裘，諸侯之服也。"狐裘中最爲貴重的是狐白裘。《史記・商君列傳》："千羊之皮，不如一狐之掖。"狐掖也寫作狐腋，是狐腋下白毛皮做成的衣裘。《禮記・玉藻》："君衣狐白裘，錦衣以裼之。"《史記・孟嘗君列傳》："此時孟嘗君有一狐白裘，直千金，天下無雙。"裴駰集解引韋昭曰："以狐之白毛皮爲裘，謂集狐腋之毛，言美而難得者。"《禮記・玉藻》："士不衣狐白。"河西漢簡只有一處提到狐裘。

《玉門關漢簡》Ⅱ98DYT2：53："□□□□□，□廿枚□績一，胡帶領一，狐裘一，□衣五，□五，羊履四兩，□□索一。"

簡中主人有狐裘，有羊履，狐裘貴重，羊履是帶毛羊皮製作之履，而兵士都是犬皮。推想此人是一個官員。《史記·田敬仲完世家》："狐裘雖敝，不可補以黃狗之皮。"犬皮與狐皮不是一個等級。戰國時期包山 2 號楚墓，其遣冊載"瓢䍹"，狐寫作"瓢"，狐䘳，是狐皮脛衣。①

犬袜

犬或稱狗，河西戍地多有狗的記載，甚至有匈奴人的胡狗。《肩水金關漢簡》73EJT24：247A："所寄張千人舍器物記：胡狗一。"狗作爲警衛設備，軍中必不可少。《國語·晉語八》："候遮扞衛。"韋昭注："去壘三百步，畜狗其中，或視前後左右，謂之狗附。"狗附唐代叫犬鋪。《資治通鑑·唐昭宗天復二年》："設犬鋪，鈴架以絕內外。"胡三省注："凡行軍下營，四面設犬鋪，以犬守之。敵來則群吠，使營中知所警備。"可知至晚從春秋、漢魏，軍中以犬警戒制度始終保留。羊以外，河西戍邊之地最多的豢養動物就是犬。

河西之地，軍中之狗有狗籠安置：

《居延漢簡甲乙編》311·31A："狗籠一，破。"同書 127·21："狗籠皆破。"《居延新簡》E.P.T57：108B："狗籠少一。"《肩水金關漢簡》73EJT37：1550："長枓二，槍卌，狗籠二。"

狗籠與狗有必備數量，有檢查制度：

《肩水金關漢簡》73EJD：91A："狗少一。"同書 73EJD：91B："狗少一。"73EJT23：68A："河東隧□，平樂隧長……狗少一。"各隧缺少了狗要補上：《肩水金關漢簡》73EJT37：1069："襄澤隧……狗少一，今以具。"

犬皮貴重比不上狐皮，甚至羊皮，且不如羊皮數量豐富，但在毛皮使用中有一席之地，是做袜之良材：

《居延漢簡甲乙編》509.2："襲一，綺一，犬袜一。"

《居延漢簡甲乙編》260.23A："皁布襌衣一領，皁布復絝一兩、犬袜二兩，枲履二兩。"

《居延漢簡甲乙編》332.19："布復袍一領，布復袍一領，……犬袜二兩，布袜二兩。"

---

① 劉信芳：《包山楚簡解詁》，藝文印書館，2003 年，第 271 頁。

《居延漢簡甲乙編》509.6：“田卒淮陽郡長平北利里公士陳世年廿三：襲一領，絝一兩，犬絑一兩，私絑一兩，貫贊取。”

《居延漢簡甲乙編》509.7：“田卒淮陽郡長平北利里公士尉充年卅：襲一領，絝一兩，私單絝一，私絝練，犬絑一兩，私絑一兩，貫贊取。”

《居延漢簡甲乙編》509.10、513.43：“田卒淮陽郡長平業陽里公士□尊年卅：裘一領，絝一兩，犬絑一兩，私絑一兩，貫贊取。”

《肩水金關漢簡》73EJC：475：“犬絑一兩，枲履一兩，皁布單衣一領，已。”

《居延新簡》E.P.T52：638：“魏武里五大夫□得年廿四：皁布複襦一領，……犬絑二兩，□□二兩，枲肥一兩。”

《居延新簡》E.P.F19：12：“犬絑二兩，常韋二兩，枲肥一兩。”

《居延新簡》E.P.T58：115：“羊皮裘一領，受。犬絑二兩，枲履一兩，革緹二兩。”

犬絑是犬皮裁製，所以也叫犬皮絑或者狗衣絑：

《居延新簡》E.P.T59：19：“犬皮絑二兩，革緹二兩，枲履一兩。”

《敦煌漢簡》1686：“戍卒河東北屈東邑里張奉上：皁布袍一領，出；白練裘襲一領，出；皁布單衣一領，出；緹行□一，出；尚韋二兩，一出；狗衣絑二兩，一出。”

《儀禮·既夕禮》“犬服”漢鄭玄注：“笭間兵服，以犬皮爲之，取堅也。”狗皮毛沒有羊皮毛厚，却薄而堅實耐磨，作絑比羊皮更適宜。

貂裘

貂，《本草》云：此鼠好食栗及松皮，人呼爲栗鼠。其毛拂面如焰，朔風苦寒，人以其皮溫額，後代效之。“貂”古字作“鼦”。《玉篇·鼠部》：“鼦，古文貂字。毛可製裘。”優質貂皮産於遼東等北地。《東觀漢記》：“建武二十五年，烏桓獻貂豹皮，詣闕朝賀。”《魏略》曰：“扶餘國出貂豽。”《魏書》曰：“鮮卑有貂鼲子，皮毛柔輭，故天下爲名裘。”《魏志》曰“《烏丸傳》挹婁國出好貂，今所謂挹婁貂是也。”《江表傳》曰“遼東太守遣使詣孫權，送貂皮千枚，欲舉國歸吳。”①貂普遍分布於北方寒冷地帶，河西之地也産貂皮。

貂皮與狐皮均爲珍貴皮草，古來狐貂並稱。如《史記·貨殖列傳》：“狐貂裘千皮，羔羊裘千石。”《揚子·太玄經》：“狐貂之毛躬之賊。”張衡《四愁詩》：“欲往從之隴阪長，側身西望涕沾裳。美人贈我貂襜褕，何報之明月珠。”貂襜褕近於貂袍，價昂，所以得以明月珠相報。狐貂河西漢簡僅見一例：

---

① 《藝文類聚》卷九十五引文。《東觀漢記》以下皆引自此書。

《玉門關漢簡》Ⅰ98DYT1：4："玉門都尉□，韶裘一領。"

此韶裘持有者似乎是玉門都尉，都尉是次於校尉的高官，軍中配給極少，所以不如羊裘易得。

熊皮

熊遍布各地，在河西也不例外。熊皮粗糙結實，一般不會用來做衣服，古代熊皮用來加工為褥子，軍人用來做箭箙。

《一棵樹采集簡》DYK：5："寬中客，美陽不審里男子田博，一名譚，字子真。一姓王氏，年卅五六，為人黃色，中壯，美髮少須，坐與寬中共攻臨涇獄宇，篡取死罪囚王博等，與偕亡。初亡時，衣皂布單衣，白絝□□□。履弋韋沓，幘冠小冠，帶刀劍，乘革色車，勿蓋。駕驪牡馬，載黑弩二，熊皮服、箭橐各一，箭百七十枚，中仲子稱載。"

熊皮服之"服"後來寫作"箙"，是盛箭的長袋子。唐代壁畫常見到虎皮作的箭箙，那是高等儀衛的裝備，一般沒有這等貴重的箭箙。在中國絲綢博物館陳列的遼代虎皮箭箙，采用珍貴的虎脊皮（圖4），可作為箭箙形制的參考。

簡文中田博和王氏犯下劫獄重罪，帶了王博一起乘車逃跑，逃亡路上，居然攜帶攻擊性的弩，配備一百七十枚箭，隨身有刀劍。他並非一般軍士，熊皮箙亦非尋常之物。

革履

河西漢簡中有皮毛衣物，單稱"革"或"韋"，有革履、革緹、革甲。有革履。

《居延漢簡》206·23："白革履一兩。"

《居延漢簡》509·26："縣官絑二兩，縣官□□二兩，縣官革履二兩。"

《居延漢簡甲乙編》346·30、346·43："□君單衣一領　廿三幣橐絮三枚、革履二兩，夜亡去。"

《居延漢簡甲乙編》268·38："取革履一兩，□布絑一兩。"

再：《馬圈灣漢簡》633、1043、1146也記載了"革履"，見前文"羊皮裘"所引簡文。

敦煌懸泉漢代遺址發現多件革履，圓口，底殘損，皮質沒有說明。①

（圖4）

---

① 甘肅省文物考古研究所：《甘肅敦煌漢代懸泉置遺址發掘簡報》，《文物》2000年第5期。

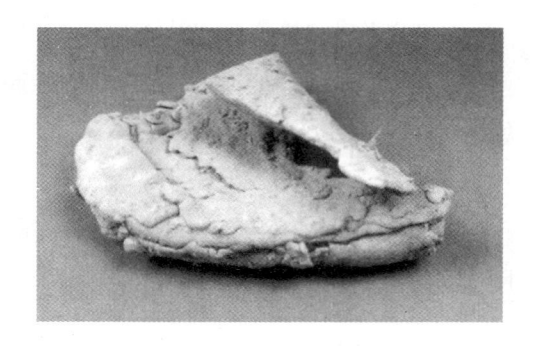

(圖5)　　　　　　　　　　　　(圖6)

敦煌馬圈灣遺址發現革履殘件，爲厚牛皮製成，分別剪出鞋幫和鞋底，用皮繩連接，內有皮革鞋墊，殘長16釐米，底厚3.5釐米（圖7）。① 由此推知，懸泉遺址的革履也是用牛皮製作。

革緹

(圖7)

《居延新簡》E.P.T58：115：“羊皮裘一領，受□□。犬絑二兩，枲履一兩，革緹二兩。”

《居延新簡》E.P.T59：19：“賸衣橐：皁布復絝一兩、犬皮絑二兩、受都內、革緹二兩、枲履一兩。”

《肩水金關漢簡》73EJT32：39：“隧長一人，戍卒二人，凡卒吏三人，鐵鎧、革、鐵鞮。”

《急就篇》卷二：“靸鞮卬角褐襪巾。”顏師古注：鞮，“薄革小履也。”《說文·革部》：“鞮，革履也。”段玉裁注：“《周禮》釋文云：‘許慎曰：鞮，履也。’……《曲禮》鞮屨注：“無絇之菲也。”包山2號墓西室竹笥內有一雙麻鞋，麻繩編織表層，內襯麻布，其上塗黑漆，內層爲皮革。《包山楚簡》“緹屨，皆繅純。”“緹屨”同“鞮履”。鞮是不用繩襻的麻鞋，那麽革緹就是革製之履。《隋書·東夷傳·高麗》：“服大袖衫，大口袴，素皮帶，黃革履。”鞮即革履。漢桓寬《鹽鐵論·散不足》：“古者，庶人賤騎繩控，革鞮皮薦而已。”“革緹”就是“革鞮”，“緹”是“鞮”的假借字，革鞮爲庶人所服。

革帶

《肩水金關漢簡》73EJT23：964：“賣絑一兩直錢廿，革帶二枚直六十。”

---

① 張德芳主編：《敦煌馬圈灣漢簡集釋》，甘肅文化出版社，2013年。圖版72002CSESF2：28，第20頁。

信陽楚簡 2-07："一索緙繡"。山東臨沂金雀山 33 號漢墓有完整革帶一件，表面髹黃漆，薄而輕，全長 94.5、寬 5.7 釐米，帶端有銅帶鉤。

革甲

《地灣漢簡》86EDT5H：145+41："革甲、鞮瞀各一。"

《肩水金關漢簡》73EJT21：40："平樂隧長莊延年：鐵甲鞮瞀各二□□□□幣。革甲、鞮瞀各四完。"

《肩水金關漢簡》73EJT21：333："革甲、鞮瞀各一。"

《居延漢簡甲乙編》14·2："革甲、鞮瞀各一。"

《居延漢簡甲乙編》182·6："革甲、鞮瞀已。"

《居延漢簡甲乙編》99·1："革甲、鞮瞀各四。"

在楚墓多次出土馬甲和軍人甲。長沙左公山楚墓、藤店楚墓、江陵天星觀楚墓、曾侯乙墓、新蔡葛陵楚墓、包山二號墓等等，革甲用生皮加工而成。包山 2 號楚墓、左冢楚墓的甲片背面留毛，報告均未作皮革的動物類型分析，從古人所記犀甲和實用價值推想，應當采用牛革。

楯革

《居延漢簡甲乙編》326·6A："楯革一直十。"

"楯"楯革，"楯"多寫作"盾"。盾革盾上的革，楚墓多有發現。以新蔡葛陵楚墓出土皮革人甲、馬甲外，也有盾甲，用的是生皮。① 由此可知漢代居延地也是采用革製盾牌。

革鞮瞀

《肩水金關漢簡》73EJT30：191："隧長一人，戍卒二人，□□二，鐵鞮瞀二，革鞮瞀三。"

《肩水金關漢簡》73EJT30：192 有"革鞮瞀三"。

《肩水金關漢簡》73EJT32：39："隧長一人，戍卒二人，凡卒吏三人，鐵鍉，革鍉。"

《肩水金關漢簡》73EJT24：380："革鞮鍪二。"

《墨子·備水》："劍甲鞮瞀。"孫詒讓《閒詁》："鞮鍪，即兜鍪也。兜鍪，胄也，故與甲連文。"《文選·揚雄〈長楊賦〉》："鞮鍪生蟣蝨，介胄被霑汗。"李善注："鞮鍪即兜鍪也。""鍪"與"瞀"同屬"孜"聲，得通用，"鞮瞀"同"鞮鍪"，就是頭甲。研究者根據曾侯

---

① 河南省文物考古研究所：《新蔡葛陵楚墓》，大象出版社，第 154 頁。

乙墓皮甲復原了革鞮瞀。① 革鞮瞀是漢軍常規軍事裝備。河西漢簡中多以鐵鞮瞀、革鞮瞀並舉,甚至與鐵鎧連續書寫。

韋舄

《居延新簡》E.P.T56：87A："韋舄一。"《釋名·釋衣服》："複其下曰舄,舄,腊也,行禮久立,地或泥溼,故複其下,使乾腊也。"如何複其下?《方言》卷四："中有木者謂之複舄。"晉崔豹《古今注·輿服》："舄以木置履下,乾腊不畏泥溼也。"《急就篇》卷二顔師古注云："複底而有木者謂之舄。"簡言之,舄即複底之履,鞋底加一層木底。樂浪東漢墓出土一皮舄,塗黑漆,底裝木楦,內凹槽,可盛輕軟之物,此爲韋舄實物。② 空底可減輕重量,後世有的厚底鞋甚至用紙底,也是爲了輕便。《隋書·禮儀志》謂"近代或以重皮,不加木"。未知河西之舄複底爲何物?舄用於朝祭之服,河西並無朝祭事,何人着之?

韋鞜

《居延漢簡》262·28A："弋韋鞜一兩直八百五十。"

"弋韋鞜"又見前引《一棵樹采集簡》DYK：5簡。一雙弋韋鞜值錢八百五十,價格非常昂貴。鞜也寫作"鞳"。《急就篇》卷三："履舄鞳裒絨緞紃。"顔師古注："鞳,生革之履也。"《漢書·揚雄傳下》："躬服節儉,綈衣不敝,革鞳不穿。"顔師古注："鞳,革履。"可知鞜(鞳)是生革之履。漢桓寬《鹽鐵論·散不足》："婢妾韋鞜絲履。"楊樹達《要釋》：＂'韋'與革義同。＂"韋鞜"應該是熟皮(韋)製作的履,《漢書·百官公卿表上》顔師古注引三國魏如淳曰："以韋革爲夾兜。"同理,"韋革"是韋,不是革,楊說"韋鞜"爲革履,不確。"弋",《漢書·文帝紀贊》"身穿弋綈"顔師古注引如淳曰："弋,皂也。""弋韋鞜"就是皂色(黑色)之韋鞜。

毳

羊皮可以製韋,用作履、絝等。羊毛能加工爲毳。

《玉門關漢簡》Ⅱ98DYT4：4："入錢四百卅,九月癸亥受所賣羊毳八十六斤＝五錢直。"

《説文·毳部》："毳,獸細毛也。"毳指動物細毛,大宗的毳只有羊毳,所以《字林》："毳,細羊毛也。"羊毳是一種原料,能編織氈。羊毳每斤才五錢,八十六斤共四百三十錢。這樣的價格似乎只有量大的羊毛才行,而非細毛或羊絨。

---

① 湖北省博物館：《曾侯乙墓》,文物出版社,1989年,下冊圖版115-1。
② 孫機：《漢代物質文化資料圖説》,上海古籍出版社,2008年,第295—296頁。

《周禮·天官·掌皮》："共其毳毛爲氈，以待邦事。"鄭玄注："毳毛，毛細縟者。"織毳成罽，可作衣綺。《周禮·天官·司服》"祀四望山川則毳冕"鄭玄注引鄭司農曰："毳，罽衣也。"《漢書·王褒傳》："夫荷旃被毳者，難與道純綿之麗密。"漢代有毳之衣裳。河西武威新華鄉"昇平十三年（369年？）衣物疏"木牘記有"旃幕一枚""罽袴一領"，在玉門關遺址沒有漢代發現罽製品，僅發現氈、氈鞋罩，以及兩件麻氈鞋，底用牛皮加固（圖7）。①

《後漢書·馬援傳》：馬援在隴漢間田牧，"至有牛馬羊數千頭"，後破先零羌於臨洮，獲牛馬羊數萬頭，分發昆弟故舊，身衣"羊裘、皮綺"。河西之地形勢相仿，得地理之便，富於畜類。所以戍邊官、卒以皮毛製衣。皮毛衣着上到裘、襦、袍、腰間革帶，下達綺、襪、各種履鞋，如《居延新簡》E·P·T58：115："羊皮裘一領，受□□。犬絑二兩，枲履一兩，革緹二兩。"四件之中，皮革占有三件，幾乎可算全身皮毛了。韋、革、皮直接用於戎裝楯革、革甲、革鞥督，與植物纖維麻、葛、草、葦等物資，滿足巨量軍需。

---

① 敦煌市博物館、甘肅簡牘博物館、陝西師範大學社會科學高等研究院：《玉門關漢簡》，中西書局，2019年，第290、291頁。

秦漢璽印人名考析(續七)

魏宜輝

一

《史記·楚世家》:"熊嚴卒,長子伯霜代立,是爲熊霜。"楚先公"熊霜",詛楚文中作"熊相",新蔡乙四簡134、清華簡《楚居》篇簡6中作"酓相"。① 包山楚簡中出現有以"酓(熊)相"爲複姓的人名,如"酓(熊)相痹"(簡171)、"酓(熊)相歔"(簡196)。《左傳》中載有人名"熊相宜僚""熊相禖"。劉信芳、李家浩早已指出"熊相"乃"熊霜",熊相氏爲楚君熊霜之後,②屬於以先人之名爲氏。

《二十世紀出土璽印集成》三-SY-0479收錄了漢印"熊相勝胡"。此印出土於漢陽陵陪葬墓,有學者認爲"熊相勝胡"爲楚人後裔。③《盛世璽印録·續三》321收錄了漢印"熊箱君都"。我們認爲"熊箱"即複姓"熊相"的異寫。"相""箱"古音讀音相同,可以相通。這二例漢印說明複姓"熊相"一直延續到漢代。

---

* 本文爲國家社科基金一般項目"戰國秦漢簡帛文獻用字綜合研究"(17BYY131)的階段性成果。
① 出土楚文獻中楚君氏之"熊"多作"酓",對此學者已有考證。參見白顯鳳:《出土楚文獻所見人名研究》,吉林大學博士學位論文(導師:李守奎教授),2017年5月,第31頁。
② 劉信芳:《〈包山楚簡〉中的幾支楚公族試析》,《江漢論壇》1995年第1期,第60頁;李家浩:《包山竹簡所見楚先祖名及其相關的問題》,《文史》第42輯,中華書局,1997年,第9—10頁。
③ 閆華軍:《漢陽陵館藏"熊相勝胡"銅印印文的姓名學探析》,《文博》2010年第1期,第23頁。

二

"盛世成馨"公衆號展示有一方漢穿帶印"莊充車印-莊少卿印"。①

作爲人名的"充車",我們認爲可能讀作"終古"。"充"字古音爲昌母冬部字,"終"爲章母冬部字,二字讀音相近可通。馬王堆帛書《五行》篇"終亓(其)不莊(藏)尤割(害)人之心""終亓(其)不受許(吁)跂(髟—嗟)之心"二句中的"終"字,帛書整理者皆讀爲"充"。② "車"字古音爲見母魚部字,"古"字古音亦爲見母魚部字,二字音同可通。文獻中多見从"古"聲之字與"車"及从"車"聲之字相通的辭例。《詩經·邶風·北風》"携手同車",阜陽漢簡《詩經》簡 45 作"携手同居"。③ 王弼本《老子》:"萬物草木之生也柔脆,其死也枯槁。""枯",馬王堆帛書《老子》甲、乙本皆作"楛"。④ 北大漢簡《反淫》篇簡 4:"葉菀蓿(脩),榦車槀。"整理者指出,"車槀"即"枯槁"。⑤ 漢私印有"車成千秋""車成則""車成蘭"。對於複姓"車成",吳良寶引述《潛夫論·志氏姓》篇加以説明:"苦城,城名也,在鹽池東北。後人書之或爲'枯';齊人聞其音,則書之曰'庫成';燉煌見其字,呼之曰'車城';其在漢陽者,不喜'枯'、'苦'之字,則更書之曰'古城氏'。"⑥ 從讀音

---

① "賞精品漢印——莊姓集萃","盛世成馨"公衆號,2017 年 10 月 4 日,http://mp.weixin.qq.com/s/u4_FEvWmZDI3eo2W1YeQYw

② 國家文物局古文獻研究室編:《馬王堆漢墓帛書(壹)》,文物出版社,1980 年,第 22 頁釋文,第 27 頁注釋 71。又徐寶貴、鄔可晶指出,帛書《五行》中的"能終端"即《孟子·公孫丑上》"凡有四端於我者,知皆擴而充之矣。"知此"終"字當與其他各句的"終"一樣,也讀爲"擴而充之"之"充"。參見徐寶貴、鄔可晶:《〈五行〉釋文注釋》,裘錫圭主編,湖南省博物館、復旦大學出土文獻與古文字研究中心編纂:《長沙馬王堆漢墓簡帛集成(肆)》,中華書局,2014 年,第 89 頁,注釋 7。由此推斷,漢印中的"終根"與"充根"亦爲同名異寫關係。

③ 胡平生、韓自強:《阜陽漢簡〈詩經〉研究》,上海古籍出版社,1988 年,第 55 頁。

④ 國家文物局古文獻研究室編:《馬王堆漢墓帛書(壹)》,第 6、93 頁。

⑤ 邵永海、傅剛:《〈反淫〉釋文注釋》,北京大學出土文獻研究所編:《北京大學藏西漢竹書(肆)》,上海古籍出版社,2015 年,第 122 頁。

⑥ 吳良寶:《〈漢印複姓的考辨與統計〉補正》,《文史》2002 年第 1 輯(總第 58 輯),中華書局,2002 年,第 249 頁。

上看,"充車"讀作"終古"是没有問題的。"充車"當爲"終古"之名的異寫。

"終古"之名於古書、戰國秦漢璽印中多見,古璽中或作"宨古",漢印中或作"冬古"。① 漢印中還有"冬居""衆古"之名,如"程冬居-程公子"(《璽印集林》第 218 頁)、"王衆古"(《甘氏集古印正》第 64 頁),我們認爲也都是"終古"之名的異寫。

三

"曼倩"是漢代比較常見的雙字名,"曼"爲"美"義,"倩"爲男子的美稱。"東方朔""雋不疑""于定國"皆又名"曼倩"。《虛無有齋摹輯漢印》3217 收録有漢印"張曼倩印"。"曼倩"之名,在漢印中或作"曼猜",②如"劉曼猜印>[子印佚失]"(《虛無有齋摹輯漢印》1466)、"朱朝印-朱曼猜"(《香港中文大學文物館藏印續集三》247)。③

漢印中還有"免倩""免青""勉猜"之名,如"譚慶之印>譚免倩"(《齊魯古印攈》第 15 頁)、"宰忠之印-宰免青"(《秦漢印典》第 670 頁)、"即賀-即免青"(《鶴廬印存》第 290 頁)、"趙免青"(《十鐘山房印舉》17·35)、"紀遂-紀免青"(《兩漢印尋》第 66 頁)、"王高之印字爲勉猜"(《常熟博物館藏印集》第 17 頁)。施謝捷指出"免青""免倩"取意或同。④ "免""勉""曼"字古音爲明母元部字,音同可通。古書及出土文獻中有不少"免"及从"免"聲之字與"曼"及从"曼"聲相通的辭例。⑤ 因此,我們認爲"免青""免倩""勉猜"也應是"曼倩"之名的異寫。

---

① 施謝捷:《古璽印考釋十篇》,《印林》第 98 期,第 28—29 頁。
② "倩""猜"皆从"青"聲,音近可通。
③ "曼"字,原書釋文誤釋作"寧"。王人聰編著:《香港中文大學文物館藏印續集三》,香港中文大學文物館,2001 年,第 136 頁。
④ 施謝捷:《〈漢印文字徵〉卷八校讀記》,中國文字博物館編:《中國文字博物館》2011 年第 1 期,第 27 頁。
⑤ 高亨纂著:《古字通假會典》,齊魯書社,1989 年,第 155—156 頁;白於藍:《簡帛古書通假字大系》,福建人民出版社,2017 年,第 1178—1179 頁。

另外，漢印中的"免孺""免卿"之名，亦應讀作"曼孺""曼卿"，"曼"亦爲"美"義。里耶秦簡中有雙字名"免將"，①漢印人名中有"曼將"，如"王曼將-日入千金"（《十鐘山房印舉》14b·03），"免將"與"曼將"可能也屬於同名異寫的關係。

逸雲軒精品古璽印（第五期）微拍展示有漢穿帶印"穀丘益印-穀丘末青"。②

"穀丘"爲複姓。③ 作爲人名的"末青"，我們認爲也應當讀作"曼倩"。"末"字古音爲明母月部字，與"免""曼"讀音關係極近。李家浩考證指出，文獻中的"䩯僂""末僂""免僂""俛僂"是同一個詞的不同寫法，以其中的"俛僂"寫法用的是本字，"俛僂"當是合成詞，是駝背的意思。④ 嬭加編鐘銘文中器主自稱"余㲺子加嬭"，⑤結合蔡侯申鐘銘

---

① 單印飛：《〈里耶秦簡牘校釋（第一卷）〉人名統計表》，楊振紅、鄔文玲主編：《簡帛研究二〇一四》，廣西師範大學出版社，2014年，第71頁。
② 逸雲軒精品古璽印（第五期）微拍，2019年12月6日，https://mp.weixin.qq.com/s/yAE02ixlVqAMtzBqTO2zPQ
③ 複姓"穀丘"應源自地名。《左傳·桓公十二年》："秋七月丁亥，公會宋公、燕人盟于穀丘。""穀丘"在今河北省安平縣西南。
④ 李家浩："䩯（末）僂"與"免（俛）僂"，《中國文字學報》第6輯，商務印書館，2015年，第20—25頁。
⑤ "㲺"字原形作"𣱩"，郭長江等釋作"虢"，郭理遠指出此字可分析爲从水、挽聲，或从子、浼聲，頗疑應該讀爲"勉"。郭理遠對字形的分析是準確的。參見郭長江、李曉楊、凡國棟、陳虎：《嬭加編鐘銘文的初步釋讀》，《江漢考古》2019年第3期，第9頁；郭理遠：《嬭加編鐘銘文補釋》，《中國文字》2019年冬季號（總第2期），臺灣萬卷樓圖書股份有限公司，2019年，第114頁。

文器主自稱"余唯末少子"①來考慮,我們懷疑銘文"余埶子加嬭"中的"埶"字也應讀作"末"。此説若不誤,亦可作爲"末"與"免""曼"相通的旁證。

四

《日本巖手縣立博物館藏太田夢庵舊藏古代璽印》第 349 頁收録有漢印"馮庀陽"。

編者釋文作"馮庀(庇)陽",②將"庀"讀作"庇"。我們認爲"庀陽"當讀作"辟傷"。"庀"字古音爲滂母脂部字,"辟"爲並母錫部字,二字讀音關係很近,可以相通。"比"从二匕,匕亦聲。古書中有从"比"聲之字與"辟"及从"辟"聲之字相通的辭例,如"避"通"庀"、③"辟"通"紕"。④ 這些例子可以作爲"庀"讀作"辟"的旁證。"陽""傷"皆从"昜"聲,音近可通。施謝捷指出,漢印人名"去陽",讀"去傷",猶漢印中複姓"郁陽"或作"郁傷",人名"胡傷"或作"胡陽""傷巳"或作"陽巳"等。⑤

《赫連泉館古印存》第 56 頁收録有雙面印"宋辟陽-[肖形]"。此例中的人名"辟陽"顯然也應該讀作"辟傷"。"辟"有"去除"之義。《詩·大雅·皇矣》:"啟之辟之,其檉其椐。"朱熹集傳:"啟、辟,芟除也。"《楚辭·遠遊》:"風伯爲余先驅兮,氛埃辟而清涼。"王逸注:"掃除之也。""辟傷"即"去除傷害",取義與"去傷"相類。

---

① 中國社會科學院考古研究所編:《殷周金文集成》(修訂增補本),中華書局,2007 年,第 228 頁。
② 劉海宇、[日]玉澤友基編:《日本巖手縣立博物館藏太田夢庵舊藏古代璽印》,上海書畫出版社,2020 年,第 349 頁。
③ 高亨纂著:《古字通假會典》,第 485 頁。
④ 張儒、劉毓慶:《漢字通用聲素研究》,山西古籍出版社,2002 年,第 526 頁。
⑤ 施謝捷:《〈漢印文字徵〉及其〈補遺〉校讀記(三)》,劉釗主編:《出土文獻與古文字研究》第 3 輯,復旦大學出版社,2010 年,第 312 頁。

五

漢印雙字名中有一些帶"步"字的名字,如"蘇步勝""牛步可""庶步安""董步昌""吕步舒"等。《急就篇》載有人名"史步昌"。顔師古注:"步昌,言高步而昌盛也。"① 劉釗認爲這類名字與"出行"有關。②

我們將漢印、漢簡材料中作"步▲"的雙字名做了一個搜集,大致有以下這些人名:

步安　步舒　步吉　步可　步樂　步昌　步大　步高　步登　步衆
步勝　步廣　步光　步强　步容　步賢　步遷　步券　步進　步利

"步安""步可""步舒"這幾個名字可能與"出行"有關,而還有一些"步▲"名的取義明顯與"出行"無涉,如"步衆""步賢"等。"步衆""步賢"之名的取義,我們認爲宜作他解。

漢印中以"步衆""步賢"爲名的辭例有:"原步衆印"(《秦漢印統》3·23)、"步衆"(《新見古代玉印選》215)、"丁步賢"(《新見古代玉印選》237)、"吕步賢印"(《松談閣印史》)。我們認爲"步衆""步賢"當分别讀作"輔衆""輔賢"。《十鐘山房印舉》19·21 收録了漢印"敦輔賢印"。

"步""輔"字古音皆爲並母魚部字。"輔"字從"甫"得聲,古書中有"步"與從"甫"聲之字相通的例子,如《周禮·地官·族師》:"春秋祭酺亦如之。"鄭玄注:"故書酺或爲步。"又《校人》:"冬祭馬步。"賈公彦疏:"步與酺,字異音義同。"③《逸周書·大武》篇:"五遠宅不薄。"慈利簡對應部分作:"五曰遠宅不專。"《戰國策》《新序》《史記》等書引作"遠宅不涉""遠宅而不涉"。"薄""專"從"甫"聲。我們認爲,"遠宅不薄"一語在傳抄的過程中很可能出現了"遠宅不步"這樣的異文,而後來人們已經不明白這種異文關係,從而錯誤地將"步"改成了形近的"涉"

---

① 張傳官:《急就篇校理》,中華書局,2017 年,第 22 頁。
② 劉釗:《古文字中的人名資料》,《古文字考釋叢稿》,嶽麓書社,2005 年,第 368 頁。
③ 張儒、劉毓慶:《漢字通用聲素研究》,第 340 頁。

字。① 此例中"步"與"薄""尃"相通,可以作爲"步"與"輔"相通的旁證。

"輔"有"依附、親附"義。《逸周書·柔武》:"四曰維勢是輔,維禱是怙。"朱右曾校釋:"輔,附也。""輔衆""輔賢"可以理解爲"使衆人依附""使賢人依附"的意思。

六

《虛無有齋摹輯漢印》691 收錄了漢穿帶印"馮倚王-馮子君"。

作爲人名的"倚王",我們認爲當讀作"宜王"。"倚"字古音爲影母歌部字,"宜"爲疑母歌部字,二者的讀音關係很近。

"宜王"即"宜爲侯王"之義,取義希望子嗣富貴顯達。漢代璽印文字、銅鏡銘文、銅洗銘文中多見有吉語"宜侯王"。秦漢私印中也多見"宜王"之名,如"朱宜王印"(《盛世璽印録·續壹》120)、"斡宜王-斡長兄"(《秦漢印典》第 698 頁)、"枝王私印-枝宜王印"(《印典》第 1900 頁)、"張宜王-臣宜王"(《印典》第 1559 頁)、"趙宜王印"(《虛無有齋摹輯漢印》3424)、"周宜王-周長兄"(《虛無有齋摹輯漢印》3562)、"宜王之印-功子私印"(《虛無有齋摹輯漢印》3916)、董(董)宜王(私人藏印)②。《急就篇》中載有人名"觀宜王"。

---

① 魏宜輝:《慈利楚簡校讀札記》,南京大學古典文獻研究所主辦:《古典文獻研究》第 18 輯(上卷),鳳凰出版社,2015 年,第 216—217 頁。
② "漢印董姓集萃(叁)","盛世成馨"公衆號,2020 年 7 月 13 日,https://mp.weixin.qq.com/s/gp8SY7kS4V6CSJI9n1USXw

七

《盛世璽印錄·續四》291收錄了漢印"田頃閒印"。同樣以"頃閒"爲名的例子還見於《肩水金關漢簡》73EJT37∶178:"子小女頃閒,年一歲。"①

作爲人名的"頃閒",我們認爲當讀作"傾閒"。"傾閒"取義與"傾國傾城"相類似。《漢書·外戚傳上·李夫人》:"延年侍上起舞,歌曰:'北方有佳人,絕世而獨立,一顧傾人城,再顧傾人國。寧不知傾城與傾國,佳人難再得!'"後因以"傾國傾城"或"傾城傾國"來形容女子極其美麗。"傾"爲"使……欽慕"之義,"國""城"指"國中之人""城中之人"。據此可知,"傾閒"即"使里巷之人欽慕"。肩水金關漢簡所載"頃(傾)閒"爲女子之名,我們推測"頃(傾)閒"作爲人名的取義是指女子美貌使里巷之人欽慕。②

八

漢印中有人名作"忘來",如"牛忘來"(《書道全集(27卷)·印譜篇》第99頁)、"臧忘來"(《平盦攷藏古璽印選》)。"盛世微拍"第401期展示有漢穿帶印"司馬朢來-司馬長公"。③ 考慮到"忘""朢"古音皆爲明母陽部字,可以相通,④我們認爲"忘來"與"朢來"當屬同名異寫。

---

① 甘肅簡牘博物館、甘肅省文物考古研究所、甘肅省博物館、中國文化遺產研究院古文獻研究室、中國社會科學院簡帛研究中心編:《肩水金關漢簡(肆)》,中西書局,2015年,第57頁。

② 我們所見到的表明"頃(傾)閒"爲女性之名的例子僅肩水金關漢簡73EJT37∶178這一條,因此還不好斷定"頃(傾)閒"只能作爲女性之名。除了美貌,"傾閒"之名也可以理解爲其人的才能或聲譽使里巷之人欽慕,如果是這樣,此名似亦可用於男性。

③ 盛世微拍第401期,2020年10月12日,http://pai.sssc.cn/vp/auction/881

④ 《詩·邶風·燕燕》之"瞻望弗及",馬王堆帛書《五行》篇56列引作"詹忘弗及"。"望"爲"朢"之異體。參見徐寶貴、鄔可晶:《〈五行〉釋文注釋》,裘錫圭主編,湖南省博物館、復旦大學出土文獻與古文字研究中心編纂:《長沙馬王堆漢墓簡帛集成(肆)》,第71頁。

"忘來"之名的取義該如何理解？我們認爲"忘來"的意思與"忘憂"相當。漢代人名中有"忘憂"之名，如"郝忘憂印-忘憂大利"（私人藏印）、①"功忘憂"（《肩水金關漢簡》73EJT29：9A）。

《爾雅·釋詁》："悝，憂也。"《詩經·大雅·雲漢》："瞻卬昊天，云如何里？"鄭箋："里，憂也。"《說文·心部》："慸，楚潁之間謂憂曰慸。"考慮到"悝""里""慸"三字古音關係相同或相近，我們認爲以上三處訓釋中"悝""里""慸"三字所表示的應爲同一個詞。此外，《方言》："憖，傷也。……楚潁之間謂之憖。"《廣雅·釋詁》亦曰："憖，憂也。"我們懷疑《方言》及《廣雅·釋詁》中訓"傷"或"憂"的"憖"字，很可能是"慸"字的訛寫。"來"字與"里""慸"字的讀音相同，皆爲來母之部字，與"悝"字的讀音關係亦極近。我們認爲人名"忘來"之"來"，與上面提到的古書中訓作"憂"義的"悝""里""慸"字所表示的亦應爲同一個詞。"忘來"或"朢來"與"忘憂"之義相當。

《印典》第2602頁收錄有"孫（弦）毋來-孫（弦）少公"。② 我們認爲人名"毋來"之"來"也當釋讀爲"慸"，訓作"憂"。"毋來（慸）"義即"毋憂"。同樣，漢印中以"毋憂"爲名的例子很多，此不贅舉。

九

漢印人名中有以"結石"爲名，如"閎結石-臣結石"（《盛世璽印錄·續四》400）、

---

① 天眷堂第388期古璽印，2018年9月9日，https://mp.weixin.qq.com/s/v7Nj8ccmzTzeIsvCGx1xsg
② 此印收錄於《印典》"孫"字欄下，但從字形寫法來看，"孫"字是从"系"，而非从"糸"。漢印中的"孫""孫"其實都是"弦"字的異體寫法。參見康殷、任兆鳳主輯：《印典》，中國友誼出版公司，2002年，第2602頁。

"閻結石"(《金石千秋:故宫博物院藏二十二家捐獻印章》191)。

作爲人名的"結石",我們認爲當讀作"硈石"。"結""硈"皆从"吉"得聲,音近可通。"硈"爲"堅固"之義。《爾雅·釋言》:"硈,鞏也。"郭璞注:"硈然堅固。"《説文·石部》:"硈,石堅也。""硈石"即"堅石"。曾鞏《旌德縣太君薛氏墓志銘》:"硈兮石,璒銘文。"

除了"硈石"外,秦漢時還多見有以"堅石"爲名的例子,如"邯鄲堅石-堅石之印"(《中國古印圖録》628)、"李墅(堅)石"(《印典》第624頁)、"趙堅石印"(《馨室所藏鈢印》)、"趙堅石"(《古鈢漢印集萃》第509頁)、"黔堅石"(《漢印文字徵》10·10"黔"字欄)、"王堅石"(《後漢書·朱景王杜馬劉傅堅馬列傳》)。

十

《鴨雄緑齋藏中國古鈢印精選》332收録有雙面印"西郭施期-妾施期"。

作爲人名的"施期",我們過去曾認爲讀作"移期"。① 現在看來,這個看法可能是有問題的,對於"施期"的取義有重新討論的必要。

《盛世鈢印録·續四》185收録了秦印"王施旗"。天眷堂第483期鈢印微拍預展展示有秦印"公孫柁期"。② 考慮到"施""柁"皆从"它"聲,"期""旗"皆从"其"聲,"施"與"柁""期"與"旗"都可以相通,我們認爲"施期""施旗""柁期"當爲同名異寫關係。

---

① 魏宜輝:《秦漢鈢印姓名考析十題》,《出土文獻》第9輯,中西書局,2016年,第262—263頁。
② 天眷堂第483期鈢印微拍預展,2019年8月10日,https://mp.weixin.qq.com/s?_biz=MzA3Nzg4NDgyMg

從取義的角度考慮,我們認爲它們應該讀作"拖期"。"拖"亦从"它"聲,可與"施""柂"相通。

"拖期"義同"延期"。從字面上看,"延期"是指延長或推遲時日,而在文獻中"延期"又往往有"延長國祚"之義。《漢書·王莽傳中》:"予前在大麓,至于攝假,深惟漢氏三七之阸,赤德氣盡,思索廣求所以輔劉延期之術,靡所不用。"三國魏高堂隆《諫明帝疏》:"災異既發,懼而修政,未有不延期流祚者也。"秦漢璽印私名未見有"延期"之名,應該是以"拖期"來表示"延期"之義。作爲私名,"拖期"的取義恐怕不會是指"延長國祚",而更有可能是指"延長壽命"。這樣看來,"拖期"的取義與常見的"延年""延壽"應該是相類似的。

參考文獻:

(清) 陳介祺編:《十鐘山房印舉》,中國書店,1985 年。
〔日〕大谷大學編:《中國古印圖錄》,大谷大學,1964 年。
戴山青編:《古璽漢印集萃》,廣西美術出版社,2001 年。
(明) 甘暘輯,徐敦德校訂:《甘氏集古印正》,西泠印社出版社,2000 年。
(清) 高慶齡藏輯:《齊魯古印攈》,上海書店,1989 年。
故宫博物院編:《金石千秋:故宫博物院藏二十二家捐獻印章》,紫禁城出版社,2007 年。
顧榮木編:《鶴廬印存》,榮寶齋出版社,1998 年。
(明) 郭宗昌輯:《松談閣印史》,明萬曆四十三年(1615)鈐印本。
〔日〕加藤慈雨樓輯:《平盦攷藏古璽印選》,日本臨川書店,1980 年。
〔日〕菅原石廬編著:《鴨雄緑齋藏中國古璽印精選》,アートライフ社,2004 年。
金懷英編:《秦漢印典》,上海書畫出版社,1997 年。
康殷、任兆鳳主輯:《印典》,中國友誼出版公司,2002 年。
林樹臣編:《璽印集林》,上海書店,1991 年。
劉海宇、〔日〕玉澤友基編:《日本巖手縣立博物館藏太田夢庵舊藏古代璽印》,上海書畫出版社,2020 年。
羅福頤編:《漢印文字徵》,文物出版社,1978 年。
(明) 羅王常編:《秦漢印統》,明萬曆三十六年(1608)吳氏樹滋堂刻本。

羅振玉輯：《礜室所藏鉨印》，清宣統三年(1911)鈐印本。
羅振玉編：《赫連泉館古印存》，上海書店出版社，1998年。
錢浚、吳慧虞編：《常熟博物館藏印集》，人民美術出版社，1997年。
施謝捷編著：《虛無有齋摹輯漢印》，日本京都藝文書院，2014年。
王人聰編著：《香港中文大學文物館藏印續集三》，香港中文大學文物館，2001年。
王獻唐編：《兩漢印帚》，《海嶽樓金石叢編》，青島出版社，2009年。
吳君硯主編：《盛世璽印錄·續壹》，文化藝術出版社，2017年。
吳君硯編著：《盛世璽印錄·續三》，書法出版社，2020年。
吳君硯編著：《盛世璽印錄·續四》，書法出版社，2020年。
［日］下中彌三郎編：《書道全集(27卷)·印譜篇》，平凡社，1932年。
周曉陸主編：《二十世紀出土璽印集成》，中華書局，2010年。

後記：本文蒙張傳官、石小力先生審閱指正，童嶺先生、李雨萌同學提供資料，在此謹表謝忱。

古文經說略

張富海

兩漢學術的中心是經學,即圍繞《詩》《書》《禮》《易》《春秋》等經典展開的一套學問。兩漢經學又有古文經學和今文經學之分。兩派的分際,前人有種種說法,無論如何,古文經學的得名本由其經書所用的文字是所謂"古文"而來。

今文是指漢代的隸書,從來沒有問題,而對"古文"的真實性質,却有一個漫長的認識過程。漢代古文經學者認爲,古文是最古的文字,是自倉頡造字以來五帝三王時代所用的文字;孔子雖然生活在春秋末,但聖人書寫經書仍有意使用"古文"。對古文的這種認識,一直被後代學者所接受,直要等到二千年後的清末,才有吳大澂提出懷疑,認爲漢人看到的古文"疑皆周末七國時所作,言語異聲,文字異形,非復孔子六經之舊簡"。① 其後王國維進一步揭出古文實際是戰國時代的六國文字,②可謂鑿破鴻蒙的偉大發現。王氏之說開始並不爲多數學者接受,但其身後數十年來戰國文字資料的大量出土,不斷證明着他對古文性質判斷的正確性。時至今日,古文是六國文字,幾乎已經成爲學界的常識了。

我們曾以《說文解字》中所收的古文和魏三體石經中的古文爲主要考察對象,通過與出土古文字的逐一對比,對漢人所謂"古文"的性質作了比較細緻的分析。得出的結論是:古文的主體確實是戰國時代的六國文字;更準確一點說,古文的主要成份是戰國晚期的魯文字,而兼有三晋文字和楚文字的成份,同時還有少量西周文字、秦文字、隸書和漢代學者編造拼湊的文字。③

---

① 見吳大澂:《說文古籀補叙》。
② 見《史籀篇疏證序》(《觀堂集林》卷五)、《桐鄉徐氏印譜序》(《觀堂集林》卷六)、《戰國時秦用籀文六國用古文說》(《觀堂集林》卷七)等文。
③ 張富海:《漢人所謂古文之研究》,綫裝書局,2007年,第331頁。

我們對古文性質的上述認識是基於《說文》古文和魏三體石經古文,至於西漢人看到的古文書籍原本中的文字,無疑是純粹的六國文字,或齊或魯或晉或楚,而不是雜湊的。從這個角度看,"古文"就是戰國時代的東方六國文字。

西漢時代去六國甚近,發現用六國文字書寫的古文書籍自屬極正常的事。劉歆《七略》:"武帝敕丞相公孫弘廣開獻書之路,百年之間,書積如丘山。故外有太常、太史、博士之藏,內有延閣、廣內、祕室之府。"(《太平御覽》卷八十八引)積如丘山的書中應該有很大一部分是傳自先秦的古文寫本。作為太史令的司馬遷在《史記》中屢屢提到古文,他應該看到過很多古文書籍。王國維《史記所謂古文說》(《觀堂集林》卷七)認為太史公修《史記》所據古書若《五帝德》《帝繫姓》《諜記》《春秋歷譜諜》《國語》《春秋左氏傳》《弟子籍》等都是古文寫本。《漢書·景十三王傳》載河間獻王劉德得書多,皆先秦古文舊書,有《周官》《尚書》《禮》《禮記》《孟子》《老子》之屬。《漢書·藝文志》易類著錄《古五子》十八篇、《古雜》八十篇,顧實《漢書藝文志講疏》以為其名曰古,蓋是古文。① 可見西漢時古文書籍數量多,範圍廣,不僅僅限於幾部經書。可惜經歷西漢末年的兵燹,收藏於秘府的衆多古文書籍一時化為灰燼,孑遺者無幾。古文書籍中,古文經傳以其特殊的地位,被原樣傳抄流傳的機會最大。下面主要參考王國維《漢時古文本諸經傳考》(《觀堂集林》卷七)略述西漢時古文經傳的情況。

《史記·儒林列傳》:"孔氏有《古文尚書》,而安國以今文讀之,因以起其家。逸書得十餘篇,蓋《尚書》滋多於是矣。"是孔安國藏有古文寫本的《尚書》,且比當時立博士的今文《尚書》二十九篇多出十幾篇。但司馬遷沒有說明孔安國所持有的古文本得自何處。《漢書·藝文志》著錄《尚書》古文經四十六卷五十七篇,云:"《古文尚書》者,出孔子壁中。武帝末,②魯共王壞孔子宅,欲以廣其宮,而得古文《尚書》及《禮記》《論語》《孝經》,凡數十篇,皆古字也。……孔安國者,孔子後也,悉得其書,以考二十九篇,得多十六篇。"知《古文尚書》出於孔家老宅牆壁之中,多今文《尚書》十六篇;除了《古文尚書》外,孔壁中古文經傳另有《禮記》《論語》和《孝經》。《禮記》,王國維認為指《禮經》。此"禮記",也可能本作"禮禮記",如上引《漢書·景十三王傳》所記,後奪一"禮"字,或即抄脫重文號。

《漢書·藝文志》著錄《禮》古經五十六卷,云:"《禮》古經者,出於魯淹中及孔氏,與十七篇文相似,多三十九篇。"出孔氏者,大概就指上文孔壁所出。又《漢書·楚元

---

① 顧實:《漢書藝文志講疏》,商務印書館,1925 年,第 17 頁。
② "武帝末",與魯恭王生活的年代不合,其時當為"景帝末"或"武帝初"。參看陳國慶:《漢書藝文志注釋彙編》,中華書局,1983 年,第 31—32 頁。

王傳·劉歆傳》載劉歆《讓太常博士書》稱:"及魯恭王壞孔子宅,欲以爲宮,而得古文於壞壁之中,《逸禮》有三十九篇,《書》十六篇。"是西漢時有古文《禮經》五十六篇,比今文《禮》多出三十九篇。又著録《記》百三十一篇,未云是古文。《隋書·經籍志》:"漢初,河間獻王又得仲尼弟子及後學者所記一百三十一篇獻之,時亦無傳之者。至劉向考校經籍,檢得一百三十篇,向因第而叙之。而又得《明堂陰陽記》三十三篇、《孔子三朝記》七篇、《王史氏記》二十一篇、《樂記》二十三篇,凡五種,合二百十四篇。"《經典釋文·序録》引劉向《别録》云:"古文《記》二百四篇"。① 據劉向《别録》,則《禮》之《記》《明堂陰陽記》《孔子三朝記》(《藝文志》著録於《論語》類)、《王史氏記》《樂記》(《藝文志》著録於樂類),此二百多篇皆係古文。

《漢書·藝文志》著録《論語》古二十一篇,云"出孔子壁中";又著録《孝經》古孔氏一篇二十二章,亦謂出孔壁,皆與上文相應。

《漢書·景十三王傳》載河間獻王劉德所得古文經傳有《周官》《尚書》《禮》、《禮記》。

總上述,西漢時古文經傳已有《尚書》《禮》《禮記》《周官》《論語》《孝經》六種。另外又有《春秋經》《左傳》和《周易》。

《漢書·藝文志》著録《春秋》古經十二篇,未記其來源,許慎《說文解字·叙》則繫之於孔壁。

《漢書·楚元王傳·劉歆傳》:"及歆校秘書,見古文《春秋左氏傳》,歆大好之。"是西漢時秘府收藏有古文本的《春秋左氏傳》。《說文解字·叙》在解釋"古文"時說:"又北平侯張蒼獻《春秋左氏傳》。"是許慎認爲古文本的《左傳》是西漢初的張蒼所進獻的。段玉裁《說文解字注》認爲《春秋經》不出於孔壁,而是和《左傳》一起由張蒼所獻。②

《漢書·藝文志》著録《易經》十二篇,施、孟、梁丘三家,而未著録古文《易》。但《易》類小序云:"劉向以中古文《易經》校施、孟、梁丘經,或脱去'無咎'、'悔亡',唯費氏經與古文同。"是西漢秘府藏有古文本《周易》,劉向曾用以校正今文本。《前漢紀·孝成皇帝紀》河平三年:"東萊人費直,治《易》長於筮,無章句。徒《彖》《象》《繫辭》十篇文言解説上下經。沛人高相,略與費氏同,專説陰陽災異。此二家,未立於學官。唯費氏經與魯古文同。"且説此古文本《周易》是魯古文。《後漢書·儒林傳》:"又有東萊費直,傳易,授琅邪王橫,爲費氏學。本以古字,號古文易。"王國維説:"然《漢書》無

---

① 《經典釋文》,上海古籍出版社影印,1985年,第41頁。
② 段玉裁:《說文解字注》,上海古籍出版社影印,1988年,第762頁。

此語，或後人因劉向校費氏經與古文經同，遂附會爲説與？"費氏本的《周易》並非古文本，這是完全可以肯定，只是没有脱字，本子較好而已。

綜上所述，西漢時存在的古文經傳共計九種，分别是：《尚書》《禮經》（後世稱《儀禮》）、《禮記》（不同於傳世的大小戴《禮記》）、《周官》（後稱《周禮》）、《周易》《春秋》《左傳》《論語》《孝經》。

下面討論《毛詩》是否爲古文經和《周官》是否確爲古文經的問題。

王國維認爲漢代《毛詩》没有古文本，這是合乎事實的論斷。《漢書·藝文志》詩類首先著録《詩經》二十八卷，齊、魯、韓三家，最末才著録《毛詩》二十九卷、《毛詩故訓傳》三十卷。如果按通常説法《毛詩》是古文經，那麼應像《尚書》《禮》等經那樣，先著録《毛詩》，而且還應特别標明"《詩》古經"。可見，至少《漢志》著録的《毛詩》不是古文經。詩類小序僅説"又有毛公之學，自謂子夏所傳，而河間獻王好之，未得立"，没有像《周易》那樣雖未著録古文《周易》，而序中提到秘府藏有古文本，所以我們不能肯定西漢秘府藏有古文本《毛詩》。《漢書·景十三王傳》所記河間獻王所得先秦古文舊書中没有《毛詩》，只説："其學舉六藝，立《毛氏詩》《左氏春秋》博士。"又《漢書·楚元王傳·劉歆傳》載劉歆《讓太常博士書》只稱《逸禮》《逸書》及《春秋》左氏丘明所修"爲"古文舊書"，未提到《毛詩》。或以《汗簡》中有《古毛詩》來證明《毛詩》有古文本。① 可《汗簡》連《古史記》都有，《汗簡》有《古毛詩》豈足爲證？馬瑞辰《毛詩傳箋通釋》卷一《毛詩古文多假借考》云："《毛詩》爲古文，其經字類多假借。……齊、魯、韓用今文，其經文多用正字。"其所舉例子，如《衛風·芄蘭》"能不我甲"，《韓詩》作"能不我狎"。如果"甲"假借爲"狎"確實是古文的用字習慣，這也只能證明《毛詩》偶爾保留了一點古文的用字，而不能證實漢代《毛詩》有古文寫本。相反，《毛詩》有可被證明屬後起的用字習慣。《周南·螽斯》："螽斯羽，薨薨兮。"據王先謙《詩三家義集疏》，《韓詩》"薨薨"作"䘒䘒"。② 戰國寫本的安大簡《詩經》作"厷厷"，③《韓詩》與之相合。從語音上來看，《毛詩》作"薨薨"（反映漢代產生的 *m̥->hw-音變），當是後起的寫法，無先秦古文的來源。

《周官》在漢代有古文本的唯一明確證據是《漢書·景十三王傳》所載河間獻王所得古文舊書中有之。《經典釋文·序録》："河間獻王開獻書之路，時有李氏上《周官》

---

① 劉立志：《漢代〈詩經〉學史論》，中華書局，2007年，第79頁。
② 王先謙：《詩三家義集疏》，中華書局，1987年，第39頁。
③ 安徽大學漢字發展與應用研究中心編、黄德寬、徐在國主編：《安徽大學藏戰國竹簡（一）》，中西書局，2019年，第10、78頁。

五篇。"明確獻書者爲李氏。賈公彥《序周禮興廢》引馬融《周官傳》僅説《周官》在漢武帝時出於"山巖屋壁"。① 山巖之於屋壁相去甚遠，不可能既出於山巖，又出於屋壁。馬融只是泛泛而論，意在説明《周官》是所謂"出土文獻"。《漢書·藝文志》著録《周官經》六篇，没有注明是古文。王國維認爲《漢志》注明某經爲古文是爲了區别於今文本，《周官》只有古文本，没有今文本，所以便無需冠以"古文"二字。其意蓋以爲《漢志》著録的《周官》是古文本。我們認爲，河間獻王所得的《周官》原本應該是古文寫本，但著録於《漢志》的《周官》恐怕早已轉寫成隸書本了。鄭玄注《周禮》有二百餘條"故書某作某"或"故書某或作某"。徐養原《周官故書攷·叙》説："以鄭注考之，凡杜子春、鄭大夫、鄭司農所據之本並是故書，故書今書，猶言舊本新本耳。……故書今書皆非一本。"②故書很明顯是隸書抄本。杜子春親受《周官》於劉歆，③劉歆在秘府看到並著録於《七略》的《周官》應該也是隸書本。今本《周禮》的文字確殘存少量應該來自古文的寫法，如"美"作"媺"，"視"作"眡"，"筵"作"䇳""祇"作"示"等，這可以作爲《周官》原本是古文的一條積極證據。

　　古文經在西漢早期的復出對整個經學產生了全面而深刻的影響，首先是增加或改變了經書的文本，以下按《書》《禮》《易》《春秋》《論語》《孝經》的次序略述如下。

　　漢代由秦博士伏勝所傳、立於學官的今文《尚書》只有二十九篇，而古文《尚書》多出十六篇，④有四十五篇。⑤ 古文《尚書》不僅篇目較今文本多，共有的二十九篇的文句也有所不同。《漢書·藝文志》載："劉向以中古文校歐陽、大小夏侯經文，《酒誥》脱簡一，《召誥》脱簡二。率簡二十五字，脱者亦二十五字，簡二十二字，脱亦二十二字，文字異者七百有餘，脱字數十。"古文本可以用來校正今文本的脱字，應該較今文本爲優。不知劉向以後的今文《尚書》已經據古文本補上脱字以否。古文《尚書》多出的十六篇所謂《逸書》大概在東漢時就已經亡失了，没有產生多少影響。今傳僞《古文尚書》不但没有十六篇《逸書》，且又用僞造的《泰誓》取代漢代今古文《尚書》所共有的真《泰誓》，所以漢代所有的《尚書》僅傳下了今古文共有的二十八篇。這二十八篇的文本應該主要是來源於古文《尚書》的。

　　古文經傳中，《禮》類文獻數量最大。漢初魯高堂生傳《禮》十七篇，此爲立於學官

---

① 《十三經注疏》，上海古籍出版社影印，1997年，第635頁。

② 《續修四庫全書》第81册，上海古籍出版社，2002年，第113頁。

③ 《經典釋文·序録》："王莽時，劉歆爲國師，始建立《周官》爲周禮。河南緱氏杜子春受業於劉歆。"

④ 篇目參看蔣善國：《尚書綜述》，上海古籍出版社，1988年，第41頁。

⑤ 同上注，第43頁。

的今文《禮》。而古文《禮》達五十六篇，多出三十九篇，篇數是今文《禮》的三倍多。三十九篇所謂《逸禮》大概東漢以後也漸漸亡失了，而今傳大、小戴《禮記》尚保存了幾篇，如《奔喪》《投壺》《諸侯釁廟》。今古文共有的十七篇《禮經》字句上亦多有參差，早在西漢時就出現了兩本互相校勘、融合而成的《武威漢簡》本，魏晉以來流傳至今的《禮經》十七篇就是鄭玄作注的這種今古文合成本。① 若據劉向《別錄》，《禮》之古文《記》多至二百餘篇，是十分豐富的文獻資料。《漢書·藝文志》禮類小序在叙述完《禮》古經後，接着說："及《明堂陰陽》《王史氏記》所見，多天子諸侯卿大夫之制，雖不能備，猶瘉倉等推士禮而致於天子之説。"也是將《明堂陰陽》《王史氏記》看成古文《禮經》之同類，與今文《禮》家之說作對比。這些《記》大部亡失，而今傳大小戴《禮記》中的相當一部分篇目來源於古文《記》。《周官》是一部講官制的書，與禮本不是一回事，但後來成為《周禮》，且列在《三禮》之首，無疑係古文經對《禮》類文本的一大增益。

《周易》雖有古文本，劉向曾用以校出三家《易》的脱文（見上文），但今傳《周易》的文本是否受到過古文本的影響，實在難以確定。《後漢書·儒林列傳》以東漢馬融、鄭玄所注的《易》為費氏《易》，《隋書·經籍志》又以三國時王肅、王弼所注的《易》亦為費氏《易》，則今傳《周易》文本源自費氏《易》，而《漢志》稱"唯費氏經與古文同"，那麽似乎也可以説今傳《周易》的文本與古文較相近。不過，徐復觀否定馬鄭二王所注《易》為費氏，②其説可信（詳下文）。《經典釋文·周易音義》有"古文作某"若干條，此古文大概不會是劉向所見的古文本，可能是指費氏經文。《經典釋文·序錄》著錄《費直章句》四卷（云"殘缺"），當時一般都把費氏《易》看作古文，所以引用《費直章句》中的經文時，便稱為"古文"。

古文《春秋經》是《左傳》所依據的經文，文字上與《公羊傳》《穀梁傳》的經文略有出入，記事又多出二年，記至孔子之卒。隨着《左傳》地位的提高，古文《春秋經》也成為魏晉以後最重要的《春秋經》文本了。《左傳》是一部以史事解經的偉大歷史著作。桓譚《新論》説："《左氏傳》之於經，猶衣之表裏，相待而成。經而無傳，使聖人閉門思之，十年不能知也。"（《太平御覽》卷六百十引）《左傳》最終取代公、穀二傳而獨盛，良有以也。

古文《論語》有二十一篇，較《魯論》多一篇，有兩《子張》。《漢書·藝文志》顏師古注引如淳曰："分《堯曰》篇後子張問'何如可以從政'已下為篇，名曰《從政》。"則古文《論語》多出一篇僅是由分篇的不同造成的，內容上可能並沒有大的增加，不像《齊論》

---

① 參看沈文倬：《〈禮〉漢簡異文釋》，《宗周禮樂文明考論》（增補本），浙江大學出版社，2006年，第276頁。
② 《徐復觀論經學史二種》，上海書店出版社，2002年，第80—83頁。

那樣多出《問王》《知道》兩篇。古文《論語》和《魯論》同出於魯地,內容多寡自然相近。古文《論語》和《魯論》《齊論》在字句上則有較多歧異。《經典釋文·序録》:"《新論》云:文異者四百餘字。"魏何晏《論語集解·叙》:"漢末大司農鄭玄就《魯論》篇章,考之齊、古,爲之注。"《經典釋文·論語音義》注"魯讀某爲某,今從古"者二十三條。① 可知今傳《論語》雖以《魯論》爲主,但有些文字采用了古文《論語》。特別緊要的如:《述而》:"子曰:加我數年,五十以學《易》,可以無大過矣。"《魯論》"易"作"亦",《齊論》也應作"亦",定州漢墓竹簡《論語》同樣作"亦"。② 古文《論語》這句話,是孔子與《周易》有密切關係的最重要證據。

古文《孝經》有二十二章,多出今文《孝經》四章。《漢書·藝文志》孝經類小序云:"唯孔氏壁中經爲異。'父母生之,續莫大焉','故親生之膝下',諸家説不安處,古文字讀皆異。"顔師古注引桓譚《新論》:"古《孝經》千八百七十二字,今異者四百餘字。"據《隋書·經籍志》,古文《孝經》亡於梁時,今存古文《孝經》係僞造之本。僞古文《孝經》把"故親生之膝下"改成"是故親生毓之",而"父母生之,續莫大焉"未改。今傳《孝經》没有多少不安處。《隋書·經籍志》云:"至劉向典校經籍,以顔本(引者按:即今文本)比古文,除其繁惑,以十八章爲定。鄭衆、馬融,並爲之注。"似乎今傳《孝經》是劉向用古文本校勘過的。

"古文"在經學上的最大影響無疑是由古文經而形成了古文經學,與漢代立博士的今文經學相對立。古文經學和今文經學的區別,前人有很多論述,説法比較綜合的如周予同《經今古文學》,云:"它們的不同,不僅在於所書寫的字,而且字句有不同,篇章有不同,書籍有不同,書籍中的意義有不同;因之,學統不同,宗派不同,對於古代制度以及人物批評各各不同;而且對於經書的中心人物,孔子,各具完全不同的觀念。"③ 概括言之,一般認爲古文經學和今文經學的區別在於經書文本之異以及學説之異這兩方面。我們認爲,這種區分實際上是有很大問題的,文字文本和學説恐怕都不能成爲區分今古文經學的絶對標準。

今文經學是在西漢文帝、景帝、武帝、宣帝、元帝時立博士的經學:《詩》有魯、齊、韓三家,《書》有歐陽、大夏侯、小夏侯三家,《禮》有大戴、小戴、慶氏三家,《易》有施氏、孟氏、梁丘、京氏四家,《春秋》有《公羊》嚴、顔以及《穀梁》三家。④ 西漢時立博

---

① 徐養原:《論語魯讀攷》,《清經解續編》卷八十二。
② 《定州漢墓竹簡·論語》,文物出版社,1997年,第33頁。
③ 朱維錚編:《周予同經學史論著選集》(增訂本),上海人民出版社,1996年,第2頁。
④ 參看朱維錚編:《周予同經學史論著選集》(增訂本),第2—3頁。

士的今文經學共十六家。到東漢初，廢王莽所立諸博士（莽稱講學大夫），恢復西漢之舊，但未立《春秋穀梁傳》和《禮》慶氏（據《後漢書·儒林列傳》），遂有今文經十四博士。

古文經學作爲經學上的一個學派，出現於王莽時期，以劉歆爲其代表人物；王莽雖敗，但古文經學却發揚光大，盛行於東漢。古文經學之得名本來是由於古文經傳，不過，作爲一個學派，古文經學實際上超出了古文經傳的範圍，而差不多就是與博士相對立的經學的總稱。東漢時有所謂"古學"的名稱，"古學"既可以看作古文經學的省稱，又可以看作官方立博士的"今學""時學""俗學"的對稱。

屬於古學範疇的有：《毛詩》、古文《尚書》《周官》、古文《禮》（包括《逸禮》）、《左傳》、古文《論語》、古文《孝經》。其中最重要的是《毛詩》、古文《尚書》《周官》和《左傳》，此四經是古文經學的核心内容，東漢許慎《五經異義》舉古說主要是此四經（另有古《孝經》說）。①《穀梁傳》屬於今文經學範疇，自古沒有異議，許慎《五經異義》中《穀梁》也是跟《公羊》並列而與古文經相對的。但因爲《穀梁傳》在東漢未立，故與一般的今文經又有所不同，而常與古學諸經並提。如《後漢書·儒林列傳》："建初中……又詔高才生受《古文尚書》《毛詩》《穀梁》《左氏春秋》，雖不立學官，然皆擢高第爲講郎，給事近署，所以網羅遺逸，博存衆家。"《穀梁》與《古文尚書》等並稱，待遇相同。又同篇《尹敏傳》："尹敏字幼季，南陽堵陽人也。少爲諸生。初習歐陽《尚書》，後受古文，兼善《毛詩》《穀梁》《左氏春秋》。"直接把《穀梁》說成了古文之一，蓋行文之疏。民國初的崔適著《春秋復始》，倡言《穀梁》是古文經；其弟子錢玄同贊同之，並說《穀梁》和《左傳》一樣是劉歆偽造，"穀"與"公"音近，"梁"與"羊"音近，"穀梁"這個姓就是從"公羊"兩字之音幻化出來的。② 崔、錢之說荒謬不可信。費氏《易》並非古文經，是可以肯定的（詳上文），但費氏《易》是否屬於古學範疇，也就是說《易經》是否存在今古文之爭，則是一個頗爲複雜的問題。按照《後漢書·儒林列傳》《經典釋文·序錄》《隋書·經籍志》的說法，東漢古文經學家如陳元、鄭衆、馬融、鄭玄等所傳的《易》都是費氏《易》，三國時的王肅、王弼所注的也是費氏《易》。但據徐復觀的考證（出處見上文引），這些記載其實都不可信，是後人的誤會，就像把費氏《易》說成是古文經一樣。我們傾向於徐說，即《易》並無今學、古學之分。所以，許慎的《五經異義》沒有引古《周易》說，許慎《說文解字·叙》注明

---

① 陳壽祺：《五經異義疏證》，《清經解》第147種。
② 錢玄同：《重論經今古學問題》，《古史辨》第5册，海南出版社影印，2005年，第42—46頁。

其所稱引的《易》是孟氏,乃是今文學。① 據《漢書·儒林傳》,費氏《易》"長於筮卦,亡章句,徒以彖、象、繫辭十篇文言解説上下經",是比較原始的《易》學。王弼以玄學解《易》,自然在學説上跟費氏《易》無干。或認爲鄭玄、王弼以來的《周易》文本用了費氏《易》,這其實也没有太大根據。上文提到《經典釋文·周易音義》引了若干"古文作某",此古文可能指費氏《易》,那麽今傳《周易》就不會是費氏《易》的文本。

古文經學成立於劉歆,但古學諸經在劉歆之前大多已有漫長的傳授發展歷史。

《漢書·藝文志》説《毛詩》"自謂出於子夏"。《經典釋文·序録》記載了子夏以後的兩種傳承統緒,一種是:子夏傳高行子,高行子傳薛倉子,薛倉子傳帛妙子,帛妙子傳大毛公,大毛公傳小毛公;另一種是:子夏傳曾申,曾申傳魏人李克,李克傳魯人孟仲子,孟仲子傳根牟子,根牟子傳趙人孫卿子(按即荀子),孫卿子傳大毛公。這種單綫傳承本來就十分不可信,而且子夏至漢初近三百年時間也不大可能只傳了五六代,顯然是後人編造出來的。但《毛詩》在先秦已有流傳應是可信的。西漢時,《毛詩》曾被河間獻王立博士。《漢書·儒林傳》:"毛公,趙人也。治《詩》,爲河間獻王博士,授同國貫長卿,長卿授解延年,延年爲阿武令,授徐敖。敖授九江陳俠,爲王莽講學大夫。"不過,西漢傳習《毛詩》的也不可能只有這幾個人,如《後漢書·儒林列傳》説:"孔僖字仲和,魯國魯人也。自安國以下,世傳《古文尚書》《毛詩》。"則傳《毛詩》的尚有孔氏家族。

古文《尚書》發現於孔壁後,即歸孔安國所有。《漢書·儒林傳》:"孔氏有古文《尚書》,孔安國以今文字讀之,因以起其家逸《書》,得十餘篇,蓋尚書兹多於是矣。遭巫蠱,未立於學官。安國爲諫大夫,授都尉朝,而司馬遷亦從安國問故。遷書載《堯典》《禹貢》《洪範》《微子》《金縢》諸篇,多古文説。都尉朝授膠東庸生(據《後漢書·儒林列傳》,名譚),庸生授清河胡常少子,以明《穀梁春秋》爲博士、部刺史,又傳《左氏》。常授虢徐敖。敖爲右扶風掾,又傳《毛詩》,授王璜、平陵塗惲子真。子真授河南桑欽君長。王莽時,諸學皆立。"古文《尚書》有四十五篇,孔安國以今文讀之的一般認爲只有同今文的二十九篇,逸十六篇未傳。但《史記·商本紀》載《湯誥》文,在逸十六篇之中,是司馬遷向孔安國問故不限於二十九篇。

古文《禮》並無單獨的傳承系統,但個別篇目曾被宣帝時的博士大小戴編入《禮記》,而大小戴《禮記》的大部分篇目是采自古文《記》的(詳上文)。《周官》一書則一直藏於秘府,"五家之儒莫得見焉"(賈公彦《序周禮廢興》引馬融《周官傳》語)。不過《周

---

① 近人或改"孟氏"爲"費氏",無據。

官》本是河間獻王所得,《漢書·藝文志》樂類小序云:"武帝時,河間獻王好儒,與毛生等共采《周官》及諸子言樂事者,以作《樂記》,獻八佾之舞,與制氏不相遠。"是河間獻王以《周官》爲素材之一作了一篇《樂記》(非今《禮記》中之《樂記》)。

《左傳》以其對史事的詳細記載而十分吸引人,故在整個西漢都傳承不絶,且頗興盛。《經典釋文·序録》記録了《左傳》從左丘明至西漢張蒼、賈誼的傳承統緒,跟《毛詩》的傳承一樣不可信。司馬遷在《史記》中多次提到《春秋》古文,即指《左傳》;《史記》大量利用了《左傳》中的材料。河間獻王立《毛詩》博士同時也立了《左傳》博士。《漢書·儒林傳》:"漢興,北平侯張蒼及梁太傅賈誼、京兆尹張敞、太中大夫劉公子皆修《春秋左氏傳》。誼爲《左氏傳》訓故,授趙人貫公,爲河間獻王博士,子長卿爲蕩陰令,授清河張禹長子。禹與蕭望之同時爲御史,數爲望之言左氏,望之善之,上書數以稱説。後望之爲太子太傅,薦禹於宣帝,徵禹待詔,未及問,會疾死。授尹更始,更始傳子咸及翟方進、胡常。常授黎陽賈護季君,哀帝時待詔爲郎,授蒼梧陳欽子佚,以《左氏》授王莽,至將軍。而劉歆從尹咸及翟方進受。"記載了西漢一代《左傳》的傳承統緒。

《論語》《孝經》因爲是傳記不是經(《左傳》有所傳的《春秋經》,與兩書情形自不相同),所以《漢書·儒林傳》没有記載其傳授情況。古文《論語》和古文《孝經》同出於孔壁,據《經典釋文·序録》,孔安國爲古文《論語》和古文《孝經》都作過注。《史記·孔子世家》:"孔子晚而喜《易》,……讀《易》,韋編三絶。曰:'假我數年,若是,我於《易》則彬彬矣。'"蓋據古文《論語》"加我數年,五十以學《易》,可以無大過矣"。

古文經學作爲與今文經學對立的一個學派的建立,應以劉歆在哀帝時爲立古文《尚書》《毛詩》《逸禮》《左傳》與博士的爭論爲標誌。

西漢宣成時代,今文經學確立了政治和思想文化上的統治地位。但也因此而日益腐朽墮落。① 《漢書·藝文志》六藝類序云:"古之學者耕且養,三年而通一藝,存其大體,玩經文而已,是故用日少而畜德多,三十而五經立也。後世經傳既已乖離,博學者又不思多聞闕疑之義,而務碎義逃難,便辭巧説,破壞形體;説五字之文,至於二三萬言。後進彌以馳逐,故幼童而守一藝,白首而後能言;安其所習,毀所不見,終以自蔽。此學者之大患也。"説的是今文經學的繁瑣化。今文經學的腐朽,再加上哀帝時深刻的社會危機,必然促使有識之士站出來,圖謀改變經學的狀況,爲學術和政治尋找新的道路。劉歆欲立古文諸經,正是應了時代的呼喚。

---

① 參看金春峰:《漢代思想史》(增補第三版),第九章《宣成時代今文經學統治地位的確立》,中國社會科學出版社,2006年。

《漢書·楚元王傳·劉歆傳》:"歆及向始皆治易。宣帝時,詔向受《穀梁春秋》,十餘年,大明習。及歆校秘書,見古文《春秋左氏傳》,歆大好之。時丞相史尹咸以能治《左氏》,與歆共校經傳。歆略從咸及丞相翟方進受,質問大義。初《左氏傳》多古字古言,學者傳訓故而已,及歆治《左氏》,引傳文以解經,轉相發明,由是章句義理備焉。……歆以爲左丘明好惡與聖人同,親見夫子,而公羊、穀梁在七十子後,傳聞之與親見之,其詳略不同。歆數以難向,向不能非間也,然猶自持其《穀梁》義。及歆親近,欲建立《左氏春秋》及《毛詩》《逸禮》《古文尚書》皆列於學官。"但建立某經博士須得到博士們的認可,故當時哀帝下詔試問博士,又"令歆與五經博士講論其義",然而結果是"諸博士或不肯置對",最後逼得劉歆寫了一封責讓博士們的公開信。劉歆的這封《讓太常博士書》對當時的今文博士進行了深刻的批判,如"苟因陋就寡,分文析字,煩言碎辭","信口說而背傳記,是末師而非往古","猶欲保殘守缺,挾恐見破之私意,而無從善服義之公心。或懷妒嫉,不考情實,雷同相從,隨聲是非"。今文博士反對經古文諸經的學術理由"以《尚書》爲備,謂《左氏》爲不傳《春秋》"並不能成立,則其反對完全是出於劉歆所說的"私意"和"妒嫉",不願意失去自己的學術地位。劉歆並不反對今文經學,只是要求兼容並包,擴大學術資源,却得不到博士的支持,反而因此而忤逆執政大臣,遭諸儒怨恨,甚至於因懼誅而乞外放。但古文經學的興起是無法阻擋的歷史潮流。哀帝的去世,王莽的重新掌權,終於使古文經學得到了政治上的強有力支持,而最終得立。

古文經學建立的歷史背景是西漢後期直至王莽時代爲解決社會矛盾逐漸興起而至高潮的託古改制運動。王莽既銳意託古改制,自然全力支持古文經學。《漢書·儒林傳·贊》:"平帝時,又立《左氏春秋》《毛詩》《逸禮》《古文尚書》。"平帝在位有五年,不知具體哪一年立此四經。《周官》之立,見於《漢書·藝文志》禮類《周官經》六篇本注:"王莽時劉歆置博士"。馬融《周官傳》說劉歆早年銳精於《春秋》(按指《左傳》),末年乃知周公致太平之迹具在《周官》。《周官》之立大概稍晚,孫詒讓認爲"疑在莽居攝,歆爲羲和以前"。(《周禮正義》卷一)

王莽、劉歆建立《左傳》《周官》《逸禮》《古文尚書》《毛詩》,本欲利用這些經書進行種種改制(並不意味着不利用今文經),以實現致太平的理想,却最終反致天下大亂,兩人都不得善終。然而,自平帝元始元年至王莽之敗有二十三年之久,已是一代人的時間,古文經學足以變得羽翼豐滿,成長爲一個具有強大影響力的學術派別。《漢書·王莽傳》平帝元始四年:"徵天下通一藝教授十一人以上,及有逸《禮》、古《書》《毛詩》《周官》《爾雅》、天文、圖讖、鍾律、月令、兵法、《史篇》文字,通知其意者,皆詣公車。網羅天下異能之士,至者前後千數,皆令記說廷中,將令正乖繆,壹異說云。"可見王莽時古文經學的盛況。

東漢建立後,應該主要是出於政治上的原因,没有復立王莽時的古學諸經。據《後漢書·儒林列傳》,東漢立於學官的有十四博士,即:《易》施、孟、梁丘、京氏,《書》歐陽、大夏侯、小夏侯,《詩》齊、魯、韓,《禮》大戴、小戴,《春秋》《公羊》嚴、顔。十四博士都是今文經學,而且《春秋》獨尊《公羊》,不僅《左傳》,連《穀梁》亦廢。東漢官方之尊今文經學自然有其深刻的政治文化背景,①但政治不能完全左右學術,在學術上古文經學反而壓倒了今文經學,逐漸成爲東漢經學的主流。

《後漢書·儒林列傳》:"(章帝)建初中,大會諸儒於白虎觀,……又詔高才生受《古文尚書》《毛詩》《穀梁》《左氏春秋》。雖不立學官,然皆擢高第爲講郎,給事近署,所以網羅遺逸,博存衆家。"又《賈逵傳》:"肅宗(按即章帝)立,降意儒術,特好《古文尚書》《左氏傳》。"是古文經學雖然不能納入博士系統,却得到了官方的實際支持。東漢初,即有一批著名的古文經學家活躍於當時的學術和政治舞臺,如杜子春、杜林、陳元、賈逵、鄭興、衛宏。

《經典釋文·序録》:"王莽時劉歆爲國師,始建立《周官》爲周禮。河南緱氏杜子春受業於歆,還教門徒好學之士,鄭興父子等多往師之。"馬融《周官傳》稱杜子春在明帝永平初年且九十,家居南山,鄭衆、賈逵往受《周官》。

據《後漢書·杜林傳》,杜林之祖母爲張敞之女,杜林從張敞之孫張竦學,"博洽多聞,時稱通儒"。王莽之亂時,杜林避難河西,得漆書《古文尚書》一卷。後傳《古文尚書》於衛宏和徐巡,"於是古文遂行"。

據《後漢書·陳元傳》,陳元乃授王莽《左傳》的陳欽之子,幼從其父習《左傳》,爲訓詁,"鋭精覃思,至不與鄉里通"。光武帝建武初,陳元曾爲争立《左傳》上疏,反駁今文梁丘《易》博士范升。

據《後漢書·賈逵傳》,賈逵之父賈徽,從劉歆受《左傳》,兼習《國語》《周官》,又受《古文尚書》於塗惲,學《毛詩》於謝曼卿,而賈逵悉傳父業,尤明《左傳》《國語》,爲之解詁五十一篇。

據《後漢書·鄭興傳》,鄭興少學《公羊傳》,晚善《左傳》。王莽時,率門人從劉歆講《左傳》大義,頗得劉歆賞識,命之撰《左傳》條例、章句、訓詁。鄭興的《左傳》學東漢時與賈逵之學並列,時號稱鄭、賈之學。鄭興又明《周官》。其子鄭衆能傳其學。

據《漢漢書·儒林列傳·衛宏傳》,衛宏少與鄭興俱好古學,從謝曼卿學《毛詩》,

---

① 參看陳蘇鎮:《漢代政治與〈春秋〉學》,第五章《漢室復興的政治文化意義》,中國廣播電視出版社,2001年。

又從杜林受《古文尚書》，爲作訓旨。

到了東漢中後期，又出現了像馬融、鄭玄這樣的古文經學大家。而當時的今文博士却是倚席不講，甚至有學舍成菜園之事（《後漢書·儒林列傳》）。鄭玄以古學爲主，而又融合今文經學和讖緯，結束了漢代今古文經學的對立局面，開創了經學的新時代。以後的《五經》，《詩》是《毛詩》，《書》是《古文尚書》，《禮》以《周禮》爲首，《春秋》以《左傳》爲主——此四經即古學的核心内容——《易》本無對立於今文的古學。漢代今古文經學之爭最終是以古學的勝出而落幕的。

曹魏代漢以後，今文經學在政治上亦失去了支持，立古文經學就成了新王朝必然的舉措。王國維《漢魏博士考》（《觀堂集林》卷四）説：“古文學之立於學官，蓋在黄初之際。自董卓之亂，京洛爲虚；獻帝託命曹氏，未遑庠序之事。博士失其官守，垂三十年。今文學日微，而民間古文之學乃日興月盛。逮魏初復立太學博士，已無昔人。其所以傳授課試者，亦絶非曩時之學。蓋不必廢置明文，而漢家四百年學官今文之統已爲古文家取而代之矣。”

下面略述古文經文本的流傳情況。

上文已説，《毛詩》屬古學而非古文經，《周官》可能劉歆所見就已非古文本，則劉歆所見藏於秘府的古文寫本的經書可以肯定的應有：古文《尚書》、古文《禮經》、古文《周易》、古文《春秋經》及《左傳》、古文《論語》、古文《孝經》。

古文經書雖有古文寫本，但漢時流行於社會的還是轉寫成隸書的本子。如孔安國的以今文讀古文《尚書》，是史書上的明確記載；孔安國傳古文《論語》和古文《孝經》想必也是以今文讀之的。古文《禮經》本有五十六篇，而主要流傳的還是同今文的十七篇，且是轉寫成隸書的本子。隸寫的武威漢簡《儀禮》都在十七篇之内，據沈文倬考證係古文或本，①可以爲證。《左傳》在整個西漢流行頗盛，流行的不可能是古文寫本。劉歆於秘府見古文寫本的《左傳》而大好之，也可證明外間流傳的不是古文寫本。

《後漢書·儒林列傳》云：“昔王莽、更始之際，天下散亂，禮樂分崩，典文殘落。”《光武帝紀》建武二年正月載赤眉軍焚長安宫室。王莽、更始間的大動亂對西漢秘府藏書的損壞肯定異常嚴重，甚至是毁滅性的。東漢時，古文寫本的經書還能有多少流傳於世呢？我們認爲大概只是數量有限的殘存而已。

古文《尚書》本四十五篇，而東漢杜林以來古文家所傳的《尚書》只有今古文共有的二十九篇。二十九篇古文《尚書》是否都有古文寫本呢？大概也没有。《後漢書·杜林傳》載杜林在避難河西時得漆書古文《尚書》一卷，僅一卷，則係殘本。這卷古文

---

① 沈文倬：《〈禮〉漢簡異文釋》，《宗周禮樂文明考論》（增補本），第 276 頁。

《尚書》應該確實是古文寫本,所以杜林至爲寶愛。但隸書寫本的古文《尚書》二十九篇,杜林手頭必定是全的,否則他也傳不了古文《尚書》。

《逸禮》三十九篇,錢玄認爲亡於魏晉時。① 但古文寫本的古文《禮經》恐怕更早就亡失了。鄭玄注《禮經》疊今古文,其所謂"古文"不是指古文字體,而是指已轉寫成隸書的古文本。②

《周禮·小宗伯》注引鄭衆云:"古文《春秋經》'公即位'爲'公即立'。"看來東漢時古文寫本《春秋經》至少部分尚存。關於古文本《左傳》,王國維《漢時古文本諸經傳考》(《觀堂集林》卷七)云:"服虔注襄二十五年傳云:'古文篆書,一簡八字。'蓋子慎之時,其原本或傳寫古文之本猶有存焉者。"東漢服虔所說引見《儀禮正義》卷二十四賈疏。③ 缺乏語境,好像很難肯定服虔說的"古文篆書,一簡八字"就是指他親眼所見的古文本《左傳》。諸經傳中《左傳》的部頭最大,單字數目亦多,如果《左傳》有完整的古文寫本,那東漢時的古文資料的豐富程度會超過我們的估計。

總之,我們認爲,東漢古文經學家手頭的古文寫本並不全。古學大家賈逵的弟子許慎撰《說文解字》,所收古文僅五百左右,不算多。到魏正始年間,刻三體石經,但僅刻古文《尚書》和古文《春秋經》兩部,而且所刻"古文"字形稍嫌駁雜。至於其他古文經書,恐怕是因爲很難用古文全部刻出,只好作罷了。

東晉時,豫章內史梅賾向朝廷獻上了一種冒充孔安國作傳的全本《古文尚書》。這個來歷不明的僞本分真古文《尚書》二十八篇(二十九篇去《泰誓》)爲三十三篇(《堯典》分出《舜典》,《皋陶謨》分出《益稷》,《顧命》分出《康王之誥》,又《盤庚》分三篇),又僞造二十五篇,共五十八篇。這本僞《古文尚書》竟然得到了當時學者的承認,與真古文《尚書》二十九篇共立太學,最後又取代真古文《尚書》(鄭玄作注的真古文《尚書》大約亡於宋代)成爲《尚書》的唯一傳本。辨這本《古文尚書》之僞後來成了學術上的一件大事,至今不衰。

僞《古文尚書》在字體上有其特點,即使用了所謂"隸古定"。古文原形過於難寫,而用隸楷的筆畫寫古文字形既能直觀地顯示其爲古文而易取信於人,書寫又較爲方便,所以作僞者采用了這種字體。不過,"隸古定"早已有之,不是新發明。相對於隸書、楷書,隸古定畢竟還是難寫難認的,所以早在東晉時就出現了范甯改寫的今字本(《經典釋文·序錄》);到了唐代天寶年間,又詔命衛包悉改隸古爲今字。此後流行的

---

① 錢玄:《三禮通論》,南京師範大學出版社,1996年,第15頁。
② 參看張富海:《漢人所謂古文之研究》,第330—331頁。
③ 《十三經注疏》,第1072頁上。

僞《古文尚書》就是今字本了。但隸古寫本的僞《古文尚書》仍然不絕如縷。現在我們能看到的隸古定本僞《古文尚書》種類頗多,有敦煌、新疆出土的唐寫本,有日本的各種寫本,以及刻入《通志堂經解》的南宋初薛季宣的《書古文訓》。① 各種隸古定本中的古字或多或少,而以《書古文訓》爲最多。《經典釋文·序録·條例》:"《尚書》之字,本爲隸古。既是隸寫古文,則不全爲古字。今宋、齊舊本及徐、李等音,所有古字,蓋亦無幾。穿鑿之徒,務欲立異,依傍字部,改變經文,疑惑後生,不可承用。"則陸德明所見的隸古寫本僞《古文尚書》就有古字很少和古字較多兩種本子。東晉梅賾所獻原本的面貌如何? 有兩種可能。一是原本就是陸德明所批評的"務欲立異"的本子,古字很多,只是後來越來越多的古字被改成今字了;一是原本是古字較少的本子,而在流傳過程中有好事者把今字儘量改成隸古定字體,産生了古字較多的本子。《書古文訓》屬於被陸德明否定的古字多的一類。清李遇孫《尚書隸古定釋文》將其中古字與《説文》《玉篇》《汗簡》《集韻》中的古文相比,證明其字形皆有根據,非向壁虛造。② 孫星衍《尚書隸古定釋文序》認爲此書"足以存晋代舊文,唐宋相傳字體"。③ 顧頡剛《尚書隸古定本考辨》認爲此書"雖不必曰宋人所造,要之含有唐宋人之成分殆爲無疑之事。"④根據我們的初步考察,《書古文訓》中的所謂隸寫"古文"確實真贋雜陳,如"方"必作"匸","三"必作"弌","考"必作"丂"(包括考察之"考"和祖考之"考")之類,真是"務欲立異"的典型。不過,西漢以來古文寫本經書漸漸淪亡澌滅,既已不得賭其面貌,則隸古定本僞《古文尚書》仍可以看作古文寫本經書的孑遺而予以重視。

---

① 參看劉起釪:《尚書源流及傳本考》,第9章第2節《〈尚書〉的隸古定本古寫本》,遼寧大學出版社,1997年。
② 顧頡剛、顧廷龍輯:《尚書文字合編》附録一,上海古籍出版社,1996年。
③ 《尚書文字合編》附録一,第3頁。
④ 此文爲《尚書文字合編》之《代序》,引文見第21頁。

用數術說閱讀數術書:《周易・頤》"舍爾靈龜,觀我朵頤,凶"含義新考
附:《頤》卦爻辭研究雜記*

史亞當(Adam SCHWARTZ)

一、前言:先秦時代占卜方法有筮與卜同時兼用制度

在前輩們的基礎上,本文繼續展開卜與筮同時兼用研究。① 論文先利用二重證據法(即並用出土與傳世文獻)確定古代占卜活動可同時兼用甲骨與筮草兩種方法來解惑正事,其次使用此看法試說《周易・頤》爻辭中難以理解其詳細涵義的句子。

關於閱讀占卜書和研究占卜方法,人們向來局限於單獨材料本身,也局限於閱讀單篇材料的習慣。物質文化告訴我們,先秦占卜方法其實是卜與筮同時並行。本篇論文的研究方法立足於前《周易》學②,提出閱讀《周易》(即經文)要先明白古代占法有多元性,在筮占前後,經常做一次龜卜活動來驗證結果,考定可用或不可用的。《周

---

* 本論文爲香港特別行政區大學教育資助委員會優配研究金資助項目成果之一(Reference Number 12607820, Project title: Warring States Uses of the Yijing (I Ching) and Related Texts)。

① 饒宗頤:《殷代貞卜人物通考》,收入《饒宗頤二十世紀學術文集》卷二,中國人民大學出版社,2009年,第49—50頁。本篇屬於若干研究的第二篇論文成果,第一篇論文成果參見史亞當(Adam SCHWARTZ):《甲骨文"畣巫九靁"和"畣巫九畣"含義新考》,《甲骨文與殷商史》新8輯(紀念殷墟甲骨文發現120周年專輯),上海古籍出版社,2018年,第429—438頁。

② 請參見李零:《跳出〈周易〉看〈周易〉》,《中國方術續考》,東方出版社,2000年,第306頁。

易》本來是占卜書,嚴格地説,卦辭、爻辭都是占辭。① 我們認爲,《周易》的一些占辭,其實是特殊占卜術語,是要對之前或之後施行龜卜而言。《頤》初九的"舍爾靈龜,觀我朵頤,凶"是最明顯的例子。

至今,經過許多人的研究,一般都同意商周甲骨文中有數字卦象,就是説,甲骨上有筮占的痕迹(即數字卦象)。易卦當時是一種用數字來表示的記號,除了甲骨,銅器、陶器、石器、各種材質的出土物上都有,現在經學者收集,已經超過一百個例子。② 此種記號,專用數字組成,常見的是六個數字,或三個,和易卦三爻再重卦而成六爻的情形很是符合。把數字卦(即卦畫)刻在甲骨上,有時候貼(經常"倒貼")着文句和其有關的卜兆旁邊,就是商末周初時期卜與筮卦同時兼用最有利的證明。

先筮後卜,先卜後筮,龜從筮逆,筮從龜逆,龜從筮從、龜筮皆違於人,於卜凶而止不筮,於筮凶而止不卜,傳世與出土資料各有記載。有時卜而不筮,有時筮而不卜,都是要看情況,從事件的輕重來決定。如《左傳》僖公四年記晉國獻公爲了以驪姬爲夫人而先卜,不吉;筮之,吉。公曰"從筮"。當時在場的卜人專家戒曰"筮短龜長,不如從長"。這是先卜後筮的例子。《書·洪範》"龜筮協從""龜從筮逆""龜筮共違於人"和《詩·衛風·氓》"爾卜爾筮,體無咎言",都證明較完整的一場占卜活動是龜與筮綁定在一起使用。

先筮後卜的記載更多些,如《周禮·春官·宗伯》:"凡國之大事,先筮而後卜。"鄭玄注云"當用卜者,先筮之,即事有漸也。於筮之凶,則止不卜。"在別處,鄭玄引鄭司農注《周禮·太卜》"凡國大貞"句,説"國有大疑,問於蓍龜",蓍占要在龜卜前面。古人指出(見唐賈公彦《周禮·春官·宗伯》疏)殷與周的占卜方法不同,認爲殷人先卜後筮,也或卜而不筮。周人先筮後卜,筮凶則停,不卜。如果兩種産生矛盾,應該相信卜。今天,經過科學發掘已經有幾版數字卦刻在商周甲骨上,有大量證據證明上古文化有先筮後卜的習慣,兩種物質疊加用也形成"一套"占卜用具的概念。作爲占卜活動第一回的筮占來説,筮法有自己的兩個步驟的概念,即先占卦後占爻的程序。作爲占卜活動第二回的龜卜來説,卜法也本來有自己的"成套"概念,即一事多卜,後代稱之爲"三卜制"的程序,③《尚書·金縢》"乃卜三龜,一習吉"是其證據。

龜占所用的龜有好幾種,古時區别龜有 10 種(《爾雅》),其中一叫做靈龜。蓍占

---

① 尚秉和:《周易尚氏學》,中華書局,2016 年,第 14 頁,"説例":"《易》辭本爲占辭,故其語在可解和不可解之間。惟其在可解和不可解之間,故能隨所感而曲中肆應不窮,所謂仁者見仁、智者見智也。此易理也。易理與義理不同。"

② 參見濮茅左:《楚竹書〈周易〉研究》下册,上海古籍出版社,2006 年,第 435—495 頁。

③ 宋鎮豪:《商代社會生活與禮俗》,中國科學院出版社,2010 年,第 635—652 頁。

所用的材料也有好幾種,而筮草(葛陵簡册有一種筮草叫做"靈筮",見下文)最佳。商代時期的安陽甲骨文和戰國時期的筮卜祭祝簡册,如包山 2 號墓簡册、望山 1 號墓簡册和葛陵 1 號墓簡册都有靈龜的記載,是專用的卜龜。靈龜是靈驗的龜,所以從先秦占卜方法的觀點來考慮,《周易·頤》爻辭的"舍爾靈龜"的"靈龜"應該有這個意思。①甲骨文有"靈龜"合文,寫作从雨从龜,②到了戰國時期,合文的寫法从需从龜的還在使用。甲骨文的靈龜記載很重要。一條卜辭的(《甲骨文合集》8996)的驗辭部分(即真實部分)記載,有人在某年四月份運送多龜來王朝,"以靈龜八、鼉五百十"。靈龜的入貢數比鼉少 60 多倍,可見其難以獲得,珍惜可貴。如此,我們有理由推斷,王朝和貴族門占卜時用靈龜應該可以看作隆重的儀節。

商代卜人用靈龜占卜,見於一件殘的腹甲,時期爲帝乙、帝辛,占卜和刻辭是由所謂黃組占卜機構完成的:

甲戌,王卜貞,舍(勘)巫(筮)九靈,屯(蠢)盂方率伐西或(國),毋(舉册)西田暨盂方,妥(綏)余一人。余其比多田甾正(征)盂方,亡左自上下于(與)叙(徹)☐

《甲骨文合集補編》11242(《甲骨文合集》36181+36523)

命辭(即卜人需要決定的事)開頭有"舍(勘)巫(筮)九靈"的卜法習語,意思是說國王正在灼九版靈龜驗證前所筮占的結果。③ 卜辭也有"舍(勘)巫(筮)九俗(骼)",意思和"舍(勘)巫(筮)九靈"差不多,不過甲骨材料是牛骨而不是龜甲。李學勤指出了甲骨文並用"靈"與"骼"的事實也見於《尚書·盤庚·下》的"弔(淑)由靈各(骼)"一句。④兩句能相互印證不會是巧合的。商王朝先用筮草(即靈筮)後用九版靈龜或骼骨占卜是爲了隆重的儀節,國王全程親自指導與加入占卜活動也能夠作爲證明。

葛陵楚簡出於葛陵 1 號楚墓,由河南省文物考古研究所等單位於 1994 年發掘。據整理者統計,竹簡現存 1 568 枚,現存約 8 000 字,其下葬年代不會晚於公元前 398 年。⑤ 葛陵簡册的內容大部分是卜筮祭禱,除了其他卜龜外,卜人用了五種靈龜,叫做

---

① 李零:《死生有命,富貴在天:〈周易〉的自然哲學》,北京:三聯書店,2013 年,第 169 頁。
② 饒宗頤:《甲骨集林》,收入《饒宗頤二十世紀學術文集》甲骨卷二,第 835 頁。
③ 朱鳳瀚:《黃組卜辭中的"舍巫九舍"試論》,《甲骨文與殷商》新 3 輯,上海古籍出版社,2013 年;史亞當(Adam SCHWARTZ):《甲骨文"舍巫九靈"和"舍巫九俗"含義新考》,《甲骨文與殷商史》新 7 輯,第 429—438 頁。
④ 李學勤:《甲骨卜辭與〈尚書·盤庚〉》,《甲骨文與殷商》新 1 輯,上海古籍出版社,2008 年。
⑤ 河南省文物考古研究所編:《新蔡葛陵楚墓》,大象出版社,2003 年;陳偉等著:《楚地出土戰國簡册"十四種"·葛陵 1 號墓簡册》,經濟科學出版社,2009 年,第 395—466 頁。

"尨霝""文霝""白霝""惪霝"及"駁霝"。卜筮記錄有龜與筮同時並用的現象,如"用受繇,元龜、晉(靈)筮曰有祟見於大川有沅,小臣成敬之懼之,敢用一元牂䍧,先之☐",意思就是從元龜與靈筮那裏接受的繇(即占辭),①確定了作祟者爲水神。爲了攻祟,占卜主體人"小臣成",因爲他敬畏兩回占卜結果,也同樣爲他自己的安全感到恐懼,向此水神進獻了一頭牛、一頭羊,以及用玉先之。②

對於戰國時代占卜方法同時兼用龜與筮,包山楚簡有更詳細的説明。包山楚簡出於包山2號墓,由湖北省荆沙鐵路考古隊於1986年發掘。③ 發掘報告推斷其下葬年代爲公元前316年,墓主是擔任楚國左尹的昭它。據整理者統計,竹簡現存488枚,有字簡278枚,其中一批是卜筮祭禱的簡册,一共54枚(整理編號爲197—250)。其中簡册編號226—248號,一共18枚簡,是同一天舉行的占卜活動。占卜記録的"前辭"都記載同一個占卜日期,"荆尿之月己卯之日"。按照考古隊整理人員的編排順序,這18枚簡册可分成五條占卜記録,内容相互對應,可以排成譜,從中可知當天施行了五次相連的占卜環節,五次占卜環節的順序爲:

第一回:龜;第二回:筮;第三回:龜;第四回:筮;第五回:龜。

當天在場的占卜人員一共五個人(鹽吉、陳乙、五生、許吉、觀繃),他們爲了占卜一件事反覆互用了三種龜和兩種筮草,三種龜叫做"保家""長靈""駁靈";二種筮草叫做"共命"和"丞惪"。

下面的引文是第五次中第二回和第三回占卜記録的全文,證明戰國時代的占卜活,在楚國還較普遍使用"先靈後筮"和"先筮後靈"的占卜方法:

大司馬悼滑將楚邦之師徒以救郙之歲,荆尿之月,己卯之日,陳乙以共命爲左尹它貞:出入侍王,自荆尿之月以就集歲之荆尿之月,盡集歲,躬身尚毋有咎。228 ☷☷☷。占之,恒貞吉,少有悗於宫室。以其故説之。舉禱宫、行一白犬,酒食。思攻除於宫室。五生占之曰:吉。229

大司馬悼滑將楚邦之師徒以救郙之歲,荆尿之月,己卯之日,觀繃以長䙴(靈龜)爲左尹它貞:出入侍王,自荆尿之月以就集歲之荆尿之月,盡集歲,躬身尚毋有咎。230 占之,恒貞吉,少有悗也。以其故説(説)之。思攻,祝歸佩珮、冠帶於南方。觀繃占"之"曰:吉。231

---

① 《楚地出土戰國簡册"十四種"·葛陵1號墓簡册》,第437頁,注181引宋華强説。
② 葛陵簡册發掘編號"零297""零207""零283",殘簡,都有"元龜、筮"的記載。
③ 陳偉等著:《楚地出土戰國簡册"十四種"·包山2號墓簡册》,經濟科學出版社,2009年,第1—137頁。

在進行第二回占卜的時候,筮人陳乙以筮草叫做"共命"爲其主人公占卜,設卦觀象,長期的判斷爲吉祥,不過發現主人公的宮室有少量擔憂。爲此,建議舉行祝禱,向宮與室進獻犧牲和酒食,希望攻除祟惡。另外一個占卜人員名字叫五生,第二次判斷爲吉祥。在進行第三回占卜的時候,卜人觀綑以靈龜爲其主人公占卜,命辭和前回一模一樣,長期判斷也吉祥,也驗證了有少量擔憂,不過提出攻除祟惡的方法有所不同,第二次判斷爲吉祥。

如上所述,先秦出土資料和傳世資料都有卜與筮同時並用的記載。從這個觀點入手研究先秦《易》類文獻,我們有理推測《周易》卦爻辭應該是有關用甲骨占卜的資料。

二、《周易·頤》初九爻辭"舍爾靈龜,觀我朵頤,凶"考釋

《彖》《序》《雜》三《傳》說"頤"有"養"的意思,①《頤》卦辭的"貞吉",《彖》說是"養正而吉",闡述卦義圍繞着履行正道養己養人,弘揚正氣,追求目標,走向儒家思想"天地養萬物,聖人養賢,以及萬民"的理想狀態。卦辭"觀頤,自求口實",《彖》說"觀其所養""觀其所自養"。《易傳》以"頤"聯繫"養"的說法對後世易學的影響非常大。後世易學對《頤》的閱讀習慣很少離開《傳》所設的語境。

"頤"是兩頰裏面,靠近後槽牙的部位,俗稱腮幫子。頤,古訓養,口含物以自養,所以"養"是"頤"的引申義。鄭玄《注》曰:"頤者,口車輔也,震動於下,艮止於上,口車動而上,因輔嚼物以養人,故謂之頤。""車"是"牙車",凡物入口,牙車載之,故曰車。後槽牙,《頤》六二叫做"丘頤",後文會逐步討論。

在《易傳》的基礎上,三國時期的王弼和宋代的程頤擴大而且自己發揮"養正"和"觀其所養"的概念。

王弼初九《注》:"朵頤者,嚼也。以陽處下,而爲動始,不能令物由己養,動而求養者也。夫安身莫若不競,修己莫若自保。守道則福至,求祿則辱來。居養賢之世,不能貞其所履,以全其德,而舍其靈龜之明兆,羨我朵頤而躁求,離其致養之至道,闚我寵祿而競進,凶莫甚焉。"

---

① 這個說法對編纂於《易傳》之後的訓詁書有一定的影響,如《爾雅·釋詁》:"頤,艾,育,養也";《釋名·釋形體》:"頤,養也。動於下,止於上,上下咀物以養人也。"《釋名》采用八卦說,代表《易經》在漢代學術界有相當大的地位。

王弼釋讀《周易》的方法，一邊是采用老莊思想的一些要點，如安身不競和修己自保，一邊是掃象不談，前辭後象推動義理之學。王弼初九《注》是解釋爲什麽爻辭的結果是"凶"而不是吉。"貞"的意思是"正"，是對應《彖傳》的"養正而吉"。《注》説前句"舍爾靈龜"的意思是"離開致養的至道"，並把後句"觀我朶頤"解釋爲"闚我寵禄而競進"。儘管孔穎達《正義》特意説明"靈龜"是"謂神靈明鑒之龜"，當他解釋"朶頤"的時候，《正義》就肯定王《注》，説"謂朶動之頤以嚼物，喻貪惏以求食"，是推動王《注》義理之學。

　　宋代程頤《伊川易傳》對"靈龜"的解釋，從養身方面入手，認爲"龜能咽息不食"，"靈龜喻其（即聖人）明智而可以不求養於外也"。朱震《漢上易傳》有類似的説法，認爲"龜所以靈者，蜇則咽息不動，無求於外，故能神明而壽。君子在下，自養以正，靈龜之類也……舍爾所以爲靈龜者……"。

　　《周易》取象和用象没有這麽迂曲。再説，以"頤"爲"養"也許可以説得通"觀頤"和上九"由頤"，但是六二、六四的"顛頤"、六二的"拂頤"以及六三的"拂經於丘頤"，按照我們的讀法，"頤"是名詞，"由頤"的"由"訓"自"，是介賓結構。"養"在古漢語大部分義項是動詞，《説文解字》曰"供食也"。因此，我們對流行的説法説有異議，覺得用"頤"的本意爲佳，"頤"就是卦畫的本象，爻象由大象生。

　　近代李鏡池認爲靈龜"代指財寶，副財。這原是占卜用的，十分貴重"。不過他説《頤》是"農業專卦"，把爻辭翻譯成白話爲"你放着大量財寶，還來窺伺我的衣食，那是不有好的結果的"，並附上"這是對那些搶糧者説的"。① 高亨認爲靈龜是食品，"舍（捨）汝靈龜之肉而不食，觀我有食在口，腮朶然而隆起，此是棄汝所有，羡我所有，是凶矣"。② 這兩個有權威代表的新易學大師的説法確實有問題，不及或過之，不過他們的貢獻在於質疑流行的説法。最近，李零先生認爲"靈龜"是"卜龜"，"舍爾靈龜，觀我朶頤，凶"，他翻譯成"放棄你的卜龜，只看我的腮幫子怎麽動，凶"。我們覺得李零對"舍爾靈龜"的理解是正確的，這句話的意思確實是"放棄你的卜龜"。他主張《頤》卦"講相術，這種相術很特殊，它憑兩頰的咀嚼動作，就能判斷吉凶"。但是他自己也承認缺乏綫索，所以我們不能接受。③ 不過我們也覺得他對"顛頤"（即上下動作）和"拂頤"（即左右動作）的看法是準確的，可取。總之，李零的新説有積極的學術價值，有激發作用。他質疑傳統的説法，主張讓文本説話，偏向用數術説閲讀數術書，我們贊同。

---

① 李鏡池：《周易通義》，中華書局，2015 年，第 54 頁。
② 高亨：《周易大傳今注》，《高亨著作集林》第二卷，清華大學出版社，2004 年，第 280 頁。
③ 李零自己承認"由於缺乏解讀綫索，這裏只能試爲解釋，未必可靠"。李先生的説法未必可靠，不過也許他提出新説是因爲前期易學家對《頤》的解釋也不可靠。

"爾"(即"你"),程頤認爲指卦體的初爻,是對應"我",即卦體的六四陰爻。我們認爲是對卜人和占卜方法所施行的"先筮後卜"的習慣而講,是勸卜人不必用靈龜再占卜此事,是因爲筮占的結果是凶。"舍爾靈龜"就是前文引到的鄭玄注:"當用卜者,先筮之,即事有漸也。於筮之凶,則止不卜"的告誡。明白古代用《易》經常在前後用龜的占卜習慣,我們認爲"放棄你的靈龜"跟"觀我朵頤"有密切關係,是"觀朵頤,凶"的結果。

《周易》有一卦異象和多卦同象的現象。從象數的觀點來説,《説卦》説"離爲目""離爲龜",①所以《頤》所見和"眼睛"有關的兩種意象"觀""視"和"眈眈",以及所見水族"龜"的意象都因爲卦畫中有"大象離"的形體。"大象"的概念是明代來知德所推動的一種卦體分析方法,②基本原則是加大三爻經卦的形體,比如《大壯》是兑經卦的加大形體,《中孚》是離經卦的加大形體,《頤》也是,因爲擴大離經卦中間的四個陰爻就可以變成《頤》卦。離經卦被加大形體之後,所有離經卦的意象也同樣被加大,所以眼睛變成"大目",③"大目"引起"觀察"的"觀"象;水族"龜"變成天龜的"靈龜"或者又大又貴的"十朋之龜"(看《損》《益》爻辭)。其實,《頤》卦畫所引起的主要卦象是"大口",和兑經卦有嘴巴和鼻子的意象群有重疊之處。④

《易》者,象也,觀象而系辭,爲了判斷吉凶。《易》辭皆由象生,觀某爻而得甲乙象。"觀"是占卜專語,是觀察卦畫中的象。《繫辭》:"設卦觀象。"筮人設卦後,從各種角度看卦畫中能觀窺什麼"象"。也許"觀"源於觀天象,觀察而推測天氣是爲了判斷吉凶和制定曆法。⑤ 在《頤》卦爻辭當中,"觀"字出現兩次,"觀"也是今本《周易》第二十卦畫的卦名,觀爲從下望上,和觀天象的視覺相吻合。⑥ 在易學中,"觀某"其實是"觀某象",《頤》的主題象是大口腮幫子,"觀頤"就是説卜人設卦,遇《頤》而觀其大象的意思。初九的爻辭"觀我朵頤"就是"觀朵頤","朵頤"是從大象窺小象。《頤》內卦

---

① 就算如是,我們也不能排除"龜"也取象於艮經卦。尚秉和認爲"龜"是異卦同象的例子,看尚氏:《周易尚氏學》"説例",第15頁。《焦氏易林》:《歸妹》之《剥》曰:"靈龜陸處",尚注曰"艮龜,處坤上,故曰陸處。"參尚秉和《焦氏易林注》,收入《尚氏易學存稿校理》第二卷下,中國大百科全書出版社,2005年,第960頁。
② 來知德:《周易集注》,民主與建設出版社,2015年。
③ 同上注,153頁。
④ 《象傳》:山下有雷,頤;君子以慎言語,節飲食。《頤》卦體無兑經卦,不過對《象》的解釋而言,"頤"之口還能取説話和飲食有之象。
⑤ 參考鄔可晶,《談談清華簡〈程寤〉的"望承"》,《戰國秦漢文字與文獻論稿》,上海古籍出版社,2020年,第191—200頁。
⑥ 值得注意是《觀》卦有"觀國之光",《左傳》莊公二十二年有筮説。"光"字也跟天象有關,請看王弼《注》。

爲震，震的意象群圍繞着震動。鄭玄訓"朵"爲"動"是很有道理。也有説"朵"是"花朵"的樣子，是描述大嘴下唇"垂下如花朵"。這幾種説法也很通順，"朵"和"垂"的古音相近。《頤》卦的主題意象爲大口張開着，準備"噬嗑"的樣子。朱熹《本義》説道："靈龜，不食之物。朵，垂也。朵頤，欲食之貌。"本文既然認爲"先筮後卜"或"先卜後筮"是先秦時代占卜習慣的一個原則，下文將簡要論及，除了頤卦之外，《周易》古經系的卦爻辭有更多言辭表達同樣的現象。

前文已經提到了《損》《益》兩卦爻辭中的"十朋之龜"之語，全句爲"或益之，十朋之龜弗克違，永貞吉"，"或益之，十朋之龜弗克違，元吉"。"或"即"某"，"益"可籠統地訓爲"大"。五貝爲系，兩系十貝爲朋，則十朋爲百貝，"十朋之龜"昂貴，龜指卜龜。"弗克違"跟《盤庚·下》"非敢違卜"、《大誥》"王害不違卜"相關。"或益之，十朋之龜，弗克違"的含義可對照《盤庚·下》所説："肆予沖人，非廢厥謀，弔（訓善）由靈各（格），非敢違卜，用宏兹賁。"

《周易》有"可貞"與"不可貞"之語，一共見六處，卦辭中有二處，爻辭中有四處。下文先後陳列若干卦、爻辭以便討論。

《節》："亨。苦節，不可貞。"
《損》："有孚。元吉，无咎。可貞。利有攸往。"

《坤》六三："含章，可貞。"
《蠱》九二："幹母之蠱，不可貞。"
《無妄》九四："可貞，無咎。"
《明夷》九三："不可疾貞。"

古文"貞"字有兩個意思，一是卜問（跟"偵"字、"證"字有關），一是正、定（跟"鼎"字有關）。夏含夷和李零都主張《周易》古經卦爻辭裏的"貞"字，不管是用爲動詞或者用爲名詞，其含義一律爲貞卜。① 上諸引辭中，"可貞"和"不可貞"的"貞"是動詞，李零翻譯前者爲"可以用來占卜"，而翻譯後者爲"不可以用來占卜"。這種占辭好像是一個矛盾，是顛倒邏輯。爻辭的性質不是令人決疑的占辭？而這種爻辭怎麽告訴筮者，

---

① 夏含夷，《〈周易〉"元亨利貞"新解》，《興與象——中國古代文化史論集》，上海古籍出版社，2012年，第20—46頁。李零：《死生有命，富貴在天：〈周易〉的自然哲學》，第45—48頁。夏含夷不贊同用"占卜"這個辭來討論"貞卜"這個事。他常用"貞卜"而不用"占卜"為了強調古文"貞"和"占"是兩個不同的字，反映卜筮過程中的兩種不同的功用。

所卜問的事宜可不可以用來再貞卜呢？

夏含夷提過"周代的筮法實際使用了兩次貞筮"，認爲"《周易》卦辭和爻辭反映同樣的兩次貞筮過程，卦辭是第一次貞筮的結果，爻辭是第二次貞筮的結果"。① 對於見於卦辭中的"貞"字來說，用這樣的解釋有其道理，先得卦辭後得爻辭體現了占卜所包含着的兩個步驟，事宜預測的進一步細化，卦辭的占辭廣泛一點，爻辭的占辭詳細一點。問題是"可貞""不可貞"多見於爻辭中。如果爻辭表示第二次筮貞，遇到爻辭後應該是一次筮貞的完結。把爻辭里部分的"貞"字理解爲用卜骨來驗證筮貞的結果，"可貞"和"不可貞"跟"先筮後卜"的占卜習慣和占卜程序有關，對其含義的爭論是一個新的思路，以及相當雄辯的處理方案。

三、附《頤》卦爻辭研究雜記

甲、《周易·頤》的卦畫與卦名，以及大體卦象"頤中無物""頤中有物"的關係

據清代黃宗羲的分類，《周易》有七種取象方法，"七者備而象窮矣"，其中一個他叫做"象形之象"。② 對《周易》的六十四重卦而言，最典型取"象形之象"的例子是《鼎》卦，之所以稱這個名字是因爲組成該卦的六個爻畫具有"鼎"的形象，《鼎》卦畫的内卦爲巽，《說卦》說"巽爲股"。初六爻、九二爻及九三爻合成"鼎"的腿和腹部，九四爻有填實腹部之象，也就是說"鼎"中有物，六五爻像"鼎"的耳，上九爻象舉動"鼎"的金屬桿子（"鉉"）。

《頤》卦䷚，跟它有密切構形關係的《噬嗑》卦䷔和《鼎》一樣，這兩個卦名和大體意象"大口露牙"，都取了"象形之象"。䷚卦六爻，上下兩爻是陽爻，中間四爻是陰爻，聞一多認爲像一張大嘴，上下兩片嘴唇，中間齜着牙。③《說文解字》："匝（臣），顄也，象形。頤，篆文臣。䪼（䪼），籀文从首。""頤"在戰國文字有兩種寫法，基本字形是象形字，最近在清華大學藏的戰國文本《別卦》中的"頤"字加"已/巳"聲。上海博物館藏戰國時代《周易》文本的"頤"，字形左下部分是腮幫子的象形〔匝（臣）〕，非常像䷚卦畫（表一）。

---

① 夏含夷，《〈周易〉"元亨利貞"新解》，46頁。
② 黃宗羲：《原象》，收入《易學象數論》，九州出版社，2009年，第129頁。
③ 聞一多：《周易義證類纂》，收入《聞一多全集》，第二冊，三聯書店，1982年，第60—61頁。

表一

《頤》卦畫；"頤中無物"	上博《周易》24號簡	清華《別卦》2號簡	《噬嗑》卦畫；《象傳》説：九四爻象"頤中有物"	人類之"頤"

用八卦分析，《頤》的内卦震有動象，外卦"艮"有止象，動於下，止於上，大嘴有嚼咀之象，只要嘴巴里有食物，上下咀物可養人也。問題就是《頤》的卦象只是大嘴張開來的，第二至第五陰爻有牙齒象，但是嘴巴中還没有食物，是空嘴，求食之餓嘴。爻辭提到"顛頤"和"拂頤"，正如李零所説，兩個詞應該表示動作方向。"顛"是從上朝下顛倒的意思，"顛頤"就是在"頤"中上下動作，上下咬動的腮幫子。"拂"，王弼《注》和陸德明《經典釋文》訓"違"，這裏好像是説"口車"兩排槽牙左右甩動。

《象傳》説《噬嗑》卦"頤中有物"，那麽，《頤》卦的大嘴還是"無物"的，《頤》卦辭"自求口實"，至少能夠説明這點。"求"是目標（"求，索物也"），也是前提。養好自己當然好，不過於《頤》是還没有實現的。

《噬嗑》卦的卦名和部分意象就是《頤》卦名和大體意象所孳生的。《噬嗑》九四："噬乾肺，得金矢，利艱貞，吉。"《象傳》説："頤中有物，曰噬嗑。"對於《噬嗑》，"頤中有物"的意象來自九四的爻象，陰齒中有陽爻，口中的陽爻有"乾肺"象。"乾"，《説卦》："離爲乾卦。"《噬嗑》之《頤》的卦畫包含着大象離。"肺"是肉仔骨，剛爻有骨條的爻象，①剛體實，和《鼎》卦陽爻一樣所引起的"鼎實"象。從《象傳》所説《噬嗑》九四爻有"頤中有物"，我們可以類推《頤》大體象是"頤中無物"。

"觀頤"在卦畫中產生了《頤》和《噬嗑》二卦的卦名，給相關卦爻辭設了主題和共用的意象群。《頤》卦辭"自求口實"表示《頤》卦畫中還是"口中無物"的。爻辭里提到空嘴各種各樣的嚼法，目標當然是爲了"口實"，口實就是肚子飽了，追求實現了。卦畫像大口露牙，卦辭提到人的嘴巴，傳世文本的爻辭乃提到"虎視眈眈，其欲逐逐，无咎"，必然會聯想到老虎的嘴巴，威而猛，連打哈欠都讓人讓物恐懼。商代的銅鉞，比

---

① 類似的例子是《豫》九四"朋盍簪"。下坤女之象，一陽橫於三陰之首，簪之象也。簪，首笄也。此來知德的説法，見其《周易集注》第102—103頁。用簪子羈朋，是大象艮的四爻合象。于省吾認爲艮爲朋，系艮逸象，其《易經新證》有詳論。

如山東益都蘇埠屯大墓出土的銅鉞，上面有特別讓人害怕的紋飾圖案（圖一）。銅鉞是利器，大戰用來殺人，祭祀用來殺犧牲，在現場對象看到這樣的銅鉞當然會引起"凶"感。從我的角度，口中無物，求索食品，欲望逐逐。從它的角度，觀看大嘴露出牙齒，兩排牙齒上下左右嚼動，讓人害怕發冷汗。

山東益都蘇埠屯大墓出土商代銅鉞　　　商代銅鉞

圖一

"虎視眈眈"，《説卦》曰："艮爲黔喙之屬。"即有黑帶青色鼻子的動物，虎爲山獸，鄭玄認爲"艮爲虎"。[①]《頤》外卦爲艮，所以出現老虎的形象。大目離引起"視"和"眈眈"之象。"眈眈"，古訓"下視"，馬王堆帛書《周易》"眈"寫成"沈"字，二字有詞源關係，"沈"是形容向下的動作，《說文解字》"眈，視近而志遠"，好像在解釋《周易》爻辭"虎視眈眈，其欲逐逐"這句的全義，表示着漢代經學的一種普遍解釋。"眈眈"和"逐逐"相對，李鼎祚《集解》引虞翻曰："逐逐，心煩貌。""逐逐"在上博簡《周易》作"攸攸"，即"悠悠"，"悠悠"也可以解釋爲憂愁，悠悠和沈沈對應。"欲"字，上博簡《周易》作"猶"，西周金文用"猶"字來表示"謀"辭。"欲"馬王堆帛書《周易》作"容"，欲和容字形相近，都有"谷"旁。欲，谷聲，也許"容"應該讀作"欲"，不過讀作本字也講得通，"容"可以解釋爲容貌，眼睛沈沈，容貌憂愁，老虎還沒抓到目標而心煩，堅持自求口實，則"亡咎"。

乙、解釋《頤》"拂經於丘頤，正（征）凶""拂經於北涵，正（征）凶"的意象

"丘頤"，上博簡《周易》作"北涵"，"丘"和"北"的字形相近，容易訛變。六二的爻辭：

[①] 鄭玄説引自朱震：《漢上易傳》，九州出版社，2012年，第280頁。《焦氏易林》及九家皆以艮爲虎，參看尚秉和：《焦氏易詁》，收入《尚氏易學存稿校理》第一卷，第190頁。

"拂經于丘頤,正(征)凶",歷代易學家的解釋不一,至今還没有公認的解釋。我們的看法是,"拂"訓"違",也訓甩動。違、衛、圍皆有同源關係,"韋"是個會意字,上下有脚,一往左一往右圍繞城邑。"經"訓"常",不妥當,我們認爲"拂"指出"口車"左右兩排槽牙咀嚼甩動,"經於丘頤"的"經"是"經由"或者"經過"的意思。《説卦》曰"艮爲山",但是于省吾認爲震也爲丘象。①《頤》卦的六二至六五是個連體爻象(也可以説是個"四爻象"),頤中左右兩排有高有低狀的槽牙形象引起"丘頤"的爻象(參表一"人類之頤")。爻辭"征凶",由小山之象生,軍隊經過山丘危險,組隊容易分散走迷,《象》説爻象爲"行失類",震也爲大塗,艮亦爲徑路,震艮之虚爲山中之路。"北汜"或"丘頤",哪個是原文,很難確定,二爻象都能夠講得通。不過"汜"很明顯是由臣(頤)字孳生,戲字玩象。艮的方位象是東北,也許"北"由外卦艮生。汜同氾,是江的岔流,互體坤爲川江。②

四、結　　論

《周易》是一本大體上編纂於西周時代的占卜書。先秦時代占卜活動常用"先筮後卜"或"先卜後筮"的制度。既然甲骨文有關於筮占的内容,我們有理由推測《周易》會有關於卜龜的内容。《繫辭傳(上)》説:"探賾索隱,鈎深致遠,以定天下之吉凶,成天下之亹亹者,莫大乎蓍龜。""蓍龜"的組合,表示先蓍後龜的占卜習慣。本文認爲《頤》"舍爾靈龜,觀我朵頤"的含義跟占卜方法和占卜原則有密切的聯繫,"舍爾靈龜,觀我朵頤"的意思是"放棄你的(指占卜人員)靈龜,(你)當觀我的(指卦畫)朵頤(指爻象)"。"觀我朵頤"的"觀"是占卜術語,是指觀兆和觀象。"朵頤"是初九爻題的爻象,有動頤或垂頤的意思。大嘴張開震動牙齒,求索食物,是個餓嘴,《焦氏易林》之《頤》卦辭多次用此意象。

從"爾"(即占卜人員或卜問者)的角度來説,大嘴要吃飽肚子,自己養自己,而從"我"(即卦畫所表示之大嘴)的角度,對方(即占卜人員爲占卜主體)觀看這個形體就恐懼害怕,所以爻辭被判斷爲凶。儘管《彖傳》以"頤"爲"養",而後世易者經過加工强調養己要履正道,講養生等等,但是我們的看法却較樸素,認爲《頤》之"頤"是用其本意,爻辭都跟大嘴露着牙齒有關。

説"頤"是"養"當然好,不過在閱讀卦爻辭時,此説確實有不少不妥當的地方。如用其本意,比如解釋"顛頤"和"拂頤"爲大嘴牙齒動作方向,一爲上下,一爲左右,而把

---

① 尚秉和:《周易尚氏學》,于省吾"前言",第5頁。
② 尚秉和:《焦氏易詁》,收入《尚氏易學存稿校理》第一卷,第14—15頁。

"拂經於丘頤"解釋爲《易》理之直觀取象的遊戲，"經"是經過或經由的意思，"丘頤"的取象是從口中兩排下後槽牙有高有低的形象引起，那麼，這些無法通讀的障礙就自然消失。上九"由頤"就是"自頤"或"從頤"的意思，到了上爻，終於從大嘴走出來，危險是危險，能找到出口是吉，利涉大川。

第三節的部分，也提到了《頤》和《噬嗑》二卦名和大體卦象的關係。二卦都有大口象，不過《頤》的卦象是"頤中虛"，是以"自求口實"爲吉，而《噬嗑》的卦象是"頤中有物"。

《頤》全體占辭的格式可以如下總述：除了卦辭和六四爻辭外，爻辭都有危險，尤其內卦震的爻辭，皆凶。初九凶，六二如果占卜戰爭征伐活動，凶，以及六三也凶，勿所利，而"十年勿用"。"十年勿用"很嚴重，是全本《周易》中時期最長不能用所貞問的占辭。象數易學家憑着"坤爲聚""坤爲衆"，而把"十"分類爲坤之象，《頤》的上下互體卦是坤經卦。卦體的四陰爻，即六二至六五，"顛"字出現兩次，是六二和六四的爻象；"拂"字出現三次，也許六五的"拂經"是"拂頤"的錯誤。爻辭有很多表示動作的語辭，辭皆由"觀頤"生。

臺灣圖書館藏俞樾致徐琪手札①

汪少華　整理

整理説明：臺灣圖書館公布的《俞曲園手札》手稿，收件人是俞樾得意門生徐琪（號花農），前後有章太炎、徐琪識語。章太炎所説"泰興葛氏"即江蘇泰興人葛夢樸（1874—1929），字醒樓；"溥泉"即直隷滄州（今屬河北）人張繼（1882—1947），原名溥，字溥泉。徐琪將"虞山"（受知師翁同龢）、"曲園"（受業師俞樾）與"公"並提，表明並非爲所保存的俞樾手札而寫，不知是否臺灣圖書館整理時闌入。此"公"應是指其受知師彭玉麟（1816—1890），字雪琴，謚剛直，俞樾親家。《俞曲園手札》近百封手札，是此前所見俞樾致徐琪手札的兩倍，寫作時間從光緒九年一月到三十二年十一月俞樾去世前一個月，前後24年，保存完好，內容豐富，彌足珍貴。

　　先師曲園翁平生喜作漢隷，館人篤師求字亦爲下筆，故遺迹滿吳越閒，尺牘散在朋輩者當復不少。此十册乃與徐君花農書及諸詩棐。花農名琪，在詁經精舍肄業最早，而事師亦最勤，故書札往來亦最數。花農殁後，此十册歸泰興葛氏，今爲溥泉得之。余昔所藏先師手札亦十餘通，轉徙失之。今見斯册，羹牆未遠，感槩係之矣，願溥泉眘守焉。民國十六年十一月章炳麟識。

　　余二十六七時，嘗求師示古人嘉言以自勉，師爲書《文心雕龍·諸子篇》語，末附題識，嘉其不求聞達、專心著述，而勗以立德立言。遭變故，此軸亦不存。忽忽三十餘年，德不足言，言雖上不趣陭裦，下不墮鄙俚，果足以開來學未也？負師獎進深矣。炳麟又識。

---

① 臺灣圖書館古籍與特藏文獻資源《俞曲園手札》手稿本，書號21946。

一

聞說雲帆已日邊,余在吳下,聞君於二十五日啟行。尚留一面亦前緣。碧霞舍內三杯酒,綠水洋中萬里船。事業無窮期後日,兒孫有託慰衰年。老夫自顧崦嵫景,未免臨歧倍黯然。

正月廿九日,招花農館丈小飲於俞樓之碧霞西舍,即送其北上,口占一律,曲園。

二

日下聯吟我不堪,且將近事與君談。那知浮世屐幾兩,又定《叢鈔》卷廿三。時余新編定《茶香室叢鈔》廿三卷付梓。海外流傳青鏤管,時日本國人來乞書者甚多。山中料理白雲庵。時新於右台仙館添築一廂,移罋室於外。最憐退省樓頭客,一片雄心到越南。時彭雪翁在坐,縱談時事。

如我穨唐非所堪,聊將風月助閒談。寥寥同調千中一,忽忽流年六十三。浮世久居真似客,閉門常杜竟如庵。狂吟寄與諸君子,又費詩筒遞北南。

花農仁弟又次"堪"字韻見贈,亦成二律寄之,曲園。

三

承明著作卜君堪,十五年前有是談。余從前曾與楊石泉中丞言君必入翰林。天上傳來風廿四,君散館列一等二十四名,人間恰好月初三。余得君留館信時五月朔也,即函報君家,限初三日到。佳音遠遞金壺電。君兩次由電報寄知喜信。喜氣先騰玉可庵。君里第齋名。看取畫書詩並妙,御齋儤直最宜南。余謂君異時必值南書房,亦嘗與楊石翁言之。

五月一日,得花農館丈留館佳音,仍用"堪"字韻寄賀,奉博一咲,曲園。

四

險覓狂搜已不堪,偶逢瑣事又須談。曾披海國詩千百,同鬥詞鋒覃十三。佳話頗宜揮客麈,新編早已寄僧庵。時將所編《東瀛詩選》目錄寄日本僧心泉。不其山下康成老,老去翻教吾道南。吾選定日本國詩,有尾池世璜字玉民者,集中有用十三覃韻疊至十七次者,與我輩所用"堪"字韻大略相同,但少"庵"字韻耳。因復成此,以告青來、輔臣、桂卿、花農諸君子,以見中外雖異，而書生結習未始不同也。

曲園。

五

何物偏於養病堪，敢矜枚藻與鄒談。海東移到虬枝一，時日本詩僧心泉以其國松樹一株寄贈。關外郵來麈尾三。花農所寄自然柄之麈尾皆自山海關外來，已得三柄矣。舊築書城環堵室，新添梵課卧雲庵。近來每日晨起，必至艮宦誦《金剛經》一卷。金經日日清晨誦，誦畢晨曦度卯南。

名論原非殷仲堪，故人虚勸作《詩談》。彭雪翁屢勸作詩話，未果。《宋史·藝文志》有《詩談》，兹借用之。殘牙已瘞右車一，余前年以右車所墮齒合内子姚夫人遺齒，埋之俞樓文在亭前。病脈稍平左腕三。醫家謂余病在右三部脈，左尚平和，無病也。笭箵止宜游退谷，丹鉛何敢望升庵。偶編海外紅閨集，聊爲東瀛譜二南。時《東瀛詩選》將次刻成，其第四十卷皆閨秀詩。余先印十餘本，即以一本寄花農。

老境如余更不堪，且和知己試深談。故交又失同年一，謂邵汜生少宰。舊感仍縈六月三。是日亡婦生日也，爲之設祭，不能無喟。自覺病軀宜嬾版，余卧必高枕，將來恐不免如東坡先生終於嬾版也。不將游具製行庵。黃魯直有《行庵銘》云"駕①楔作庵，駕於人肩"，余游山則藤倚子而已。彈丸脱手新詩到，驚見熊僚在市南。

謂我詞鋒鬥尚堪，豈知廢學只游談。曲園地小分爲二，有南北曲園之名。皕卷書多今又三。時余所刻書逾三百卷矣。何意諸君住蓬島，未忘此老在茅庵。令人却憶長安陌，宅子曾尋柳巷南。余從前在京師時住南柳巷。宋王銍《默記》載王荆公先使其子雱"來京尋宅子"，則京官所居曰"宅子"，自宋然矣。

桂卿、花農、輔臣諸館丈日下倡醻甚樂，鄙人技癢，復用"堪"字韻賦寄諸君子一咲，曲園吟筆。

尚有餘紙，再作一首：

封付郵筒寄已堪，譬如臨別又長談。編詩未滿壬篇十，余所編第九卷詩曰己辛篇，第十卷料應以"壬"字起矣。銷夏剛交庚伏三。苴莢已過小暑節，衰蘭未到大雲庵。大雲庵近滄浪亭，爲吴中勝地。余倦於游，久不往也。閒來只自推窗望，詩自北來花自南。詩自北來，謂諸君有詩見寄也。花自南來者，余向日本國心泉和尚乞彼地櫻花一株，因大暑未可致，先以

---

① 駕，疑當爲"翦"。

松來，花則有待也。

六

緑牡丹

今年許星臺廉訪署中有牡丹一本，開花純綠，與葉同色。星臺賦詩紀之，吳下和者甚多，顧子山觀察得十六章。余度無以勝之，乃爲禁體，詩中不得見"綠"字，而每句必用一"綠"字故典，不得以"青""碧"等字代，成詩四首。每首用子山之例，自注所援引。

引來幽步不嫌賒，驚見神仙降萼華。宮女巧呈雲髻樣，皇孫新試玉人車。芳春直欲爭平仲，名酒還如出廖家。寄語掃苔須著意，要分嬌影上窗紗。錢起詩："香綠引幽步。"《真誥》："萼綠華，自云南山人女子。"杜牧之《阿房宮賦》："綠雲擾擾，梳曉鬟也。"蔡邕《獨斷》："綠車名曰皇孫車，天子有孫，乘之以從。"沈佺期詩："芳春平仲綠，清夜子規啼。"黃庭堅詩："王公權家荔枝綠，廖致平家綠荔枝。"據注皆酒名。王禹偁詩"掃苔留嫩綠"，楊萬里詩"芭蕉分綠上窗紗"。

葵甲蔥秧比總非，舞衫萱草認依稀。榮拖漢代三公綬，秀奪唐時七品衣。肯與妖紅同爛漫，不勞接翠自芳菲。爲君試掃南軒看，愛此檀欒一簇肥。黃庭堅詩"蔥秧青青葵甲綠"，溫庭筠詩"舞衫萱草綠"，《漢書·百官公卿表》"高帝置丞相綠綬"，《續漢志》注云"公加殊禮，皆服之"，《唐書·馬周傳》"三品服紫，四五品朱，六七品綠，八九品青"，韓退之詩"慢綠妖紅半不存"，皇甫湜《枝江縣南亭記》"接翠栽綠"，東坡詩"歸掃南軒綠"，白香山詩"一簇綠檀欒"。

隄畔春蕪掃乍開，最憐輕淺映樓臺。褖衣合作花王配，騄耳真從瑤圃來。官樣枝條何足擬，山中芳杜豈堪陪。尚愁柳色分張去，切勿輕將黃竹栽。陸放翁詩"平隄漸放春蕪綠"，劉禹錫詩"淺黃輕綠映樓臺"，《毛詩》："《綠衣》，衛莊姜傷己也。"鄭箋云："綠當爲褖。"《列子·周穆王篇》"左綠耳"，《玉篇》作"騄耳"。《輟耕錄》云"官綠即枝條綠"，謝朓詩"山中芳杜綠"，溫庭筠詩"尚愁柳色分張綠"，白香山詩"厭綠栽黃竹"。

朝朝甘露自涵濡，一掬寒溪漫灌輸。宋國從來多美玉，梁家又見出明珠。鸚哥宿釀杯中小，螺子新痕筆底腴。春草有情還解事，翻翻初葉展風蒲。李賀詩"甘露洗空綠"，李彌遜詩"何時延溪掬寒綠"，《史記·范雎傳》"周有砥砨，宋有結綠"，《嶺表錄異》"綠珠梁氏女"，張昱詩"畫閣小杯鸚武綠"，《大業拾遺》"煬帝宮女爭畫長蛾，司宮日給螺子黛五斛，號螺子綠"，李白詩"春草如有情，山中尚含綠"，放翁詩"風經蒲葉翻翻綠"。

花農館丈一咲，曲園。

七

繞屋扶疏樹轉濃，晝長無事頗從容。每扶磊砢天台杖，去看支離日本松。時日本僧心泉以松一株見贈，栽之曲園。窗下課孫娛老病，門前謝客託衰慵。閒來略悟《金經》理，掃卻虛空幛一重。《金剛經》未經六朝文人潤色，乃西土傳來之本文。惟有彼中愚僧羼入者，致失佛旨。余近爲刪去之，頗覺藉然。

長夏即事口占，錄似花農館丈暨日下諸同人，曲園居士。

八

中秋日小病，孤負明月，次日得花農館丈書，即用其書中語賦詩卻寄：

三五良宵病裏看，翻勞吉語出長安。每年此夜中秋易，花好月圓人壽難。來書云："喜清輝之不改，每年此夜中秋；願景福之常新，花好月圓人壽。"以虛對實，極佳也。月與每年同入室，人於此夜欠憑欄。何如粉署迎涼客，粉署迎涼，亦來書語。玉宇瓊樓不覺寒。

曲園妥。

九

小詩寄懷花農太史

秋風閩海羽書聞，宵旰誰分聖主勤。舉世平戎無善策，書生報國有雄文。魚龍曼衍空千變，鵝鸛森嚴自一軍。老我穨唐無壯志，好憑房魏重河汾。

樾。

十

沈肖巖廣文又以一福壽塼見贈，并考定爲仙姑山宋嘉定年佛光福壽院舊物，媵之以詩，即次韻奉酬：

殘塼留自宋時年，歷歲於今過半千。雙福壽曾傳盛事，三台山定有前緣。來詩有"三台福壽永綿綿"之句。摩挲豈是尋常物，培植還憑方寸田。多感良朋持贈意，不辭吉語賦連綿。

十一

日本人井上陳政字子德，以岸田吟香書來，願留而受業於門。辭之不可，乃居之於俞樓，賦詩贈之：

豈果天涯若比鄰，乘桴遠訪太無因。憐君雅意殊非淺，愧我虛名本不真。幸有湖樓堪下榻，敢云學海略知津。自慚不及蕭夫子，竟受東倭請業人。唐劉太真《送蕭穎士序》云："東倭之人，踰海來賓，舉其國俗，願師於夫子。夫子辭以疾，而不之從也。"

井上子德言往年彼國有奉使中華之田邊參贊，曾畫俞樓圖以歸，如其圖而建樓焉。田邊君可謂好事者矣。因賦一詩：

虛名浪播亦堪羞，竟使流傳遍十洲。試向日東問徐市，居然海外有俞樓。是誰畫筆描摹細，亦見軺車閱歷周。聞說櫻花開最好，可容攬勝墨江頭。

曲園居士錄於右台仙館。

十二

福祿壽甎

舊騰於吳中得斷甎，有"福祿壽"三字，乙酉元旦賦此試筆：

昔得福壽甎，右台山之麓。今又得此甎，福壽益以祿。借問所從來，初非意所屬。吳下有荒墟，偶此事畚挶。土中露殘甓，有文人共矚。奴輩頗好事，不辭手親劚。剔蘚視其文，三字尚可讀。攜歸獻主人，吉語頗不俗。歲朝無一事，手搨㝵數幅。名山福壽編，得此儻可續。

新正五日錄奉花農館丈，願與同之，曲園并識。

十三

史埭春燈

此鄙人兒時寓居臨平史家埭看燈舊事也。須畫一小河，兩頭有橋，在右者環橋，在左者平橋，兩橋相距不甚近。兩岸皆有人家，南岸人家臨水，北岸人家臨街。北岸人家有樓，即舊居也；街上有龍燈經過，與杭州龍燈相仿，畫得熱鬧乃合。樓上數人，有男有女有童子，憑欄看燈，童子即鄙人也；屋後西北隅畫遠山亦佳，即臨平山也。

河隄露宿

此鄙人乙巳春入京時舊事。畫一隄，荒涼無樹木，須稍闊，勿太狹。一邊運河，水勢稍平。一邊黃河，水勢洶洶。隄上畫草屋一兩間，甚卑小，屋外畫數車，團團相圍。卸牲口，而以木楢柱其轅。車有簾帷，人皆寢處其上，即所謂"打野盤"也。此外畫牲口數隻，有槽而聚喫草料，車夫數人團坐，或向火，或持餅而喫。

茅屋秋風

此鄙人在查浦海灘上避兵也。海灘之上荒涼殊甚，茅屋三間，卑陋不堪。畫男女及小孩輩數人，或坐其中，或立其外，牛欄、豕苙、雞柵無所不有。

青陽覆舟

其地離丹陽三里，大風大雨，兩岸荒涼無人家。一舟側卧於中流，因有桅竿，故側而不覆。兩人持傘立岸上，即余兄弟也。餘數人舟子及家人輩。皆自水出。遠遠畫城郭、畫寶塔，即丹陽也。

蘇門聽泉

即衛輝府之百泉山也。有山有水，有高峯即孫登嘯臺。有茂林修竹，有祠廟，風景甚好。畫數人徒步其間，或俯臨泉水，以合聽泉之意。

是游也，衛輝府試畢往游，故余詩云"鳴驢泉石間，無乃成俗客"也。或於山外畧點綴輿馬，亦無不可。

槐院雅集

即京師南城外之龍爪槐也。畫其地風景，畫八人在彼讌集，或坐或立或著棋，如《西園雅集圖》式。

理岩題名

畫杭州理公岩光景。即在飛來峯。余夫婦同遊步行，指點隨意。畫僕婢一二人。

退省拜石

畫退省庵光景。健兒多人扶起水中石美人。鄙人與雪老同立而看之。

曲園小築

從前大筆屢繪之矣。仍須畫全宅，勿止畫曲園也。其西南隅本缺二角，今則補全。牆內有屋有籬，徧植修竹。

右台益壽

此即君與柳門侍郎在右台仙館飲畢、至法相取得"福壽"二字塼來之故事。

十四

花農仁弟館丈惠覽：

十五日曾詳覆一函，并繳還所賜緞幛，又附去普洱茶一罐，仍由源豐潤寄粵，未知照入否？昨得電示，知大旆又乘輪至惠、嘉矣。使節賢勞，諸祈珍攝。惠州聞處處有坡公古蹟，想亦多後人附會，未必盡真也。兄浙行往返四十五日，於十月十二日還蘇。在杭在蘇均無事而忙，無一刻之暇，可笑也。屬書楹帖，草草寫奉，聊以報命，不足傳示後人。又另書二聯，更劣也。兄所刻《九九銷夏錄》未成，刻成第六卷《尺牘》及第九卷第十卷《隨筆》，剞劂甫成，恐錯誤尚不少，今附呈青覽。承惠授經奇石，擬賦一詩，亦竟未遑下筆也。使者此行何時旋節？此兩郡約考幾時？年內還省否？均求示悉，以慰懸懸。日來吳下頗冷，兄已重綿重裘矣。天南風景，想仍和煦如春也。手肅布泐，即頌韡安，諸惟珍重，不盡一一。

愚兄樾頓首，十月廿五日。

十五

昔日昌黎作令來，陽巖勝境自公開。若非使者持英蕩，誰爲名區掃蘚苔。築就精廬存古蹟，勒回生氣聚英才。龍公行雨時經過，不必龍臺亦是臺。

流珠噴玉偪人寒，九派飛流兩度看。自是胸中納雲夢，故能腕底走波瀾。運將鳳翥龍蟠筆，壓倒羊腸虎首灘。膚使美名南海徧，蜉蝣擾擾莫相干。

奉和花農仁弟館丈《龍湫精舍》原韻，即正。　　　　　　　　　曲園俞樾。

十六

花農仁弟館丈賜覽：

前由子原處兩寄候函，想必次第入照。承電問起居，甚感。因計前函即日可達，故未電復。比惟清華養望，榮問益崇，定如所頌。兄寓吳平順，奉託執柯，總在六月中也。京華風景近來想日好一日，但翰苑仍未見疏通。吾弟名次爲去年大考諸公所壓，據鳳石云開坊尚早也。學政打補頗不易逢，逢之亦未必即得。陸賈之使橐既不甚豐，潘岳之閒居恐難久賦。鄙意樞、譯兩處吾弟既各有浹洽之人，則將來惟有出使一層可爲出路。且以老弟文采風流，足以照耀海外，而肆應之才實亦不負皇華之選。遇有機緣，務宜努力。鄙見如此，故附及之。見在稍從收縮，以待時來。燠寒不時，飲食起居尤宜加意。此頌開韡，匆匆不盡。

兄樾頓首，閏初九日。

十七

花農仁弟館丈惠覽：

前由子原處附致兩函，閏月初九日又特致一函，想次第入照矣。比惟疏簟清簾，興居佳勝爲頌。兄如常頑健,勿念。兹有瀆者,舍姪祖綏自煙臺歸,一無機會,而難於家食。因思廣東譚制軍與有交誼,擬作書令其往投,冀覓一枝之棲。然其地亦必士多於鯽,吾弟又已不在粤,無人幫襯,因思都轉英公與吾弟交情甚厚,兄意欲求惠賜一書,如鹽務中有可位置,或較尋常館地較勝也。尊意以爲如何?倘粤中別有可謀,亦望酌示。舍姪劍孫見在蘇寓待信,如賜書,竟寄兄處可也。手此布託,即頌台安。餘詳前函,不一一。

愚兄樾頓首,閏十六日。

舍姪祖綏,字劍孫,丙子舉人,候選知縣。如致書,可照此開寫名條也。又及。

十八

花農仁弟館丈賜覽:

月之廿四日,由趙中丞交到惠函,有參枝及團扇,謝謝。兄六月初六日曾致一書,并附致翁司農書,未知收到否?詔舉人材,未知人材如吾弟有人力爲推轂否?深盼之也。前寄禮帖,奉求執柯,頃得子原書,知擇於七月初二送往最妙。一切費神,感感。計回帖到蘇,必在七月望邊,亦當擇吉請米孫送來也。伊處出名,想必是子衡矣。榴仙西歸,都下諒已得電也。吴下自六月初四後酷暑異常,病者頗衆。敝寓尚叨平順,兄亦不甚出門。初三日往拜趙中丞未值,初四日中丞來言暑甚不請見,改日再細談,是以竟未謀面也。尊處屋事,鄙意以爲可止則止,如老弟者必非久居京中之人,似乎不必買此一屋,尊意何如?前託寄英都轉信,承電言即寄,至今未到,豈徑寄廣東耶?舍姪待此而行,現尚未去也,望示知爲盼。兹又有瀆者,兄每年買藥施送,所買廣東各丸散亦復不少,大約或十餘元,或七八元,由信局寄去,開明何店號、何丸散,即由原局寄來。此事行之已久,甚屬便當。故雖以吾弟在粤,而兄從未託買一藥者,以局寄甚便也。不圖至今歲有一次買藥十元,竟爲洋關攫去。與鄧方伯商量,亦無方可想。乃託招商局會辦鄭陶齋觀察代購,雖亦可行,然託人究屬不便。因思吾弟在粤未知與現任海關監督有交否?如有交情,可否爲致一書,言明敝處買藥施送,歲以爲常,且零星購買,爲數決不甚多。以後摠以兄一名刺爲憑,即黏貼藥之包封上,請監督飭知關上,各先生見此名刺萬勿留難。名刺上或打一圖書亦可。如此則信局敢以購寄,爲事較便矣。未知可否?敬求示復爲感。軍機大更動,未知何故?小雲侍郎退直,與吾弟稍不方便,然計亦無大關係也。翁大農能相見否?日來時局已定,都下能否有起色乎?瀛眷究竟入都否?或稍緩亦似無不可。英甫吉期已定十月初三,兄已與商定,大約送女至杭也。

手此，敬頌開安。

　　　　　　　　　　　　　　　　　　　　　　　　愚兄樾頓首，廿七日。

十九

花農仁弟館丈惠覽：

　　六月二十七日接十七日惠書并致英都轉書，費神，謹謝。七月十三日接十二惠書并吉帖，則尚在米孫處，擬於二十一日請其齎來敝寓也。深賴冰言，得聯玉嫷，感紉雅意，藉慰老懷。兄寓蘇牷叨平順，杭州之行恐須在菊花時節矣。翁大農與貴同宗侍郎似有齟齬，兄前函以不投爲是。既不投再啟，則正啟亦不可投矣。乃尊意以其稍有一二句議論未忍竟棄，然兄所欲言者尚不止此也。近有《迂議》一篇，似乎較前函爲詳，因另作翁大農書，而將此議手鈔附入。書未封口，請吾弟閱之，以爲可投否？可則投之，不可則棄之耳。又有致子密侍郎一械，亦附此議。此則不妨徑投，毋煩尌酌也。時事至此，未知稅駕，詠《兔爰》之詩，以爲太息，"尚寐無訛"，似爲我詠矣。外致子原書，亦望飭去。手此布謝，即頌開安。

　　　　　　　　　　　　　　　　　　　　　　　　愚兄樾頓首，七月望。

　　仲可令弟來蘇，持尊函見。鄧方伯允作緩圖，恐亦不足恃也。江右謠言究竟確否？又及。

二十

花農館丈仁弟賜覽：

　　前交王少侯舍外孫。及包纘甫世兄託帶信件，未知何時可達？兄於二十日到西湖，精神甚憊，而酬應仍忙，無如何也。大作芝詩勉和四首，有江大令之便寄由子原轉交，即希鑒入。手肅，敬頌開韶。

　　　　　　　　　　　　　　　　　　　　　　　愚兄期俞樾頓首，二月廿六日。

二十一

花農仁弟館丈賜覽：

　　前寄去壽禮，定照入矣。比想華堂介咒，佳壻乘龍，熱鬧非常，令人艷羨，而軺車又即將發軔矣。考差想必得意，此間不特題目不知，并閱卷大臣銜名亦未悉也。愚眠食如常，人之見之者皆以爲矍鑠如昔，然自揣則究衰於往年矣。所謂飲水自知冷煖，非他人所能知也。兹因便人附去便物，聊以伴函，又微物請飭送絳霞。兄無事而忙，實無暇晷，不及作書也。草草布泐，即頌台安。

愚兄樾頓首，四月廿三日。

夫人以次均候。

前和小雲尚書詩定收到矣，又及。

二十二

花農仁弟以全家照像寄示，率題一詩：

的皪銀光一幅鋪，鬚眉如鑑不模糊。人從福慧雙修到，數與乾坤六子符。君與夫人及三子三女均在。眷屬神仙都不俗，精神松柏本非臞。君自言近狀較照像更腴。紫宸黄閣他年事，再畫朝天比翼圖。

花農又以乾隆窰茶甌寄贈，賦詩謝之：

内府茶甌製最工，百年故物認乾隆。一箋寄自蓬萊客，十詠添來桑苧翁。大好色如蘋果綠，剛教花映石榴紅。瓶中適插榴花。茗餘追話升平事，不數深杯到日東。同日有日本人以其國茶杯來餽，杯甚深。

樾。

二十三

花農仁弟館丈賜覽：

客臘拜筆硯之惠，記曾肅謝，以後謹辭羅餞。春來惟宸眷益隆，清班疊晋，定如所頌。惟閱邸鈔，知臘月又曾請假，未知何故？惟以興居安吉爲頌。杏文想必常來，兄正初曾寄謝一書，逕投其寓，未知收到否？兄自臘月病後，至今未能出房。劉景翁來，勉强一見之，坐椅橋而出，甚可笑也。擬自題一聯於春在堂云："小圃如弓，竹林前一曲，柳蔭後一曲；浮生若夢，登第五十年，成婚六十年。"仔細回思，真黄粱大夢也。今年無慶科，而小孫客臘已銷假，仍宜請假爲妥。幸早爲一辦，否則掛名朝籍而身在江湖，甚不妥也。手此，布賀春禧。尊夫人、郎、愛均吉。

愚兄樾頓首，廿二。

二十四

花農館丈五月三十日召對儀鸞殿，備錄問答語見示，敬賦一律贈之：

儀鸞宮闕啟重重，親上雲階拜袞龍。金殿平明天咫尺，玉音問答語從容。兵農籌度時方亟，書畫評量職所供。日旰君勤微示意，徘徊尤見聖恩濃。問答至四刻之久，皇太后始從容曰"那沒你"，語止半句，蓋欲遣之出而不忍言出，待近臣者如此其厚也。

樾。

二十五

花農仁弟館丈賜覽：

前有書布賀講官之喜，未知照入否？昨由澍生觀察從上海寄到手書，并賜以椶拂及玻璃盌，均佳品也。以一詩陳謝，另紙錄覽。惟此信發於五月朔，而六月初九始到，便人遲滯，類如此也。尊體時患小瘰，陽和膏不效，蓋患其熱也。紫花地丁，鮮者難得，即敝寓近日亦無矣。鄙意於藥肆中覓乾者研末，麻油調敷，或亦見效也。伯夫人有娠，大喜大喜，屬其小心保重為要。敝寓均如常，惟二兒婦患濕熱病，近亦稍愈，服鄭小彭方頗投。兄日來亦咳嗽，畏暑杜門，無所事事。黃漱翁作古，劉景翁力勸兄復暖舊席。然今歲就之，則去歲何必辭之乎？薦郎亭自代，未知何如。徐壽老昨有書來，憂時感事，今之有心人也。蘇地天時尚好，然人事殊多。鹿滋軒來此，恐不如德靜山之靜矣。手肅，布頌台安。尊夫人及郎、愛均此。

愚兄樾頓首，初九。

壓倒歐公翡翠罍，爭傳內府製來精。光從太乙燃藜借，聲比羲和敲日輕。佳果宜盛紅玳瑁，荔枝有名玳瑁紅者。名茶卻稱綠昌明。相從更有無塵子，佐以椶拂子一枚。頓使炎歊一掃清。

花農仁弟館丈以綠玻璃盆兩具見贈，賦詩寄謝，即正。

曲園俞樾。

二十六

詁經精舍講席又虛，劉景韓中丞兩次來書，請復主斯席，精舍諸生亦稟請中丞再為延訂，率賦一律謝之：

衰翁八十太穨唐，明年八十矣。壇坫湖山卅載長。世上原無不散席，人生難得好收場。二句皆據俗諺。蛇成畫足功徒費，豹死留皮願或償。他日講堂香一瓣，可容末坐附孫王。講堂奉孫淵如、王蘭泉兩先生木主，皆始掌教者也。余主詁經三十一年，不爲不久。異日倘容附祀，此則事在君等矣。子原如來，亦示之，舊監院也。

樾。

二十七

花農仁弟館丈賜覽：

前日由上海寄來椶拂、琉璃盌，即寄謝一牋，并附小詩，未知照入否？昨得喜電，知榮遷右庶子，此後風利不泊，年内必閣學矣，賀賀！兄昨得子原書，知老弟又生一外症。來電有"疾愈"二字，想指此也，諸惟珍攝。兄亦咳嗽，數日未愈。二兒婦患濕熱之症，頗重，今已有轉機。陛雲日侍湯藥，亦甚累，湖南之行未必能果。如玉堂銷假，必須親到，不能通融，秋冬間自當入都耳。手肅布賀，即頌大安。

愚兄樾頓首，六月望。

尊夫人、郎、愛均此。

二十八

花農館丈升右庶子，寄詩奉賀：

玉署冰銜一再加，又聞恩命出天家。夏涼正起初庚伏，六月十四日接電報，是日交初伏甚涼。春好先開庶子華。

溫諭才聞三殿接，前數日召對稱旨。祥光行試八塼斜。容臺綸閣知非遠，次第佳音走電蛇。

曲園居士樾拜稾。

二十九

花農仁弟館丈賜覽：

前日得喜電，知升宮庶，即賀以詩，定照入矣。昨又得初六日手書，共六十紙。他日裱成一册，傳之數十年，賣之收藏家，可數百金也。惟枕上書此，未免太勞，以後諸祈稍節。電音雖已有"病愈"二字，然鄙心終懸懸也。去歲生癰好得太快，故有餘毒。

即如二兒婦於今年二月間患一大癰，不十日而愈，亦是好得太快，濕熱所蒸，竟成黃病；服鄭肖彭方甚投，近已清熱而兼養陰，然恐非一月有餘不能出房也。陛雲日侍湯藥，亦頗累。銷假一層，得老弟大力斡旋，計冰泮入都亦可。然在南無事，自以年內到京爲是，不特諸師友可稍接洽，且理亦宜然也。問答語無一不合，大約深契聖心，大用在即矣。惟用顯微鏡看蠱子，此實無用，浙人亦未有遵行者。金沙港之局，不久將撤矣。學西法者徒爲美談，往往如此。內治外治，未知有何高見。若問及芻蕘，則鄙人一肚皮不合時宜，與時論冰炭也。漱蘭先生作古，劉中丞一再來請，兄一再辭謝，固有衰老不能勝任，亦念三十年前初主詁經時，風同道一，若此時再往，則事襮言麗矣，是以有所不願也。外詩一首奉贈，即希正之。手肅，敬問大安。

  尊夫人、郎、愛均此。　　　　　　　　　　　　　　　　　　　　愚兄樾頓首。

  惲季文託問，今年曾致一書，并附有詩稿，收到否？

  "敬空"，此二字懷素帖已有之，由來久矣。"沖"字竟不知所出。國朝毛西河、汪堯峰均有"沖"字，然究是近人也。

三十

花農仁弟館丈賜覽：

  連致三函，均附小詩，一賀庶子，一謝珍貺，一恭題玉音問答，想必次第入照矣。老弟自去歲生外症，有失調理，時有小恙，深以爲念。得十四日來電，有"病愈"二字，深喜之。乃閱邸鈔，知廿三日又請假，未知何恙，懸念殊深。手此奉問，敬求諸凡珍攝，勿過勞神，至禱。兄近日因二兒婦病，心境亦甚不佳。草草布泐，即頌大安。

                      愚兄樾頓首，廿六。

  尊夫人以下均此。

三十一

花農仁弟館丈：

  昨日電復，諒已照入矣。拙作奉題玉照詩，深愧不工，豪無新意，過承獎借，非所安也。貴親家使者南歸，知有寄惠之件，至今未到。繞道青島，或不無遲延耶？然聞貴親家諸事不甚措意，如致書時便中問及之，當一提其神也。蘇寓均好，天氣不甚冷。今年拙詩可得一卷，刻成再奉寄。此頌台安。尊夫人以下均此。

                        兄樾頓首，臘七。

三十二

花農宮庶仁弟賜覽：

　　接七月初十手書，知前函均達。嗣又附吳文卿大令之便帶呈函件，未知何日到京也。清恙大愈否？曾否續假？兄寓平順，二兒婦一病五旬，今雖曰愈，然調理恐亦須月餘方好，陰陽均虧，而不能過補。補陽惟人參一味，補陰惟麥冬、五味子，如黃耆、如熟地，均不能進也。陛雲夫婦侍奉亦只在日間，至晚上則有代之者。其伺候之殷勤，體貼之周到，勝於子若婦。非二兒婦之福，不能有此人；非其賢，亦不能致此人也。家中諸事棼如，待其愈而久不愈，甚爲焦灼，今秋西湖之行恐又畫餅矣。澂園尚書詩意義深長，未能屬和，僅和"堪"字韻，共得六首，已寄呈澂園，嬾於重録。如老弟過澂園，當可一讀也。郋亭得詁經，大高興，七月十三開課，經學、詞章題各四道，大有步我前軌之意，一笑。手肅，敬請台安。

　　尊夫人以下均候。　　　　　　　　　　　　　　　　　　愚兄樾頓首，二十。

　　杏文已毓麟否？甚念。

三十三

花農仁弟館丈賜覽：

　　接初十日惠書，以鄙人得一曾孫，賜書致賀，洋洋灑灑，垂數百言，無意不搜，無語不妙。君才何可以八斗計？宜其在南齋中雄視一時矣。但老夫年將八十，始得一曾孫，亦何足道？若使家運好，長曾孫女是男，則此時元孫在抱矣。大筆揚厲鋪張，又何以加於此乎？幸產婦健旺，小孩亦甚好，聊可報慰。兄眠食亦如常，惟腰酸背痛，殊增老態。昨今兩日，大雪積至尺餘，爲歷年所未有，竟不能至小園一賞，衰可知也。家事幸尚順平，時局則未知所屆。廿三日之大會，君亦在坐，此事究竟如何？殊令人心旌搖曳也。歲闌無事，仍弄筆自娛，前寄《銷寒吟》定已入鑒。吳下見此詩者頗以爲難，因又作二律，再寄奉一笑。《宮中銷寒圖》九字甚妙，惟據《康熙字典》，"庭"字實十筆，當時不知出何人之手，似不若用"亭"字之無遺議也。柳門病已愈，尚未能出門，來函已送去；致鄭大令書，兄不知其現官何所，因交舍姪孫堦洪鷺汀別駕探明遞去。鷺汀每日到郡齋，想必用首府官封，當不有誤也。三六橋見否？如見之，爲致候。前承其電賀，而其名譯錯，竟作"姪"字。兄不知爲何人所發，故未復謝。至詁經醵錢之舉，已作罷論。杭州諸君，兄已以楚歌吹散，況都下乎？見時亦乞告之。手此，敬頌台安。

尊夫人以次均此。　　　　　　　　　　　　　　　愚兄樾頓首，臘二十八日。
今日禮拜，如明日郵局亦停，則留待新正矣。

三十四

庚子正月恭讀初六日上諭，端學術以正人心，謹紀以詩：
自從異説恣洸洋，識者深憂吾道亡。幸有詔書頒學校，遂教士習返康莊。詖邪距息人心正，經行修明國祚昌。更願飛廉海隅斃，豈容簧鼓到膠庠？

樾。

三十五

花農館丈仁弟惠覽：
　　十月廿四日閱《新聞報》，知超升閣學。次日郎亭即以賀詩託寄。兄與小孫亦各作一詩奉賀，由上海日本局郵寄，計日內已到矣。十一月初七日又接來電，知倚霞得子，此與老弟升官同爲大喜。倚霞産後計必健好，兄之寄臨産良方，想亦無所用之也。尊處所寄十月初一及初六信均到。陸、朱、羅、費信即送去，鄭信交濮，趙信由杭寄，此君仍守處州也。六笙信兄加函寄去矣。郎亭小病，旬餘未見，見當致尊意。桓士處即將原電寄之，桓士聞續寄百金，計已收到。又有存善寄百金到否？此何人也？聞杭州同鄉寄《毛詩》，廣東門生寄羅漢，未知確否？果爾，無憂卒歲矣。和議想不日可定，但此後不成局面也。兄今年八十，不作生日，不受壽禮，仍如七十之例。馮夢香寫《金剛經》十六幅爲壽，兄轉施净慈寺矣。有《八十自悼》詩十八首、《老而不死》文一篇，遠而不能寄。昨日一書附《秋懷》詩四首，計共四題：《輟筆》《斷葷》《傳家》《祈死》。交蘇州日本郵局寄，而未取其回單，恐不能到，故今日又寄此函，適值禮拜，明日再寄矣。此頌
台安。
　　　　　　　　　　　　　　　　　　　　　　曲園拜上，十一月初九日
　　尊夫人以下均賀，慕陶伉儷亦致賀。

三十六

花農館丈仁弟惠覽：
　　自十月廿四日得升閣學喜信，即與小孫及郎亭作詩奉賀，未知到否？十一月初

八、初十日又寄兩械，亦未知到否？三信均由日本郵局寄也，自接十月初六日信廿五到後未得信。惟興居佳勝，瀛寓清平，定如所頌。見在法駕未回，想内閣亦無公事也。都門風景近日如何？和議能否定局？外間亦無所聞，不過各報館所説而已，未必盡實也。子原及少侯常見否？小石京尹聞外人頗有擬議之詞，然無動静，想未必確也。杭州及廣東寄助尊處之款，未知到否？有名存善者何人也？施子英云近來寄尊處之款頗多，想年内外均可寬裕矣。許筠庵來書亦言有百金之寄，想已到京也。慕陶處諒亦安好，倚霞産後自必平安，所生英物亦必甚佳也。見時均爲致候。敝寓平順，兄亦眠食如常，但意興闌珊耳。有詩文寄覽，可見近懷。又有《仿船山寶雞題壁十八首》，多感事之言，未敢輕出示人也。小孫到家，無所事事，惟同年親故酬應往還，亦復無味。兹有託者，伊出京時於六月廿三日蒙兩掌院接見，見後於次日請省親假南還，本無不合。惟院署已毀，案牘無存，而掌院已易其一，未知此等告假尚算數否？眼前想亦無人問及。如和議有成，大駕將回，恐須逐一查明，小孫宜如何措詞方好？幸吾弟在京，奉託留神照應，擇善行之，想關愛有素者定爲妥籌也。外有鄧漢青一書寄覽，其外封因太大，故拆去之矣。子原處兹不作信，所寄詩文便中與聞可也。日下諸故舊見時均爲致候。手此，敬頌台安。

兄樾拜上，十一月十八日。

尊夫人、郎、愛均此。

三十七

花農仁弟臺館丈：

前日接復書，知初八日一書已塵青覽，箋箋微敬，聊伸友助之忱。叨在通家，自慙菲薄，乃承齒及，顔汗多矣。惟兄此款是專人送交，子原百朋則由莊家匯寄，因計匯到已在吉期之後，故匯交坤宅轉致新郎。乃至今已二十日，尚無回信。子原昨有事至滬，想必可詢悉也。柳門處謝函并梅叟詩二册，均即送去，未有復信，伊事頗忙也。桓士處已將尊電送閱，而桓士適不在寓，故今未得其消息。聞桓士近在滬，未知策雲與之相見否？兄昨致策雲信，勸其趁小春風日晴和，早作北旋之計；過此以往，則朔風多厲，航海較難矣。若吴下之行倘無他事，專爲老夫，則此情雖可感，此行殊可已也。未知策雲果從吾言否？尊意以爲何如？先敬穆手蹟及董書《金經》均爲龍宫取去，亦藝林中千古一憾事，殆亦佛家所謂劫數，無如何也。安甫、潤甫詩均收到。陛雲有復潤師書，兄有和作，即附其内，便中飭送爲荷。潤甫兩集，兄爲小序，亦乞轉致之，未知有當其意否？兄近來又刻得近詩十三紙，與前所寄者相接，故將散片奉上；如前寄者尚在，可訂成一册也。另二册乞分致安甫、潤甫兩君，并告以尚未成卷，故未裝訂，但用 毛封黏而已，勿嫌草草也。手此，敬頌台安。

愚兄樾頓首，九月廿七日。

尊夫人以次均候。

三十八

花農仁弟館丈賜覽：

　　接三電并十月初十日、十三日、十八日，十一月初九日，十二月十五日疊次所發手書，并承賜集字聯，已裝裱而懸之春在堂矣。惟兄所發信竟無一到者。以前所寄臨產方亦有三次，此後十月廿六日有信有詩，並郎亭詩。十一月初八日又有信有詩，初十日、十八日、有詩有文。廿六日、有詩。正月初三日疊次發信，何竟無一到？諸信均交日本郵局，且取有回條，似乎不應遺失也。千萬逐封批示到否，如不到可詢問該局也。入新歲，想起居佳勝爲頌。單口之局究竟如何？回字有無的期？外閒均無確信。以兄觀之，似皆渺茫耳。尊寓及曾宅想均安好，均以爲念。敝寓亦好，兄亦健適。但小孫行止難定，既不能如杜少陵之芒鞋奔赴，又不能如馬少游之下澤逍遥，老師何以教之乎？兄心緒不佳，只以詩歌消遣，有詩奉贈，即附此函寄上。餘詩尚多，如有北來者，當寄奉也。去歲所寄賀詩及《五色菊》詩均收到否？手此，敬頌台祺，并賀春祉。

兄樾頓首，正月二十。

尊夫人、郎、愛均此。
　　去年接到承屬轉寄之信，均即日分別轉寄，有回信否？陳六笙信來，知接信即寄二百金到京，曾否收到？并及。

三十九

花農仁弟館丈惠覽：

　　陛雲回，接手書并珍賜，即於廿九日復謝一函，定照入矣。許汲侯外孫進京，愚亦託帶一函，收到否？昨接廿九日來函，知尊體患外症，此症頗不輕，幸吉人天相，且所服補藥尤爲得力，不數日即愈，真萬千之喜也。吾弟此後名位之日隆，即此卜之矣。惟幸而速愈，則愈後尤不可輕視，第一節勞，尋常應酬儘可謝卻。次之節口。蓋此症於飲食頗多宜忌，不可大意。愚親串中有愈後吃雄雞湯而大發者，幸慎之又慎，如内廷賜膳及飯莊酒館中食品均宜留心也。兄八月十二日一病，至今始小愈，出坐外齋。然胃口未開，精神亦憊，興致索然盡矣。初十外有杭州之行，亦不多躭擱。手肅，敬頌開韶。

愚兄期樾頓首，初七日。

尊夫人以下均吉。慕陶處已致復書，定交去矣。

四十

花農仁弟館丈惠覽：

疊接手書，三月廿八日所寄有宣鑪及蔲枝、山藥、杏仁粉，四月初二日所寄有畫一長卷、大筆寫詩一卷，四月十二日所寄有蔲四枝，何厚惠之稠疊！知盛意之殷拳矣。惟託沈宅管家所寄信件至今未到。昨函問沈旭初，據復云未知到否；即函致上海，問其弟子梅觀察也。兄疊次所寄書亦徑達覽，即此郵筒之迅利，足徵天路之亨通，亦可喜也。舍外孫許汲侯進京，又附一信，并託帶微物。恐其行李爲累，不敢多帶。前日已得其十一日到京安電，計此函亦入青照矣。尊紀已到京否？託帶之信何日收到？比想勳名隆盛，動定綏和，定如所頌。尊夫人以下計均健好，綺霞暫還膝下，亦大佳。慕陶何日還京？若欲於襄漢迎鑾，恐不相值也。六部九卿公請之摺何日可奉批回？如有明發，則南中必先見矣。和議想不日可成，但如此局面如何過去？外間傳聞有回鑾於中州小作停頓之說，亦未必確也。小孫姑且偷安家衖，好在今年停試，即有試事，而告假之員亦輪不著。則到京亦無所事。如果有開封暫駐之舉，則赴中州一行，借筱石作居停，亦未始不可耳。兄近來精力大遜，嘗夢中語人云："吾起居一切無恙，而日日有可以死之道。"醒而思之，此言誠是也。每日仍以筆墨自遣，亦時時靜坐。從前題右台仙館一聯云："七十老翁已知死之爲歸生之爲寄，半日靜坐不識此是何地我是何人。"蓋靜坐久之，真有此光景也。宣鑪亦作一詩附覽。至陸包山畫未敢率題，蓋內府之物流落人間，公是近臣，得之似宜呈進，持贈友朋或非所宜；且措詞亦頗有爲難者，是以未敢率爾命筆也。春詩廿四首，詩筆清新，而老弟所寫尤入化境，□轉是可傳之什，已付小孫，命其裝裱。但令兄生平，兄所不知，能畧示其概否？郎亭常見，屺懷不常見。南中亦尚安靜，任筱翁撫浙，當亦浙中之福也。手肅，復請台安。

尊夫人、郎、愛均候。

兄樾頓首，四月十三日。

外函求飭送。

再者，尊紀如有便至內城，望飭於國子監左近方家胡同買夾紙膏十數張，寄下爲感。樾再頓首。

湖南水已退，彭宅幸無恙。絳霞有安信來否？甚念。又及。

再，楚中大水，兄處得彭佩芝回電，知水已退，房屋無恙，人口平安。未識絳霞處亦有安電來否，甚念甚念，并希示悉。兄樾再頓首。

四十一

花農仁弟館丈閣下：

五月十六日曾發一信，并附去臨海黃蒸雲所寄洋蚨二百，託貴同年施子英轉寄，諒可速達。兄前託尊紀綱所帶信件，究已到否？自五月初八日接四月廿八手書以後未接信，雖曾得電示，未慰馳忱。今日由郵局送到五月□□□□，啟視乃止有《誦芬編》七册，並未有信，深以爲異。再觀信面，止題"內書七册"，不云有信，是元無信也。豈因匆匆不及耶？抑有信另封不與書本同封而郵局失之也？因即草此布問，伏求示悉，以釋疑抱。兄寓蘇平順，足慰注存。此月內舍外孫王少侯出京，想必有信寄我矣。手此，敬頌台安，即復爲盼。

兄樾頓首，六月朔。

尊夫人以次均此。

四十二

花農仁弟館丈閣下：

八月廿七、九月十一兩肅候牋，已照入否？比想台候萬福爲慰。今日寅時，小孫婦得一男。寅初發動，寅正即生，順利之至，均叨福庇也。小孫過二十後亦擬令其入京銷假。時局變遷，一至於此，自唐宋以來之翰林院一旦掃盡巢痕，可爲太息。此輩蝨官作何安頓？明歲臨軒策士何以處三鼎甲？欲爲將來計，則舊人亦宜一籌畫，不得概置之額外主事也。順筆偶及，勿笑。手肅，敬請台安。夫人以下均此致候。

兄樾頓首，十七日。

四十三

許氏第二外曾孫女來，喜賦：

已是吾家婦，豫定爲源寶婦。才當闕月彌。生五十四日矣。柔荑舒小手，肥瓠潤豐肌。兒頗肥。良夜三秋望，生於九月十五。嘉名一字頤。小名頤。可容留老眼，看汝執箕時。小詩録奉子原賢倩、花農仁弟一笑。

樾。

四十四

花農仁弟館丈閣下：

久不得書，忽奉長箋，洋洋數千言，足見精力如故，興會益高。異日出而爲國家棟樑，光輔中興，於此徵之矣。在此行則宜暫作歸計。聞擬於初夏首塗，幸甚，惟歸來亦不可無事。兄爲謀之浙中，浙中不得，又代謀之滬上，且屬陸春江助力，未知如何也。茲因舍姪孫同奎來京，率布此函，并附呈微物，及寄曾宅寄孫女之物，匆匆不另函。另單開覽，乞分別惠收，并飭致。此請台安。

兄樾頓首，二月初七日。

應太守帶來犀杯亦收到，甚精美，謝謝。

四十五

花農仁弟館丈惠覽：

接手書并謝君所書條幅，甚佳。又仙書數幅亦磊落可喜。前承書"春在堂"三字，已爲作長歌，且刻入集中。然此等只可偶一爲之，若屢見疊出，則不覺其名貴矣，是以此次無詩也。吾弟移寓後不擬南歸，江湖魏闕，足見忠忱；城市山林，亦徵高雅，非恒情所能測也。前與陸春江、朱竹石兩君共薦上海龍門一席，惜我等致書之日，正袁觀察赴白下之時。峴帥一見，即以張季直殿撰薦，而我等三書皆無用矣，以機會誠可惜也。然朱、陸兩公拳拳之意，吾弟似宜以一函謝之。尊意何如？郋亭已自杭回，意興甚佳，到處逢迎，山林而臺閣也。兄近狀積唐，無可言者。率復，即頌台祺。

兄樾頓首，十七。

尊夫人及郎、愛均候。

四十六

花農仁弟館丈賜覽：

接三月十一日手書，知移寓後琴書修潔，花木駢蕃，仍是往年氣象。想不久即光復舊物也。屬題石谷手卷，率題二截句，交少侯帶還，聊發一噱。招隱、反招隱本是兩樣筆墨，兄山中人，只合作是言耳。自三月以來，兄時小不適，精力日衰，意興亦日積矣。郇亭興高采烈，三月十九日為其夫人慶五十生辰，闊哉！自云用去五百元，而外面傳聞謂所收壽禮實數倍之，未知其審。兄只送一對聯，轉破費其茶敬一元也。南中前苦旱乾，今又水潦，天時殊不甚正。敝家幸尚平順，足慰注懷。今因少侯之便，附去火腿兩肘、茶葉四瓶、香荳兩罐、笋乾四簍，聊以伴函，哂存為荷。絳霞近體如何？想必安好。寄去盤香六罐、瓜子四瓶，希轉致之。此請吟安。

愚兄樾頓首，三月廿八日。

尊夫人及郎、愛均候。

四十七

【上缺】以然，論者則皆以為心營虧傷之故，是以近來專務養心，詩文不敢多作，每日惟以閒書消遣而已。老弟適又命作先像贊及《粵中勝蹟記》序，吾弟所屬斷不容辭，必當撰擬寄正，但恐一二月內未必有以報命，想所原也。兄明年例得重宴鹿鳴，本應於今年秋冬間呈辦。而敝縣諸戚友見湖南已有奏者，即為兄在縣呈請轉詳，未免太早，或亦知風燭殘年不能久待乎？此等事兄不甚措意也。小孫考差亦只平平，得不得則有命存，不係乎此。子原已返浙，但聞有回避漕帥之說。陸春江言之鑿鑿，究未知如何也。手肅布謝，敬請台安。

愚兄俞樾頓首，五月朔。

尊夫人、郎、愛均候。

四十八

花農仁弟館丈惠覽：

辱手書并寄示先像四冊。拙書本劣，刻之愈劣，不足傳示後人也。至其中尚有二葉刻錯，必宜修補，今特裁出寄覽，可命手民再一奏刀也。兄意興豪無，前一詩知已照入，續又有一詩，亦呈一笑。小孫計已出京矣，故不作函也。手此，敬請吟安。

兄樾頓首，廿六。

尊夫人及郎、愛均吉。

四十九

花農仁弟館丈賜覽：

　　家人余德等到京，帶呈信件定塵青照。接廿二日手書并詩四律，意思深穩，音律諧和，不特見興會之高，亦見福澤之厚。理宜奉和，而病有未能。兄因恐小孫懸念，故病狀從未提及，今不得不爲老弟言之。兄每因虛陽上升，頭面出汗，遂致暈厥，八年以來至今六次矣。自去冬至今春，起居甚健，舉動一切與少壯無殊。及清明日晨起，亦尚無恙，在靜室誦《金剛經》一卷畢，閉目靜坐。忽覺煩燥，頭面閒汗出如漿。自知將病，即起入內，登時暈厥，顛仆於地。一跌之後，即又蘇醒，並不頭眩，腹中亦安適如常，但不能起立。僕輩旋至，扶掖而起，亦不能舉步，用藤椅子擡回寢室，汗出逾時始止，七八日不能出房。嗣是三堪兩好，或出或不出，或坐或卧，直至四月初旬始出來，見客如常。所異者一病百餘日，飲啖如常，而精神不能復原。每檢書籍，頭目昏昏，作字稍久，津津汗出，此身搖搖，似未曾落筍者。即作此書，亦屢經擱筆也。尊詩未和，職此之由，亦以小孫得差後已作兩詩，今附覽。若再多作，亦殊少味，故不作也。尊意當亦以爲然。屬撰先像贊，亦只好俟秋涼後矣。連日酷暑，郎亭不來，兄則不出門者三月餘矣，尊詩俟其來再與讀也。詩字均佳，永以爲寶。小孫初六到保定，有電來。觸暑遠行，亦殊念之。手肅布謝，敬頌吟安。

愚兄樾頓首，六月十日。

　尊夫人、郎、愛均候。

五十

花農仁弟館丈惠覽：

　　接初六日手書，知興居佳勝爲慰。兄以年例，濫與盛典，本無足言，乃承飛電傳賀，具感關垂之意。兄自清明一病，至今未能復原，醫者戒勿用心，是以終日不事一事，惟以閒書消遣，真重宴鹿鳴之人矣。本朝重宴鹿鳴，始於乾隆甲午科孟琇，見於《會典》。未知自乾隆至今共有幾人？《吾學編》所載止二十七人，然吾湖歸安有乾隆丙子科吳大煒而不及焉，則遺漏多矣。老弟博通故事，能一考否？新修《會典》中當有之，能查示更感。陛雲七月初二始抵西安，何行道之遲遲也？知念并及。肅謝，敬請著安。

愚兄樾頓首，初六日。

　尊夫人、郎、愛均此。

五十一

花農仁弟館丈賜覽：

　　前奉一牋并附上拙詩，未知收到否？拙詩又小易數字，再奉數紙，請賜覽。比惟起居佳勝，即事多欣，定如所頌。世兄赴試曾否還京？計必得意。今年人少而額多，高捷可必也，預賀預賀。兄自歸王氏長女之變，精神興會益衰，無三日不病。幸即愈，尚不爲患。譬之如時辰表，表本老表，而又久不加油，容易停擺。一搖動之，仍軋軋然走矣；若不去搖動則竟不走，不走即死也。故自謂終日無病，而實則無一刻不可以病，無一病不可以死，如何如何？故自三月以來竟不出門拜客，誠畏之也。幸八月十七日接四川學政吳藯若來電，言三場完竣，主考平安，老懷爲之稍慰。吾浙十三出榜，計蜀中出榜必在初八九，榜後假旋，十月底可望其到矣。承示涪翁手卷，率題奉歸，不足生色，適足爲玷耳。先像贊竟未動筆，固由多病，亦由少暇。外人不諒，以筆墨見誘者日見其多，無奈何也。茲因鄒詠春兄入都，託帶此函，并繳黃卷。附頭油六筒，乃絳霞所需者，乞交付之。詠春不能多帶物件，故不帶他物也。手肅，布問起居。

　　　　　　　　　　　　　　　　　　　　　　　愚兄樾頓首，八月廿八日。

　　尊夫人旋吉，令郎元吉。

五十二

花農仁弟館丈惠覽：

　　前日一函，并附寄絳霞頭油、寄還涪翁手卷，交鄒詠春侍講帶京。而聞其又有數日躭擱，未知何時得達青覽，託人往往如是也。兄無三日不病，即病即愈，尚不爲患，然亦自厭之矣。近來竟不出門，客來一概不答，頗有飾巾待終之意。川中三場平安，已得監臨吳學使電報，出榜想亦不遠矣，極望其回來相見也。頃照得小像一張，尚有幾分意思，手攜者即小曾孫也，謹寄奉一張。老弟一時不能南來，兄又未必能久待，留此片影，《左傳》所謂"他日請念"者也。手此，敬頌台安，并夫人旋吉、令郎元吉。

　　　　　　　　　　　　　　　　　　　　　　　　　　兄樾頓首，九月一日。

五十三

花農仁弟賜覽：

　　疊奉手頒并詩篇、詩箋及珍品、珍味、仙方、名蹟等，一一領到。八月初五日曾肅一箋,由六橋轉達,想必照入。昨又奉到長歌一篇,此乃神來之作,青蓮庶幾能之,自是君身有仙骨也。但魏武子孫久已烏有,舊事重題,鄙意轉似不必。兄於前事附之浮雲,久已若有若無矣。誥軸蒙代領出,不知需費如干?且待小孫回京再說。所惜者三軸皆是贈字,此三人皆在也。兄將于氏一軸稍稍洗刷,改作封字,而付之二兒夫婦。軸祕而未出,亦待小孫回,再爲料理。且小孫爲其本生父母竟稱父母,無"本生"字,亦非。請,而不爲其嗣父母請,亦似非宜,此乃小孫之疏忽也。小孫於八月初二抵成都,大約仍可照常考試,老懷稍慰。然近來日益衰眊,恐非久象也。近詩八律想已入覽,以後無事亦不復再作矣。郘亭數日未來,俟其來,當以尊作與之共賞也。手此,敬頌秋禧。

兄樾頓首,初八。

此信到,令郎試畢回京矣,預賀捷喜。

五十四

花農仁弟館丈惠覽:

疊奉珍貺,均肅謝箋。昨又由上海寄來白菜十顆,尤爲鄙人所嗜,每飯不可無者也,不特愛我,且知我矣,感謝感謝!小孫於十月二十抵蘇,乃其師毓紹岑學士在重慶分手後,本約月底可到蘇相見,而待至今日仍未見來,爲之懸懸。又因此躭延,不能赴德清掃墓。兄初意亦擬與之同到杭州,湖樓、山館小作句留,俗語所謂"收腳跡"也。乃待到如今,將交大雪,以後日冷一日,將不能去。至明年小孫北上之後,兄又怕入城應酬,憚於獨往,此行遂已矣。湖山緣盡,信然。日内眠食亦尚如常,而疲嬾則甚,惟看閒書以消短晷。客來不見,見亦不報矣。小孫回來後,終日碌碌,無事而忙,稍暇當有書奉致也。承賜喜箋,極佳,珍藏之,而不敢用。陳六笙自蜀中寄我薛牋之極佳者八匣,亦珍藏之而不敢用。兄率筆亂塗,不配佳紙,且願得之者拉襍摧燒,勿留一字爲幸。兄近來日覩時局,并身後之名亦不願有。回思四十年來勞勞著述,真虛費精神矣,一歎!手肅,敬頌台安。

兄樾頓首,十一月初九日。

尊夫人、郎、愛均候。

五十五

花農仁弟惠覽:

前接手書并賜大小女賻儀,當即飭交其家,而未取有謝柬。或少俟事畢,當有函謝也。來詩及《片雲歌》皆仙筆也，兄不足任之。屬鈔寄桓士詩，適聞其行部中刺客傷，甚爲駭然，已函問之，詩則未寄，須待其康復也。今日憚世兄至，送來手書并海棠果、白菜，甚感甚感。兄於十一月十三日挈小孫回浙掃墓，旬有五日而返。湖上住六日，山中住五日，亦頗有詩，然多噍殺之音，必非老弟所樂聞也，故不錄寄。命作先像贊之，昨今兩日努力爲之，聊以報命。原紙遺失，另錄他紙。然兄近日目力銳減，竟不能寫字，如須刻入，仍請老弟大筆一揮也。兄目內則水虧，外則風熱，恐將成瞽矣，如何如何！手肅布謝，敬頌台安，即賀年喜。

愚兄樾頓首，十二月初四日。

尊夫人、郎、愛均候。

五十六

花農仁弟館丈大人閣下：

正月中曾致一書，定塵青照。又承以新歲寄賀，徧及全家，尤所感也。即悉春祺增勝，雅興有加，遙望吉雲，載欣載抃。兄年力益衰，意興殊減，不免仍以詩筆自遣。新正數詩，另紙錄奉清覽。不必示人。吾弟詩字字空靈，著紙欲飛，自是君身有仙骨。兄詩則字字實砌，如老嫗語，則由積世鈍根也。桓士有正初來省之説，故尊詩遲遲未寄。今不來矣，已寄去矣，未得其覆音也。郋亭則意興飛揚，精神周到，兄萬不能及。兄入新歲來未出大門一步也，一切近狀問小孫自知。小孫到京，諸事教益之，想不煩言託。兹寄上微物，別刔錄呈，聊以伴函，即希照入。長公子聞春間完姻，已定期否？便中示悉。手此，敬頌台安，并頌儷福。

愚兄樾頓首。

郎、愛均候。

五十七

花農仁弟館丈大人惠覽：

老耄善忘，書來忘答，其意固以爲已答也。久疏箋候，職此之由，殊有"甚矣吾衰"之歎。陞雲入京，率布一牋，并呈微物，定入照矣。所惠牙梨、蘋果均佳，色香味未改。伏惟台候勝常，幸甚。兄眠食亦尚如常，寓中亦均好，足以告慰。惟吴下自二月以來雨水連緜，春寒特甚，至今尚服狐裘。百花消息亦皆遲滯，田間豆麥難望有秋。處此時艱，不勝浩歎。兄杜門不出，謝絕應酬。明日潘譜老開弔，廿餘年老相好，本擬一往，如此淫雨，恐亦不能矣。郋老尚時相過從，今年詩興甚好，兄亦不免爲渠伊所牽率也。去年之詩竟得一卷，至今未刻成，手民亦怠緩，至此無如何也。承惠楼人，一詩博笑。此頌台安。

兄樾頓首，二月廿六日。

尊夫人以下均此。

桓士已來相見，尊詩伊已錄存，傷瘉已愈。

詠自行楼人：

剪楼爲足紙爲衣，踜蹬而行不用機。巧似棚中牽鮑老，輕於盤内舞楊妃。鴛鴦對對皆成耦，螻蟻團團大合圍。每二枚爲一耦，然并置盤中，亦復可觀。博得兒曹都聚看，終朝鼕鼕鬧房幃。

花農仁弟一笑。　　　　　　　　　　　　　　　　　　　　　　　樾。

五十八

花農仁弟館丈賜覽：

前承寄示蘇詞，但詞意不甚可曉，不如大著詩詞之清麗可誦也。續奉手書，并寄示唐碣拓本甚精，較《王居士塼塔銘》更勝，亦一名蹟也。胡中丞所考亦明，但於愚意有未愜處，輒作長歌一篇正之，吾弟以爲然否？近來疲於筆墨，不能多寫字，寫字多則臂腕皆酸疼矣。故此歌不能親寫，付鈔胥寫奉。又二歌一律并鈔寄，均請吟正。兄精神殊減，不似往時，可嘆。老弟想優游如故，幸自愛。率頌台祺。

尊夫人、郎、愛均候。

愚兄樾頓首，四月朔。

五十九

花農仁弟館丈閣下：

前寄上《王處士碣詩》，未知已塵青照否？得陛雲書，知曾在尊齋賞牡丹，想詩酒逍遥，甚自得也。兄益衰邁，杜門不出者一年矣。本月十八日偶思一出，爲任筱沅、汪郎亭、得孫。章式之道喜，竟不果往，真可謂門外即天涯也。惟得詩頗多，無聊之極，聊以自遣耳。眼昏臂痛，竟不能多寫字、多看書矣。兹因式之之便，附去魚肚四片、玉蘭片兩匣，乞哂入。又瓜子四瓶、頭油四瓶，均乞轉交綺霞。手此，敬頌台安。

尊夫人及郎、愛均候。　　　　　　　　　　　　　　兄樾頓首，十一日。

六十

花農仁弟館丈賜覽：

　　久未接信，於陞雲信中知興居佳勝，甚慰遠懷。兄杜門養疴，毫無佳況。四月十八日已準備出門，而仍不果，看來此車長懸、此門長杜矣。老孅遂以成例，可笑亦可憫也。無事則以閒書消遣，連日看《海上繁華夢》一書，頗佳。從前有句云"拼將暮史朝經業，都付南花北夢間"，今日允蹈斯言也。郎亭常來，興高采烈，王居士碣尚在伊所，未索歸也。兄今年作詩頗多，有《王處士壽詩冊》一詩，附呈一覽。慕陶有信來否？絳霞安好否？念念。章式之已到京，想諸帶信件早到矣。茲因王少侯之便，附去薰魚子二匣、藕粉二匣，敬頌台安。

　　尊夫人、郎愛均此。　　　　　　　　　　　　　　　兄樾頓首，五月十九。

六十一

花農仁弟館丈閣下：

　　前託王少侯帶致一函并附微物，奈渠從陳筱帥北行，直至閏月五日始附安平船去，計日內方可到京也。司徒伯譧來見，交到手書并惠賜食物，謝謝。大作亦即拜讀，前承示《萍踪初印集》，正如初日芙蓉；及讀《花塼重影集》，又如天上碧桃、日邊紅杏，自然名貴。君身仙骨，非凡俗所能望也。兄自六十八歲後不赴人筵席，然亦不廢應酬，至八十二歲後并此而廢之。老孅成例，可笑亦可歎也。既已莫往，遂亦莫來，終日蕭然，惟以閒書遣日而已。今秋雖有重宴之舉，恐亦未必能往也。率復數行，即請台安。

　　　　　　　　　　　　　　　　　　　　　　　　　　　愚兄樾頓首。

　　尊夫人、郎、愛均吉。

六十二

花農仁弟館丈閣下：

　　司徒君及鍾君南來，帶到惠函，并承賜食物，足徵雅愛之深。疊頒大集，亦皆領到，校刊精美，不獨見境地之從容，抑可見精神之淵著，爲之欣慰。并知園中芍藥去歲新栽，今歲即開，至四十餘朵，何其盛也。曲園牡丹只開兩朵，花事盛衰，何啻霄壤！

又承封寄並蒂者,雖已萎謝,猶約署可以想見也。兄杜門不出,興致豪無。郋亭既有胞弟之戚,又殤其孫,亦許久不見矣。春天兄吟詠頗多,入夏則尠,蓋精神衰則詩興益減矣。小孫豪無學識,謬列特科,適足爲愧。後日引見,未知何如也。率復,并謝,敬頌台安。

愚兄樾頓首,六月八日。

尊夫人以下均候。

六橋已到滬,而所帶信件未來,大約到杭再寄耳。

六十三

花農仁弟館丈:

疊奉手書并惠珍品,六橋來,司徒君亦到。又寄來果脯等,深感盛情。《居士碣》又得朱拓本,亟思標飾,張之坐右。其墨拓本久爲郋亭取去不歸,即以贈之矣。又知有絳帖及十七帖考,想必精詳,亟思一讀。日來盛夏,園林花木扶疏,想益饒清趣。令郎計必仍赴汴應京兆試,渴盼捷音。兄杜門不出,郋亭喪其弟字李門,行四,又殤其孫,意興不佳,亦久不來矣。小孫濫列特科,亦無甚實際,然已僥倖。肅復,即請台安。

愚兄樾頓首,六月廿一。

尊夫人、郎、愛均候。

六十四

花農仁弟館丈清覽:

疊承嘉貺,均經拜領,蘋果等色香味皆佳,口福也。昨接廿一日手書,敬悉興居佳勝。大世兄赴試汴梁,尊夫人親送,計此次必奪標而還矣。尊集已分惠郋亭、季文,同屬致謝。恩中丞既向無交情,似可不送也。陛雲雖得記名,然今昔情形,恐不能追步芳塵耳。承探示重宴人數,較兄所聞者多王其衡一人,惜不知何省人,檢甲辰同年錄無此公,則必癸卯同年也。兄近刻《惠耆錄》一冊,去年同請諸人亦刊入之,如刻成,當奉贈一冊也。日來杜門不出,已經年矣。積廢益甚,惟看閒書銷遣,可咲也。手肅,敬請吟安。

愚兄樾頓首,乞巧日。

六十五

花農仁弟館丈惠覽：

前日由唐君寄到手書并玩器一通，資及兒曹，同深歡抃，即老夫亦取泥屋二所，瓦塗以墨，牆塗以硃，仿佛如山廟然。置之小木假山中，極可觀也。謝謝！順天想不久揭曉，公澤試作，想必得意。汴中題名錄傳至吳下，摠在九月望後，再當函賀。觀山分何部？計已掣定矣。近日部中印結如何？想當可觀也。兄寓蘇意興闌珊，精神亦覺疲苶，重宴之舉決計不赴，孤負盛典，亦說不得矣。有詩一首在小孫處，當可見也。小孫擬令小春乞假南歸，明春再入京，只算處館且放年館回家度歲耳。手肅，敬請吟安。

愚兄樾頓首，九月八日。

尊夫人、郎、愛均候。

六十六

花農仁弟館丈惠覽：

昨拜手書，并承以兄又抱曾孫，頒賜衣飾。發函之次，爛焉溢目，婦豎傳觀，驚喜贊歎。此子生時，兄只告知其外祖許子原而已，此外概不使聞，亦不分送喜蛋。吳下雖汪郎亭、沈旭初、惲季文、潘濟之均不之知，蓋深恐其費心耳。乃承遠道餽遺，良增愧恧。大世兄何日還京？試作想必得意。二世兄以郎官到部，亦甚望其仕學兼優也。小孫得無益之特科，而考差轉不能得，未免失望。老懷爲之鬱鬱，近來意興益衰，并吟詠亦將輟筆矣。肅謝，敬請台安。

愚兄樾頓首，中秋。

尊夫人、郎、愛均賀。

六十七

花農仁弟館丈閣下：

陛雲南回，得手書并承惠白菜百斤。鄙人最喜喫菜，不特見垂愛之深，抑且見相知之雅也。聞大世兄嘉禮即在此月，於十月小春行百年大禮。今歲盈門有爛，明歲此時充閭有喜矣，賀賀！憶從前兄成婚時，先大夫有詩云："但使登堂得佳婦，何妨攀桂緩今年。"敬爲頌之，想兩新人定亦爲之莞爾也。兄意興闌珊，鹿鳴盛典亦不能赴，有詩呈覽。王其衡，未知何省何科，承又查出一人，但兄刻《惠耆録》未及增入，只好再設法挖補矣。吳焕卿司馬已到，承屬自當留意。但以閒人說閒話，未足動當途之聽耳。東事未知若何了結，吾人徒抱杞憂，真無謂也。手肅，布賀大喜，并頌台安。

尊夫人、郎、愛均賀。　　　　　　　　　　　　　　　　愚兄樾頓首，十月十日。

六十八

鹿鳴之宴以衰病不能赴，又由布政司行湖州府委員齎送銀花兩枝、銀爵杯一具，祗領敬賦：

八十衰翁老柏塗，宅加切。偶因年例拜休嘉。黃封許飲上尊酒，白首叨簪御賜花。鄭重官符行郡國，便藩恩禮到山家。他時尚有瓊林宴，能否重邀異數加。

　　　　　　　　　　　　　　　　　　　　　　　　　　　　　　樾。

浙撫聶仲芳中丞、浙藩翁小山方伯又傳電音來請赴宴，亦以電覆之，再賦一詩：

吳下經年閉戶居，巾箱綏笥摁生疏。余在吳下，杜門不出，一年有餘矣。客至，概以便服見。青雲未合陪新進，紫電徒勞到敝廬。袞袞諸公虛勸進，皤皤此老久懸車。惠耆小録聊編纂，也算名山一卷書。時輯《惠耆録》，紀重宴之事。

　　　　　　　　　　　　　　　　　　　　　　　　　　　　　　樾。

六十九

花農仁弟館丈賜覽：

許宅紀綱還，奉到手書并惠寄白菜，甚佳，較此間市上所購者風味迥殊也。又承示大作六章，清詞麗句，美不勝收，真仙才矣。積唐筆墨，枯澀無花，不能屬和爲愧。萬壽恭祝，自有照例之恩施。或云五品以下復原銜，五品以下降二等，但未知三品以上大員則當如何？想禮部於事後必當照例辦理。但無明降，即部中亦未必一一知會本員。想老弟聞見最廣，自能探知，幸示知爲盼。兄病體如常，或尚能過此殘冬，亦未可知。小孫終日應酬碌碌，於學術事功恐從此坐廢，亦無謂也，老師何以教之？所示臨米及先德手摹吉金文字，均各題一詩，聊以報命。但已屆封河，恐年內未必能寄矣。兩郎君計從公平順，兩令愛想亦頻有信來也。手此，布頌台安。尊夫人、郎、愛均候。

小孫侍叩。　　　　　　　　　　　　　　　　　　　　兄樾頓首，初五。

七十

花農仁弟館丈賜覽：

　　客臘盈門大喜，曾肅賀牋，定塵青照。新正接到兩函，一是仲冬下浣所發，有"羣經始明"四字，筆力奇偉，大可勒石名山，摩崖深刻，留千祀一名蹟。若施之春在堂，則鄙人殊不足當此四字，奈何？又一書乃臘月中旬所發，附有《絳帖考》一本，知于此帖用功深矣。兄於此素未講究，未免茫然，近來又精力不佳，嬾於探索，對之增愧。兄近來意興益衰，去年臘八爲恩中丞所飈，熱鬧一日，有詩紀之，附奉一笑。今年元旦又有一詩，一并附覽，亦庸筆也。然此詩和者頗衆，郋亭至十二疊韻。處此時勢，無可如何，姑借此排憂銷日耳。小孫一時未能進京，在家中又一無所事，如何如何？尊齋中有綠牡丹之瑞，洵不易得。憶從前曾爲許星臺賦此，每句皆用"綠"字典故，不得以"翠""碧"等字替代，亦詩中禁體。惜彼時錄詩謹嚴，此詩不存於集，遂不復記憶。今欲再作而不能，亦江郎才盡之徵。手復，敬請吟安。另片奉賀。

　　　　　　　　　　　　　　　　　　愚兄樾頓首，元夕前一日。

七十一

花農仁弟館丈賜覽：

　　元宵由郵局遞一函，曾收到否？承寄賜大篆字，已經函謝。大著《絳帖攷》亦收到。素未致力於此帖，竟不能贊一詞，甚愧。新年承賜柬致賀，具見老弟多情又多禮，實則多年老弟兄可不事此繁文也。新春以來，伏惟台候多福，瀛眷均安，定如所頌。兄則穨然老矣，時事又如此，殊有不如無生之嘆。小孫暫棲家衖，以觀大局之定。尊冊題首奉還，不足以穢佛頂。拙著《惠耆錄》并有詩附政。外食物二種，燕窩糖二匣、茶葉四瓶。聊以伴函。星樞舍姪孫已習洋派，行李無多，故不能多帶。又二件，玫瑰醬一罐、筍乾兩簍。乞轉致綺霞爲荷。慕陶有信來否？手此，布頌春禧！尊夫人、郎、愛均福。

　　　　　　　　　　　　　　　　　　愚兄樾頓首，正月廿四日。

　　再者：去年任筱翁見過，勸余勿作詩、勿寫字。雖不能盡從其教，亦當節之，惟以閒書消日而已。章式之爲借到一彈詞，乃敷衍《北史》魏、齊、周、隋四朝之事，詞句俚俗，在彈詞中爲下乘。然竟是胸羅一部《北史》及《北齊》《周》《隋書》者，且尚是明嘉靖十一年寫本，無一殘缺，亦一奇也。附及之。

　　　　　　　　　　　　　　　　　　　　　　　　樾又頓首。

七十二

花農仁弟館丈惠覽：

　　前接手書，知尊夫人到京平安，兩郎君均以郎官供職，二少君已聯姻，喜事即當辦理。大少奶奶夢蘭佳兆，想不久玉燕投懷矣。喜氣重重，均可爲老弟賀。兄病已一百廿日，而頭目昏花，腰腳軟弱，只能在房中起坐。每日午後坐籐椅子，使人昇至外齋，消遣兩時許。如此光景，萬不能復元。檢拙著碑傳中，得此病者頗不乏人，丁君松生即其一也，又宣化太守鄭君亦其一也。彼等皆病三四年而終，然其年皆比我少，若兄之耄老者恐不能如此之久也。小孫因此不能北來，恩藝棠中丞臨行，奉留江蘇考察商務，免扣資俸，計亦良得。但聞近來此等人員亦復不少，未知所謂不扣資俸者究竟可靠否？如吾弟清閟堂有極熟之人，能爲一問否？敝寓均好，勿念。兩曾孫女年長，均未許嫁，亦頗關懷。長安有佳子弟，能一物色否？即膠續亦無不可也。絳霞到湖南，時有信來否？想必安健，新郎計亦聰吉也。手此，敬頌吟安。

　　　　　　　　　　　　　　　　　　兄樾頓首，六月廿五。

　　尊夫人、郎、愛均此。

七十三

花農仁弟館丈惠覽：

　　尊价至滬，寄到手書并果脯、白菜等，感謝之至。先德墨寶，敬謹展觀，嘆爲希有。謹題一詩，并署端數字。又前示臨米一長卷，亦題一詩。但一時乏使，未克寄京耳。兄病體如常，仍艱步履，每日昇至外齋，雖尚不廢嘯歌，然人事一切皆廢，真所謂廢人矣。小孫在蘇，徒多應酬，亦無謂也。恐煩懸念，匆此布復，即頌台安。

　　　　　　　　　　　　　　　　　　愚兄樾頓首，廿日。

　　尊夫人、郎、愛均候。

　　每日午後坐藤倚子，使人昇至外齋。然亦苦人力之勞，因於藤椅下施四輪焉，遇平坦處則以輪行，稍省人力：

　　爲憐辛苦昇籃輿，小運圓機試疾徐。道上不馳五花馬，家中翻坐四輪車。雖愁户限高難越，且喜堂塗寬有餘。若遇少游應笑我，逍遙下澤願終虛。

　　書奉一笑。
　　　　　　　　　　　　　　　　　　　　　　　　　　樾。

七十四

花農仁弟館丈賜覽：

　　前疊次寄函并附有安甫、和甫兩公信件，未知曾否入照。令孫彌月，兄略備微禮，託便人帶滬，交策雲帶京。未知策雲何日北旋，已有定期否？兄因封河日近，勸其早整歸裝。而聞策雲有鑒於前，擬改由陸路。然聞陸路亦頗費周折，於挈眷又不甚相宜，究未知其何塗之從。兄適遣余德至滬，命其親見策雲，想其回來必有實信也。陳桓士前日來寓，與小孫相見，言尊電已接到，即由敝處轉交。而目前無錢，不能相助，俟得有差缺，再圖報命。其言如此，想伊自必有函達尊前也。京師時局日新日日新，聞翰林有概令改外之議，未知果否？小孫株守玉堂，亦屬雞肋，如能改外，未始非計。然候補人員在外省亦多於鯽魚，終究乏味耳。此時此勢，但得稍充饘粥，竟以不出爲是，惜乎不能也。兄卅年來筆耕尚可，所惜者不節即嗟，至今轉無良策矣。幸眠食尚好，惟頭目昏花日益甚矣。手肅，敬頌台安。

　　尊夫人以次均候。　　　　　　　　　　　　　　　愚兄樾頓首，十八日。

七十五

花農仁弟館丈：

　　新正一牋，定照入矣。胡葆生庶常進京，又託帶一函，奉上令孫彌月微禮手卷二箇及拙詩《甲辰編》一卷，未知何時達覽也。春來伏惟興居多福爲頌。兄頭目昏花，肢體軟弱，益復不支，百事廢矣。法書手卷二軸，率題數語，聊以報命。又元旦詩、立春詩等，滬友以鋼版摹印，寄呈數十紙，又續刻楹聯一本。不足當，輦下詩君子一笑也。率布，即頌台安。尊夫人、郎、愛均此。

　　　　　　　　　　　　　　　　　　　　　　　　　愚兄樾頓首，二月七日。

尊夫人、郎、愛均此。
附呈食物四種。

七十六

花農仁弟館丈閣下：

　　疊接手書，悉一切。六橋交來既只一函，則鄙人亦止此一函。老耄之言，不足爲準也。比惟興居佳勝，潭第綏和，定如所頌。南中陰雨連綿，入夏而春寒猶在。小孫昨回浙掃墓，湖上大水平隄，響水閘聲如怒雷，蒓菜均没水中，求一莖而不可得。小孫因借中丞輪船匆匆往返，湖樓山館均未勾留。湖上甚興旺，香港一富翁在高莊左近造一大莊，用銀十萬。然寶石山前洋房如蜂窠。兄幸而不往，若往則惟有向湖山一慟而已。尊祠及彭庵均無恙，城中則未謁一客也。彭詩石刻大約不久可成，前改良之件計亦當照改矣。"改良"等字殊觸目，然用之此却合。兄今年亦仍作詩，仍絡續付刻，但未成耳。茲因許宅之便寄去火腿兩肘、瓜子四瓶、蕙香紙一包、枇杷葉露四瓶，聊以將意，均希哂入。許宅動身怱促，率筆布泐，即頌台安。

愚兄樾頓首，四月初六日。

尊夫人、郎、愛均候，令孫聰吉。

七十七

花農仁弟館丈：

汲侯來，兩接手書，并承惠白菜四顆，此足供老夫十日之餐矣，豈止兩頓哉！菜味甚好，較上海買來者殊勝也。又示照片二紙，美哉髯乎！勝未鬚時萬倍。據此像雍容華貴，不日三台矣。然時局如此，又疑而未定，姑留此言，以待後驗。又承以二兒夫婦雙壽，頒賜畫幅，不特見著色之工，而且見會意諧聲之妙，可傳爲家寶矣。二兒三月二日生，兒婦九月九日生，同庚六十。寒家不作生日，而有人漏言於司道官廳，於是中丞以下無不光臨。然以不發請帖、不上差條，是以此外知者仍廖廖也。九月九日則以兒婦茹素，豪無舉動，一二親戚外惟柳門及沈旭翁而已，雖季文不知也。今得大筆照耀，蓬廬增光多矣。接來電，知策雲夫婦於初七日到京，喜可知也。拙書賀聯想必入鑒，得無笑此老筆墨陋劣至此乎？子原及郎亭處遵即傳知。紫苃不知何人，子原云當是苃卿，策雲聯襟也，當由子原傳告之。知念瑣及。手復，敬頌台安。

尊夫人以次均此。

館愚兄樾頓首，初十。

七十八

花農第二郎君策雲駕部乘輪船南下，至黑水洋觸俄國所伏水雷，全船炸裂，躍登小舟，舟小人多，登時覆没。策雲力扳船舷，探頭海面，與海水浮沈者一時許，遇救得生。諺云"大難之後必有大福"，輒以詩賀之：

天將奇險鍊奇材，黑水洋中異境開。滾滾頭邊走鯨浪，轟轟腳底起魚雷。水雷亦稱魚雷。若非忠孝傳家在，那得波濤奪命來。我亦曾經覆舟者，坳堂小水僅如杯。余庚戌年覆舟青楊浦，其地水面僅數丈耳。然此行也成進士，入翰林。今策雲之險萬倍於余，異日所至，豈可量乎？

曲園俞樾初稿。

七十九

花農仁弟館丈：

　　日前曾肅一箋并詩一首，又附去《梅叟詩序》及陛雲上安甫師書，未知已入台照否？比惟興居佳勝，瀛第吉祥。令孫想益長成，試周在即，提戈取印，真英物也。兄不克親賀，謹奉上衣飾數物，聊致微忱。適有舍親至滬，即託其帶交策雲世講收置行篋，歸日帶呈，以免郵寄之煩。幸哂存之，所謂不以菲廢禮也。兄近狀如常，不足稱述。人行怱促，率筆布賀大喜，即頌台安。

　　嫂夫人以次均賀。　　　　　　　　　　　　　　　愚兄樾頓首，十月十日。

八十

花農仁弟臺館丈：

　　臘鼓聲中，春韻將轉，遙惟光依日下，福自天來，膝前則郎署交輝，孫枝迭茁，吉輝在望，抃賀良深。兄眠食如常，而精力日益衰颯，意興亦日形闌散。初二賤辰，舉家持齋，杜門謝客。惟汪郎亭、沈旭初兩君闖入門庭，各喫素麪一椀而去。乃承馳函致祝，非所敢當。計年內崧辰在即，敬以尊言還祝而已。前次惠件令親家許君已寄來吳下，感謝不盡。近日絳霞有安信到否？念念。此賀年禧，并祝大慶。

愚兄俞樾頓首。

　　夫人及郎君、少奶奶、令孫同慶。

八十一

花農仁弟惠覽：

　　前日一牋，布謝白菜之惠，并告收到手書長軸，定塵青照。入新歲來，想吉事有祥，定如所頌。兄無他病，惟精氣神三者俱盡，萬不能久。身後事已誥誡詳明，函封以待。茲有一事,聞於左右:閱小孫致尊處書,有父子之稱。此乃通家之誼,曖愛之辭,原無不可,然施之尺牘則非所宜。兄從前於仁和孫竹孫先生亦有此稱,然致書則仍稱"表姑丈"也。近來如姚轂孫乃内人胞侄、姚魯卿乃二兒婦胞弟,見面時亦呼我"乾爺"。然致書則轂孫仍稱"姑丈",魯卿仍稱"姻伯"也。即尊處與小孫書,亦止稱"仁弟"。兄已面命小孫,以後致書仍稱"世伯夫子大人",庶爲得體,想高見亦必爲然也。力疾布泐,未知此後尚能作書否。如開春後託芘平安,再當詳布。此頌春祺。

尊夫人以下均此。

兄樾頓首,臘二十四。

八十二

花農老弟臺館丈:

疊奉手書并累次所惠寄各物,一一收到。小孫薄俸幾斷,深荷玉成,戲傲來書語云"吏部阻力,不如花農先生運動之力也",感謝感謝!兩李君謝函,小孫已繕寄矣,想日内可到也。臘鼓迎春,春旗送喜,想花事益饒,吟懷益暢矣。茶塼拜領,并率賦一歌,又另一歌,并呈雅正。今年詩可一卷,正月間刻成再寄。梅叟復函并乞轉致。郵局將停,艸布數行。敬頌台安,順賀年禧。

尊夫人、郎君、少夫人、女公子、孫少君均賀。

館愚兄樾頓首,醉司命日。

絳霞有信來否?念念。

八十三

花農老弟臺館丈:

承和元旦詩,即肅報箋,并附和章,已照入否?入新歲來兩奉書矣,一親筆,一命小孫代筆也。春氣轉融,想平原花木有佳氣矣。兄自正初觸發宿痾,今始小愈,時臥時起,總在房中,未能出房也。去年詩尚未刻成,今年詩亦循去年之例,絡續付刻,可笑也。時局日新,舊塵盡掃,詁經精舍及敷文、學海均一例掃除矣。昨詁經監院周子雲有信來,言及尊款,附奉清覽。兄意如能提出最佳,但如何設法、如何措詞,頗爲難耳,請裁度之。前託查小孫實歷資俸,有可查否?學差是否裁撤?抑或改爲學道,能探一確實消息否?岳陽碑是何題跋,兄已不記,能録示大略否?梅叟想時晤之,爲道候。手此，布頌春祺，并頌潭福。尊夫人及郎、愛輩均此。

館愚兄樾頓首，二月五日。

策雲信收到，病未能復，并及。

八十四

昨日一函并有微物，託六橋帶京。乃發信後又得惠函并詩及序文一篇，敬悉台候萬福。詩非衰朽所敢望，序則不似尊著之序，而轉爲寒室異日家乘增光，不禁喜笑。兄病益不支。陛雲爲兒女輩醫藥所累，憊甚矣，想六橋能面述也。手此，再頌春祺，匆匆不一。

花農仁弟館丈

樾拜上，二月十三日。

八十五

花農老弟臺館丈：

接正月廿七及二月初七書并示佳章，又承代請仙方，非垂愛之深有逾骨肉，何以得此？感泐之忱自不待言。但此等事諺所謂"誠則靈"也，兄自問不能辦此一片誠心，奈何？兄月初曾有一函，并附去周子雲監院書，述及詁經已廢，尊助之款宜如何交代？乞籌示，以便與郎老商酌。外録奉《精舍歌》，想亦有同歎，并請便中交章一山庶常一看。兄有信與之，亦求飭送爲感。外小詩二首，一奉和、一奉謝，均呈清正。梅叟來，亦可同閱也。兄日來只於房中坐臥，未能出房。至兄之腰痛，並非腰痛，乃是發舊病。憶庚寅歲春間在德清坐小舟掃墓，兄俯首而入，尚無所苦；及出，則俯首而出，一出即昂頭起立，而不知背脊尚爲船篷所壓，閃腰挫氣，遂始於此。以後逢春輒發，或輕或重，亦或不發，由來十七年矣，似不足爲大患。但以天時人事而論，兄今年必死矣，八十年後再來與公等相見耳，一笑。肅復，即頌台安。

愚兄樾頓首，二月望。

尊夫人、愛、郎、媳及令孫均此。

十七年來病已深，並非二竪故來侵。莊周未悟養生旨，仲路翻殷請禱心。欲爲蜉蝣延短晷，致勞鸞鳳下遥岑。只愁時至終當去，空費仙方肘後金。

花農仁弟代請仙方，小詩奉謝。

樾。

八十六

花農老弟臺館丈：

　　陳中丞書已送去，頃得回信，未封口，即加數行奉寄。冬電已悉，遵即寄與修甫，并託向介老催尊款，并屬其即扣去八百洋錢。歸款未知何日催到，此事兄一致樊函、兩致丁函，均極力催取，而至今未到，甚矣事之難也！小孫因家食不敷，欲於上海謀一事以裨益之。初四日赴滬，見端午橋矣。觸熱謁貴，亦可憐也。兄從前若每年省得一千金，則卅餘年來可得三萬金，每月可有二百金，自然之利亦足閉門喫飯。如此時勢，祖孫皆以編修終，豈不大妙？何事僕僕爲？亦深自歎也。手此，布頌暑安。

　　尊夫人以下均候。　　　　　　　　　　　　　　　　　　　館愚兄樾頓首。

　　附致中丞信稿：

　　前商花農捐款一節，知蒙俯采鄙言，屬介軒翰講轉詢本人，具徵大君子虛懷若谷之意。但本人自不能別有他説，謹將其復弟信呈覽，請即閱看，照辦可也云云。

八十七

花農老弟臺館丈：

　　疊奉手書，并承惠白菜等及《湖天嘯咏》六本，又魁和麗參，均收到無誤，兄已一一函復矣。昨得四月初五日來函并修甫信及鈔來公牘，此事誤於兄之發信太遲。所以遲遲者，因前有致浙撫書，必待其復到始發也。然浙撫照會發於三月初七，而兄信則發於三月十二。如果前説已一定不移，則竟以"業已充公"四字函復兄處可耳。乃遲至今日仍未得其回信，并兄再辭書局之事亦未函復，何也？據周子雲四月初七日來信，似中丞之意又有活動，未知究竟如何，只好等其回信來再行奉聞矣。丁信及鈔件一并奉繳，乞察入。兄病體亦只如此，承賜方，當試服之，然自計未必有效。古人云："當生而生，福也；當死而死，福也。"如兄者，亦何戀乎生耶？手復，敬頌台安。

　　尊夫人以次均候。　　　　　　　　　　　　　　　　　　館愚兄樾頓首，十二。

　　再啓者：揣中丞之意，照會業已發行，兄信續到，礙難轉圜，故有"聽其自主"之語。可否由老弟函致中丞，若不知有此照會也者，但云"聞精舍已廢，則前項無用，可否發還"云云，庶中丞執此一函，可以反行也。祈酌。

八十八

花農老弟臺館丈：

　　日前連布兩箋，告知尊助詁經之款已由中丞提出發還。兄即託介軒由蔚長厚匯京，未知何日可到。到後望即作書謝中丞，由介軒轉達。并函知兄處也。曹小槎閏月底有信來，知在京尚有耽延，然則老弟託帶之函計到南尚早矣。節後想興居佳勝，觸詠逍遥，欣慰無似。兄病日增，而筆墨之累仍不能少。春蠶到死絲方盡，無如何也。小孫在南亦無佳狀，子原大不得意，然不能不往也。以鄙人觀之，此行殊無謂耳。大曾孫女於六月初纏紅，年已長矣，亦不能再擇矣。曾孫仍讀中國書，署與參習中國史事，至如近日所行蒙學諸書，讀之恐無益也。時局變遷，正未有已，亦不能拘定目前格式耳。茲因外孫汲侯之便，寄上茶葉四瓶、碧蘿春也。筍乾一簍、香蘭頭兩罐、薰香紙一包，均請查收。手此，敬頌暑安。

　　　　　　　　　　　　　　　　　　　　　　　　愚兄樾頓首，五月十日。

尊夫人以下均候。

再洋糖兩瓶、烘豆一罐交付令孫，想近來益長成矣。

八十九

花農老弟臺館丈：

　　兄四月十三日一書未知已照入否？昨接十七日來書，知吳耳似南來。又承嘉惠，謝謝，然未到也。讀另箋，知前助之欵慨然助入學堂，具徵高誼，轉覺鄙言之瑣瑣矣，且使中丞疑兄強爲干預，於意何居？是以接到尊函，即草一書寄中丞，并將來書再啟一紙附去，以了此事。數月葛藤一刀斬斷，殊快人心也。藩臬兩函遵即分致，其公牘未知何日可以到院，敝處未必知，知之必爲力言也。紫泉病體，恐不久引退耳。時事變遷，令人慨歎，老夫亦將歸去矣。肅復，即頌台安。

　　　　　　　　　　　　　　　　　　　　　　　　　　兄樾頓首，廿六日。

尊夫人以次均候。

九十

花農仁弟臺館丈：

　　前寄一牋，并附去修甫書，已到否？昨得初五日惠書，并致修甫、藍洲書，均即轉寄，其前寄修甫兩信則未寄也，中丞信亦未發。尊款至今未到，兄於此事已迭次函催，而竟無效，奈何奈何？好在八百元則業已到手也。勉齋太守南回，知帶有信件，先此致謝，其函件均未到。陛雲日内適在上海，未必相遇也。前託飭送王少侯信，未知有處送否？茲又有一信，費心飭投。此頌台安。

兄樾頓首，六月十日。

夫人已全愈否？念念。膝下均候。

九十一

花農仁弟臺館丈：

前布各牋，知已照入。接廿四日手書并郎老信，當即送去。前寄謝筱帥書，亦即送交矣。比諗即事怡情，天懷暢適，無任欣慰。吳中天氣亦極不正，乍葛乍綿，竟無一定，此殆有使之然者。兼之荒象已成，米價昂貴，不但窮民度日艱辛，即我輩亦不知若何過去也。思至此，但願早歸右台長卧耳。吳廉州已行，尊函當交其家。收到奠儀共三分，計十八元，郎亭十二，季文四，又蔣世兄二。均託摺差帶上，請查入。又前有老弟致修甫書，今亦無用，一并封繳。兄上半年六月前所作詩已付刻，刻成再寄。哲學詩有石印本，宋澄之所爲也。因摺便，可不嫌信厚，故再寄數氒，如梅叟等不另□之，一山亦可分與一氒，餘亦勿輕出也。屬撰大文三篇，徐圖報命，日來頗昏昏然也。肅頌秋安。

館愚兄俞樾頓首，八月二日。

郎輩均此。

再奉託買橘井堂硵砂膏兩罐，有便寄來爲感，或即交此次摺弁帶歸，更妙。再此奉託，即頌吟安。樾再頓首。

九十二

花農老弟臺館丈：

前日由滬上寄來南華菇等食物四種，深感注存。昨又得初七日惠書并寄謝修甫及中丞、稼軒書，當即寄付修甫，託其分別轉交。至中丞處赴告之件，且遲數日再由兄寄也。趙宅又益以百數，此是修甫徧袒，然亦只可如此矣。并知此項一到即匯六百至杭，自是要需，而又以百十番買得石墨五塊，於極窘之時有此高情逸致，老弟真天人也。承惠麈尾，豐美可喜。然前此所賜者具在，今又得此，不得云生平無長物矣。前交撫院摺弁寄去各處奠分十八元，開有清單。定已收到。茲又得周子雲二元、姚魯卿六元，尊夫人四，少夫人二。暫存兄處，有便再寄。周子雲有唁信一封，先行寄覽。又承寄示修甫信及各件，一并寄繳，其實可不必寄示鄙人也。棋局日新，不可思議，滬上各報具言之。我輩陳人聞之厭矣，近來并報亦不欲視也。肅復，敬頌台祺。

館愚兄樾頓首，中秋。

郎輩均此。

九十三

花農老弟臺館丈：

屢接手書，并芷汀太守由滬寄來之杏乾、果脯及策雲所送之大參、查糕等，均已拜領。賢橋梓如此費心，受之有愧。延子澄對聯今日亦可收到矣，已專人去取。見時先爲致謝。兄前上中丞及柳門和詩已照入否？比惟煖寒高會，興致益佳，定如所頌。兄病體如常，自八月中秋後賣字助振，得洋蚨七百餘枚，以二百寄江北，二百寄德清，一百寄湖州，稍効綿薄，餘者分贈寒族及所識窮乏者。一杯之水，不足言善舉也。然因此筆墨較尤，吟興稍減，下半年作詩殊不多也。坡公題名儼如初拓本，真不易得。然此數人兄皆不知，未知有可考否？手肅布泐，敬請著安。

膝前均吉。

館愚兄樾頓首，十八日。

承寄信封極佳。然兄於信封最不爲意，嘗謂古人尺牘儘有留傳者，至於信封則雖蘇、黃、米、蔡之筆，無一存矣，況兄之筆墨草草，其中之牘且不足存，況外函乎？只消將舊封翻轉用之足矣。附聞一笑。

九十四

花農老弟臺館丈：

疊奉手書，并觀音二幅。一字之訛，務爲改正，足見慮周藻密也。敝寓偪仄，無可懸掛。雖有小室奉佛，然舊有墨畫觀音像，供之已廿餘年，不欲易之，故至未裝裱也。尊園菊事頗盛，菊爲壽客，自是佳徵。兄上半年詩已刻，寄奉清覽矣。七月以來，心緒惡劣，意興闌珊，詩亦不多作也。尊處所收奠分，子原十、米生十、姚魯卿六、周子雲二，計續收廿八元，今仍由撫院摺弁帶呈。姚、周二處已有謝函，由兄轉交矣，子原、米生處仍望作一信寄下也。兹又有寄王少侯外孫信并洋五十元,望爲飭送。因其住內城甚遠,不欲重勞差弁,故寄尊處轉交,費神,謝謝。此頌台安。

館愚兄樾頓首,十月朔。

令愛、郎、媳、孫均候。

九十五

花農老弟臺館丈:

接手書,知前寄對聯已收到,惟摺弁所帶洋信未到,想不久即到也。敬悉台祺萬福,小恙即瘳,無任欣忭。翰林津貼,此在京供職者分所宜得,若在外不扣資俸者未便染指。且近來在外不扣俸者頗不乏人,應有則有,應無則無,清秘諸公必有定見,鄙意則以不領爲是。倘欲得此區區,將來犯衆所忌,或并不扣資俸一門而概杜之矣。尊意以爲然否?兄今年賣字助振,得五百餘元,以一百寄湖州,以二百寄德清,小助平糶;又以一百交施子英彙振江北,餘則分贈所識貧乏者。一杯之水,不過如此,擬即停止矣。明年如續有所爲,再當照來示辦理。然兄生平詩文差堪自信,字則最劣,每寫無一當意者。故賣字之舉揔不免自疑自阻也。德清平糶本擬即辦,而官吏以碍於收漕,請待來年,地方事大率如此。肅復,敬請台安。

館愚兄樾頓首,廿一。

膝前均候。

九十六

花農老弟臺館丈:

摺弁還,奉手書并惠白菜四顆,謝謝。至託淑源比部帶南之件未到。魯卿見在上海,想交到必即寄蘇也。即悉台候多福,慰慰。蕙詩勉和一首,另紙錄覽,遵即傳觀,筱石、郎亭未知有和章否?郎亭亦多病,迥不如前矣。承示長安棋譜,誦杜陵詩,爲之三歎。小孫適赴白下,俟其歸示之,蕙詩亦令讀也。翰林津貼,鄙意在京供職者宜受之,若在外不扣資俸者萬不可與争此區區,恐將來觸犯衆忌,并不扣俸一層而杜絕之也,高明以爲然否?陛雲與午橋二十年車笠,不能不往一見,然亦恐所謂白下也。芷汀太守極荷盛情,見時先爲道謝,謙版乞爲代璧。尊處先塋又有驚動,如此時勢,做人不安,做鬼亦不安。兄頗思歸去,然又不無顧慮矣,一笑。肅復,敬問冬安,膝前均吉。

館愚兄樾頓首,十月廿八日。

九十七

花農仁弟館丈：

　　前接手書，拜讀耳封，知惠白菜誤付洪喬，其信則由郵局寄到無誤，子原處亦收到也。寄來書籍遵即轉致郎亭、子原。嗣又兩奉惠書并和拙作材字韻一首，又《菊樹》《繡毬花》詩并《日邊酬唱》、粵中楹帖，亦即分致汪、許兩君。曉淵回家，俟其來再付之。此君已委署太倉州同，明年海運不預矣。策雲聞於廿八日趁輪北上，計日來可抵都門。華堂喜氣盈門，高朋滿坐，想又有一番盛事。今年花瑞疊見，良不虛也。大作絕佳，一時未能屬和，容俟續寄。汲侯聞初一日乘景星船南下，計亦不日可到。子原適因秋勘，便道赴滬就醫，橋梓當可同回，所惠白菜必可拜領。三十顆變爲四顆，此則老夫口福之慳耳。承示翰林三年保府、九年保道，此說不見明文，究未知確否。小孫資俸甚〔下缺〕三年則有餘，九年則尚遠，見在亦未知究竟歷俸幾年。老弟如有清祕堂相好，乞爲覓玉堂譜一分。不必新者，即春夏間舊本可也。幸爲圖之，如得即由局寄下爲荷。手此布託，即請冬安，并賀大喜。

　　　　　　　　　　　　館愚兄樾頓首，小孫侍叩，十一月四日。

　　尊夫人、世兄輩均此，不一一。
　　正在修函，適謅得《繡毬花》詩一首，率錄呈正。

菊樹歌

　　昔聞江陰太倉菊，其高可至一丈許。我客吳中亦有年，未見日精如此鉅。江陰、上海、太倉菊有高丈許者，見明太倉人所著《學圃襍疏》。徐子花農善藝花，菊花隔歲先抽芽。三尺短籬遮不住，尚留二尺枝橫斜。連日金風吹玉露，枝頭爛漫開無數。遂使陶公徑畔花，變成謝傅庭前樹。寄語君家好護持，明年更茁最高枝。試將鈿尺裁量看，壓倒人間金絞絲。菊有名金絞絲者，其高一丈，見《彙苑》。

　　　　　　　　　　　　　　　　　　　　　樾。

　　花農以盆中繡毬花有二朵，自二月開至十月，賦詩紀之，輒同作一首：

　　曾向春風鬥艷陽，至今十月尚餘芳。花神大洩圖球祕，香國長開蹋踘場。五彩彰施留得粉，一團和氣不知霜。移將三友圖中去，莫被金哥拋打忙。元人《梧桐葉》襍劇有唐宰相牛僧孺女金哥拋繡毬打中武狀元事。

　　　　　　　　　　　　　　　　　　　　　樾　初槀。

花農侍郎以盆中繡毬花自二月開至十月猶有存者，賦詩紀之。余亦爲賦此：

曾向春光鬥艷陽，小春已過尚餘芳。花天久聚神仙隊，朱長文《繡毬花》詩云"八仙瓊萼並含羞"，其實瓊花、聚八仙花與繡毬並同類也。香國長開蹋鞠場。二女同居元是玉，花存兩朵。一團和氣不知霜。移將三友圖中去，莫被金哥拋打忙。元人《梧桐葉》襍劇有唐宰相牛僧孺女金哥拋繡毬打中武狀元事。

樾。

九十八

花農仁弟館丈：

前接來電，知策雲伉儷到京，即行函賀，并附去《繡毬花》《菊樹》詩，未知已照入否？前策雲在滬淞，兄曾將伊託寫楹聯五副寄許令親處轉交，想必收到也。見在德門聚順，其樂可知，無任欣抃。兄老病如常，意興衰落，日惟以閒書消遣而已，不久人世也。時局如棋，日新不已。玉堂天上已化雲煙，計改入文部者大小不過八十餘員，此外裁汰之員作何位置？將來仍令其在京候補耶？有俸乎無俸乎？抑概令請外耶？計必有詳細章程。此則外間所不及周知者，務望吾弟隨時探示，至要。小孫見在玉堂譜中究竟名次第幾？伊本遇缺題奏之員，將來補缺有望否？亦不能不籌及也。自唐以來翰林科第吾儕及見其廢，亦不可謂非倖矣。手此，布請台安。

尊夫人以次均吉。館愚兄樾頓首，十九日。

此丙子、丁丑時琪居里門公所畲書也，中間攜之嶺南，又經京師庚子之亂，故小有缺佚。近日廠肆中公與虞山、曲園兩師遺墨，一字皆直數縑。若使富賈見此，頃刻以兼金購之矣。吾子孫其世寶之，勿輕示人也。光緒三十有三年，歲次丁未長至後十日，門下士徐琪謹識於京師小接葉亭，去公作書時已三十餘年矣。

《事林廣記》指南魚龜新考與復原方案

聞人軍

  陳元靚《事林廣記》木刻"指南魚"和"指南龜"在科學史上據有一席之地。20世紀40年代末王振鐸作了開創性的研究，提出復原模型，從科學史專著到科普著作，廣爲引用，影響波及海外。幾十年來，學術界對陳元靚及《事林廣記》的研究有了新的進展，但對"指南魚"和"指南龜"的工作原理和復原模型依然存在誤區。本文根據《事林廣記》的原文記載，檢驗和改進王振鐸等學者的復原圖，並從磁針、磁石指極性的角度，進一步闡明木刻"指南魚"和"指南龜"的工作原理，恢復其在指南針史上的本來角色。

1. 陳元靚及其《事林廣記》

  木刻"指南魚"和"指南龜"載於宋元日用類書《事林廣記》，以往學界對其編者陳元靚的生平所知甚少，甚至有誤解。如2006年出版的《中國科學技術史》（年表卷）稱"陳元靚（南宋，1110—1150）"，[①]從而誤將《事林廣記》的成書時間推前到1150年以前。經過陸心源、胡道靜、王珂等學者的研究，陳元靚"事迹無考"的局面已經逐漸改觀。

  因爲陳元靚的另一類書《歲記廣記》署名"廣寒仙裔陳元靚編"，説明他號"廣寒仙裔"，是"廣寒先生"之後人。陸心源在《重刊足本〈歲時廣記〉序》中曰："廣寒先生姓陳氏，不知其名，福建崇安人，陳希夷弟子，後屍解，墓在建陽縣西三桂里水東源。"[②]陳希夷，即陳摶，是五代末北宋初的著名道家。陸心源、胡道靜曾推定陳元靚是福建崇安人，已爲學界采信多年。2010年王珂考證，廣寒先生名盛，曾官建州刺史，他與陳元靚都是

[①] 艾素珍、宋正海：《中國科學技術史》（年表卷），科學出版社，2006年，第371頁。

[②] 陸心源：《重刊足本〈歲時廣記〉序》，載陳元靚《歲時廣記》書首，《叢書集成初編》本，第179册，中華書局排印本，1985年，第1頁。

福建建陽人。① 建陽與崇安毗鄰，當時是著名的刻書中心，胡道静《元至順刊本〈事林廣記〉解題》推測他"並無功名仕歷，唯隱居著書而已……頗疑他因科場失利，遂絕意仕進，傭於書肆，以編寫爲生。"②陳元靚所編之書有數種：即《博聞録》《歲時廣記》《事林廣記》和《上官拜命玉歷大全》。③《四庫全書總目》卷六十七《歲時廣記》提要考證陳元靚爲南宋末理宗時人，具體生卒年未詳。王珂認爲：1225 年之前朱熹之孫朱鑑（1190—1258）因陳元靚的請求爲其新編成的《歲時廣記》作序，提到"陳君嘗編《博聞》三録，盛行於世"，由此推測陳元靚生於 1195 年左右。④ 一般認爲《事林廣記》初刻於南宋末年，但初刻本已失傳。《博聞録》也已散佚。2008 年，日本京都大學學者宮紀子在《東洋史研究》第 67 卷第 1 號上撰文《對馬宗家舊藏の元刊本〈事林廣記〉について》指出：《博聞録》中有的内容觸犯元廷，故入元後被禁，書賈紛將《博聞録》改頭換面，易名《事林廣記》出售。王珂進一步考證，"無論外證抑或内證，都有力地證明了宮紀子先生的新説：《博聞》與《事林》實系同書異名之作。"⑤"《博聞録》即《事林廣記》之前身，書賈爲避元廷之禁，遂改題書名，對書中内容亦多有增删改竄。"⑥陸心源《皕宋樓藏書志》卷六十"類書類二"收有汲古閣舊藏明永樂刊本《纂圖增新群書類要事林廣記》，其提要曰："疑此書在當時取便流俗通用，自元而明屢刊屢增，即其所分子目，恐亦非元靚之舊矣。"⑦事實的確如此。

《事林廣記》現存元、明兩朝和日本刻本多種，書名略有差異，内容均經增廣或删改。以元刻本而論，存世的有三種：至順間（1330—1333）建安椿莊書院刻本，全書分爲前集、後集、續集、别集，凡四十二卷，今藏臺北故宫博物院；至順間（1330—1333）西園精舍刻本，全書分爲前集、後集、續集、别集，凡五十卷，今藏日本國立公文書館内閣文庫；至元庚辰（1340）建陽鄭氏積誠堂刻本，全書按天干分爲甲至癸十集，每集分上下卷，有北京大學圖書館藏本、日本宫内廳書陵部藏本，日本佐賀縣還有一殘本。⑧ 另有日本元禄十二年（1699）刊京都中野五郎左衛門、今井七郎兵衛後印本，翻刻自元泰定二年（1325）刻本的《事林廣記》，俗稱"和刻本"。按天干分爲甲至癸十集，凡九十四卷，在諸本中相當獨特。

---

① 王珂：《宋元日用類書〈事林廣記〉研究》，上海師範大學博士學位論文（指導教師：翁敏華），2010 年，第 13 頁。
② 胡道静：《中國古代典籍十講》，復旦大學出版社，2004 年，第 160—161 頁。
③ 王珂：《宋元日用類書〈事林廣記〉研究》，第 34 頁。
④ 王珂：《陳元靚家世生平新證》，《圖書館理論與實踐》2011 年第 3 期，第 58—61、102 頁。
⑤ 王珂：《〈事林廣記〉源流考》，《古典文獻研究》第 15 輯（2012 年），第 342—352 頁。
⑥ 王珂：《宋元日用類書〈事林廣記〉研究》，第 33 頁。
⑦ 陸心源：《皕宋樓藏書志》續志，《清人書目題跋叢刊》一，中華書局，1990 年，第 678 頁。
⑧ 王珂：《〈事林廣記〉版本考略》，《南京師範大學文學院學報》2016 年第 2 期，第 167—175 頁。

2. "和刻本"和《神仙幻術》

學界認爲，和刻本"保存了《事林廣記》較早的面貌，更接近於其祖本。"①胡道靜認爲其底本爲前至元(1264—1294)刻本，②日本學者森田憲司持有相同的觀點，③王珂認爲"前至元刻本發展演變至泰定刻本實乃一層積的過程"。④"和刻本"上有"西潁陳元靚編"，"洛陽書肆鐫行"字樣。陳氏是漢晉間河南潁川郡望族，王珂認爲刻本誤"潁"爲"穎"，"西穎"爲"南潁"之誤。⑤ 看來陳元靚以遠祖郡望爲榮，故題"西潁陳元靚編"，寓意與"廣寒仙裔陳元靚編"同。

據陳廣恩的研究，"和刻本《事林廣記》儘管是泰定二年增補本的翻刻本，但是泰定二年的增補本，基本上沒有增補成宗、武宗、仁宗、英宗、泰定帝幾朝的信息資料，而是更多地保留了宋末及元初中統、至元年間的面貌"。⑥ 至於和刻本的各集各卷，我們還可具體分析。

和刻本各集各卷題名頗有差異，如《新編纂圖增類群書類要事林廣記》《新編群書類要事林廣記》《重編群書類要事林廣記》《重編群書事林廣記》等等。題名的變化是出於書坊的增刪，也說明和刻本是由多種版本拼合而成。值得注意的是，"造指南魚"和"造指南龜"等"神仙幻術"十五種僅見於和刻本。和刻本癸集題名《重編群書事林廣記》。癸集共十三卷，《神仙幻術》所在的第十二卷題名《新編事林廣記》，題名最短，僅比《事林廣記》多出"新編"二字，說明這部分內容在和刻本中離祖本最近。

"和刻本"流布甚廣，現已有多種影印本。如1976年日本汲古書院出版長澤規矩也編《和刻本類書集成》共6輯，《事林廣記》在第1輯中，1990年上海古籍出版社據以影印，1999年中華書局將和刻本與積誠堂本一起影印出版，2012年鳳凰出版社出版由金程宇主編的《和刻本中國古逸書叢刊》，也含有和刻本《事林廣記》。

3. 神仙幻術指南魚、指南龜

天水一朝，奇術異能適應了一般民眾文化生活的需要，大行其道。各種雜技幻術，層出不窮。其中一些頗具科技含量，木刻指南魚、指南龜甚爲典型。

和刻本《事林廣記》癸集之卷十二卷首目錄列《仙方幻術》十五種，以"造指南魚""造

---

① 王珂：《宋元日用類書〈事林廣記〉研究》，第116頁。
② 胡道靜：《中國古代典籍十講》，第175頁。
③ 森田憲司：《關於在日本的〈事林廣記〉諸本》，載《事林廣記》，中華書局，1999年，第569頁。
④ 王珂：《〈事林廣記〉版本考略》。
⑤ 王珂：《宋元日用類書〈事林廣記〉研究》，第17頁。
⑥ 陳廣恩：《和刻本〈事林廣記〉劄記二則》，載劉迎勝主編：《元史及民族與邊疆研究集刊》第35輯，上海古籍出版社，2019年，第310—316頁。

指北龜"居首。正文記作《神仙幻術》,細目爲"造指南魚""造指南龜""唤狗子走",等等。其"造指南魚"法曰:"以木刻魚子一個,如母指大,開腹一竅,陷好磁石一塊子,却以臘填滿。用針一半僉從魚子口中鈎入,令没放水中,自然指南。以手撥轉,又復如初。"文中:"臘",同臘,蠟的假借。"僉"釋爲全、都,即針的一半在魚内,另一半露在外面。"鈎入",指將針探入並與内部的磁石相接觸。"好磁石",指磁力强的磁石。

其"造指南龜"法曰:"以木刻龜子一個,一如前法製造,但於尾邊敲針入去。用小板子,上安以竹釘子,如箸尾大。龜腹下微陷一穴,安釘子上,撥轉常指北,須是釘尾後。"①文中的"前法",即造指南魚法。

其"唤狗子走"法曰:"實草雕狗子,以膠水並鹽醋調針末,搽向狗子上,以好磁石著手内,引之即隨手走來也。"此幻術只是應用了磁石引鐵的知識。

除了木刻指南魚、指南龜、"唤狗子走",《事林廣記》"神仙幻術"還記載了利用磁性知識的"葫蘆相打"幻術。"葫蘆相打"法云:"取一樣長葫蘆三枚,開闊口些,以木末用膠水調填葫蘆内,令及一半,放乾。一個以膠水調針沙放向内,一個以膠水調磁石末向内,一個以水銀盛向内。先放鐵末並磁石者兩個相近,其葫蘆自然相交。却將盛水(銀)底一個放中心,兩個自然不相交,收起復聚。"②頗有意思的是幻術家選用的葫蘆、鋼針和磁石均是司南、指南針史上的要角,水銀也是方家常用之物。水銀是抗磁體,它在外磁場中産生的附加磁場與外磁場方向相反,會減弱外磁場的作用。

和刻本中的指南魚、指南龜的史料,由王振鐸所率先發掘。

4. 指南魚復原模型及其改進

繼 1948 年在《中國考古學報》第 3 册發表名篇《司南指南針與羅經盤》(上)後,1949 年 12 月,王振鐸又在《中國考古學報》第 4 册發表《司南指南針與羅經盤》(中),文内繪有指南魚、指南龜的復原圖,並分别製成復原模型。其指南魚復原圖如圖 1 所示,③傳播甚廣,曾被收入李約瑟的《中國科學技術史》第 4 卷第 1 分册(即物理學卷),以及其他衆多科技史著作。一些學者並不完全認同王圖,試圖加以改進。2004 年,潘吉星發表《指南針源流考》一文,也有指南魚的復原圖(圖 2)。潘文以爲指南魚、指南龜"這兩個戲法意在讓死物能動,不是向觀衆演示如何指南",④似可商榷。既然名爲"指南魚"與"指南龜",重要的當然是演示指南的性能。2017 年,華覺明、馮立昇主編

---

① 陳元靚:《事林廣記》,長澤規矩也編:《和刻本類書集成》第 1 輯,上海:上海古籍出版社,1990 年,第 462 頁。
② 同上注,第 462 頁。
③ 王振鐸:《科技考古論叢》,文物出版社,1989 年,第 154 頁。
④ 潘吉星:《指南針源流考》,《黄河文化論壇》第 11 輯,山西人民出版社,2004 年,第 16—68 頁。

的《中國三十大發明》出版,其中的《指南針》由戴念祖撰寫,也有《事林廣記》指南魚復原圖(圖3)。①《事林廣記》木刻指南魚"如拇指大",約長6厘米。磁石"塊子"指成塊狀的磁石。按上述三幅復原圖估算,王圖、戴圖的磁石條長約3厘米,截面直徑(或邊長)約3—4毫米,潘圖的磁石條更細。表演幻術者能否加工這樣的磁石細棒尚有疑問,而且磁石細棒形狀也不像"一塊子"。又原文意思是魚腹開一孔,陷好磁石一塊,以蠟填滿;魚口插針。而王圖、潘圖、戴圖均在魚頭部開孔,將針、石從同一孔中進入,復原思路與《事林廣記》所記不合。按王先生指出、獲學界贊同的研究和復原科技名物的三準則:"以科學所指示吾人之定理爲原則","以其本身之特徵爲條件","以其他輔助材料爲旁證",②實際上復原尚未成功。

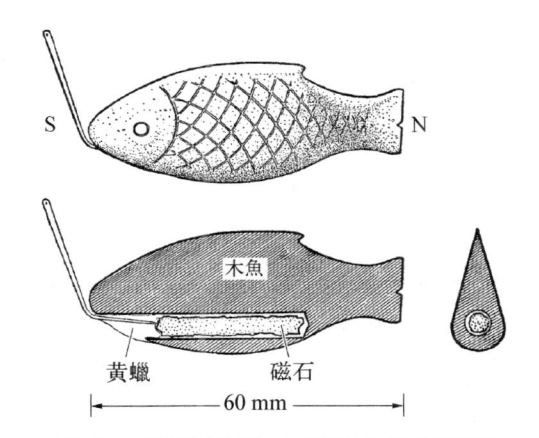

圖 1　王振鐸所作木刻指南魚復原圖 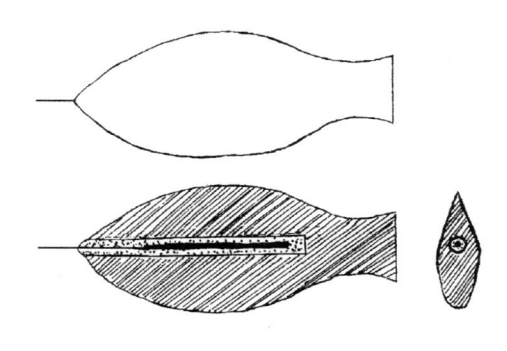　　　　**圖 2　潘吉星所作木刻指南魚復原圖**

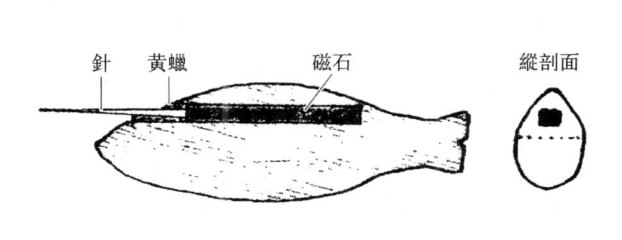

圖 3　戴念祖所作木刻指南魚復原圖 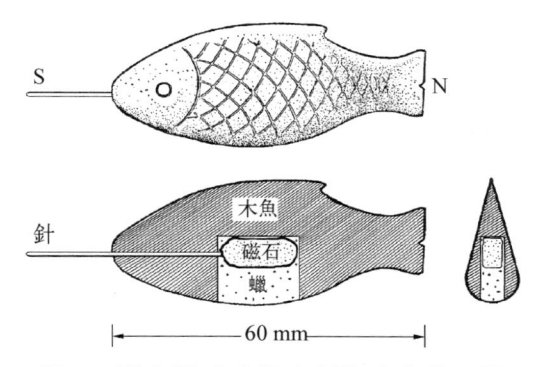　　　　**圖 4　聞人軍改進的木刻指南魚復原圖**

圖4是筆者以王圖爲基礎,根據《事林廣記》的記載改進的復原圖。指南魚長約6

---

① 戴念祖:《指南針》,載華覺明、馮立昇主編:《中國三十大發明》,大象出版社,2017年,第479—494頁。
② 王振鐸:《科技考古論叢》,第1頁。

厘米,磁針長 4—5 厘米,磁石塊長 1—2 厘米。磁針與磁石共同構成了指南魚的磁性元件。其工作原理詳見下文(第 6 節)。

5. 指南龜復原模型及其改進

王振鐸的指南龜復原方案(圖 5),①也很著名。不但廣爲流傳,而且迄今未見學術界的任何質疑。但細讀《事林廣記》指南龜法,可以發現,文中要求"一如前法製造",而王先生的指南龜復原圖並沒有在龜腹開一竅,於此陷一塊好磁石,再以填料填滿。王先生的指南龜復原圖是將"好磁石一塊子"理解爲一細長條狀磁石,且將針和條狀磁石從尾部同一孔中進入,雖然製成了復原模型,但這種復原思路不合《事林廣記》的記載。

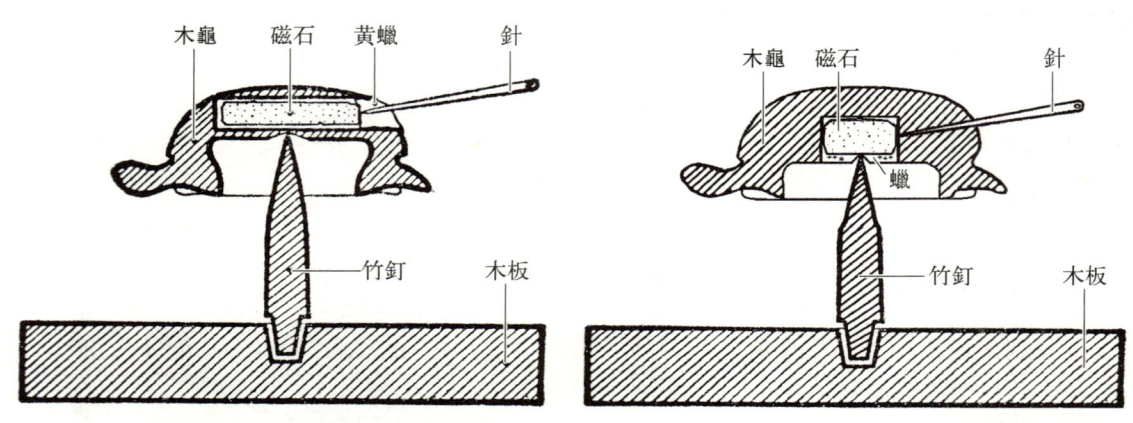

圖 5　王振鐸所作木刻指南龜復原圖　　　圖 6　聞人軍改進的木刻指南龜復原圖

旱式支承的指南龜的製造,技術要求高於浮於水面的指南魚。龜腹孔竅放磁石後所用的填料,依它在指南龜上的位置,可能正好在支撐部位,需要用硬度較高的"蟲蠟",而不是王先生所用的"黃蠟"。也可能如"葫蘆相打"法,"以木末用膠水調填"龜腹內,再"放乾"即可。至於尋找指南龜整體重心,以便支撐,以當時的技術水平,是不難做到的。

現據《事林廣記》指南龜的記載,以王圖爲基礎,作必要的修改,得改進後的復原圖(圖 6)。圖 6 與圖 5 的不同,一是磁石的形狀和大小,二是在龜腹開一竅,塞進一塊好磁石,再以填料填滿。指南龜長約 6 厘米,在龜尾敲一鋼針進去,與磁石接觸,磁化爲磁針。磁針長 4—5 厘米,磁石長 1—2 厘米。磁針與磁石共同構成了指南龜的磁性元件。所謂"箸",即食用筷子,首方尾圓。在龜腹下試出重心所在,於此微陷一穴,然後用頭部圓滑的尖竹釘支撐。指南龜在竹釘上可以靈活轉動,静止時龜頭指北,龜尾指南。

---

① 王振鐸:《科技考古論叢》,第 155 頁。

6. 木刻指南魚、指南龜的工作原理

《中國科學技術史》（物理學卷）說："宋代陳元靚的《事林廣記》記述了直接以磁鐵造指南針（指南魚和龜）的方法"，①《事林廣記》"指南魚、指南龜是直接利用了磁體的指極性特點。……自從司南發明並應用以來，對於磁體的指極性特點爲常人所知。因此，陳元靚所述的指南魚、指南龜並不一定會比指南針出現更晚。巧妙的是古人將其裝入木質魚或龜腹中，在魚頭、龜尾又插入一根鐵針。這是方便觀察其指向和'以手撥轉'之用。"②下文將說明"此二種幻術之出現時代，必屬指南針之發明後也"，③在此先分析方家爲什麼要在魚頭、龜尾插入一根鋼針。

先看王振鐸的經驗之談。王先生說："魚龜二法之所用磁石，稱其'好'者，雖在宋時，多指磁力強弱而言。然天然磁石之磁極，有不止兩個者，所謂不規則之磁是也。"④即使只有兩個磁極，天然磁石塊的南北極不一定與它的幾何縱軸綫一致。舉例如下：黃興《天然磁石勺"司南"實證研究》一文中，爲了製作天然磁石勺"司南"，一塊經挑選，"細長形，無裂紋，只有兩個磁極且南北兩極沿長度方向分布的磁石"，用細綫懸吊，靜止後，作者所畫的水平綫代表磁極綫。（圖7）⑤圖中可見，此磁極綫與磁石長邊的走向並不一致。古代幻術家所用的天然"好磁石"也會遇到這種情形。

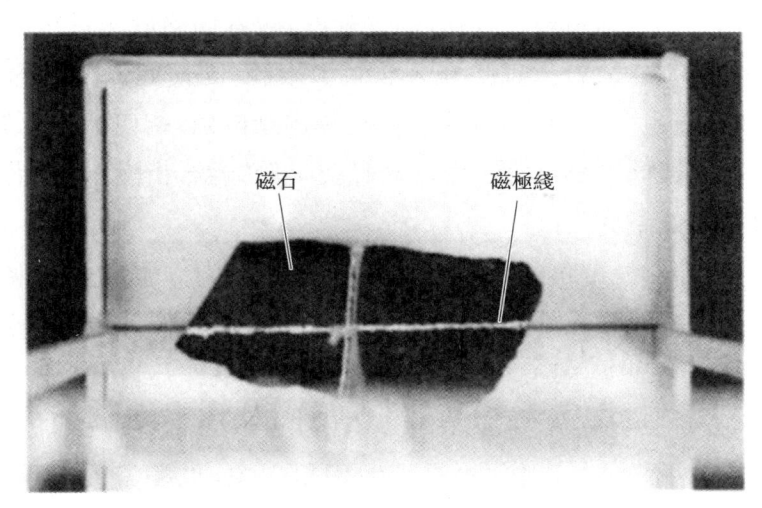

圖7 天然"好磁石"磁極綫與長度方向不一致的實例

---

① 戴念祖主編：《中國科學技術史（物理學卷）》，科學出版社，2001年，第410頁。
② 同上注，第411頁。
③ 王振鐸：《科技考古論叢》，第151—152頁。
④ 同上注，第153頁。
⑤ 黃興：《天然磁石勺"司南"實證研究》，圖9II，《自然科學史研究》2017年第3期，第361—386頁。

因爲塞進孔内的磁石塊的南北極難以保證與指南魚（或指南龜）的縱軸綫方向一致，爲了更好地演示指南魚（或指南龜）的指南性能，幻術家特意在魚口（或龜尾）插入鋼針。經筆者指南魚模擬實驗驗證，這種針石組合的指向完全與磁針的方向一致，磁石塊極性是否精確對準並不影響指南魚的指向。看來此幻術家絶非泛泛之輩，而是對當時已知的磁針、磁石、指南針知識作過研究之人。指南魚、指南龜幻術的訣竅，系用前輩方家之術，先讓"好磁石"磁化鋼針以指向，又留在魚（或龜）腹内"養針"，並會增强磁力矩，以收指向準確、轉動靈便之效。

7. 木刻指南魚、龜的來歷

在木刻指南魚、指南龜與指南針孰先孰後的問題上，存在著兩種對立的觀點。一種觀點認爲木刻"指南魚"是水羅盤的雛型，"指南龜"是日後旱羅盤安裝法的先驅。① 另一種觀點認爲木刻指南魚、指南龜是指南針、旱羅盤在幻術中的應用或衍生品。

王振鐸指出："如磁石指南尚不成爲常識時，則幻術製造者，亦無須藉木質魚龜而作僞裝之表現。如文中記魚龜體外並裝置鋼針，審其意義，在理論上固有增長磁性之助，然在造者用意，可能仍爲幻術上之心理巧用。按此鋼針即屬一磁性體，然欲藉此微弱之磁性體，而有助魚龜指極之載動，則少補助，觀者如惑於磁針指南之説，起而模仿製造，然亦必歸失敗。故吾人從魚龜製法特徵推論，固信此二種幻術之出現時代，必屬指南針之發明後也。"② 在此王先生正確地指出指南魚、指南龜出現於指南針發明之後，字裏行間似乎贊同"磁針指南"作爲常識要早於"磁石指南"。可惜他對指南魚、龜上磁針的作用，未及細究。

唐代僧一行已觀測磁偏角，他有"虚危之間針路明，南方張度上三乘"的針訣流傳後世，表明指南針的發明不晚於八世紀，③爲確認司南酌的瓢針組合提供了新的立足點。活躍於北宋熙寧（1068—1077）年間的堪輿家後廖瑀作《卦例》，披露了"以磁石磨針鋒"之法。④ 接着沈括在《夢溪筆談》中，就有"方家以磁石磨針鋒"之語。沈括用四種不同的磁針裝置法作指南實驗，驗證了磁偏角現象，也驗證或發現了"磁石之指南"，筆之於書。他的多種磁針裝置方法及"磁石之指南，猶柏之指西，莫可原其理"的

---

① 戴念祖主編：《中國科學技術史（物理學卷）》，第 411 頁。
② 王振鐸：《科技考古論叢》，第 151—152 頁。
③ 聞人軍：《偉烈之謎三部曲——一行觀測磁偏角》，《自然科學史研究》2019 年第 1 期，第 67—75 頁。
④ 聞人軍：《司南酌、盤針及指南魚新議》，《自然辯證法通訊》待刊。

神奇説法,①隨着沈存中《筆談》的流傳,料會觸發幻術家創造發明的靈感。《武經總要》已有薄鐵葉製成的指南魚,但留給幻術家發揮的空間十分有限。王充《論衡》中的"司南之酌",即"司南酌",②在唐代已降格爲"玩好"司南。③ 在宋代,只需將浮載物葫蘆瓢改爲木魚,内藏一塊好磁石與磁針相配合,加强指南演示效果,"玩好"司南就可移植爲"神仙幻術"指南魚。結構上的相似性與工作原理的大同小異,暗示了兩者之間的傳承關係。故木刻指南魚實由瓢針組合而成的司南酌變身而來。而且幻術家也没有忘記葫蘆的妙用,《事林廣記》神仙幻術中就包括用到"葫蘆"的"葫蘆相打""葫蘆出水""葫蘆請藥"和"葫蘆自走"四種幻術。

宋初堪輿家前廖瑀的《泄天機》已提到浮式"盤針"及其用法。沈括的磁針支掛實驗打開了通往旱針之門。迄今所知早期的旱針有二種:1985 年,在江西臨川南宋朱濟南墓(1198 年入葬)出土了地理陰陽"張仙人"瓷俑一式兩件。此俑左手抱一羅盤,它的磁針中部增大呈菱形,菱形中央有一明顯的圓孔,形象地表達出用軸支承之意,乃是一種堪輿旱羅盤。寧波中國港口博物館有一件類似的"宋執羅盤俑",也出自江西。前者説明,至遲 12 世紀末旱羅盤亦已流傳於世。④ 另一種是《事林廣記》神仙幻術木刻指南龜。陳元靚雖不是方家,但自號廣寒仙裔,寓繼承先祖廣寒先生陳盛衣缽之意,對神仙幻術應有天然好感。"指南魚"和"指南龜"等完全有可能是陳元靚本人特意搜集的仙方幻術,大約在 1220 年前後編入《博聞録》中。假如指南魚、指南龜等神仙幻術是入元後書賈新增的内容,元泰定二年(1325)是其下限。因此,很難説神仙幻術木刻指南龜是南宋旱羅盤之先驅,神仙幻術木刻指南龜更可能是師法"張仙人"們所用的旱羅盤的産物。

總之,指南魚、指南龜幻術之出現時代,必在指南針的發明之後。後來指南針知識逐漸普及,指南魚、龜作爲幻術不再新奇,潛在讀者對《神仙幻術》的興趣逐漸式微,重編或新編的《事林廣記》其他版本中就看不到它了。

8. 結語

《中國科學技術史》(物理學卷)説:"指南魚、指南龜無疑是指南針的一種,它們是

---

① 沈括著、侯真平點校:《夢溪筆談》,嶽麓書社,2002 年,第 176 頁。
② 聞人軍:《原始水浮指南針的發明——"瓢針司南酌"之發現》,《自然科學史研究》2015 年第 4 期,第 450—460 頁。
③ 聞人軍:《再論"司南酌"》,《中國經學》第 24 輯(2019 年),第 239—252 頁。
④ 聞人軍:《南宋堪輿旱羅盤的發明之發現》,《考古》1990 年第 12 期,第 1127—1131 頁。

以天然磁石製成的。"①然而,研究宋代城市風情的文史學者提出了一個饒有興味的問題:"大科學家沈括在《夢溪筆談》中記述了指南針的四種裝置方法,那麽是否可以説,指南魚、指南龜也是指南針的一種裝置方法?"②我們認爲,答案是肯定的。由指南魚、龜的工作原理可知,木刻指南魚、指南龜乃是指南磁針的不同裝置方法。

---

① 戴念祖主編:《中國科學技術史(物理學卷)》,第412頁。
② 伊永文:《行走在宋代的城市:宋代城市風情圖記》,中華書局,2005年,第124頁。

圖書在版編目(CIP)數據

出土文獻與古文字研究.第九輯 / 復旦大學出土文獻與古文字研究中心編. —上海：上海古籍出版社，2020.11
ISBN 978-7-5325-9816-8

Ⅰ.①出… Ⅱ.①復… Ⅲ.①出土文物—文獻—中國—文集②漢字—古文字學—文集 Ⅳ.①K877.04-53②H121-53

中國版本圖書館 CIP 數據核字(2020)第 228684 號

出土文獻與古文字研究（第九輯）

復旦大學出土文獻與古文字研究中心　編
上海古籍出版社出版發行
（上海瑞金二路 272 號　郵政編碼 200020）
　　（1）網址：www.guji.com.cn
　　（2）E-mail：guji1@guji.com.cn
　　（3）易文網網址：www.ewen.co
上海惠敦印務科技有限公司印刷
開本 787×1092　1/16　印張 29.25　插頁 5　字數 540,000
2020 年 11 月第 1 版　2020 年 11 月第 1 次印刷
ISBN 978-7-5325-9816-8
H·230　定價：138.00 元
如有質量問題，請與承印公司聯繫